大転換期と教育社会構造
地域社会変革の学習論的考察

第2巻

現代的教養 I
生活者生涯学習の地域的展開

小林甫 著

東信堂

第2巻Ⅰのはしがき

Ⅰ「生活者生涯学習の地域的展開」の課題と分析

　1）3.11以後、日本人は深刻な現実に直面している。死者・行方不明者との別れ、生者の暮らしと心のさまざまな困難、原発リスクの福島第一原発事故というハザードへの転化と人びとへの災厄。放射性物質拡散への恐怖、風評への超過敏、東電やJR・私鉄各社等の節電と別の選択肢なしの首都圏在住者。原発・電力・エネルギー問題の福島から全国への広がり、東電と「原子力村」に見られる政治家－政策立案者－政策遂行者の癒着白日化、社会の生存基盤（エネルギー・水・食料）の見直し。福島原発事故と事後対策への近隣諸国の深刻な脅威表明、遠く離れた諸国における原子力発電の存在自体への問い。――いま日本人は否応なく"学んで"いる。この"学び"と公民館など生涯学習機関や、NPO等とのかかわりの解明は重要である。そして、生活者の生涯学習的な（意識的な、また学習という意識はないが知ることを求める）行為を研究する社会学－教育学、地域社会学－教育社会学、そして"社会的教育学"は、パラダイムの転換を必要とする。

　2）だが現実との落差は大きい。何故か。本巻序文「社会教育の終焉と、新しい『公共』の視点と、地域社会」は、日本現行「生涯学習」の生涯学習（ライフロング・ラーニング）への成熟を阻む2つの動向を問う。松下圭一の社会教育終焉論（1986）以後の理論的展開、中央教育審議会の「新しい『公共』」論の実践的提起である。松下は社会教育行政を明治以来の日本型教育発想（官治性・無謬性・包括性）の凝縮体、戦後も大人の市民的成長の阻害物で廃止すべきとしたが、社会教育や生涯学習の"主体"を民衆自身とせず行政中心と見た点に功罪があった。中央教育審議会答申「教育基本法と教育振興基本計画」の「新しい『公共』」論（2003年）は、国家と社会の一体化による新しい「公共」を道義心の醸成とした。「生涯学習」にその国民運動化を担わせるなら、新しい公共は生涯学習（ライフロング・ラーニング）

への内発的契機を喪失する。この期、松下圭一 (2006) は「田吾作文化」に連なる社会教育・生涯学習廃止に町内会・部落会解体を加え、都市文化の自治・共和社会を論じたが、市民形成は大衆的都市社会の進展に委ねた。

3) 中教審答申も松下政治学も現行「生涯学習」を中央(東京)レベルで見ている。転じて都道府県や区市町村の生涯学習実践には、中教審答申や武蔵野市に収斂されない多様な姿がある。第3章「分析3：生涯学習の重層構造と地域社会の諸類型」は、日本国民社会の構造変動下における成人教育経験を検討した。第1節「都道府県の『生涯学習』展開における諸類型」では、中央教育審議会生涯学習分科会『今後の生涯学習の振興方策について(審議経過の報告)』(2004年)における「新たな重点分野」の中から、⑤地域課題の解決と①職業能力の向上を取り上げ(他は②家庭教育への支援、③地域の教育力の向上、④高齢者への対応)、道県の生涯学習講座内容と突き合わせた。県レベルの「生涯学習」には、青森県などのボランティア活動との結合型と、香川県などの資格取得重視型(特に女性)との両極があり、さらに地域課題解決と職業能力向上とを"紡ぎ合わせ"ようとする「新たな胎動」が、少なくとも山形、富山、滋賀、大分の各県に存在していた。

4) 第2節は「東京都文京区の生涯学習講座」を分析した。ポスト美濃部都政は公民館でなく生涯学習組織を全区に設置、石原都政下の『「新しい公共」を生み出す生涯学習の推進』答申 (2002年) は地縁的関係に代わり、より開かれた新しいコミュニティを提示した。だが現実の生涯学習(推進体制と講座内容)を"文の京"文京区で見ると、地縁的団体が運営に深くかかわり、国際社会への対応や大学との深い連携に課題があった。第3節、札幌市のリカレント学習分析では新しい産業構造の創出が、[監督官庁－特定業界－人材育成]というトライアングル構造(国家レベルと道・市レベル)からの脱却と都市文化の構造転換を求めることを、札幌市民カレッジ設立準備過程をとおして分析した(だが松山市「生涯学習」の組織形態は札幌市と大きく異なる)。第4節「現時における『生涯学習政策』の社会的位置」は、文科省予算上で工業振興より圧倒的に劣位な状況にある生涯学習振興の、新たな胎動を検討した。

大転換期と教育社会構造──地域社会変革の学習社会論的考察──／目次

第2巻　現代的教養

I 生活者生涯学習の地域的展開

第2巻Ⅰのはしがき …………………………………………………… i

序文Ⅰ　社会教育の終焉と、新しい「公共」の視点と、地域社会 …………………………………… 3
　　第1項　松下圭一の「行政としての社会教育」廃止論(7)
　　第2項　中教審の「新しい教養」答申と自治・共和型の市民社会(20)
　　第3項　現代日本政治学と「地域社会」「生活者学習」の位座(30)
　　　　　　──松下圭一の大衆社会論、町内会解体論・生涯学習廃止論の再検討
　　第4項　地域社会の自立・自律と自治・共和(60)

第3章　分析3：「生涯学習」の重層構造と地域社会の諸類型 ……………………………………67
　　　　　　──構造変動する日本国民社会と成人教育経験の諸相
　序　言　地域生涯学習と二つの課題 ……………………………67
　第1節　都道府県における「生涯学習」の現況 ………………70
　　　　　　──「地域課題の解決」と「職業能力の向上」にかかわる考察
　　小　序　都道府県ごとに見た現行「生涯学習」の実施状況(70)
　　第1項　都道府県の「生涯学習」展開における諸類型(74)
　　　　　　──「地域課題の解決」と「職業能力の向上」の視点から
　　第2項　新たな胎動の諸相(99)
　　　　　　──ふるさとで生き抜くための意志と知恵
　第2節　東京都文京区の「生涯学習」講座 ……………………115
　　　　　　──「文の京」における地域生涯学習の新たな胎動
　　小　序　東京における公民館活動とコミュニティ活動(115)
　　第1項　世界都市・東京の「生涯学習」推進施策(125)
　　　　　　──その歴史と現況：鈴木都政、青島都政、石原都政

第2項　答申『地域における「新しい公共」を生み出す生涯学習の
　　　　　　推進』の論理(127)
　　　第3項　東京都文京区における「生涯学習」の現代的展開(132)
　　　第4項　小括：グローバル・アーバン社会と「生涯学習」との関係性(163)
　第3節　札幌市における「リカレント学習」と地域
　　　　アソシエーション的社会 ……………………………………184
　　　　　　――新しい産業構造と地域文化の創出という視点から
　　　小　序　札幌市の区民センターと「まちづくり」(184)
　　　第1項　札幌市における「生涯学習」制度の史的展開過程(191)
　　　第2項　札幌市の人材養成における既存の分業構造(197)
　　　第3項　さっぽろ市民カレッジにおける「生涯学習」の講座内容(250)
　　　第4項　札幌市のリカレント学習と地域アソシエーション的社会(268)
　第4節　現時における「生涯学習」政策の社会的位座……………311
　　　　　　――地域工業振興諸政策との対比において
　　　小　序　文部科学省の「公民館の設置及び運営に関する基準」改訂(311)
　　　第1項　小泉構造改革路線における地域の位置づけ(316)
　　　第2項　『今後の生涯学習の振興方策について』の方向転換(330)
　　　第3項　文部科学省の地域振興施策と地域づくり支援室の位座(343)
　　　第4項　地域づくり支援アドバイザー会議『提言』への要望：
　　　　　　小括に代えて(352)

あとがき ………………………………………………………………365
　　1）東日本大震災と地域社会学研究(365)
　　2）東日本大震災とハザード／リスク研究(366)
　　3）地学的時空間構造変動と三層の社会構造区分との関連(368)
　　4）東日本大震災と「生涯学習」の展望(369)

第2巻　参考文献 ………………………………………………………373
事項索引 ………………………………………………………………448
人名索引 ………………………………………………………………451

II
技術者生涯学習の生成と展望の目次

第2巻Ⅱのはしがき …………………………………………… i

序文Ⅱ　高度経済成長期以降における大学工学教育の改革：
　　　　その大要 …………………………………………… 3

第4章　分析4：大卒技術者の「学び」の構造と大学への要請 … 15
　　　　──Ａ大学工学系卒業生への追跡調査結果の分析

　序　言　アメリカにおけるオンライン高度専門
　　　　　職業教育と日本 ………………………………… 15
　第1節　Ａ大学の工学系を卒業した技術者(エンジニア)の全体像 …………21
　第2節　技術者の「意味ある学習経験」と「生涯学習」との
　　　　　落差 ……………………………………………………47
　　　　　──Ａ大学工学系卒業生にとっての学びと職場の位座
　第3節　技術者(エンジニア)の「工学教育改革」に対する意見 ……………158
　　　　　──Ａ大学工学系卒業生におけるその内容分析
　第4節　現代を生きる工学系技術者の「学び」と「教養」 ………250
　　　　　──Ａ大学出身技術者における教養観調査をとおして

あとがきに代えて：東日本大震災と地域教育社会学・
　　　　生涯学習研究の課題 ……………………………………369
　　　　　──寒冷化と地震・津波の時代、原発震災と政治人災の転換（覚書）

第2巻　参考文献 …………………………………………………389

事項索引 ……………………………………………………………464

人名索引 ……………………………………………………………467

> 第1巻『教育社会史――日本とイタリアと』(既刊) 主要目次

序　章　問題の所在――社会の変革と社会学：世界社会化と生涯学習
第1章　分析1：ライフロング・ラーニングのイタリア的展開
　　　　　――アッソチアチオニズモと市民の自己学習 – 公的職業性訓練との結合
第2章　分析2：日本近代国民国家の制度創出と再生産構造
　　　　　――高等教育と成人教育の分断・固定化の形成、その超出の方向性
第2章補論　少年非行に対する市民社会の取り組みについて
　　　　　――足立区綾瀬の少年Ａと「猥褻誘拐・略取、監禁、強姦、殺人等」への道
参考文献・事項索引・人名索引

大転換期と教育社会構造——地域社会変革の学習社会論的考察

第2巻

現代的教養

I
生活者生涯学習の地域的展開

序文 I 社会教育の終焉と、新しい「公共」の視点と、地域社会

第2巻の課題

　本書第2巻においても私は、現代日本の生涯学習と高等教育のあり方を、実証社会学の手法を応用して検討したいと思う。本来的には生涯学習と高等教育との内実ある関係性こそが問われなければならないのであるが、すでに本書第1巻第2章に見たように、両者の「緊張ある協働関係」はまさに今後の重要な課題として残されている。したがって、まず両者の協働が要請されている、社会的状況それ自体を把握する必要がある。もっともそれを一言で言い表すことは容易ではないが、ここでは、一方において「社会教育の終焉」が指摘されつつも、他方では「新しい『公共』の視点」が承認されてはいないという、アンビヴァレントな状況に注目する。なぜなら、そのことの背後には、ある客観価値が論争者に共通理解されていて、論争をとおして相互承認しうる客観価値の質・量が長期的には拡大するということの乏しい、わが社会・国家の政治文化土壌の貧困さが立ち現れてくるからである。

　高田保馬はかって、「思想に対するに思想を以て、理論に対するに理論を以て」するのではない愚（高田 1946: 7）を指弾したが、権力者が反対者をさまざまな理由で排除し、時には生命を奪うという、政治的排除ないし社会的排除の行為を国民文化として克服してゆくことが、21世紀日本社会の課題であった。そのためには論争の政治的-社会的な論点が明確であるとともに、論争がその上で闘わされる論争者に共通の土壌、すなわち論争当事者同士が互いに許容し合うことのできる客観価値の重層的な共有が不可欠である。多くの国民社会ではその国の憲法がこの客観価値を体現しているのに対し、日本国-日本社会はかなり異質性をもつ。日本国憲法はその誕生から60数年後の今日まで、日本国の統治文化に対外侵略戦争の遂行を禁じてきたし、国

民社会の中に多様な形で自治文化が醸成されてきている。だが私見では、日本国憲法はいまだ客観価値としての位置を確立しえていない。日本国憲法の精神を、日本国民社会における社会的変革のさらなる熟成と、現代世界における「共通善」の豊穣化・深化の文化資源たらしめるには、辻井喬が『憲法に生かす思想の言葉』において強調する「説得の論理」、さまざまな「抵抗勢力」（近代官僚機構、戦後保守政権など）に対し、「伝統、愛国心、共同体も共通の言葉に」することは不可欠である（辻井 2008: 47）。それは、より根底的な課題と結びつくと思われる。

ハル・コックと「生活形式の民主主義」の重要性

　私はいま、現代デンマークの思想家・教会史研究者・青年組織リーダーであったハル・コック（Hal Koch, 1904-63）を想起している。デンマークは1940年から1945年までナチス・ドイツの直接占領下に置かれた。コックはナチへの平和的抵抗を主張しながら、コペンハーゲン大学でN・F・S・グルントヴィ（Grundtvig, Nikolaj Frederik Severin 1783-1872）の研究と講義を行い、戦争終結後のデンマーク社会を構想するためのソクラテス的討論を呼びかける活動に携わった。そして占領からの解放直後の1945年に、警世の書『民主主義とは何か』（Hvad er demokrati）を問うた（小池直人訳『生活形式の民主主義』2004）。コックが強く主張したことは、「人間的な生活形式としての民主主義」、すなわち日常生活の中で他の人びととともにある各個人の思考方法の変革という課題である。しかも生活形式の民主主義は、政治・経済システムの従属変数ではない（Koch1945＝小池 2004: 112-113）。その達成は粘り強い社会的な啓蒙と教育という過程を必須とし、なおかつ民衆自身の主体的な生活実践による裏打ちが不可欠となる。コックは言う。民主主義社会において無条件に必要な最重要のことがらは、人間的な覚醒をめぐる啓蒙および教育の仕事である。「教育はたんに学校の多様な形式にしたがって、まさに、フォルケ・スコーレから多少なりとも自主的な青年の学校をへて大学にいたるまでの多様な学校の形式にしたがってなされるだけではない。まさしく民衆の組織的な生活とそこで営まれる協同活動全体によっても十分になされる」（同: 53）。

　コックはもちろん政治システムとしての民主主義、すなわち「一国の体制

である憲法、あるいは刑法の諸条項」のあり方を軽視するわけではない。『民主主義とは何か』の第三章「憲法」は、「生活憲法」とのかかわりをもちながらもそれとは「独立的で自存的な」（同：95）、成文憲法における「自由」（生活の条件）、「正義」（法権利）、「人間」（共同的人間）を問うた。人間生活は、一方において正義あるいは正しいもの（「数千年を通じて集積された人類の経験」、同：72）に対する絶対的な義務を負い、他方でいかなる独断主義からも絶対的に解放されているという二重性をもつ。こうしたコックの立論は、（小林の言う）国家・経済システムのレベルにおける政治システムとしての民主主義と経済民主主義に対し、対人的・習俗的社会のレベルにおける「民衆的・国民的な共同生活」（同：65）の基底性を訴えたが、これら両者を媒介するのが中間諸組織・集団世界のレベルにおける「民衆的国民組織、スウェーデン人がいうところの民衆的国民運動」（同：44）である。具体的には絶対王政以来の農民各層による職業組織、農民協会、小農民協会、協同組合協会など、都市労働者による職業組織と文化組織（例えば1886年の「カール・マルクスの会」、また友愛協会、討論協会、そして1924年の労働者啓蒙協会など）、女性による経済組織や職業的熟練、文化的啓蒙と教育の組織などが挙げられた。

　こうした民衆的国民組織における活動は、相互討論による相互承認と自己変革の場、すなわち〈生涯学習／共生力成熟〉（小林）の場となってきた。「これらの仕事は民主主義の実践的な学習となった。つまり、そこで人々は正しいことのために協議しあうことを学び、他者の立場を理解してそれを我慢して受け入れ、自分流の狭い見方によらず、ある程度は全体利益の観点から見る協力の機能を学んだのである」（同：47-48）。こうした相互作用の蓄積をとおして、1945年当時のデンマーク社会に存在していた農民夫婦が営む古い農場や、都市の商人街、職人の親方と徒弟などの間に残っていた、「家父長制的関係」へのあこがれは、「ずいぶん以前の話だ」と見なされるようになっていく（同：60-61）。しかしなお、女性サークルの中で土地所有農民と賃金労働者たちは、「大多数の女性が自分たちを男性と平等と考えることさえしない状況」に対する反抗と自覚を生みだすが、そうした解放の意思は女性組織の中に深刻な内部対立を引き起こした。女性には「何千年もの男性支配の伝統の影となって生きてきた」という見方が残り、女性組織は「根本的に主婦

の狭い視野やあらゆる政治的なものへの不安」を簡単には払拭できなかったのである。コックは言う。「個々の女性は自分の手、自分の技能によって公的な生活における尊敬を獲得し価値ある貢献をしてきたが、しかし、そこでイニシアティヴを発揮する課題は本質的に残されている」（同：48-49）、と。――デンマーク社会における生活形式の民主主義、民主主義的生活観をこのように把握したハル・コックから見て、ドイツとイタリアにおける権威主義的支配は、権威主義的生活観に基づくものであった。以下に引用する。

> 「権威主義的支配は、第一次大戦後に立ち上げられた民主主義的基盤を欠いていたイタリアとドイツにおいても、貪欲な帝国主義をともなって存在し、その結果としてムッソリーニのイタリアとヒットラーのドイツとなった。スイス、オランダ、北欧諸国においては『ゲルマン的・北欧的ナチズム』が生育する土壌はまったくわずかしかなかったし、違ったかたちではあるが、100年の民主主義の伝統をもつイギリスにも権威主義的支配の土壌はなかった」（同：53）。民主主義的土壌のない社会では「唯一幅をきかせるのが阿諛や個人的なコネ、文字通りの賄賂である。イタリアとドイツにともに該当するのはこのことである」（同：52）。
>
> 「フランスやドイツの場合のように、民衆組織にもとづく民主主義の背景が欠けている場合、政治的生活を支配するにいたるのが弁護士や知識人、資本家、ジャーナリスト、そしてその他の根無し草になった人々であることは珍しくない。（中略）平和を達成した19世紀以来のデンマークの政治的生活に多大な貢献をしたのが地方都市の教師、農民、小農民、労働者であったことは偶然ではないのである」（同：55）。

現代日本社会における生活形式民主主義の課題

ハル・コックの指摘のとおり、民主主義は個人と個人を取り巻く社会の三層構造（小林）のすべての側面において、課題化されなければならない。コックを日本社会に紹介した小池直人は、真下信一、丸山真男とのかかわりにおいてコックを論じた。三者は民主主義を主体として把握することの重要性を重視したが、丸山の思想は知識人主体の啓蒙論であるのに対し、真下はヒューマニズムの本質を「自由と愛」と定式化し、コックはヒューマニズムを隣人愛と結合させ、ともに「社会的市民権を民主主義の重要な核として位置づける福祉国家を哲学的に反省する」ための参照点としたと評した

(小池直人 2004: 143-144)。――こうした中にあって、この第2巻では、コックの視点を現代日本社会における生活形式の民主主義の成熟に合わせ、啓蒙と教育にかかわる一連の問題、すなわち「社会教育の終焉」の論理、「新しい『公共』」の論理を、「生涯学習」と「大学教育」の具体的な事例をとおして、しかも地域社会の目線に基づいて再検討する。そのことによって、成人教育と高等教育との高いレベルでの統一としての、生活者と技術者に対する「生涯学習／共生力成熟」(ライフロング・ラーニング)のあり方を問い直したい。いわゆる地域主権型社会の構築を考えるさいには、生活形式の民主主義からの追い上げが不可欠であるが、「ライフロングラーニング」はそのことと密接なかかわりをもつときにこそ、その真価を発揮することができるからである。詳しくは本書第3巻および第4巻の諸章における「考察」に譲るが、以下ではその探索の糸口を松下圭一の社会教育行政に対する強烈な批判に求めてみよう。

第1項　松下圭一の「行政としての社会教育」廃止論

松下圭一の社会教育批判 (1)：明治以来の日本型教育発想の残存

　1986年、松下圭一は著書『社会教育の終焉』において、「社会教育行政」を支えている論理に対し厳しい評価を下したが、私は「生涯学習」(ライフロング・ラーニング)文化の創出を考えていくさいに松下の考察は一つの出発点をなすと考える。本書第1巻の第2章は松下のこの著作を意識し、その言うところの検討を念頭に置いてのものであった。

　松下は「教育」(「オシエ・ハグクム」、「オシエ・ソダテル」)という言葉の意味を、「未成年への文化同化としての基礎教育」(今日の日本では高校教育水準の獲得)とする。そこから、次の「決定的な問題」が出てくる。「なぜ、日本で、〈社会教育〉の名により、成人市民が行政による教育の対象となるのか、という問題」である(松下圭一 1986: 3)。結論は2つ。第一に、近年の「中央公民館設置、県の生涯教育進出は、社会教育行政がますます市民・地域からはなれることを意味する。結局、この二方向では、国の施策とおなじく、いずれも社会教育関係団体の『動員主義』におちいっていく」(同: 108)。第二にそれのみならず、「社会教育行政は今日では市民文化の形成の阻害要因」(同: 213)だということである。この、問いと結論とを結びつけるため、2つの論理が用意さ

れる。1つは明治以来の「日本型教育発想」――すなわち〈国家システム再生産の教育システム〉の原型――の残存を「社会教育行政」に見いだす論理、2つにその対極の「自由な市民文化活動」の成熟という論理である。前の論理から見てみよう。

　第二次世界大戦の敗戦、つまり明治国家の破綻の1945年、松下は自意識をもちはじめる15歳であった。「それから40年、日本はたしかに変わった」。国民生産力は高水準となり、その原因また結果でもある工業化・民主化の進行によって、日本なりの都市型社会の成熟、ついで市民文化活動の始動がみられる。その結果、

　　①「日本の文化構造の問題点があらためてあきらかとなりつつある。政治システムの分権化・国際化さらに文化化という今日的要請をまえに、日本の〈近代化〉の基礎によこたわる官治・集権型の文化構造があらためて検討課題にのぼらざるをえなくなっている。日本型封鎖国家イメージの問題をはじめ、経済構成ついで制度・政策また思想の各レベルの再検討が急務となっている。
　　日本の文化構造とくに日本型国家観念をめぐっては、『市民文化は可能か』(1985年：引用者)で論点を整理したが、問題は明治国家の制度＝『帝国憲法』、明治国家の精神＝『教育勅語』の戦後へのつながり方である。というよりも、明治国家は日本人の発想の鋳型となり、戦後改革にもかかわらず、つづいたのである」(松下 1986: 242-243)。

　ここから松下は重要な結論を引き出した。「戦後社会科学も、既成の保守系・革新系いずれを問わず、日本近代の文化構造を集約する日本型国家観念を中軸に、官治・集権型の思考方法によって構築されてきた」と (松下　同: 243)。その端的な発現を松下は教育基本法に見いだしたのである。

　　②1947年3月13日、教育基本法の提案理由説明において高橋誠一郎文相は、教育刷新の第1前提を新しい教育の根本理念確立に置き、こう述べた。「それは新しい時代に即応する教育の目的方針を明示し、教育者並びに国民一般の指針たらしめなければならない」と。そして松下はここに、「教育基本法」が「教育勅語」の代替であることを読みとる。「天皇ではなく国会となったにせよ。国家ないし政治が教育の〈制度〉どまりでなく〈内容〉までを決定する」論理は共通するから

である。とすれば、「なぜ、国家ないし政治が、国会による法律という形態をとるにせよ、教育理念を決定しうるのかという根本問題」にぶつかることになる。「そのうえ、この教育理念は、未成年中心の学校教育行政だけでなく、成人中心のいわゆる社会教育行政にも拡大される」(同:7-8)。

こうした教育理念は、当時文部省に大臣として結集した日本型国家リベラリストたち、安倍能成 (1883-1966)、田中耕太郎 (1890-1974)、高橋誠一郎 (1884-1982)、森戸辰男 (1888-1984) の発想であった。「戦前への逆行を意図するその後の官僚派文相とは異なるとはいえ、彼らも明治型の国家観念を継承し、日本型教育発想には疑念すらもたなかった」(同:9)。

社会教育行政における官治性・無謬性・包括性

①の引用で言うところには、「明治国家の制度＝『帝国憲法』、明治国家の精神＝『教育勅語』の戦後へのつながり方」、すなわち「明治国家は日本人の発想の鋳型となり、戦後改革にもかかわらず、つづいた」という把握を骨格とする論理がある。それゆえ、②における新しい教育の根本理念を、教育者並びに国民一般の指針たらしめんとした「教育基本法」が「教育勅語」の代替の役割を果たし、かつその教育理念は成人中心のいわゆる社会教育行政にも拡大されたのであり、そこに「日本型国家リベラリストたちの教育発想」があるという位置づけが出てくる。

だが、松下の鋭いところは、「戦後社会科学も、既成の保守系・革新系いずれを問わず、日本近代の文化構造を集約する日本型国家観念を中軸に、官治・集権型の思考方法によって構築されてきたといっても、過言ではない」という指摘に存する。この発想は1996年の著作『日本の自治・分権』においては、「明治以来、市民生活の問題領域では、1960、70年代まで、市民は泣き寝入りするだけでした。そのうえ日本の大学で教えてきた社会科学も、かつての旧保守系・旧革新系を問わず天下国家型の発想にとどまり、市民自治による生活整備型の発想にたちおくれてきました。シビル・ミニマムという考え方を提起したのは、そのためだった」(松下 1996: 144) と敷衍されるが、そのとおりに受け止めたい。社会学の領域では、「社会システム」論に対するルーマンの言う「パーソン・システム」研究の、すなわち国家的・法制的社会の研

究に対する対人的・習俗的社会の研究の、さらに言い換えれば日本国民＝日本国民社会構成員における対人的・集合的結合と、そこから出てくる中間諸組織・集団の世界に対する研究が、「国家・経済」システムのそれよりも、蓄積が貧困であるという問題と重なる（本書第1巻「序章」参照）。

　さて、松下は、戦前の「〈権力国家〉」＝「〈教育国家〉」を支えた「教育」＝「教化装置」の構造特性を、

　　Ⅰ　官治性（官僚機構による教育施策の推進）
　　Ⅱ　無謬性（教育原典としての勅語奉戴、国定・検定教科書依存）
　　Ⅲ　包括性（地域ぐるみ、さらに官僚ぐるみによる全国民の動員）

として把握した。こうした中で社会教育行政は天皇の名において全体制、各領域にわたる巨大動員システムをもっていたし、教育をめぐる「内容の勅語主義、法制の勅令主義」、運動としての「教化団体集結主義」がそこから出てくる（松下 1986: 68-69）。それゆえに精神主義的な修養が強調されたのであり、ムッソリーニの「ドーポ・ラヴォーロ」推進とは性格を異にする（本書第1巻の第1章を参照されたい）。

　こうした官治性・無謬性・包括性が、実は戦後の社会教育法をも規定している、と松下は指摘する。同法第2条（社会教育の定義）における「主として青少年及び成人に対して行われる組織的な教育活動（体育及びレクリエーションの活動を含む）」、および同第3条（国及び地方公共団体の任務）の「国及び地方公共団体は、(中略)すべての国民があらゆる機会、あらゆる場合を利用して、自ら実際生活に即する文化的教養を高め得るような環境を醸成するように努めなければならない」（同 : 79-80、傍点松下）という条文を、松下は、社会教育行政と市民文化活動との区別がないと見る。学校を除いてあらゆる文化領域が「ごったまぜ」となっており、あらゆる機会、あらゆる場合における市民文化活動に対応する社会教育行政の展開が想定され、「行政としての限界意識」の欠如は「市民にたいする介入」を惹起させる。すなわち「行政の官治・無謬・包括性に即応する教育概念の無限肥大がこの『社会教育法』自体にある」（同 : 80）。そのうえ松下は、「戦後教育の理論家」宮原誠一の論文「社会教育の本質と問題」（1949b＝1990）の中に、「この日本型教育の無限肥大」を見いだした。「個別・具体的な〈政策〉によって解決すべき問題領域までがそれこそ

全面的に〈教育〉にかかえこまれている」(同: 81)、と。

松下圭一の宮原誠一批判とその批判

　以上、第一の問題に関する松下圭一の議論を見てきた。ここで松下の宮原誠一批判について一言しておきたい。かって籠山京は、「教育によっては生活は実現しないのであって、教育によって創られるのは人間」である。だから、生活教育にとって重要なことは「より良い生活の主体たる人間の概念」であり、より良い「生活を営む人間こそが、教育の目標」なのだと述べた（籠山1956a: 296, 299, 小林甫 1995: 30）。この意味において、私は、松下が宮原に抱いた危惧に関心を寄せる（危惧は否定ではない）。宮原は「組織的な指導」ないし「積極的な指導性」をもたない「たんなる個人的な学習は、これを社会教育の概念からとりのぞくのが適当」と捨象する（宮原 1949b＝1990: 11）。そして生活の主体たる人間たちが「社会生活のなかでおのずからなる根本機能」として営んできた、つまり個人的学習を続けてきた、「教育の原形態としての社会教育」と、「こんにちのわれわれの周囲にみられる、いわゆる社会教育」とを区別し、後者すなわち「学校教育との関連において、特別の目的をもった運動として、あらわれてきたもの」を焦点化する（以上、宮原 同: 13-14）。

　だが、成人教育の分厚い伝統をもたない日本社会にあって後者のみを強調することは、近代国民国家形成の重要な柱であった学校教育の枠内にそれを閉じこめることになりかねない。だが、宮原自身は、後者の社会教育を、学校教育の「補足」「拡張」のみならず、「学校教育以外の教育的要求」──つまり現職教育、余暇善用、精神指導（教化運動など）、生活改善、青年運動、労働者教育──への対応と捉えた（同: 15-24）。宮原はこうした教育的要求に対し現行社会教育制度においても対応可能だと言うのであろうが、そこにはその制度と深くかかわる「政治上の民主主義」、「社会上の民主主義」、「生活方法としての民主主義」とともに、教育の原形態としての社会教育の歴史的規定性に関する把握が息づいていることを見逃すことはできない。

　松下の危惧は、宮原の組織的な指導ないし積極的な指導に、官治性・無謬性・包括性という「行政」の動態を見出したことに基づく。だからこう言う、宮原は「社会教育行政による『全成人の全面的学習』」を訴えたと（松下 1996:

81)。この表現に端的なように、松下は「社会教育行政」と「社会教育」を等置したが、私はこの二つを敢えて区分する。しかも、とりわけ三つのレベルでの民主主義（政治、社会、生活方法）と社会教育、ないしは「生涯学習」との創発的関係性を継承したいと考えるものである。

自由な文化活動の成熟：松下圭一の社会教育批判 (2)

次に第二点を見よう。現代日本における自由な市民文化活動の成熟という論理である。それは「生涯学習」と密接にかかわる。松下はこう言う。

　　③「次の問題は、基礎教育を終えた成年に対する教育がありうるかとなる。このレベルでの成人教育は、基礎教育とは質がちがうことはすでにみたが、あらためてこのことを確認しなければならない。これが、社会教育行政理論でも『自己教育』という概念をこの問題領域に設定せざるをえなくした理由であった。また生涯教育をくりかえし『生涯学習』といい直す理由でもある」。この問題領域を既成の日本型教育発想にもとづく教育イメージで考えるか、それともこれを「教育」とはみなさず、市民の自由な市民文化活動とみるかによって視野はまったく異なってくる。理論構成や、施策としての行政の関与のあり方も変わる。松下は迷わず後者を取る。「成年の学習は『教育なき学習』としての〈模索〉の契機である。もしそこに教育⇔学習という関係が一部成立しえたとしても、それは成人の自由な選択による文化活動を意味する」（同：114-115）。

　　④「日本において、すでに自由で多様な市民文化が噴出している。また通信教育、大学開放から専修学校、各種学校がある。マスコミや文化産業の過熱もある。他方、企業研修や職業訓練も、社会教育行政施策では及びえない水準ですすめられている。それぞれ問題はあるが、項目としては出揃っている。新しく国レベルでようやく放送大学ができただけである。のこるのは、自由な文化活動時間としての、大型休暇制度の多様な確立であろう」（同：115）。

　　⑤「大学は、(1)成人としての市民教養は基本だが、学部・学科という専門を中軸にした、(2)職業予備訓練、(3)研究開発の機構であって、基礎教育を終えた成人市民の自由な選択にもとづく《文化制度》と位置づける必要がある。いわゆる大学開放は当然なのである」。そしてこう重ねた。「先進国状況に入れば(3)の課題は相対的に低下し、大学はかえって時代の要請からかけはなれたドグマ護持になりがちとなる。／先進国状況では、最先端研究は大学外のひろく市民文化活動、あるいは各種の研究機構でもおこなわれているといわざるをえない。大

学は最先端の研究開発というよりも、この点では既成知識・情報を整理して、職業予備訓練を中心に伝達するという性格がつよくなる。この意味では、大学＝図書館論ないし大学＝情報ストック論が成りたちうる」（同：86-87）。

自由で多様な市民文化と大学という文化装置

　私たちは、日本の「生涯学習」行政が、1999年の生涯学習審議会答申『学習の成果を幅広く生かす──生涯学習の成果を生かすための方策について』の存在にもかかわらず、「社会教育」行政と大差がなく展開されたことを熟知している。したがって、引用③のごとく、成人の学習を「『教育なき学習』としての〈模索〉の契機」と捉えることは至当である。そして引用④に出されている「自由で多様な市民文化」として列記されているものを、私たちは人びとの学習要求を満たすための学習の場の一部と見るのである。人びとは自分たちの生活を防衛し拡充し、また他の人びととの共生関係を構築し深化させるために、他方では自己の労働ないし活動能力を自らに見合った形で豊かにし、地域社会に参画して承認し合おうとしている。こうした生活と労働・活動の過程において、多種多様かつ多元的な必要要求（needs）と獲得願望（wants）とに直面し、多種多様かつ多元的な「学習」がなされる。そのために多種多様かつ多元的な学習手段ないし学習の場が不可欠となる。人びとの要求と願望が先なのであって、学習の場の設定が先なのではない。そして、このことを明確に打ち出したのが、ユネスコのラングラン・プランであった。だが、松下が「市民文化」と対置する生涯学習の記述にはユネスコも含められていることから見て、松下が日本現行の「生涯学習」と、ユネスコ、OECD、EUなどが取り組んでいる《Lifelong Learning》とを区分していないことが分かる。この点は後述する。

　「大学」を成人のための文化装置と見ることは松下の卓見であり、新たな大学論構築の橋頭堡たりうる。ただ松下の場合、それが理念型的指摘であるのか現実態的把握であるのか、判然としないところがある。本書第1巻第2章「日本近代国民国家の制度創出と再生産構造」において検討したように、大学は松下の理念型のようには位置づけられてはこなかった。松下は「日本型教育発想」を強調しはしても、その大学論から現実態的把握は出てこない。

前述の引用箇所に見る大学についての言及は、一体どこの社会での出来事かと疑問を抱くような様相を帯びる。特に「先進国状況」に入ると大学は最先端の研究開発をしなくなるというのは、いかなる「国家・経済」システムでのことか、考え込まざるをえない。

ユネスコの成人基礎教育に対する松下の把握

さて、松下圭一は、「基礎教育」に比べ「生涯教育」が、具体的な内実をもちえぬまま教育の概念を無限拡大し、実際には倒壊したと見る。ここには大きな問題が含まれている。第一に、「基礎教育」の概念であるが、高校までの教育というのに異存はない。「成人の基礎教育」をどう見るかが問題で、松下は発展途上国などで基礎教育を受けられなかった成人の教育（analfabetismo, illiteracy）を考えているようであるが、OECD や EU のみならずユネスコにおいても、それだけを考えているわけでない。ヨーロッパの歴史的伝統において成人教育は、市民団体による市民性涵養の側面と、公共団体による職業性訓練の側面をもち、後者はイタリアで言えば、コムーネ（市町村）とプロヴィンチャ（県）の役割であり、それをレジョーネ（州）が補完する。さらに教会や労働組合がかかわる全国的な雇用促進‐職業訓練のアッソチアチオーニがそれらに協働して、失業者率を低くすることよりも、自分に見合った仕事を獲得できた人を増やす活動を行ってきた（本書第1巻の第1章を参照されたい）。

これに対し松下は、ユネスコの活動について、以下のような把握をしていた。「周知のように1960年代にユネスコからはじまり、日本でも生涯教育の理念がたからかに」、かつ「教育」として打ち上げられた。それは、(1)ライフ・サイクルに応じた教育、(2)加速的社会変化に対応しうる教育、という現代的課題を life-long integrated education という問題意識によって応答しようとしていた（同：111）。すなわち、「ユネスコの問題提起は、開発途上国にとっては成年の基礎教育の整備」という「緊急の意味」をもったが、そこには、(1)学校教育のみなおし、(2)技術革新への対応、としての「一般的意味はあった」が、やがて「具体施策との関連でしぼんでゆく」。そして松下はこう続けた。「私はこの生涯教育論を、1960年代、70年代にかけてみられた世界規模での高成長期の理論として位置づけたい。生涯教育論には、急速な成長ないし変

化にともなう情報の陳腐化への対応能力の育成という問題意識が、その基本にあったからである。そこに想定されたのは、情報の変化という車にのる白ネズミのような人間像である。情報に永遠の飢餓感をもつ人間像といってもよい。ここでは生涯教育とは、かえって、教育という名の『生涯管理』となって『現代型疎外』そのものとなる」。つまり、「生涯教育という問題設定そのものが逆立ちしていたといえる。それは『生涯学習』といいなおしても同じ」（同：118-119、傍点引用者）である、と。

　さらに松下は、フランスの元首相E・フォール（1908-88）を委員長とするユネスコ・教育開発国際委員会の提起に、「教育という名の『生産管理』」を見いだし、情報に餓えた白ネズミを作り出す「現代的疎外そのもの」と酷評した。さらに、こうした評価を自らの「生涯教育」に対する結論とし、以後、「生涯教育」から「生涯学習」へ、さらには「生涯学習」から《生涯学習》(ライフロング・ラーニング)へと展開してゆく国際的状況の追跡を、不必要と判断してしまったようにである。フォール委員会の報告書《Learning to be.》は、フォールの「序論」に、第1編「教育の現状」、第2編「未来」、第3編「学習社会を目指して」からなる（委員はフランス、チリ、シリア、コンゴ、ソビエト、イラン、アメリカからの7人）。フォールはその序文で、科学技術革命による教育と民主主義の共振的発展を指摘し、そのうえで「教育の目的は、人間に自己確立、すなわち、『自己自身になる』ようにさせることである。そして、雇用や経済発展との関連では、教育目的は、青少年や成人をある特定の一生涯にわたる職業のために訓練することではなく、むしろ職業の流動性を最大限にし、学習や自己形成の意欲を永久に持ちつづけるよう刺激することなのである」（Faure, et al. 1972＝1975: 26）と、学習社会における《Learning to be.》という教育目的を掲げた。情報に飢えた白ネズミは、Learning to be. をすることはない。

ユネスコ・ドロール報告の視点、そして日本の現実

　こうしたフォール委員会の視点を、ユネスコのドロール委員会報告（1996年）は、《Learning throughout life》という表現によって、次のように敷衍した（本書第1巻参照）。「現在と将来における科学技術の発展や、モノやサービスの生産における知識などの無形の財産の重要性の増加を見据えたうえで、明

日の社会における労働が占める位置と、その変化しつつある意味を再考する必要」がある。それゆえ、「明日の社会を創造するに当たって、失業や発展の陰に隠れた社会的疎外、不公正をこれ以上助長させないためには、まさに想像力が技術の発展に先行しなければならない」（ユネスコ「21世紀教育国際委員会」報告書 1996＝1997: 12）。そこから、Learning to know.（知る）、Learning to do.（為す）、Learning to live together.（共に生きる）、Learning to be.（自己自身になる）、という《ライフロング・ラーニング》の4つの柱が位置づけられる（同: 66）。また、OECD は「生涯にわたる雇用可能性」のためには、「ライフロング・ラーニングに対する効果的な戦略の発展を要請する」と書いていた（The OECD Observer, No.209, 1997/1998）。イタリア共和国やヴェーネト州では、1990年代半ば以降、EU との連携のもとで、高校職業教育 – 成人教育の職業訓練分野では、イタリア教育省 – ヴェーネト州教育局をとおして「統合教育」を行い、他方、成人教育における「市民生活の拡充と共生」の側面については、国家機構が関与するのではなく、市民諸個人－市民諸団体（associations）の活動分野とした。

　これに比べると、日本国 – 日本国民社会では、ほとんどすべてが正反対の顔を見せる。松下圭一が「社会教育の終焉」を論じた社会的基盤がここにある。すなわち高校教育段階の職業科は減少させ普通科を増大させるが、この普通科における職業教育ないし職業選択教育は皆無に近い。否、むしろ、小学校・中学校・高等学校、あるいは高等教育機関をとおして、それらは存在してはいないと言い直した方がよい（「例外」はある。例えば、大阪府立福泉高校井沼淳一郎教諭による、大阪府金融広報委員会・金融教育研究活動報告、『「はたらく・つながる・生きる」ちからを育てる現代社会──いっぱい学んだ！　考えた！　そして、身につけた』2010. 03）。しかし全体的傾向として、「進路」指導は青年期における人生の進路をともに考えるのではなく、高校や大学への入試対策指導と化している。他方、成人に対する職業訓練は、札幌と北海道を例に取れば、「職業能力開発促進法」に関連する事業として、北海道職業能力開発大学校、北海道職業能力開発促進センター、北海道雇用促進センターなどがあり、それらに北海道商工労働観光部、札幌市商工部が対応している。また、「中小企業指導法」に関連する事業として中小企業事業団・中小企業大学旭川校があ

り、㈳北海道商工指導センター（商工研修センター）と札幌市中小企業指導センターがそれに対応する（本章第3節参照）。しかし、これらはいまや機能の改善を社会的に要請されている。

こうした中で、松下圭一の積極的な対案は傾聴に値する。松下は日本現行の「生涯教育」「生涯学習」を、官治的「教育」の亜種として批判しただけで終わるのではない。「今後ますます情報が質量ともに加速化されて変化するが、これに対応するためには、逆に基礎教育の充実とくに時代とともに変化しない基礎価値の教育こそが重要になる」。すなわち、(1)自由・平等ないし寛容という価値意識。(2)自治・共和という政治意識。(3)状況から出発する創造意識。「これこそが、本来の古典的意味での教育の課題だったはずである。これが基礎教育の基本におかれれば、成人になっても情報を自由に選択し、状況を自発的にのりこえる、創意ある個性をうみだしてゆける」（松下 1986: 119）。——松下の「基礎教育」重視という対案における「基礎価値」の指摘は非常に興味深い。(1)(3)はデンマークの小学校教育改革を想起させるが、私はそうした「基礎価値」を発展させるには、主観的「価値意識」としてではなく、文化的な「客観価値」として把握すべきだと主張してきた（本書第1巻の序章・第1章参照）。ただ、(2)の「自治・共和という政治意識」については検討を要する。それは「市民」の規定と直に重なるからである。

北海道への戸田一夫の視点、自治体の雇用計画・産業計画

客観価値の重要性は、北海道経済界の長老戸田一夫（1922-2006）が、産業クラスター創造運動を起こさざるをえなかったことに端的に現れている。戸田は、「資源依存型産業社会として百年以上の歳月を刻んだ北海道は市場の国際化が進む中で競争力を失い、国は北海道に対し産業構造を変革して経済的に自立する事を求めている。（中略）。産業構造の変革は社会変革そのものであり、道民に大きく意識改革を求めるものでもある」（戸田1998: 1）と指摘し、こう加えた。21世紀の国づくりにおいて最も根本的な問題は「日本の民主主義」であるが、その課題に対して「何を基礎にするのか論じたと言う事は聞いておらない」。それゆえに、「自主、自律の北海道を創る為には道民の力によって『北海道の民主主義』を明確にする事が最も重要」なのであり、そこ

にこそデンマークの「生涯学習」に着目する理由がある、と。「産業構造変革は社会変革」であり、それは地域社会における「民主主義」の確立による地域住民と地域組織の「自主、自律」によって支えられる（同：1）と言うのである。そのことを戸田はデンマークから学んだのであり、ハル・コックの視点に通じるところがある。地域社会研究にとって必要不可欠な視座である（北電社長としての泊原発設置はここでは問わない）。

　日本国−日本国民社会の現行「生涯学習」において、職業訓練的なものは極めて少なく、存在していたとしても、例えば本章第1節で見るある県の場合のように、県下の職業専門学校の紹介に近いといったものもある。逆に、現行「生涯学習」は、ほぼ「市民生活の拡充・共生」型のそれであり、個人の趣味を充足させる活動が多い。本来ならばこれらは、松下圭一が指摘するとおり、「官治」ではなく、市民諸個人が構成する諸市民団体の活動として位置づけすべきは言うをまたない。だが、市町村レベル、さらに市町村に在住する人びとの側から、すなわち鈴木榮太郎の言う中央からの「統治活動」に対して、末端の人びとが自ら経験する「統治現象」から見れば（鈴木1975；本書第3巻参照）、こうした「市民生活の拡充・共生」型の現行「生涯学習」の中に「自治」を見いだすことは不可能ではない。それらが市町村に暮らす人びとの地域社会の保持という要求を反映しており、切り捨てることはできない。問題は、この現行「生涯学習」が日本型教育発想の再生産であるか否かにある。愚考すれば、「市民文化の成熟」（松下）の結果、「動員」されてイヤイヤ講座に出席する人はもはや存在しない。これは、長年、講師をしてきた者の率直な感覚である。それどころか聞き手の問いかけが突き付ける、横断的・総合的な「生活智」からの要求に対し、専門分化した「学問知」が応えられない場面に、私達はしばしば出合ったのである。

　このように考えてみれば、自治体ないしその連合体の雇用政策、それを支える産業政策、これらと結びついた──例えばEUやイタリアに見るような──「生涯学習（ライフロング・ラーニング）」を行いうる権限と財源の地方への移管が鍵になる。私は松下のシビル・ミニマム論に賛同するが、なおかつその「自治体計画」における雇用計画・産業計画は未だ未整備であると思う。松下の結論は「従来、自治体計画が経済開発を主目標とし、福祉さらに文化を無視してきたため、

かえって地域産業のあり方を軽視しがちであった。だが、地域ないし都市の基礎である地域産業が地域個性・地域文化の土台である。自治体計画は、文化個性の選択として地域産業の適性配備をめざす産業計画を展開したい。自治体計画は、この地域生産力の適正配置と文化個性の選択のために、なによりも農業・林業・漁業、伝統工業あるいは観光産業の生産基盤整備を重視すべきである」(松下 1986: 297) と言うことにある。だが、現実の地域社会が抱える問題のためには、このような総論をさらに具体化しなければならないように思われる。

地域社会における生涯学習の「教育内容」論

　私は地域社会における生涯学習の「教育内容」論を、〈産業-就業-雇用〉の問題を主軸に、地域産業・地域社会の内発的発展のあり方にも踏みこんで検討することを主張してきた（小林甫 1999、2000a、2001a など参照）。その一端は第4章で取り扱うが、ここでは、いま一つの要因について記しておきたい。それは松下圭一の『社会教育の終焉』が出版された1980年代半ば以降における、国際的な動向の変化である。21世紀が始まって数年がたった今日、一方で新たな「帝国」が台頭し、「正義」の一方的な強要ないし「民は知らしむべからず、由らしむべし」的な政策が展開されるが、他方では「民は知らしむべし、由らしむべからず」(渋沢栄一 1975=1977: 179) という逆転の発想、つまり「知は力なり」(F・ベーコン) の格言がいよいよその真実性を広げている。国際的には《Learning throughout life》から《Lifelong Learning》への現実的な移行の進展であり、日本においても現行「生涯学習」から「生涯学習（ライフロング・ラーニング）」への熟成を、蓋然的にではあれ論じる必要性が出てきている。その背後には1980年代におけるグローバリゼーションの進行がある。アメリカニゼーションと区分けされるグローバリゼーションの独自性は、9・11以後のアフガン戦争やイラク戦争を契機として、その区分けの困難さの垣根は低くなり、「アンチ・グローバリゼーション」だけではない「オルター・グローバリゼーション」という展望が明確化されつつある。グローバル化社会における国際的な経済連関（協調-競争）と、文化的アイデンティティの共生（多文化化-相互承認）とが同時並行的に進んでいる。そうした中で、ヨーロッパでもアジア・オセ

アニアでも、成人教育（市民性涵養－職業性訓練）と高等教育とを高いレベルで結合させ、ライフロング・ラーニングの制度＝行為を構築してグローバル化に対処しようとし、アメリカでもユニヴァーシティ・エクステンションとは差異化されるライフロング・ラーニングへの関心が起きている（Stubblefield and Keane 1994=2007 参照）。国際的に見て、少なくとも方向性としては、そうしたライフロング・ラーニングへの共通理解が一定程度できようとしている。

　私たちは、「欧米」ではなく「欧」と「米」とを区別しながら、個々の国々のみならず、ユネスコやICAE（国際成人教育協議会）、またOECDやEUがどのような経験を積み重ねていくのか注視し続けなければならない。それゆえ、《Lifelong Learning》にとって中核となる課題は、いわゆるユネスコ型とOECD型の止揚のされ方にある。また、ユネスコ・アジア本部はバンコクにあるが、東南アジア社会はヨーロッパとの伝統的なつながりがアメリカとのそれに切り替わり、さらにはオセアニアの諸国が参入しようとしてきているので、こうした実態の観察も不可避である。北東アジアにおける大韓民国（韓国）、中華民国（台湾）、中華人民共和国（中国）、朝鮮民主主義人民共和国（DPRK）、ロシア連邦極東地方（極東ロシア）、モンゴル国の動向は、ロジスティクスからいっても無視しえないばかりでなく、韓国の「平生教育」、台湾の「終生教育」、中国の「社区教育」、DPRKの「主体教育」、ロシアの「継続教育」、モンゴルの遠隔教育試行（Bates 2011）など、日本現行「生涯学習」とは大きく異なるそれぞれの成人教育諸形態がある。こうした状況において、松下圭一の指摘した日本の「近代化」の基礎に横たわる、官治・集権型の教育社会構造さらには文化社会構造を、私たちがどこまで乗り越ええたかが国際的にも問われている。

第2項　中教審の「新しい教養」答申と自治・共和型の市民社会

本項の課題

　松下圭一はその1998年の著作『政治・行政の考え方』においても、「市民文化活動が活発となった今日、成人の市民を教育対象とするような官治型の教育基本法の改正、社会教育法の廃止も当然です（拙著『社会教育の終焉』1986年、筑摩書房参照。文部省は担当局名も『生涯学習』に変えたが、実態は同じといえる）」

（松下 1998: 167) と指摘し、官治型の教育基本法改正、社会教育法廃止を打ち出した。しかし、松下のこの政策提言についての論評は、ここではまだ行わない。なぜなら、第一に、松下の自治・共和型市民社会論と自治・分権型の行政行為論に対する検討が行われていないからであり、第2には2000年代に入ってからの文部科学省－中央教育審議会による、「新しい教養」論から「新たな『公共』」論の提起という、新たなアイデンティティ形成の試みに対する検討も行っていないからである。こうした新たな「公共」性論と、松下の「自治・共和」社会論との突き合わせという媒介的な作業によって、現代日本における教育社会構造の焦点が那辺に存するかが、一層明瞭になると思われる。以下に、この課題を見ていきたい。

2002年中教審答申による「新しい教養」の提起

さて、中央教育審議会は、2000年12月、『新しい時代における教養教育の在り方について（審議のまとめ）』を公表し、2002年2月には本答申を出した。平行して、科学技術・学術審議会の「人材委員会」は、『世界トップレベルの研究者の養成を目指して』（第一次提言、2002年7月）を出して「π型人材」論を提起した。ここで注視しなければならないのは、日本の「生涯学習」の性格であり、それを支える現状認識の論理である。以下、こうした答申の基盤にある現状認識、「新しい時代」とは何かに関する時代認識、そこでの「教養」教育のあり方についての中教審本答申を、まず見る（「新しい時代」における「新しい教養」については、本書第4章第4節「現代を生きる工業技術者の〈学び〉と『教養』」をも参照していただきたい）。

> 「社会が物質的に豊かになる過程で価値観の多様化、相対化という状況が生まれ、一人一人が多様な生き方をするようになった一方で、社会的な一体感が弱まっており、バブル崩壊後の経済的な停滞や国際化・情報化の進行による急速な社会・経済環境の変化の中で、社会共通の目的や目標が失われている状況がある。(中略) 我が国では、物質的な豊かさの実現という戦後一貫して国民の多くが追い求めてきた目標が達成された。
> 　今、次に目指すべきは『心の豊かさ』や『国際社会への貢献』であるといった漠然とした共通の認識はあるものの、その具体的な姿やそのための道筋は、い

まだ明確になっていない。また、少子・高齢化、都市化の進展や就業構造の変化等の中で、長い間人々の心のよりどころであった家族や地域共同体、会社の在り方及びこれらと個人との関係が大きく変わりつつある。

　これと同時に、目覚ましい情報化の進展やマスメディアの発達などによって世界中からあらゆる情報を瞬時に入手できるようになる一方で、直接体験が失われ、人間関係の希薄化も進んでいる。科学技術の著しい発展は、人類に計り知れない恩恵をもたらす一方で、地球規模での環境問題やデジタル・デバイドに代表される新たな格差の出現、遺伝子操作技術などその使い方をめぐって大きな倫理的課題をはらむ問題を生み出しており、科学技術の発達の速さに我々の精神世界が置き去りにされる、新たな人間疎外とも言うべき状況も生じている。

　さらに、国際社会に目を転じたとき、我が国は経済的には大きな存在となったが、国際社会における存在感や人類に対する貢献といった面ではいまだ経済力に見合うような高い評価が得られているとは必ずしも言えない」(中央教育審議会2002: 2)。

　第一の項で言われていることは、日本社会が物質的な豊かさを手にする過程で社会的な一体感が弱化したこと、社会的な共通価値を失ったが次なる目標がないことである。第二の項は情報社会化の進展と人間関係の希薄化、第三の項は国際社会における存在感と人類に対する貢献の必要性である。これら3つの指摘から浮かび上がってくる新しい時代像には、日本国民社会における「環状線的な社会的交流路線」(鈴木榮太郎(遺稿)、1975=349；本書第3巻参照)がますます進展し、しかもその密度が稠密さを増していて、グローバリゼーション化の中で日本人の視野がとてつもなく広がっていることを主にしつつ、他方では変化を恐れる傾向がさまざまな矛盾を引き起こしている(ギデンス1998=2001: 154)、という両局面の存在についての認識が見えないことである。まして国民社会の変貌に後れを取っている国家制度－官僚機構についての検討は、完全に欠落してしまっている。タブーなのであろうか。

　市川昭午・連合総合生活開発研究所編の『生涯かがやき続けるために──21世紀の「しごと」と学習のビジョン』(本書第1巻第2章、537-538頁参照)は、「生涯仕事／学習社会」によって「競争社会を越えて」ゆこうという、オルタナティヴを志向した共同研究であるが、この労作においても「生涯学習の政治学」(P・ジャービス)という課題は存在していない。──もしかすると私た

ちは、国家−官僚の「思想と行動」がいかに「日本国民」の意欲を削いでいるか、という研究をしなければならないのかもしれない。

2003年中教審答申における「生涯学習」観

　中央教育審議会は2003年3月の答申『新しい時代にふさわしい教育基本法と教育振興基本計画の在り方について』において、「生涯学習の理念」を次のように記した。未だに《Learning throughout life》の特質をもつものとしての把握である。すなわち、「今日、社会が複雑化し、また社会構造も大きく変化し続けている中で、年齢や性別を問わず、一人一人が社会の様々な分野で生き生きと活躍していくために、家庭教育、学校教育、社会教育を通じて職業生活に必要な新たな知識・技能を身に付けたり、あるいは社会参加に必要な学習を行うなど、生涯にわたって学習に取り組むことが不可欠となっている。教育制度や教育政策を検討する際には、これまで以上に学習する側に立った視点を重視することが必要であり、今後、誰もが生涯のいつでも、どこでも、自由に学習機会を選択して学ぶことができるような社会を実現するため、生涯学習の理念がますます重要となる」（同答申第2章の2「具体的な改革の方向」）。

　「生涯学習」とは「生涯にわたって学習に取り組む」（＝Learning throughout life）ことであり、「生涯学習社会」は「誰もが生涯のいつでも、どこでも、自由に学習機会を選択して学ぶことができるような社会」と把握される。そして、現代にふさわしい〈新たに規定する理念〉」を8つ指摘する。1.「個人の自己実現と個性・能力、創造性の涵養」、2.「感性、自然や環境とのかかわりの重視」、3.「社会の形成に主体的に参画する『公共』の精神、道徳心、自律心の涵養」、4.「日本の伝統・文化の尊重、郷土や国を愛する心と国際社会の一員としての意識の涵養」、5.「生涯学習の理念」、6.「時代や社会の変化への対応」、7.「職業生活との関連の明確化」、8.「男女共同参画社会への寄与」（同上）である。3の「社会の形成に主体的に参画する『公共』の精神、道徳心、自律心の涵養」は、「生涯学習」と「『公共』の精神」との接合を示すものであり、中央教育審議会生涯学習分科会の『今後の生涯学習の振興方策について（審議経過の報告）』（2004年3月）において重要な意味をもってくる。そのことは後述するとして、一番基礎となる概念、すなわち「社会」の複雑化、「社会構造」

の大きな変化、一人一人の「社会の様々な分野」での活動、また主体的に参画する「社会の形成」というとき、「社会」と「社会構造」との区分、それらと一人一人」にとっての「社会」ないし「社会の形成」との異同が明らかではない。私は総称としての「社会」を、対人的・集合的結合と、中間的諸組織・集団の世界、そして国家・経済システムに区分している。そうすると、一人一人にとっての社会は対人的・集合的結合や中間集団とかかわり、複雑化する社会は国家・経済システムと、また大きく変化する社会構造はどちらかといえば、国家・経済システムとかかわる中間的諸組織、特に法政制度と関係すると考えられる。

2003年中教審答申における「教育の現状」評価

しかし、この2003年中教審答申の要は、「社会の形成」への主体的参画を「『公共』の精神、道徳心、自律心の涵養」、あるいは「郷土や国を愛する心」といった態度形成に収斂させるところにある。5の「生涯学習」はそのための一要素だという位置づけになる。つまり、「生涯学習の振興のための施策の推進体制等の整備に関する法律」(1990.6.29、法律71号；改正1999.7.16 法律87号、改正1999.7.16 法律102号・施行＝2001.1.6、改正1999.12.22 法律160号・施行＝2001.1.6) が制定されてからすでに10数余年が過ぎたが、未だに「施策の推進体制等の整備」に関する法律以上のものには改正されていない。そのもとで、2003年中教審答申を貫くものはある種の危機意識である。それは答申冒頭の「教育の現状と課題」に端的に表現されている。

　　(A)「青少年が夢や目標を持ちにくくなり、規範意識や道徳心、自律心を低下させている。いじめ、不登校、中途退学、学級崩壊などの深刻な問題が依然として存在しており、青少年による凶悪犯罪の増加も懸念されている」。「家庭や地域社会において心身の健全な成長を促す教育力が十分に発揮されず、人との交流や様々な活動、経験を通じて、敬愛や感謝の念、家族や友人への愛情などをはぐくみ、豊かな人間関係を築くことが難しくなっている」。「また、学ぶ意欲の低下が、初等中等教育段階から高等教育段階にまで及んでいる。初等中等教育において、基礎的・基本的な知識・技能、学ぶ意欲、思考力、判断力、表現力などの『確かな学力』をしっかりと育成することが一層重要になっている」。

(B)「今日、我が国社会は、大きな危機に直面していると言わざるを得ない。国民の間では、これまでの価値観が揺らぎ、自信喪失感や閉塞感が広がっている。倫理観や社会的使命感の喪失が、正義、公正、安全への信頼を失わせている。少子高齢化による人口構成の変化が、社会の活力低下を招来している。長引く経済の停滞の中で、多くの労働者が離職を余儀なくされ、新規学卒者の就職は極めて困難となっている」。

　(C)「こうした状況を脱し、我が国社会が長期的に発展する礎を築くために、戦後の我が国社会を支えてきた政治、行政、司法や経済構造などの基本的な制度の抜本的な改革が進められている。教育は、我が国社会の存立基盤である。現在あるいは将来の我が国社会が直面する様々な困難を克服し、国民一人一人の自己実現、幸福の追求と我が国の理想、繁栄を実現する原動力たり得るものは、教育をおいて他にない。我が国社会が、創造性と活力に満ち、世界に開かれたものとなるためには、教育についても、これら一連の改革と軌を一にして、大胆な見直しと改革を推進していかなければならない」（傍点引用者）。

　(D)「科学技術の急速な発展と社会構造の変化に伴い、それを支える学問分野は高度に専門分化し、現実社会との乖離が問題視されるようになっている。同時に、学問領域の融合によって新たな分野も形成されつつある。大学・大学院には、基礎学力と分野横断的かつ柔軟な思考力・創造力とを有する人材の育成を目指した教育研究体制の構築と、教育研究を通じた社会への貢献が強く求められている」（傍点引用者）。

　ここで指摘されたことは、本書をここまでお読みいただいた方には、それほど奇異には映らないと思う。(A)の指摘は敬愛や感謝の念、親しい人への愛情に傾斜するが、日本の子どもや青年たちがその生い立ちにおいて家族や友人など、人と人とのsozialな関係性を大切にされてこなかったことが根底にあり、そうした深刻な事態を中教審が認めたことを意味する。(B)は「国民」の対人的−集合的結合や中間集団的世界における「自信喪失感や閉塞感」「倫理観や社会的使命感の喪失」を現実化する根拠として、「多くの労働者が離職を余儀なくされ、新規学卒者の就職は極めて困難」という事態があることを、これまた中教審は認めたのである。欠落しているのは、その主たる責任が国家・経済システムの担い手たちにあると言うことだけである。しかも、(C)の指摘は戦後日本の国家的・法制的社会、すなわち「戦後の我が国社会を支えてきた政治、行政、司法や経済構造などの基本的な制度」に根本的な問

題があり、かつ「抜本的な改革」の過程にあると楽観的に指摘した。また(D)も、これまでほとんど手放しで称揚されてきた科学技術の発展に対し、2000年中教審『新しい時代における教養教育のあり方について』と同様に、「現実社会との乖離」について言及する。ただし、(A)(B)の指摘は「国民」の「価値観の揺らぎ」に問題の根っこを求めたが、原因と結果とが逆に表現されている。離職や就職難の解決ができず、労働慣行をこれほど破壊したこと、それを国家的・法制的社会の担当者が放置 - 容認してきた行為が、「国民」の「閉塞感」「社会的使命感の喪失」の根底にあると考えられる。

国民の国家・社会形成と「新しい公共性」への責務

　では、総体としての「社会」改革の一環としての「教育制度」改革において、何をどうすると言うのか。2003年中教審答申の「21世紀の教育が目指すもの」は、第一に「教育には、人格の完成を目指し、個人の能力を伸長し、自立した人間を育てるという使命と、国家や社会の形成者たる国民を育成するという使命」があると指摘する。第二に、「これからの教育には、少子高齢化社会の進行と家族・地域の変容、高度情報化の進展と知識社会への移行、産業・就業構造の変貌、グローバル化の進展、科学技術の進歩と地球環境問題の深刻化、国民意識の変容といった歴史的変動の潮流の中で、それぞれが直面する困難な諸課題に立ち向かい、自ら乗り越えていく力を育てていくこと」が求められる。そのためには、「一人一人が生涯にわたり学び続けるとともに、それを社会全体で支えていく必要」があると見る。

　このような「教育の普遍的な使命と新しい時代の大きな変化の潮流」を踏まえ、「21世紀を切り拓く心豊かでたくましい日本人の育成」を目指すため、これからの教育は、以下の5つの目標の実現に取り組んでいく必要がある。①自己実現を目指す自立した人間の育成、②豊かな心と健やかな体を備えた人間の育成、③「知」の世紀をリードする創造性に富んだ人間の育成、④新しい「公共」を創造し、21世紀の国家・社会の形成に主体的に参画する日本人の育成、⑤日本の伝統・文化を基盤として国際社会を生きる教養ある日本人の育成、である。ここで新規に登場した④に関する説明は以下のとおりである。

(E)「自分たちの力でより良い国づくり、社会づくりに取り組むことは、民主主義社会における国民の責務である。国家や社会の在り方は、その構成員である国民の意思によってより良いものに変わり得るものである。しかしながら、これまで日本人は、ややもすると国や社会は誰かがつくってくれるものとの意識が強かった。これからは、国や社会の問題を自分自身の問題として考え、そのために積極的に行動するという『公共心』を重視する必要がある。
　近年、阪神・淡路大震災の際のボランティア活動に見られるように、互いに支え合い協力し合う互恵の精神に基づき、新しい『公共』の観点に立って、地域社会の生活環境の改善や、地球環境問題や人権問題など国境を越えた人類共通の課題の解決に積極的に取り組み、貢献しようとする国民の意識が高まりを見せている。個人の主体的な意思により、自分の能力や時間を他人や地域、社会のために役立てようとする自発的な活動への参加意識を高めつつ、自らが国づくり、社会づくりの主体であるという自覚と行動力、社会正義を行うために必要な勇気、『公共』の精神、社会規範を尊重する意識や態度などを育成していく必要がある」(文部科学省HP 当該答申：6-7、傍点引用者)。

　かって、大正デモクラシー期に、文部省社会教育課長・乗杉嘉寿は国家と個人ないし家族との間に「社会」を創出すべきことを訴えた。そして戦後改革期に、社会教育課長寺中作雄は廃墟と化した「郷土」を再建すべく、郷土民による自主的「公民館」活動を訴えた。それらは政策コミュニティ形成でなく、郷土コミュニティ社会を作り上げていった。それから60年近くがたって、上の引用の(A)(B)で見たような、郷土コミュニティ社会ないし地域コミュニティ的社会の解体化状況が語られる。そして「国民の責務」を、「国家や社会の在り方は、その構成員である国民の意思によってより良いものに変わり得る」と諭す。阪神・淡路大震災に際しても「互いに支え合い協力し合う互恵の精神」に基づいた「社会づくり」、すなわち対人的・集合的結合づくりに対し、「国民」としてでなく日本社会の一人ひとりの市民たちが自ら取り組み、また「地域社会の生活環境の改善や、地球環境問題や人権問題など国境を越えた人類共通の課題」にも日常的に応答している。2005年にイラクで拘束され、「自己責任」論の集中砲火を浴びた3人の若い人たちは、まさにこうした「新しい『公共』」の活動を、国民としてでなく一市民として行っていたわけであ

る。だが、本答申は、意図してか否かは分からないが、「より良い国づくり、社会づくり」と記し、「国づくり」と「社会づくり」とを同列に置く。この場合に国民に要請される「国づくり」の活動とは何であるか。「互いに支え合い協力し合う互恵の精神」と「社会正義」や「『公共』の精神」、また「社会規範」の尊重とはいかなる関係にあるか、それらと「新しい『公共』」との関係はどうか。こうした点については、この答申の文章からは判断できない。

2003年中教審答申と大学改革の位置づけ

なお、答申は「(参考) 今後の審議において計画に盛り込むことが考えられる具体的な政策目標等の例」として、(1)信頼される学校教育の確立、(2)「知」の世紀をリードする大学改革の推進、(3)家庭の教育力の回復、学校・家庭・地域社会の連携・協力の促進、(4)生涯学習社会の実現を挙げる。この「生涯学習社会の実現」では、①地域の教育施設を活用した学習機会の提供等、社会・経済の変化や個人の学習ニーズに柔軟に対応し、生涯を通じ必要な時に必要な学習ができる環境づくりを推進する。②学校、地域等あらゆる場面を通じて、男女共同参画社会の理念の理解とその実現に向けた学習機会の充実を図る。③生涯にわたる学習活動の成果の評価・認証体制を整備する。④生涯スポーツ社会の実現のために、住民が主体的に参画する地域のスポーツクラブの育成を促進し、それぞれの技術や体力に応じてスポーツに親しむことのできる環境を整える、の4点が説明されているが、新鮮さはあまり感じられない。

2003年中教審答申『新しい時代にふさわしい教育基本法と教育振興基本計画の在り方について』は、「『知』の世紀をリードする大学改革の推進」をこう位置づける。「これからの国境を越えた大競争の時代に、我が国が世界に伍して競争力を発揮するとともに、人類全体の発展に寄与していくためには、『知』の世紀をリードする創造性に富み、実践的能力を備えた多様な人材の育成が不可欠である。そのために大学・大学院は教育研究の充実を通じて重要な役割を担うことが期待されており、その視点を明確にする。」(第2章1-②)、と。創造性と実践的能力を備えた人材の養成について異論を唱える者はいないと思う。だが、何のために？ 先の文章では「世界に伍して競争力を発揮すること」と「人類全体の発展に寄与すること」が挙げられている。

前者には具体性があり、後者はそれを欠く表現なので、世界経済フォーラム主導の「グローバリゼーション」を闘い抜く競争力に力点があることは明らかである（しかし「国境を越えた大競争の時代」とは何だろう。国境を越えない国際貿易などありえない）。なおかつ、ここには日本国内における市区町村の内発的地域発展に関する記述は見えない。国土の隅々からの仕事おこしや地域づくりが国民社会総体の「競争力」を高めると考えるが、中教審委員と答申原案の書き手はそうではなかったように思われる。なお、2005年1月の中央教育審議会答申『我が国の高等教育の将来像について』には新しい展開がある。この点は、本書第3巻の第5章第1節第3項をご参照いただきたい。

　以上、見てきたように、2003年3月の中央教育審議会答申答申『新しい時代にふさわしい教育基本法と教育振興基本計画の在り方について』における「教養」論は、一方で創造性と実践的能力を備えた人材の大学教育における養成を望んだが、他方、より一般の人には「社会の形成に主体的に参画する『公共』の精神、道徳心、自律心」の涵養を求めた。そうした道議心とかかわって「生涯学習」が位置づけられ、「『公共』の精神」と「生涯学習」との接合を示唆された。しかし、そこでの論理には、第一に、「国家」と「社会」との等値という指向性があり、両者の差異と連関の構造把握はなかった。第二に、「国民」への道義的な要請（『公共』の精神、道徳心、自律心）には執心するが、「生活形式の民主主義」（ハル・コック）という視座を欠くため、「公共」精神の名による「民可使由之」（民はこれに由らしむことができる）という、囲い込みの懼れなしとしない。第三に、そのことと裏腹であるが、「国民」への必要な情報の非公開性がある（虐め・苛めにより自殺した生徒の数など）。「不可使知之」、これを知らしむことはできないという統治者の論理は、あらゆる形態での成人教育・生涯学習の存立基盤を危うくする。それゆえに、「生涯学習」ないし「生　涯　学　習」(ライフロング・ラーニング)にとって、松下圭一などが述べる「自治・分権」の制度づくり、また北海道や松山市が取り組んだ「地域主権型」社会づくりなどの視点が重要になる。とりわけ北海道知事室（2006）が捨象してしまった公民館活動のような、住民サイドから発する「公共性」構築が、いま極めて重要である。

第3項　現代日本政治学と「地域社会」「生活者学習」の位座
###　　——松下圭一の大衆社会論、町内会解体論・生涯学習廃止論の再検討
松下圭一の『現代政治＊発想と回想』に見る研究史の展開

　2006年、松下圭一は『現代政治＊発想と回想』において、50年を超える自己の研究史を総括し、1「市民政治理論の形成史」、2「現代理論としての大衆社会論」、3「都市・自治体理論の創出」、4「政策型思考の問題構成」、5「制度型思考の構造転換」、6「日本転型への展望と市民政治」という問題群への取り組みを開示した。このうち、1はさらに[a]「政治理論における『近代』」、[b]「基本概念としての『個人自由』」、[c]「『市民社会』概念の原型」を内実とするが、松下の最初の著作、『市民政治理論の形成』(1959年、ロック研究)を淵源とする。2は[a]「政治理論の『近代』から『現代』へ」、[b]「『市民政治』は『大衆政治』から」、[c]「社会形態としての都市型社会」(後述)からなる。この2とのかかわりで、3「都市・自治体理論の創出」における[a]「人間型としての『市民』定位」(後述)が位置づき、また[b]「現代都市政策論の提起」、[c]「政府の三分化と信託・補完原理」が展開された。4の「政策型思考の問題構成」は、市民の社会工学的思考方法を扱い、[a]の「政策型思考の自立と特性」、[b]の「政策主体の多元化・重層化」、そして[c]の「政官業複合の政策構造」へと構造化した(松下　同：17-90)。

　5の「制度型思考の構造転換」は、『市民自治の憲法理論』(1975年)、「市民型法意識と法社会学」(1979年)、「現代法と政策法務」(1988年)、「行政・行政学・行政法学」(1994年)などによって切り開かれ、[a]の「都市型社会における法構造」の基盤を作り上げた。そして[b]の「社会工学としての政策法」は国法観念を中軸とした従来の法学理論・法哲学の「終焉」を指摘、さらに[c]の「基本法概念の理論再編」に至る。そこでは、①自治体「政府」の基本条例を位置づけ、また②憲法条文の都市型社会という社会文脈における再構成の試みを示した(憲法前文⇔「民主主義の歴史的構成」1957年。憲法第1章「天皇」⇔「大衆天皇制論」1959年。第2章「戦争の放棄」⇔「都市型社会と防衛論争」1981年。第3章「国民の権利及び義務」⇔「現代政治における自由の条件」1957年。「シビル・ミニマムの思想」1970年。第4・5・6章「国会」「内閣」「司法」⇔『市民自治の憲法理論』、「国会イメージの転換を」1977年、「官僚内閣制から国会内閣制へ」1997年。第8章「地

方自治」⇔『日本の自治・分権』1996年、『自治体は変わるか』1999年、『自治体再構築』2005年。なお、憲法には他に第7章「財政」、第9章「改正」、第10章「最高法規」、第11章「補則」がある。松下 同：91-117)。『市民自治の憲法理論』の「市民参加と法学的思考」「戦後憲法学の理論構成」「憲法理論への市民的視角」という発想が、上に見るような形で再構成されたことは注目に値する。

　6は分節化されてはいないが、松下圭一の長い研究に基づく集大成的な関心が明確化された。「国の政治・行政の全域にわたった転型」の問題である。その中核は「都市型社会にふさわしい政治・行政、経済・財政、文化・理論の自治・分権構造」の再構築という課題にある。すなわち、日々増え続ける国、自治体の借金蓄積のもと、2000年代の法制大改革による、(1)分権改革、(2)国会・内閣改革、(3)省庁再編（①財政・財務改革をともなう省庁再編成、②省庁規制の整理・改革、ついで省庁外郭組織の整理・廃止、③公務員改革くわえてその減員、④司法改革）の諸問題が指摘される。松下は、日本の分権化・国際化を課題とする、「官治・集権型から自治・分権型へという憲法運用改革、いいなおせば憲法の条文改正とは異なった《整憲》レベルでの『憲法構造』の転換へのとりくみ」を、「急務」としたのである（松下 同：118-119、傍点引用者）。傍点を付した部分を除いて、「国」の転型にかかわる課題の整理は明快であり、首肯できる。しかし、松下の関心は「政府」（国・自治体）の機構改革にあって、鈴木榮太郎の言う「国民社会」変革の問題にはないように思われる。転型は、自治・分権構造を政治・行政、経済・財政、文化・理論において達成することとされるが、そこには「社会」（とりわけジンメル的な意味でのそれ）は位置づいていないからである。

町内会・地区会の解体論と社会教育・生涯学習の廃止論

　とりわけ私が違和感を抱いたのは、町内会に対する松下の言明にある。すなわち、「町内会・地区会の崩壊がすすむ2000年代ではまた、地域レベルについての『ミニ自治』論が安易に理論家によって提起」されたが、この立論は「市町村の政治・行政がたえず補強・再編し、さらに各地でながい歴史の追憶をもつ、町内会・地区会の問題性の重みについての、『無知』からきている」。敗戦後における町内会・地区会解散令ののち、「これを復活させないという見識をもつ長・議員また職員のいた自治体では、今日でもこれを一切

行政でつかって」いない（例えば武蔵野市）。町内会・地区会がなくても、「広報配布をふくめ市町村の政治・行政がなりたち」、それらは不可欠な存在ではない。むしろ「多くの都市ないしその近郊の町内会では、すでに加入率がおちるなど、解体がようやくはじまって」いると展望した（松下 2006: 40-41）。——だが町内会・地区会は一切、存在しない方が民主主義ないし「地域民主主義」にかなうのであろうか。「無知」な人間の一人として以下にこの点を、松下の「大衆社会」についての理論と実証の両面で考えてみたい。

　検討するのは、①「大衆国家の成立とその問題性」（1956b）、②「『巨大社会』における集団理論」（1957b）、また③「戦後農村の変容と政治」（1959d）、④「大衆娯楽と戦後の思想状況」（1960a）、⑤調査報告書『大都市における地域政治の構造』（1960、東京都職員労働組合・都政調査会）、そして⑥「〈市民〉的人間類型の現代的可能性」（1966）の6論文である。いずれも松下がイギリスの政治理論史研究者から、日本における都市・自治体理論の先駆者となっていく間の文献である。この間に松下は、「社会」「集団」論への関心を「都市自治体」「自治体職員」論へと収斂させ、そのことによってやがて「日本転型」（官治・集権型から自治・分権型への憲法運用改革）の展望を描くことになるのだが、その過程をとおして町内会・自治会の解体論と、社会教育・生涯学習の廃止論が打ち出されてくる。

　こうした把握は、例えば北海道札幌市のように、基本的に公民館をもたず（旧月寒町の月寒公民館1館のみが旧豊平町に引き継がれ、同町の札幌市への編入時にも協定を結んで存続する）、町内会・連合町内会も本書第3章第3節で見るように上から組織化された、「地域アソシエーション的社会」には適合的であるかもしれない。しかし、日本の市町村の多くは、例えば愛媛県松山市が現に展開しているように、公民館・分館と地域自治会とを柱にして、「ミニ自治体」をめざす「地域コミュニティの自立」を、市長が提唱する「地域主権型社会づくり」として市民ともども行おうとしている（松山市地域コミュニティ市民検討会議『地域コミュニティの自立を目指して——「地域における」まちづくり研究成果報告書』、2006年）。こうした事例は「地域コミュニティ的社会」においては例外ではない。近代以後に「地域社会」を形成してきた北海道ニセコ町でも、本章第4節に見るごとく、「自治基本条例」の中に「コミュニティ」

に関する規定を置いた。問題の焦点は、「地域自治組織」と「地域住民組織」の新たな構築はいかにして可能かという点にある。

1 イギリス政治理論研究にかかわる要因
現代の社会形態としての「大衆社会」

少し迂回をする。松下政治学の大前提は、①工業化による社会分業の複雑化と利害分化の進行、②民主化による価値選択の複雑化と価値分化の進行によって、数千年も続いてきた「農村型社会の共同体・身分が崩壊して、個人が市民として自立しうるようになるとともに、経済では『市場経済』、社会では団体・企業の自治という『社会分権』が不可避」となる、という歴史的事態の把握にある（松下 同：124、傍点引用者）。農村型社会の崩壊と都市型社会の展開を支えたのは「《市民》という人間型」であるが、それは後述する。

2「現代理論としての大衆社会論」は、[a] の「政治理論の『近代』から『現代』へ」と、[b] の「『市民政治』は『大衆政治』から」を受け、[c] において「社会形態としての都市型社会」を提起した。松下の説明は以下のとおりである。近代における経済の工業化にともない、古代から続く経世済民の政治学から、新たに経済学が自立した。その後、社会分業の深化、組織技術の発達によって、「社会形態論」としての社会学が成立する。すなわち、17世紀のロック以降における市民社会観念の成立、18世紀におけるファーガソンの市民社会史研究をふまえ、19世紀には社会の段階発達を論ずるコント、スペンサーなど、あるいは社会変動の実証をめざすデュルケムなども登場するが、特に20世紀のドイツにおいて「ジンメルが主導する『形式社会学』」というかたちで社会学が純化され、自立」した。その後、社会学は専門分化あるいは抽象総合する社会形態論として多様に展開し、「この社会学はウェーバーにみられるように、20世紀の理論におおきな特性」をあたえた（同：33-34）。——松下の社会学理解には、ルーマンの言う「マクロ社会学」、ウェーバーやデュルケムを起点とする「全体的社会」（gesamte Gesellschaft、特に Industriegesellschaft）の把握と、「ミクロ社会学」つまりジンメルによる「人と人との間の社会的諸関係」（sozialen Beziehungen）の把握、という重大な区分は認知されてはいない（本書第1巻序章：7-9 参照）。

そのうえで社会理論家松下は、「現代の社会理論」を政治過程（政治学）と社会形態（社会学）と経済構造（経済学）の「重畳」と考えた（同：34）。政治学者松下は1950年代において、市民政治理論の《古典》的形成」にかかわるロック研究に引き続き、市民政治理論の《現代》的転換」という問題に取り組んだ。助手時代の論文が節目に位置したが、同論文の全体構想は「集団観念の形成と市民政治理論の構造転換」（松下1956a）の目次にうかがえる。序章、第1章「多元的政治理論における理論構造の転換」、第2章「大衆国家の形成と集団観念の問題性」、第3章「集団観念の思想史的系譜」、第4章「集団観念の政治機構論的展開」、第5章「多元的政治理論のイデオロギー性とその崩壊」である（同：131）。実際に公刊されたのは、序章と第1章第1節「市民政治理論の理論構造」の、1「市民政治理論の価値観念」の部分（松下1956b）、同2「市民政治理論の嚮導観念」、3「『市民社会』理論の展開」の部分（松下1957f）までであり、4「『国家有機体』説の展開、5「市民政治理論における中間団体」、そして第2節「多元的政治理論の理論構造」以下は、「理論関心の変化のため、発表は中断したまま」（松下2006:17）となる。しかし1956b論文の「序章」は、「20世紀における資本主義の独占段階への移行は、《経済》における資本構成上の高度化のみならず、この高度化の前提をなす生産の社会化Vergesellschaftungを基礎として、《社会》の形態変化をもたらした」（松下1956a:132）と切り出していた。のちに、第2章「序文」は解題のうえ独立した論文「大衆国家の成立とその問題性」（松下1956b）となり、また「特定視角からの要約」（松下2006:17）として「『巨大社会』における集団理論」（松下1957b）が出された。

　　山田竜作によれば、1955年ころから高度経済成長が始まりだした中で、松下圭一は『市民政治理論の形成』（1959b）の続編として、『市民政治理論の転回』を構想していた。1958年までの多くの論考は『現代政治の条件』（1959c）にまとめられたが、「未刊行である『近代政治理論の転回』での松下の構想は、この『現代政治の条件』に収められている大衆社会のに関する諸論考の中に探る」ことができる。そして山田は自己の検討を次のように位置づけた。「本章では、『戦後民主主義』および戦後日本政治学における『大衆社会論争』それ自体の思想史的意味についてよりも、むしろ、決して十分に理解されることのなかった松下の大衆社会の理論そのものを、可能な限り内在的に考察したい」（山田2004:101,103）。

私も山田のこの視点を共有し、かつ社会学の視点から以下の検討を行う。

1956b 論文と大衆国家の規定

1956b 論文（論文①）は、大衆国家という特殊20世紀的政治状況の成立と問題性を、1「〈大衆〉的問題状況」、2「社会形態の変化」、3「市民社会の崩壊」、4「大衆の形成過程」、5「大衆文化の成立」、6「政治過程の変質」、7「社会主義の分裂」として論述したものである。そのさい「欧米ことに欧州を中心に追求」し、「問題のコンテクストが歴史的に異なっているソヴェト・ロシア、ついでアジアは一応括弧のなかにおさめられる」（松下 1956b: 10）。分析は以下のごとく、経済構造⇔社会形態⇔政治過程という枠組みに基づいていた。

　起動因は、資本主義の独占段階への移行、すなわち資本制内部における生産の社会化にあった。大規模工場の成立にともなう生産過程の変化は、運輸機構をふくむ生産過程の機械的組織化、多数の未熟練労働者の登場をもたらす。前者の「組織化」と、後者つまり「人口量のプロレタリア化の急速な進行」による「原子化」とは社会形態を変化させ、変化した社会形態が組織化と原子化を促進する。換言すれば、社会形態における組織化と原子化は、A. 機構化と、B. 集団化の過程として登場する（同：13-14）。

　「機構化としての経営機構ついで行政機構の成立」（同 =1994: 24）は、プロレタリア化＝原子化の社会的前提であるが、独占資本段階はこの過程を「全社会領域」に拡大する。他方、原子化された人口量は、「種々の経済的・政治的・文化的溝条（利害対立）をつたって集団へと組織化されていく」。資本主義体制の矛盾は、コミュニケイションの発達とあいまって、溝条を拡大して集団を噴出させる。集団の規模の拡大は集団内部の官僚機構化を、また官僚機構内部に多様な集団化をもたらす（同：15）。

　組織化と原子化を特性とする社会形態の変化は、「社会過程の a. 技術化、b. 情緒化としても位置づけることができる」。生活環境の高度化をもたらす技術化は、組織技術的には前述の機構化・集団化となるが、さらに環境の無限の拡大をもたらすことによって、社会は時間的にも空間的にも外縁を拡大し、内包を濃密化する。巨大な技術メカニズムを背景として環境は高速度で変化し、この過程において個人は「孤立化」する。他方、情緒化について言えば、伝統的生活環境とりわけ「家族の崩壊によって、社会過程の全面に、社会大のメディア＝コミュニケイション技術によって抽出・組織されながら、瀰漫していき、社会過程自体

を情緒化する」(同：14-15)。

　このようにして、近代市民社会の自由・平等・独立な合理的実体としての〈市民〉は、「A.専門人化し、B.集団人化するとともに、a.孤立化し、b.情緒化していく。これが理性的個人性を原理とする市民社会の観念を崩壊せしめた独占段階の形態学的特性であり、〈大衆〉はこのような状況構造によって形態づけられてくる」(同：15-16、傍点原文)。A・Bとa・bの過程は、「産業化(インダストリアリゼイション)を招来している社会」において、「体制」の政治的性格如何にかかわらず、社会形態の変化がもたらす一般的帰結(プロレタリア化、テクノロジーの変化、政治的平等化の進行)への「技術必然性(政治必然性でない)」をもつ。——その政治的必然性のためには、〈大衆〉形成の政治的・文化的条件、「経済国家化」「福祉国家化」と、「大衆デモクラシー」「大衆ナショナリズム」とを要請するが、これらについては後述する。

　松下の1956b論文は最後に〈大衆〉状況の克服を問題とした。克服は〈大衆〉状況をもたらした社会形態の変化自体によって条件づけられてはいるが、それは積極的条件として機能しうる。第一に大衆的に保持されている市民的自由を実質的に確保することである。「市民的自由は、形式的自由として排斥されることなくむしろ変革という階級の論理の内部に結合しさらに再構成されなければならない」。第二に「市民的自由の初等学校としての自主的集団の形成である。この自主的集団は個人を政治的に訓練していくとともに、体制の論理への抵抗殻として機能する」(同：34、傍点原文)。しかし、ここでの説明は十分ではない。私たちは松下の論文「『巨大社会』における集団理論」(1957b)における、多元的政治理論への評価を見なければならない。

イギリスにおける多元的政治理論

　1957b論文「『巨大社会』における集団理論」(論文②)は、「市民社会理論の普遍的な転換の特殊イギリス的展開」を、社会形態の変化による「巨大社会」成立と集団化状況とを背景とする、政治理論の構造転換の指向性として理解した(松下1957b：144-145)。論文の構成は、1「多元的政治理論の政治的背景」、2「集団観念の成立とその指向性」、3「『巨大社会』における集団の機能」、4

「集団観念の『市民社会』的構造」である。この論文の基本的な構えは次の文章に端的である。「Ⅰ. 今世紀における資本主義経済の独占段階への移行を背景として、Ⅱ. 社会の形態変化—『巨大社会』の成立を原因とし結果としながら、Ⅲ. 労働者階級が政治的に進出してくるにおよんで、特殊20世紀的問題性をになって〈集団〉の観念が定着するにいたった。労働組合を中核とする集団の噴出が、集団の観念の形成を、政治理論内部に、必至とするにいたらしめたのである。ここに個人対国家を嚮導構成とする市民政治理論の構造転換が日程にのぼってくる。しかもこのような〈集団〉観念の形成の基礎をなす、Ⅱ. 社会形態の変化と、Ⅲ. 労働者階級の政治的進出が、欧米における独占段階の一般的問題状況としてしめされるかぎり、また〈集団〉観念を基軸とする市民政治理論の構造転換は、各国それぞれの特殊性をもちながらも、また政治理論における一般的課題となっていた」(同：144、傍点原文)。

2は次のことを指摘する。H・ラスキ (1893-1950) にとって労働者階級の自由は、福祉国家的大衆国家によってはもたらされず、「〈集団〉のフェデラルな構成をとった『共同社会』(community)」において確保される」(同：153)。だが3によれば、G・ウォラス (1858-1932) が提起した「巨大社会」は、「社会関係の内容と規模を拡大」して国家機構と個人との距離を拡げ、社会関係内部における「個人の位置を無力」にして個人を大衆へと拡散するという、個人自由と集団連帯にとって危機的状況をもたらす (同：155-156、傍点原文)。そこでラスキが取った逆転の思考は、「孤立すると同時に定形なき操作対象となっている受動的な『巨大社会』の大衆は、〈集団〉へと組織されることによって、自主的に自由を再構成していく」、という把握にあった。「デモクラシーの基礎はデモクラシーの過程への市民の積極的参加である」というラスキの言明を、松下は「集団への自発的参加と、集団の政治過程への直接的参加」、つまり「政治機構を集団によって包囲する」ことが、ラスキ多元的政治理論のライト・モチーフであったと読んだ (同：156-157)。── 1956b論文の「大衆社会」という用語は、この論文では「大衆的『巨大社会』」(同：156) とされる。

最後に4は多元的政治理論に対して、総括的に次の言明をした。①市民社会の二重化。「市民社会の観念は、目的団体と共同社会の双方の原型」となる。目的団体は機能へと特殊化され、共同社会はその内部に諸機能を分節化させ

ている点において区別される。②目的団体はイギリスに伝統的な団体観念たる「アソシエーション」であり、個人の自発的な結合体という点で市民社会を継承する。だが「目的団体は特殊目的＝機能の担当体であることによって、全体社会としての市民社会とは対立する」。③共同社会（コミュニティ）は「等質的個人の全社会的結合の潜在的統一体」である点において市民社会を継承するが、「目的団体の機能的連立体」である点において市民社会に対立する。「共同社会は目的団体を媒介としてのみ個人と接触している。しかしなお共同社会は等質的個人の潜在的統一体として存在する」。④市民社会と主体。共同社会・目的団体においては「これまで市民社会にとっては非存在であった労働者階級が主体として設定」される。労働者階級が「目的団体を組織条件として共同社会内部において主体性を確保するという連関」において、「自由・平等・独立な理性的個人が復活する」。⑤多元的政治理論の論理構成。古典的市民政治理論における「主権国家」の崩壊とは、「目的団体の連立社会としての共同社会の成立」であった。権力の多元化は「目的団体の多元化」であるが、「多元化された目的団体は共同社会の内部において機能的に均衡－予定調和していく。そして国家も特殊機能をもった共同社会内部の一目的団体にすぎなくなる」（同 166-167、傍点原文）。

松下の「大衆社会」とコミュニティ：K・ポラニーとの対比

　1920年代後半のゼネ・ストの失敗、世界大恐慌、ファシズムの成立過程において、イギリス労働運動は退潮し、多元的政治理論も「破産」したが、理論的にはイギリスの多元的政治理論がもつ範疇機構が、「『市民社会』的構造にあること」による。それが松下の結論であった。つまり、「国家が地域性、強制性、機構性の限定をうけつつも、『共同社会』内部の自発的『目的団体』として理論化されたとき、この多元的政治理論の全理論構造の問題性がすでにそして完全に露呈されていた」（同：170、傍点原文）。──ラスキらは国家をコミュニティ（共同社会）内部の自発的アソシエーション（目的団体）とすることで、「巨大社会」化による個人自由と集団連帯の空洞化という危機に対応しようとしたが、そこでこそ理論破綻が露呈したとする。では、「巨大社会」ではなく、「大衆的『巨大社会』」の視点からは、個人、コミュニティ、アソ

シエーション、国家はいかなる連関構造をもつのか。この点については、本書第4巻の「結節」において、マッキーヴァーと高田保馬の多元的政治・社会理論を考察するさい、改めて検討するが、1950年代後半期における松下の見通し、またそれと対峙するＫ・ポラニーの視点を見ておきたい。

　松下の「『巨大社会』における集団理論」は、上述のごとく、多元的政治理論に代わる展望を提起したわけではない。そこでこの段階における松下の構想を示している1956年の「大衆国家の成立とその問題性」(論文①)の、後半部分を見てみよう。すなわち、松下圭一にとってプロレタリア化は〈大衆〉形成の社会的前提であるが、〈大衆〉の完成ではない。〈大衆〉は「政治」の論理の帰結として、「大衆文化」の成立として、把握されなければならない(松下 1956b: 20, 25)。労働者階級は、「労働者階級の主体化の予備組織」として労働組合を結成するが、産業資本段階では「少数の特権的熟練労働者の同業的株式会社」であった。独占資本段階に入って、労働組合は未熟練労働者層を背景とし、社会主義思想の洗礼もうけて、質的に再編成された(同: 20)。他方、独占資本は「直接、国家機構を自己に従属」させ、国家の「経済国家」化、また「福祉国家」化を促進した。そして「上からの国家の福祉国家化は、下からの労働者階級の自己馴化と対応」し、社会主義は「国家によって実現されうる社会主義に転化」(同: 22、傍点原文)、労働者階級は「国家の内部に〈大衆〉として解放されるとともに馴化される」(同: 23-24、傍点原文)。第一次世界大戦とともに「大衆国家」が成立するが、それは資本主義の止揚ではなかった。

　大衆国家が大衆デモクラシーや大衆ナショナリズムを促進しえたのは、〈大衆〉状況に日常的内容を与える「大衆文化」の形成による。独占資本はプロレタリアに経済的平等と政治的平等を与え、社会的平準化の生活水準への参加可能性を示し、文化的にも平準的享受者たらしめようとした。大量生産と大量伝達が「大衆社会の文化形式」を決定し、生活条件、形態、内容の平準化を推進することで、画一化現象を露呈させた(同: 24-25)。国家による普通教育と社会保障の普及が大衆文化の平準化を倍加した。だが平準化の内実は、大量生産による「ブルジョア文化」の商品化・ミニチュア化であり。しかも平準化は平準化への参加可能性にすぎないので、各社会層間に不均等が生じた。大衆文化の文化内容自体は、大量生産・大量伝達を媒介とした「感性的

消費文化」(同：25) であり、〈大衆〉は政治的無関心と政治的熱狂性の間を揺れた。「多様な利益団体・圧力団体も政党に編成」(松下 1956b=1994: 47) されたが、「〈大衆〉的同調性の内部に政党対立自体が吸収され、非支配層政党は急速に体制へと転化していく」(同：27)。ファシズムへの道であった。

　松下による〈大衆〉の政治的・文化的形成に関するこうした把握の問題性は、K・ポラニー (1886-1964) の立論と比較すると明らかになると思われる。ポラニーはその『大転換──市場社会の形成と崩壊』(1944年) において、19世紀文明を支えた諸制度は、1. 強大国間の戦争を回避したバランス・オブ・パワー・システム、2. 特異な組織である世界経済を象徴する国際金本位制、3. 前代未聞の物質的繁栄を生み出した自己調整的市場、4. 自由主義的国家の4つだが、このシステムの源泉と母体は「自己調整的市場」にあるとされてきた。しかしポラニーによれば、自己調整的市場という考えは「まったくのユートピアであった、というのがわれわれの命題である。そのような制度は、社会 (society) の人間的・自然的な実体を無にしてしまうことなしには、一時たりとも存在し得ない」(Polanyi 1957a: 3=1975: 4)。19世紀社会の本来的弱点は「社会の危機」にあったが、それは社会が「産業社会」だったことによるのではなく、「市場社会」だったことによる。

　ポラニーは「社会防衛」(social protection) の課題を立てる。その担い手は「国家」(nation) と「コミュニティ」(community) である。ポラニーにおけるコミュニティは、前市場社会において、人びとにとっての隣人、家族、農村的環境といった諸価値の中にあった。市場社会において人びとは家庭や親族から引き離され、その根を断ち切られた (ibid.: 87=111)。そうであるがゆえに、人びとは隣人、職業人、消費者、旅行者、通勤者、スポーツマン、ハイカー、植木屋、病人、母親、恋人、等々の無数のかたちをとった個々人として、「テリトリー的あるいは機能的なアソシエーションに基づく意見表明の機関、すなわち教会、町区 (township)、友愛結社 (fraternal lodges)、クラブ、労働組合、そして政党を位置づけ直した」(ibid.: 154=211)。こうして、市場システムのもとで、社会防衛という「国家」の新たな役割が登場した。その役割が崩壊したときにファシズム的解決が到来した。

　こうした対比から分かることは、K・ポラニーにおいて「コミュニティ」

の実体社会的基盤が明確であったのに対し、松下圭一においてはそうでないということである。ラスキ批判を、国家をコミュニティ（community）内部の自発的アソシエーション（目的団体）と見たことに求めた松下において、コミュニティの実体的把握は理論上は必ずしも明確ではない（ラスキの共同社会〔コミュニティ〕は「等質的個人の全社会的結合の潜在的統一体」であり、「目的団体の機能的な連立体」でもある〔松下 1957b: 166〕）。社会形態の「情緒化」に見たような、伝統的生活環境内部において消費されてきた人間の「本能→感情」は、生活環境ことに「家族の崩壊」によって、社会過程の全面に瀰漫し社会過程自体を情緒化する、という説明において「家族の崩壊」は重要な意味をもつが、社会学研究者から見れば具体的規定性を欠く。松下の日本政治分析では、日本社会分析においてコア概念となる「ムラ」「イエ」に対して、以下に検討するごとく、解体すべき対象という否定的な響きがある。

2　日本社会の実証研究にかかわる要因
日本の「封建」「近代」「現代」の探究：戦後農村研究から

　論文「大衆国家の成立とその問題性」（松下 1956b）の末尾において、理論関心の中心が変化しつつあった松下圭一は、新たな方向性を次のように見た。「日本においても、その特殊性をもちながらも、独占段階における社会形態の変化という一般的状況が進行しているのであり、『封建』対『近代』のみならず、さらにするどく『近代』自体の問題が提起されなければならない」と（同: 34）。『現代政治＊発想と回想』によれば、松下は1958年ごろから日本型企業労働組合の問題点を三池炭労運動の構造分析をとおして（「労働組合の日本型政治活動」『日本政治学会年報1960』〈1959報告〉、松下 1960b）、「職域の〈労働組合〉を革命主体と想定する当時の『革新』理論との対決・再編が不可欠」と考えはじめた。そこから、戦後民主主義の再編の土台を、「いまだムラ状況の強い《地域》に設定」し、1960年には鳴海正泰らと「自治体改革」「地域民主主義」をいう言葉を造語して「自治体を発見」、当時の日本では未開拓だった地域・自治体理論、さらにはその政策・制度改革へと歩み出していく（松下 2006: 38）。

　松下は論文「地域民主主義の課題と展望」（1961a）が「自治体改革をめぐる理論構成への転機」（同: 39）であったと回想するが、『発想と回想』に付され

た詳細な「松下圭一著述目録」を見ると、実証的地域研究の嚆矢は1959年の「戦後農村の変容と政治」（全国農業協同組合中央会編『農業協同組合』12月号、1959d＝1962＝2004）のようである。この論文③は、戦後政治下の農村における「イエ制度の漸次的崩壊と農地改革」、ならびに「大衆社会状況の滲透」という、「民主化」と「都市化」を注目した。都市化は人口のⅠ「プロレタリア化」とⅡ「大衆消費の進行」に基づくが、Ⅰでは兼業農家という「家庭菜園をもったプロレタリアート」が通勤労働者となることによって、「伝統的な部落の封鎖性を崩壊させていく強力な条件」をなす。Ⅱは大衆文化の流入によるが、農協などの生活改善運動も影響して、昭和初期にあった農村と都市の「生活様式のズレ」を縮小している（松下 1959d＝1962: 128-129）。

　また、農地改革や土地改良、水利慣行の変化や採草地の役割低下によって、「間接的に地主的部落支配の条件がほりくずされていく」。その結果、戦後農村における「地主にかわって役職者が支配層として登場する」。多くは保守的中間層であるが、村長、村会議員、農協役員、教育委員、民生委員、農業委員、消防団長、区長などである。しかし、こうした農村における新しい有力者層は、農村の代表であるよりも、種々の利権や補助金を媒介として「中央・地方統治機構の末端に転化」し、「部落→役職者→官僚・政党」という支配のピラミッドを形成するに至る。農政運動の基体である系統農協もこのピラミッドの「パイプに見合う組織」であり、構造政策による地域総合開発は「農村に決定的な衝撃力」となった。大企業が自治体機構を掌握し始める（同：132-133）。――しかし、国鉄・全逓・日教組などの下部組織、農村における工場進出、通勤労働者の増大は、地域サークルや勤労者協議会の結成など、「旧来の部落秩序にかわる勤労者の居住組織」を叢生させており、保守対革新の対立軸が形成されつつある（同：133-134）。しかし保守政党の側が独自の支部づくりを村単位で行っているのに対し、農政運動の側は農業の経済的矛盾が深化する中で、①選挙万能主義、②部落丸ガカエ組織方式などの問題点に加え、③農民自体の自覚の高まりがあり、それゆえに④「部落の民主化、町村・県段階における具体的政策」の明確化を提起した（同：139-142）。――ここには町内会・地区会解体論は存してはいない。

大衆娯楽の二重構造：論文「大衆娯楽と戦後の思想状況」の課題

1960年の論文「大衆娯楽と戦後の思想状況」（論文④）は、大衆社会における大衆娯楽のもつ今日的諸問題を、より広く、次の3点の問題意識から、現状分析しようとした。Ⅰ「大衆娯楽の政治的意味」、すなわち大衆娯楽は独占資本主義体制内部における「民主化」（大衆デモクラシー）を社会形態学的前提とするので、大衆娯楽は独占資本の支配と民主主義的参加との政治的矛盾を内包すること。Ⅱ「大衆社会的疎外」、すなわちマルクスも力説した「自由な時間」（「真の自由の領域」）が大衆娯楽によって消費され、「独占段階における資本主義的疎外の特殊形態である『大衆社会的疎外』へと転化」すること。Ⅲ「変革思想の形成」、すなわち明治以来みられた外来娯楽と伝統娯楽の二重性は、日本資本主義における「生活様式の二重性」を反映するものであるが、大衆運動が広汎に組織化された戦後に至っても、変革への展望は「特殊の知的訓練をうけている層の高度に概念化された『理論』にとどまっており、大衆的な『思想』としては充分に組織されておらず、この『理論』と『思想』とのギャップに大衆娯楽の洪水が氾濫し、結果としては、体制内部への大衆の吸収——大衆操作を可能に」していること、である（以上、松下1960a=1965: 73-76）。第Ⅲ点に関する次の指摘は未だに新鮮である。

「たとえば生活リズムの表現という意味で生活感覚―生活様式に密着した音楽をみてみよう。新中間層の教養派は古典洋楽をたのしむとともに、おおくの旧中間層の古い世代は現在もなお浪花節をこのみ、その中間領域として歌謡曲の圧倒的洪水がみられる。この歌謡曲のもつ思想的意味を、戦後の政治状況全体との連関ではっきりさせることが、変革の論理の追求にあたって重要性をもつものと考えられる。変革思想の形成の座標軸の設定は、原理論からの演繹ではなく、むしろさしあたってはこのような問題領域を深くさぐることによってのみ可能ではないだろうか」（同：74-75）。

こうした問題意識を松下は、以下、大衆娯楽の物質的条件（第2節「大衆娯楽の戦後的状況」）、「大衆娯楽と生活様式」（第3節「生活様式——生活倫理の転換」）、「大衆娯楽の思想構造」（第4節「大衆娯楽の二重構造」）、そして「問題点への展望」（第5節「大衆娯楽の政治的問題性」）として展開する。なお、この論文は上の引

用に見るように、歴史的な資料や文献を紹介することによって、支配者層、旧中間層、新中間層、労働者階級上層、労働者階級下層といった歴史的関係構造が、大衆娯楽の受容－変容に積み重ねられていることを立証した。そこにこの論文の深みがあるが、いまはこうした側面は割愛せざるをえない。論理のみを歴史的に追うことになるが、ご容赦いただきたい。

［前期的大衆社会以前の娯楽状況］　さて松下によれば、「後進国の開国」という条件をとおして成立した明治政府は、その「啓蒙絶対主義的性格」の側面から、「外来文化」とりわけ音楽とスポーツを導入し、官僚・軍隊・学校に広めた。他方で「伝統娯楽ことに盆踊り」に対しては禁圧に出た。1873（明治6）年、越後の柏崎では「右様不開花之民風ニテハ……終ニハ万国ノ恥辱ヲ受クルニ立至リ候ヘバ、共ニ艱難事ニアラズヤ」という布告が発せられた。その結果、大衆娯楽内部における、①「教養」の対立（高級娯楽か一般娯楽か）のみでなく、②「歴史」の対立（外来娯楽か伝統娯楽か）が招来された。それは大正期の社会過程の中で顕在化していく（同：100-101）。

［前期的大衆社会における娯楽状況］　日本独占資本の形成期でもあった大正期は「前期的大衆社会状況」と把握される。この前期的大衆社会状況のもと、都会では娯楽形態が急速に変化し、寄席から映画・ラジオへ、講談から浪花節さらに流行歌へと都市娯楽の主流が変わった。トーキー映画やNHKラジオがそれらを放送した。新中間層や上層労働者は古いイエの観念を崩壊させる傾向にあり、労働時間も多くの生活時間も「家族のワクをこえて」費やされる（同：88）。だがイエ自体の全面的崩壊には至らず、「〈イエ〉から抽象された〈街頭〉的状況」の出現にとどまる（同：92）。イエから「解放」されたこの層のエネルギーは街頭化したマス状況で消費され、「創造」へは転化しない。これが大衆娯楽の、現在にまで続く「危機的問題点」の第一点である。第二点は労働と娯楽が分離し、「〈商品〉化された消費文化の受動的享受」のみを文化と捉える、疎外された意識が全般的に成立したことである。他方、小規模な生産手段の所有を基礎に、主として家族労働によって生活する農民・商人・職人などの旧中間層にとって、「家族は実体的意味を持つ生産単位」であった。そこにはイエ制度と禁欲倫理が厳しく存していた（同：88-89）。この期、「資本主義の浸透によって農村は疲弊し、伝統的な郷土芸能も崩壊しつつあっ

た」(同：81) 中で、農民や家族従業者は都市の大衆娯楽ばかりでなく農村娯楽からも隔離されていた。「イエのみならずムラの制度的重圧そして無娯楽状態」が彼らを苦しめた (同：93)。松下は中田俊造『娯楽の研究』から次の言葉を引いている。「何等の娯楽機関のない家庭にゐて楽しめよう筈がない」(中田1924＝松下 同：92)。

[戦後大衆社会における娯楽状況] 「大衆娯楽の戦後的状況」を規定するのは、⑴テクノロジーの発達と、⑵人口のプロレタリア化という既知の2条件である。これに戦後の特殊条件が重なる。女性と農民の大衆娯楽享受者としての登場で、この人たちのプロレタリア化とそれに伴う物質的条件は、「これまでイエ→ムラを社会的原型として、おもに旧中間層によってになわれた伝統的生活様式を根底からくつがえしはじめている」。松下はここに「成熟した社会形態・生活様式の変化の必然性」を見いだした (同：80-81)。つまり戦後の大衆社会状況になると、天皇制体制思考の崩壊、アメリカニズムの流入、物質的条件の画期的変化により大衆娯楽は「氾濫」期を迎え、映画・レコード・ラジオのほかにテレビの普及、ダンス・旅行・スキー・キャバレーの大衆化、新聞・新書・週刊誌もあふれた (同：82-84)。しかし、「娯楽の大量生産・大量伝達、さらに大量参加をもくわえた娯楽の『民主化』、そしてその過程で進行した伝統的庶民娯楽の現代的大衆娯楽への転化にもかかわらず、日本資本主義の二重構造は、娯楽享受の階層的不均等性ともなってあらわれてくる」(同：85)。これが「生活様式―生活倫理の転換」の課題である。第一に伝統的禁欲倫理を余映する旧中間層の生活様式は、「崩壊傾向をたどる」。第二に、独占段階における新中間層と、それへの接近傾向をもつ若い世代 (学生や独身労働者など) の生活様式に対応するのが、大衆娯楽である。そして娯楽観を支える余暇観において、余暇は人間性の発展に不可欠であるというタテマエが一般化した。「『自由な時間』の私的利用という近代個人主義倫理が日本でも一般化しはじめた」。しかも余暇の利用によって武士的な名誉や農民的な勤勉でなく、「市民的社交性すなわち市民的コミュニケイション技術の洗練があたらしい徳目」となってきた (同：97-98)。ここに新しい可能性があると松下は見る。

[大衆娯楽の二重構造への対応] しかし、「大衆娯楽の二重構造」を見なくて

はならない。大衆娯楽の全般的成熟にかかわらず、日本の大衆娯楽には「二重の思想」が貫かれているからである。それは「支配層の近代分子ならびに新中間層の生活様式と、支配層の保守分子さらに旧中間層の生活様式とのシェーレに対応」する。戦後の今日では新中間層的生活様式が支配的な生活モデルではあるが、「なお旧中間層は現在も日本の人口構成の半数を占め、また新中間層や労働者階級のおおくも、旧中間層の出身者であるし、ことにその一代目が多い。そのため、外見的な新中間層的生活様式のモデル化にもかかわらず、旧中間層的生活意識─ムラ思想が強固な地盤をもっている」(同：107-108)。これを言い換えればこうなる。ムラ状況・ムラ思想自体が、「二重構造の下層の旧中間層やその直接の影響力のもとにある下層労働者とともに、温存されているかぎり、ムラ思想は浪花節から歌謡曲へと変容したとしても決して崩壊しない」(同：111-112)。ここから、松下は、ムラ状況とマス状況への二正面作戦という政治的課題を立てる。「まず職域におけるムラとしての中小企業における労働者の組織化、地域におけるムラとしての都市町内会、農村部落会の民主化ないし革新的地域組織の形成が文化指導においても戦略的な前提となる」(同：120)、と。──ここにも町内会・部落会解体論は存してはいない。

『現在政治＊発想と回想』の『大都市における地域政治の構造』評価

　松下の町内会解体論の根元には、福井県福井市における生活史的背景がある。「この町内会については、私自身、少年期の経験をもっていることが、私を〈地域〉研究にかりたてたのかもしれない（中略）。父は体が弱く兵役から除外され、戦時中、町内会や連合町内会の役員をひきうけていたため、私はタシ算、ヒキ算ができるようになったころから町内会費集めなどの手伝いをさせられ」、また役員会などの実態を体験し「考えるところもありました」(松下 2006：40)。もちろん、これは1つの挿話でしかない。より学問的には、阿利莫二（法政大学）・高木鉦作（東京市政調査会）・松下圭一（法政大学）・小森武（都政調査会）・鳴海正泰（都政調査会）の共著、『大都市における地域政治の構造──杉並区における政治・行政・住民』(1960、論文⑤、執筆分担は不記載)を検討する必要がある。これまで見てきた「戦後農村の変容と政治」「大衆娯

楽と戦後の思想状況」が摘出したムラ状況・ムラ思想を、大都市の、かつ文化を誇る東京都杉並区において見いだした。

　松下の『現代政治＊発想と回想』(2006) は、この共著について次のように評価する。当時「出発したばかりだった市民活動の東京センター」的な役割を果たした都政調査会と、松下が関係していた10人くらいの「杉並の会」とで行った杉並区調査は、農村調査が流行していたなかで、市民活動家と専門家による最初の連携調査であった（松下はこの書物は一時、古書店で高価になったが、もうほとんど手にはいらないと言明した。私は大学図書館間の相互貸借によって阪南大学図書館西川文庫から借用できた）。この調査は、第一に「大都市における地域底辺の町内会さらに基礎自治体も、いまだ農村型社会にある日本全域のムラ政治と異ならない実体を明らかにし、『戦後民主主義』の《表層性》を提起した」（同：39）。

　第二に杉並区調査における町内会のムラ型実態を見れば、「国も1960年代、アメリカじこみのハイカラな『コミュニティ』という地域再編構想を安易にはださなかった」はずで、国のコミュニティ構想は「理論としても政策としても直ちに破綻」した（同：40、傍点引用者）。第三に「ムラ逃亡者」からなる近代知識人、すなわち官僚・学者・技術者・文学者・芸術家などは、旧保守系・旧革新系いずれも例外なく、中進国の農村社会型社会・日本における官僚統治を想定する「国家」観念の信奉者であった（同：41）。第四に思想のレベルでは、柳田国男 (1875-1962) の民俗学、権藤成卿 (1868-1937) の社稷論、また生活改善では田沢義鋪 (1885-1944) の青年団、橘孝三郎 (1893-1974) の愛郷塾などが、ムラ原型の発想を代弁してきた（同：40）と把握する。

　杉並区調査から直接・間接に引き出した上の4つの命題は、数千年続いてきた農村型社会・ムラ社会の思想の現代的存立形態であると松下は敷衍した。それゆえ、「地域民主主義」「自治体改革」の意義は、都市型社会・大衆社会のもとにおける市民活動の自立と自治体改革の推進、そのことをとおした農村型社会・ムラ社会の、その残滓を含めた「崩壊」とを同時に遂行すること、それが松下の展望であった（松下 2006: 41-42。また同 1961a 参照）。そうして現実の地方自治体においても、横浜市の飛鳥田一雄 (1915-90、横浜市長1963-77)、美濃部亮吉 (1904-84、東京都知事1967-79)、長洲一二 (1919-99、神奈

川県知事1975-95)といった革新知事が登場し、市民派による自治体改革が出発した。しかし、松下は『現代政治＊発想と回想』において、こう言明した。「この『革新』自治体も私が『泥田の中の丹頂鶴』と呼んだように、直接選挙によるため、頂点の首長のみが『革新』で、二千年来のムラ共同体の伝統からくる従来型の町内会・地区会に土台をもち、オカミとして官僚統治体質をうけつぐ自治体職員、またムラ型の有力者・業主の自治体議員は、戦前体質のまま」続いていた（松下2006: 42）、と。

そして松下はこう重ねた。「私は以上を背景に、1960年の『地域民主主義』『自治体改革』という問題設定を基本に、後述のシビル・ミニマムの提起」を行う。さらに「都市型社会におけるシビル・ミニマムの空間システムづくり」のために、都市政策論を開発していく（同: 42）。そうした探究が多大の成果を生み出したことは、本書参考文献における松下圭一の欄を見ていただくまでもない。それは自治・分権の地域民主主義・自治体改革を志向する政治学者としては、当然の営為であった。だが、地域社会学者から見れば、丹頂鶴にとっての泥田を美田に変えていく可能性の探究もありえた。少なくとも戦後日本の地域社会把握における「構造分析」論者はそのことを志向してきたし、両者は補完関係にあるものと愚考する（本書第3巻の『学習力変革——地域自治と社会構築』参照）。以下、『大都市における地域政治の構造』の内容分析を行う（なお杉並公民館活動の分析はなされていない）。

『杉並調査報告』(1)：杉並の歴史と特別区・出張所

東京都職員組合と都政調査会の連名で刊行されたこの調査報告書『大都市における地域政治の構造——杉並区における政治・行政・住民』（以下『杉並調査報告』と略称）の構成は、以下のとおりである。はしがき「地域民主主義の重要性について」、第一章「杉並区の政治的展望——杉並区とはどういうところか」、第二章「特別区杉並の行政——特別行政はどうなっているか」、第三章「地元有力者層の役割——地域の政治を誰がになっているか」、第四章「地域民主主義の課題——地域に民主主義をうちたてるために」である。「はしがき」は、①安保反対の国民運動の盛り上がり、国会周辺での30万人のデモの高揚も、居住地域は素通りしており、「地域における民主主義の未成熟」

は著しい。②文化区と言われる杉並区でも、10万人に及ぶ勤労者の多くは「地域のことに無関心」で、地域民主主義のエネルギーにはなっていない。③他方で保守権力は地元有力者を網の目のように再組織し、地域「役職」の大量分配や「町会」の戦後的再編成に着手している。「ことに『町会』は昨年3月に都町会連合会が結成され、その後、区単位の区町会連合会がうまれ、今日では区役所出張所ごとの地区連合会すらつくられはじめている。しかもこの町会組織の指導者は町会の『法制化』すら要求している」。④自治体労働者としての都職労の場合、「区民とのむすびつきが、労働組合活動と不可分の重要な課題」である。それゆえに、「地域の底辺からの民主主義的エネルギーの発掘――したがってまた居住組織の形成」が地域民主主義のための喫緊な課題となっている (杉並調査報告 1960: 7-8)。こうした指摘は『杉並調査報告』の「結論」とも言いうる。

　第一章の内訳は1「文化区杉並の神話と現実」、2「新中間層の大量化とその実態」、3「杉並の政治地図と区政」、第二章は1「杉並区の制度上の特色」、2「杉並区の処理する行政の性格」、3「区内の行政運営における区の役割」、4「杉並区の行・財政」、5「特別区制度改革の動き」であるが、私たちの関心からこれら2章については以下の2点に言及しておきたい。第一章では杉並区の歴史である。杉並区内に中央線が甲武鉄道によって開通したのは1889 (明治22) 年、大日本帝国憲法発布、町村制施行により東多摩郡の杉並村・和田堀内村・井荻村・高井戸村4村成立の年であった。1904年、日露戦争開始の年に国鉄が飯田橋～中野間を、1919 (大正8) 年に中野～吉祥寺間を開通させた。1922年に区内に高円寺・阿佐ヶ谷・西荻窪の3駅ができたが、当時の杉並は「純農村」で「東京市からみるとまだ未開発農村」であった (同: 9)。1924年に町制施行で杉並町が、1926年には和田堀内町・井荻町・高井戸町が成立した。1932年、満州事変の翌年に4町は東京市に編入され、4町の範域で杉並区は発足した。――「杉並における地域勢力は第一に地主・農民層と、第二にそのなかに割りこもうとする新興商人によって形成され、市民層はそのアウトサイダーということになる」(同: 10)。

　また、第二章では非常に狭い領域 (教育と土木) の権限配分しかもちえない特別区において、区の行政運営として、(1)窓口的役割、(2)行政協力組織との

結合、(3)区役所出張所の機能が注目された。(2)では、①区長の附属機関または諮問機関、そして②各種行政協力の委員・団体または各種団体の世話をするものがある。これらは第3章の記述と重なるため、そちらに譲る。(3)出張所の業務は次の18項目であった。

　　①統計・調査の資料蒐集、②特別区民税申請書の配布・蒐集及び特別区軽自動車税・犬税の申告書受理等、③標識（非課税標識を除く）の弁償金、④特別区税の督励・収納、⑤転出入、⑥諸証明とその手数料徴収、⑦戸籍謄抄本交付申請および出生・死亡届けの取次、⑧住民票、⑨恩給・印鑑等の証明、⑩埋火葬の許可、⑪畜犬の登録、配給、⑫食糧配給台帳の整理、⑬小中学校の入学、⑭区民に対する周知、⑮国民健康保険に関する諸届の受理・住民票の表示、⑯保険料の収納、⑰その他区長において必要と認める事項、である（同：40-41）。

だが『杉並調査報告』は、「これは出張所機能の半面にすぎない」と書いた。もう一つの面は「住民と行政とを媒介する仕事、すなわち各種の募金・寄附金・義捐金の割当、街路灯の区移管の際の地区選定をはじめ、末端地域を対象とした仕事の処理」である。現在の出張所職員数では処務規程の遂行で精一杯で、こうした仕事は地元組織または地元有力者に依存することになり、町会対策が重要な役割を帯びる。こうして、窓口的性格と町会対策つまり「住民把握機能」を出張所がもつことが、区の行政運営を支えるのである。だが、報告書は大事な一点を加えた。「町会・自治会の活動が大きいにしても、地元有力者の『名望家』的地元包括力が次第に弱まっているため、行政が区役所レベルからそのしたのレベルの出張所にまで下降してきたとみなければならない」(同：41)、と。

『杉並調査報告』(2)：地元有力者と区の役職

　第三章「地元有力者の役割――地域の政治を誰がになっているか」は、1「有力者層の政治機能」、2「『役職』と『行政補助団体』」、3「町会の戦後的再編成」、4「区出張所と地元有力者」の4節からなる。第1節では、都会における職業や生活機能の分化により、公共機能も専門化されたが、「官僚機構のセクショナリズムに結びついてバラバラに機構化され」、各種行政団体が「多元的に」

組織されやすい。地元の有力者は「役職」有力者になり、末端行政機構と有力者とは相互依存を強化した。とくに警察・治安行政と地元有力者との結合は著しい。また、旧地主層は区内に27ある神社の氏子関係を握り、行政ともども地域を保守的に再編成してきた（同：50-51）。――第3節とともに『杉並調査報告』の中核部分である第2節は、有力者を区政－都政へつなぐ「役職」と「行政補助団体」の分析である。前者の「役職」は、①地元有力者を住民代表として含めた行政機関、②諮問機関、③居住末端における制度化された役員（区を単位とする都関係のもの）、④外郭団体、⑤その他、からなる。

　　①選挙管理委員（4名）、教育委員（4名）、農業委員（16名）。
　　②消防団運営委員会（17名）、生業資金貸付審査委員（7名）、民生委員推薦委員（14名）、青少年問題協議会委員（34名）、国民健康保険運営協議会委員（18名）、公民館運営審議会委員（14名）、公会堂運営審議会委員（12名）、医療扶助審議会（5名）、保健所運営協議会（2保健所、54名）、保健所営業三法（興業場法・旅館業法・公衆浴場法）運営協議会（2保健所、10名）。
　　③は、A 民生児童委員（142名）、B 都青少年委員（28名、第2章は41名とする）、青少年対策地区委員（626名）、C 保護司（125名）、D 伝染病予防委員（273名）、E 母子福祉協力員（35名）、国民健康保険協力員（50名）、公明選挙推進委員（60名）、簡易裁判所調停委員（37名）。これに第1章で指摘されていた結核審査委員会が加わる。
　　④納税貯蓄組合（地区別53、業種別34、計87）、防犯協会（3団体）、防火協会（2団体）、清掃事業協力会（役員22名）、交通安全協会（3団体）、危険物災害防止協力会、青少年補導連絡会（336名）、青少年団体指導者研修会、婦人団体指導者研修会、こども会指導者研修会、区体育会、社会福祉協議会（50名）、身体障害者福祉協会役員（140名）、共同募金杉並地区協力会、社会事業代表者懇話会。第1章からの都食品衛生協会杉並・東西支部、環境衛生協会、商店会、杉並工場協会・荻窪産業協会、農業関係団体。
　　⑤各出張所ごとに遺族会、また消防団（団員750名）。第1章からの老人クラブ、こども会、PTA 組織（小学校42校、中学校22校）、そして町会、その他の随時的協力組織（同：52, 56, 36-38。傍点引用者）。

「行政補助団体」は「役職」と重なる部分があるが、その分析は悉皆ではなかった。清掃協力会、消防団運営委員会、老人クラブの役員について、事例

分析がなされた。ここでは当時の大問題、屎尿汲取りにかかわる清掃協力会の役員経歴を見てみる（同：53-54）。

会　　長	Y・S	前区議　消防団運営委員　伝染病予防委員　保護司
支部長	H・Y	伝染病予防委員長
同	N・S	青少年問題協議会地区委員長　伝染病予防副委員長
同	S・Y	防火協会支部長　伝染病予防委員
会　　計	S・K	
常任幹事・支部長	I・K	伝染病予防委員
同	T・S	町会長　青協地区長　身障副理事
同	I・K	町会長　青協地区長　社会福祉協議会副理事長
同	K・K	町会長　伝染病予防委員
常任幹事	T・Y	町会長　青協地区長　防火協会理事　保護司　伝染病予防委員
同	O・M	伝染病予防委員
同	N・K	防犯協会顧問　保護司　伝染病予防委員
同	F・K	杉並法曹会監事　検察審査福祉部長　町会長　防犯協会支部長　防火協会　支部長・理事　裁判所調停委員
同	N・H	伝染病予防委員
同	O・Y	伝染病予防委員
同	T・E	町会長　防火協会理事・支部長　防犯協会理事　民生委員
同	S・S	町会長　防犯支部長　防火協会理事・支部長　民生委員
同	T・A	伝染病予防委員
監　　事	A・K	町会長　青協地区長　防犯福祉部長　保護司　伝染病予防委員
同	N・Y	民生委員　伝染病予防委員
支部長	N・T	町会長　防火協会福祉部長
同	O・T	町会長

　合わせて22人の役員のうち、屎尿という事案の性質から伝染病予防委員長・副委員長を含む伝染病予防委員が14人（64％）を占める。しかしまた、町会長も常任幹事・支部長以下の役職において10人（45％）に上る。なおかつ、清掃協力会は「町会などを単位とする団体加入を推進」（同：54）していたので

ある。

『杉並調査報告』(3)：保守地域の再編、民主的居住組織の台頭

　東京における町会問題は古く、とくに関東大震災を契機として急速に発達し、1924年には旧東京市が「町会規約要領」を出した、と『杉並調査報告』は書いた（同：62）。しかしそのさい、在郷軍人会との連携があったことを看過してはなるまい。愛媛県東宇和郡多田村（現・西予市宇和町多田）の青年団誌『多田友誌』に、関東大震災に関する次の記述がある。「河岸の佐久間町及和泉町が1500軒も焼け残ったのは、奥住砲兵中尉が軍人会長として、先ず老人女子供を上野へ避難させ、在郷軍人、青年等を後に踏み止まらせ、堀割からバケツ水を手送りにずつと町の周囲に配置し、焼けて来る方面の家を壊して必至消防に尽力した為めである」（花田仲之助「恭しく国民精神振作の大詔を拝し奉りて」、『多田友誌』1924, 第3巻第1号：5-9）。町内会は江戸の自治組織とは生まれと育ちが違うのである（後藤新平・塚越停春 2010 参照）。杉並では東京市への編入後に町会が組織され、1938年には全地域に83の町内会が生まれた。ここでも杉並村ほか3ヵ村の半自治組織とは異質であった。戦時中は約90町会となった。──1947年、総司令部の禁止令ののち、杉並区では町会区域に「区役所連絡事務所」を臨設した。戦後の治安・衛生、とりわけ配給問題の必要性と、旧内務官僚や町会関係者の根強い存続策による。1952年の政令失効の翌年、千代田区は「町会運営基準案」「町会規約例」を出し、町内会の復活に拍車をかけた。1959年には23区の町会長の半数が集まり、東京都町内会連合会を結成、杉並区も区連合会を結成した（同：62-65）。こうして1960年現在、杉並区内の町会数は98を数えたが、町会のない町目が「全区91町内のうち24もある」（同：61）。

　調査した町会はほとんどが、総務、防犯街灯、防火、保健衛生、婦人、青少年、文化、交通、福祉厚生、日赤奉仕などの専門部を置き、関係官庁との連絡、世話役活動を行っていた。だが、より詳細に見ると、杉並区の町会・自治会には4つの「類型」があることを、調査報告は明らかにした。第一に「地主型」すなわち、「地着の農家が地主あるいは姿を変えた有力者として町会を支配している型」である。第二に「商店会型」。これは商店会だけででき

ているものではなく、「とくに商店会関係者が実権を独占している場合」で、活動内容も商店街の発展に関するものが多い。第三に「サラリーマン住宅地型」で、地主型や商店会型とは異なる動向が見られた。すなわち、「通勤サラリーマンの農村地帯への移住によって伝統的な社会が急激にくずされ、農家の社会と新居住者との間が断絶し、農家だけの局部的集団である農業団体や氏子組織、消防団あるいは、個別的な行政協力組織などが残存するのみで町会はもちろん、一般的な住民組織ができない場合と、移住者を主体とした自主的な住民組織ができて、その力のため町会ができない場合とがある」（同：70、傍点引用者）。第四は「団地型」である。それはサラリーマン住宅地型をもっと推しすすめたもので、「団地あるいは集団住宅だけで自治会」が組織され、管理者との交渉団体的性格をもつ。また、各種のサークルや文化活動が団地集会所を中心に組織された。

　全体としては、①地主型と商店会型が「地元有力者型」、サラリーマン住宅地型と団地型が「勤労者型」と大別され、②「かぎられた数ではあるが勤労者型になる程、運営における民主的手続の配慮が強く見られる」（同：71）。『杉並調査報告』がとりわけ注目したのは、久我山懇談会であった。久我山2丁目、上高井戸2丁目地域の自主的・民主的な居住組織で、「環境衛生など住民が関心をもっている事柄については薬剤配布などの仕事を町会と同様におこなっているわけであるが、面白いことに、これらは区から町会のなかに入れられていない」（同：66）。したがって、町会自治会は住民の自主的要求による組織と言われながら、「事実は官僚組織と地元の有力者との利害の重なり」（同：77）によるものである。すなわち、『杉並調査報告』が用いる「町会」ないし「町会自治会」という言葉は、都や区を含む官僚組織と地元有力者とによる、地域住民組織化を指していた。

久我山懇談会の位置

　当然、こうした「町会」「町会自治会」とは異質な、久我山懇談会のような、自主的・民主的な居住組織が存する。第4章「地域民主主義の課題」は、この久我山懇談会について極めて詳細な記述を行っている。引用は少し長くなるが、歴史的にも内容的にも大事な分析内容なので、煩をいとわず書き出して

おきたい。

　「久我山懇談会は久我山2丁目と上高井戸2丁目東部にある民主的な居住者組織（地位ブロック）と、この地域内の商店会、労働組合（職能別や職場団体）などの有志とで結成されている連合体である。約10の居住者組織は、たとえば戦後この地域にできた2つの引揚者住宅の自治会、最近急に建設された2つの都営住宅の連絡会、また、反町会を旗じるしにしたA会、3ヵ所の商店会、B社宅連絡会、変わったところでは、病院の患者を主体としたC病院患者自治会などである。したがって、上高井戸2丁目にあるいわゆる『町会』は民主的居住組織にちかく、久我山2丁目においては保守的町会ができていない。

　懇談会の活動は安保阻止運動、原水爆禁止運動、警職法、勤評反対斗争はもちろん最近の国民年金実施の延期などに区内のどこよりも早く独自な住民運動を展開し、さらに道路、側溝などの住民要求もとりあげている。また月平均2回は講演会、座談会、映画会、勉強会などがひらかれている。その先駆的な活動の足跡はほぼ定期的に出されている会報に示されている。

　たとえばA会は戦時から戦後までそのままに継続してきた隣組、防犯協会へ自動的に入れられることになっている上高井戸2丁目町会に、民主的な仲間づくりを目指してまず町会費の使途不明などを理由に、会費の不払いから運動を起こしたのが昭和29年ごろであった。その翌年、有志35戸でA会を結成し、同時に集団で町会脱退届をだした。すると町会長、東京都社会教育主事ら3名が強い態度で数回にわたり干渉にきたが、このことは逆に町会がどのようなものとして組織されることを支配者が期待していたかをしめすものとみてよい。現在、A会では日常的な要求から、町内、外の事件への関心までを統一しうる力をもつにいたっている」（同：109。傍点引用者）。

　「もちろん町会の民主化にはA会のようなかたちのみでなく、種々のこころみ方があるだろう。だが、町会運営における代議制の確立と外廓[ママ]団体分担金の拒否は最低限の必要であろう」（同：110）。

　『杉並調査報告』はこう言う。A会に見るような民主的居住組織においても、「今日の行政水準では」、国勢調査員選出や、災害救助物資の敏速な配給、蚊とハエをなくす運動における駆虫剤の配分などへの協力は、「地元地域組織」としてひきうけざるをえない。このような「純技術的な必要性」を保守的町会は政治的に利用し、町会を保守的地域組織へと転化させる。「町会に『寄生』して町会から拠金を吸いあげながら防犯協会、防火協会、清掃協力会などが

権力機関の外郭団体として成立し、保守勢力の基盤拡大となった」のである（同：110）。もっとも「区議ならびに候補者役職」（同：84-85）を見ると、28人の区議のうち役職に町会長を含む者は7人（25％）、落選候補上位者9人のうちでは6人（67％）となり、町会長経験が区議当選を保障するものでないことは明らかである。

　他方、革新勢力の地域活動は脆弱であった。上に見た久我山懇談会に所属するB労組は、安保闘争のさいに「この地区で共闘をたたかって、"労・市"提携を実現させることができた」。だが、「B労組の『安保闘争の総括（草案）』のなかには、安保以後の居住者組織との協力については、その反省すら触れていない」と、『杉並調査報告』は糾弾的筆致で記した。そして期待も寄せた。「このような地域活動へのとりくみの弱さは、おおくの組合に共通したものであるが、しかしこのB組合は一歩ふみだしていることを注目しなければならない、『世間並みの動員』しかできない今の労働組合のスタイルを改善し、ことにあたらしい地域活動のスタイルをうみだす必要があろう」（同：109）、と。──『杉並調査報告』は、地域民主主義の確立こそが、「はしがき」で見たように、自治体労働者としての都職労の課題であり、そのことを具体的に認識していないことが、自治研集会における専門技術主義と政治闘争主義の両極間での動揺を生み出す（同：111）、と指摘して頁を閉じた。町内会・地区会解体論よりも深い、地域社会の多元的・多面的な現状分析がなされていたのである（なおかつ安井郁らの都市型公民館論への指摘はない）。

松下圭一の現代的「人間型」という理論仮説

　以上に見てきたごとく、『現代政治＊発想と回想』（2006年）で指摘された町内会・地区会「解体論」は、松下圭一の初期からの一貫した発想ということではなかった。私は「解体論」の根源を、1956年から1960年ころまでの松下の研究史、1.イギリス政治理論研究にかかわる要因──現代の社会形態としての「大衆社会」、イギリスにおける多元的政治理論、松下の「大衆社会」とコミュニティ：K・ポラニーとの対比──によって、また、2.日本社会の実証研究にかかわる要因──日本の「封建」「近代」「現代」の探究：　戦後農村研究から、大衆娯楽の二重構造：　論文「大衆組織と戦後の思想状況」の課

題、『現代政治＊発想と回想』の『大都市における地域政治の構造』評価、『杉並調査報告』(1)：杉並の歴史と特別区・出張所、『杉並調査報告』(2)：地元有力者と区の役職、『杉並調査報告』(3)：保守地域の再編と民主的居住組織の台頭――によって検討したが、そのことをとおして上の結論に至ったのである。1963年の論攷「革新市政の当面する課題」は、Ⅰ) 町内会・部落会の民主化をふくむ民主的地域組織の育成、Ⅱ) 自治体共闘の組織化、Ⅲ) 政治地図ならびに開発計画を含む自治体綱領の作成（スローガンの羅列であってはならない）、Ⅳ) 政党指導の確立に伴う、国会活動と自治体活動のシンクロ化、という一つの方向性を定式化したのであった（松下 1963＝1965: 157）。

　なお、松下は1967年の論文「都市科学の可能性と方法」において、日本近年の都市問題研究の成果を、①問題領域－②中心観念－③理論領域ごとに整理した。問題領域は例のⅠ経済構造－Ⅱ社会形態－Ⅲ政治過程である。すなわち、Ⅰ. ①経済構造－②工業化－③社会資本論・地域開発論など、Ⅱ. ①社会形態－都市化－都市社会学・都市工学など、Ⅲ. ①政治過程－②市民化－③地域民主主義論・広域行政論など、の構図である（松下 1967: 167）。これらの構図を「シビル・ミニマム」を中核に再構成することによって、松下の都市・自治体理論が新たに形成されていったと思われる。

　だが、いま一つの問題が残っている。松下の「大衆社会」論は農村型社会の崩壊と都市型社会の展開を前提としたが、その背後に「《市民》という人間型」が想定されていた。すなわち、その生活感覚が、ついで政治思想が、さらには問題設定・仮説構想が、「都市型社会にふさわしい政治文脈をもつ《市民》の存在と成熟」を、松下は「理論提起」したのであった（松下 2006: 123）。ここで、松下の研究課題における3「都市・自治体理論の創出」は、都市型社会理論・自治体理論として松下政治学の中核を構成していくものだが、その要素としての [b]「現代都市政策論の提起」は『シビル・ミニマムの思想』(1971年)、『文化行政』(1981年、森啓との共編著)、『自治体は変わるか』(1999年) 所収の「武蔵野方式」などで追求された。また、[c]「政府の三分化と信託・補完原理」は、『市民自治の憲法理論』(1975年)、『日本の自治・分権』(1996年) などによって具体化され、「自治体・国・国際機構」という政府各レベルの特

性を指摘し、国家起点の「派生原理」に対する市民・自治体起点の「信託・補完原理」を正統化した。

　注目すべきは、こうした都市・自治理論の根底に、[a]「人間型としての『市民』定位」が位置づいていることである。しかもその「市民」は「古代」都市国家やヨーロッパ「中世」自由都市の、さらにはヨーロッパ「近代」における「市民」とは異なる、「現代の『市民』」を意味する。すなわち《現代》としての大衆社会＝都市型社会での、(1)マス・デモクラシーの成立、ついで(2)シビル・ミニマムの公共整備という、日本のアクチュアルな歴史文脈における「新しい人間型」を松下は想定した。そして《現代》という文脈における「市民」の理論設定については、論文「市民的人間型の現代的可能性」（論文⑤）において理論構築したと述べたのである（松下 2006: 44-45）。

「〈市民〉的人間型の現代的可能性」の論理

　現代的「『市民』の理論設定」に関する理論構築は、1966年の論文「〈市民〉的人間型の現代的可能性」が課題とした。この論文は、1『市民』的人間型の座標軸」、2「現代政治と『市民』」、3「労働者階級と『市民』」、4「『市民』形成の日本的背景」、5「『市民』活動の日本的問題点」からなる。1では「市民エートス」を、個人の経済的自立性と政治的自発性を基礎前提とする、(a)教養と余暇による自治能力の拡大、(b)自由・平等という生活感情の醸成、という「市民感覚」の形成として把握した（松下 1966=1994: 176-177）。現代市民を論じた2では、市民の自発性の城塞である「市民の自由」について、「権力からの自由」における法治原理、個人自由、抵抗権、「権力への自由」における参政権を意味づけた。そして、市民の自由への今日的戦略として、(1)文化水準の上昇による批判・参画の増大、(2)地域・職業における自治の拡大、(3)政策・政党の選択への参加を挙げた（同: 180-181）。3は「今日、市民的人間型としての自発性は労働者階級の主体的エートスとして形成される」と述べた（同: 185）。ここまでは国際的動向であった。

　日本現代の課題は4と5が対象とした。1960年代半ば、戦後20年をへて独占資本による工業化（高度成長）と革新運動による民主化（新憲法擁護）をふまえて、「市民的自発性の拡大条件がうまれてきた」。さまざまなマイナス状況にもかかわらず、「私生活の自由」「生活価値の多様性」「情報の複数化による政治選択のチャンス増大」が、市民的自発性を醸成させていく（同: 191）。ここに松下は、「市民」の理論設定における実体的な基盤を発見したのである。しかしながら、日本の既成組織の政治指導は「労働者階級内部の市民感覚ついで市民運動」を組織し

えないし、「町内会・部落会による地域のムラ再編の進行と企業別労働組合による職場のムラの定型化」とあいまって、労働者階級が地域ないし自治体レベルでもちうる多様な市民運動・市民組織の否定ないし無視を生みだしている（同：193-194）。日本の革新運動における両極、「闘う労働者」も「自発的市民」も「自治体レベルの政治参加」を欠落させてきたこと（同：196）。それゆえに、自治体レベルの情報の提供、自治体における公共施設・公共空間の整備〔というライフロング・ラーニングの場の確保：小林〕が不可欠となる（同：199）。

　最後に、この1966年論文は市民類型を次のように指摘した。「今日、市民を問題とすることは、資本主義・大衆社会の二重の疎外過程の内部で、市民の古典的原型を再生する〈現代〉という条件を検討することである。市民の伝統を形成しえていない、そして市民という言葉すらなじまない日本では、過去の再生ではなく、未来に向けての再生である。市民は、たしかに欧米的形象であるが、今日、工業を背景とする民主主義の普遍的精神となってきた。のみならず、市民は人間の現代的可能性として位置づけることによってはじめて、その意義を理解しうるものとなろう」（同：201、傍点引用者）、と。──松下にとって、市民の政治成熟とは、数世代以上にわたる市民活動の経験蓄積を土台とした、「(1)自治・共和型の政治発想の熟成、(2)自治・分権型の政策・制度の開発」を不可欠な条件とする（松下1995: 30）。日本社会における「理論構成」の産物としての市民は、こうした政治成熟を理念型とするのであろうが、「アジアなどでは、数千年の政治伝統が君主の徳治という専制にとどまり、市民の自治をふまえた共和の記憶がすくない」という歴史構造は、「市民文化の成熟にとって致命的なマイナスとなっている」（同：30）。そうして松下は日本政治には《市民文化》はなく、あるのは《田吾作文化》のみだという指摘（松下1983: 25）を行った。しかしそこで終われば、「致命的なマイナス」に対する学問的な取り組みを欠くことになる。この点は本章の末尾（362-366頁）で再論する。

第4項　地域社会の自立・自律と自治・共和

地域社会の自立とは何か

　都道府県・市区町村の「生涯学習」の実相は、以下に分析するごとく、まことに多様である。しかしながら、今日、地域社会の大半は「自立」(autonomia)を鋭く問われている。イタリア語のアウトノミーアは自立＝自律＝自治を意味する。かつアウトノミーアは「君治」になじまず、「共和」とは親和的である。イタリア語には「共和」という抽象名詞はなく、repubblicaは「共和制、共和国」を意味する。英語のrepublicも同じで、OXFORD現代英英辞典では、《a country that is governed by a president and politicians elected by the people and where there is no king or queen. —compare MONARCHY.》となる（ただし、この規定ではMonarchyと、イギリスやベルギー、オランダ、デンマーク、ノルウェー、スウェーデンなどの立憲君主制（Constitutional Monarchy）との差異は説明されない）。イタリア語のrepubblicaは語源的にはラテン語の《rēs pūblica》、「公のもの」が原義で、ついで「国」(paese)、「国家」(stato)へと転義した言葉である（小学館『伊和中辞典』第2版）。すなわち、repubblicaは、①共和国、共和政（体）、共和制のほかに、古くは、②（古）共同体、団体、また無秩序［混乱］状態、そして③（古）国事、公事、そして国家、という意味をもつに至る。

　このように見ると、「自立は、自治であり、共和である」。言い換えれば、自立・自律による自治、自治による自立・自律という行為は、社会的センシビリタ（sensibilità）のための、つまり自己と他己の間の感受性ある関係性に基づいて共に生きる、共生するための、自立＝自治＝共和である。それは英語のcommonwealth、「（国民の暗黙の同意又は契約によって共通の利益と目的で統一された）国家」が、語源的には「commonweal（一般［民衆］福祉、社会福祉）」をもつのに比定される（寺澤芳雄『英語語源辞典』）。

　では、日本語における地域社会の「自立」とは何か。何であったのか。すでに本書第1巻第2章「分析2：日本近代国民国家の制度創出と再生産構造」において検討したように、富国強兵・殖産興業による中央集権国家形成に帰着する日本の近代化過程において、藩政村（自然村）を統合した明治合併村（行政村）は市町村制・郡制・府県制のもとで、内務省所管の「地方公共団体」として、その末端単位に位置づけられた。明治合併村は、近代化推進（資本

主義的「国家・経済」システムの創出）のため地方・民生にまで手が回らない中央政府を、地方社会・地域社会の公共性・共同性を担う「中間諸組織・集団」の新形成（産業・経済諸組織の設立や小学校建設など）を、中央政府の方向づけを前提とした上で、自己責任において創出することを義務づけられていた。

　　　大日本帝国憲法発布勅語の前年、1888年に「市制」と「町村制」が郡区町村編成法に代わって法制化された。それは1947年の地方自治法まで日本の地方自治を規制した。
　　　1906年に日本法学士・佐藤弥八郎が『最新町村制正解』を大阪・文英館から出した。その中にこうある。「町村ト官庁トハ統治ノ機関ナルコトハ前既ニ述ベタル所ナリ然レドモ其ノ機関ノ意義ニ於テハ必ズシモ相同ジキモノニ非ズ蓋シ官庁ガ統治機関タルハ法令ノ定ムル所ニ依リテ直接ニ統治者ノ意思ヲ外部ニ表示スルガ為メナレドモ町村ガ統治機関タルハ此ノ意義ニ於テ然ルニ非ズ（中略）統治者ハ自己ノ統治ノ目的ヲ達スル手段ノ一トシテ官庁ノ外ニ公共団体ノ一タル町村ヲ設営シ其ノ団体ノ機能ヲ円満ナラシムル為メニ之ニ独立自存ノ目的ヲ附与シ法令ノ規定ニ準拠シテ公益上ノ作為ヲ為サシメ其ノ活動ヲ利用シテ自己ノ目的ニ供用スルノ点ニアリ今官庁ト町村ト相異ナル点ヲ摘示スレバ、一　町村ハ人格ヲ有スレドモ官庁ハ之ヲ有セズ、二　町村ハ一定ノ区域及其住民ヲ以テ組織スルト雖モ官庁ハ主トシテ官吏ヲ以テ組織ス、三　町村ハ必ズ法律ヲ以テ創設セザルベカラザルモ官庁ハ官制其他法令ニ依リテ創設スルコトヲ得、四　官庁ハ法律ノ委任ニ依リテ命令ヲ発スルコトヲ得ルモ町村ハ之ヲ発スルコトヲ得ズ」（佐藤弥八郎 1906: 52-54）。

　こうした社会過程において、さまざまな形態を取った近世百姓の「倫理的不服従」——すなわち、①「平等」を求めた村方騒動（先進地域の事例）、②「自由」を求めた国訴（先進地域）と議定論（中間地域）、③「生存」を求めた百姓一揆（後進地域）など（布川清司 1995）——の行為＝思想は、近代的人権思想の萌芽として尊重されることはなかった。その点では「官吏ヲ以テ組織」された官庁（近代天皇制国家機構）よりも、「被治者本位の仁政をスローガンとする幕藩体制」の方が、農民層が「生命最優先の大原則」を掲げ、それに由来する生活の向上を要求し、さらには村内の身分や待遇の格差撤廃を要求するときに、「百姓側が儒教思想の済民主義という真の精神から、治者的立場にある領主側の

責任と義務を追及」する可能性を蔵しえた（同：185-190）。

ムラにおける社会的アウトノミーアと社会的センシビリタ

　儒教的済民主義に基づく「治者」の統治文化は明治中期以降、プロイセン王国－ドイツ帝国とドイツ学を「模範国・準拠理論」（山室信一 1984）とするに至る。この社会過程については本書第1巻第2章を参照していただきたいが、明治維新からたかだか20〜30年たらずの歳月で、日本社会の基本的構成員が営んでいた村々や浦々の生活構造が一変したわけではない。その意味で、藩政村から明治合併村を貫く「小地域相互のつながり」（木村礎 1998）があった。木村はそれを小地域の「三層構造」として、次のように把握した。

　　①村——これは行政的・公法的存在であって村民生活の枠組みを規定している。
　　②小名・坪——これこそが村民生活の日常性を理解するための鍵である。
　　③郷的存在——これは、交通・流通（市場）・情報上の不可欠な広がりである。
　　これらは村民生活の日常性を知るための三層構造といってよい。三層相互の関係は目に見えないものだが、このようなことに留意しながらの村歩きは、研究の基本ともいうべきものである（同：208、傍点原文）。

　鈴木榮太郎や有賀喜左衛門が着目した「ムラ」の自治は、主に上の②における農村研究ないし村落研究であった。15〜16世紀までに成立したムラという小世界は、②を中心とする農民相互間における社会的センシビリタ（尊厳－承認－共存）のための社会的アウトノミーア（自立－自律－自治）として、幕藩体制下には将軍家－大名家の支配体制の末端に組み込まれつつも、生産・労働と交流・共生の「社会的結塊」（鈴木）、「生活文化」（有賀）として、人びとの共同生活上に意味をもちえていた。それゆえに鈴木榮太郎や有賀喜左衛門は、ムラという「対人的・習俗的社会」のゾチアールな結合がもつエネルギーを発見し、その新たな再生を希求したのであって、戦後直後に見られたイエ・ムラこそが民主主義の阻害物だという見方を取らなかった。しかし、鈴木と有賀を分かつものは「共和」への志向性にあると思われる。詳しくは本書第4巻の終章・結節に委ねるが、とりあえず鈴木の遺稿『国民社会学原理ノート』（1975年）における次の言説を指摘しておこう。

「国民社会の生命は悠久だと考えてよい。けれども国家の生命はあまり長いものではない。幕府の時代の日本の国家も、明治政府の時代の日本の国家も、共に日本と呼んだのは、便宜上、国民社会の同一性に名づけたものにすぎない。(中略) 今日では、わが国の国名は厳格には日̇本̇共̇和̇国̇であり、その前は日本帝国、その前は日本徳川国、日本足利国、日本北条国、日本源氏国、日本平家国、日本天皇国である。悠久なのは国家ではなく、国民社会である」(著作集Ⅷ: 146, 1959年稿。傍点引用者)。

　鈴木によれば、国民社会は一つの「複合社会」で、同居団体や聚落社会も同じである。こうした国民社会－聚落社会－同居団体 (ないし家族) は「悠久の性質」を有している (同: 146-147、1959年稿)。これに対して「一つの団体」である国家は7世紀以降、その存在形態を幾度も変更してきた。日本天皇国、日本平家国、日本源氏国、日本北条国、日本足利国、日本徳川国、そして日本帝国、さらに日本共和国のごとくにである。その日本共和国のあるべき姿は、「日本の国家または天皇はそれ自体のために存在しているのではなく、日本の国家も天皇も日本国民の制定するものであって、国民が先であって、国民が必要とするために国家も天皇も存する。第一にあるのは国民であり、究極にあるものも国民である。農村は農民が生活しているところであるように、日本国民社会は日本国民が営んでいる社会である」(著作集Ⅷ: 53、1964年稿)、という点にある。だが現実には、「最高の極を天皇として、他方に最低の極の人々」という両極の存在が社会的に承認されていることにより、日本国民のパーソナリティにおける「諦観、無我、シンクレチズムの傾向」が出てくる (同: 199、1963年稿)。こうした状況は日本天皇国から日本帝国に至る、日本的な「統治文化の伝統」の継承によって適応－強化されてきた。これに対して、日本共和国の基礎を「自治文化」としていかに創出するかが、鈴木国民社会学において極めて重要な位座を占めていた。そこから「国民文化の成長方式」などの研究課題が出てくる (さらに今次の東日本大震災は「国民社会の悠久性」への"安全神話"に問いを投げかけている)。

儒教文化圏における「共和」の伝統

　東アジアの儒教文化圏では「共和」の伝統は、松下圭一も指摘したとおり、はなはだ薄い。白川静の『字通』は「共和」を、「協議による政治。その体制」と解しその実例を『史記』［周紀］の次の一文に求めた。すなわち、「厲王彘に出奔す。～召公・周公、二相政を行ふ。號して共和と曰ふ」。『広辞苑』も「共和」を、「①［史記］（周本紀）二人以上が共同和合して政務などをすること。②合議制による政治形態」とする。これらでは合議という統治の方式が問われているのであって、合議による自治とその体制（自治制）の謂いであるわけではない。『日本国語大辞典』（第2版、2001年）には「共和国」「共和主義」「共和制・共和政」「共和政治」「共和政体」はあるが、「共和」はない。「共和政治」の項では、蘭学系の辞書「英和対訳袖珍辞書」（1862年）の「Democracy 共和政治〈略〉Republic 共和政治」、「西洋事情」（1866-1870、福沢諭吉）の初・一「共和政治、レホブリック　門地貴賤を論ぜず人望の属する者を立てて主長となし国民一般と協議して政を為す」、「政治論略」（1881）の六「抑共和政治なる者は、必ずしも人民社会を統制するに適当なるものと云ふことを得ず」、などの用例を紹介する。

　溝口雄三・丸山松幸・池田知久編の『中国思想文化事典』（2001年）にも「共和」の項目は立てられていず、「共和制」という言葉が例えば「国家」という項目の中で使われる。清末最後の十余年間に知識人たちの間で闘わされた「立憲君主制や共和制など、中国は欧米のどのような国家体制をモデルとして選ぶべきか」という議論は、辛亥革命によってアジアで最初の共和制の国家、中華民国が樹立されたことにより、一応の結論が出た」。その後、抗日戦争、内戦、冷戦と中ソ対立を乗り越え、「ともかくも救亡・救国を解決する国家をつくった」のが、新三民主義・新民主主義に基づく中華人民共和国であった（尾形勇ほか 2001: 152-153）。毛沢東（1893-1976）は周恩来（1898-1976）と違って、「少年時代から心の奥底に儒教への反感を抱いていた」（高文謙 2007=2010: 221）。宗族体制への強い批判が背後にあった。

　毛沢東よりも早くに儒教主義から脱しようとしたのが、孫文（1866-1925）である。その連続講演を編集した『三民主義』は、民族主義、民権主義、民生主義によって、中国の国際的・国内的状況の改革を方向づけようとした、救

国の書である。民族主義は、満州族の清朝からの民族独立（辛亥革命）、そして欧米帝国主義列強による半植民地状態からの脱出、漢民族と少数民族の平等、すなわち「五族共和」を内容とした。歴史的には中国人は家族や同族のために尽力してきたが、新しく、国家に奉仕し国家の団結を確立することを民族主義の帰結とした。こうした「共和」制を中国人は、少なくとも100年間、体験してきている（大韓民国も共和国家制度を取るが、民主主義的政治社会を志向し、かつ「社会」における儒教主義的な伝統は強いという。中・韓・日の差異は社会学的検討を欠かせない）。

　民権主義は主権在民の五権憲法を出発点とする。五権とは司法・立法・行政の三権に、考試（官吏の採用システム）と監察（官吏の監察システム）の二権を加えたものである。民権主義とは、人民が選挙権、罷免権、創制権、復決権の四つの民権を行使して、政府の権限を適切に管理することの謂いである。こうした人民の政治参画によって民主主義を達成し、以て「共和国」を樹立することを民権主義は志向する。さらに民生主義は国家役割を近代化と社会福祉充実と規定し、経済的な不平等の改善、地権平均原則による農民への土地の再分配（大土地所有や私的独占資本の制限）につながる。この民生主義は社会主義、共産主義とも通底するが、孫文は資本家と労働者との利害は調整可能とし、社会全体における経済的利益の調和を主張した。そのために土地問題への取り組みや国家資本による産業育成、なにより人民への利益配分が必要と論じた（孫文『三民主義』1925＝1957，2006、安藤彦太郎1957、並木頼寿2006、参照）。

　民族・民権・民主に基づく国家と社会の「近代化」を構図として描き出した、孫文のような思想家＝行為者を、近代日本は残念ながらもちえていないと思う。また「共和」に対する思想史的研究はそれ自体としての蓄積よりも、「国体」論としてネガ的になされてきた。例えば思想史家・鹿野政直の『近代日本思想案内』（1999年）は「自由と平等」「欧化と国粋」「生存権・人権」など14項目を立てたが、その中に「共和」はない。代わりに「国体論」がある。国体は「過去・現在・未来をつうじて天皇を統治権の総攬者とする独特の国柄」（鹿野：118）を意味し、大日本帝国憲法は「万世一系ノ天皇」の神聖性・不可侵性を謳った。それは国家形態の選択、政治社会形態の誘導、近代的法世界の構

築における、共和制の否定、民主主義の制限、欽定憲法・軍人勅諭・教育勅語の立憲主義を意味した。

　しかし明治国家設計の徒・井上毅は明治憲法体制に「危うさ」（本書第1巻296-297頁）を感じ取っていた。まして幕末・維新期から日清戦争前までの日米関係史を垣間見れば、事態は一層複雑になる。とりわけアメリカは外圧であった（ペリー来航、不平等条約強要）と同時に、自主・独立の民と共和の政治をもつ近代社会であった（岩倉使節団『米欧回覧実記』「米利堅合衆国ノ部」、田中彰 2002）。そして例えば夏目漱石は、若き日の論攷において、アメリカと詩人ホイットマンを念頭に、共和－共和の政－共和国の人民－共和国民の気風を、平等（華士族新平民の区別なし）、良心と独立と四海同胞の精神（国家にも国民にも）といった概念で把握しようとしていた。漱石の原点であると思う。平川祐弘の『和魂洋才の系譜』は森鷗外の格闘を追ったものであるが、同じようにして二葉亭四迷とロシア社会との、有島武郎とアメリカ社会との葛藤など、個を重視する文人の体験の総体をとおして知識人における、近代日本の「共和」を考えることが課題となる（なお佐貫正和の「近代日本における共和主義——1920年代の丘浅次郎 (1868-1944) を通じて」〔2009年〕は、これらとは別の系譜を掘り起こした労作である）。

第3章　分析3：「生涯学習」の重層構造と地域社会の諸類型
——構造変動する日本国民社会と成人教育経験の諸相

序言　地域生涯学習と二つの課題

地域コミュニティ的社会から見た日本社会

　地域社会は、歴史的・社会的特質に基づく独自の論理をもっている。私たちは「変革期における《ライフロング・ラーニング》の社会的意味と社会的役割」に関する共同調査をとおして、そのことを実感した（小林甫編著2003a、『変革期における「ライフロング・ラーニング」の社会的意味と社会的役割』、平成12～14年度科学研究費研究成果報告書参照）。市町村自治体や大学・高等教育機関の実践の中からは、新しい動向を示す諸事実を見てとることができる。都道府県とりわけ市町村は「社会教育」から「脱皮」し、かつそれを含み込む「生涯学習」の制度＝行為を構築するのに苦しんできた。いまでも社会教育と並列される個別概念としての「生涯学習」概念と、これら両者を包含する全体概念としての「生涯学習」概念とが区別できるほどには、現実の実践は進んではいない。だが、日本の地域社会における現行「生涯学習」や、今後の「生涯学習（ライフロング・ラーニング）」につながりうる諸実践には、幾つもの豊かな経験がある。

　第一に、とりわけ過疎地域・中山間地域の町村は、また離島においても、その地域で生存し続けてゆくための土台である「仕事づくり」を模索し、日本経済全体が苦境から回復しない中で困難は限りなく存在するが、踏みとどまる営みが日々に行われていた（例えば木村純）。そのこと自体、これまでの社会教育的な位置づけでの現行「生涯学習」への内在的批判でもある。

　第二に、過疎地域・中山間地域、離島地域は「長寿者」が多く住む地域である。この長寿を保ち、かつまた長寿を地域社会あるいは対人関係社会に役立てるための生活互助システムに関する経験が蓄積され（松岡昌則）、沖永良部島の

ように要介護高齢者の生涯学習や社会的位座への対人関係的な目線（片桐資津子）、いなみ野学園のような高齢者自身による学習＝相互学習が生まれてきていた（西出郁代）。

第三に、札幌大都市圏域でも育児サークル（品川ひろみ）、祖母の育児参加（小野寺理佳）や病院ボランティア（竹中健）の活動が、また長崎県では地域子育てまちづくり、中心市街地活性化、衛星都市での公開講座、外国人との共生のNPOなどに見るように、「第三次産業社会」が要請する新たな地域社会づくりと、それを担う地域生活者への生涯学習の経験が蓄積され始めていた（新田照夫）。他方、例えば秋田県の伝統的産業地域では徒弟制と家内制からの脱却を生涯学習に要請し（石澤真貴）、大手電機産業企業ではOJTからOff-JTや外部の教育機関との連携へとシフトし、それぞれの状況に応じた技術・技能高度化の外部化をしていた（永田萬亨）。「サッポロバレー」のIT産業経営者らは、行政部門別におけるタテ割り構造の打破、大学との連携による力能向上を希求した（亀野淳2004）。

地域コミュニティ的社会と自治体－大学

第四に、地方自治体と大学の動向がある。地方自治体では、それ自身が教育委員会の仕事としての「生涯学習」を全庁的に取り組むべき仕事として位置づけ直しているところが出ていた。そこに「生涯学習」（ライフロング・ラーニング）への最初の一歩があると考えられる。つまり、そこには、これまでの「生涯学習」が、(1)それを推進する目的が曖昧だった、(2)生涯学習の理解が不十分だった、(3)行政における生涯学習の位置づけが不明確だった、という反省が存していたのである。しかも、行政——本来的には「市町村地方政府」——は「いつでも、どこでも、誰でも学ぶことのできる環境の整備」を謳ってきたが、「人は生涯が勉強である」という生涯学習のこの定義は、「今、行政をかなり混乱に貶めている」ことを、例えば、郡上郡八幡町の『八幡町まちづくりのための生涯学習研究会報告』は的確に指摘していた（白樫久。岐阜県については益川浩一、神田光啓も参照されたい）。

大学においても、例えば長崎県生涯学習と長崎大学・生涯学習教育研究センター（新田照夫）、奈良のNPO活動と奈良教育大学・奈良県立大学との協

働があり（片岡弘勝）、岐阜県下の生涯学習と岐阜大学・総合情報メディアセンター・生涯学習システム開発研究部門との結びつき（益川浩一）、北海道大樹町と帯広畜産大学・地域共同研究センターとのつながり（木村純）、同志社大学の社会人大学院生の受入れ条件再吟味（山田礼子）など、大学は自らを変えようとしている（部分的に、かつおずおずとしてではあるが）。しかし、片岡弘勝が提出した奈良市のNPO政策研究所が指摘する次の意見──「『学際的な知の共有』は、既存の大学、行政セクター、企業セクター、市民セクター各々の組織内に蓄えられている、いわば『縦割り組織体制』下に維持されている知の内閉性や権力性を相対化する上で有効性を持った仕掛けになり得る」（片岡弘勝2003: 482）──は、長期的なストラテジーとして明晰である。現実には、日本の大学の日常は絶え間ない、そして最終地点が見えない改革・改善の連続である（櫻井義秀）中においてである。対極には、政策対象を特定した韓国の生涯学習（平生教育）政策と、生涯学習の機能開発にも積極的に対応する韓国大学改革がある（町井輝久参照）。

日本の生涯学習現場における重要な変化

　この間、日本の生涯学習政策において重要な変化が現れてきた。本章第4節で詳述するが、中央教育審議会生涯学習分科会の『今後の生涯学習の振興方策について（審議経過の報告）』（2004年）である。それは、第一に「近年の社会の変化」を踏まえて、今後の『生涯学習』が「特に、重点的に取り組むべき分野」を5つ導き出した。(1)職業能力の向上、(2)家庭教育への支援、(3)地域の教育力の向上、(4)健康対策等高齢者への対応、(5)地域課題の解決、である。とりわけ、(1)職業能力の向上、と、(5)地域課題の解決、は連動するところもあり、本稿でも重視して考えてみたいと思う。「職業能力の向上」についてはユネスコなどの「ライフロング・ラーニング」における「職業性訓練」と、また後述する私たちの「職業的ないし職能的リカレント学習」とかかわり、「地域課題の解決」は「市民性涵養」、また「公共的ないし公益的リカレント学習」と通底するところがある（本章334-344頁にて詳述する）。

　第二に『審議経過の報告』は、地方自治体（都道府県・市区町村）に重要な役割を期待している。だが、そこには国の役割期待と地方自治体が現実に育ん

でいる役割実態との間の、大きな「乖離」が見え隠れする。今日、現代「市民社会」に向けて緩やかに構造変動している現代日本国民社会、とりわけ地域社会と、その国民社会を再生産させている国家・経済システムの諸機構とりわけ労働・生活・教育の諸過程との間の葛藤がそこにはある。その葛藤を、都道府県―市区町村が現行「生涯学習」を介してどのように乗り越えようとしているか、また高等教育機関がそれに如何に対応しようとしているのか。それが本章の課題である。

第1節　都道府県における「生涯学習」の現況
――「地域課題の解決」と「職業能力の向上」にかかわる考察

小序　都道府県ごとに見た現行「生涯学習」の実施状況

都道府県の生涯学習担当部局

　文部科学省のホームページによれば、2005年現在、すべての都道府県に生涯学習担当部局があり、37都道府県に生涯学習審議会が設置されている。設置年は京都府の1990年をはじめとし、91年に8道県、92年に10都県、93年に7県、94年3県、95年2県、96年1県、97年1県、98年に2県、そして2001年に1県（広島県）、2003年に2県（佐賀県と、愛媛県「生涯学習社会づくり推進会議」）という状況である。山形県は「生涯学習懇話会」、福井県と和歌山県は「生涯学習推進会議」、山口県は「生涯学習推進協議会」であり、滋賀県と徳島県は「社会教育委員会議」が担っている。大阪府は1981年に府立文化情報センターを開設したが、1987年に生涯学習推進体制が知事部局に一元化されたのに伴い、同センターの所管は教育委員会から生活文化部に移り、1990年度からはその管理運営が大阪府から㈶大阪府文化振興財団に委託され、その後2002年度から生活文化部文化課の直営となった。東京都は1981年に生涯学習推進懇談会を、長野県は1985年に生涯学習部を設置した。

　これらの審議会やその同種組織は、近年、次のような答申・提言などを提出した。2000年には山梨県（答申『本県の特性を生かした生涯学習大学システムの在り方について』）、京都府（提言『生涯学習推進体制の整備について』）、島根県（答申『新しい島根県生涯学習推進構想の策定について』）の3県、2001年に岩手県（答申『21世紀を展望した本県における生涯学習の振興方策について』）、2002年には東

京都（答申『地域における「新しい公共」を産み出す生涯学習の推進～担い手としての中高年世代への期待～』）と、広島県（答申『生涯学習を支援するシステムの構築について』）、2003年には東京都（『「心の東京革命」教育推進プラン～これまでの取組と今後の方向性について～』）、福島県（提言『福島県における生涯学習振興のあり方について』）、兵庫県（提言『兵庫県における包括的な生涯学習システム』）、愛媛県（答申『愛媛県生涯学習推進計画――学び、伝え、共に創る生涯学習社会』）、そして2005年には北海道（答申『学ぶ　拓く北の大地――第2次北海道生涯学習推進基本構想』）と、合わせて10都道府県が推進構想を見直すか、新たに策定するかしている。他の府県は目下、議論の最中と思われる。県単位の生涯学習振興計画等を策定していない県は2県、福井県と、長崎県であった。

都道府県・政令指定都市等の生涯学習推進センター

　文部科学省ホームページ資料「都道府県・政令指定都市における生涯学習推進センターの整備状況」と「都道府県・政令指定都市における生涯学習・社会教育担当部課の設置状況」を対比して見てみる。前者に関する文部科学省資料には、宮城県・福島県・東京都・滋賀県・京都府・香川県・高知県・宮崎県、仙台市・川崎市・横浜市・福岡市の1都1府6県4市のデータを欠くが、他の1道1府36県9市において、設置時の設置主体と現在の所管とが異なるのは、岐阜県・大阪府・佐賀県で、いずれも教育委員会から首長部局への移管替えである。埼玉県もここに入ると思われる。広島市は首長部局と教育委員会から、首長部局への変更である。残りの1道33県・8市のうち、山形県は首長部局と教育委員会の共同所管のまま、山梨県は首長部局のまま、他の1道31県8市は教育委員会所管のままである。これに後者の資料から教育委員会以外の所管先を重ねて見てみると、山形県は文化環境部学術振興課、山梨県は生涯学習文化課、岐阜県は地域県民部県民政策室、京都府がスポーツ生涯学習室、大阪府は先に見たとおり生活文化部文化課、佐賀県はくらし環境本部私学文化課、それに兵庫県の県民生活部生活文化局生活創造課、和歌山県の環境生活部青少年課が加わり、政令指定都市では京都市の文化市民局（文化課、男女共同参画推進課、勤労福祉青少年課、地域づくり推進課）、大阪市の市民局（男女共同参画課、青少年課）、ゆとりとみどり振興局（スポーツ企画課）、神戸市の

市民参画推進局（市民活動支援課）と生活文化観光局生活文化部（文化交流課、男女共同参画課、青少年課）、広島市の市民局（市民活動推進課、男女共同参画室、文化スポーツ部）が、教育委員会以外に設置された部課である。もっとも「管理体運営主」は財団法人へと委託されることも多く、文部科学省の前者の資料では、1道1府36県9市のうちの12県7市（40.4％）が外部へと委託している。

　指定都市を除く市区町村（今回の大型合併以前）における「生涯学習・社会教育担当部課の設置状況」を見ると、3,081市区町村のうちの2,966（96.3％）が「教育委員会のみに設置」である。次の13県（秋田県・新潟県・富山県・福井県・山梨県・奈良県・徳島県・香川県・佐賀県・長崎県・熊本県・大分県・宮崎県）の県下市町村はすべて教育委員会のみに設置であり、下の21県（青森県・岩手県・福島県・茨城県・栃木県・群馬県・千葉県・静岡県・愛知県・石川県・兵庫県・和歌山県・鳥取県・島根県・岡山県・広島県・山口県・愛媛県（98.4％）・高知県・鹿児島県・沖縄県）の県下市町村も95％以上が教育委員会のみに設置である。教育委員会の"独占"率が総体的に低いのは京都府下（76.3％）、大阪府下（86.0％）、福岡県下（86.1％）、山形県（86.4％）で、90％を下回るのはこれら4府県のみである。ちなみに、北海道内（93.8％）では札幌市以外の3市と10町が首長部局とかかわる。東京都下（92.1％）では千代田区が首長部局のみ、世田谷区・中野区・調布市が教育委員会と首長部局である。こうした状況を見ると、「地域づくり運動が進むにつれ、首長部局の比重が増す」と想定をすることは、目下のところ、一概には言えないようである。

都道府県・政令指定都市・市町村の生涯学習振興計画、およびエルネット

　文部科学省資料の「都道府県・政令指定都市・市町村における生涯学習振興計画等の策定状況」を基に、都道府県ごとに市区町村の振興計画策定状況を算出すると、大きな地域差が出てくる。全市区町村（3,081）のうち策定市区町村（1,679）の比率は54.5％であるが、一方に秋田県・静岡県は市町村策定率100％、山口県（92.5％）、奈良県（90.0％）、宮崎県（86.4％）、神奈川県（85.7％）、愛知県（82.6％）、北海道（82.5％）、新潟県（81.6％）といった9県が高い。しかし、他方、沖縄県（13.7％）、佐賀県（16.3％）、兵庫県（16.7％）、愛媛県（17.7％）、大分県（19.0％）、山梨県（19.6％）、徳島県（20.0％）のように、

策定率が25％を下回るところもある。東京都（56.5％）、京都府（52.6％）、広島県（47.7％）、福岡県（57.4％）は50パーセント前後、大阪府（69.8％）、埼玉県（69.7％）、宮城県（69.1％）は7割弱を占める。

「市町村（政令指定都市を除く）における生涯学習推進センターの整備状況」もまた、大きな地域差がある（全体で329市区町村、設置率10.7％）。一方に福井県のように推進センター設置率100パーセントの県があり、石川県（55.6％）、富山県（51.4％）、そうして大阪府（44.2％）も相対的には高い方だが、10県で実績が出てこない。ちなみに、東京都は2割強、北海道と愛媛県は1割を切る。管理運営主体が財団法人ないし振興公社、NPOである市区町村数は33で全体の1割強になるが、主に大都市圏域に集中している。市町村レベルでは1999年に「全国生涯学習市町村協議会」が発足したが、加盟数は216市町村（7.0％）と1割弱の状態にある。都道府県別では和歌山県（24.0％）の加入率が目立つ。大阪府（14.0％）、三重県（13.0％）、岡山県（12.8％）、鹿児島県（11.5％）、岐阜県（11.3％）、群馬県（11.6％）、埼玉県（10.1％）がそれぞれの県下・府下の市区町村の1割を超える加入率を見せるが、北海道（6.2％）、東京都（4.8％）、愛媛県（4.8％）は多くはない。

なお、文部科学省生涯学習政策局学習情報政策担当が担当している「エル・ネット」について一言しておきたい。この教育情報衛星通信ネットワークは、衛星通信を活用して、教育・文化・スポーツ・科学技術に関する情報を直接全国に発信する仕組みで、1999年7月に稼働した。2005年現在、全国の教育委員会事務局106、生涯学習センター290、社会教育施設1,528、各種の学校等368、合わせて2,300ヵ所近くが受信局として整備されている。送信局は、1 HUB局（国立教育政策研究所）、5 VSAT局（文部科学省、国立科学博物館、国立オリンピック記念青少年総合センター、国立教育政策研究所社会教育実務研究センター、東京工業大学）、29 VSAT局（全国の教育センター等）が担当し、「子ども放送局」「オープンカレッジ」「文部科学省ニュース」「研修プログラム」などの番組が放送されている。2005年5月のエル・ネット「オープンカレッジ」には、常磐大学講座『子どもの心理』、北海道医療大学講座『お口の健康セミナー』、富山県立大学講座『海をめぐる人と環境──日本海学の視点から』がある。受信局は、例えば東京都は38ヵ所と少ないが、北海道では73ヵ所、

愛媛県では59ヵ所に及ぶ。

第1項　都道府県の「生涯学習」展開における諸類型
──「地域課題の解決」と「職業能力の向上」の視点から

高度経済成長期以後の社会的矛盾と生涯学習：地域主権型社会づくりの位座

　1960年代の高度経済成長期をへて産業構造が激変し、過密－過疎によりゾチアールな結合が弛緩して、新たに「産業社会」と総称される制度的社会が急速に展開した。それは「国家・経済」システムによって支えられ、逆に支え返していくものでもあるが、この「産業社会」を律するより根底的な原理が曖昧にされたまま、「経済成長路線」が貫徹させられてきた。第二ヴァチカン公会議の「憲章」「教令」「宣言」や、イタリア共和国憲法、そしてまたアメリカ合衆国憲法のような規範原理による拘束を嫌い、「企業の存亡が全てである」かのような産官学の合唱が続き、日本の国際的位座をおとしめている。六・三・三制教育の第一期生としての私にとっての規範原理は、「この憲法が日本国民に保障する基本的人権は、人類の多年にわたる自由獲得の努力の成果であつて、これらの権利は、過去幾多の試錬に堪へ、現在及び将来の国民に対し、侵すことのできない永久の権利として信託されたものである」という第97条をもつ、日本国憲法である。

　しかし実相はそれほど単純ではない。理工系の大学ないし大学院で学んだエリート・ビジネスマンであっても、あるいはそうであるからこそ、その人たちの心底には市民的な価値が根づいていることもある。少なくとも自分の子どもたちの就職問題について、資料を出して議論することはしないが、口を挟もうとする人はすでに少数派であり、子どもの意志や選択に委ねられているのであって、後述するＡ大学工学系卒業生調査では「家業継承」的な志向性からはまったく自由な姿が浮かび上がる。それにもかかわらず、過疎地域の振興、とりわけ地域産業振興に取り組む理工系技術者の数は余り多くはないようである。工学研究自体がそうした限界をもっていると言いたいわけではない。Productivity という言葉を、「労働の人間化」と重ねて理解したヨーロッパの工学・技術学ないし社会科学と、「労働生産性の向上」として把握した日本の工学・技術学ないし社会科学との差異の問題が根底にあると考える。

しかもなお、現実に自立＝自律を迫られている地域社会における、「地域課題の解決」「労働能力の向上」の課題に対し、都道府県・市区町村はどのように対応しているのか。そのことを「生涯学習」(ないしは「生涯学習ライフロング・ラーニング」)への取り組みの側から照射しようということが、以下での検討課題となる。そうした検討の中から浮かび上がってくる「地域社会」概念の内容的な、つまりその構成原理の差による区分、すなわち「グローバル・アーバン社会」と、「地域アソシエーション的社会」と、「地域コミュニティ的社会」という区分について、分析していきたい。

1　現行「生涯学習」の現実相——北海道「道民カレッジ」の現況
道民カレッジの社会的位置づけ

　現実に進行している日本型「生涯学習」は、明確な方向性を見いだしていないように思われる。そこにある展望を与えたのが、『今後の生涯学習の振興方策について(審議経過の報告)』(2004年)である。1999年の生涯学習審議会答申『生涯学習の成果を生かすために』は確かに、「従来の文化・教養タイプのものから、社会参加型や問題解決型の学習あるいは学習成果の活用を見込んだ内容のものなど、学習者に活動のために必要な力を養う学習へと重点を移行させるべきであろう」と指摘してはいた。だが今回の『審議経過の報告』のように、「職業能力の向上」を第一位に置き、「地域課題の解決」で締めくくるという構造にはなっていなかった。それゆえ「社会参加型や問題解決型の学習」といっても、ヨソヨソシサが生じてしまったのだろうと思う。

　例えば北海道では、そうした社会参加型や問題解決型の「生涯学習」が十全に進行したわけではない。従前の「社会教育」実践を超え出る「生涯学習」実践が産み出されてはいないことに、最大の問題点がある。北海道教育委員会生涯学習局の生涯学習振興課と社会教育課は2002年度から一つの「生涯学習課」となり、それぞれを課内の「班」として編成替えし風通しを良くしたが、その効果が出るのはこれからである。目下のところは、行政施策の蓄積があり「班」の活動内容が明確である後者は、北海道社会教育委員の会議による「審議のまとめ」の具現化を志向していると思われる(『新しい時代を拓く北海道の社会教育行政の展開について——地域の視点に立った社会教育行政の展開に向け

て』、2004年。http://www.dokyoi.pref.hokkaido.jp/hk-skiku/toushin/h11tou/h11tou.htm）。道内市町村レベルにおける社会教育にかかわる事例をできる限り収集し、「地域をよりよく知り職業観を培う」という項目を立てて、「少子化がきわめて顕著であり、労働力の不足が心配される本道において、起業家をどう育てるかなど、将来を見据えた人づくりや経済の活性化、地域の教育力の向上などのために、職業観を培う意図的な機会が必要である」と、社会教育行政に職業教育や職業訓練の視点を取り戻そうとしている。

　前者を引き継いだ「班」は、生涯学習の具体的な行政施策の内実づくりに苦慮しながら、道内国公私立の大学・短大・専門学校（の有志）と組んだネットワーク型生涯学習機関「道民カレッジ」の実質化を図っている（http://www.dokyoi.pref.hokkaido.jp/hk-sgsko/teigen13/teigen.htm）。その上で、第二次北海道生涯学習推進基本構想『学ぶ　拓く　北の大地』（2005年）は、「北海道らしい生涯学習社会」を念頭に、(1)明日の北海道を支える人づくり、(2)北の大地における地域づくり、(3)生涯学習における北海道スタンダードの構築、を打ち出した。何よりの特徴は、(1)の中に「職業教育及び職業能力の向上」が、次のように謳われていることにある。

① **職業教育の推進**
・初等中等教育段階から、児童生徒一人一人に勤労観・職業観の育成を図るために、就業体験の機会を充実させることが必要です。
・学生の学習意欲を喚起し、高い職業意識を育成する上で、在学中に将来のキャリアに関連した就業体験を行うインターンシップを促進していくことが必要です。
・インターンシップの受け入れの充実を図るために、地域の企業やNPOなどとの連携を更に強化していくことが必要です。

② **職業能力の向上**
・職業能力開発機関等における訓練機会の提供や就業相談体制の充実などにより、若年者のキャリア形成が、更に効果的に行われるようにすることが必要です。
・働く期間が長期化していることに対応し、中高年齢者が職業能力を更に高めていく機会の提供が必要です。
・地域と大学等の高等教育機関が連携して、産業人材の育成に必要な学習機会

の充実を図ることが必要です。
・企業においては、生涯学習の振興を図る観点から、勤務時間の弾力化などにより、各個人が職業能力の向上のための学習活動により参加しやすい環境を整えることが期待されます。

①職業教育の推進、②職業能力の向上のいずれにおいても、「必要」性が具体的に保障される仕組み（ネットワーク）をどのように構築するか、それが次なる課題になると思われる。この構想の「北の大地における地域づくり」は、(1)健康づくり、スポーツ活動の推進、(2)文化活動の推進、(3)現代的課題──国際化、情報化、環境、男女平等参画、消費生活、安全、人権・福祉、社会の変化──に関する学習活動の推進、(4)NPO・ボランティア活動の推進を挙げる。「社会の変化に伴い新たに産み出される課題」は特定化されていないが、「少子高齢化社会」に関心が寄せられている。「NPO・ボランティア活動」のところで「新しい『公共』の精神の涵養」とのかかわりが、「新しい『公共』とは、「様々な課題の解決について、行政や学校にすべてを委ねるということではなく住民や父母が行政や教育に積極的に参画し、社会が抱える課題の解決にとりくんでいく協働の営み」だとの注づけによって表明されている。そののちに、(5)「生涯学習による地域づくり」が「地域コミュニティづくり」として位置づけられる。──総体の「絵」としては整理されていると思われるが、既存の経験（例えば「道民カレッジ」）の積み上げという側面との摺り合せは、今後の課題であるようである。

道民カレッジの主催講座、連携講座

「道民カレッジ」は主催講座と連携講座を持ち、主催講座は「ほっかいどう学」大学放送講座（北海道放送㈱）、「ほっかいどう学」出前講座（道内6圏域で実施）からなっている。1972年の「北海道大学放送講座」（のち北海道教育大学との共催）以来の経緯で、北海道放送の協力を得ている。2005年度には札幌大学、札幌医科大学、東京農業大学（網走市）、北海道大学、北海道医療大学、北海道情報大学、北海道東海大学が参画している。連携講座は「道民カレッジ」に賛同する大学・短大等の公開講座、専修各種学校の講座、市町村の講座、研究機関等の講座の中から、受講者が学びたい講座を選び実施機関・団

体に申し込む。連携講座は「ほっかいどう学」「能力開発コース」「環境生活コース」「健康スポーツコース」「教養コース」の5コースに区分されており、2005年度予定の連携講座数はそれぞれ、218、330、321、232、797、であった。「能力開発コース」(330講座)の内容を、講座総数から「語学」系を引いた講座を大くくりし、それを担っている機関ごとに分類して、次に掲げる(**表3-1**)。

表3-1　2005年度「道民カレッジ」における「能力開発コース」の内実

◆医療・看護・介護・福祉関係
北海道医療大学(看護公開講座、看護福祉学部同窓会セミナーⅠ、看護福祉学部同窓会セミナーⅡ、看護士リフレッシュスクール、看護師リフレッシュスクールⅡ、看護公開講座、歯科衛生士公開講座、衛生士公開講座、精神保健福祉リフレッシュスクール、歯科医師リフレッシュスクール、歯科医療公開講座、薬剤師リフレッシュスクール)
北海道薬科大学(薬剤師教育研修会)
天使大学(健康に関する情報のインターネットでの検索)
西野学園札幌医療科学専門学校(全身性障がい者移動介護従業者養成研修、全身性障がい者ガイドヘルパー研修、ホームヘルパー1級養成講座)
札幌サウンドアート専門学校(音楽療法講座・音楽基礎編、ビデオカメラ撮影講座)
札幌福祉専門学校(レザークラフター養成講座、西野流呼吸法、健美操講座)
社団法人北海道家庭生活総合カウンセリングセンター(家庭生活カウンセリング研修講座昼間部3級、家庭生活カウンセリング研修講座夜間部3級)
苫小牧高等商業学校(3級家庭生活カウンセラー養成講座)
函館臨床福祉専門学校(ホームヘルパー1級養成講座)
帯広大谷短期大学(ケアマネージャー受験対策講座、福祉住環境コーディネーター2級受験講座、ハーブの世界、生活科学サタデーセミナー、クラシック音楽の世界)
釧路専門学校(障害者ガイドヘルパー講習会、ホームヘルパー1級講習会、ホームヘルパー2級講習会、居宅介護従事者2級、管理栄養士資格試験、司書教育)
北海道立白糠高等学校(訪問介護員養成研修3級資格取得)
北見情報ビジネス専門学校(医療事務1級検定講座、医療事務2級検定講座、介護報酬請求事務士講座、介護報酬請求事務士講座)
オホーツク社会福祉専門学校(ホームヘルパー養成研修講座、ホームヘルパー2級講座)
◆環境保護関係
北海道立林業試験場(緑化技術基礎講座、緑化技術応用講座Ⅰ、緑化技術応用講座Ⅱ、林業技術応用講座、フォレストガイド春季講座、フォレストガイド秋季講座、グリーンボランティア専門研修会)
社団法人北海道森と緑の会(グリーンボランティア研修)
札幌科学技術専門学校(生物分類技能検定3級対策講座)
北海道立林業試験場道北支場(緑化技術基礎講座、林業技術基礎講座)
北海道立林業試験場道東支場(緑化技術基礎講座、林業技術基礎講座)
北海道立林業試験場道南支場(緑化技術基礎講座、林業技術基礎講座)
◆社会活動リーダー養成関係
函館市青年センター(市民活動団体スタッフ養成講座)
函館市青少年研修セミナー(レクリエーション・インストラクター養成講座)

北海道立図書館 (北海道立図書館利用講座：統計の調べ方、本を探す)	
網走市立図書館 (読み聞かせリーダー講習会)	

◆工業技術修得関係

苫小牧工業高等専門学校 (第二種電気工事士試験のための基礎講座)	
釧路工業高等専門学校と北見工業大学 (北国の電気技術者者セミナー)	
宮島学園北海道製菓専門学校 (製菓衛生士国家試験受験資格取得、お菓子とパンの通信教育 C-net)	

◆資格取得関係

北海道浅井学園大学〔現・北翔大学〕(販売士2級養成講座、販売士3級養成講座、ファイナンシャル・プランニング3級技能士、ビジネス能力検定2・3級対策、福祉住環境コーディネーター検定3級対策、秘書検定講座 準1級2次面接指導、秘書検定2・3級、毛筆書写検定講座、簿記検定3級対策、パターンメーキング技術検定3級対策)
北星学園大学 (ファイナンシャル・プランニング3級技能士資格対策、AFP兼国家資格2級FP技能士資格対策、インテリアプランナー試験受験講座、カラーコーディネーター検定2級対策、インテリアコーディネーター1次試験対策、インテリアコーディネーター2次試験対策、カラーコーディネーター検定3級、色彩検定2・3級、パターンメーキング技術検定3級対策、簿記3級)
早稲田セミナー札幌校 (2級・3級FP講座、司法書士講演会、簿記3級標準コース)
青山工学・医療専門学校 (インテリアコーディネーター講座)
NHK文化センター新さっぽろ教室 (インテリアコーディネーター認定試験、福祉住環境コーディネーター検定2級、日本茶アドバイザー認定試験)
NHK文化センターさっぽろ教室 (色彩能力検定3級受験コース)
吉田学園生涯学習センター (診療報酬請求事務能力認定、色彩検定AFT3級資格取得、日商簿記3級)
専門学校札幌ビジュアルアーツ (モノクロ写真制作講座)
北海道アートクラフトアカデミー (ホビン＆タッチングレース、シルバーアクセサリー)
札幌服飾アカデミー (楽しい着付)
札幌福祉保育専門学校 (伝統手むすび着付教室)
道央吉井式和裁専門学校 (和裁教室)
室蘭ドレスメーカー専門学院 (手作り洋裁講座)
北見美容専門学校 (ネイリスト検定対応コース)
北見美容専門学校 (きもの着付教室)

◆コンピューター関係

札幌大学 (パソコン基礎講座、パソコン応用講座)
北星学園大学 (建築CAD設計)
北海道東海大学 (やさしいパソコン教室)
札幌学院大学社会連携センター (基礎から学ぶたのしいパソコン講座)
北海道自動車短期大学 (情報リテラシー入門)
青山工学・医療専門学校 (パソコン入門、インテリアコーディネーター受験講座、夜間CADスクール・充実コース、夜間CADスクール・マスターコース、CAD利用技術者試験・実技対策講座、CADトレース技能審査試験・実技対策講座、初心者・高齢者のための"WORD")
札幌デジタル専門学校 (基本情報技術者試験対策講座、初級シスアド試験対策講座)
札幌サウンドアート専門学校 (EXCEL講座、WORD講座、POWERPOINT講座)
札幌服飾アカデミー (パソコンを使った速読法)
北海道立教育研究所(ワードの基礎、プレゼンテーションの実際、ネットワークのセキュリティ対策)

北海道文教大学（パソコン講座）
函館大谷短期大学（情報科学方法論、情報機器概論・授業公開）
八雲町教育委員会社会教育課（パソコン・基礎・昼、パソコン・基礎・夜、エクセル・基礎、ホームページ作成・基礎、ワード・基礎、画像処理・基礎、パソコン・ステップアップ）
室蘭工業大学地域連携推進室（パソコン入門とマルチメディアの応用）
苫小牧高等商業学校（パソコン技能講習会・初級コース）
北海道立富川高等学校（簡単パソコン教室）
北海道立浦河高等学校（エクセル初級～中級、数学検定の道）
帯広大谷短期大学（はじめて触るパソコン、画像処理のABC）
帯広コンピュータ・福祉専門学校（ACCESSデータベース講座、EXCEL表計算講座）
釧路工業高等専門学校情報処理センター（ホームページの作成、パワーポイント）
北海道立標津高等学校（IT講習会）
北海道立網走南ヶ丘高等学校（情報処理）
北見商科高等専修学校（初心者のためのパソコン講座）
北見情報ビジネス専門学校（パソコン個別指導講座、パソコン検定対策・WORD講座、EXCEL講座、初級システムアドミニストレーター講座）
北海道立美幌農業高等学校（パソコンの体験）
北海道立訓子府高等学校（パソコン教室）
訓子府町立訓子府中学校（パソコン講座・普段の疑問解決）
北海道教育大学旭川校（情報サービス概論・授業公開）
旭川工業高等専門学校（パソコンの組み立てとインターネット活用講座、3次元CADシステム入門）
北海道立浜頓別高等学校（簡単パワーポイント講座）
北海道立稚内高等学校（パソコンによる文書処理演習）
北海道立礼文高等学校（コンピュータ講座）

資料出所：道民カレッジ2005年度講座一覧

道民カレッジ講座内容と全国都府県との比較、および分析の限定

　100以上の「医療・看護・介護・福祉」「環境保護」「社会活動リーダー養成」「工業技術修得」「資格取得」の関係の科目（開講講座数は複数回開講もあるのでさらに増大する）、また「コンピューター」関係の講座は30以上の学校等が取り上げ、高等教育機関が存在しないような過疎地の農村市街地型小都市では高等学校が啓蒙者の役割を果たしている。中学校が参画したところもある。このような、2001年9月以来の「道民カレッジ」の経験を総括し、とりわけ「能力開発コース」の連携講座の実績と課題を検討することによって、内容的な一歩を進めることが新たな課題となると私には思われる。当然に「ほっかいどう学」と「地域課題の解決」との内的連関を問うこと、しかも「北海道一般」ではなく、支庁ないし生活圏ごと、また市区町村ごとに検討することも必要となる。

　しかし、「地域課題の解決」と「職業能力の向上」にかかわる北海道内の経

験、道外の諸都府県・市区町村による多様な経験から学ぶことは、本書の大切な課題である。それゆえ、以下に道外諸県の経験を検討するのであるが、本書の関心から見て一定の限定を加えた。首都圏の神奈川県、埼玉県、千葉県、近畿圏の大阪府、京都府、兵庫県、中部圏の愛知県は、今回の主たる対象とはしないという制限である。ただし東京都は「新たな『公共』」の具現化との関係により取り上げ、文京区を首都圏の中心部での「生涯学習」の対象事例として考察する。これら巨大都市圏域は人口も多く、「過密」地域状態が長く続いて「都会砂漠」といった言葉が横行してきた中で、sozial な諸関係の、ボランティア活動・NPO活動、地縁的な諸活動をとおした再生産の過程、それと生涯学習という行為との関係性などの課題は残されている（その一つの糸口は地域住民組織の存在形態における差異、すなわち東京都特別区部と札幌を除く他の百万都市との較差、東京23区以外での地域自治組織の内部構造、地域住民組織と地域自治組織との関係性などに求めることができる）。

2　対・極（1）──青森県のボランティア型と香川県の資格取得型

「地域課題解決」型と「職業能力向上」型

　北海道立生涯学習推進センターの2001年度「地域生涯学習実践交流セミナー～いきいき学びのまちづくり～」の基調講演を準備する過程で、私は日本の現行「生涯学習」が"金太郎飴"なのではなく、幾つかの類型を創ることが可能ではないかということに気づき、青森県の「ボランティア」型生涯学習と香川県の「資格取得」型生涯学習とを対極に置いたことがある。まず、その説明をしておきたい。いまから位置づけ直せば、前者を「地域課題の解決」の、後者を「職業能力の向上」の課題と、それぞれ重ねてである。

2-1　青森県「ありすネット」：「生涯学習ボランティア」活動

生涯学習とボランティア活動との結合

　北海道の隣県、青森県の動向は北海道とはかなり異なる。青森県は「生涯学習とボランティア活動との結合」という独自の旗を掲げる。「自分が持っている資格や特技をタンスの中にしまってはいませんか。それをそっと取り出して、いろんな人に分けてあげる。これが生涯学習ボランティアである」

と訴える。1999年度のボランティア・サークルや団体の数を分野別に分け集計すると、合計170のうち、教育・文化・スポーツ関係(「青森県NPO推進フォーラム」ほか51)30.0％、社会福祉・保育(「あおもりいのちの電話」ほか47)27.6％、生活・環境(環境NPO「青森アップル会」ほか36)21.2％、地域活性化・町づくり(**表3-2**参照)13.5％、国際交流・国際協力(「アフリカにお米をおくる会」ほか7)4.1％となる(http://alis.net.pref.aomori.jp/center/v_center)。「地域活性化・町づくり」のサークル・団体名は以下のとおりである(所在する市町村名不詳の3団体を除く)。

表3-2 青森県の地域活性化・町づくり関係サークル・団体名

東青地域〔青森地域〕
青森雪合戦協会(青森市・青森青年会議所)
青森セールスプレーヤー協会(ボランティア活動)
こどもランドあおもり実行推進協議会
ボランティアサークル東専(東奥保育・福祉専門学校。ふれあいキャンプ)
青森地域福祉グループ・緑年クラブ(青森市民有志。現代的ライフスタイル構築)
藁HAND会(平内町)
西北五地域〔津軽地域〕
WE LOVE あじがさわ運動推進協議会(鰺ヶ沢町)
中弘南黒地域〔弘前地域〕
弘前観光ボランティアガイド
ひろさき創生塾
ねむの会ファミリーコーラス(弘前市民有志。音楽と国際・地域交流、福祉活動)
ボランティアネットワーク「この指とまれ」実行委員会(大鰐町民有志)
上十三地域〔十和田地域〕
JA十和田「きずな」
十和田湖町観光ボランティアガイド(十和田湖町観光協会)
サヴァ、ダバクラブ(野辺地町民有志による子どもとのボランティア活動)
アニマシオン七戸(七戸町)
日本一の菜の花サポーター(横浜町役場水産商工課。菜の花作付け面積日本一)
下北むつ地域
三八地域〔八戸地域〕
八戸コミュニティボード
白銀南公民館協力会(八戸市)
根城地域ボランティアセンター(八戸市根城公民館)
21はしかみんぐ(階上町民有志によるミニタウン誌発行、イベント開催)

他方、同じ年度の学習講座(1,185件)を分野別に見てみると、「スポーツ・健康」および「学術・教養」がともに19.6％、「生活・福祉」11.3％、「複合・総合」

（高齢者関係・子ども関係・文化講座・女性関係・交流・その他）7.3％、「青森の歴史・伝統」65.5％、「産業・技術」5.8％、「外国語・国際理解」2.2％となる。分類機軸を同一にできなかったので即断はできないが、ボランティア活動の現実と学習講座の実態との間には、位相差があることをうかがえる。講座内容をより個別に見ると、一番多いのは「教育」の188、次いで「スポーツ」の121が群を抜いている。この後は少し下がって、「手芸」74、「音楽」73、そして「美術」46、「書道」44がくる。「パソコン」は46だから、第4位群の一角を占めていることが分かる。しかし、「産業・技術」(A・B)ではパソコン以外の講座が乏しいことも看取できる。すなわち、「簿記」5、「手芸」4、「農業関係」3、「先端技術」2、その後に「労働問題等」「労働講座」「雇用」1といった分布である。青森県も北海道と同じように、深刻な若年層の雇用問題、それとは性格を少し異にする中高年齢層や女性層の雇用問題・再就職問題を抱えている。そうした緊急課題への取り組みは、青森県でも北海道でも少ないが、生涯学習サイドからは何ができるのかが重要な課題である。

表3-3 青森県の学習講座の分野別分布（合計 1,185：100.0％）

分野	内訳									割合
学術・教養 232	（文学 13	哲学 0	歴史 28	地理 1	物理 1	化学 0	生物 1	地学 0	医学 0	教育 188）	(19.6％)
趣味・芸術 278	（美術 46	書道 44	音楽 73	工芸 29	手芸 74	釣り 1	写真 11	その他趣味全般 0）			(23.5％)
スポーツ・健康 279	（スポーツ 121	レクリエーション 6	登山 2	健康維持等 0	〔健康〕〔150〕）						(23.5％)
生活・福祉 45	（家庭生活 1	市民生活 1	福祉 20	環境 7	男女問題 0	ボランティア等 16）					(3.8％)
〔生活・福祉〕〔89〕	〔家庭 43	市民 12	女性問題 0	女性 17	社会奉仕 1	社会参加 16〕					(7.5％)
産業・技術A (3～4)	（産業 0	職業 0	先端技術 2	情報技術 0	労働問題等 1	〔雇用〕〔1〕	〔失業〕〔0〕）				(0.0％)
産業・技術B (68)	（パソコン 46	簿記 5	手芸 4	農業関係 3	先端技術 2	労働講座 1	その他 7）				(5.7％)
外国語・国際理解 26	（外国語 20	国際理解 2	国際交流等 4）								(2.2％)
青森の歴史・伝統 77	（青森県の歴史・伝統文化 56	自然 21	産業 0	経済等 0）							(6.5％)
複合・総合 87	（高齢者関係 22	子ども関係 15	文化講座 9	女性関係 8	交流 6	その他 27）					(7.3％)

青森県におけるボランティア活動の活性化

この時から2005年まで5年余りの日時が経過した。しかし、青森県「ありすネット」が提供する講座（2005.4-2006.3）の基本的な性格は、「産業・技術」の比率がかっての5.8％から新年度の5.0％と横ばい状況にあるという意味で変わっていない。「趣味・芸術」61.7％と飛び抜けて高く、「スポーツ・健康」21.2％、「外国語・国際理解」6.4％は横ばいだが、「学術・教養」4.8％、「生活・福祉」6.6％は激減している。集計基準が変わったからであろうか、それとも青森県民の「趣味・芸術」に対する関心が高まったからなのか、あるいは別の要因によるものなのか、何とも判断できない。

しかし、この5年余りの経験が、青森県のボランティア活動を活性化したことは確かである。2005年現在のボランティア実践団体数は685団体に上る。しかも、**表3-4**に見るごとく、県庁所在都市・青森市や大学学術都市・弘前市のみならず、産業の中心都市・八戸市や、自然観光地の十和田地域でも伸びており、下北むつ地域や県内全域の町村部にも、ボランティアの風が吹き込んでいるのである。青森県の試みは、生涯学習とボランティア活動とを結合させることによって、両者が相乗的に共振し合う「生涯学習ボランティア活動」をつくり出し、もって「地域課題の解決」に対し立ち向かおうとする、一つの典型例と考えられる。ボランティア活動を行う人たちが同時に生涯学習をも重ね、ボランティア活動に対する自覚を高めている。

表3-4　青森県のボランティア実践団体数（2005年）

青森地域		津軽地域		弘前地域	
青森市	124	五所川原市	11	弘前市	45
平内町	5	つがる市	17	黒石市	21
外ヶ浜町	7	鰺ヶ沢町	11	岩木町	5
今別町	5	深浦町	8	相馬村	―
蓬田村	1	板柳町	7	西目屋村	1
		金木町	5	藤崎町	13
		中泊町	6	大鰐町	6
		鶴田町	1	尾上町	2
		市浦村	2	平賀町	13
				田舎館村	4
				碇ヶ関村	1
［小計］	142	［小計］	68	［小計］	111

十和田地域		下北むつ地域		八戸地域	
十和田市	55	むつ市	25	八戸市	111
三沢市	21	大間町	2	三戸町	7
野辺地町	9	東通村	4	五戸町	8
七戸町	9	風間浦村	1	田子町	5
百石町	11	佐井村	7	名川町	10
六戸町	12	南部町	3		
横浜町	4	階上町	21		
東北町	4	福地村	8		
下田村	21	新郷町	4		
六ヶ所村	3				
［小計］	149	［小計］	75	［小計］	141

2-2 香川県「かがわ学びプラザ」──「資格取得」の重視

成人教育、能力開発、女性就労援助の諸講座

　香川県においては (http://www.mn.pref.kagawa.jp/)、「資格取得」を重要視していた。同県の分類によると、393の講座のうち、「教育文化・郷土」27.5％（その2割強は「情報処理・地域産業関係」）、「生涯学習一般」22.6％（その5割弱は「成人教育」）、「キャリア開発」20.1％（その6割強は「能力開発」）、「女性と仕事」13.7％（その9割弱は「就労援助」）が主たるもので、「ボランティア」「くらしと環境」「心とからだ」「スポーツ・レクリエーション」「女性関連」「福祉」「国際交流・語学全体」は、いずれも1割未満にすぎない。成人教育、能力開発、女性就労援助、といった講座の開講に特色があり大変に魅力的である。しかしながら、実際の開講は一桁未満の数の、主に高松市内の専修学校に依拠した講座であった。「女性就労援助講座」には、例えば、中小企業診断士資格講座、社会保険労務士講座、MOUS一般養成講座、CADオペレーター養成講座、ホームヘルパー1級・2級養成講座、ネイリスト養成講座など、47講座が並んでいた（**表3-5、3-6**参照）。

　このように、香川県の「生涯学習」講座は青森県のそれとは大きく異なる。いずれも文部省―文部科学省の政策をそれぞれごとに咀嚼したのであろう。北海道の2005年度講座は、大学・短期大学等を介した福祉・介護・医療関係の開講に特質があったが、香川県の2005年度講座はどうであったろうか。

表3-5　香川県の事例：「資格取得」の重視（1999年度）

生涯学習一般 85（22.6%）		くらしと環境　15（3.8%）		教育文化、郷土　108（27.5%）	
学習一般	17	生活一般	-	教養一般	20
家庭教育	-	家庭生活	-	文芸・文学	5
子育て	3	消費生活	1	歴史・民俗	11
乳幼児教育	2	生活改善	-	政治経済労働産業	2
少年教育	4	衣生活	8	地域・社会	4
青年教育	-	食生活	2	自然・科学	2
成人教育	**48**	住生活	-	**情報処理・コンピュータ**	**16**
女性教育	1	礼儀作法	-	語学学習	1
高齢者教育	7	生活科学	-	美術工芸	4
人権・同和教育	1	リサイクル	-	音楽	7
視聴覚教育	1	環境問題	2	舞踊・演劇	5
市民・社会連帯意識	-	動植物保護	-	囲碁・将棋等	1
まちづくり	5	その他	2	絵画・漫画	1
その他	-			写真・映像	8
				書道・ペン字	2
				盆栽・園芸	3

女性関連　4（1.0%）		女性としごと 54（13.7%）		古典芸能	-
女性一般	-	法律・制度	2	その他	2
女性と教育	-	就労環境	-		
女性と健康	1	労働事情	-		
女性に対する暴力	-	就労援助講座		キャリア開発 79（20.1%）	
女性と経済	-	（事務）	-	公務員・教育職員	1
女性と政治	1	**就労援助講座**		司法・消防	-
女性の人権	-	**（技術・技能）**	**47**	運輸・通信	-
女性とメディア	-	就労援助講座		人事・労務	1
女性と環境	-	（OA機器操作）	3	生産管理	-
女性と労働	-	就労援助講座		経営	1
女性と国際協力	1	（看護・介護・保育）	2	医療・福祉	8
農山漁村と女性	1	その他	-	土木・建設・農業・水産業	-
人材育成	-				
社会参加	-	国際交流・語学全体 2（0.5%）		**能力開発**	**49**
男女平等	-	国際交流一般	1	体育・スポーツ・レクリエーション	-
女性史・女性学	-	ホームステイ	-		
女性事情	-	海外派遣	-	芸術・趣味	10
その他	-	国際理解・協力	-	生活サービス	8
		コミュニティ	-	その他	1
		語学学習	-		
		その他	-		

心とからだ　3（0.8%）		スポーツ・レクリエーション		ボランティア　23（5.9%）	
健康一般	1	11（2.8%）		ボランティア一般	4
病気予防	-	スポーツ一般	-	相談カウンセリング・交流	5
メンタルヘルス	-	陸上運動	-	身の回り介助	-
栄養	1	体操・ダンス	2	外出介助	-
健康づくり	1	球技	-	スポーツ・レクレー	
健康相談	-	武道・格技	-	ション活動等の介助	2
不登校支援	-	水上・海洋スポーツ	-	点訳・手話・朗読	-
いじめ問題	-	冬季スポーツ	-	学習指導	-
性教育	-	レクリエーション	6	医療・保健・衛生	5
その他	-	ニュースポーツ	-	国際交流・援助	-
		障害者スポーツ	-	収集活動	-
福祉　6（1.5%）		健康・体力増進	2	労働提供・地域活動	-
福祉一般	4	登山・野外活動	1	趣味・演芸活動	-
児童福祉	-	その他	-	文化伝承活動	2
母子福祉	-			環境保護	-
障害者福祉	-	老人介護	2	特技・専門知識活用	5
高齢者福祉	-	その他	-	その他	-

表3-6　「女性と仕事」:「就労援助講座（技術・技能）」の内訳（1999年度）

中小企業診断士資格講座	ホームヘルパー2級養成講座
公務員講座 地方上級／国家Ⅱ種	MOUS 上級養成講座
行政書士講座	MOUS 一般養成講座
簿記検定2級講座	ホームページクリエーター養成講座
簿記検定3級講座	MOT 養成講座
税理士上級コース 簿記論	DTP 講座
税理士レギュラーコース 財務諸表論	DTP オペレーター養成講座
税理士レギュラーコース 消費税法	DTP 検定対策講座
税理士レギュラーコース 相続税法	Mac 体験講座
税理士レギュラーコース 法人税法	初級システムアドミニストレーター講座
税理士レギュラーコース 簿記論	Web デザイナー養成講座
不動産鑑定士講座（2回）	ネットワークエンジニア養成講座
建設業経理事務士2級講座	CAD オペレーター養成講座
社会保険労務士講座	基本情報技術者養成講座
宅地建物取引主任者資格講座	
福祉住環境コーディネーター3級講座	アロマコーディネーター養成講座
インテリアコーディネーター養成講座	フラワーデザイナー養成講座
イラストレーター講座	カラーセラピスト養成講座
ファイナンシャル・プランナー講座	パーソナルカラーリスト講座
国内、一般旅行業務取扱主任者講座	美人レッスン講座
添乗員養成講座	フォトショップ講座
介護支援専門員講座	ブライダルコーディネーター養成講座
ホームヘルパー1級養成講座	ネイリスト養成講座

1999年度から5年あまりがたった2005年度香川県の講座（208講座）は次のように分類されている。「芸術・文化」(42、20.2％)、「趣味・教養」(33、15.9％)、「健康・福祉」(32、15.4％)、「教育関係」(29、13.9％)、「スポーツ・レクリエーション」(21、10.1％)、そして「産業・情報」(19、9.1％) がくる。その後に、「くらし・環境」(17、8.2％)、「語学・国際理解」(12、5.8％)、「その他」(3、1.4％) なので、「産業・情報」の比重は下がったように見える。「教育関係」の中に4つ、「その他」に2つ、コンピューター関係の講座があるが、それらを加えても大勢に変更はないようである。

しかし「産業・情報」の項目を構成する小項目（「産業」「情報」）の「産業」をクリックすると、①「高松市生涯学習情報システムでの案内講座」、②「高松大学・高松短期大学オープンカレッジ」、③「(財)かがわ産業支援財団・研修事業」、④「穴吹カレッジキャリアアップコース」、⑤「香川大学公開講座」の5つのアイテムが現れる。②は公開講座・市民大学・町民大学・文化講座、⑤も平均的な公開講座と思われるが、①は「資格」（香川県生涯学習情報提供システム）に連動し、③は県がバックアップして「パソコン研修」「システム開発研修」「マネジメント能力開発研修」などを、個人を対象に行っている。そうして④は**表3-7**に見るような4つの講座群を展開していた。

表3-7　穴吹カレッジ・キャリアアップコースの2004年度開講講座

◆キャリアアップ資格講座
医療事務（医科）、医療秘書、ホームヘルパー、ガイドヘルパー、介護支援専門員、介護福祉士、添乗員養成、福祉用具専門相談員、ケアクラーク、国内・一般旅行業務、取扱主任者、福祉住環境、コーディネーター
◆マイクロソフト資格講座
パソコン初心者講座、Word/Excel、MOT、Excel VBA、Access、ネットワーク、MCP、Microsoft、Office Specialist
◆美スクール
リフレクソロジー、ネイリスト、ラッピング、色彩能力検定、インテリア、アロマ、ガーデニング、フラワーデザイナー、キャラクターデザイン、色彩心理
◆CG・CAD・WEB
グラフィックデザイナー、Web、CAD

大学・専門学校・企業等との連携

しかも「産業・情報」の他の小項目「情報」を開くと、「産業」小項目の5つ

がここにも含まれ、かつ県が支援する「e‐とぴあ・かがわ情報講座」(県内の高度情報化の推進拠点)があり、四国学院大学の「e‐とぴあ講座」、そして徳島県の企業「IT研究所」による「インターネットIT技術講習」、「ITエンジニア育成」、「IT企業研修」などが出てくる。かっては専修学校等の講座を貼り付けたように見えたものが、専修学校自体の経験の豊富化に加え、北海道のように大学や関連機関・企業の参画を得て、「職業能力の向上」にかかわる新しい段階を志向している。ここには青森県とは別のモデルがある。

3 対・極 (2)──他県におけるその現状
「地域課題解決」型と「職業能力向上」型の広がり

このように、「対・極」をなす2つのモデルは、それぞれ、「地域課題の解決」、および「職業的能力の向上」と深くかかわっている。そうして先ほど除外した府県以外の諸県の諸経験を一つずつ検討し、青森県のタイプなのか、香川県のタイプなのかを私が「判断」した。その結果を以下に記述する(当然にも違う判断が有りうることを十分に心得ているつもりであり、どこが一番優れているかというような「蹴落とし型の競争主義」に与する気持ちはまったくもっていない)。

3-1 青森県型の『生涯学習講座』を示す4県
秋田県、岩手県、福島県、そして長野県

さて、青森県の試みは、生涯学習ボランティアを媒介に県民の地域活動を活性化させ、独自のやり方で「地域課題の解決」へと迫っていくものである。現在の、つまり2004度〜2005年度の各県レベルにおける生涯学習講座の内容を分析してみると、幾つかの県が青森県と同じく「地域課題の解決」に力点を置いていることが分かる。

① 秋田県と岩手県──「ボランティア」活動と「親子づれ‐地域ぐるみ」活動

例えば、青森県の隣県・秋田県の生涯学習は、ボランティア・グループの活動と併行している。2004年度を取ると県全体で2,679グループあり、青森県もより多く存在するが、そのうち秋田市が1,038で4割弱を占め、市部の累計は6割強となる。郡部の町村にも4割弱のグループがあるということで

もある。同時に、生涯学習の講座内容(「生涯学習 Inho Akita」)は伝統的な社会教育分野に比較的多くの学習者を持っている。だが「産業・技術」の分野は、青森県と同じく、今後の課題を多く残していると思われる。両県の隣県・岩手県の生涯学習(「学びネット Iwate」)も「地域課題」への取り組みに熱心だが、両県との差異は、岩手県では親子連れの行事、地域ぐるみの運動会・まつり・文化祭、地域活動リーダー養成などに力を入れるところに存している。

② 福島県「まなびとオリオン講座」

福島県の場合(「ふくしまマナビィねっと」、http://www.manabito2.fks.ed.jp)、特別な講座「まなびとオリオン講座」がある。そこでは「学びを深める一つのかたちとして、自分が暮らす地域を知り、新しい発見をすることに注目」し、それをさらに確乎たる視点たらしめるために県内を7地域に分け、「地域に密着した学習テーマ」で講座を開設している。

県北地域	「考えよう 自然との共生」(福島大学ほか)
県中地域	「歴史が物語る物」(長沼町歴史民族資料館ほか)
	「現代人の課題と未来への展望」(郡山市富田西公民館ほか)
県南地域	「県南の歴史と文化を考える」(棚倉町文化センターほか)
	「けんなん学」(阿武隈川少年自然の家)
会津地域	「会津の秋を愛でる」(会津大学ほか)
南会津地域	「あきからまなびと地人学」(田島町針生六名館)
相双地域	「相馬の歴史」(野馬追の里荒町私立博物館)
いわき地域	「証屋サンマ〜サンマがもたらすいわきの食文化」(小名浜公民館)

全部で917講座(2004年度)ある連携講座でも、県や県機関等の講座のほかに、上の7地域ごとに講座が組織されている(1. 能力開発(23講座)、2. 趣味・教養(533講座)、3. 市民生活・国際理解(55講座)、4. 家庭生活(43講座)、5. スポーツレクリエーション(263講座))。能力開発の連携講座は23講座(2.5%)と少ないが、県全体に対して福島医科大学、会津大学、福島県男女共生センターが取り組んで

いる。「県北」「県中」「会津」「相双」「いわき」でも講座が開講されるが、「県南」と「南会津」には存在しない。しかし過疎の町村での「職業能力向上」問題は、実は「地域課題」そのものである。防災教育は位置づいていない。

③ 長野県らんらんネットと公民館活動との結合

　長野県は1985年という早い時点で、県の教育センターに生涯学習部を設置していた。国の生涯学習支援法成立の翌1991年に、教育センターと産業教育センターを統合し新「教育センター」として、同センターに生涯学習推進センターを併設、また長野県生涯学習基本構想の策定も見た。1995年には県生涯学習推進協議会答申「生涯学習推進センターを中心とした今後の生涯学習振興方策」が出され、翌年に県条例に基づく生涯学習推進センターが開所した。田中康夫知事時代（2000-2006）の2002年に体験活動ボランティア活動支援センターを設置し、2005年に県民協働"汗出せ講座"を開設した。2004年から5年間の施策目標は「まちづくりはひとづくり」であり、そのメインテーマに基づく生涯学習講座は、長野県公民館運営協議会との共催である。長野県の公民館数は本館313館と分館1,683館、合わせて1,996館で全国最多であり、第2位～第4位の熊本県（223＋420＝643館）、山梨県（207＋432＝639館）、山形県（253+346=601館）を大きく離している（北海道541館、東京都94館、大阪府288館、愛媛県457館、福岡県452館）。県公民館運営協議会の運営方針によれば、行政主導型の地域コミュニティづくりは短期的には活性化したように見えるが、結果的には上意下達的システムができて地域に新たな権力構造ができたり、地域の次世代の担い手が育たないことにもなる。公民館は住民自治と地域連帯を基盤とする総合的な地域づくりの拠点であり、そのために、(1)住民の主体形成を図るための学習と実践の推進、(2)公民館運営の充実や条件整備の促進を掲げている。

　2005年の信州らんらんネットに掲載された学習講座の総数は699あった。これを実体に即するように分類すると、伝統的な芸能・踊りなど37％、スポーツ・健康づくり18％、地域・歴史・自然学習15％、明治以後に導入された新芸術・舞踏13％、外国語・外国文化9％が主なもの（累計92％）である。IT関係はパソコンの7講座、NPOマネジメント1講座、短期カラートレーニング講座（AFT

3級)、農業・林業関係の4講座、簿記3級資格の1講座、そしてこれが長野県の特色なのであるが、各種の指導者養成講座が6つある。カウンセラー養成講座、成人指導者研修会、ボランティアリーダー研修・交流会、介護予防指導者養成講座、手話奉仕員養成講座、日本語指導者養成講座である。このほかに生涯学習推進講座がある。Ⅰ.地域づくり、Ⅱ.地域づくりのためのプログラムづくり、Ⅲ.地域づくりにおける協働、Ⅳ.青少年とともに地域をつくる、Ⅴ-①.子どもが輝くまちづくり、Ⅴ-②.学校と地域で子どもを育てる、Ⅵ.地域づくりと事業評価である。このうちⅠ、Ⅱ、Ⅳ、Ⅴ①、Ⅴ②、Ⅵは総合教育センターと連携、Ⅲはコモンズ福祉チーム・長野県社会福祉協議会と共催、総合教育センターと連携する。さらに、図書館講座、男女共同参画社会づくり指導者養成講座、幼児教育講座、生涯学習まちづくりセミナーがある。ITに関しては、視聴覚IT講座（対象者：生涯学習担当者、公民館・視聴覚教育・学校・公共図書館・博物館・美術館・市町村長部局の各関係者）、および地域ITリーダー養成講座がある。こうした特質を持ちながらも、県民向けの講座では「職業能力の向上」や「地域課題の解決」よりも、伝統的ないし明治来の芸能-芸術、踊り-舞踏に最大値があり、それをスポーツ・健康づくりと地域・歴史・自然学習が支えているのである。

④ 長崎県と「地域生活・地域社会」学の視座

　長崎県の生涯学習は、東北の4県また長野県とは違った独自な視点から、「地域課題」を重視している。「ながさきまなびネット」の講座は、「地域生活・地域社会」「学習・教育・家庭・子育て」「社会・経済・労働」「環境・自然・科学」「健康・保健・医療・福祉」「技術・技能」「芸術・文化・趣味」「スポーツ・レクリエーション」「国際理解・語学」「ボランティア・体験活動」の諸分野に分類されている。この分類自体よく考えられた結果かと思われるが、「技術・技能」の内容は、「パソコン・情報処理」(45講座)、「インターネット」(9講座)、「産業技術」(5講座；携帯電話使用法2、農業関係3) が主体である（それに「科学・技術」一般22講座と「手話・朗読」3講座、「技能一般」10講座が加わる）。つまり、「技術・技能」はパソコン、情報処理、インターネットに特化されている。これに対し、「地域生活・地域社会」の小分類は多様である。「まちづくり」(10講座)、「コ

第1節　都道府県における「生涯学習」の現況　93

ミュニティー」(3講座)、「地域学」(25講座)、「郷土史」(33講座)、「民俗・文化財」(16講座)、「名所・旧跡」(1講座)、「地域行事」(−)となっている。その具体的な内容を以下に示すが、「郷土史」や「地域学」「民俗・文化財」からなり、公民館が大きな役割を果たしている。開講講座に対し「地域生活・地域社会」という区分を立てている都道府県は長崎県のみなので、その現代的諸相が明らかになれば、1992生涯学習審議会答申以来の、いわゆる「現代的課題」との内的な結合(諸要素の総合的把握)という課題に対し一定の問題提起ができると思う。現代地域社会における「地域生活・地域社会」の内実が、人びとの地域的かつ歴史的な絆、すなわちゾチアールな結合と中間諸組織・集団とのかかわりをとおして、さらに豊かにされると思われる。

表3-8　長崎県の『生涯学習』講座(2004年度)

地域生活・地域社会
1　旧産炭地域におけるまちづくり　県民ふるさと学　公務員ゼミナール諫早校
2　新諫早市について考える　県民ふるさと学　公務員ゼミナール諫早校
3　地域と市民文化遺産を考える　県民ふるさと学　公務員ゼミナール諫早校
4　生涯学習セミナー(優先講座)　県民ふるさと学　社会・経済社会／自然
5　高齢者福祉と住民参加　県民ふるさと学　公務員ゼミナール諫早校
6　戦後諫早の街づくりと鎮西学院　県民ふるさと学　公務員ゼミナール諫早校
7　地域づくりとジェンダー　県民ふるさと学／社会・経済　公務員ゼミナール諫早校
8　みらい活気塾　県民ふるさと学／社会・経済　長崎県立対馬青年の家
9　西海ユートピア大学(優先講座)　県民ふるさと学　西海市内
10　男女共同参画セミナー「ありがとう　互いがあって　活かされる」家庭・地域　長崎市
コミュニティー
1　祭りとコミュニティ　県民ふるさと学　公務員ゼミナール諫早校
2　西海ユートピア大学(優先講座)県民ふるさと学　西海市内
3　平成セミナリヨ講座(優先講座)子ども向け　ピロティセンター日野江など
地域学
1　上対馬の自然と歴史　県民ふるさと学(年間)　対馬市上対馬歴史民俗資料室
2　かみつしまの自然と歴史　県民ふるさと学(通年)　上対馬歴史民俗資料室
3　北有馬町高齢者教室(優先講座)　県民ふるさと学／健康・スポーツ　ピロティセンター日野江
4　鹿町つつじ大学(優先講座)　県民ふるさと学／芸術・文化・趣味　子ども向け　鹿町町文化会館
5　とよたまの弥生文化にふれる旅　県民ふるさと学(通年)　対馬市豊玉町郷土館
6　みねまち歴史学習　県民ふるさと学　子ども向け(通年)　対馬市峰町歴史民俗資料館
7　いづはらの文化財　県民ふるさと学(通年)　対馬市厳原町郷土館
8　追分矢上宿〜長崎街道・島原街道　県民ふるさと学　長崎市東公民館
9　音と映像で学び長崎をあるく(優先講座)　県民ふるさと学　長崎市北公民館
10　時を越えて8・9(被爆遺構探訪)(優先講座)　県民ふるさと学　長崎市西公民館

94　第3章　分析3：「生涯学習」の重層構造と地域社会の諸類型

11	長崎の昔の道を歩く：テーマ「島巡り」(優先講座)　県民ふるさと学　健康・スポーツ　長崎市　南公民館	
12	長崎北部の歴史探訪(優先講座)　県民ふるさと学　長崎市南公民館	
13	長崎名勝図絵の世界(優先講座)　県民ふるさと学　長崎市南公民館	
14	長崎よろず学――長崎学(優先講座)　県民ふるさと学／社会・経済　長崎市中央公民館	
15	山手の古址をあるく(優先講座)　県民ふるさと学　長崎市滑石公民館	
16	わがまちぶらぶら"アル"き(優先講座)　県民ふるさと学　滝の観音ほか	
17	転入奥様講座(優先講座)　県民ふるさと学　大村市中地区公民館ほか	
18	日本の中のヨーロッパ――長崎居留地の生活と人々――　県民ふるさと学　活水女子大学	
19	ひとまわり外側の"長崎街歩き"(優先講座)　県民ふるさと学　長崎市北公民館	
20	町並の史跡をあるく(優先講座)　県民ふるさと学　長崎市滑石公民館	
21	郷土料理講座(優先講座)　県民ふるさと学／家庭・地域　子ども向け　対馬市峰地区公民館	
22	第44回長崎の歴史と文化を学ぶ会　県民ふるさと学　長崎市男女共同参画推進センター	
23	防災・環境と地域振興　県民ふるさと学　公務員ゼミナール諫早校	
24	歌の中の居留地(東山手情緒)　芸術・文化・趣味　活水女子大学	
25	成人学級　その他　公民館	

郷土史

1	上対馬の自然と歴史［地域学と同じ］
2	かみつしまの自然と歴史［地域学と同じ］
3	とよたまの弥生文化にふれる旅［地域学と同じ］
4	みねまち歴史学習［地域学と同じ］
5	いづはらの文化財［地域学と同じ］
6	追分矢上宿～長崎街道・島原街道［地域学と同じ］
7	時を越えて8・9(被爆遺構探訪)(優先講座)［地域学と同じ］
8	長崎の昔の道を歩く：テーマ「島巡り」［地域学と同じ］
9	長崎北部の歴史探訪(優先講座)［地域学と同じ］
10	長崎名勝図絵の世界(優先講座)［地域学と同じ］
11	山手の古址をあるく(優先講座)［地域学と同じ］
12	ひとまわり外側の"長崎街歩き"(優先講座)［地域学と同じ］
13	町並の史跡をあるく(優先講座)［地域学と同じ］
14	第44回長崎の歴史と文化を学ぶ会［地域学と同じ］
15	コレジヨ文化講座　県民ふるさと学　有家町民センター
16	五島観光歴史資料館見学　県民ふるさと学　五島観光歴史資料館
17	小値賀町歴史民俗資料館見学　県民ふるさと学(年間)　小値賀町歴史民俗資料館
18	古文書解読講座　県民ふるさと学　有家町民センター
19	対馬の歴史にふれる　県民ふるさと学(年間)　県立対馬歴史民俗資料館
20	長崎純心大学『長崎学講座』　県民ふるさと学　江角記念館(純心高校内)
21	ふるさと再発見史跡めぐり(優先講座)　県民ふるさと学　大村市コミュニティセンターほか
22	古文書解読入門講座　県民ふるさと学／社会・経済　香焼公民館
23	古文書読み方講座　県民ふるさと学／社会・経済　対馬市厳原地区公民館
24	千々石ミゲルとキリシタン文化(優先講座)　県民ふるさと学　千々石町立公民館
25	対馬の歴史散策(優先講座)　県民ふるさと学　厳原地区公民館
26	Dr.ハルの「原の辻をもっと知ろう塾」　県民ふるさと学／社会・経済　壱岐文化ホール他
27	なぜ長崎に孔子廟があるのか　県民ふるさと学　孔子廟中国歴史博物館

28	文化講演会　県民ふるさと学／社会・経済　県立長崎図書館	
29	郷土の歴史散策講座　県民ふるさと学　厳原地区公民館	
30	〈夏休み子ども教室〉郷土の歴史をあるく（優先講座）　子ども向け　長崎市西公民館	
31	高齢者のためのいきいき青春ライフ（朝）（優先講座）　その他　長崎市中央公民館	
32	高齢者のためのいきいき青春ライフ（昼）（優先講座）　その他　長崎市中央公民館	
33	長崎国際大学公開講座　いきいきライフワーク術　その他　長崎国際大学	
民俗・文化財		
1	上対馬の自然と歴史　県民ふるさと学［地域学と同じ］	
2	かみつしまの自然と歴史　県民ふるさと学［地域学と同じ］	
3	とよたまの弥生文化にふれる旅［地域学と同じ］	
4	みねまち歴史学習［地域学と同じ］	
5	追分矢上宿〜長崎街道・島原街道［地域学と同じ］	
6	コレジヨ文化講座［郷土史と同じ］	
7	五島観光歴史資料館見学［郷土史と同じ］	
8	長崎県立口加高等学校成人大学講座──人生を豊かに（県立学校地域開放講座）　県民ふるさと学／社会・経済／技術・技能／芸術・文化・趣味／健康・スポーツ／国際交流・語学　同高校	
9	東山手をあるく　県民ふるさと学　活水女子大学・東山手キャンパス	
10	いづはらの文化財［地域学と同じ］	
11	対馬の歴史にふれる　県民ふるさと学（年間）　県立対馬歴史民俗資料館	
12	古文書読み方講座［郷土史と同じ］	
13	Dr. ハルの「原の辻をもっと知ろう塾」［郷土史と同じ］	
14	郷土の歴史散策講座［郷土史と同じ］	
15	鐙瀬ビジターセンター見学　県民ふるさと学（年間）　鐙瀬ビジターセンター	
16	平成17年度純心カレッジ三ツ山塾　その他　長崎純心大学	
名所・旧跡		
1	鐙瀬ビジターセンター見学［民俗・文化財と同じ］	
地域行事		
	ナシ	

（資料出所）「ながさきまなびネット」。

3-2　香川県型の『生涯学習講座』を示す5県

山口県・石川県・福井県、また岐阜県・和歌山県

　他方、香川県の試みは、県民の「職業能力の向上」を図るという方向性を、専修学校の自己改革のほかに、新たに大学等の参画を得て展開しようという性格をもち、県の産業振興政策とも重なってくる。こうした志向性は他の諸県にも存在する。

① 山口県・石川県・福井県と資格取得学習

　例えば山口県がそれで、県の「かがやきネットやまぐち」によると、「学習

機会」の総計は1,107件——その内訳は多い順に「芸術・文化」(374)、「体育・スポーツ・レクリエーション」(245)、「家庭生活・趣味」(234)、「市民生活・国際関係」(129)、少し間があいて「教育等一般」(47)、「人文社会科学」(29)、「自然科学」(26)、「産業・技術」(23)——だが、「資格」が738件ある。その内訳は、「公務員・教育・職員」(40)、「司法・警察・消防・防衛」(28)、「運輸・通信」(72)、「経営・経理・労務」(186、うち「職業訓練」125)、「工業技術・化学」(141、うち「情報処理」47)、「医療・福祉」(6)、「土木・建築・農業・水産」(53)、「スポーツ・レクリエーション」(－)、「芸術・趣味」(5)、「生活・サービス・国際」(9)、「その他」(1)。現行資格のほとんどすべてをカバーする。

　石川県の場合は、県の「あいあいネット」にアクセスすると、「講座案内」欄と「資格情報」欄とがあり、前者——「スポーツ・レクリエーション」(59)、「国際理解」(17、英語を含む)、「芸術・文化」(11)、「産業・情報」(2、パソコン)、「県民大学校講座」「健康・福祉」「教育」(各1)、「その他」(4)、合わせて96講座——に対し、後者は161と前者を上回る。その内訳は次のごとくだが、資格の分類方法が山口県に酷似している。「公務員・教育」(18)、「司法・警察・消防・防衛」(8)、「運輸・通信・情報・印刷」(24)、「経営・経理・労務」(24)、「工業技術・化学」(13)、「医療・福祉」(6)、「土木・建築・農業・水産」(53)、「スポーツ・レクリエーション」(－)、「芸術・趣味」(5)、「生活・サービス・国際」(9)、「その他」(1) である。

　福井県の「ユー・アイふくいネット」で分類 [学ぶ] [資格] を検索すると、531件のデータが得られるが、これもかなりの数である。ただ、福井県の場合は「郷土学習講座・ふるさとの展望——福井の明日を拓く」、また「ふるさとの産業講座・みらいに輝く福井の工業」を持っているところに特色がある。後者は2004年度、清川メッキ工業㈱常務取締役、セーレン㈱総務部長、福井商工会議所産業技術課長、山田技研㈱代表取締役社長、前田工織㈱代表取締役社長・経済同友会代表幹事の5人が講座を担当した。これらは「地域課題の解決」と「職業能力の向上」の両者を結びつけようとする新しい試みに分類すべき内実を有している。

② **岐阜県の職能学習と担当機関**

　香川県と同様の試みをより大規模に展開しているのは、私の見るところ岐

阜県と和歌山県である。岐阜県は1992年に生涯学習推進構想「ほほえみライフ」を策定し、「生涯学習のまちづくり」を提唱した。その9つのスローガンの中に、「勤労者の学習機会の拡充による生涯学習のまちづくり」が入っていた。2000年には前述のように生涯学習推進事務の所管を教育委員会から知事部局へ移管し、2001年に「生涯学習社会"ぎふ"をめざして」を策定した。こうした岐阜県の生涯学習講座は、その生涯学習情報提供システムSMILEによれば、2004年度は3,762件（2005年は3,696件）である。大分類では「教育等一般」(429、生涯学習一般206、乳幼児教育157、等)、「人文・社会科学」(105、郷土史・誌47＋歴史・地理14＋民俗・習慣・文化財8、社会問題・労働24、社会学0、等)、「自然科学」(123)、「芸術・文化」(350)、「体育・スポーツ・レクリエーション」(506)、「家庭生活・趣味」(829、家庭生活・趣味一般232、家庭医学230、食生活171、等)、「市民生活・国際関係」(333、市民生活・国際関係一般126、ボランティア124だが、コミュニティ17、国際理解・協力6、語学43、等)、その他(4)。

「産業・技術」は1,017と最大値を示している。内訳は「コンピュータ」が866で85％、残りを「産業・技術一般」(70)、「商業・経営」(50)、「機械・電気・電子」(9)、「農林・畜産」(9)、「交通・観光」(8)、「通信」(1)、「土木・建築」と「水産」は0、「その他」(4)である。だが、数的に多いというだけではない。具体的イメージをつくるために「産業・技術一般」「商業・経営」、そして「コンピュータ」の講座内容を本節末（114頁以降の「付表」）に掲載したが、多様な「職業能力向上」と「人材養成」の機会をつくり出していることが分かる。コンピューター関係が多いことは現代社会において当然なところだが、それ以外での能力養成にも機会と場を与えていることが分かる。「モノづくりの岐阜」ならではの対応だとも言える。公民館の参画は限定的である。

③ 和歌山県の職能学習と担当機関

和歌山県では県が事務局となって2001年に「高等教育機関コンソーシアム和歌山」を設立した（和歌山大学・県立医科大学・高野山大学・近畿大学生物理工学部・県立医大短大部・信愛女子短期大学・和歌山工業高専・放送大学和歌山学習センター）。そして2003年より「きのくに県民カレッジ」を準備し、04年9月に発足させた。具体的な講座展開としては、「主催講座」（県が行う講座）と「連携講座」（市

町村、大学、県立高校、生涯学習関連団体が行う講座)に二分される。主催講座「カレッジ」では①ふるさと学、②家庭・地域、③社会・経済、④自然・科学、⑤技術・技能、⑥芸術・文化、⑦健康・スポーツ、⑧国際理解・語学、⑨その他、という大枠が用意されている。とりわけ「わかやま学」講座は、県教育委員会が高等教育機関等との連携によって、「わかやまの地域の課題を解決する、高度で専門的な学習機会を提供する講座」として、極めて高い期待の構造にある。この①と⑤「技術・技能」との具体的なかかわり合いは未だ分からない。3.「学びの成果を社会に生かすしくみづくり」はボランティア活動との連動を展望するが、現実に和歌山県の学習ボランティアセンターに登録している団体(2005年)は多くはない(「学習支援」6、「芸術・文化」3、「医療・福祉」2、「スポーツ・レクリエーション」1)。

　他方、和歌山県「わかやま学びネット」で「資格」を検索したところ、91件がヒットした。その内容を吟味すると、和歌山県は香川県と同じように、専修学校との協働を強く求めていることが分かる。和歌山地方でのWAO資格カレッジ和歌山校、和歌山コンピュータビジネス専門学校、建築資料研究社日建学院和歌山校、大栄教育システム和歌山校、あおぞら株式会社、近鉄カルチャーセンター、有田地方のオールマイティパソコンスクール、西牟婁地方の建築資料研究社日建学院田辺校、東牟婁地方の熊野高等経理学校などである。公的・準公的機関は、大学・短大等を除けば、和歌山県立和歌山高等技術専門校、和歌山県立田辺高等技術専門校、和歌山県立新宮高等技術専門校、㈳日本ボイラー協会県支部、日本クレーン協会県支部などに過ぎない(http://wgs.wakayama-lib.go.jp/kenmin.htm)。——こうした記述の全体をとおして見ると、和歌山県は香川型からある独自なものをつくり出そうとしている。

　先へ行こう。次なる検討課題は、「地域課題の解決」と「職業能力の向上」とを"二者択一"的に捉えるのではなく、この両者を"紡ぎ合わせる"ような経験を探究することにある。以下、項を変えてこのことを見ていくが、ますます私の判断に基づく評価になることを危惧する。しかし、「紡ぎ合わせる」活動は現になされているし、そうした諸県の経験を知ることは、国民社会の「環状線的交流路線」(鈴木榮太郎)における、国民レベルからの対話のための

第2項　新たな胎動の諸相——ふるさとで生き抜くための意志と知恵
大分県、滋賀県、富山県、山形県

　日本全国47都道府県の生涯学習の実相を、都道府県の『生涯学習計画』によってではなく、現実に行われている『生涯学習講座』の内容を見ることを、これまで試みてきた。『生涯学習講座』は事務局の労苦の上に、どれだけの講師陣を確保しえているかに大きく左右される（この場合に講師陣は学・民・産のみならず、多くの出前講座に端的なように、都道府県と市区町村の職員層も、また日本労働組合総連合会の言う「労働組合」も「金融機関」も含まれる）。しかも、苦労して立ち上げた講座が学習者の関心を引くか否かは別問題なのである。そういう意味で、生涯学習の組織者・講師陣・学習者は一つの"構造"を作り上げているわけで、都道府県よりも市区町村という人びとの生活に近づけば近づくほど、その構造は簡単には動かし難いものとなる。しかし、これまで見てきた諸事例が示しているように、構造は地域社会の特質を抱えつつ、変動して行くのである。このような視点で、各都道府県の「生涯学習」講座の内容を検討し、「地域課題の解決」と「職業能力の向上」とを"紡ぎ合わせる"ような新しい経験を探してみた。その結果を以下、大分県、滋賀県、富山県、山形県の順番に記述したいと思う（福井県については前述した）。

1　おおいた県民アカデミア大学と地域学・現代学
おおいた県民大学の4つの講座群

　初めに「一存一品運動」を展開した大分県からの情報を見てみよう（大分県「学びの広場おおいた」、http://www.oitalll.jp/kenmin/）。「おおいた県民アカデミア大学」は2004年9月に開講した。その趣旨は、県民の多様化・高度化した学習ニーズに対応し、県民一人ひとりが「いつでも、どこでも、だれでも」主体的に学習し、その学習成果を評価・還元することによって、生きがいの創出とふるさとおおいたを発展させ創造する人材の育成を図るために、県の特性を生かした「主催講座事業」や市町村や大学などの機関、民間教育事業者等との連携を図った「連携講座事業」等を実施するというものである。主催

講座事業は、「ふるさと学講座」「インターネット講座」「県民自主企画講座」「地域づくり人材育成講座」、という4種類の講座群から構成されている。

　　〇ふるさと学講座
　　・ふるさとおおいたを再発見したり、大分県の抱える現代的課題などを学ぶ。
　　・地域学と現代学に分かれる。
　　・地域学は「おおいたの自然」、「おおいたの文化再発見」、「おおいたの産業技術」。8講座。
　　・「大分の自然」は、温泉①②、山①②、海・川①②、植物。「文化再発見」は県民性、方言、文化財、「産業技術」は〈おおいたの地場産業〉というコースをもつ。
　　・現代学は「情報活用」、「国際問題」、「くらし向上」の3講座。
　　〇インターネット講座
　　・自宅でインターネットを利用して、「ふるさと学」の概要を学ぶ講座。2講座実施。2005年度は5講座予定。講座定員100名。無料。全5回、計5時間（※1回あたりの講義時間は1時間）。
　　・地域学A「大分の自然」：おおいたの温泉通になるために　黒岳の魅力と歴史　番匠川の魚と「環境レッドデータブックおおいた」からの警告、温泉の魅力と地域の歴史。
　　・現代学A「大分からの情報発信と国際交流」：情報化社会を生きる、大分を知る、「インターネット利用術、大分を研究する、「ブレインストームによる」、今アジアが熱い、アジアの魅力、アジア太平洋と九州観光。
　　□連携講座事業
　　・連携機関が決定する講座で、連携機関としては、①県、県立機関、市町村、②大学、高校等の教育機関、③民間（カルチャーセンターなど）、④各種団体がある。

自主講座（地域学・現代学）と連携講座

　大分県のこのような取り組みには、"胎動"を示している他県と共通する幾つかの考え方がある。第1に、自主講座と連携講座の区分けである。第2に、名称はさまざまだが、「県民大学」方式で前者を"自主的"に実施していることである。第3に、そのさいの自主講座は、大分県が「ふるさと学」として合わせたように、「地域学」と「現代学」との"統一"が意識されていることである。第4に、インターネットを活用した講座への取り組みが進んでいることである。そして大分県の場合は、第5に、地域学の中に「産業技術」

の問題が端的に「大分の地場産業」として位置づけられている。その具体的な展開には乗り越えるべき論点があるようだが、着想として高く評価したい。第6に、アジアとの連携に対する積極的な対応も先駆的であると思う。

2　淡海生涯カレッジの成果と新たなる局面
淡海生涯カレッジの歴史と基本理念

　滋賀県の「淡海生涯カレッジ」には歴史がある。県は1995年に文部省（当時）より委嘱を受け、滋賀大学と共同で「地域における生涯大学システムの研究開発」の一環として、淡海生涯カレッジ事業を開発してきた。1996年度に大津市、1997年度には彦根市と長浜市、1998年度には八日市市、そして2000年度には草津市に、それぞれカレッジが開校した。この事業は、大津市、草津市、彦根市、長浜市、滋賀大学生涯学習教育研究センター、滋賀大学環境総合教育センター（教育学部附属環境教育湖沼実習センター）、滋賀県立大学、長浜バイオ大学および県立高等学校等の関係機関の協力を得て実施され、今年度は「環境、健康、バイオテクノロジー」を学習テーマに設定している。しかも、このカレッジは、「地域の中に存在する多様な学習機関の連携を深め、公民館や公共施設等での日常的な学習から、大学等での高度な学習を組み合わせたシステム」である。言い換えれば「淡海生涯カレッジは、地域を一つのキャンパスとした『地域の大学』」である。主催者はこのカレッジにより、学習者が「『学ぶ楽しさ』と『生かす喜び』を感じて」ほしいと願っている、というのがカレッジの基本精神である。

　淡海生涯カレッジの「学習の流れ」は、【問題発見講座】（公民館での学習：5回のうち3回以上の出席必要）→【実験・実習講座】（高等学校や生涯学習施設での学習：5回のうち3回以上の出席必要）→【理論学習講座】（大学での学習：各校により必要出席回数は異なる）、［上記各講座の途中で「選択講座」の学習もできる］→終了証書の授与→学習成果を生かす（社会参加への応援）、すなわち滋賀県学習情報提供システム「におねっと」に修了生登録（生涯学習ボランティアとして紹介）、「湖の子」サポーターとしての登録（一定の研修を終えたのちに学習船「うみのこ」活動を支援）、琵琶湖博物館「はしかけ」制度への登録（登録講座を受講後にグループ活動に参加）。各市の取り組みもある（2006年度に湖南市の湖南校が開設された）。

淡海生涯カレッジ4地域校の取り組み

　2004年度は大津、草津、彦根、長浜の4地域で開設されたが、各々の学習テーマは以下のとおりである。琵琶湖の環境保全問題がこうした特色に溢れた生涯学習講座を産み出してきたわけであるが、農業や淡水面漁業、あるいはバイオテクノロジーを活かした産業の再生ないし新生という、新たな課題が出てきているものと思われる。

　　大津校：「環境人になろう〜びわ湖及びその集水域の環境から身近な自然・文化及び生活について考えてみませんか〜」、○大津市立晴嵐公民館、大津市生涯学習センター、滋賀大学、大津市立坂本公民館、県立石山高等学校。
　　草津校：「環境文化の創造〜ひとりではじめ、みんなで進める環境づくり〜」、○草津アミカホール、県立湖南農業高等学校、滋賀大学。
　　彦根校：「健康を考えられる地域社会をめざして〜21世紀の快適な環境の中での健康学習〜」、○彦根市中地区公民館、県立彦根翔陽高等学校、滋賀県立大学。
　　長浜校：「不思議いっぱい夢いっぱい〜バイオテクノロジーから地球環境まで〜」、○長浜市立六荘公民館、県立長浜北高校・長浜北星高校・長浜高校・長浜農業高等学校、長浜バイオ大学。(http://www.longlife.pref.Shiga/learning/college)
　　湖南校：「健康でイキイキ癒し生活」、○石部まちづくりセンター、石部高校、江南高等養護学校、甲西高校、立命館大学。(www.city.konan.shiga.jp)

3　富山県民カレッジ自遊塾の達成と職能学習への視座

自遊塾と映像センター講座、インターネット市民塾

　富山県は「県民カレッジ自遊塾」を持つ。それは「夢に向かって活動する」をモットーとし、2001年以来5年の歴史がある。自遊塾によれば、2001年は「出会い」の年、そうして2002年は「挑戦」、2003年は「参加」、2004年は「充実に向けて」、2005年は「発展」がそれぞれの年のキーワードとなる。2004年度の主催講座は、「人間探究講座」「生涯学習ボランティア講座」「夏季講座」(知と感性の新たな出会い)、教養講座(豊かな暮らしを求めて)、そして貴重な「富山県映像センター講座」(36講座)、さらに「自遊塾ａタイプ」講座と「自遊塾ｂタイプ」講座とがある。「インターネット市民塾」は、前述したように、中央教育審議会生涯学習分科会の『今後の生涯学習の振興方策について(審議経過の報告)』(2004年)において、高く評価されている。市民塾は言う。「県、

市町村、企業、大学の共同運営により、インターネットで誰でも講座やサークルを開くことができる仕組みを構築している。参加者は、いつでもだれでも講座に参加でき、自分の経験、ノウハウを生かして講座を開くことができるなど、知識や学習成果の循環が行われる仕組みになっている。また、ITを利用しているため、誰でも自由な時間に参加でき、働き盛りの世代の利用も多い。さらに、地域の学習素材についての講座も数多く開かれており、地域の魅力を再発見する場としても機能している」(同報告：32)、と。

職業能力向上を担う県の諸機関

私は、富山県の生涯学習のもう一つの側面をあえて指摘しておきたい。それは、「職業能力の向上」に関する連携講座を熱心に構築していることである。**表3-9**に見るように、厚生労働省系統の富山県職業能力開発促進センターや福野職業能力開発センター、北陸職業能力開発大学校（ポリテクカレッジ、魚津市）、そして県庁の富山地域職業訓練センター、砺波地域職業訓練センター、富山県技術専門学院など、10あまりの関係機関が講座を開講している。しかもコンピューター関連のみでなく、鋳物加工の技術と指導、工芸鋳物実践、彫金実践、またエネルギー管理士(電気)受験対策講座の実践電気技術コースや電気設備エンジニアリングコース、危険物取扱者試験、さらに再就職準備セミナー、女性としごとセミナー、洋裁教室、コミュニティ・ビジネス担い手養成講座などの講座が存在するのである。これら「連携講座」を、これからの富山県の生涯学習がどのように位置づけ、充実させていくか、今後を注視したい。

表3-9 富山県の「職能開発」にかかわる連携講座

富山職業能力開発促進センター
画像計測法の応用技術、メールサーバーの構築、ネットワークOS（サーバーの運用活用）、生産管理システムの導入、光施行技術、三次元CAD技術、表計算の業務活用実践技術、PHP活用技術、タッチパネルの活用法、Fire Wallの構築、現場技術者のPLC（回路作成）、三次元CAD技術（ソリッドモデル編）、ワイヤーカット実践技術、Web-DB構築、現場技術者のPLC（応用）、実践DB構築（フォーム＆帳票・クエリ編）、精密測定（精度管理編）、ファイルサーバーの構築、センサの活用、CAM技術（三次元編）、現場技術者のプログラマブルコントローラ（回路作成）、技術者のためのC言語、鋳物加工の技術と指導、工芸鋳物実践、彫金実践

104　第3章　分析3:「生涯学習」の重層構造と地域社会の諸類型

富山地域職業訓練センター
建設業経理事務士2級、インターネットホームページ作成（初級）、資格取得Excel2級受験、Excel顧客管理、新入社員研修
富山県民共生センター
再就職準備セミナー、女性としごとセミナー
富山県技術専門学院
ネットワーク入門、CAD応用［機械］、洋裁教室
富山技術交流センター
コミュニティ・ビジネス担い手養成講座
富山商工会議所
3級EC実践能力試験、珠算1～3級検定試験、ビジネスコンピューティング1～3級、簿記2～4級
富山工業高校
危険物取扱者試験
高岡市働く婦人の家
パソコン教室（アクセス3級資格）
砺波地域職業訓練センター
表計算基礎講座、文書作成中級講座、パソコン農業簿記講座、JW-CAD、文書作成基礎講座、パソコン入門講座、プレゼンテーション講座、インターネット講座、データベース基礎講座、ビジネスソフト講座、砺波市少年少女発明教室
福野職業能力開発センター
アクセス初級、アクセス応用
北陸職業能力開発大学校（ポリテクカレッジ、魚津市）
エネルギー管理士（電気）受験対策講座・実践電気技術コース、エネルギー管理士（電気）受験対策講座・電気設備エンジニアリングコース

（http://www.tkc.pref.tpyama.Jp）

4　ゆとり都カレッジの山形学と産業技術・情報

遊学館と山形学、ゆとり都カレッジと山形学、産業技術情報コース

　山形県の生涯学習「遊学館」は、早くから「山形学」を提唱してきた。すなわち、1.「山形学」講座の開催、2.「山形学」シンポジウムの実施、3.「山形学」地域連携講座の開催と支援、さらに4.全国地域学交流集会の実施、5.「遊学館ブックス」の発刊、である。第二に、県民の生涯学習活動との連携と支援の面では、1.県内生涯学習関連施設・機関との連携、2.当教育機関との連携、3.NPO等との連携（NPO学びネット講座、中核NPO連携講座）を行い、生涯学習推進の支援をしている。第三に、「遊学館」自体の存在がある。それは、1.財団フェスティバルの開催、2.仙人講座（高齢者大学校）の開催、3.山形文化フォーラムの開催、4.生涯学習推進のための支援を課題とする。

県内の生涯講座を総合した「ゆとり都カレッジ」の2004年度後期の講座（合計107講座）を見ると、「地域学コース」35（32.7％）、「産業技術・情報コース」31（28.9％）、「芸術・文化コース」16（15.0％）、「総合コース」9（8.4％）、「生活・環境コース」7（6.5％、「憲法学習」1を含む）、「健康・福祉コース」6（5.6％）、そして「ボランティアコース」2（1.2％）、「国際理解・交流コース」1（0.9％、子ども向け英語講座）、である。「山形学」の比重が多く、「産業技術・情報」の比率も高い。この両者を足すと6割を超える。「総合コース」も「産業技術・情報」に関連するところが多くある。以下に「産業技術・情報コース」と「総合コース」の資料を掲げる（①は講座名、②会場、③費用、④対象、⑤定員、⑥問い合せ先、である）。

表3-10　山形県の『生涯学習』講座（1）

産業技術・情報コース
　①IT実践研修、②鶴岡地域職業訓練センター、③一般2,000円、会員無料、④県内企業経営者・営業部門等、⑤15人、⑥㈶山形県企業振興公社情報企画部
　①第11回流通経営大学講座、②ホテルキャッスル、③一般15,000円、会員10,000円、④経営者・後継者・管理者、⑤100人、⑥㈶企業振興公社新事業支援センター
　①映像・広報技術者養成講座、②山形産業創造支援センター、③80,000円、④県内民間企業・各自治体広報担当者、⑤10人、⑥㈶山形県企業振興公社情報企画部
　①女性創業塾、②山形県男女共同参画センター、③3,000円、④創業を目指す女性の方、女性経営者、⑤40人、⑥山形県商工会連合会
　①自己責任の時代とは、②大石田町福祉会館、③1,000円、④県民一般、⑤なし、⑥大石田町生涯教育センター
　①インターネットに開講する実習講座、②インターネット上、③8,000円、④生涯学習講座企画担当者、教員、学習意欲のある一般の方、⑤50人、⑥東北芸術工科大学エクステンション担当
　①パソコン基礎（後期）、②山形県立霞城学園高等学校（山形市）、③無料（実費負担あり）、④15歳以上、⑤30人、⑥山形県立霞城学園高等学校
　①パソコン応用（後期）、②山形県立霞城学園高等学校（山形市）、③無料（実費負担あり）、④15歳以上、⑤30人、⑥山形県立霞城学園高等学校
　①建築2次元CAD実践講座、②山形県立産業技術短期大学校（山形市）、③5,200円、④建設関連業種（2次元CAD JW_CAD for Windows基本操作できる方）、⑤10人、⑥山形県立産業技術短期大学校
　①機械設計のための3次元CAD技術（基礎編）、②山形県立産業技術短期大学校（山形市）、③5,200円、④機械設計、3次元CADを用いた機械設計を始める人、④10人、⑥山形県立産業技術短期大学校
　①機械系CAD活用技術、②山形県立産業技術短期大学校（山形市）、③5,200円、④機械系技術者、基礎編修了者等、⑤5人、⑥山形県立産業技術短期大学校
　①ヒューマンエラーの低減とリスクマネジメントシステムの構築、②山形県立産業技術短期大学校（山形市）、③4,000円、④医療従事者など、⑤20人、⑥山形県立産業技術短期大学校
　①ファイヤーウォール・セキュリティー、②山形県立産業技術短期大学校（山形市）、③4,000円、④企業内ネットワーク管理者（初心者初級者不可）、⑤6人、⑥山形県立産業技術短期大学校

| ①信号処理の基礎、②山形県立産業技術短期大学校（山形市）、③4,000円、④信号処理の基礎を学びたい方、信号処理初心者、⑤6人、⑥山形県立産業技術短期大学校 |
| ①デバイスサーバ Xport 入門、②山形県立産業技術短期大学校（山形市）、③4,000円、④経験者、基礎知識ある方、⑤6人、⑥山形県立産業技術短期大学校 |
| ①組み込み Linux によるリモート制御入門、②山形県立産業技術短期大学校（山形市）、③4,000円、④経験者、基礎知識ある方、⑤5人、⑥山形県立産業技術短期大学校 |
| ①ニュートラルネットワーク入門、②山形県立産業技術短期大学校（山形市）、③4,000円、④制御技術者、FA 技術者、生産技術者、システムエンジニア、⑤5人、⑥山形県立産業技術短期大学校 |
| ① USB 機器ソフトウェア開発入門、②山形県立産業技術短期大学校（山形市）、③4,000円、④電子回路技術者、ウェア、⑤6人、⑥山形県立産業技術短期大学校 |
| ③3次元測定機入門、②山形県立産業技術短期大学校庄内校、③4,000円、④関心ある方、これから担当しようとしている方、⑤5人、⑥山形県立産業技術短期大学校庄内校 |
| ① IE 手法を用いた生産現場改善の進め方、②山形県立産業技術短期大学校庄内校、③4,000円、④生産現場の管理・改善に携わる方、⑤10人、⑥山形県立産業技術短期大学校庄内校 |
| ① PIC マイコン制御技術、②山形県立産業技術短期大学校庄内校、③4,000円、④マイクロコントロールを用いて制御用モーターを作製したい方、⑤6人、⑥山形県立産業技術短期大学校庄内校 |
| ①空気圧機器の選定計算、②山形県立産業技術短期大学校庄内校、③4,000円、④空気圧機器に興味のある方、⑤10人、⑥山形県立産業技術短期大学校庄内校 |
| ① PIC マイコン制御技術：脚式ロボットの歩行制御、②山形県立産業技術短期大学校庄内校、③4,000円、④C 言語基礎がありマイクロコントローラ制御技術を習得したい方、⑤10人、⑥山形県立産業技術短期大学校庄内校 |
| ①有限要素法入門、②山形県立産業技術短期大学校庄内校、③4,000円、④未定、⑤5人、⑥山形県立産業技術短期大学校庄内校 |
| ①シーケンサによる自動化ライン構築、②山形県立産業技術短期大学校庄内校、③4,000円、④シーケンス制御に従事する方、⑤5人、⑥山形県立産業技術短期大学校庄内校 |
| ①会社の決算実務入門、②山形県立産業技術短期大学校庄内校、③4,000円、④会社決算の自力作成を目指す方、⑤5人、⑥山形県立産業技術短期大学校庄内校 |
| ①統計解析入門、②山形県立産業技術短期大学校庄内校、③4,000円、④PC による統計解析に興味のある方、⑤5人、⑥山形県立産業技術短期大学校庄内校 |
| ① UNIX 講座：簡単プログラミングでコンピュータを従える、②東北公益文化大学酒田キャンパス、③未定、④UNIX に興味がありプログラミングに関する知識や技術を身につけたい方、⑤50人、⑥東北公益文化大学 |
| ①マンガとコンピューター、②山形県立米沢女子短期大学、③無料、④高校生以上、⑤50人、⑥米沢市委員会生涯学習課 |
| ①能力開発セミナー（AG ネットセミナー）、②独立行政法人雇用・能力開発山形センター、③4,500円（全コース共通）、④お勤めの方であればどなたでも、⑤各20人、⑥独立行政法人雇用・能力開発山形センター企画部門 |
| ①創業・経営改革セミナー（アントレプレナー Do it!）、②独立行政法人雇用・能力開発山形センター、③無料、④創業・新分野進出を目指している方、興味のある方、⑤未定、⑥独立行政法人雇用・能力開発山形センター企画部門 |

総合コース

| ①商いの博物学〜宣伝、看板マネーゲーム〜、②山形大学小白川キャンパス、③4,000円、④一般、⑤30人、⑥山形大学付属博物館 |

①今、教育を考える、②山形短期大学6号館、③1,000円、④一般、⑤30人、⑥山形短期大学地域交流研究センター
①宇宙散歩、②九里学園高等学校、③小・中学生2,000円、他3,000円、他に教材費2,000円、④小学生〜成人（小学生は保護者同伴）、⑤30人、⑥九里学園教育研究所
①公益教育プログラム『FORUM 21』、②東北公益文化大学酒田キャンパス及び鶴岡サイト、③無料、④どなたでも、⑤未定、⑥東北公益文化大学総務課
①公益MBAへの序章、②東北公益文化大学鶴岡サイト、③2,000円、④市民・学生、⑤50人、⑥東北公益文化大学総務課
①2004山形県レクリエーションインストラクター養成セミナー、②山形青年の家（天童市）、③4,000円、④成人、⑤30人、⑥山形県レクリエーション協会
①山形観光アカデミー、②山形市観光協会会議室、③会員外の方、④3,000円、④観光事業（サービス業）に携わる県民、⑤60人、⑥山形観光アカデミー事務局
①まなびすとセミナー「家族・こころのふれあい・知恵との出会い」、②出羽庄内国際村、③成人800円、他500円、⑥鶴岡市教育委員会社会教育課
①新時代の地域形成と大学、②遊学館、③無料、④一般、⑤各100人、⑥大学コンソーシアムやまがた事務局

(http://www.yugakukan.or.jp)

ゆとり都カレッジへの大学・高等教育機関の参画

「職業能力の向上」にかかわる生涯学習講座（「産業技術・情報コース」と「総合コース」）の主な担い手は、山形県立産業技術短期大学校およびその庄内校、東北公益文化大学、東北芸術工科大学、県立米沢短期大学、山形短期大学、大学コンソーシアムやまがた、県立霞城学園高校であり、これに雇用・能力開発山形センター、山形県振興公社、山形県商工連合会、山形県レクリエーション協会、山形県観光アカデミーなどが加わっている（山形大学工学部や、専門学校各種学校連盟などの動向は不詳である）。「ゆとり都カレッジ」事務局による相互調整も行われているものと考えられ、職業能力向上に意欲があれば、コンピュータ関係が中心だが、少人数の講座でじっくり学ぶことができる。また、「山形学」にしても、その内容を**表3-11**でよく見ると、いわゆる「地域課題の解決」と内的なつながりを深くもつものが多い。こちらの方にも大学・高校の参画があるが、それ以外にさまざまな地域づくりグループや教育委員会の主催するものが、公民館や類似施設を含め多く見受けられる。

表3-11　山形県の『生涯学習』講座（2）

①「山形学講座」〜食彩考〜、②「遊学館」（山形市）、③3,000円、学生1,500円、④成人・学生、⑤60人、⑥山形県生涯学習センター

①「伝承文化の郷まむろがわ」の創造、②真室川町中央公民館他、③有料、④県民一般、⑤600人、⑥真室川「芸術文化による創造のまち」実行委員会

①「新時代の町づくり講座」：食と農の復興と地域づくり、②南陽市中央公民館他、③2000円（全講座とおし）、④社会人一般、⑤30人、⑥たかはた共生塾、屋代村塾

①土と食・環境と生命を考える会～実践的手法から学ぼう～、これからの地域づくりの潮流・課題そして解決（しくみづくり）法、②山形アイビジネスネットワーク、長井村塾、他、③500円（1回）、④社会人一般、⑤15人、⑥地域づくり協働WS実行委員会（長岡法律事務所内）

①住民参加の環境まちづくり実践講座、②三瀬ユースホステル（鶴岡市）他、③3,000円（公開講座は無料）、④どなたでも、⑤30人、⑥住民参加の環境まちづくり実践講座事務局

①暮らしと民話、②山形短期大学（山形市）、③2,000円、学生1,500円、④成人・学生、⑤50人、⑥山形短期大学民話研究センター

①大石田町民大学・山形の歴史を学ぶ、②大石田町福祉会館、③2,000円、学生1,500円、④成人・学生、⑤40人、⑥大石田町生涯教育センター

①山形ふる里探訪（Ⅱ）そばの魅力を探る、②山形県立霞城学園高等学校、③2,000円（公開講座は無料）、④15歳以上、⑤20人、⑥山形県立霞城学園高等学校

①山形発国際理解（Ⅱ）、②山形県立霞城学園高等学校、③2,000円（公開講座は無料）、④15歳以上、⑤20人、⑥山形県立霞城学園高等学校

①寒河江市成人講座・虹のむらやま見聞楽、②寒河江文化センター、③2,000円、学生1,500円、④成人・学生、⑤150人、⑥寒河江市教育委員会社会教育課生涯学習係

①狐一巡り街道の伝説、②山形市少年自然の家、他、③2,000円、学生1,500円、④成人・学生、⑤30人、⑥地域づくりグループ山形西部実行委員会

①南陽市民大学講座、②南陽市中央公民館、③2,000円、学生1,500円、④成人・学生、⑤50人、⑥南陽市中央公民館地域づくり係

①人づくりまちづくり交流講座、②南陽市中央公民館、他、③2,000円、学生1,500円、④成人・学生、⑤50人、⑥南陽市中央公民館地域づくり係

①温海町町民大学（後期）、「庄内が生んだ文人と文学」、②温海町ふれあいセンター、③2,000円、学生1,500円、④成人・学生、⑤30人、⑥温海町教育委員会生涯学習係

①上山ゆうがく塾、②ショッピングプラザカミン、他、③2,000円（1回500円）、④成人・学生、⑤50人、⑥上山ゆうがくくらぶ（上山市教育委員会生涯学習課）

①「自分」と「地域」を記録する講座、②村山市・周辺市町公民館、③2,000円、学生1,500円、④成人・学生、⑤25人、⑥地域づくり学習ネットワーク

①茂吉の里での文学散歩、②上山市体育文化センター、ショッピングプラザカミン、③2,000円、学生1,000円、④成人・学生、⑤30人、⑥上山市教育委員会生涯学習係

①ふる里探訪inしらたか、②ふる里子ども交流館（白鷹町）、他、③2,000円、学生1,500円、④親子、⑤30組（公開講座100人）、⑥白鷹ふる里体験塾

①「横綱 柏戸」～柏戸の生涯～、②櫛引町農村環境改善センター、他、③2,000円、学生1,500円、④成人・学生、⑤30人、⑥櫛引町教育委員会

①山里の地域学「たざわ山の学校」、②田沢公民館（米沢市）、③2,000円、学生1,500円、④成人・学生、⑤30人、⑥田沢公民館

①楯岡散歩、②楯岡地区公民館、他、③2,000円、学生1,500円、④成人・学生、⑤30人（公開講座100人）、⑥楯岡地区文化活動委員会

①遊佐学歴史文化塾～次世代に伝えるゆざの自然・歴史・文化～、②遊佐町中央公民館、他、③2,000円（学生1,500円）、④成人・学生、⑤30人、⑥遊佐町教育委員会生涯学習課

①ふるさとの先人に学ぶ～近代庄内の魁～、②東田川文化記念館、他、③2,000円、学生1,500円、④成人・学生、⑤60人、⑥藤島町文化スポーツ事業団

①「森の人」講座、②つるおかユースホステル、他、③2,000円、学生1,500円、④成人・学生、⑤50人、⑥「森の人」講座実行委員会

①「山菜学」学習講座、②西川町町内、③2,000円、学生1,500円、④成人・学生、⑤30人、⑥西川町生涯学習課

①むらやま・とざわ地域の学校、②戸沢地域内公民館、等、③2,000円、学生1,500円、④成人・学生、⑤50人、⑥戸沢創造学会

①地域の歴史を探る、②神町公民館、等、③2,000円、学生1,500円、④成人・学生、⑤50人、⑥東根市神町公民館

①市民雪セミナー「雪のふるさとづくりを考える」、②新庄市雪の里情報館　雪国文化ホール、③2,000円、学生1,500円、④成人・学生、⑤40人、⑥雪のふるさとづくり実行委員会

①東アジアのなかの東北〜南へ・北へ〜、②東北芸術工科大学(山形市)、③3,000円(1回1,200円)、④成人、⑤250人、⑥東北芸術工科大学東北文化研究センター

①「クロマツ・シンポジウム」〜出羽庄内公益の森を考える〜、②酒田市総合文化センター、③2,000円、学生1,500円、④成人・学生、⑤300人、⑥庄内海岸のクロマツ林をたたえる会

①べにばな学んで町づくり、②河北町コミュニティーセンター、他、2,000円、学生1,500円、④成人・学生、⑤30人、⑥河北町教育委員会生涯学習課

①天童市市民大学、②天童南部公民館、他、③2,000円、学生1,500円、④成人・学生、⑤50人、⑥天童市教育委員会生涯学習課

①伝える、くんめんする、ひろめっちゃ「庄内の底力」、②生涯学習施設「里仁館」、他、③2,000円(学生1,500円)、④成人・学生、⑤30人、⑥庄内寄り合い楽実行委員会

①東アジアのなかの東北〜南へ・北へ〜、②東北芸術工科大学、他、③3,000円(東北文化友の会会員2,500円)、1回のみ1,200円、会員1,000円)、④成人、⑤250人、⑥東北芸術工科大学東北文化研究センター

①東北の歴史散歩、②九里学園高等学校(米沢市)、③1回目9,500円、2回目8,000円、3回目6,000円、④成人、⑤各回5〜9人、⑥九里学園教育研究所

①第20回「ふるさと歴史講座」、②置賜総合文化センター、③300円(資料代)、④　成人、⑤50人、⑥米沢市委員会市立米沢図書館

(http://www.yugakukan.or.jp)

地域課題解決と職業能力向上の、高等教育を媒介とする結合

　以上、中央教育審議会生涯学習分科会『今後の生涯学習の振興方策について(審議経過の報告)』も指摘したところの、「職業能力の向上」と「地域課題の解決」との、高いレベルにおける結合を志向し始めていると考えた事例を見てきた。1.大分県「おおいた県民アカデミア大学」と「地域学・現代学」、2.滋賀県「淡海生涯カレッジ」と産業の再生・新生という新たな局面、3.富山県「県民カレッジ自遊塾」の特質ならびに職能学習への視座、4.山形県遊学館「ゆとり都カレッジ」の「山形学」「産業技術・情報」コース、の4つの県における経験である。大分県が示唆しているように、「地域学」はその中に「地域産業」の問題を抱え込んでいる。しかも、情報技術の急速な発展を吸収す

ることによって、つまり地域産業の担い手がそういう技術や文化を身につけることによって、グローカリゼーションへの自前の対応という道を切り開いてゆく基礎条件が備わるのである。その意味で、「職業的能力の向上」は決してナショナルレベルの「産業社会」にかかわるだけの問題ではなく、「地域社会」それ自身と、そこで生活している人びとにとっての重大問題でもある。

　これら4つの経験すべてに共通することは、大分県に端的な、「地域学」を歴史研究と自然研究と社会研究として独自に結合させようという志向性にある。滋賀県の「淡海生涯カレッジ」は、それを琵琶湖の再生という切実な問題とまさに結合させている。学習のスタイルや手順も、成果の社会へ循環させる道筋も、経験の中で考え抜かれてきたと思われる。富山県のインターネット市民塾も大いなる可能性を示しているが、もしそれが職業人の「技術・技能」「職業的能力」の向上にリンクし、あるいは「社会的企業」等を醸し出すようになるのであれば、「だれでも、いつでも、どこでも」という言説のもつ意味は激変する。地域社会で人びとが「生き抜く」のに必須の支えとなるからである。大学コンソーシアムやまがたは、「産業技術・情報コース」講座の一環として、「新時代の地域形成と大学」というシンポジウムを開催している。そうした試みから想定できる一番の基本は、「新時代の地域形成」の内実把握であり、そのことに大学・高等教育機関・職業訓練機関がいかに協働できるかにあると思われる。別の言い方をすれば、「学」・「民」・「産」(「金」「労」)・「官」の地域社会におけるネットワーク的な結合の創出、すなわち地域社会における新たな「『社会』資本」の創出でもある。これらの点については、節を変えて、市区町村のレベルから、さらなる考察を加えることとしたい。

【付表】岐阜県「生涯学習」における「産業・技術」分野の一例

産業技術一般
　甲種防火管理講習　岐阜市消防本部　2日
　二級ボイラー技士の受験資格取得講座　岐阜県福祉農業会館　3日
　液化石油ガス整備士再講習　東濃西部総合庁舎　1日
　アパレル・ソーイング（自主訓練講座）大垣地域職業訓練センター　10日
　危険物取扱者保安講習　美濃市・岐阜市・恵那市・高山市・大垣市　21日
　色彩能力検定対策講座　中部学院大学　1日
　[▼] 過去開催分
　トヨタ生産システムによる現場改善の進め方（導入編）アネックス・テクノ2　1日

玉掛け技能講習会　セラトピア土岐　ほか　9日
ファッションライブラリー講座「もののかたちのはなし」ハートフルスクエアー内）　1日
雇用直結型「製造業向けIT技術者養成講座」国際情報科学芸術アカデミー　4ヵ月
アパレル・ソーイング（自主訓練講座）大垣地域職業訓練センター　3ヵ月
造園管理講習会　美濃加茂市文化会館　16日
石油機器技術管理士講習および認定試験　岐阜県勤労福祉センター　2日
労働安全衛生関係講習会　セラトピア土岐　2日
カラーを知る講座2　みのかも文化の森　1ヵ月
個人情報保護法説明会　大垣市情報工房　1日
東濃研究学園都市研究者交流会　セラミックパークMINO　1日
QC手法（品質管理）の進め方　アネックス・テクノ2　2日
酸素欠乏・硫化水素危険作業主任者技術講習　美濃焼卸センター　3日
二級ボイラー技士ボイラー実技講習会　セラトピア土岐　2日
情報部門のセキュリティ管理力向上　雇用・能力開発機構岐阜センター　7日
衣服の美しさをつくりだすもの（ファッションライブラリー講演会）岐阜市立図書館分館　1日
特定粉じん作業従事者特別教育講習会　セラトピア土岐　1日
絞りとこだわりの布との出会い（ファッションライブラリー講座）岐阜市立図書館分館　1日
先端医療と産業育成（岐阜市ビジネススクール）　岐阜市生涯学習センター　1日
化学・工業と産業育成（岐阜市ビジネススクール）岐阜市生涯学習センター　1日
科学技術の変化と産業（岐阜市ビジネススクール）岐阜市生涯学習センター　1日
ボイラー実技講習会　岐阜県福祉農業会館　3日
二級ボイラー技士の受験資格取得講座　岐阜県福祉農業会館　1日
東濃研究学園都市講演会　セラトピア土岐　1日
ファッションライブラリー講座「いろのはなし」ハートフルスクエアー　1日
甲種防火管理講習　多治見市消防本部　2日間
危険物取扱保安講習　東濃西部総合庁舎　1日
製造現場のコーチング研修　アネックス・テクノ2　1日
襖の張替⑧（笠松町シルバー人材センター技術講習会）笠松町役場南事務所　2日
小型移動式クレーン運転技能講習会　セラトピア土岐ほか　7日
QC手法の進め方　アネックス・テクノ2　2日
カラーコーディネート講座　中部学院大学　2ヵ月
二級電気工事施工管理技術検定　学科試験対策　アネックス・テクノ2　3日間
二級建築施工管理技術検定　学科試験対策　アネックス・テクノ2　3日
甲種防火管理講習　岐阜市消防本部　2日
襖の張替⑦（笠松町シルバー人材センター技術講習会）笠松町役場南事務所　2日
調理技術アシスタント講習会　各務原市総合福祉会館　1ヵ月
ファッションライブラリー講座：繊維のはなし　ハートフルスクエアー内）　1日
物作りを楽しもう　可児工業高等学校　1日
甲種防火管理者資格取得講習会　土岐市北防災センター　2日
調理技術アシスタント講座　可児市福祉センター　1ヵ月
甲種防火管理講習会　各務原市中央公民館　2日
障子の張替⑥（笠松町シルバー人材センター技術講習会）笠松町役場南事務所　2日
フォークリフト運転技能講習会　山県市伊自良中央公民館　4日
第14回「超高温材料シンポジウム2004 inたじみ」セラミックパークMINO　2日
養蚕のあゆみ展　中山道みたけ館　2ヵ月
造園管理講習会　美濃加茂市文化会館　14日

製造業におけるIT化の基礎講座　アネックス・テクノ2　2日
庭木の剪定⑤（笠松町シルバー人材センター技術講習会）笠松保育園　3日
ものづくり講演会「モノづくりの本質に迫る」瑞浪市中央公民館　1日

商業・経営
経理簿記（自主訓練講座）大垣地域職業訓練センター　2ヵ月
自主訓練【経理簿記講座】大垣地域職業訓練センター　2ヵ月

[▼]過去開催分

経営安定セミナー　多治見市民プラザ（多治見市産業文化センター内）1日
産学官連携交流会　岐阜商工会議所　1日
ものづくり再生塾実践トライアル　大垣市情報工房　1ヵ月
衛星通信で学ぶ「創業・経営改革セミナー」と「能力開発セミナー」
　雇用・能力開発機構岐阜センター　2ヵ月
コミュニティ・ビジネスの起業と展望（岐阜市ビジネススクール）岐阜市生涯学習センター　1日
物流活動の効率化・高度化策（岐阜市ビジネススクール）　岐阜市生涯学習センター　1日
広告・宣伝の仕方と効果（岐阜市ビジネススクール）　岐阜市生涯学習センター　1日
新商品開発のマーケティング・リサーチ（同上スクール）　岐阜市生涯学習センター　1日
産業振興セミナー　大垣市情報工房　1日
技術開発と先行技術調査（岐阜市ビジネススクール）　岐阜商工会議所　1日
CRM（顧客管理）を利用した事業計画（岐阜市ビジネススクール）　岐阜商工会議所　1日
経営改善計画作成のポイント（岐阜市ビジネススクール）　岐阜商工会議所　1日
経営戦略（岐阜市ビジネススクール）岐阜商工会議所　1日
ものづくり体験コーナー（東海職業能力開発大学校）　東海職業能力開発大学校　1日
ポリテックビジョン（東海職業能力開発大学校）　東海職業能力開発大学校　2日
記念講演（東海職業能力開発大学校）　東海職業能力開発大学校　1日
岐阜市中小企業経営講座「本気になると自分が変わる」　ウェルサンピア岐阜　1日
経理簿記（自主訓練講座）　大垣地域職業訓練センター　1ヵ月
創業支援セミナー　岐阜商工会議所（5階）　1日
成功する目標管理（MBO）の実践的展開　雇用・能力開発機構岐阜センター　2日
ベストマッチングのためのコーディネートサービス実践　雇用・能力機構岐阜センター　2日
介護制度改革に伴う介護サービス業の事業展開　雇用・能力機構岐阜センター　2日
アントレプレナーDo it（創業・経営改革セミナー）　雇用・能力開発機構岐阜センター　2日
警備業におけるコーチング　雇用・能力開発機構岐阜センター　7日
薬草ビジネス展開のシーズ（岐阜市ビジネススクール）　岐阜商工会議所　1日
おおがき創業塾　大垣商工会議所　9日
アグリ・ビジネス最前線（岐阜市ビジネススクール）　岐阜商工会議所　1日
ファッションビジネス（岐阜市ビジネススクール）　岐阜商工会議所　1日
環境ビジネス（岐阜市ビジネススクール）　岐阜商工会議所　1日
燃える集団のためのコミュニケーション力向上　東海職業能力開発大学校　7日
中小企業の生き残り発想法（ものづくり講演会）　ソフトピアジャパン・ホール　1日
初級簿記講習会　各務原商工会議所　5ヵ月
実践・コンサルティング営業力強化　東海職業能力開発大学校　2日
自主講座　経理簿記講座　大垣地域職業訓練センター　3ヵ月
経理事務講習会　大垣商工会議所　6ヵ月
TPS（トヨタ生産方式）による現場改善の進め方（応用編）　アネックス・テクノ2　1日
創造的なアプローチによる問題解決向上　雇用・能力開発機構岐阜センター　2日
各務原起業家支援セミナー　各務原商工会議所　15日

VE手法（価値向上）の実践　アネックス・テクノ2　2日
商業簿記3級　可児市総合会館　3ヵ月
産業振興セミナー　大垣市情報工房5階セミナー室　1日
リーダーシップとマネージメント　雇用・能力開発機構岐阜センター　2日
起業家育成講座　女性コース　大垣商工会議所　5日
アントレプレナー・シップとベンチャービジネス　岐阜商工会議所　1日
商業簿記講座　関商工会議所　2ヵ月
平成16年度「株式公開セミナー」　岐阜商工会議所　1日
起業家育成講座　大垣商工会議所　5日
TPS（トヨタ生産方式）による現場改善の進め方（概念論）　アネックス・テクノ2　1日

コンピューター

EXCEL マクロ・VBA 初級講座　大垣地域職業訓練センター　1ヵ月
FDM 3000 による試作加工・実技研修　アネックス・テクノ2　1日
航空機業界向け CATIA V4 DRAW　アネックス・テクノ2　3日
文字入力基礎　池田町中央公民館2階講義室　1日
UG 基礎　アネックス・テクノ2　3日
5月 パソコン研修 情報工房 シ　大垣市情報工房　1日
二次元 CAD 応用 土木業界向け　アネックス・テクノ2　2日
パソコン絵画教室＜絵はがき編＞　大垣地域職業訓練センター　7日
Word 初級講座　大垣地域職業訓練センター　10日
Pro/E 応用　アネックス・テクノ2　3日
Excel 初級（2回コース）①　池田町中央公民館2階講義室　1日
Word & Exel 講座　認定訓練1　大垣地域職業訓練センター　8日
Excel 初級講座　大垣地域職業訓練センター　10日
デジタルカメラ講座1撮影編　大垣地域職業訓練センター　8日
パソコン講習　IT入門講習会①　各務原市総合教育メディアセンター　4日
CATIA V4 基本＆パートデザイン　アネックス・テクノ2　3日
初めてのパソコン講座（関市まなびセンターコンピュータ講座）関市中央公民館　3日
初心者のホームページ　岐阜市生涯学習センター　1ヵ月
やさしいエクセル入門　岐阜市生涯学習センター　1ヵ月
Eメールを楽しもう！　岐阜市生涯学習センター　1ヵ月
5月 パソコン研修 情報工房 ツ　大垣市情報工房　15日
Excel 初級（2回コース）②　池田町中央公民館　1日
初心者のエクセル講座　岐阜市生涯学習センター　6日
5月 パソコン研修 情報工房 サ　大垣市情報工房　8日
5月 パソコン研修 情報工房 ス　大垣市情報工房　8日
Word 初級講座（関市まなびセンターコンピュータ講座）　関市中央公民館　4日
よくわかるインターネット・メール入門　ソフトピアジャパン　ドリーム・コア　1日
パソコン初心者土曜講座　岐阜市生涯学習センター　1ヵ月
5月 パソコン研修 情報工房 チ　大垣市情報工房　21日
5月 パソコン研修 情報工房 タ　大垣市情報工房　21日
5月 パソコン研修 情報工房 セ　大垣市情報工房　7日
市民IT講習会ワード入門①　各務原市総合教育メディアセンター　2日
5月 パソコン研修 情報工房 コ　大垣市情報工房　21日
5月 パソコン研修 情報工房 ケ　大垣市情報工房　1ヵ月
5月 パソコン研修 情報工房 ソ　大垣市情報工房　1ヵ月
パソコン初心者講座　岐阜市生涯学習センター　3ヶ月

114　第3章　分析3：「生涯学習」の重層構造と地域社会の諸類型

　　ホームページ作成講座ＨＴＭＬ編　大垣地域職業訓練センター　1ヶ月
　　エンジョイワード　岐阜市生涯学習センター　2ヵ月
　　Photoshop初級講座　大垣地域職業訓練センター　1ヵ月
　　二次元CAD講座（Auto CAD編）認定訓練7　大垣地域職業訓練センター　2ヵ月
　　エクセル　マクロ・VBA入門＜上級その2＞　今渡公民館　2ヵ月
　　デジカメ写真初歩の初歩　今渡公民館　2ヵ月
　　デジカメ写真初歩の初歩　帷子公民館　2ヵ月
　　パソコン補習　今渡公民館　2ヵ月
　　ワープロ初歩の初歩＜その2＞　今渡公民館　2ヵ月
　　ワープロ初歩の初歩＜その2＞　帷子公民館　2ヵ月
　　マイクロソフトExcel資格取得支援講座　大垣地域職業訓練センター　2ヵ月
　　マイクロソフトWord資格取得支援講座　大垣地域職業訓練センター　2ヵ月
　　IT一般事務講習　テクノプラザ　3ヵ月
　　パソコンの活用②〜ファイルの管理〜（夜間・池田町IT推進講習会）池田町中央公民館　1日
　　パソコン教室（基礎）（瑞浪市陶公民館講座）　瑞浪市陶公民館　複数日
　　パソコン教室（基礎）（瑞浪市中央公民館講座）　瑞浪市中央公民館　複数日
　　パソコン教室（文書作成初歩）（瑞浪市中央公民館講座）　瑞浪市中央公民館　複数日
　　パソコン教室（WORD＆EXCEL）（瑞浪市陶公民館講座）　瑞浪市陶公民館　複数日
　　Ena'T-クラブ活動支援プログラム　Ena'T-クラブ事務所　複数日
　　IT講習会（VRテクノセンター）　VRテクノセンター　複数日
　　パソコン講座（エクセル中級）（瑞浪市釜戸公民館講座）　瑞浪市釜戸公民館　複数日
　　学び屋TOKISHO（土岐商）　はいって小屋　複数日
　　初心者にやさしいパソコン講座（三郷パソコンクラブ）　恵那文化センター　複数日
　　パソコン教室（表計算初歩）（瑞浪市中央公民館講座）　瑞浪市中央公民館　複数日
　　パソコン教室（ホームページ作成）（瑞浪市中央公民館講座）瑞浪市中央公民館　複数日
　　パソコン教室（基礎コース）（瑞浪市稲津公民館講座）　瑞浪市稲津公民館　複数日
　　スマイルパソコンクラブ　各務原市西生涯学習センター　複数日
　　各種こども講座（池田町IT推進講習会 4月ミニ講座）　池田町中央公民館　複数日
　　子育てネット（池田町IT推進講習会 4月ミニ講座）　池田町中央公民館　複数日
　　シニアネット・クラブ（池田町IT推進講習会 4月ミニ講座）　池田町中央公民館　複数日
　　パソコンIT講習（朝）（平成17年度高富中央公民館講座）　山県市高富中央公民館　複数日
　　パソコンIT講習（夜）（平成17年度高富中央公民館講座）　山県市高富中央公民館　複数日
　　パソコンエクセル（朝）（平成17年度高富中央公民館講座）　山県市高富中央公民館　複数日
　　パソコンエクセル（夜）（平成17年度高富中央公民館講座）　山県市高富中央公民館　複数日
　　パソコンステップアップ講座 Ena't-クラブ　Ena'T-クラブ事務所　複数日
　　パソコンホームページ作成（朝）（平成17年度高富中央公民館講座）　山県市高富中央公民館
　　　複数日
　　パソコンホームページ作成（夜）（平成17年度高富中央公民館講座）　山県市高富中央公民館
　　　複数日
　　パソコンワード（朝）（平成17年度高富中央公民館講座）　山県市高富中央公民館　複数日
　　パソコンワード（夜）（平成17年度高富中央公民館講座）　山県市高富中央公民館　複数日
　　ミニ講座（池田町IT推進講習会 4月ミニ講座）　池田町中央公民館　複数日
　　夜間ミニ講座（池田町IT推進講習会 4月ミニ講座）　池田町中央公民館　複数日
　　［▼］過去開催分：省略

　　（http://indi-info.pref.gifu.jp/manabi/。2004年度分）

第2節　東京都文京区の「生涯学習」講座
　　——「文の京」における地域生涯学習の新たな胎動

小序　東京における公民館活動とコミュニティ活動
本節の課題
　前節では道・県レベルにおける「生涯学習」講座の諸相を見た。そして本節以降においては区・市レベルでの「生涯学習」講座を検討してみたい。とは言っても、区・市の数は都道府県とは比べものにならないほど多い。そこで本節では、東京都文京区、第3節では北海道札幌市、それとの対比で愛媛県松山市を取り上げたいと思う。地域社会学が学問的対象とする「地域社会」を、ここではまず自治体（＝市区町村レベルの地方自治体）の範域として把握し、さらにその範域内におけるsozialな関係性とinstitutionellな特質という内的構成の差異に対し、「生涯学習」活動を進展させる諸力のあり方という点から着目して、地域社会を幾つかに「類型化」してみる。第一に区分できるのは、例えば札幌市と松山市の差異であって、それは人口数に由来するものではないようである。私は「生涯学習」のあり方から見た札幌市の特質を「地域アソシエーション的社会」類型、松山市のそれを「地域コミュニティ的社会」類型を把握したい。そして、東京都文京区は札幌市と松山市の両者の特質を示しつつ、両市とは質的な差異がある。文京区は首都・東京（世界都市・トキオ）の中心部に位置するという、その国際社会的位座から見て「都市社会」概念一般でくくるよりも、「グローバル・アーバン社会」類型として規定した方がよいと考える。それは京阪神大都市圏や中部大都市圏などの一部にも現れているところの、経済的そして文化的なグローバリゼーションによる大都市圏域の「空間構造」変容と密接なかかわりをもち、他の市区町村のグローバリゼーションへの関係性とは、一定の差異があるように思われるからである。——だが、これはまだ「仮定」でしかない。

「グローバル・アーバン社会」と岩城完之、町村敬志の先行研究
　「グローバル・アーバン社会」とかかわって、岩城完之は『グローバリゼーションと地域社会変動』において、「現在、ニューヨーク、ロンドン、東京

といった典型的な世界都市における、グローバルな経済のもとでの市場の操作・管理を軸とした国際金融センター的機能」の強化を指摘している（岩城2005: 122）。そうして「『世界都市』東京」論は、町村敬志がすでに『「世界都市」東京の構造転換』(1994年) に提起していた視点である。世界社会論はグローバルなコンテキストにおける「巨大都市の社会変容」を、都市リストラクチュアリングのプロセスとして論じるが、そのプロセスは「三重の『世界都市化』」によって把握された。第一に資本主義世界経済のシステム変容による、少数中核都市へのグローバル・コントロール機能の集積（「グローバル・センター化」）、第二に「都市成長の手段として意識的に選択される『世界都市戦略』」、第三に「多元性と従属性とを内在させた『世界社会の縮図化』」(その指標としての「さまざまなタイプの外国人の増加」、町村・第8章「外国籍市民の増加と東京の再編」) であった。

　町村のこの研究は1970年代半ばから1980年代初頭までの東京を対象としたが、岩城は1990年代半ば〜2004年までの研究を集成している。町村の第6章「フレキシブルな空間の生産？」は当該期間内における東京23区の大規模開発に伴う空間変容を扱い、第7章は「都心社会の変動と『まちづくり』」を港区三田小山町に即して明らかにした（文京区は変容が相対的に少なかった）。岩城の第Ⅱ部第3章「東京大都市圏内諸都市の変動と自立」は埼玉県を対象に、「郊外の自立化」問題にアプローチし、第4章「巨大都市における住民組織と住民自治」は、東京都中野区の「住区協議会」(1974年設立) の組織・活動、地域問題とのかかわり、協議会の行政活動への対応、リーダー層のキャリア形成を検討した（分析されてはいないが『生涯学習』に関するデータが数多く収録されている）。この2つの先行研究はグローバリゼーションと巨大都市・東京の変容把握を行った研究だが、私はこうした研究に学びながら、「生涯学習」(東京都文京区におけるそれ) という、ある意味できわめて「地域社会密着」型の行為のあり方に目線を据え、さらに例えば札幌市や松山市と比較することによって、現段階の「人と人」「人と地域集団」とのかかわりを把握する第一歩を、踏み出したいと望んでいる。

東京都における公民館活動小史

さて、「東京はもともと公民館の空白地帯であった。ようやく旧農村部である三多摩地区に公民館の設置が始まり1950年代〔社会教育法の制定以後：引用者〕に一定の普及をみるが、その設置状況は全国的な水準からみると、明らかに後進的な地域に属する」(小林文人 1982: 3)。戦後初期、1946年12月に東京都社会教育会議（会長・戸田貞三：1887-1995、社会学者）は新憲法普及運動に取り組んだが、寺中構想に基づく同年7月の各地方長官宛の文部事務次官通牒「公民館の設置運営について」にもかかわらず、東京23区内の公民館設置は少ない。1947年に社会教育法の公民館類似施設として、目黒区中根公民館（中根町）また中三公民館（中目黒三丁目）、1948年に社会教育法の法人立公民館として目黒区三谷公民館（三谷町）ができた（これらはいずれも元の町会事務所を使用した）。1950年に世田谷区九品仏公民館（法人立公民館）、ついで社会教育法法制の下で1951年に北区立公民館（赤羽・王子・滝野川の3館体制）が立ち上がり、東京都社会教育委員の会議が設置され、第1期委員には戸田貞三、宮原誠一、丸岡秀子らが就いた。そして1953年には練馬区立公民館、杉並区立公民館の設置を見た。だがすでに1952年には王子公民館が「区民会館」に、次いで滝野川公民館が「会館」に、さらに1961年には赤羽公民館も「赤羽会館」へと発展的に解消させられた。赤羽公民館長・龍野定一は東京都公民館連絡協議会初代会長、全国公民館連絡協議会会長（1953-56年）を務めていたのだが、区行政と区民の大半は公民館の意義や「会館」との違いへの関心が低かったようである（戸田貞三については本書第1巻437頁以降参照）。

杉並区立公民館は、区立図書館館長を兼ねた安井郁館長（1907-80、国際政治学者、法政大学教授；1953-62同館長）のもと、杉並原水爆禁止運動の事務局的役割りを担い、「公的教育機関としての公民館と民衆による自覚的な平和・反核運動とのみずみずしい結合」（小林文人 1997a: 11）を示した。安井が始めた「教養講座」は一時「講演と映画の会」となるが継続し、「1975年前後からは、受講者の積極的な参加によるテーマ設定と主体的な講座編成」が進められた。「テーマも、教育、子どもと文化、平和、くらしと経済、人権、家族など多彩」であった。特に1980年代になると、「一貫して『平和』問題が掲げられ」、毎年の講座づくりは「杉並の女性たちの学びのひろば」（同：12）となっていた。そうした中で区は1970年以降、79年、82年と、社会教育センター建設、「杉

並区社会教育振興会」への委託、そして杉並公民館の"発展的解消"を提起してきた。「杉並区立公民館を存続させる会」(1979年結成)の活動もあり、新センターは「杉並公民館の歴史と蓄積を発展させ、全区民の社会教育活動の拠点として、水準の高い本格的な公民館的・直営施設」という方向性が大筋で合意された。1989年3月、杉並公民館は閉館し、その役割は同年6月に開館した区立社会教育センター（セシオン杉並）に「発展的に継承」された（小林文人1997b: 70）（杉並区については本書「序文」、47-56頁参照）。

他方、練馬区立公民館は健在である。それは、「昭和28年の開館以来、区民大学、寿大学などの各種講座事業の開講や、自主的な学習・文化活動の場の提供などを通じて、練馬区の生涯学習の中心的施設として区民に親しまれて」きた、と同館は語る。「近年は、個人や団体ボランティアとの協働・参画型事業に力を入れており、練馬区文化団体協議会加盟連盟との共催講座、区民団体との協働講座、公募区民による一日体験料理講座などの『公民館サポーターズ講座』を充実させ」ている。練馬公民館の基本的姿勢は、「区民と区民を結ぶ場として、区民の力を地域に返していくための拠点としての役割」を果たすことにある（http://www.city.nerima.tokyo.jp/nerima_sg/kominkan）。──東京23区内にはこれら（目黒区、北区、杉並区、練馬区）以外に公民館の設立はなかったようである。

都市社会学者磯村英一と東京都「社会教育長期計画」の策定

都心23区に比べて、三多摩地区の公民館活動は目覚ましく発展していった。東京都は、1960〜65年の青年館建設（のちの「青年の家」、計285館；文京区は1965年に設置）、さらに「都区事務移管」（広域的総合的行政事務は都、住民に身近な業務は特別区）が確定した1965年、東京の「首都的性格と国際的性格」を発展させることを念頭に、初めての「社会教育長期計画」が策定された。具体的には、第一線施設（人口1,000人、300世帯規模に1館：町内会館、自治会館等）、第二線施設（小学校区に1館：学区会館、PTAの家等）、第三線施設（人口5万人規模に1館：公民館、図書館、青年館等、社会教育専門職を含めて最低5名の職員配置）、第四線施設（都内交通要所に1館、全都20館程度：社会教育センター等、専門職員7名以上配置）、第五線施設（全都的施設：都立総合社会教育施設、東京文化会館等）

という5層の社会教育施設、それに合わせた「図書館及び博物館、学校開放、大学開放の促進、公園・遊園地の増設と自然環境の保存、社会体育施設の増設」、さらには「社会教育の内容と方法」にかかわる展望——関連して「都民の学習要求の発掘、不定形学習集団の育成、私的社会教育機関との協力、関係行政局との連絡提携、社会教育施策の組織化・効率化」という方向性——を提起していた（以上、同：40, 60）。

この「大胆」な「大都市の総合社会教育計画の見取り図」（同：60）の背後には、磯村英一（1903-97、都市社会学者、都立大学教授）が東京都に委託されて行った研究調査、「東京都における社会教育施設のあり方」（其の一・社会教育センターの構想、其二・同基本設計の研究）の実体把握が存在していたものと思われる。東京都立教育研究所の編集・発行による『戦後東京都教育史』（下巻・社会教育篇、1967年）は、磯村英一の「基本構想」を次のように伝えている（東京都立教育研究所 1967: 283-284）。

1. このセンターの目標
   イ）当該地域内の文化資源との接触交流を基盤として、東京文化の地域的中心であること。
   ロ）したがって官公庁が直接実施する文化教育活動の中心であるばかりでなく、そのような活動と地域内の住民が積極的に参加しうるような施設であること。
   ハ）、ニ）……（省略）。
2. センターの役割
   イ）社会教育、地方文化資源の Stock および展示。
   ロ）都民の文化教養の向上を目的とした"東京文化大学"的な事業の計画実施。
   ハ）、ニ）、ホ）……（省略）。
   ヘ）社会教育関係団体の連絡、援助、とくに地区内の区社会教育活動への協力助言。
3. センターの規模
   　社会教育センターはあくまでも Regional Center であって、Community Center ではない。したがってその規模はこれまでの社会教育施設として個別につくられた図書館や公民館などの規模を上廻るものでなければならない。……（後略）。
4. センターの設備……（省略）。

美濃部都政の市民教育行政から鈴木都政の生涯学習行政へ

　1967年4月、美濃部亮吉が最初の革新都知事として登庁した。美濃部都政は周知のごとく、生活優先原則（シビル・ミニマムの設定）、都民主体の自治と参加を理念に都政の改革を図ったが、社会教育にかかわっては1973年の『東京都の自治体行政と都民の社会活動における市民教育のあり方について（答申）』（東京都社会教育委員の会議）が重要である。この答申は、「市民運動の教育的意義と『都民の学習する権利』」に基づく「市民教育」の展開を根底に位置づけていた（都民は知りたいことを知る、都民は学びたいことを学ぶ、都民は集会し学習する自由な場をもつ）。こうした都政の転換に反応し、都の幹部に公民館認識の革新を訴えたものが、東京都公民館資料作成委員会による『新しい公民館像をめざして』（1973-74年）、という「三多摩テーゼ」であった（小林文人1997b: 43）。テーゼは公民館の「四つの役割」──自由なたまり場、集団活動の拠点、「私の大学」、文化創造のひろば──、また公民館運営の「七つの原則」──自由と均等、無料制、行政からの独自性、職員必置、地域配置、豊かな設備整備、住民参加──を提起した。それは「1970年代初頭における東京・三多摩の公民館実践の一つの集約」であり、さらにそれを発展させていくために取り組むべき課題を提示していた（小林文人1982: 3）。

　しかし美濃部都政は1975年以降、未曾有の財政危機に陥った。その結果、次の事態が明らかとなった。すなわち、「もともと体系的な内容に乏しかった革新都政の社会教育施策は、その前半に躍動的に構想された『市民教育』や図書館・公民館に関する積極的な方向を施策化するに至らず、さらに後半の財政危機によって、それらを現実化する条件をもち得ないまま終息していった」（小林文人1997b: 45）。1979年、元自治官僚の鈴木俊一（1910-2010）が知事として新登場し、1980年の「マイタウン構想」以降、東京都の社会教育行政は生涯学習行政へと大きく転換する（後述）。こうした中で、三多摩の公民館も新たな状況に直面する。(1)財政合理化、行政改革による公民館関係費の削減、事業の縮小、計画の見直し、(2)住民の公民館認識の拡がりに対応する施設増と、職員体制の不拡充、他方で(3)各種のコミュニティ施策による地域集会施設（コミュニティ・センター）、また「マイタウン構想」による諸施策、さらに「文化行政」との競合関係、(4)アサヒ・カルチャーセンターなど民間

教育産業の増大、そして(5)図書館、児童館、社会福祉施設等関連施設の増加という、1970年代に登場した「顕著な動き」があり、三多摩では公民館施設も増加していた。それゆえに、各自治体とも「これら公的施設の複数体制と相互のネットワーク論の形成が新しい課題」(小林文人 1982: 3-4) だと見た。

三多摩テーゼの課題と安井郁の都市型公民館

三多摩テーゼの発展という課題は、したがって、新しい状況の下において「なぜ公民館なのか、公民館でなければ果たせない独自の役割はなにか、その独自の役割を果たすために、公民館はどのような事業を編成すべきか」(同: 4) を問うことにつながる。小林文人ら社会教育関係資料分析研究会が出した新「公民館事業」は、1. 相談・援助 (人)、2. 施設提供 (物)、3. 企画・編成 (活動)、4. 資料・広報 (情報)、5. 集会・行事 (出あい)、6. 館外事業 (地域)、7. 参加・連絡 (自治)、8. 調査・収集 (研究)、を柱とするものであった。このうち6では地域活動の援助、つまり「公民館主事の『地域主事』的役割」が強調され、7では公民館運営審議会・「専門部」活動・利用者懇談会など各種連絡協議会をとおしての、「住民『自治』の理念」の実現が謳われる (小林文人 1983: 51-52)。だが、小林は同時に、「大都市状況のなかで、青年の孤立化、企業管理社会のなかでの無気力化、青年集団自体の拡散化が進み」、青年層を中心とした単なる施設利用化、さらに青年館などには「青年たちが次第に集まらなくなってくる。利用者の中心が、青年から女性・高齢者など都民一般に移行していく傾向に対応して、青年館の名称も、社会教育館、社会教育会館、文化センターなどに変更していく区が大勢」となる (小林文人 1997b: 59-60)。青年館は、小林文人によって、「東京都心部全域にはじめて」できた「都市型の地域社会教育施設」(同: 58) と評価されたものである。しかし、それを機能転換した「社会教育館」を「三多摩の公民館に相当する施設」と規定してよいか、疑問は残る。

そのことには、公民館とは何かの議論がかかわると思う。東京の「公民館」は、その出生の経緯からある特質を刻印されている。小林文人らは、「三多摩の公民館の組織体制は、集落・自治会とはあまり関係をもたない」のであって、「公的社会教育施設としての公民館」が、集落を基盤にした「自治公民館・集落自治計画」などの組織や施設とどのように関連をもっていくのか、今後

充分に検討さるべきだと指摘していた（小林文人1982: 62）。「自治公民館」としては広島県三良坂町、福井県上中町、沖縄県今帰仁村の例が挙げられたが、戦後直後に発足した松山市余土公民館（本書第1巻406-410頁参照）や、伊予郡双海町（現・伊予市、松山市の南隣）の事例（愛媛県1992: 74-89；中島都貞1968、若松進一1986参照）も同様である。双海町の自治公民館の特質は、①町内会・部落会が主体となって設置されていること、②直接的な管理・運営は、町内会や部落会から選ばれた人によって行われ、「公の支配に属するものではない」こと、③事業や活動は、地区住民が自主的に行うことにある（愛媛県1992: 89）。

　だが、小林文人らには、もう1つの論理があったように思われる。「農村型公民館」に対する「都市型公民館」、そして公民館の寺中構想に対する安井構想の対置である。小林は言う、「社会教育法の中心である公民館制度は、とくに東京都心部においてほとんど定着するに至らなかった」が、その理由の1つを「『町村の文化施設』（寺中作雄『公民館の建設』昭和21年）としてイメージされた公民館構想のある帰結といえなくもない」（小林文人1997b: 55）とするのである。対極に置かれるのは安井郁館長の杉並公民館である。「区政方針としての文化的な都市建設のイメージ、その具体化としての図書館とならぶ公民館の設立（昭和28年）、両館の長に国際政治学者・安井郁氏（当時法政大学教授）の登用、水準の高い『公民教養講座』の開設、レコード・コンサートや映画会等を加えての多彩な事業編成、母親たちの読書会『杉の子会』等を母体とする原水爆禁止署名活動の展開など、これらは都市型公民館の一つの創造の歩みであり、いわば安井構想による公民館の学習と実践の結合という注目すべき道程でもあった」。そうして、「その後の東京における公民館活動の歩みは、明らかに農村型から都市型公民館への脱皮」（同: 56）であると結論づけられる。しかしながら、極めて残念なことに、「都市型公民館」と「自治公民館」との関係性については言及されることがなかった。

東京23区社会教育施設設置状況（1982年）

　さて、1982年6月現在の東京都社会教育施設設置状況（23区）を見ると、公民館2館（杉並区、練馬区）、社会教育会館34館（千代田区2、中央区3、港区1、新宿区5、文京区1、台東区5、目黒区4、渋谷区3、豊島区3、板橋区1、足立区

4、葛飾区2館）があった。文京区は職員2名、館の面積356平方メートルの小規模な施設だった。墨田・江東・品川・大田・世田谷・中野・北・荒川・江戸川の9区にはこれらのいずれも存しなかったが、このうち「社会教育委員の会議」の答申等が品川区と世田谷区にあった。前者は「品川区における家庭教育振興の方策――生涯教育の視点をふまえて」(1982年)、後者は「『社会教育サービス基本方針』策定にあたっての提言」(1982年)である。また同じ9区の中で墨田・江東・荒川・江戸川・世田谷の5区は各種運営委員会・協議会の答申等を出した。墨田区青少年問題協議会提唱「昭和57年度墨田区青少年対策事業推進方針」(1982年)、江東区文化財保護審議会答申「江東区文化財登録」(1981-82年)、荒川区「目的外使用申請時期について」(1981年)、江戸川区文化財保護審議会「江戸川区登録指定文化財41件（答申）」(1982年)、そして世田谷区は重ねて「世田谷区青少年育成総合的施策への基本的考え方（答申）」(1982年)。それゆえ、この資料で社会教育関係施策（公民館・社会教育会館・社会教育委員の会議答申等・各種審議会答申等）を明確にしていないのは、大田・中野・北の3区のみであった。品川区のように「家庭教育振興」方策を「生涯教育の視点」から見直そうという動きも、23区の社会教育活動の新展開として出ていた。――これが鈴木都政出発時の現実であった。

玉野和志『東京のローカル・コミュニティ』の志向性

玉野和志は『東京のローカル・コミュニティ』の変貌を把握するため、「ある町の物語」をとおしたモノグラフを構成した。その貴重な物語は1980年までで一応閉じられた。「この研究が対象としてきたローカル・コミュニティの姿は確実に過去のものになろうとしている」(玉野2005: 255)からである。「社会教育」ではなく「生涯学習」がこれ以後の時代において脚光を浴びるのだが、もちろん松下圭一『社会教育の終焉』の功績ではない（同: 171）。東京都においては美濃部知事の「社会教育」路線に対し、鈴木知事は後述するように、「生涯学習」振興を打ち出している。この路線と、「当時の鈴木東京都政が示した方向」――「都市再開発事業」――との結合に対する玉野の指摘は示唆的である。「72年に出された最初の基本構想策定に向けての長期計画審議会答申では学校教育・社会教育との関連が重視され、中学校区がその単位とさ

れていたのにたいして、78年に実際に策定された基本構想では出張所管轄区域が単位とされることになり、さらにこの町の施設のオープン後に改めて策定された第二次基本構想では町会・自治会を中心に出張所を核にした施設のネットワーク化が謳われ、これにもとづいて作られた基本計画にはコミュニティ政策として明確に出張所および区民集会所整備の重視、区が関与する地域団体（町会連合会、青少年対策地区委員会、防災地区協議会、日赤分団）の包括的連絡調整組織づくりが強調され」(同:190-191)、「出張所を窓口に町内会を組織していく町内会体制とは異なるルートが模索され」(同:68)ていた、と。コミュニティ形成施策によるこの"新ルート"の、さらなる改変が現時点での問題である。

　玉野は、戦後間もないころまでにこの町に定着した人びとにとっての「ローカル・コミュニティ」を問い、それを、(A)「町内社会」というコミュニティ（すなわち「対人的－集合的」結合）のあり方と、これを基盤に(B)「町がその外部と結びついていく仕組み」である「町内会体制」（すなわち「対人的－集合的」結合と「国家・経済」システムの両者に挟撃される「中間的社会制度」）とを区分し、かつ都政－区政の変貌による(B)のあり方の変化の下で、(A)がどのように維持－展開されるのかを見ている。「社会教育」にかかわってきた「母親たち」のみならず、「町内社会」のいま一つの支え手、「都市自営業者層と創価学会の会員」に注目する。「町会長たちが一方で物わかりよく行政の執行過程に日常的な協力を惜しまないことで行政への非常に大きな影響力を確保しただけでなく、他方では保守系議員の選挙を取り仕切ることで行政の執行過程そのものを根本的に変更することができるだけの政治力さえ獲得しているという事実」(同:188)に注目するのである。このことは玉野の言うとおり、「議会との関係を明確に位置づけることのなかったコミュニティ政策の限界」を示すものであり、かつ「最近のNPO・NGO行政と市民の協働＝パートナーシップという考え方」(同:188-189)ともかかわる。そしてそれが、中央教育審議会と東京都生涯学習審議会による「新しい公共」の提起であり、解釈ともなる。

　最後にもう一点を加える。玉野は20世紀初頭の東京には「三つの地域」があったと把握した。第一は「官庁や企業の管理部門が集中する都心のオフィス街」である。第二は「そこで働くホワイトカラーの新しい住宅地として、

内陸部を中心に広がっていった郊外住宅地」。そして「川沿いや臨海部には大工場が立地し、その周辺にはブルーカラー労働者の住宅街や、いったんそこに流入した労働者が独立・操業した下請けの町工場などが集中する」のが第三の地域である（同：5-11）。玉野のフィールドは第三地域の周辺にあると思われるが、私がこれから検討する文京区はこれらのいずれにも属さない、あるエアポケットであるように思われる。

第1項　世界都市・東京の「生涯学習」推進施策
——その歴史と現況：鈴木都政、青島都政、石原都政

東京都における「生涯学習」への取り組み（1）：鈴木都政の試み

　東京都の「生涯学習」への取り組み開始は、大阪府や京都府ほどではないが、1983年とそれでも早い方である。1979年に美濃部亮吉前知事に代わって登場した鈴木俊一知事はこの年、「東京都生涯教育推進懇談会」を設置した。そして1984年の東京都生涯教育推進懇談会報告『東京における生涯教育の推進について』と、1986年の東京都生涯教育推進懇談会第二次報告『東京における生涯教育の推進のための学校教育』を受け、東京都は1987年に『東京都生涯教育推進計画——東京における学習社会の実現をめざして』を策定した。その内容は以下のとおりであるが、それは、2002年の東京都生涯学習審議会答申『地域における「新しい公共」を生み出す生涯学習の推進』が「新しい公共」を対峙するまで、東京都の生涯学習施策を規定したのであった。すなわち、第1部の「総論」において、東京における生涯学習の現状を「1　多様な特性を持つ東京」「2　高まる生涯学習需要とその背景」「3　学習需要のひろがりと多種多様な学習機会」をキーワードとして分析し、「都民が生涯のいつでも、自由に学習機会を選択して学ぶことができ、その成果が社会において適切に評価されるような豊かな生涯学習社会を築いていく」ことを、「計画策定の基本的な考え方」とした。

　第2部「施策の目標と方向」は、「生涯学習の基礎づくり」（幼児教育・家庭教育の充実、子どもの学習・生活環境の整備、初等中等教育の充実）、「地域活動の活性化」（公共施設の利用拡大、ボランティア活動の推進、地域の文化や人材の活用）、「学習の場と機会の整備」（中等教育後の学習機会の整備、学習施設の体系的整備、

学習指導の充実・人材の活用、既存の学習機会・施設の有効活用、新しい学習機会の創出）、そうして「情報システムの確立」と「施策の総合化・統合化」が来る。第3部は「東京における学習社会の展望」で、「21世紀東京の学習社会像」を「生涯学習情報センターによる多様な学習サービスの提供」「コミュニティ・カレッジによる多様な学習プログラムの展開」「生涯にわたる職業能力開発体制の実現」「文化・スポーツ活動の多彩な展開」「学校のコミュニティ・センター化の実現」として提示し、それらを都民の参加、市区町村との連携、大学や民間教育機関との連携、また国への協力要請により、着実に達成すると展望したのであった。

東京都における「生涯学習」への取り組み (2)：生涯学習振興法以後

1990年、いわゆる生涯学習振興法が成立し、国の生涯学習審議会が発足した。そうして1992年、「東京都生涯学習審議会」が設置された（会長・鈴木俊一知事）。1994年、東京都生涯学習審議会は『これからの社会を展望した東京都における生涯学習の総合的な振興方策について』を答申した。そこでは生涯学習社会の実現、生涯にわたる学習の推進、学習の成果を適切に評価する社会の実現を展望して、1. 平等な学習機会の提供、2. 学習内容の充実、3. 学習の場の充実、4. 生涯学習を支援する体制の整備、5. 学習成果の還元・活用への支援の5点を、東京都教育委員会の課題に設定した。1997年には『とうきょう学びプラン'97』が策定され（青島幸男知事）、1. 生涯をとおした学習の機会と場を整備・充実する、2. 新しい課題に対応した学習活動を支援する、3. 学んだことが地域で生かせる環境を整備する、4. 学習を支援する仕組みをつくる、の4点を基本目標とした。なお、第22期東京都青少年問題協議会答申を受けた東京都は、1998年に『東京都青少年プラン』を立て、コミュニティ・ワーカーやユース・ワーカーの導入とシステム化を構想している。

国の生涯学習審議会は1998年以後、21世紀を目前に、『社会の変化に対応した今後の社会教育行政の在り方について』(1998年)、『学習の成果を幅広く生かす——生涯学習の成果を生かすための方策について』(1999年)、『新しい情報通信技術を活用した生涯学習の推進方策について』(2000年) を答申した。この間には「地方分権一括法」も成立した (1999年)。東京都はこうした動向

第2節　東京都文京区の「生涯学習」講座　127

をうけて、2000年に（1999年4月より石原慎太郎知事）、第3期東京都生涯学習審議会が『東京における社会参加と生涯学習』を建議し、さまざまな人材・施設が存在する「東京の特性」を活用し、住民の地域社会づくりを積極的に進めるには、とりわけコーディネート機能など「生涯学習の仕組みづくり」が重要と提言した。2002年には中央教育審議会『新しい時代にふさわしい教育基本法と教育振興計画の在り方について』（中間報告）が「新しい公共」を提起したが、これに対し2001年2月に「これからの都市社会における中高年世代の社会参画」についての試問を受けていた第4期東京都生涯学習審議会は2002年12月、答申『地域における「新しい公共」を生み出す生涯学習の推進〜担い手としての中高年世代への期待〜』を提出した。東京都教育委員会は2003年1月、『「心の東京革命」教育推進プラン〜これまでの取組と今後の方向性について〜』を公表し、また同じく2003年の3月には『子ども・若者の「次代を担う力」を育むための教育施策のあり方について〜社会教育行政の再構築に向けて〜』を都生涯学習審議会に新たに諮問した（http://www.city.meguro.tokyo.jp/kyoiku/splan8.htm を参照した）。

第2項　答申『地域における「新しい公共」を生み出す生涯学習の推進』の論理

東京都生涯学習審議会の地域における「新しい公共」と「生涯学習」

　東京都生涯学習審議会答申『地域における「新しい公共」を生み出す生涯学習の推進〜担い手としての中高年世代への期待〜』は、第1章「地域における『新しい公共』の創生」、第2章「『新しい公共』の担い手としての中高年世代への期待」、第3章「中高年世代が参画する場の構築」、そして第4章「『新しい公共』を生み出すための生涯学習施策」からなる。答申としての中核は第2章、第3章にあると思われる。第2章の冒頭で答申は次の事実に注目した。「首都圏在住の60代前半の人を主に対象とした、高齢社会で望むライフスタイルに関する調査（「元気高齢者のための『つぶやき』調査報告書」2000年6月　スマートコンテスト実行委員会）によれば、中高年が望むこれからのライフスタイルは、『健康』と『経済的な自立』を基盤とした上で、『仕事も趣味もある生活』『個人の時間を大切にしながら社会参加する生き方』など多様性を示している。

その中で、『仕事をすること、働くことをとおして、何らかの形で社会に貢献したい』『専門性や経験を活かして地域に貢献したい』という割合も多いという結果が出ている」（同答申：5）。

ここから 2002 年『答申』は、「地域コミュニティ活動」には、「中高年が職業や趣味などの経験を通じて培ってきた豊富な知識や技術、労力などの資源を生かして活躍する様々な場」があり、そうした活動をとおしての「『新しい公共』づくりへの参画は、中高年自身の自己実現と地域の課題を解決する活動が結びつくもの」だという認識を打ち出す。ただし、「会社人間」が地域コミュニティ活動に参画するための「ソフトランディングのしくみ」が必要となる。それは5点ある。(1)「地域コミュニティ活動に参加するための『きっかけづくり』」、(2)「多様かつきめ細かな活動を生み出すための『マッチング』」、(3)「活動を安定させ発展させるための『マネジメント力』」、(4)「多様な活動をつなぐための『ネットワーキング』」、(5)「自立的活動のための『資金づくり』」である。

第3章では、地域コミュニティ活動の根幹を、「地域をつくる学び合い」と捉えるときに不可欠となる、その「学び合いのしくみ」づくりを3点、提起する。第一に「『ひと』が結び合うしくみ」づくり、すなわち「情報チャンネルを広げ、『たまり場』をつくる」こと。第二に「『ひと』が成長するしくみ」づくり、すなわち「地域を『学び合い』のキャンパスにする」こと（学習資源の有効活用、活動段階にあわせた学習の場の創出、「学び合い」のサイクル）、第三に「『ひと』の活動をはぐくむしくみ」づくり、すなわち「団体支援をより開かれたものにする」ことである。

第4章の冒頭を『答申』はこう切り出している。「これまでの生涯学習振興行政は、生涯を通じたライフステージ別の課題への対応を中心とした個人の文化・教養的学習ニーズを充足させる学習機会の提供に重点が置かれてきた。しかし、地域に課題が山積し、また、地域の連帯意識の希薄化や教育力の低下が指摘されている今日、社会性・公共性のある課題に対する地域での取組という点で、スポーツ行政を含む総合的な生涯学習施策の展開は必ずしも十分図られてこなかった」（同：16）、と。それゆえに、「地域をつくる学び合い」という生涯学習の新たな課題が出てくるのだが、それに対して「都が取り組

むべき重点課題」として、(1)「地域教育サポートネット事業」の推進により「『地域の教育力』向上への参画をすすめる」、(2)「学校開放事業」(地域とのパートナーシップを築く事業) により「『学び合い』のキャンパスづくりをすすめる」、そして(3)「生涯学習情報システム」の積極的活用・機能拡充により「生きた情報ネットワークづくりをすすめる」、という3つの課題が示されたのである。

東京都生涯学習審議会答申の地域社会学的検討

さて、私は、こうしたさまざまな提案について異議申し立てをしたいと思っているのではないし、またそうした興味があるわけでもない。実践的にはむしろ共感者としての多大な関心をもって、事態の推移を直視したいと考えている。それゆえ、以下での幾つかの検討は、ひとえに「地域社会」学を研究しているものとして、2002年の東京都生涯学習審議会答申における新しい「地域コミュニティ」概念、それと密接にかかわる「新しい公共」の概念を明らかにし、私たちの学問への知的刺激をえようとするためである。

① 「地域」概念について

第一に「地域」概念である。『答申』は検討して言う。「『地域』という用語には、様々なとらえ方がある。小・中学校区程度の住民の身近な生活圏域としての『地域』、行政区域としての基礎的自治体である『地域』、交通手段の発達によってくくられる鉄道沿線などの『地域』、さらに広域的な東京都レベルの『地域』などである」。そして、次のような規定を提示した。「『地域』についてはこのように重層的にとらえることができるが、本審議会では、子どもから高齢者まで多様な住民の生活を踏まえた上で、『地域』を、より身近な存在である生活圏域として捉えると同時に、そこに住む人々の生活や文化も含んだものとすることとした」(同：2) と。この規定は明快である。この「地域」概念と、「人々は、社会の一員として、人や社会の役に立ち、社会貢献したいという思いを高めている」(同：3)、と言う場合の「社会」とは等値な関係にあるのか。

② 「地域コミュニティ」概念について

第二に、「地域コミュニティ」の概念である。「ここでいう『地域コミュニ

ティ』とは、『地域を基盤とし、地域づくりに関心のある人によって形成されるコミュニティ』を意味し、これまでの地縁的関係だけでなく、目的やテーマによる関心に基づいてつくられている集団の機能も包含した、より開かれた"新しいコミュニティ"として位置づけた。そして、その共同体（集合体・集団）が行う活動を『地域コミュニティ活動』とした」（同：2）、と。本答申が新たな胎動として着目する、「住民の自発的な参加で公共サービスの一端を担う活動」とは、NPO活動である。答申は言う、1998年の「特定非営利活動促進法」によってNPO法人数は急速に増加しているが、その中で「東京都は全国の認証数のうち約2割を占めて」いるのだ、と。

　その後の数字を見ると、東京都のNPO法人数は3,465、人口1万人あたりのNPO認証数は2.84。第2位の大阪府は1,392と1.58、第3位の神奈川県は1,010と1.17、第4位の千葉県は680と1.13、第5位の北海道は656と1.16。人口1万人あたりの認証数が高いのは、京都府1.68、長野県1.59、群馬県1.58、福井県1.44、高知県1.40、滋賀県・大分県1.30、三重県1.28、である。認証数の最小は島根県で（66）、鳥取県（69）、また秋田県94、青森県110、岩手県146、そして四国では徳島県80（人口1万人あたり0.93）、香川県102（1.00）、愛媛県129（0.87）、他方、高知県は113だが1人あたり認証率（1.40）は高い（地域づくり支援アドバイザー会議資料、2004）。

③「新しい公共」の概念について

　第三に「新しい公共」の概念である。2002年都答申は言う。「『新しい公共』とは、それぞれの独立した個人を基盤として、その個人が力を合わせて、自らの意思に基づいて社会が抱える問題の解決に取り組んでいく協働の営み」である。このような「地域コミュニティの再生に向けた『新しい公共』を生み出していくことがこれからの社会に強く求め」られる。それは「新しい生活圏の構築」に向けた「地方分権の流れ」とかかわり、「第三の分権」の内実をなすものでもある（同：3）。――こうした議論を「生涯学習」の側面から捉えるならば、「地域の課題解決に向けて、人々が地域の実践を通じて主体的に学び、その成果を新たなまちづくりにつなげていくこと、すなわち、『地域に学び、地域に生かす』という視点」になる。新たな段階の生涯学習振興

行政として東京都は「新しい公共」を、「人々が生活を営む場所である『地域』を舞台とした協働のシステムを構築すること」（同：16）と把握したのである。しかしその協働は新コミュニティの枠内の行為であって、外側に存在する「社会」（全体社会）との関係は語られない。

都生涯学習審の地域コミュニティは「地域アソシエーション」
　学問論としての論点は「地域コミュニティ」の概念にあると思う。先の引用で見たように、答申は「地域」を「より身近な存在である生活圏域として捉えると同時に、そこに住む人々の生活や文化も含んだもの」と規定した。他方、「地域コミュニティ」は「『地域を基盤とし、地域づくりに関心のある人によって形成されるコミュニティ』を意味し、これまでの地縁的関係だけでなく、目的やテーマによる関心に基づいてつくられている集団の機能も包含した、より開かれた"新しいコミュニティ"」とされた。つまり「地縁的関係」と「より開かれた"新しいコミュニティ"」とが対置されているわけである。こうした視座からは、それゆえに、磯村英一が展望したような、Community-Region にまたがって Community をサポートする5層の連関性についての、言及や検討は失われてしまった。
　そのうえ、高田保馬－鈴木榮太郎の理解を継承したいと考える私から見れば、ここでの「地域コミュニティ」は「地域アソシエーション」である。1960〜70年代に喧伝された「コミュニティ」論（「政策コミュニティ形成」論）は、「地縁集団」を含みつつそれを乗り越える存在という二重性を持たされたがゆえに、「地縁集団」に生きている人たちがその地縁集団を否定してゆく論理の探究という課題を立てることとなった。それは「地域コミュニティ的社会」の中に、「市民社会」の「市民」を"外発的"につくり出そうとしたがゆえに、現実の地域社会変動を十分には捕捉ないし説明しえなかったと考える。それゆえ「目的やテーマによる関心に基づいてつくられている集団」をコミュニティ概念でなく、アソシエーション概念で把握し、《地域コミュニティ社会》とは別に《地域アソシエーション社会》を設定した方が、概念整理として整合性をもちうると判断される。
　本章第2節では東京都文京区の「生涯学習」を、そのあと第3節において北

海道札幌市の「生涯学習」を分析するが、そのさい「地域アソシエーション的社会」と「グローバル・アーバン社会」との関係を検討する。また、愛媛県松山市の公民館を中心とする「生涯学習」の分析をとおして、「地域アソシエーション的社会」と「地域コミュニティ的社会」との位相差を精査することにしたい。もちろん、ここでの「グローバル・アーバン社会」、「地域アソシエーション的社会」、「地域コミュニティ的社会」はいずれも類型であり、「政策コミュニティ形成」は施策である（本書第3巻第6章第1節での、マッキーバーと高田保馬の「コミュニティ」と「アソシエーション」概念、また同第3節でのイタリア「アッソチアチオーニ社会」の分析をも参照されたい）。

第3項　東京都文京区における「生涯学習」の現代的展開

生涯学習とT・H・マーシャルのシティズンシップ

　本書第1巻第2章第3節（480頁）で見たように、T・H・マーシャルは「シティズンシップ」という概念を、「ある共同社会（community）の完全な成員である人びとに与えられた地位身分」と把握していた（Marshall 1950: 18=1993: 37）。その第一の要素、「市民的要素」は「個人の自由に必要とされる諸権利」（人身の自由、言論・思想・信条の自由、財産を所有し正当な契約を結ぶ自由、「裁判に訴える権利」）。シティズンシップの第二の要素、「政治的要素」は「政治権力の行使に参加する権利」（政治的権威を認められた団体の成員たりうること、団体の成員を選挙する権利）。シティズンシップの第三の要素、「社会的要素」は、「経済的福祉と安全の最小限を請求する権利」「社会的財産を完全に分かち合う権利」「社会の標準的水準に照らして文明市民としての生活を送る（to live the life of a civilised being）権利」」に至るまでの広範な諸権利で、それと密接な制度は「教育システムと社会的サービス」であった（ibid.: 8=15-16）。──私たちは以下において、東京都文京区の「生涯学習」を検討するが、そのとき頭の中にこれらの言葉をインプットしておきたい。

1　東京都文京区のまちづくりと「地域生涯学習」

東京都における職能開発の生涯学習講座：神奈川県との比較

　東京都は現在、『生涯学習講座』の直接の担当者ではない。都教育委員会

は2005年現在、総務部、学務部、人事部、福利厚生部、指導部そして生涯学習スポーツ部を持つ。この最後の部の所管課は、計画課、社会教育課、スポーツ振興課であり、計画課が「生涯学習情報提供ホームページ」を所管する。そのホームページにアクセスしてみると、「『講座・催し』関連情報」という項目に出合う。クリックすると、「各区市町村ホームページ上の情報所在場所案内」が出てきて、「〈説明〉(1)各区市町村名は、自治体関連のホームページにリンクしています。(2)右の説明欄にある【 】項目を起点として、「→」の順にリンクをたどってください」と指示される。それで、例えば文京区をクリックすると、「文京区(1)【生涯学習・文化】→（講座・教室)、(2)【スポーツ】→（スポーツセンター・総合体育館）→（事業等のご案内)」という「関連情報掲載場所」が示される。このように、東京都として「生涯学習」講座を直接に企画したりすることはない。したがって、例えば神奈川県が職業能力開発・人材育成・雇用改善などにかかわる「生涯学習」講座を、表3-12に示したような諸機関の組織化によって展開しようとしているのに対して、東京都の場合は脱「職業教育・職能学習」をその特質にしているように見える。

表3-12　神奈川県の職業能力開発・人材育成・雇用改善などの主な生涯学習機関

大学・短期大学	神奈川大学、神奈川工科大学、横浜国立大学田町サテライトキャンパス、横浜市立大学、県立産業技術短期大学、明治大学リバティ・アカデミー、サンノーセミナールーム
専門学校	学範、神奈川情報通信専門学校、柏木実業専門学校、NEC国際パソコン学院、ニチイ学館横浜校、横浜ファッションデザイン専門学校
県立高等職業技術校	川崎高等職業技術校、相模原高等職業技術校、横須賀高等職業技術校
職業能力開発・人材育成センター等	雇用・能力開発機構神奈川県センター、かながわ人材育成支援センター、相模原商工労働センター、神奈川労働プラザ、川崎市産業振興会館、藤沢市産業振興財団
社団法人・財団法人	㈳神奈川県経営管理センター、㈶日本溶接技術センター
市民団体	フォーラムよこはま、女性フォーラム

(資料出所) 神奈川県「PLANETかながわ」2004年度版。

　神奈川県知事・松沢成文は自著『実践　ザ・ローカル・マニフェスト』(2005

年)において「政策宣言」を行っているが、その【PartⅢ　神奈川力で経済を再生】は4つの政策を提示している。政策15「『羽田空港』の国際化・24時間化を進め、『京浜臨海部』をハイテク産業、ベンチャー支援、サービス・物流産業等の複合都市として再生し、関係地域の従業者を45万人以上(2割増)に増やし、景気回復の起爆剤」とする。そうして政策16では「アジアとの交流や大学との連携により、高付加価値型のベンチャー企業や新分野の創業を支援し、『21世紀型産業』を育て、また「神奈川の『開業率』を6％以上(全国トップクラス)」に引き上げる。政策17「高い技術力をもつ中小企業に対して、技術開発、金融等の支援を行い、競争力向上を応援」する。さらに「介護、子育て、教育等の生活関連サービスを提供する『地域ビジネス』に対して、人材養成、拠点整備等の支援を行い、『市民起業』を促進」する。これらによって、「新規求人数27万人／年以上(2割増)」をめざす。政策18「県内の歴史・観光・リゾート等の機能を結びつけ、首都圏民や外国人に"移行の空間"を提供する『かながわツーリズム構想』を推進し、県内観光客数の2割増加」をめざす、と(松沢成文 2005: 205-208)。東京都にも、大田区や墨田区、江東区、江戸川区、足立区のごとく、区内産業の振興に力を入れている区はあるが、区が独自に苦労して展開しているのであり、都の取り組みは存在しないも同然に見える。

東京都と専修学校構想懇談会報告書の構想

　しかし、そう言い切るのは早計である。2002年1月に発足した「専修学校構想懇談会」(会長＝多胡輝・千葉大学名誉教授、心の東京革命推進協議会会長)の副会長には、東京都専修学校各種学校協会会長とともに、東京都生活文化局長が就任し、13人の委員の中に東京都教育庁指導部長と東京都産業労働局労働部長が入っている。新宿区総務部長は区市代表である。他の委員としては、東京商工会議所教育問題委員会委員長、関東経営者協会会長＝日本経団連副会長、日本公認会計士協会東京会学校法人特別委員会委員長、東京都専修学校各種学校協会会長など、学術関係からは群馬県立女子大学長(元文部省生涯学習局長)と東京大学大学院教授(総合文化研究科)の2名である。懇談会は2003年度末に『専修学校構想懇談会報告書～専門学校の新たな取り組み～』を出してその任を終え、次の主張を掲げた。すなわち、1976年の専修

学校制度施行以来四半世紀をへた専門学校は、今日、「職業教育においては高等教育の根幹部分を支える使命を帯びるに至って」いる。とりわけ都内の私立専門学校は、「学校数にして全国の約7分の1、学生数では全国の3割近く」が集積しており、「国内の専門学校教育をリードする存在」である。だが、産学協同、国際化、職業の高度化に対応すべく、改革を進めねばならないとする。

　改革の柱は何か。第一に専門学校全体のレベルアップ、第二に高度な職業教育を行う専門学校への脱皮である。これを支える事実は、専門学校入学者の1割近くを大学・短大の卒業者が占めること、「3年制や4年制の学科の設置」や、「医療、衛生、福祉の分野などでの大学卒業レベルに入学対象者を限定する学校」の登場にある。第三にそれを一層明確にするために、「高度職業専門学校・マイスターコース（仮称）」の創設が企図される。専門職大学院に対抗しうる専門学校独自の教育内容高度化と第三者機関による認証制度を持つことである。第四に起業・他学種と連携した新たな職業教育への取り組み（不安定就労若年者支援を含む）、第五に社会人を対象とした職業教育の新たな模索、学習者支援の推進、第六に起業家支援プログラム、新たなカリキュラムの開発である（『専修学校構想懇談会報告書』の「まとめ――専門学校のさらなる発展に向けて」参照。なお経済産業省の依託調査〔政策科学研究所2004〕も、専門学校の新たな人材育成を分析した）。

東京都の専門学校における専門分野別の特徴

　さて、専門学校の学生数には分野別の変動がある。1997年度と2002年度とを比べてみると、増加分野と減少分野に分かれる。「文化・教養」分野（音楽・美術・アーツ・デザイン・舞台芸術・ペット・リクリエーション・スポーツ・法律・外国語・その他）は1997年度にも第1位の学生数を持っていたが、3.1％増えて47,579人となった。「医療」分野（看護士・歯科衛生士・歯科技工士・メディカルトレーナー・柔道整復士・鍼灸理療士・その他）は3.2％増で29,080人へ、「衛生」分野（栄養士・調理師・菓子職人・理容美容師・ヘアメイカー・その他）も3.0％伸びて22,190人となった。他方、「商業実務」は6.5％減って3万人が17,211人へ、「工業」分野（製図・音響技術・電子情報・自動車整備・建築・土木・航空・コンピュータ・

プリンティング・その他）は4.8％減少して44,500人が33,560人になった。「服飾・家政」分野（ファッション・和裁・きもの・ニット・ドレスメーカー・その他）は1.7％の増で12,567人、「教育・社会福祉」分野（保育・幼児教育・福祉・介護・その他）は0.1％の減で11,600人である。伸びている分野、ここで言う「医療」「文化・教養」「衛生」の各分野は、日本では大学がその教育と研究の対象とはしてこなかった領域である（以上、東京都専修学校各種学校協会編『キャリアエデュ』、2003年、による）。

この『報告書』は巻末に「都内専門学校（会員校）」一覧を載せている。分野別には「文化・教養分野」71、「医療分野」56、「衛生分野」52、「商業実務分野」52、「服飾・家政分野」36、「工業分野」34、「教育社会福祉分野」26、「農業分野」1となるが、農業分野はバイオテクノロジー専門学校なので、以下では工業分野に含める。合わせて328校を各区別・分野別に整理すると、**表3-13**を得る。

専門学校、とりわけ「医療」「衛生」「文化・教養」などは学生数が増加傾向にある。大学教育が取り扱わない領域が多い分野において、新宿区・渋谷区・千代田区・中野区、三多摩、豊島区（池袋）、品川区、そうして江戸川区がその増加の中心にいる。文京区は「旧型」の専修学校の方が多い。全体として東京都では「設備備品費や研究用図書等整備費に対する補助がだされているのみ」だが、「神奈川県、千葉県、埼玉県、大阪府、愛知県等37道府県で、いわゆる経常的経費への補助制度が設けられている」（同上『キャリアエデュ』：8）。

表3-13　東京都所在の専門学校数（2003.6）、およびネット企業数（2000.5）

	商業	工業	教育	服飾	文化	衛生	医療	小計	＋の計	ネット企業数
新宿	9	9	3	6	11	11	4	52	32 ①	112 ④
渋谷	7	3	—	5	10	5	5	36	30 ②	214 ①
千代田	8	—	2	2	9	—	4	25	15 ⑤	125 ③
港	—	2	2	1	1	1	—	7	3	207 ②
中央	—	—	—	—	—	—	3	4	4	73 ⑤
品川	—	1	3	3	1	2	5	15	11 ⑦	64 ⑥
目黒	—	—	—	—	—	1	6	6	49 ⑨
世田谷	3	2	1	—	4	2	2	14	8	53 ⑧
大田	—	—	—	—	—	—	—	—	—	13
中野	5	1	—	3	2	4	4	19	13 ⑥	36
杉並	3	2	2	3	4	—	1	15	8	25
練馬	—	—	—	1	—	—	1	—	—	12
三多摩	11	5	3	4	2	10	5	39	21 ③	（調査対象外）

	商業	工業	教育	服飾	文化	衛生	医療		＋の計	
豊　島	13	3	1	3	6	6	2	34	17 ④	58 ⑦
北	1	1	−	−	2	1	2	7	5	12
板　橋	−	−	2	−	1	1	1	5	3	11
足　立	−	−	−	1	−	−	−	3	1	4
葛　飾	−	1	1	−	−	−	2	6	3	5
江戸川	−	−	2	−	2	4	2	12	10 ⑧	11
江　東	−	1	−	−	2	2	−	5	4	30
墨　田	2	−	−	−	−	1	3	6	4	19
台　東	3	1	−	1	1	2	1	9	5	47 ⑩
荒　川	−	−	−	−	1	−	3	5	5	11
文　京	3	1	3	−	3	−	2	13	5	35
小　計	52	35	26	36	71	52	56	328	215	1,234

(注) 専門学校のうち、「商業」は商業実務分野、「工業」は工業分野と農業分野、「教育」は教育・社会福祉分野、「服飾」は服飾・家政分野、「文化」は文化・教養分野、「衛生」は衛生分野、「医療」は医療分野。「＋の計」は1997年度より学生数が増えた分野の小計をそれぞれ示す。データ源は、東京都専修学校各種学校協会編『キャリアエデュ』No.14。ネット企業数は湯川2001による。

ネット企業の動向、および文京区の位置

　他方、ネット企業調査は富士通総研の研究者、湯川抗が「日本型シリコンアレー」の可能性を探ったものであるが、渋谷・港・千代田・新宿・中央の「都心5区」に23区全体の6割が集中・集積し、他では品川区・目黒区・世田谷区、豊島区（池袋）、また江東区が目立つ（三多摩は調査されていない）。ただし、「東京都は小規模の情報産業育成を目指す施策として、江東区の中でも交通の不便な青海に、最新のインフラと共同の会議室やAV施設などを整備したインテリジェント・ビルを用意し、1998年からこれをスタートアップの企業に賃貸している。しかし現実にはテナントが集まらず、大企業や政府系のソフト団体といった本来の目的とは違ったテナントを入居させている」。その一方で、「港・渋谷の各区では、情報産業の育成・集積を目指す施策は今のところは行われていない」。ニューヨークやサンフランシスコに比べると、「東京都や各区は、自分達の区で最先端の情報産業が育ちつつあることをうまく利用していない」（湯川2001:23）。2000年前後の話である。

　このように見てくると、文京区内の動向は都心5区や豊島区、品川区、中野区、三多摩などの区内また地域内の動向に比べ、新規産業の創出という点で取り残されている（残念ながら都や区はおおむね非・積極的対応である）。「日本プリンティングアカデミー」という都内唯一のユニークな専修学校があるが、そうした事実のもつ拡がりはあまり考慮されていないようである。しかしな

がら、他方、文京区役所は、「文京区の地域特性である豊富な大学等教育機関や多彩な人材」の上に立って、「『日本一の教育のまち』・『生涯学習都市・文京』」を作り出そう」（文京区『生涯学習推進計画』、1994年）と見得を切る。それを支える歴史的・社会的・文化的な背後には何があるのだろうか。

1-1　文京区の人口・産業・就業の構造
本郷区・小石川区の形成、高等教育機関の立地

　文京区の端緒は1604年の江戸開府、引き続く1629年の水戸藩上屋敷設営をはじめとする武家屋敷の増大、他方で町屋の小石川村、雑司ヶ谷村、下駒込村等への伸張に基づくが、江戸末期でも7割が武家屋敷地であったという。明治に入り1878（明治11）年、郡区町村編成法により本郷区と小石川区ができた。翌1879年、旧水戸藩邸跡に東京砲兵工廠が置かれ、1884年から85年にかけて東京大学の本部事務室・法学部・文学部・理学部が神田錦町から本郷に移転した。1886年には先駆的印刷会社・秀英社が隣接する牛込区（現・新宿区）に工場を移転、1898年に大手出版社の博文館が小石川区内に印刷工場を設置（のちの共同印刷）、また1907年には日清印刷も立地した。こうした動向が地域全体の工業化を規定してゆく。小石川区から牛込区にかけて印刷業の下請企業が集積し、関東大震災のときには他の地域と比べて打撃が少なかったので、集積は一層進んだ。大正期の技術革新は労働争議を引き起こしたが、十五年戦争期に入ると平和産業の印刷業は転廃業を余儀なくされ、秀英社と日清印刷は合併して大日本印刷を設立、1941年には業界大手3社（凸版印刷、共同印刷、大日本印刷）は乏しい資材等の配給統制を行った。多くの中小印刷業が倒産し、労働者は"太陽のない街"を去る。

　この間の、本郷区・小石川区への高等教育機関の立地状況は以下のとおりであった。明治維新後の1875年に東京女子師範学校設立（→お茶の水女子大学）、1884～85年に東京大学の移転、1887年に私立哲学館開校（→東洋大学）、日清戦争後の1900年に私立台湾協会学校（→拓殖大学）、1901年に日本女子大学開学、1903年に東京高等師範学校の昌平学校跡地からの移転（→東京教育大学：1978年閉学→筑波大学：1973年設置）、1904年に私立日本医学校設立（→日本医科大学）、そうして1920年代に入ると1924年に本郷女学院開設（→1964年：文

京学院短期大学、→1991年：文京学院大学)、また1926年に東洋女子歯科専門学校 (→1950年：東洋学園女子短期大学、→1992年：東洋学園大学)、1928年に東京高等歯科専門学校 (東京高等師範学校移転後跡地：→東京医科歯科大学)、十五年戦争期に入ってからは1933年に跡見学園の転入 (→1950年：跡見女子短期大学)、1939年には東邦音楽学校設立 (→1951年：東邦音楽短期大学、→1965年：東邦音楽大学)、戦争末期の1943年に順天堂医学専門学校が本郷に立地 (→1951年：順天堂大学)、1944年には中央工業専門学校が小石川・後楽園に設立された (→1949年：中央大学工学部、→1962年：理工学部)。──このように見ると、本郷区・小石川区への高等教育機関の立地自体は、太平洋戦争の敗戦以前に終了していたことが分かる。

文京区の設置、近年における地域社会の変貌

　第二次大戦後の1947年、本郷区と小石川区は合併して新区・文京区ができた。人口の増減は、1902年に2旧区で187,389人 (第1回東京市統計年報)、第1回国勢調査実施の1920年には282,080人、1930年に288,242人、1940年に300,801人とピークを迎えたが、1944年に270,993人、1947年には190,746人へと激減した。その後の朝鮮特需をへて1955年に236,971人、1965年には253,449人になる。「印刷工場間のネットワークの確立が、地場産業としての印刷業を盛り上げ、彼らが採用した近代化の道、つまり労働条件の改善や福利厚生の充実が、この地域に多くの労働者を呼び込んだ」。彼らの生活の場であり娯楽の場である「活気に満ちた地域コミュニティ」が作り上げられていったが、1960年代の業界体質改善の時代に「公害防止条例」が問題となり、「鉛中毒予防規則」(1968年) は深刻な対応を要請した。また区画整理を伴う道路建設が急速に進行した。特に1974年の営団地下鉄有楽町線の開業は、都心商業集積地への購買者流出をもたらし、労働環境整備よりも新技術導入へとシフトし始めた印刷業では住込労働の形態から通勤化に変わる (浦野2001)。

　このような動向に次の事態が重なる。「移転、廃業した印刷工場の跡地はビル化して、テナントが入ったり、マンションとして利用されるようになり、そこへ新しい住民層が流入した。こうして、集積以来、この地域の特徴であっ

た職住一体型の住民構成が崩れ、職住一体型と職住分離型の住民構成による新たなコミュニティが形成」（同：46）されたのである。これに学住分離型の大学生・短大生が拍車を掛け、昼間人口の増大をもたらした。人口自体も1980年に197,247人、1990年に179,812人と減少し、1998年には165,864人と最低値を示した。しかし、翌1999年から微増に転じ、2005年現在177,843人にまで戻したが、それでも日清・日露の戦間期人口には及んでいない。

中小企業の町・文京区

　ここでの人口は「夜間人口」と見てよい。夜間人口を100とする昼間人口指数（2000年度）は、文京区全体では194.8と東京都全体の122.0を上回る。しかしながら、千代田区（2,374.4）、中央区（897.6）、港区（525.7）よりはるかに少なく、渋谷区（280.0）、新宿区（279.1）、そして台東区（203.6）を下回る。しかし、文京区の中に大きな格差が存する。後楽1丁目（3,905.0）、本郷7丁目（3,879.0）は千代田区平均を超え、湯島1丁目（1,775.0）も高い。他方、大塚1丁目（49.0）、目白台3丁目（59.9）、小日向2丁目（60.9）、千駄木4丁目（62.8）は逆の様相を見せる。向丘1丁目は138.6と東京都の平均値に近い。また2000年の国勢調査によれば、文京区に常住する15歳以上の就業者は93,544人で、そのうち文京区内での就業者は4割強（39,421人、42.1％）、区外へは他の6割弱が出るわけだが、就業先としては千代田区（22.9％）、港区（12.5％）、中央区（11.8％）、新宿区（11.1％）が上位を占め、この4区で計6割弱となる。

　産業分類別就業者数は、2001年の事業所統計ではサービス業35,310人（37.7％）、卸小売業・飲食店24,559人（26.3％）、製造業13,517人（14.4％）が上位3位で、これらで全体の78.4％になる。男女の就業者数は男性53,432人、女性40,112人であるから、6割弱対4割強という比率になる。産業部門別では、男性はサービス業34.0％、卸小売業・飲食店24.8％、製造業16.5％が上位3位、合計75.3％になる。女性も上位の産業部門は変わらず、サービス業が42.7％、卸小売業・飲食店28.2％、製造業11.7％（小計82.6％）で、サービス業の比重が伸び、3部門への特化率も高まる。いずれにせよ、文京区はサービス業、卸小売業・飲食店のみでなく、製造業従事者をそれなりの比率で抱えている。しかも、それに建設業、運輸・通信業、電気・ガス・熱供給・

水道業の就業者数を加えると22.7％（21,251人）にも上るのである。

　文京区は「印刷・製本のまち」として知られるが、2001年事業所統計で製造業中分類の事業所数を見ても、総数2,669のうち実に1,860事業所(69.7％)が「出版・印刷・同関連産業」である。従業者数でも22,651人（67.1％）を占めている（専修学校・日本プリンティングアカデミーの存在については本章229頁参照）。同時にまた、文京区役所から「技能名匠者」認定された名匠が、製本のほか、江戸手描友禅、染織、婦人子供服、紳士服、衣裳人形、かつら、漆塗り、江戸鼈甲、縮緬もみ紙、江戸三味線、提灯、書道用毛筆、美術品保存箱、木版画、印象彫刻、工芸彩金、水引、唐紙、桐タンス、風呂桶、寝具、碁盤、甲冑、刀剣研磨、貴金属アクセサリー、金属加飾、彫金、鍛金、鍛造、白銀、左官、表装飾、木工指物、表具、和菓子、などの分野で「頭職人」として存在している。

文京区の中小企業支援政策

　文京区の中小企業支援は、シビックセンター（区議会、区役所、都税事務所、各種センター、区民ひろば、大小のホール、郵便局などからなる地上26階、地下2階の高層建築物）の5階にある区経済課と、中小企業振興センター、区商連、商工会議所、勤労者共済会、観光協会、国際協会、そして4階のシルバーセンター、シルバー人材センターが協働している。文京区の産業施策の一端は、例えば「チャレンジアップ支援事業」にうかがえる。それは区内商店街の空き店舗で創業する人に対する支援策で、具体的な補助対象者は、(1)区内商店街の空き店舗において創業する個人と法人、(2)区内商店街の空き店舗で地域の特色を生かした事業を実施する特定非営利活動法人、かつ創業する空き店舗の所在する商店会会長などの承認が条件となる。具体的な補助対象事業は、1）商店街が必要とする業種の店舗運営（風俗営業等の規制及び業務の適正化等に関する法律適用の業種を除く）、2）インターネットカフェ等来街者の滞留性を高める事業、3）高齢者や子育て支援に関する事業、4）その他商店街の活性化に資すると区長が認める事業である。支援内容は、①家賃の補助（店舗の賃借料の2分の1、かつ月額50,000円、12ヶ月を限度）、②専門家による無料経営相談・経営指導（中小企業診断士等の専門家の無料派遣、10回以内）、③融資の斡

旋（低利での融資とその融資の利子補助を行う融資斡旋。チャレンジショップ支援資金は融資限度額1,000万円以内、返済期間60ヶ月以内）である。

　また、経営改善専門家派遣事業は、「不況型経済状況に対応するため、商店の体質改善を図りたい」、また「IT技術を取り入れた経営革新を行いたい」という、商店主・事業者の経営革新に対する専門家の助言制度である。文京区は㈶東京都中小企業振興公社と連携し、区内に事業所のある中小企業者や個人事業者、区内中小企業者によって組織された同業者組合、商店会、異業種交流団体等の商工団体に対し、中小企業診断士、技術士、弁理士、社会保険労務士、税理士、公認会計士、ITコーディネーター等の資格者で、診断・助言の実績のある人を派遣する仕組みである（費用は公社派遣事業に要する謝礼金1日当たり7,460円のうち5,000円を区が補助、交通費は3分の1負担、継続派遣は4回が限度）。

高校生の就業動向とその推移

　新規学卒労働力人口を見よう（厚生労働省監修『全国高等学校便覧』、2004年版）。高校卒業生は国立校391人（男子144人、女子247人）、都立高校1,156人（男子527人、女子629人）、私立高校4,155人（男子2,115人、女子2,040人）、以上計5,702人（男子2,798人、女子2,904人）で、私立高校が文京区の高等学校教育の重責を担っていることは明白である。ところが、就職者になると、都立高校は6.7％（男子5.1％、女子8.1％）だが、私立高校は都立高校を下回って3.0％（男子1.3％、女子4.7％）でしかない（国立高校は2.7％、男子4.9％、女子1.2％）。就職者は男女合わせて211人であるが、そのうち都内就職者は92.9％を占めている。すなわち、文京区の高校教育は私立高校が担っているが、その生徒の97％以上、都立高校でも93％以上（国立高校生の97％以上）が就職していない。この統計には「ニート」や「フリーター」とくくられる若者についてのデータがないので確かなことは分からないが、上級学校に進学したものと思われる。ただ10年前の1995年と比べて見ると、私立高校が高校教育の基盤をなしていることには変わりはないが、就職者数がかなり異なっている。就職者総数527人は2004年の2倍以上で、全体就職率は7.1％（都立13.8％、私立5.9％、国立3.2％）を占め、都内への就職率は99.8％にも及んでいた。だが、私が現

在持ち合わせている資料では、これ以上のことは言いえない。高校生の「学習・生活」過程で起きたと思われる変化と、成人の「労働・生活」過程での変容とのかかわりについては他日を期したい。

外国人登録者の状況

外国人登録人口(2004.12.31)は、総数で6,457人(男子3,262人、女子3,195人)で、中国人が35.4％、韓国及び朝鮮人が32.8％、この両者で68.3％になる。他のアジア諸国からは計948人、ヨーロッパからは合わせて546人、アメリカ・カナダから365人、中南米から84人、オセアニアから80人、アフリカ諸国から26人が文京区に来住している。

町村敬志の研究(2004)によれば、東京への外国人(在日朝鮮人)の集住は、1909年の790人から、被強制連行者を含め1945年には220万人を超えていた。1938年の資料による集住地区は「モダン東京の『推移地帯』、すなわち旧東京市の外周部」(そして旧市内深川区・芝区の埋立市有地)であった(同：241)。都合26ヵ所の朝鮮人集住地区は本郷区・小石川区には存在しなかった。それからほぼ50年後、「世界都市・東京」出現後の関東地方一円の市区町村別に見た「外国人登録者数」を町村は克明に地図に落としている(1984年末、1988年末、1992年末)。そのいずれにおいても、千代田区・中央区・台東区・文京区の動向は"特異"である。例えば1992年末の地図を見ると、上記4区を除く東京23区、横浜市、千葉市、川口市などは登録者数が7,000人以上であるのに、台東・文京の2区は2,999～1,000人、千代田・中央の2区はそれ以下であった。しかも、千代田・中央・台東3区の「産業構造類型」が「商業型」に分類されたのに対し、文京区は「工業型」であった。この類型は23区内には他になく、三多摩、とりわけ神奈川県下に多く、千葉県市原市などにも見られる。すなわち、都心の、「工業型」産業分類で、「外国籍住民」(「外国人登録者数」)が相対的に少ない地域として、文京区は位置づけられるのである(同：252-254, 264)。

文京区の労働運動史と現今の労働組合

最後に、文京区の労働組合について一言しておきたい。東京23区の〈ヘソ〉

とも言われる文京区は、京浜工業地帯における労働運動の中心の1つであった。印刷工の一大集住地区であったからである。1926年、小石川・千川筋にあった共同印刷の大争議は徳永直が小説『太陽のない街』(1929年)に描き、山本薩夫も映画化した(1954年)。千川筋の氷川下にある労働者居住地区は、トンネル長屋と共同便所と共同水道の街で、東京帝国大学の学生たちがセツルメントの活動を始めたところでもある。文京区労働組合協議会(文京区労協)は戦後直後に結成され、解散しては繰り返し再建された。現在の文京区労協は1959年11月、安保反対運動の高揚の中で設立されたものである。文京区労協は自らを、「70組合1万人の働く仲間が集う元気ハツラツな地区労」と規定し、傘下には全印総連や出版労連などにも加入する諸単位組合、また文京区役所労働組合や都職労の幾つかの分会、東京大学職員組合など、さらに私立学校教職員組合、病院関係の単組、建築土木の単組などがある。不当解雇撤回や賃金差別反対など、数多くの争議団闘争を区労協は応援している(http://bunkyo96kyo.web.infoseek.co.jp)。他方に連合東京がある。連合東京は地域活動として東部・西北・中南・三多摩の地域協議会を組織し、西北部協議会は文京区のほか渋谷・新宿・豊島・練馬・中野・杉並など9区から構成される。文京地区協議会に属する共同印刷労働組合は、印刷労連や印刷情報メディア産業労働組合連合会を上部組織とするが、「職業人としての誇り」(企業の健全な発展、働きがいのある職場づくり)、「社会人としての幸せ」(暮らしやすい社会づくり、連合文京ではできない政治課題・政治活動、地域社会との連携＝文京地区民主的労働組合民労会の活動)を追求する(www.rengo-tokyo.gr.jp/region/)。

1-2 文京区における「生涯学習」施策の史的展開過程

文京区の生涯学習小史

さて、文京区における「生涯学習」政策の史的展開過程を見よう。出発は1988年(東京都生涯教育推進計画策定の翌年)であった。この年、「文京区の講座ガイド」の第1回が刊行されている。2年後の1990年に「文京区生涯学習検討委員会」が、1991年には「文京区生涯学習推進懇話会」が設置される。そして1992年に策定された『文京区生涯学習推進基本構想』は、「文京区全域を生涯学習のキャンパスに」という展望を提唱し、今日に引き継がれてい

第2節　東京都文京区の「生涯学習」講座　145

る。この『構想』に基づき同年、文京区は「文京区生涯学習推進本部」を設置すると同時に、教育委員会が二部制を敷くに伴い、「生涯学習部」を誕生させた。翌1993年、「文京区生涯学習推進協議会」を設置し（委員は本部長の委嘱）、生涯学習の推進、関係機関及び団体相互の連携・協力を協議し始めた。また、「音羽生涯学習館」（1階：多目的ホール、洋室Ａ、2階：美術室、工芸室、3階：学習室Ａ、学習室Ｂ、洋室Ｂ）、「千石生涯学習館」（千石図書館2階：学習室Ａ、学習室Ｂ）、翌1994年には「茗台生涯学習館」（併設茗台中学校の7階：学習室Ａ、学習室Ｂ、洋室、実習室、8階：レクリエーション・ホール、ITぱそこん・サロン）を開設した。このほか、「向丘生涯学習館」（1階：レクリエーション・ホール、2階：和室、洋室、3階：実習室、4階：学習室）、「湯島生涯学習館」（視聴覚室、学習室、和室、実習室、洋室）があり、「生涯学習センター」は文教シビックセンターにある（1階に展示室1〔全、Ａ、Ｂ〕、展示室2、地下1階にはリクリエーションホール、茶室・和室、学習室、アトリエ、音楽室があり、セミグランドピアノ、電子ピアノ、音響ワゴンセット、音響装置セット、映像装置セット、視聴覚機器装置セット、ステージ等を持ち、使用料を払って使用できる）。

　1994年、文京区は『文京区生涯学習推進計画』（第一次）を策定し、「生涯学習人材バンク制度」も発足させた。そして翌1995年には「生涯学習センター」の部分開設に踏み切り、生涯学習推進講演会（区内の大学・短大学長による連続講演会、現在まで継続実施）、「区民大学」の開講および記念講演を行い1997年には区民大学の「総合化・体系化」を図った。2000年になると、『文京区生涯学習推進計画』の第一次改定を行い、生涯学習センターの全面開設、響きの森文教公会堂の開設を見た。翌2001年には一方で「文教お届け講座」を開設するが、他方では区民大学講座の中の「趣味・教養」講座を民間事業者に委託した。この年、文京区基本構想『「文の京」の明日を創る』を策定したが、その中に「学ぶ楽しさ、生きる知恵を育む」の文言が盛り込まれた。2002年には「『文の京』文芸賞」を創設、「アートウォール・シビック」を開設した。2003年から2004年にかけては都合6館の図書館のカウンター業務を外部委託し、他方で「区民大学院講座」開講、「区民大学連携講座」開講、NPOなど区民の「提案公募型講座」開講、小石川運動場にスポーツひろば開設、図書館のホームページ開設と、区は生涯学習業務内容の精選を図った（以上http://

www.city.bunkyo.lg.jp/kusei/bunkashinko/ に負う)。

文京区教育改革区民会議とその構成メンバー
　こうした中で2003年には「文京区教育改革区民会議」が設置され、小学校中学校の教育に掛かる改革、幼児教育に関連した改革、特別支援教育、地域に開かれた教育、学校運営の基本的課題を、学力、幼児教育、特別支援、学校運営の4つの部会が問題を検討している。18名の委員は学識経験者から6名、団体推薦が5名、すなわち区立小学校PTA連合会、区立中学校PTA連合会、区立幼稚園PTA連合会、文京区青少年委員会2名、公募の区民4名、そして区立校校長・園長(区立小学校長会、区立中学校長会、区立幼稚園長会)である。学識経験者は東京大学教授2名(会長〔教育行政学〕と副会長〔教育心理学〕)、上智大学名誉教授、国立教育政策研究所主任研究官、拓殖大学教授、東洋大学教授であった。
　他方、文京区生涯学習推進協議会の2004年度の委員構成は次のとおりであった。学識経験者2名、区内団体から13名、教育関係から5名、公募委員(区民)2名、「行政」2名(企画政策部長、生涯学習部長)。このうち学識経験者は、跡見学園女子大学長・森鷗外記念会常任理事(会長)と、東京大学助教授(副会長〔社会教育学〕)である。区内団体からの委員は、地域コミュニティ的社会にかかわる区町会連合会、区高齢者クラブ連合会、区立中学校PTA連合会、区民生委員児童委員協議会、区青少年委員会、区体育協会、区体育指導委員会と、地域アソシエーション的社会とかかわる区生涯学習サークル連絡会、区女性団体連絡会、区心身障害者福祉団体連合会、富坂産業協会、そして連合東京西北地協文京区協議会、文京区区労働組合協議会の、それぞれ代表者である。労働組合代表が生涯学習推進協議会に入るところに、文京区の伝統がある。
　このように、文京区のレベルで「生涯学習」振興方策を模索するときには、学校教育の改革方策を検討するときとは違って、地域アソシエーション的社会が登場してくる。しかし、なおかつ地域コミュニティ的社会にかかわる諸団体の活動が大きな意味をもっているのである(玉野和志の言う「区が関与する地域団体」の「包括的連絡調整組織づくり」の枠内である)。2003年6月に発足した

「『文の京』の区民憲章を考える区民会議」の構成は、一見、前者に近い。同会議「設置要綱」(2003年2月)は、区民会議委員は、(1)区内関係団体等の構成員7人以内、(2)公募委員6人以内、(3)学識経験者2人以内、(4)区職員2人以内、の中から「区長が委嘱する委員17人以内」と規定した。区内関係団体等としては、文京区町会連合会(2人)、文京区立小学校PTA連合会、文京区立中学校PTA連合会、文京区女性団体連絡会、東京商工会議所文京支部の5団体6人、学識経験者は東京大学大学院法学政治学研究科の教授(区民会議会長)および同研究科助教授(同副会長)、区職員からは文京区企画政策部長、および総務部長が委員となったが、他に「公募委員」の男性4人、女性2人も入っている(この方々の属性や選考の経緯は分からない)。

「文の京」自治基本条例と自治の主体

　興味深いのは、この区民会議が原案を作成した「『文の京』自治基本条例」における「各主体」の概念である。同条例の「前文」は、「地域社会を豊かなものとするためには、区民、地域活動団体、非営利活動団体、事業者、区が相互に協力し、地域社会の課題を解決するための住民自治の原則を共有のものとすることが大切」だとする。ここでの「区民、地域活動団体、非営利活動団体、事業者、区」が各「主体」に該当する。しかも、「区民」とは、「区内に住む人」ばかりでなく、「働く人及び学ぶ人」をも含む。「地域活動団体」とは「地域の課題の解決及び地域住民の連携を図るため、自主的に活動を行う地域に根ざして形成された団体」、「非営利活動団体」は「公共的な課題に関して、自主的に活動を行う団体で、前号〔地域活動団体：引用者〕以外の非営利活動する団体のうち、協働・協治の担い手になりうるもの」、事業者は「区内において事業活動を行うもの」である。すなわち、地域活動団体は町会や小中高校のPTA連合会という地縁性に基づく結合のみを意味するのでなく、文京区女性団体連絡会、東京商工会議所文京支部といった区内で「働く人及び学ぶ人」を含みうる、地域活動団体も意味している。ここには開かれた地域コミュニティ的社会へとつながる要素がある。他方、非営利活動団体や事業者という地域活動主体は、開かれた地域コミュニティ的社会と地域アソシエーション的社会という2つの性格をもっている。そして「働く人」でもあ

る区職員の家族生活の本拠は、地価の高い文京区の範囲を超え出ているものと考えられる。また、区は区議会及び執行機関により構成され、執行機関とは区長、助役及び収入役ならびに行政委員会委員等を指す。両者は少なくとも現在は、文京区に居住していると想定される。

　こうして、文京区で生まれ育ち仕事と家庭をえた人、また外から文京区に来た「働く人及び学ぶ人」、そして「地域活動」主体や「地域」活動主体、さらに「区」という、「対人的－集合的」結合と「国家・経済」システムとの中間の位置にある、「中間諸組織・集団」世界における「地方自治の本旨に基づいて、住民の福祉の増進に向けて、必要な施策を実施し、最小の経費で最大の効果を挙げる」(「『文の京』自治基本条例」第16条)役割を果たすべく活動する、区「議会」－区「執行機関」－区「職員」。「『文の京』自治基本条例」が掲げる「協働・協治」による「豊かな地域社会」の実現 (第1条「目的」) とは、これらすべての「主体」が「対等の関係で協力し、地域の情報、人材、場所、資金、技術等の社会資源を有効に活用しながら、地域社会の公共的な課題の解決を図る社会のあり方」を実現することにある(第2条「定義」)。緊張関係ある協働関係の「基本原則」は、「参画と協力」(第4条)、「情報共有」(第5条)、「対等な立場の尊重」(第6条)、「自己決定・自己責任」(第7条) である。

文京区と地域活動センターと外国人市民

　しかし、大切な一点がある。区民は「区内に住む人、働く人及び学ぶ人」であるとするなら、文京区に住んでいる、あるいは文京区で働いているか学んでいる外国人もまた、区民になるのか。もしイエスなら、「区民は、地域社会の一員として協働・協治の社会の実現に参画する権利を有する」(第8条)。そして「区民は、地域の課題を解決する為の活動に関する情報を求めることができる」(第9条)。それゆえ、在日外国人が被っているさまざまな問題の多くは、これでおおむね解決することになる。だが、そのようには読めない。区民憲章「中間まとめ」が出た段階で (2004年2月)、区は「各団体等への説明」を行っているが、その中には在日外国人関係の団体は皆無だからである。

　区は、地域活動センター所長会、大原地域活動センター管内町会(17町会)、湯島地域活動センター管内町会(36町会)、向丘地域活動センター管内町会(12

町会)、根津地域活動センター管内町会 (7町会)、駒込地域活動センター管内町会 (12町会)、礫川地域活動センター管内町会 (25町会)、大塚地域活動センター管内町会 (22町会)、汐見地域活動センター管内町会 (17町会)、音羽地域活動センター管内町会 (19町会)、そして民生委員児童委員会長会、民生委員・児童委員、そして小学校PTA連合会会長会、中学校PTA連合会会長会、幼稚園長会、幼稚園PTA連合会会長会、認可保育園父母の会連絡会、学童保育連絡協議会役員会、学童保育連絡協議会、また青少年対策地区委員会連絡会、青少年委員や、文京区心身障害者団体連合会など、伝統的な地域コミュニティ的社会に対して礼を尽しているのだが、在日コリアンやニューカマー韓国人、在日中国人やニューカマー中国人、インドシナ定住者、在日ブラジル人・ペルー人、在日フィリピン人など、また外国出身の日本籍マイノリティ等、在日外国人団体はこれらの中には入ってはいない。

　それにもかかわらず、私は、こうした区民憲章「『文の京』自治基本条例」の展開に対して、「生涯学習」活動・「生涯学習講座」は十分な役割を担うことができると考える。在日外国人の問題に関しても「生涯学習」の側からする問題提起は、いかほどでもできるからである。では、現実はどのように進行したのであろうか。

1-3　文京区の「生涯学習」講座
文京区における各種の「生涯学習」講座とその特徴

　文京区がかかわる「生涯学習」講座には、2005年現在、(1)文京区民大学講座、(2)家庭教育講座、(3) ITパソコンサロン (毎週金曜土曜)、(4)文京お届け講座、(5)区民大学院講座、(6) IT人材育成特区講座、そして(7)区内大学連携講座、の7種類の講座群が存在した。

　(1)の区民大学講座は、①「文京学」(文京のまちをさまざまな観点から学ぶ)、②「芸術学」(絵画・音楽・手工芸・茶華道などに親しむ)、③「生活学」(料理・語学・パソコンなど生活に必要な知識を身につける)、④「人間学」(歴史・文学をとおして社会や人間・自然の営みを見つめ直す)、⑤「運動学」(スポーツを行い、健康法を身につける)、の5分野に区分されている。もっとも、『文京区生涯学習情報誌』(2004年度) の「生涯学習事業案内」はこの5区分ごとに整理されているわけ

ではないので、区分は学習者が自らの学習を位置づけるさいの"参考"、といった意味を持つのであろう。ただし、どの講座がどの区分に相当するかの指示はある。講座の総数の方が5分野講座よりも多い。

『情報誌』の区分は、次の7区分である。①「教養」(語学、文学、歴史、社会、科学、映画、その他)、②「趣味」(美術、音楽、写真・映像、書道、華道・茶道、手芸・工芸、踊り・ダンス、芸能、囲碁・将棋、その他)、③「スポーツ」(全般、体操、陸上競技、球技、スキー、水泳、アウトドアスポーツ、格闘技・武道等、その他)、④「家庭生活」(料理、児童・教育、保健・健康、療養・看護、その他)、⑤「社会生活」(消費生活、ボランティア、地域、防災、環境、男女平等参画)、⑥「職業・技術」(ビジネス・パソコン)、⑦「イベント」(もよおし、まつり、展示会)である。講座総数は283件、それぞれの講座件数と全体の中での比率は次のようになる。①51件(18.0％)、②43件(15.2％)、③60件(21.2％)、④53件(18.7％)、⑤28件(9.9％)、⑥7件(2.5％)、⑦41件(14.5％)。もっとも、「家庭教育講座」が別に11本、**表3-14**に見るように存在しているので、④の実際上の比率は上昇する。

表3-14 文京区の「家庭教育講座」

幼児コース
とっさの時の応急救護(小石川消防署員)[茗台生涯学習館]
子どもの発達と映像メディア(お茶の水女子大学助教授)[消費生活センター]
入学前後の子どもたち(明化小学校校長)[湯島生涯学習館]
小学生コース
留学生から見た日本の教育・親子(留学生)[シビックセンター]
子どもの「男らしさ」「女らしさ」(立教大学教授)[湯島生涯学習館]
メディアの中の「男らしさ」「女らしさ」(フェリス女学院大学教授)[生涯学習センター]
いじめや不登校の子どもへの対応(玉川大学講師)[生涯学習センター]
中学生コース
「ふつう」の中学生の危なさ(警視庁巣鴨少年センター)[生涯学習センター]
中学生を狙う悪質商法(消費生活センター)[消費生活センター]
キレない子を育てるための教育プログラム(NPO日本こどものための委員会カウンセラー)[男女平等センター]
子どもたちのアフタースクール・インターネット――子どもの携帯電話・インターネット利用における大人の役割――(NPOねちずん村)[生涯学習センター]
大人になること(家族カウンセラー)[シビックセンター]

(『2004年文京区生涯学習情報誌：平成16年4月～平成17年3月』による。)

「地域課題解決」「職業能力向上」講座の少なさと改革の必要性

それにもかかわらず、「地域課題の解決」ならびに「職業能力の向上」にかかわる「生涯学習」講座は、⑤と⑥を足した35件（12.4％）という構造は変わらない。そうした学習内容には、区の側も学習者も関心がないということになるのであろうか。それとも、そうしたことに関心のある人は、目下の『講座』の学習者たりえない、ということであろうか。しかもこの**表3-15**から明らかなごとく、文京区の「地域課題の解決」および「職業能力の向上」にかかわる講座は、いずれも「行政主導」の講座設営となっている。この限りで、文京区の「生涯学習」講座内容は、本章第1節で見た「新たな胎動」を感じさせる諸県のそれよりも格段に優れているとは言い難い。

表3-15　文京区の「社会生活」、「職業・技術」にかかわる『生涯学習講座』

⑤「社会生活」
消費生活（5）
子供消費者講座（実験・工作等）［消費生活センター］
消費者研修会［消費生活センター］
消費生活展（消費者団体等のパネル発表、アトラクション、他）［消費生活センター他］
企画展Ⅰ［消費生活センター］
企画展Ⅱ［消費生活センター］
ボランティア（9）
くすのきの郷ボランティア教室［くすのきの郷］
ボランティア育成講習会（手話初・中・上級）［区民センター内ボランティア活動室］
ボランティア育成講習会（点訳・点訳パソコン）［区民センター］
ボランティア育成講習会（朗読）［茗台ボランティアコーナー］
ボランティア育成講習会（ボランティアスクール）［文京ボランティア・市民活動センター］
青少年のためのやさしいボランティア教室（小学4年生～大学生）［区内福祉施設］
ボランティアまつり（11月）［区民センター］
ボランティア活動説明会（毎月第3土曜日午後）［区民センター内ボランティア活動室］
企業ボランティア講演会（区内企業担当者等）［文京ボランティア・市民活動センター］
地域（3）
文京区　社会を明るくする大会（区内在住・在勤・在学者）［男女平等青少年課青少年係］
「家庭の日」青少年対策9地区合同行事［男女平等青少年課青少年係］
まち並みウォッチング（区内在住・在勤・在学者）［都市計画部計画調整課］
防災（6）
避難所運営訓練（区民防災組織・PTA・学校職員）［区立小・中学校／防災課］
総合防災訓練（区内在住・在勤・在学者）［六義公園運動場／防災課］
地域防災訓練（町会・学校等の防災訓練援助）［防災課］
防災コンクール（区民防災組織）［防災課／小石川消防署・本郷消防署］
防災リーダー講習会（区民防災組織、区内在住・在勤・在学者）［防災課］

着衣水泳講習会（小学生以上）［スポーツセンター］
　環境 (2)
　　文京エコ・リサイクルフェア（フリーマーケット、即売会、等）［リサイクル清掃課］
　　文京学院大学連携講座「身近な環境問題を考える」［生涯学習センター学習支援係］
　男女平等参画 (3)
　　男女平等参画セミナー（区内在住・在勤・在学者）［男女平等センター］
　　男女平等センター講演会（どなたでも）［男女平等センター］
　　プラスワンセミナー（区内在住・在勤・在学者）［男女平等センター］
⑥「職業・技術」
　ビジネス・パソコン (7)
　　起業家支援セミナー（起業予定者）［中小企業振興センター］
　　産業振興セミナー（講演会・講習会・初級簿記講座など）［中小企業振興センター］
　　ぱそこん教室（定員4人の小規模講習会）［中小企業振興センター］
　　障害者パソコン教室（身体障害者手帳・愛の手帳所有者）［社会福祉協議会地域福祉係］
　　パソコン講座（区内在住・在勤・在学者）［生涯学習センター学習支援係］
　　IT パソコンサロン（インストラクター常駐のサロン；20歳以上者）［茗台生涯学習館］
（『2004年文京区生涯学習情報誌：平成16年4月～平成17年3月』による。）

　こうした中で文京区は、「区民参画型区政」を推進するため「文京お届け講座」を開講したと言う。すなわち、区職員による「区の取り組みや職務に関する専門知識を生かした内容」の講座である。昨年度は実に53講座が「お届け」された。担当は、企画政策部の企画課（2本）、新公共経営担当課、財政課、広報課、情報政策課、総務部の防災課(2本)、都市計画部の計画調整課(2本)、建築課、土木部の道路課(3本)、みどり公園課、資源環境部の環境対策課、リサイクル清掃課 (2本)、区民部の男女平等青少年課 (2本)、経済課、福祉部の福祉課(4本)、保護課、介護保険部の介護保険課、小石川・本郷保健サービスセンター (2本)、社会福祉協議会 (5本)、文京社会保険事務所、郵便局、区議会事務局、選挙管理委員会事務局、東京都文京都税事務所 (2本)、そして学校教育部の庶務課、指導室、最後に生涯学習部の文化振興課（5本）、ふるさと歴史館(2本)、真砂中央図書館(3本)、生涯学習センター (30本)である。
　地方自治体の職員層は「生涯学習」講座の貴重な担い手・話し手であると考えるが、前述の第4期東京都生涯学習審議会答申「地域における『新しい公共』を生み出す生涯学習の推進」(2002年12月) が提起している課題と照らし合わせるなら、基本的視点の改革が求められていた。それゆえに、『文京区生涯学習推進計画』(第二次改訂版、2005年12月) の登場は必須であった。

1-4 『文京区生涯学習推進計画』(第二次改訂版)の考え方
区民大学院講座の開講

　すでに変化の兆しは第2次『推進計画』以前に存在していた。「区民大学院」講座の設置であり、構造改革特区の「文京区IT人材育成特区」講座の申請がそれであった。

　区民大学院は「生涯学習の本来の目的である区民自らが主体的自主的に学ぶための場を提供するとともに、本区の特性を活かして歴史文化の地域資源に関心を持ち、地域を理解し、文京区に住み、働き、学ぶ場として地域活動に意欲のある『熱き思い』を抱く人材を発掘し、もって区民の自発的自主的な活動を促進して地域を活性化することにより新しい地域文化の創造に寄与すること」を目的とする。次の3点が具体的な特色である。(1)断続的体系的カリキュラムのもと、自主的な調査・研究、受講生及び講師との討論によるゼミナール形式を中心とした講座で、記念講演も設けられる。受講生は講座終了までに研究成果を論文としてまとめ、卒業発表会に参加する。(2)文京区を中心とした研究・学習とする (現行の文京区民大学「文京学講座」のレベルアップ講座)。(3)社会人が参加しやすい講座とする (期間は9月から半年間、時間帯は平日の午後6時30分～8時30分。会場は文京区生涯学習センター、受講料は5千円)。研究の基本テーマは「文京のまちづくり・ひとづくり」であり、区内在住・在勤者で区民大学「文京学講座」の複数回以上の受講生、並びに同等以上の学習歴・活動歴のある者を学習対象者とし、「受講動機・理由及び学習歴・活動歴を記載した申込書による書類選考並びに面接」で選考する。

　2004年度の研究テーマは、「文の京の観光を考えよう──千客万来、来てもらいたい街づくり」(A・文学歴史コース、B・コミュニティコース)で、「このテーマを切り口として、私たちが暮らしているまちを魅力あふれた、活気あふれるものにする」ため、講義を聴くだけでなく「ゼミ」方式で研究を進め、その成果を論文としてまとめる。そうしてこう呼びかける。「『まちづくり』に関心のある方、この講座をひとつのきっかけとして、同じ思いをもった人たちと参加してみませんか？　そして、論文という形で、自分の成果を発表してみませんか」、と。以下に2004年度「文京区民大学院」講座カリキュラムの具体的な展開を示す(ゼミ担当講師2名は東京大学大学院教育学研究科博士課程

の大学院生)。

9月28日（火）	開講式、オリエンテーション、「生涯学習とまちづくり――学ぶことの意義――」(明治学院大学専任講師)	
10月12日（火）	第1回講義「地域の観光を考える」(立教大学教授)	
10月21日（木）	第1回ゼミ「文京区の観光について考える(1)」(ゼミ担当講師)	
10月30日（土）	特別講義（上智大学教授）	
11月 8日（月）	第2回講義「観光によるまちづくり」(大阪明浄大学専任講師)	
11月22日（月）	第2回ゼミ「文京区の観光について考える(2)」(ゼミ担当講師)	
11月30日（火）	第3回ゼミ「文京区の観光について考える(3)」(ゼミ担当講師)	
12月14日（火）	卒業論文構想検討会；「卒業論文の課題設定と研究方法」(明治学院大学専任講師)(ゼミ担当講師)	
1月11日、1月25日、2月8日、2月22日（すべて、火）	第4回～第8回ゼミ（ゼミ担当講師）	
3月 8日（火）	グループワーク：中間報告と討論（ゼミ担当講師）	
3月22日（火）	閉講式、卒業プレゼンテーション：研究発表、および講評（明治学院大学専任講師)(ゼミ担当講師)	

構造改革特区への提案申請とIT技術者の養成講座

　文京区では、2003年11月に「構造改革特区第四次提案申請」において、「最先端の生涯学習を実現する文京区まるごとキャンパス特区」を提出していたが、その中から「初級システムアドミニストレータ」と「基本情報技術者」の2つのIT関連国家資格についての規制特例が認められ、構造改革特区「文京区IT人材育成特区」が認定された。また、この提案を活用した特区認定講座を開設するため、2004年10月に「構造改革特区第6次認定申請」を行い、12月8日に認定が認められた。「文京区IT人材育成特区講座」は2005年4月以降に、文京区および区内の大学で開講されている。この講座は特区認定された講座なので、この講座の中で講義・実習に7割以上出席し、コースの中で実施される知識認定試験に合格すると、本試験での午前試験が免除される。
　2005年度の募集概要によれば、この講座は4つのコースに分かれる。第一に、文京区主催・IT人材育成特区講座「初級システムアドミニストレータ講座」(教室：文京区生涯学習センター、一般希望者、定員40名：定員超過の場合は抽選、

受講期間：2005年4月5日〜9月4日、主に火曜日・金曜日、講義時間帯：18時30分〜20時40分、総講義時間：50時間25コマ、この他に模擬試験・知識認定試験の実施、受講料金は53,000円）。第二に、日本女子大学主催講座（大学生対象、2005年秋季開講、詳細未定、教室：日本女子大学学習総合センター）。第三に、文京学院大学主催講座（文京学院大学学生のみ、2005年4月〜、文京学院大学学内）。第四に、文京区・中央大学主催「基本情報技術者講座」（対象は理工系学生・IT関連就業者、定員40名：定員超過の場合は抽選、受講期間：2005年4月15日〜2006年1月22日、主に月曜日・水曜日・火曜日、講義時間帯：18時30分〜20時40分、総講義時間：100時間50コマ、この他に模擬試験・知識認定試験の実施、受講料金は95,000円、教室は中央大学理工学部および生涯学習センター。一部パソコンを使用しての実習講座は文京区生涯学習センターにて実施）である。

文京区生涯学習推進計画の第二次改訂

　こうした『生涯学習講座』における新たな試みと並行して、文京区は2004年に『生涯学習推進計画』の「第二次改訂」を行った。「文京区全域を生涯学習のキャンパスに」という考えに基づいて、生涯学習施策を総合的・効果的に進めるため、区は1994年に『生涯学習推進計画』を策定し、2000年には「第一次改定」を行っていたが、「その後も、急速な少子高齢化や高度情報化などが進み、区でも、基本構想の見直しや自治基本条例を制定するなど、生涯学習をとりまく情勢は大きく変化して」きた。こうした変化に対応した新たな視点からの見直しを加え、2005年度以降の生涯学習推進の方向性を「第二次改定版」として取りまとめた (http://www.city.bunkyo.lg.jp/kusei/bunkashinko)。

　「新たな視点」としては4点が提示された。第一に、教育・文化資源を活用した生涯学習による「まちづくり」である。前述したが、「文京区の地域特性である豊富な大学等教育機関や多彩な人材」の上に立って、「『日本一の教育のまち』・『生涯学習都市・文京』」を作り出そうという展望から、「文の京」の礎づくり、先駆的な文化事業の展開、文化遺産を発信する拠点づくり（例えば鴎外記念室、文京ふるさと歴史館など）を位置づけている。第二に、新たな協働による生涯学習推進ネットワークの構築である。国の中央教育審議会が提唱した「新しい公共」、また『『文の京』自治基本条例」が自治の理念として

掲げている「協働・協治」など、新しい視点を取り入れてゆくことが必須で、そのために公共的活動の担い手となるNPO法人やボランティア団体等との協働、区内大学や民間事業者との連携を含め、生涯学習推進のネットワークの協働構築を提起した。具体的には、①「生涯学習推進ネットワークの拠点づくり」、②「大学などの教育機関や企業との協働による生涯学習施策」（「IT人材育成特区講座」などの活用）、③「新たな地域スポーツクラブの創設」である。

　第三に、活力ある地域社会づくりを目指した生涯学習事業の推進である。ここでは、①「地域社会にある学習資源の活用」、②「地域における生涯学習の指導者育成」が指摘されたが、それら以上に③「新たな分野の生涯学習推進事業」が重要である。すなわち、

　　　これまでの生涯学習事業は、どちらかというと趣味や教養を高めたいという要望に応えるものが主流でしたが、最近は、個人の自発的な能力開発が新たなニーズとして求められるようになってきています。また、昨今の著しい社会状況の変化に対応できるように職業能力を引き上げるためには、従来の企業主導の育成策のみでは十分ではなくなっています。このように、社会人を始め、子育て中の女性や若者を含めた、地域を支える住民一人ひとりの能力向上への支援が求められています。また、こうした支援は、様々な立場や環境の人々が、学習活動を通じて地域との接点を持ち、地域を活性化することにもつながります。
　　　そこで、今後は、ビジネス・職業教育、学習しやすい子育て環境の整備、職業能力の引き上げに重点をおいた講座、図書館におけるビジネス支援に必要な資料の充実など、新しい分野の生涯学習事業を展開していきます。また、新たな分野の生涯学習事業を展開するにあたっては、地域の企業や大学等との連携を強化し、産学公が一体となって地域の活性化を目指していきます。
　　　さらに国際化、高齢化、環境問題等、現代的な課題や地域社会の課題について学習する機会を提供し、これらの課題に対する住民等の主体的な取り組みの促進を図ります（東京都文京区『生涯学習推進計画』第二次改訂版、2005：7-8）。

　この新しい「考え方」は、それまでの文京区『生涯学習講座』の内容を大きく変革することにつながると思われる。ただ、1点だけ気がかりな点がある。説明がないので意味不明なところでもあるが、「産学公が一体となって地域

の活性化を目指し」という下りである。ここでの「公」は文京区役所を指すのか、NPO を含めたより多元的な「公」のあり方を認めるものなのか不分明である。後述する「生涯学習推進事業」のところにも出てくるが、「住民主体」を言いながらも、行政が「公」としてすべてを取り仕切ろうとしているように見えてしまうのである。

第四は、IT を生かした生涯学習活動の支援である。ここでは、図書館の IT 化の推進、生涯学習・スポーツ施設等における予約システムの導入、IT を利用した各種サービスの検討が課題として掲げられている。

生涯学習の施策体系：基本目標－施策目標－施策方向

このような「基本的な考え方」の変更に基づき、生涯学習「施策の体系」が提示される。すなわち、「計画の基本目標(大項目)」は4項目——「1『文の京』らしい生涯学習の展開」、「2 多彩な学習機会と場の提供」、「3 学習成果の地域社会への還元」、「4 学習情報、相談・推進体制の充実」——である。「施策の目標(中項目)」は、1では「(1)教育機関との連携の促進」と「(2)文化遺産の活用と文化活動の支援」、2では「(3)生涯学習の基礎づくり」、「(4)学習・スポーツ機会の充実」、「(5)学習・スポーツ施設の場の整備」、3では「(6)発表の機会の充実」、「(7)ボランティア活動の支援」、4では「(8)各種メディアによる情報提供並びに相談機能の充実」、「(9)推進体制の整備」の9中項目へとブレイクダウンされる。

それらがさらに、「施策の方向(小項目)」として確定させられる。すなわち、(1)では「①大学と連携した講座の充実」「②施設・人材の活用」「③連携の拠点づくり」。(2)では「④『ふるさと文京』の学習」「⑤『文の京』の文化・芸術活動の支援」。(3)では「⑥家庭教育・子育て支援の充実」「⑦学校における生涯学習の充実」「⑧地域の教育力の向上」。(4)では「⑨健康に生きるための学習・スポーツ機会の充実」「⑩豊かな生活を送るための学習機会の充実」「⑪現代的課題に対応する学習機会の提供」「⑫職業に生かすための学習機会の提供」「⑬学習活動の制約を取り除くための支援」。(5)では「⑭学習施設の整備」「⑮スポーツ施設の整備」「⑯学校開放の促進」「⑰他の教育機関等の開放」。(6)では「⑱交流機会の提供」「⑲各種大会の充実」。(7)では「⑳ネットワークの

整備」「㉑人材の育成・活用」「㉒団体・グループへの支援」。(8)では「㉓各種メディアによる情報の充実」「㉔新たな情報提供方法の整備」「㉕学習相談機能の充実」。(9)では「㉖区民参画の促進」「㉗新たな推進体制の検討」「㉘行政内部の推進体制の整備と職員の育成」、である。

職業能力、まちづくり、国際理解の講座内容

「第二次改訂版」の第4章「生涯学習推進事業」は、上の小項目ごとに事業内容を貼り付けた。その具体的な事業の数には凸凹がある。①4、②6、③1、④9、⑤9、⑥20、⑦9、⑧31、⑨16、⑩15、⑪19、⑫5、⑬10、⑭15、⑮2、⑯5、⑰7、⑱18、⑲8、⑳5、㉑16、㉒12、㉓14、㉔7、㉕7、㉖2、㉗4、のごとくにである。ちなみに、⑫「職業に生かすための学習機会の提供」、「まちづくり」に関する学習機会の提供は、**表3-16**のとおりである。

表3-16　「職業に関する学習機会の充実」等と所管課

職業に関する学習機会の充実（⑫）
・産業振興セミナー（初級簿記講座、労働法のポイント、パートセミナー、等）。経済課／中小企業振興センター、2005-2007年度・継続
・文京ビジネス塾、起業家支援セミナー。経済課／中小企業振興センター、2005-2007年度も継続
・パソコン講座（区民大学講座）。経済課／中小企業振興センター
・IT人材育成特区講座
・文京アカデミー（仮称）構想（産学公が連携するための拠点づくり）。文化振興課
まちづくりに関する学習機会の提供（⑪の一部）
・「まち並みウォッチング」開催（参加20名）。都市計画調整課、2005-2007年度・継続
・自然散策会（区内の緑化率の向上）。みどり公園課、事業終了
・親子環境教室（4回実施）。環境対策課、2005-2007年度・継続
・区民大学院講座。生涯学習センター（区民提案型講座の内容充実を図る）、2005-2007年　度・継続
国際理解のための学習機会の充実（⑪⑪⑦㉔）
・日本語ボランティア講座等（住民レベルの国際理解）。文京区国際協会、2005-07年度継続
・区民大学講座（英、独、露、伊、中などの会話）。生涯学習センター、2005-07年度継続
・英語授業助手の海外派遣（国際理解教育の推進）。教育委員会指導室、2005-07年度充実
・外国語生活情報誌の発行（日・英・中・ハングル）。広報課、2005-07年度継続

(『2004年文京区生涯学習情報誌：平成16年4月〜平成17年3月』による)

表3-16にはまた「国際理解のための学習機会の充実」にかかわる講座も加

えてある。それは数も少なく、かつ「日本語ボランティア講座」「英、独、露、伊、中などの会話」「英語授業助手の海外派遣」というように、「国際都市・トキオ」の中心部・文京区における、国際化という現代的課題に関する講座としては充実したものではない。ここからは、「区民憲章」に対して「生涯学習」講座の側から問題提起する、などという状況が存在していないことが判明してしまう。「区民提案型講座」の充実は当然のことなのであり、その先に何が来るかである。もともとは「生涯学習(ライフロング・ラーニング)」は市民が行うもの、地方自治体の職務は職業教育・職能学習の機会の充実にあり、それこそが市民から付託されたものだと考えるなら、「グローバリゼーション」ないし「グローカリゼーション」の伸展のもとで、地域社会を活性化させる多元的で、多種・多様、かつ都市文化に溢れた内実をもつ、就業・活動の場の確保、そして職能・活動の資質向上に向けた政策が用意されてこそ、「グローバル・アーバン社会」にふさわしい「まちづくり」になるものと考えるが、私の過剰期待なのかもしれない。

2　東京都文京区の諸大学と地域生涯学習

文京区内16大学・短大の社会開放事業

　文京区には、国立大学4校――お茶の水女子大学、東京大学、東京医科歯科大学、筑波大学（大塚地区に学校教育部）――、私立大学10校――文京学院大学、順天堂大学、日本医科大学、日本女子大学、拓殖大学、中央大学理工学部、東邦音楽大学、東洋大学、東洋学園大学――がある。短期大学は跡見女子大学短期大学部、文京学院短期大学、東邦音楽短期大学がある。また、文京区はまだ注目していないようだが、前述したように、かなりの数の高等専修学校も存在している。

　合わせて16ある大学・短期大学の中で、「文京区教育委員会主催の公開講座」には跡見学園女子大学短期大学部、日本医科大学、日本女子大学、拓殖大学、東邦音楽大学、東洋大学の6大学が参画し、拓殖大学（経営経理研究所、理工学総合研究所、人文科学研究所、政治経済研究所）は自大学で、他の5大学は文京区生涯学習センターで開講している。これとは別に新たに区が計画した「区内大学連携講座」には、文京学院大学、日本女子大学、東邦音楽大学が「連

携区民大学講座」を生涯学習センターで開いている。さらに、各大学独自に行う「公開講座」がある。また、大学院への社会人入学制度や科目別履修生・聴講生の制度、学部への編入制度や科目別履修生・聴講生の制度、さらには学部段階の大学通信教育制度を持っているところもある。それを大学・短大ごとに整理すると表3-17のようになる。

表3-17　文京区の大学・短大の社会開放事業

文京学院大学
・生涯学習センター「社会人講座」
・文京区内大学連携講座
#大学院社会人入学制度（修士）
#大学院科目等履修生・聴講生：大学院経営学研究科・人間学研究科
＊学部編入制度
＊学部・科目等履修生・聴講生：外国語学部

順天堂大学
・「都民公開講座」

日本医科大学
・文京区教育委員会主催公開講座

日本女子大学
・文京区教育委員会主催公開講座
・文京区内大学連携講座
・生涯学習総合センター：「キャリア講座」、「地域・社会活動支援部門講座」、「国際交流部門講座」など8講座
#大学院社会人入学制度（修士）
#大学院・科目等履修生：大学院全研究科（家政学、文学、理学、人間生活学）
＊学部編入制度
＊学部・科目等履修生：全学部（家政学、文学、理学、人間生活学）
＊学部・大学通信教育：家政学部

お茶の水女子大学
・「日本文学の魅力」「パソコンなんて怖くない！」
#大学院社会人入学制度（修士）
#大学院・科目等履修生：大学院人間文化研究科
＊学部編入制度
＊学部・科目等履修生・聴講生：人間文化学部

拓殖大学
・文京区教育委員会主催公開講座
・言語文化研究所（外国語講座、日本語教師養成講座）
・国際開発研究所（アジア塾）
・経営経理研究所（経営塾）
#大学院社会人入学制度（修士・博士）
#大学院・聴講生：大学院商学研究科・経済学研究科
＊学部編入制度

＊学部・科目等履修生：商学部・政経学部

中央大学理工学部
- ・「理工学研究所特別講演会」
- ＃大学院理工学研究科社会人入学制度（修士・博士）
- ＃大学院・科目等履修生・聴講生：大学院理工学研究科
- ＊学部・聴講生：理工学部

筑波大学
- ・東京キャンパス内に放送大学東京文京学習センター（全国最大、約7,000人）
- ＃大学院社会人入学制度（修士・博士）

東京大学
- ・第101回東京大学公開講座『はじまり』
- ・第26回農学部公開セミナー
- ・考古学研究室（東南アジア考古学シンポジウム、COEプログラム講演会）
- ・文学部（COE公開シンポジウム）
- ・総合研究博物館（ミュージアムに関する講座）
- ＃大学院社会人入学制度（修士・博士）

東京医科歯科大学
- ・「健康を守る」
- ＊学部・科目等履修生：医学部保健衛生学科

東洋大学
- ・文京区教育委員会主催公開講座
- ・エクステンションセンター（9つの教養講座2回の他に、学術講演会）
- ＃大学院社会人入学制度（修士・博士）
- ＃大学院・科目等履修生：大学院全研究科（文学、社会学、法学、経営学、経済学）
- ＊学部編入制度
- ＊学部・科目等履修生：全学部（文学、社会学、法学、経営学、経済学）
- ＊学部・大学通信教育：文学部・法学部

東洋学園大学
- ＊学部編入制度
- ＊学部・科目等履修生：現代経営学部

東邦音楽大学、
- ・文京区教育委員会主催公開講座
- ・文京区内大学連携講座
- ＊学部編入制度

跡見学園女子大学短期大学部
- ・文京区教育委員会主催公開講座
- ＊学部編入制度

文京学院短期大学
- ＊学部編入制度

東邦音楽短期大学
- ＊学部編入制度

（2004年度『文京区生涯学習情報誌』による）

　このように、各大学・短大は「生き延びる」ために、それぞれ公開講座や

社会人入学などの社会貢献活動を取り上げている。しかし、そこには「文京区大学コンソーシアム」のような、大学－短大（－専門学校）の横断的な組織は存在してはいない。文京区もまた、これまではそうした組織化に熱心ではなかったように思われる。

文京区による分野別の講師・人材情報、産業情報ネット

しかしながら、文京区は「分野別講師・人材情報」の制度を作り上げてきている。それは、①「現代社会」、すなわち法律・女性問題・高齢化、経済・国際化（国際情報・世界文化など）、環境問題・家族問題・社会学など、②「職業・技術」、すなわち会計（簿記・税務など）、パソコン、その他、③「教養」、すなわち語学、文芸、歴史、自然科学、に分かれている。「国際化」に登録されている講師陣を見ると、法政大学名誉教授（70歳代・文京区在住、国際法）、慶応大学名誉教授・帝京平成大学教授（70歳代・文京区在住、アメリカ論）、東海大学教授（70歳代、中国問題）、立教大学教授（60歳代・文京区在住、地域の国際化問題）、元公立中学校長・日本ユニセフ協会（60歳代・女性、ユニセフ活動）、共同PR顧問（70歳代、オセアニア・中東問題）、モータージャーナリスト（40歳代・文京区在住、世界走破体験）、の7名である。「職業・技術」は次の**表3-18**を見てほしい。そこでは、大学教授などではない、より多彩な人たちがその前歴を生かし何らかの形で『生涯学習』にかかわろうとしている姿が浮かび上がる。

表3-18　文京区の「講師・人材情報」（「職業・技術」分野）

簿記
・元高校教諭（70代・文京区在住、商業簿記講義指導）
・教諭（60代・文京区在住、簿記会計講座・商工会議所試験）
・日商簿記専門学校教員（50代・文京区在住、パソコン会計の実務）
税務
・税理士（60代・文京区在住、日商簿記・税務会計）
パソコン
・元公立小学校長・生涯学習研究所員（60代・文京区在住、ワープロ・表計算等）
・元テレビ・コンピューター技術者（60代・文京区在住、パソコン実技指導）
・元コンピューター会社勤務・生涯学習研究所員（60代・文京区在住、パソコン）
・画像情報技能検定CG部門3級保持者（50代・女性・文京区在住、CG作成指導）
・専門学校日商クリエーション教員（50代・文京区在住、パソコン操作基礎・応用）
・主婦（30代・女性・文京区在住、パソコン指導アシスタント）

・自営業・文部科学省非常勤職員（30代・文京区在住、パソコン・ネットワーク）
プラスティック技術
　　・東京都産業技術研究評価委員（60代・文京区在住、プラスティック国際単位概論）
安全運転技能指導
　　・既出・モータージャーナリスト（40代・文京区在住、世界走破体験）
公告・広報
　　・愛知学院大学大学院教授（60代・文京区在住、公告・広報に関して）
　　　（「BUN-NET 文京区産業情報ネットワーク」による）

　また、「BUN-NET 文京区産業情報ネットワーク」にはおおよそ100人ほどの「講師」登録がなされている。その中には文京区内の大学と関係のある人は、記載情報から見て推測すると、6人おられるようである。東京大学名誉教授・地域自治を考える会会長（70歳代・文京区在住、政治学）、東京大学名誉教授・放送大学客員教授（70歳代・文京区在住、宇宙論）、東洋音楽大学名誉教授（70歳代、小中学生の科学教室指導）、拓殖大学名誉教授（70歳代・女性、ロシア児童文学）、拓殖大学教授（60歳代・女性・文京区在住、比較家族法）、東洋大学教授（50歳代・文京区在住、中古・中世の日本文学）。こうした方々の協力が、文京区の「生涯学習」を支えていることは言うまでもなく、敬意を表したい。しかし、いま、ここで論じているのは「仕組み」をどう作るかということである。大学・高等教育機関と地域社会との"パートナーシップ"のあり方は、個々の大学人と地域社会とのかかわり方に還元できないのであって、「大学コンソーシアム京都」のように、あるいは、例えばアメリカの「州立大学機構」に見るように、大学・高等教育機関という組織体と、都道府県レベルの地方自治体ないし市町村レベルの自治体連合といった組織体との間における、《制度的》関係をどのように構築するか、という根本問題が極めて重要になる。この点については、場所を変えて、本節第4項で改めて取り上げる。

第4項　小括：グローバル・アーバン社会と「生涯学習」との関係性
小括の視点
　以下、小括として、次の4点を検討したい。第一に東京23区の他の区と比べた場合の文京区「生涯学習」施策の特質、第二に国際化社会における「生涯学習」のあり方、とりわけ「外国人市民」の問題、第三に国際化社会にお

ける「大学コンソーシアム」など、大学の地域社会に対する組織な役割責任の問題、第四に「生涯学習」における個人の学習環境整備、すなわちその広域連携と個人裁量にかかわる問題である。

1　東京23区内における文京区「生涯学習」施策の特質

23区の「生涯学習」施策における財団・公社等への委託化

　第一の問題は、「国家・経済」システムの動向が、23区という「中間組織・集団」世界の独自性をすべて奪ってしまうのではない、という地方自治問題の存在である。つまり、「国が都道府県ごとに、一方では民間の財団を拠点にして生涯学習の体系を整えてしまうわけだから、住民が参加して地域ごとに個性的につくってきた、従来の公民館による社会教育推進の体制というのは崩されて」いった（島田修一の発言、座談会『杉並の社会教育の未来を語る』(1)、『すぎなみ文化通信』No.151, 2001; http://homepage1.nifty.com/sugi-bun/zadankai.htm）、という指摘がある。さらに鈴木都政の「民間活力の活用」「民間への委託」の方向が、新宿区の新宿文化振興会への新宿文化センターの委託を皮切りに「第三セクターの財団・公社等」への委託となって、江戸川区・江東区・足立区・練馬区・豊島区・品川区・大田区・中野区が続き、また渋谷・台東・葛飾・世田谷・板橋・杉並・荒川の7区でも財団・公社に諸施設を委託している。

　こうした流れは「平成に入って他の区にも浸透し全都的に社会教育施設の委託形態が普及していくことになる」（小林文人 1997b: 73）。しかしある政策的方向性が不可避的であるかのごとき見方は採らないほうがいいと思われる。例えば、その対極にあるのが文京区である。文京区は1993年の生涯学習推進協議会の設置以降、音羽生涯学習館、千石生涯学習館、茗台生涯学習館、向丘生涯学習館、湯島生涯学習館の5館と、生涯学習センター（シビックセンター内）という中央生涯学習館を建設してきた。2005年現在、都心23区のいずれも「生涯学習」を重視するが、文京区のように区立生涯学習センターを設置したのは、他に荒川区、墨田区、台東区の3区である。

各区「生涯学習」事業の実施形態

　しかしながら、委託化の流れは止まらない。この点を各区「生涯学習」事

業の実施形態によって見てみよう。新宿区、足立区、豊島区、港区の4区は、こうした動向と一致する。新宿区は1978年に㈶新宿文化振興会を設立し、2000年に㈶新宿区生涯学習財団を発足させて「生涯学習」事業を委託した。足立区は1983年の㈶足立コミュニティ文化スポーツ公社（社会教育館、青年館、文化会館等の委託）を、2000年に㈶足立区生涯学習振興公社に代えて「生涯学習」事業を委託している。豊島区は1985年の㈶豊島区コミュニティ振興公社（社会教育館、青年館等の委託）を、2005年に㈶豊島区町づくり公社と統合して、㈶としま未来文化財団を設立し「生涯学習」事業を委託した。関連財団を持たなかった港区は、1996年という早い時期に㈶港区スポーツふれあい文化健康財団を設立し、コミュニティ文化健康部の中に区民センター、男女共同参画センターとともに生涯学習センター、青山生涯学習館を置き、「生涯学習」事業を委託している。

しかし、それのみではない。文化センターは江戸川・江東・板橋・品川・大田・中野・北の7区に置かれ、いずれも公社または財団に委託されているが、「生涯学習」事業が文化センターないし公社・財団に委託されている事例は存していない。すなわち1981年に江戸川区民施設公社に文化センターや公会堂の管理運営を委託した江戸川区は、現在も同公社に総合文化センター、区民センター、スポーツ施設などを委託するが、スポーツ施設の一部を除いて「生涯学習」事業にかかわらない。それは区の生涯学習課、健康推進課、産業振興課やカルチャーセンター、子ども家庭支援センターなど、多くの関係機関が協働して実施している。江東区は1982年に設置した江東区地域振興会に江東文化センターなどを委託し、現在も7館の文化センター、区民センター深川江戸資料館などを委託するが、「生涯学習」事業はより全区的位置づけにある。同区の『江東まなびプラン（第二次生涯学習・スポーツ推進基本計画）』(2002年)は、区、教育委員会、学校、㈶江東区地域振興会、㈶江東区健康スポーツ公社、㈶江東区中小企業公社、民間を含めた関連機関の連携・協力で「生涯学習」事業を推進すると謳う。

板橋区は、1986年に設立した㈶板橋国際交流協会を2001年に㈶板橋区文化・国際交流財団と改称したが、それとは別に区立文化会館があり、生涯学習課が「生涯学習」事業を担当する。品川区は、1986年設立の品川区文化振興財

団にカルチャーセンター等を委託し、現在も㈶品川区文化振興事業団がカルチャーセンター、総合区民会館、美術館等を管理運営する。しかし別に文化センターがあり、生涯学習課が「生涯学習」事業を担う。大田区も1987年に設立した㈶大田区文化振興協会に現在も区民プラザ、区民ホール、文化の森などを委託するが、別に文化センターが4館あり、「生涯学習」事業は社会教育課が担当する。中野区も1988年の㈶中野区文化スポーツ振興公社に文化センター、区民ホール、小劇場、体育館の委託をする。小中学校の空き教室を利用して「地域生涯学習館」4館を設置している北区も1988年の㈶北区文化振興財団に北とぴあホール、国際音楽祭、区民参加文化活動などを委託し、3館ある区立文化センターは生涯学習推進課が担う「生涯学習」事業に協力するのである。

渋谷・目黒・葛飾・中央・千代田の5区のうち4区は関連する財団をもっている。渋谷区には1981年設立の㈶渋谷区美術振興財団があり、目黒区は1987年設置の㈶目黒芸術文化振興財団をもつ。葛飾区は1990年の㈶葛飾区文化振興財団と㈶葛飾区国際交流協会を2002年に統合し、㈶葛飾区文化国際財団を設立した。中央区は1991年の㈶中央区文化・国際振興協会である。しかし、「生涯学習」事業の推進は、区立社会教育館（渋谷区、目黒区）、区立社会教育会館（葛飾区、中央区）が担い、関係財団を持たない千代田区（区人口36,500人）も区立社会教育館を中心に「生涯学習」事業を実施している。――練馬区は、1984年に㈶練馬文化振興協会を設置し文化センターを委託したが、「生涯学習」事業は練馬公民館が中心である。世田谷区は、1985年設立の㈶世田谷区美術振興財団を1996年に㈶世田谷区コミュニティ振興交流財団とし、2003年には㈶せたがや文化財団として、パブリックシアター、生活工房、美術館、文学館を委託するが、「生涯学習」事業は生涯学習・スポーツ課が担当している。1994年に㈶杉並区スポーツ振興財団を設けた杉並区は、前述した社会教育センターが「生涯学習」事業の中核である。

生涯学習施策における文京区の特色、23区の新動向

このように見てくると、「生涯学習」事業がすべて財団・公社等へ委託されているのではない、という事情が浮かび上がる。その中で文京区が1993年

の音羽生涯学習館を皮切りに、区立の地域生涯学習館と生涯学習センターとを作り上げたことは、画期的な施策であったことが分かる。文京区には1986年設立の㈶文京区地域・文化振興公社があるが、それが管理運営するのは区民センター、シルバーセンター、スポーツセンター、総合体育館、シビックホールに限られている（区は2003年に「㈶文京区地域・文化振興公社の財務事務及び事業の管理」について外部監査を行った）。墨田区も㈶墨田区文化振興財団をもち音楽ホールなどの管理を委託するが、「生涯学習」事業は1994年設置の生涯学習センターが墨田区内の各施設と協力し、かつ墨田区民による区民のための生涯学習ボランティア組織「すみだ学習ガーデン」を結成、2000年にNPO法人登記をした。関連する財団を持たない荒川区は、2000年に区立生涯学習センターを置いた。台東区は1984年設立の㈶台東区芸術文化財団に社会教育センター・社会教育館の管理運営を委託しており、2001年に区生涯学習センター設置後はそのもとで「生涯学習」事業の一角を担う。

　以上のごとく、東京23区の「生涯学習」施策のあり方は一様ではない。「生涯学習」事業の捉え方、推進の仕方に独自性ないし「揺れ」があるからではないかと思われる。一方に㈶新宿区生涯学習財団や㈶としま未来文化財団の動向があり、他方ではNPO法人「すみだ学習ガーデン」をもつ墨田区の方向がある。その間にあって、歴史的遺産でもある各種財団を位置づけ直しながらも、「生涯学習」事業を特定財団に委ねる区が4区しかなくなったというところに、公社・財団等を万能とするのではない管理・運営が、「生涯学習」に対してなされていることがわかる。1990年より15年の歳月と試行との結果、「生涯学習」が単に教育・文化活動の一角を占めるに過ぎない事柄ではないことが、「現場感覚」として少しずつ共有され始めているのであろう。そうして、区民の市民的要求と区職員の個別的専門性とが、横断する総合知（本書第1巻532頁）へと向かう緊張ある協働行為が、ここでのsozial性（地域社会の歴史的・社会的な絆のうちにある相互承認性）の基盤をなすものと思われる。

2　国際化社会における「生涯学習」と外国人市民

グローバル・アーバン社会における生涯学習

　第二は、外国人市民との共生の問題である。例えば、現代イギリスの《ラ

イフロング・ラーニング》は、その現段階的課題の重要な環として、グローバル・アーバン社会における「〔異質なものの〕社会への包摂」を位置づけているのに比べ、現代日本の「生涯学習」政策は、国でも都でも、そうした方向を打ち出してはいない。私は、当初の予定では、グローバル・アーバン社会と「生涯学習」との関係性という視点から、文京区の小括を行いうると考えていた。しかしこれまで辿ってきた分析を振り返ると、文京区は新宿区や豊島区などと違って、人口構成のグローバル・アーバン化がそれほど進んでいないのではないかという感懐を抱くに至った。「生涯学習」講座にそのような課題に対応したものが少な過ぎるからである。都内でも新宿区や豊島区などに比べて、文京区では「ニューカマー」外国人の集住や営業活動の集積が少ないことが、そうした事態をもたらしているのかもしれない。

　だが、T・H・マーシャルが言うシティズンシップのうちの、市民的要素と政治的要素でなく、社会的要素とりわけ「社会の標準的水準に照らして文明市民としての生活を送る権利」に注目すると、現代イギリスににおけるブレア政権下の《ライフロング・ラーニング》は、本書第1巻序章で述べたように、「ポジティブ・ウェルフェア社会」（個人ならびに非政府組織が富を創造するポジティブ・ウェルフェアの主役となる社会）を創り出すべく、「個人の自己実現、行動的シティズンシップ、異質なものの「社会への包摂」（ジャーヴィス）に目を向けている。その焦点の重要な一つに、イギリスの移民問題への対応がある。こうした動向から見るとき、文京区の対応を「世界都市」の一員としての将来展望に基づくものと見ることはこのままでは難しい。文京区の施策は、「地域コミュニティ的社会」に依存しており、しかもそれが世界に対して「開かれてはいない」と見えるからである。

　本書第1巻序章で見たように、R・ロバートソンは、「日本は現代世界において、他の社会の『リーダーたち』が多くの社会についていかに学ぶかを学ぶことができる社会としての機能を果たしている（中略）。そのことが、そうではないという主張にもかかわらず、日本を一つのグローバルな社会にしている」(Robertson1992: 86＝1997: 103, 傍点原文)と指摘した。そうだとするならば、「生涯学習」であれ「生涯学習（ライフロング・ラーニング）」であれ、それらは「リーダーたち」だけでなくて、多くのリーダーではない「大衆」や「生活人（たとえば柳田国男のい

う常民）」（村上泰亮）自身が、他の社会についていかに学ぶかを学ぶ社会としての日本社会を再認識し、もって日本人が「日本を一つのグローバルな社会」として再生していくのを手助けすることにあると思われる。

　それゆえに、例えば、新宿区が区立新宿文化センターや㈶新宿文化・国際交流財団（レガス新宿）を作って、「新宿区日本語教室」を同センターを含む8ヵ所で11講座開設したり、東京都とともに区役所内に「外国人相談窓口」を開いたり、「生涯学習」講座（レガス新宿）の中に「外国人保護者のための親力パワーアップ事業」としての「おやおやクラブ」があったりするのはまことに好ましい。「おやおやクラブ」は、「しんじゅくで　こそだてをしている　がいこくじんと　にほんじんの　みなさん」を対象に、「こまったことをかいけつし、なかまづくりをするクラブ」を目指している。月1回の定例プログラムのほかに、「特別プログラム～困ったことを解決するためのプログラム～」がある。2005年度の予定は、「受験生ガイダンス　高校受験のしくみ」（7月、日曜日）、「育児学級0～3歳児の親向け」（保健婦の話、日・中・韓・Eng・Thai；7月、水曜日）、「育児学級0～3歳児の親向け」（第2回。保健婦の話、日・中・韓・Eng・Thai；11月、水曜日）、「入園・入学説明会」（幼稚園・小学校、日時未定）、「育児学級0～3歳児の親向け」（第3回。保健婦の話、日・中・韓・Eng・Thai；3月、水曜日）、の5回が予定されている。

川崎市と外国人市民との共生：多文化共生社会の実現

　だが、こうした活動をより組織的に展開しているのは、隣県・神奈川県の川崎市である。川崎市は、1986年、「川崎市在日外国人教育基本方針――主として在日韓国・朝鮮人教育」を発表し、「人権尊重と国際理解を目指す在日外国人教育を積極的にすすめる」ための具体的指針を提示していた。同年の『いきいきとした川崎の教育をめざして――「川崎市教育懇談会」報告』では、その第Ⅲ章「家庭・地域からの教育力の創造をめざして」の、四「教育への市民参加を求めて」の4「共生と共育の市民文化の形成」において、「外国籍の子ども（外国人）が住みよいまちづくり」を位置づけ、こう述べていた。「『方針』や指針を実現するための具体的な取り組みは、教育委員会や学校のみではとうてい実現されません。そこに、市民ひとりひとりの自覚や親・住民・

教師の教育力の結合が期待されるのです。差別や偏見を許さない人権意識や国際感覚は、身近な生活世界での人間交流のなかで培われ、形成されていく」（篠原・牧編 1987: 117）、と。しかもそうした活動自体がおのずから、「市民が主体である生涯教育の計画を立てる仕事になっていたし、また、市民の生涯学習の実践の第一歩となっていた」（同: 69）。

　川崎市はさらに1996年から、「川崎市外国人市民代表者会議」を設けて、「外国人市民」の市政参加の推進、相互の理解、ともに生きる地域社会の形成への寄与に係る活動を展開してきた（市市民局人権・男女共同参画室の担当）。2000年には「川崎市人権施策推進指針」を策定したが、それ以後における外国人市民の急増と多民族化が進行したことから、2005年3月に「川崎市多文化共生社会推進指針——共に生きる地域社会をめざして」を新たに策定した。市の外国人登録者数は、2004年12月末現在で26,508人（国籍数は112カ国）、この5年で28.1％の増を見せ、市人口の2％を超えた。

　そもそも川崎市が「外国人市民」という言葉を用いるようになったのは1996年の「川崎市外国人市民代表者会議条例」の制定からで、「本市では、外国籍の住民は地域社会を構成するかけがえのない一員」と考えることとした。さらに「本指針」では、「日本国籍であっても外国文化を背景にもつ人（国際結婚により生まれた人、中国帰国者、日本国籍取得者等）も視野に入れて使用する」と加える。「川崎市多文化共生社会推進指針」は、「国籍や民族、文化の違いを豊かさとして活かし、すべての人が互いに認め合い、人権が尊重され、自立した市民として共に暮らすことができる『多文化共生社会』の実現」を課題とし、外国人市民にかかわる施策等を「体系的かつ総合的」に推進するため、「市民・事業者・ボランティア団体等」との連携・協力を図ることを打ち出していた。

多文化共生社会のための基本理念：人権尊重、社会参加、自立支援

　川崎市の基本目標、すなわち多文化共生社会実現のための「基本理念」は、「人権の尊重」「社会参加の促進」「自立に向けた支援」である。この理念による「施策推進の基本方向」は、1「行政サービスの充実」（①行政サービスの提供、②情報提供・相談窓口、③年金制度、④保健・医療、⑤福祉、⑥住宅、⑦防災）、

2「多文化矯正教育の推進」(①就学の保障と学習支援、②違いを認め合う教育、③地域における学習支援、④家庭へのサポート)、3「社会参加の促進」(①市政参加、②地域における外国人市民グループ等の活動)、4「共生社会の形成」(①市民への意識啓発、②市職員等の意識改革、③市職員採用のあり方の検討、④事業者への啓発、⑤国際交流センターの活用)、そして5「施策の推進体制の整備」(①行政組織の充実、②関係機関・ボランティア団体等との連携、③国・県への働きかけ)、として具体化されている。施策の全体としては、『生涯学習』ないし《生涯学習》(ライフロング・ラーニング)への直接的な言及が乏しいが、あるいはすべての項目が間接的にはそれらにかかわるのであるが、とりわけ2-②、3-②、4-⑤は比較的ダイレクトに関係すると思われる。

   2-②「違いを認め合う教育」
    (1) 日本人と外国人が互いを認め合い尊重し合える多文化共生教育を、外国人市民とともに推進します。
    (2) 社会における少数の立場の人(マイノリティ)が母語・母文化を大切にしながら、文化的アイデンティティ形成できるよう、環境の整備に努めます。
    (3) 外国人学校との交流を促進するとともに外国人学校への支援に努めます。
    (4) 教職員に対して、人権・多文化共生に関する研修の充実に努めます。
   3-②「地域における外国人グループ等の活動」
    (1) 町内会・自治会、PTA等に対して、外国人市民をその構成員として認め、相互理解や交流を推進するよう啓発に努めます。
    (2) 外国人市民グループ、支援グループ等が活動しやすい環境の整備に努めます。
   4-⑤「国際交流センターの活用」
    (1) 国際交流センターの利用の促進と、多文化共生に向けた事業の充実に努めます。
    (2) 財団法人川崎市国際交流協会が行う相談事業や翻訳、通訳サービスの拡充に向け支援します。
    (3) 財団法人川崎市国際交流協会と連携し、国際交流・協力を目的とする市民グループ等の活動を支援し、市民主体の国際交流・協力を促進します。
    (4) 財団法人川崎市国際交流協会と連携し、修学援助、住宅相談等外国人留学生の支援の充実に努めるとともに、市民との交流を促進します。
   (以上の資料は [http://www.city.kawasaki.jp/25/25zinken/home/gaikoku/] による)

川崎市の施策のあり方に対しては、政治的な賛成または反対よりも、それが内包させている「社会」的な意味、つまり異質なものの「社会への包摂」によって、「国籍や民族、文化の違いを豊かさとして活かす社会」を構築するという「多文化共生社会」づくりのパースペクティヴを、ここでは強調しておきたいと思う。そのことは日本社会に住んでいる外国人市民と日本人市民との関係のみではなく、日本人市民と日本人市民との関係における「多文化共生社会」性の内発的形成をも意味するからである。

3 国際化社会の大学コンソーシアムと地域社会
グローバル・アーバン社会における大学コンソーシアムの制度設計

第三に、グローバル社会における「大学コンソーシアム」など、大学が地域社会に対してその役割を組織的に遂行していくための制度設計の問題である。文京区には14もの大学があり、短期大学や高等専修学校を入れると、「『日本一の教育のまち』・『生涯学習都市・文京』」、あるいは「文京区全域を生涯学習のキャンパスに」というスローガンが現実性を帯びているようにも見える。しかし大学の対応は区々たるものであり、例えば㈶大学コンソーシアム京都」のような協働組織の創出を考える余地は、現状では乏しいと判断される。㈶大学コンソーシアム京都は1998年に設立され、2005年4月1日現在で国立大学3、公立大学3、公立短期大学1、私立大学26、私立短期大学17校の他、地方公共団体から京都府、経済団体から京都商工会議所、京都経営者協会、㈳京都経済同友会、㈳京都工業会が加盟している。また和歌山県には前述した「高等教育機関コンソーシアム和歌山」があり、兵庫県の「大学連携『ひょうご講座』」は2001年以降、国立大学2、公立大学3、私立大学29、公立工業高等専門学校1校の協力で当該講座を実施する。コンソーシアム京都とは少し異なる連携形態と考えられる。

大学コンソーシアム京都の活動内容

㈶大学コンソーシアム京都は、「大学、地域社会及び産業界との協力による大学教育改善のための調査研究、情報発信交流、社会人教育に関する企画調整事業等を行い、これらを通じて大学と地域社会及び産業界の連携を強め

るとともに大学相互の結びつきを深め、教育研究のさらなる向上とその成果の地域社会・産業界への還元を図る」と謳う。

　　　設立趣意書は言う。「京都は、三山二川を有する山紫水明の千年の都として常に人のあるべき道を究め、今なお日本と日本人の美しさを追い続けている。有形無形を問わず、京都が有する歴史的かつ伝統的な文化資源は、その量とともに、質についても世界的にも類を見ない。事実、京都はそれらの地域資源をもとに、宗教観、伝統文化、伝統芸能を創造し、それらを支える伝統産業を維持することで都市の品格を醸成し続けてきた。さらに、こうした都市の営みをとおして培われた技術が学術的な知見によって最先端の科学技術へと昇華されることにより、世界有数の企業群を育てて、名実ともに国際歴史観光学術文化都市として発展してきた。これらの京都が有する知的資源について、大学コンソーシアム京都では、普遍的視点から見直す研究である『京都学』と、現代的課題への多面的なアプローチ、国際的全人類的視野からの課題研究である『21世紀学』という観点から、学術コンソーシアムで研究活動を進めてきた」、と。

　コンソーシアムの設立当初の役員は、理事長に同志社大学長、副理事長は立命館大学長、龍谷大学・同短期大学部学長、京都市副市長の3人、常任理事は池坊短期大学長、京都市立芸術大学長、大谷大学・同短期大学部学長、京都外国語大学・同短期大学部学長、仏教大学長、京都学園大学長、京都府立大学・同女子短期大学部学長の7人、理事には㈱京都銀行代表取締役頭取、京都府企画環境部長、京都大学総長、㈱島津製作所代表取締役会長、京都市総合企画局長の5人が就いた（『財団法人大学コンソーシアム京都・会報』No.1, 1998.4）。常任理事会の分担を見ると、コンソーシアムの具体の活動の広がりが分かる。すなわち、①大学と地域社会及び産業界との連携に関する調査研究事業担当、②大学と地域社会及び産業界との情報発信交流事業担当、③大学におけるインターンシップに関する推進事業担当、④大学における社会人教育に関する企画調整事業担当、⑤単位互換等大学の教育交流に関する企画調整事業担当、⑥大学の教職員に対する研修交流事業担当、⑦「大学のまち交流センター」(仮称)の管理運営事業担当である。この1998年度における「事業計画」は次のごとくであった（同会報No.1）。

Ⅰ．大学と地域社会及び産業界との連携に関する調査研究事業担当
　1．教育プログラムの研究開発
　　「マルチメディア施設を活用した教育システムの開発」
　　「インターンシッププログラム研究開発」
　　「環境学教育プログラムの研究開発」その他
Ⅱ．大学と地域社会及び産業界との情報発信交流事業担当
　1．情報収集発信事業
　2．データベース構築運用事業
　3．「大学のまち交流センター」(仮称)の情報基盤整備検討
Ⅲ．大学におけるインターンシップに関する推進事業担当
　1．インターンシップの普及・啓蒙・交流
　2．インターンシップ・プログラムの実施
Ⅳ．大学における社会人教育に関する企画調整事業担当
　1．シティーカレッジ事業(講座開設企画調整、募集事務)
　2．社会人のための大学・短大ガイド事業
　3．社会人のための大学入学フェア開催
Ⅴ．単位互換等大学の教育交流に関する企画調整事業担当
　1．単位互換事業(講座開設企画調整、募集事務)
　2．学生課外講座(講座開設企画調整、募集事務)
Ⅵ．大学の教職員に対する研修交流事業担当
　1．FD事業(「FDフォーラム」の開催、教員研修事業)
　2．SD事業(職員研修事業)

　コンソーシアム京都の2005年現在における具体的な活動としては、学生向けの単位互換制度、インターンシップ、学生課外学習プログラム、国際交流事業、芸術系大学作品展、京都学生祭典を実施し、高校－大学の連携を進め、社会人向けには「シティカレッジ」「キャンパスプラザ京都」を立ち上げてきた。そして2005年5月には、「京都学術共同研究機構」を設立した。それは、「京都地域の大学・短期大学の連携により、京都が抱えるあらゆる都市政策課題の研究ならびに地域の優位性に富む学術研究を行い、その研究成果を基盤とした地域・社会への知の還元と都市政策への反映を通じて、世界に誇る『大学のまち・京都』を実現することを目指す」ものである(以上、http://www.consortium.or.jp/)。

京都市と大学コンソーシアム京都

　こうした一連の動向は、京都の大学・短大の結束があって可能となったのだが、京都市役所の取り組みがそれを支えてきたことは看過できない。京都市（人口147万人；2005年）は1978年、市会の賛同を得て「世界文化自由都市宣言」を行った。「都市は、理想を必要とする。その理想が世界の現状の正しい認識と自己の伝統の深い省察の上に立ち、市民がその実現に努力するならば、その都市は世界史におおきな役割を果たすであろう。われわれは、ここにわが京都を世界文化自由都市と宣言する」、と。そして1985年に市の都市計画局内に大学問題対策委員会を設置して大学政策への取り組みを開始、翌年に京都市・大学事務連絡協議会を設立し、「京都の大学の現状と動向に関する調査研究報告書」を得て、1993年に「大学のまち・京都21プラン」を策定した。このプランに拠り、京都・大学センター（1994年）、京都市大学施設整備支援・誘導制度（1995年）、シティーカレッジ（1997年、「総合的生涯学習講座」開始）、(財)大学コンソーシアム京都（1998年）、キャンパスプラザ京都（2000年、京都市大学のまち交流センター）などが立ち上げられ、2003年には「大学のまち・京都推進懇談会」を設置した。

　この間、1999年に「京都市基本構想～くらしに安らぎ　まちに華やぎ～」を策定し、これに基づいて2001年、「京都市基本計画」ならびに全11区の「各区基本計画」を立てた。前者は「活力あふれるまち」（大学の集積・交流による新たな活力の創出）と、「魅力あふれるまち」（生涯にわたってみずからを磨き高める）の2点を軸に、基本構想の具体化を図った。後者は基本構想を生かした各区の指針となる計画で、例えば北区は「大学と地域の相互交流の促進」を掲げ、上京区は「学術文化のまち上京」、左京区「大学のまち・左京の推進」、そして西京区は「学術文化機関と連携した生涯学習の展開」、伏見区は「地域と大学の連携による区民の生涯学習の創出」を打ち出している（傍点引用者）。他方、2002年には「京都市スーパーテクノシティ構想──京都発ものづくり創発ビジョン」を立て、「知の創出・活用」というテーマで構造改革特区の認定を受け、2003年は「京都市産学公連携機構」を設立した（ここで「公」とは国・府・市のほかに第三セクター・NPO法人等を含む）。京都市スーパーテクノシティ

構想は、「創業・新事業創出、第二創業への支援」「魅力ある立地環境の整備」「新規事業分野への支援」（バイオシティ、知的クラスター、IT、環境分野、エコロジー型新産業システム、京都版環境管理認証制度）、「産学公の連携促進〜大学発ベンチャーの育成」「伝統産業の新たな展開」を、その具体的内実とした。

世界に誇る「大学のまち」：京都市とパードヴァ市

　「大学のまち・京都推進懇談会」（事務局＝京都市総合企画局・プロジェクト推進室）は2004年4月、「大学のまち・わくわく京都推進計画」を策定した。そこでは、「世界に誇る『大学のまち』」というビジョンの具体像が、1「『世界に通用する大学』が集積するまち」、すなわち魅力ある大学づくりと大学のまちの発信、2「『世界に誇る地域教育力』を持つまち」、すなわち魅力ある「学生のまち」の充実と地域との交流促進、3「『グローバルな産業』を生み出すまち」、すなわち産学公地域連携による活力あるまちづくりの推進、4「『世界から集まる学生』が交流するまち」、すなわち多文化交流時代に対応した人材の集積と交流の促進、として提示された。「大学連携による京都の大学の魅力づくり」の項では、㈶大学コンソーシアム京都の充実・発展、大学院等協働サテライト拠点の設置、大学院教育の充実（大学院版コンソーシアムの検討）、大学連携型コミュニティーカレッジの創設、京都の学生スタンダードの構築、高度な職業教育の充実、幅広い教養教育の充実（京都市生涯学習新世紀プランへの支援）、e-ラーニングの開発、京都の大学・学生に関する情報発信の強化、京都の魅力を高める「京都学」研究・普及の推進、教育研究の高度化に向けた関係機関（国際日本文化研究センター、総合地球環境学研究所、など）との連携が指摘された。そのそれぞれはそれぞれ魅力的である。

　しかしながら、京都市はその「世界文化自由都市宣言」における、「都市は、理想を必要とする。その理想が世界の現状の正しい認識と自己の伝統の深い省察の上に立ち、市民がその実現に努力するならば、その都市は世界史におおきな役割を果たすであろう」（前述）といった気概には、十分には応えていないように思われる。なぜなら、私は、本書第1巻第1章で検討したイタリア共和国のパードヴァ大学と比較しているからだ。パードヴァ市は2,600年以上の歴史を持ち、パードヴァ大学（パードヴァにおける諸学の統一）は1222

年に創立され、京都市や京都大学とは比較にならない古さを持っているから、ではない。パードヴァ大学は地域（パードヴァ市－パードヴァ県－ヴェーネト州－サードイタリー）の学術・文化の中心的社会機構であるだけでなく、本巻第4章に詳しく見るように、パードヴァ社会フォーラムや世界社会フォーラムとかかわりをもち、また国連人権委員会第60回セッションの要請で、ユネスコ・イタリアやヴェーネト州と協力して、人間の権利としての平和に関する活動に大学として取り組んだからである。「大学」は、少なくとも大陸ヨーロッパでは、「客観価値」を「社会に説く」役割を負うてきた社会的存在である。

大学コンソーシアムの社会的意味

　個々の大学にとって、また個々の大学人にとっても、大学としての組織的な取り組みが必要なのであって、一人ひとりが教育活動も研究活動も、そして社会的活動をも、すべて完璧にこなせるはずがない。しかも、複数の大学・高等教育機関が所在する「地域社会」から見れば、特定の大学との親密な関係よりも、「大学コンソーシアム」としての大学連合との組織的なかかわりの方が公平であり、有効であろう。「コンソーシアム」の範域が市区町村なのか、数個のそれらか、または都道府県か、アメリカに見るような「州」の単位なのかはここでは問わないし、コンソーシアムの目的によって変動することもある。柔軟に考えてよい。だが、言えることは、大学に先んじて社会や地域社会が存在していたことである。社会の必要によって創り出された大学という社会的・教育的機関においては、それゆえ、本来的には社会的活動が土台をなし、その一環として教育活動があり、その両者を長期的な展望において実現してゆくために研究活動が生み出されたのだと思う。そして、本書第1巻第1章で見たイタリアのように、大学の多くが近代国家形成に先立つ場合には、それぞれの大学の存在はおおむね州を単位とする地域社会の文化的中核として生きてきた。しかもそれを根拠として、全州あるいは全世界との知的協働によって「大学人共同体」を作り上げ、同じようにインターナショナルな国際性を誇るローマ・カトリック教会や労働組合のインターナショナル組織と切磋琢磨しながら、地域社会の人びとが重大問題を決断するさいの、国際的な「複数スタンダード」を提供し続けているのである。

4 「生涯学習」における広域連携と個人の学習環境整備
地域コミュニティにおける学習連携と文京区

　第四の問題は、「生涯学習」における広域連携をとおした個人の学習環境整備にかかわる問題である。東京都生涯学習審議会の答申『地域における「新しい公共」を生み出す生涯学習の推進』は、「地域コミュニティ」すなわち「地域を基盤とし、地域づくりに関心のある人によって形成されるコミュニティ」に着目していた。より具体的には「これまでの地縁的関係だけでなく、目的やテーマによる関心に基づいてつくられている集団の機能も包含した、より開かれた"新しいコミュニティ"」であり、その活動の新たな胎動としては「住民の自発的な参加で公共サービスの一端を担う活動」、すなわちNPO活動に焦点が当てられようとしていた。

　こうした展望に対し文京区の場合は、「これまでの地縁的関係」ないし都の「包括的連絡調整組織づくり」からの脱却を志向しながらも、地縁的諸関係と区役所との強い結合が際立っている。区内の町会は前述したように、区の地域活動センターごとに大原・湯島・向丘・根津・駒込・礫川・大塚・汐見・音羽の9地域に組織化されるが、独自に区町会連合会や区高齢者クラブ連合会もある。区民生委員児童委員会長会、区民生委員児童委員協議会、区民生委員児童委員、また青少年対策地区委員会連絡会、青少年委員などもこれに連なる。他方、［学校］がもう一つの地縁組織の柱である。区立小学校PTA、区立小学校PTA連合会、区立小学校PTA連合会長会、区立中学校PTA、区立中学校PTA連合会、区立中学校PTA連合会会長会、幼稚園PTA、幼稚園PTA連合会、幼稚園PTA連合会会長会、認可保育園父母の会連絡会、学童保育連絡協議会役員会、学童保育連絡協議会、区体育協会、区体育指導委員会などがかかわってくる。「地域アソシエーション的社会」とかかわりうる団体としては、区生涯学習サークル連絡会、区女性団体連絡会、区心身障害者福祉団体連合会、富坂産業協会、そして連合東京西北部協議会文京地区協議会、区労働組合協議会などがあるが、「地域コミュニティ的社会」の力が圧倒的に強いようである。

　文京区の「生涯学習館」と「生涯学習センター」は、焦土と化した郷土の自

分たちの力による再建という郷土民の決意を背景とする公民館（寺中作雄）とは明らかに異なり、生涯学習館建設にはそういう意味合いは存在しない。「生涯学習」施策はいわばトップダウン的に市区町村民を組織化しようとする。しかも、先に記したことだが、文京区の場合には、「住民主体」と言いながらも、その住民主体を行政が「公」として「育成」するという企てもなしとしない。少なくとも、生涯学習における学習者の学習の成熟段階に関しては、明確な視点は打ち出されてはいないようである。他方、理論的には小林文人が寺中構想の「農村型」公民館に対し、安井構想の「都市型」公民館を対置させていた。だが、肝心の「農村型」と「都市型」の区分が明瞭ではないように思われる。文京区の場合は、都市型の社会教育活動の上に都市型の「生涯学習」を積み重ねてきたし、次節に見る北海道札幌市も、それと対比する愛媛県松山市も、いずれも都市型の社会教育活動から「生涯学習」活動へと展開してきた。ただし文京区と札幌市は公民館をもたず、松山市は公民館を活動の重要な基盤としてもつ。つまり、「農村型」VS「都市型」という対比ではなく──それには寺中構想の相対化という意味づけはあるが──、また「公的教育機関としての公民館」VS「集落を基盤とする自治公民館」でもないように思われる。問題は、公民館あるいは社会教育活動、そして生涯学習活動における、活動主体の「アウトノミーア」性と、活動目的の「センシビリタ」性の客観価値を媒介した相互承認にあると考えられる。この点は本書「序論」にも触れたが、本書第3巻で詳しく考察するので、いまはこの指摘に止めたい。

愛媛県と「学び、伝え、共に創る生涯学習社会」の形成

ただ、現行「生涯学習」への政策対応として"立ち遅れている"ようにも見える愛媛県の事例について紹介しておきたい。愛媛県（県人口148万人）は、2001年に生涯学習推進方策検討委員会を設置し、その答申に基づいて2003年に『愛媛県生涯学習推進計画──学び、伝え、共に創る生涯学習社会』を策定した。たしかに「遅い」。しかし、この2003年計画は──東京都とは違って「新しい『公共』」については触れず──、「施策展開の基本視点」を4つ挙げた。第一に「県民が主役の生涯学習の推進」、第二に「地域の特性を生かした生涯学習の推進」、第三に「だれもが主体的に学べる環境づくり」、第四に

「ネットワーク型生涯学習社会づくり」である。第1点の説明を以下に見る。

> 「生涯学習は、あくまでも一人ひとりの『学びたい』という自発的な意思によって行われるものです。
> したがって、学ぶ主体である県民一人ひとりが生涯学習を推進していく主役です。
> そのため、県民の多様で高度化する学習ニーズを的確にとらえるとともに、県民自らが多彩な学習事業を展開していく力や、学習をとおして主体的に社会とかかわる力を身に付けていくような生涯学習を推進していくことが求められています。
> 今後は、学ぶ人こそが生涯学習の推進役であることを基本に置きながら、県民が学習機会の受け手から創り手になるような活動や、生涯学習を通じて社会に参画できるような活動を推進するなど、県民の主体的な学習活動を助長・促進していくための支援や環境整備に重点を置いた施策の展開に努めます」(愛媛県生涯学習推進計画)。

ここから、愛媛県の「生涯学習に関する世論調査」(2001年9月)がなされた。そしてその分析を踏まえた『愛媛県生涯学習推進計画』は、学習者にとっての「学習圏」という考え方を提出した。一番のコアに「コミュニティ学習圏」がある。それは、地区公民館、小中学校、幼稚園・保育園、PTA、NPO等が支える圏で、「学習活動をとおしたコミュニティの再生」に個人がかかわりながら学ぶことを意味する。その外側に「市町村学習圏」がくる。中央公民館、市町村立図書館、市町村立社会教育施設、ボランティア活動推進機関、NPO等が学習者を支え、学習者は「生涯学習によるまちづくりの推進」に加わることになる。第三の圏は「広域学習圏」で、県総合科学博物館(新居浜市)、県歴史文化博物館(西予市)、教育事務所(松山市)、青少年教育施設、高等学校、特殊教育諸学校、NPO等がかかわり、「市町村間の総合調整と交流促進」が課題となる。この圏域はおおむね東予・中予・南予の区域が想定されるが、学習テーマとの関係で多様な広域連携がなされることを重視している。最後に「県域学習圏」である。それは、県生涯学習センター、県女性総合センター、県立図書館、大学等高等教育機関、試験研究機関、NPO(中間支援組織)、生涯学習関連施設などの広域連携であり、「全県的な生涯学習ネットワークの

形成」を企図する。ここで生涯学習関連施設の意味とは、例えば国際交流センターによる国際交流推進のための学習活動や、花き総合指導センターによる花き振興のための各種講座、産業振興財団の大学等との連携による創業講座などを、ネットワークに位置づけようとするものである。四国レベル、瀬戸内レベル、……、といった超広域連携、あるいは放送や通信を用いた超々広域連携については触れられていないが、私は愛媛県の生涯学習圏という提起に1965年の「東京都社会教育長期計画」と通底する、生涯学習を学習者の側から捉え返そうとする発想を感じている（讃岐2001参照）。

「生涯学習」講座の内容別分類：全国・北海道・東京都・兵庫県・愛媛県

文部省の「社会教育調査」(1999年度版)には、「生涯学習」講座の都道府県別・内容別集計表がある。そこから、全国・北海道・東京都・兵庫県・愛媛県を抜き出し、比率だけを表化すると**表3-19**をうる（同様の調査は2002年にも行われたが、それには学習講座別の学級生・受講者数に関するデータは記載されていない）。全国平均では、「家庭教育・家庭生活」に関する講座に34％の受講生が集まり、次に「教養の向上」23％、「市民意識・社会連帯意識」21％になる。この対極に「職業知識・技術の向上」5％がくる。だが、東京都では「家庭教育・家庭生活」が54％で断然に高く、第2位の「市民意識・社会連帯意識」は16％でしかない。北海道と愛媛県は、第1位が「教養の向上」(北海道)、「家庭教育・家庭生活」(愛媛県)と異なっているが、「市民意識・社会連帯意識」はほぼ全国平均並みで、東京都よりも高い。阪神・淡路大震災を体験した兵庫県は、第1位に「市民意識・社会連帯意識」がきて35％と、第2位の「家庭教育・家庭生活」の28％をかな

表3-19　講座内容別の学級生・受講者数

	全国	北海道	東京都	兵庫県	愛媛県
教養の向上	22.9	32.3	11.3	21.6	20.6
（うち趣味・稽古事）	(12.2)	(3.0)	(9.4)	(12.4)	(3.6)
体育・レクリエーション	11.5	6.8	13.0	9.0	13.0
家庭教育・家庭生活	34.0	32.6	53.8	28.2	38.2
職業知識・技術の向上	5.0	1.7	1.6	4.6	3.7
市民意識・社会連帯意識	21.0	20.8	15.5	35.2	20.0
その他	5.7	4.7	4.7	1.5	4.6

（文部省「社会教育調査」、1999年より作成）

り引き離している。

　この数字は東京都全体のものであって、文京区のデータが分かるわけではない。しかし、同じくグローバル・アーバン社会をそのうちに含む、東京都と兵庫県の差異は明白である。鈴木榮太郎はかって、高度経済成長下の首都東京の機能変化を、居住中心の「中世都市」から交流中心の「現代都市」への変化、結節的諸機関を中心とする社会的交流の集中的結節点への都市構造の変貌と捉えた。その後の、バブル経済期－バブル経済崩壊期をとおして、日本の首都・東京は世界都市・トキオへと飛躍し、その《「国家＝経済」システム》とその「法制制度」に対する支配はますます集中度を高めた。しかし、それが量的拡大ではないことは、東京都の人口増がほぼ止んでいることからも分かる。

　1980年の人口を100とすると、1990年には102、2000年には104、2005年には108にまで上昇したが、高度経済成長期のような爆発的増大ではない。丸の内や汐留、六本木、品川、日本橋など都心地域における再開発に、団塊世代と団塊ジュニア世代とが反応した結果という理解（伊藤秀司2005）、また区部の停滞を上回る市部の増加（東京都統計協会2011）という分析もある（2010年には指数113、過去最高の1,316万人となった）。その反面で居住中心の時代からの「江戸っ子」や、明治以降からの戦災までの「東京っ子」も影を潜めたように見える。文京区の人口はピーク時（1940年）を100とすると、1947年には63であったが、その後1965年には84と回復してきた。しかし以後は減少に転じ、1998年には55とどん底を迎え、2005年に若干回復して59という状態である（2010年には69となるが、都全体の動きを下回る）。ドーナツ化現象が続くが、その背後には地価問題もある。

国際都市トキオにおけるトーキョウ都民と生涯学習

　日本経済新聞論説委員の吉野源太郎はこう指摘した。「統計をさかのぼれる1959年以来、他の道府県からの年ごとの転入者を単純合計すると約2,390万人。転出は約2,460万人もいる。総人口の倍以上が転入し転出していった。巨大都市を舞台に住民の全取っ換えと言えるほどの激動が半世紀続いた」。だから、「都民の意識は、よく言えば無関心、正確には無責任なのだ」。そのことは、「東京都固有の地域社会の歴史によってもたらされ」、地域への愛着

やこだわりを「根無し草のこの街」の人びとは育てなかったのだ、と（日本経済新聞2005.07.10）。だが、上に見た文部省「社会教育調査」（1999年）の数字は、「家庭教育・家庭生活」にかかわる「生涯学習」講座を東京都民の1,027,375人もが受講したことを示している。この調査では「家庭教育・家庭生活」の講座内容までは分からないのだが、子どもの教育問題をはじめとする「家族」のあり方に、都民が敏感に反応していることが分かる。私たちは、もしかすると、東京都は日本社会の「最先端」地域なのではなくて、他の日本社会とは違った「特別な」あるいは「特異」な地域として見なければならないのかもしれない。それは、世界都市・トキオとしての「ハレ」の面においてでなく、資産取得と次世代への継承に人生を賭け続ける人間たちのマチ・トーキョウとしてである。その「生涯学習」への反映が上の数字であるとも考えられる。そうだとすると、トーキョウに住むということは、快適さ・便利さに加え、たいへん多くのリスクを背負い込むことになる。──しかもなお、何世代も東京に住み続けていたり、東京に何かを求めてきたが志を遂げずに日々の生活を送る人びとも、この街で生きている。そうした"せめぎ合い"を東京は日常的に展開している。巨大災害（首都直下型および海溝型地震など）の危険性のもとにおいてである。「環境汚染が進み、過密の弊害は極点」にある「東京特別区」の改革課題は重たい（佐々木信夫2002:190-197）。

　目下のところ、東京都生涯学習審議会の答申「地域における『新しい公共』を生み出す生涯学習の推進」は、「新しい公共」を「地域コミュニティづくり」に求め、かつ、これまでの「地縁的関係」に対して、「より開かれた"新しいコミュニティ"」を対置し、中高年世代のコミュニティ活動に期待をかけた。しかし、東京都教育委員会が実際に取り組んでいるのは「『心の東京革命』教育推進プラン」である（「心の東京革命推進協議会〔青少年育成協会〕」設置、会長＝多胡輝・千葉大学名誉教授；前出）。この協議会には、2005年1月現在において、正会員115団体（うち理事団体24団体）、賛助会員169団体が加入している。その中で、NPO法人であることを明示しているのは、正会員の中に5団体あるが、賛助会員団体にNPOという文字が付く団体はない（www.kokoro-tokyo.jp/kaiin/）。──そうして文京区の『「生涯学習」講座は、見てきたように、新

しい段階を構築する模索を続けながらも、「地域課題の解決」と「職業能力の向上」の統一を、グローバル・アーバン社会づくりの展望のもとに創り出す試みに、どこか及び腰であるようにも見えるのである。

第3節　札幌市における「リカレント学習」と地域アソシエーション的社会
――新しい産業構造と地域文化の創出という視点から

小序　札幌市の区民センターと「まちづくり」

公民館のないまち・札幌市の歴史的概観

　札幌市には「札幌市公民館条例」がある。その第2条に言う、「公民館の名称及び位置は次のとおりとする。名称『札幌市月寒公民館』、位置『札幌市豊平区月寒中央通7丁目』」、と。1961年4月28日、札幌市が豊平町を合併したさい、その豊平町に合併していた旧月寒町の月寒公民館を札幌市の行政管轄下に置くための条例である。札幌市には他の公民館は存在しない（正確には札幌市と合併以前の旧手稲町に公民館が1館あり、1967年の合併後の1972年にも『全国公民館名簿』に名前があったが、1991年の時点では存在しない）。札幌市は1972年に政令指定都市となり区制を敷いた。当初は7区で、1989年に白石区から厚別区、西区から手稲区、1997年に豊平区から清田区が分区した。2005年4月現在の各区人口は、中央区191,282人、北区269,156人、東区251,179人、白石区200,579人、厚別区129,848人、そして豊平区206,772人、清田区111,956人、南区152,037人、西区206,437人、手稲区137,196人、合計は1,856,442人である。中央区と北区の一部分が開拓使札幌本府以来の歴史をもち、その他は周辺町村の合併による地域である。

　すなわち、1871（明治4）年に211戸だった札幌は、1884（明治17）年に札幌「区」となる。周辺にはアイヌ居住戸のほか、札幌本府に前後して入植した藩士、屯田兵、開拓農民などが創った「村」があった。豊平村・平岸村・月寒村（のち1902年に豊平村、1908年にに豊平町）、札幌村・苗穂村・丘珠村・雁来村（1902年に札幌村）、白石村・上白石村（1898年に白石村）、円山村・山鼻屯田兵村（1906年に藻岩村）、篠路村、琴似屯田兵村・発寒屯田兵村（1906年に琴似村）、下手稲村・

第3節　札幌市における「リカレント学習」と地域アソシエーション的社会　185

上手稲村・山口村（1902年に手稲村）である。「村」といっても「内地」のそれとは違っていたことは本書第1巻第2章序節第2項に述べた。1922(大正11)年、札幌「市」が誕生、1938（昭和13）年に円山町ができるが、1941年に札幌市に合併（現在の中央区・西区一帯）、1942年には琴似村が町制を敷いた。こうして、太平洋戦争敗戦時には、札幌市・豊平町・琴似町・白石村・札幌村・篠路村・手稲村（1951年に手稲町）が存在していた。戦後、札幌市による町村併合が急速に進行する。白石村（1950年；現在の白石区・厚別区一帯）、琴似町（1955年；西区）・篠路村（1955年、北区）・札幌村（1955年、東区）、豊平町（1961年；豊平区・清田区・南区）、手稲町（1967年；手稲区）である。そして1972年の政令指定都市となり、区政を施行した（www.city.sapporo.jp/shimin/kusei/）。

区の行政組織と各種のコミュニティ施設

　区の組織は区長‐区次長（現・副区長）の下に、総務部（現・市民部）、税務部、土木部、福祉事務所の4部を置き、会計課を区次長直属とした。区長に予算と人事の権限はなかった。その後、1989年、分区により9区体制ができるが、市はそれを「地域新時代の幕開け」と捉え、翌1990年に各区に3,000万円の予算を付け「ふれあい街づくり」事業を起こさせた。1991年にはまちづくり企画調整担当の係長職を各区に配置し、1995年には区長に区の一般職に係る人事配置権を付与した。2004年現在、市民部は総務企画課・地域振興課・戸籍住民課を持ち、庶務、庁舎管理、広報広聴、まちづくりに関する連絡調整、ふれあい街づくり事業の企画調整、町内会など住民組織の振興、交通安全の推進、住民基本台帳、戸籍関係などの「行政」を分担している。その他、北区篠路と南区定山渓に出張所、そして各区に連絡所（「まちづくりセンター」、全市87ヵ所）を持つが、中央区の14ヵ所から清田区の5ヵ所までの開きがある。税務部は市税の賦課徴収、滞納処分などを、土木部は道路・橋梁・河川の維持補修、除雪、公園の維持管理、道路占有の許可などを扱う。福祉関係は福祉事務所からスタートしたが、1997年に区に保健センター（部相当）を編入し、保健と福祉の連携を強化するため保健福祉部を新設した。現在は地域福祉、児童扶養手当、医療費助成、介護保険、地域の健康づくり、生活保護、国民健康保険、国民年金などを担当する（斉藤真一 2002: 7-8）。

2004年現在、札幌市の「コミュニティ施設」には「連絡所」(まちづくりセンター)の他に、「地区会館」(連絡所に併設の集会施設) 56館、「地区集会所」2館、「区民センター」10館、「コミュニティセンター」2館、「地区センター」22館がある。区民センターは、「地域住民の生活文化、教養の向上とコミュニティ活動の助長を図り、地域住民の福祉の増進に寄与する」ために、「子どもからお年寄りにいたる住民各層の交流の場、地域文化を育む場など多目的な利用が可能な総合施設」(『札幌市の区勢』)として、1974年の北区・白石区・西区以降、1987年に厚別区、1989年に手稲区、1998年に清田区の開設を見て、各区1センターという配置が完了した。コミュニティセンターは既存の区民センターを利用しづらい遠隔の地域に、「区民センターを補完し、地域における住民の自主的な活動を促進するための施設として設置しているもの」(同上)で、篠路と手稲にある。地区センターは「地域社会の段階的広がりに応じたコミュニティ形成を図るため、区と近接住区を結ぶ地区に、文化・スポーツなどを通じた地区住民のコミュニティ活動の拠点となる施設として設置」(同上)され、1986年以降に逐次整備が進められたが、20館中の6館は連絡所への併設である(同：11-12参照)。

各種コミュニティ施設と住民組織の関連性

若干の整理をすると次のようになる。区民センターは区全域(対象人口約20万人)を範域とし、遠隔の地域にコミュニティセンター(対象人口5〜10万人)、この両施設からも遠隔な地区に地区センター(人口4〜6万人で、2〜3連合町内会単位)を置く。ここまでの施設の設置主体は札幌市で、運営方法等は「地元の運営委員会」に委ねる。地区会館は3〜4平方キロの区域、人口は2〜3万人程度の、1連合町内会を単位とし、設置主体の札幌市が連合町内会に貸与、連合町内会が運営委員会を組織して運営する。区民センター・コミュニティセンター・地区センターに併設されていない会館は連絡所に併設される。地区センター、地区会館には連合町内会がかかわりをもつ。単位町内会・自治会等は市全体で2,112あり、単位町内会が10〜30ほど集まる連合町内会は市全体に約90存在する(2002.1.1現在)。そして、およそ半径500ｍの区域、人口にして2〜5千人、約1,000世帯の、1〜2単位町内会ごとに、「市

第3節　札幌市における「リカレント学習」と地域アソシエーション的社会　187

民集会施設」がある。市全体で265館、設置主体は地元だが市の補助金があり、単位町内会が自主運営をする（同：12）。

　このように、札幌市は政令指定都市化を機に区を置き、区ごとに区民センター（それを補うコミュニティセンター）を設け、その下に地区センター、とりわけ連絡所（まちづくりセンター）付設の地区会館をとおして、市はその行政を町内会など住民組織の方へと近づけようとしている。ベクトルは［市・区］→［連合町内会・単位町内会］という向きにある。しかも、町内会は1940年の内務省訓令第17号「部落会町内会等整備要項」には確実にさかのぼれるが、札幌方面「移民規則」（1870年12月）以前に行き着く住民組織は存在しない。つまり、単位町内会や連合町内会が「官制」的なものとして組織され、それが1947年のポツダム政令第15号、「町内会、部落会又はその連合会等に関する解散、就職禁止令、その他の行為に関する件」以後にも責任者の法的処罰等はなく、1952年の禁止令失効後は連合町内会の内部を充実させる形で単位町内会の振興が図られてきた。そうして、町村合併の展開と政令指定都市化＝区の設定後において、区を中心とする《政策コミュニティ形成》、つまり区役所が連合町内会に図り「協働型社会」を形成するという、札幌市の都市経営における新たな方向性が打ち出されてきたのである。

札幌市の「政策コミュニティ形成」施策：まちづくり情報交流センター
　すなわち、近代以前の「対人的－習俗的」社会における「ムラ」組織（部落会－青年団や町会）に根をもつ地域コミュニティ的社会——本章第3節第4項に見る松山市の各地区が公民館の自主結成のときに示したような姿——は、札幌市は十全にもちえていない。札幌市主導の「協働型社会」形成は、町内会加入率が87.2％（1985年）から74.9％（2003年）へと落ちている（札幌市教育改革推進計画第3章）中で、「政策コミュニティ形成」をとおして地域コミュニティ的社会の形成へと至ろうとする市の努力であると考えられる。このような、札幌市の「コミュニティ施策」が《政策コミュニティ形成》の途上にあることの一端は、斉藤真一の研究に見ることができる。札幌市西区琴似八軒のまちづくり情報交流センターの事例である。同センターは2001年10月、地区会館や地区連絡所などが入る複合施設内に開設され、札幌市のまちづく

り活動のモデルケースとして位置づけられる。斉藤はその常駐ボランティア4人（女性）、そして連絡所長（男性）から聞き取りをした。

> 「まちづくり情報交流センターが設置された部屋にはすでに『八軒地区福祉のまち推進センター』が入っており、部屋と設備を共同利用する形になった。福祉のまち推進センターは1997年（平成9年）に発足したが、八軒会館が完成し現在の部屋が使えるようになった2000年（平成12年）から、ボランティアを日替わりで毎日2名ずつ常駐させ、本格的に活動するようになった」。福祉のまち推進センターは地区社会福祉協議会（おおむね連合町内会の範域）ごとに置かれ、安否確認、家事援助、高齢者との交流、地域のボランティア養成、高齢者世帯のニーズ調査、広報・啓発の活動を役割とする。「まちづくり情報交流センターが設置されて、地区の町内会や文化活動関係者等でボランティアの『まちづくり情報交流運営委員会』が生まれたが、メンバーは福祉のまち推進センターの運営委員とほぼ同じであると言う。また、毎日常駐しているボランティアの方は、もとから福祉のまち推進センターで仕事をしていた方で、現在32人が登録しており、その中には、介護の資格を持っている方、民生委員、町内会の会長や役員、青少年育成委員の方がいる。しかし、常駐できるのは20数名であり、その人たちが1日2名ずつ常駐し、月に2回はセンターへ出るという形で運営している」（以上、同：27-28）。

まちづくり情報交流センターは、札幌市西区のコミュニティFM「三角山放送局」で、毎週水曜日の夕方に「八軒情報交流センターだより」の時間を15分持ち、センターの活動内容や地域のことについて放送している。八軒連絡所長は言う、「広報紙を出しているがまちづくり情報交流センターについては年2回であるし、三角山放送局でも放送しているがPR不足である。情報交流スペースとしての利用が増えてほしいが、福祉のまち推進センターと部屋を共同で利用しているので、利用者が多いと福祉関係の相談をしに来た人が相談しにくい」ので、もっとPRすべきか悩んでいる、と（同：28-29）。

まちづくりへの住民参加 VS 小地域共同生活体の自治

ここでは、第一に「福祉のまち推進センター」運営委員の人たちが、あとから入ってきた「まちづくり情報交流センター」運営委員会の運営委員をも

兼ねたこと、第二に両方の活動にかかわっているボランティアーズ32人の中には、介護資格を持っている人の他に、民生委員、町内会の会長や役員、青少年育成委員といった地域コミュニティ的社会の形成につながる地縁活動家もいる。しかし、「常駐」できる20数名は、そういう役職の多い人たちではなく、ボランティア活動が自分の中で主軸となっているボランティアが「1日2名ずつ常駐し、月に2回はセンターへ出る」。第三に、まちづくり情報交流センターの「PR」がクチコミではなく、マスコミの一角へ入り込む形でなされていることである。ある種の「不特定多数」に対す働きかけが「PR」という言葉から感じ取ることは不可能ではない。こうして、八軒まちづくり情報交流センターは、八軒地域の単位町内会や連合町内会の主たる活動にはなっていない。それは、目下のところ、市の側が主体的に協働を求め、善意のボランティアーズがそれに応えているというように私には見える（こうした活動の持続的蓄積は新たな関係性を産出させる可能性はある）。

　現時点での単位町内会の主な役割は、おおむね札幌市の広報（『広報さっぽろ』）の配布と街灯の点検などで、かっては婦人部活動で「なかよし子ども館」や「子ども会育成会」に関与した区もあったが、いまは活動不良になっている。しかしながら、スウェーデンの「小地域共同生活体」のような改革がなされれば、事態は変わる可能性がある。例えば、人口45万人のヨーテボリ市議会は1987年、新たに市域を21の「地区」（平均人口2万人、つまり八軒地域くらいの人口規模）に分け、各地区委員会に「保育園、基礎学校、高齢者福祉、障害者福祉、生活保護、文化・レジャーに関する決定と運営の権限」を与え、市税収入の54％相当部分を地区委員会全体に交付することにした。市は独自に、各地区委員会に帰属させることのできない市全体にかかわる仕事、他の市や県・国との関係調整をする（伊藤和良 2000: 18）。

　こうした独自の権限を付与された「小地域共同生活体」レベルにおいて地域自治を考えられるなら、「まちづくり」も、「生涯学習」のあり方も激変する。都市自治の「法制制度」改革は《生涯学習》(ライフロング・ラーニング)の第一義的課題である（ヨーデボリと通底するところのある、イタリアのボローニャ、パードヴァなどに見られる「地区住民評議会」については、本書第3巻第6章を参照されたい）。

区民センター、NPO 等による「生涯学習」：〈ちえりあ〉の社会的前提

　以上に見たように、基本的に公民館を持たない札幌市において、従来の社会教育およびその拡充形態は、各区ごとに、あるいは小学校区という人びとの日常生活に密着するレベルで、学習機会・活動機会が提供され、学習と共生を実現することが期待されてきた。前述の区民センター（2003年度の利用者総数177万人）、コミュニティセンター（同17万人）、地区センター（同115万人）がまさにその役割遂行の場であった。現実には平均人口20万人程度の、——東京都文京区くらいの人口規模を持つ——、10の行政区が主体となって各区の「生涯学習」講座が個々の区民センターにおいて実施された。それは、2000年度に札幌市生涯学習総合センター「ちえりあ」がオープンするまでは、市の「生涯学習」講座の中心をなしていた（さらに区長の姿勢による区の格差が生じてもいた）。この場合、区民センターを中心とする「生涯学習」活動は、公民館活動はもちろん、町内会や自治会などの活動と直に連動するものではなかった。

　生涯学習総合センターの新規建設は新たな形態の「生涯学習」、すなわち学習講座内容の独自性や立地の利便性などに基づいて、区民センターなどとは質的に異なった、学習者の〈学縁〉を全市的なレベルで創り出す必要性に対応するものであった。しかし、それと並んでカルチャーセンターなど民間教育事業はますます盛んとなり、一人の指導者を囲む学習者の集団があちこちにできていた。多様で多角的な学習ネットワークの創出が、さまざまな市民活動、NPO活動、ボランティア活動、社会教育的な活動、学校教育とその関連活動など、また組織的形態を取らない市民の日常活動などをとおして生まれていた。そうして、例えばNPO法人「さっぽろ自由学校『遊』」は、連続講座「生涯学習のオルタナティブ」（2002年10〜12月、全7回）を組み、それらの連携をめざしていた。その案内文は「これまでの日本の『生涯学習』のイメージを乗り越えて、社会をつくり、変えていく主体としての市民を育てるダイナミックな生涯学習社会のあり方を考えてみたい」と記した。2004年度にも「学習を学ぶ学習会——オルタナティヴな学びの場をつくる」（4〜9月、全7回）を設定し、「『学び』とは何か」についての根本的な問いを問いかけた（さっぽろ自由学校「遊」については本書第4巻参照）。

第1項　札幌市における「生涯学習」制度の史的展開過程
新たな端緒：北海道地域リカレント教育推進事業

　札幌大都市圏域において大学の「成人学習」への参加は、1920年代の事例（本書第1巻341-342頁）はあるが、戦後改革期に本格化した。大学夜間部の開講（北海学園大学、札幌短期大学など）、社会教育主事講習会の開催（北海道大学教育学部→北海道教育大学）、社会福祉主事講習会開催（北星学園大学、北海道大学教育学部）などの展開である。しかし「生涯学習」との意識的かかわりは比較的近年のことであった。1974年に北星学園大学が「公開講座」を始め、翌75年に北海道大学がそれに次いだ。1982年に北海道大学が札幌放送株式会社と組んで「北海道・大学放送講座」（テレビ講座・ラジオ講座）を始め、1993年から北海道教育大学も参画した。1995年度は北海道大学高等教育機能開発総合センターに「生涯学習計画研究部」が設置された。文部省の強い声で、北海道内の各大学・短期大学も公開講座や大学院への社会人入学などの「社会貢献活動」に重たい腰を上げ始めていたこのころ、文部省の委託事業「北海道地域リカレント教育推進事業」のために、北海道地域リカレント教育推進協議会が組織された（1994-96年度）。その体制は画期的であった。

　　高等教育機関：北海道大学（総長；北海道リカレント教育推進協議会会長）、北海道教育大学（学長）、室蘭工業大学（学長）、小樽商科大学（学長）、札幌医科大学（学長）、日本私立大学協会北海道支部（北海学園理事長）、日本私立短期大学協会北海道支部（北海道自動車短期大学長）、国立高等専門学校協会（函館工業高等専門学校長）、㈳北海道私立専修学校各種学校連合会（理事長）
　　地方公共団体：北海道（知事）、北海道市長会（会長）、北海道町村会（会長）、北海道教育委員会（教育長）、札幌市（市長）、札幌市教育委員会（教育長）
　　産業界：北海道経済連合会（会長）、北海道経営者協会（会長）、北海道経済同友会（代表幹事）、㈳北海道商工会議所連合会（会頭）、北海道商工会連合会（会長）、北海道中小企業団体中央会（会長）、北海道中小企業家同友会（代表理事）
　　労働界：日本労働組合総連合会北海道連合会（会長）
　　報道関係：㈱北海道新聞社、北海道放送㈱
　　その他：㈶北海道生涯学習協会（事務局：北大生涯学習計画研究部）

　この協議会はわずか3年間でその任を終わり解散した。しかし、このとき

に始めて実現した、北海道内の各種団体・組織の責任者のネットワークは、北海道内におけるその後のいろいろな活動にプラスの影響を与えた。例えば北大法学部と北海道町村会が手を組んだ「地方自治土曜講座」は、地方自治の担い手に「生涯学習」の場を与えただけではなく、日本型「生涯学習（ライフロング・ラーニング）」の1つの姿を示していたと言えると思う。——地方自治土曜講座は地方分権促進法が施行された1995年に、北海道町村会の主催で開始、2002年からは自治体職員有志と研究者らによる実行委員会が自主運営してきた。残念ながら、この地方講座は2010年を最終年度とすることになった。「財政難で市町村側も研修で職員派遣する余裕もなくなり、受講者は最近では毎回100人ほど」（北海道新聞2010.03.22）。しかし「土曜講座の開催趣旨」（2002年）に見る本講座のあり方は、現行「生涯学習」の熟成に新たな可能性を切り開いた。例えば、本巻序文で見た松下圭一は同講座に積極的にかかわり、『市民・自治体・政治——再論・人間型としての市民』（2007年）も、この講座での講演から生み出された。

土曜講座の「開催趣旨」は次の3点を謳った。①「2000年4月地方分権推進一括法が施行されました。行財政事情が一層厳しさを増している地方にあって、今がこの『第三の改革』の本番と言えましょう。改革の成功を担うのは、地方行政の第一線にあって、議論し、創造し、そして行動する現場の自治体職員です」。②「『地方自治土曜講座』は、地方自治に関する理論を多角的に学ぶことにより、地方分権の時代を担う自治体職員の能力開発に資することを目的に開催するものです」。③「大学の研究者、自治体職員で構成する『北海道地方自治土曜講座実行委員会』が企画・運営を実施します。自治体職員自らの手づくりで人材のレベルアップを目指し、タイムリーかつ実践的なテーマを選んで開催します。幅広い議論を尽くしながら、自らの手で明日の自治を築きましょう」（http://sky.geocities.jp/utopia2036/doyokoza/aim.htm）。（なお、2010年8月28日の最終回は「市民の時代——国家統治理論から市民自治理論へ」をテーマとし、松下圭一の基調講演があった）。

さて、こうした新しく生じた状況の中で、札幌市の「生涯学習」政策もようやく本格化してゆく。その象徴的な存在が「さっぽろ市民カレッジ」であっ

第3節　札幌市における「リカレント学習」と地域アソシエーション的社会　193

た。以下、私たちは、そのカレッジの形成過程を追うとともに、カレッジの独自性を求めるべく模索した試みをとおして、札幌大都市圏域における「生涯学習」講座のレーゾン・デートルを検討してみたい。そのことは、地域アソシエーション的社会の特質の考察に対し、「生涯学習」講座という側面からのデータを提供することにもなると思う。

1　「さっぽろ市民カレッジ」の形成過程とその特質
札幌市教育委員会と「さっぽろカレッジ」構想

　札幌市教育委員会は、1995年6月、札幌市社会教育委員会議（議長＝土橋信男北星学園大学長 [当時]、2001-03年度に札幌市教育長）、ならびに札幌市生涯学習懇話会（会長＝土橋信男学長）での議論を踏まえて、『札幌市生涯学習推進構想』を策定した。それは、生涯学習の基本方向を、「自己を高める」「活力ある街を創る」「札幌で結ぶ」という3つの言葉で示している。第一の「自己を高める」とは、生涯学習の基礎力（＝家庭教育や学校教育）を高め、人間性を培い（＝ノーマライゼーション、男女共同参画社会づくり）、健やかな心身と感性を育むこと（＝健康・運動、芸術・文化）を基盤として、その上に「自己の能力をひらく」ための、高度で体系的な学習機能を持つ「(仮称)さっぽろカレッジ」の整備を核とする、「リカレント学習」体制の形成を展望した。

　「さっぽろカレッジ」は、第二の柱「活力ある街を創る」、第三の柱「札幌で結ぶ」とも連動する。「活力ある街を創る」は、地域の触れ合いを深め、豊かな市民生活を創りだすことを意味する。それは経済的な基盤を不可欠とするので、「産業の活力を生み出す」こと、つまり「地場産業への教育・研修機能、先端技術開発支援、等」の指摘とつながる。第三の「札幌で結ぶ」では、「生涯学習」を支える人材を育てること（＝学習ボランティア制度、等）、「生涯学習」空間を広げること（すなわち「小地域共同生活体内－各区内－市全域」への連鎖；引用者の補注）、総合的・体系的な学習を進めること（＝市民ニーズの継続的把握及び学習プログラムの企画・提供、公設民営モデル事業の検討）、「生涯学習」をネットワークで結ぶこと（＝生涯学習情報システム、双方向や在宅の学習支援システム）、こうした諸点を正鵠に射ていた。——そして、『構想』はこう続けた。「自己の能力を拓く」リカレント教育の推進のあり方について、新設の（1995年4

月に発足する)「高等教育の観点から生涯学習に関する計画・研究・実施等を行う機関である『北海道大学高等教育機能開発総合センター・生涯学習計画研究部』との連携」によって具体化することが重要だ、と(同構想：50)。

北大生涯学習計画研究部の参画

翌1996年、北大生涯学習計画研究部は札幌市教育委員会社会教育部社会教育課から研究委託を受け、それを契機に両者は「生涯学習」推進のための連携に一歩を踏み出した。生涯学習フォーラムを重ね、共同調査(神奈川・千葉県下、京都・大阪府下)も行い、1996年10月の北大から中間報告『〈さっぽろカレッジ〉の構想について』では「ネットワーキング型のカレッジ」という学習機会の提供形態と、「職業的及び公共的リカレント学習」という大学・大学院レベルの学習内容を提起した。

1997年3月、北大の報告書『札幌市の生涯学習と〈さっぽろ市民カレッジ〉』は、第1に札幌市民の生活要求に基づく生涯学習ニーズと〈さっぽろ市民カレッジ〉の位置づけ(すなわち、まちづくり・ボランティア活動の現状と「公共的リカレント学習」への市民ニーズの把握)、第二に社会教育拡張型の「生涯学習」と公共的リカレント学習との関係調整にかかわる問題(特に公共的リカレント学習における実施ネットワークの具体的構築とその課題)、第三に現存する各種の職業訓練・人材育成の「分業的」な構造、近年の新たな動向との関連における「職業的リカレント学習」の位置づけ、関係機関間の調整の問題、第四に職業的リカレント学習と高等教育機関との連携における重層的な関係の整理にかかわる諸問題(〈専修学校－大学－大学院〉の相互連関の諸関係)、の4点を指摘した。

その後、両者は、2000年を目途とする札幌市生涯学習総合センター開設を念頭に、一方で「札幌市生涯学習審議会」を設置して、私立の大学・短大・専修学校を含む高等教育機関、民間カルチャーセンター等と、札幌市や各区の区民センターによる生涯学習機会提供事業との具体的な連携のあり方を模索した。特に〈さっぽろ市民カレッジ〉が大学／大学院レベルのリカレント学習に特化してゆくことの持つ他の生涯学習機関への影響、そのうえでの全体的な連携のあり方が、費用負担・財政援助などとも関連し活発な論議の的となった。

生活拡充共生型「生涯学習」と、2種類の「リカレント学習」

　札幌大都市圏域における広義の『生涯学習』は、狭義の「生涯学習」（＝生活拡充共生型現行「生涯学習」）と、「リカレント学習」とからなっている。「リカレント学習」は、ヨーロッパ・アメリカ・東南アジア等では「継続高等教育」という概念で把握される。しかし、日本社会での継続高等教育は、大卒後の専門職継続教育という面で、医学部－医師会、歯学部－歯科医師会、獣医学部－獣医師会、薬学部－薬剤師会などによりなされてきたが、それらを除くと十分には位置づいていない。とりわけ工学部・農学部等の卒業生、つまりエンジニーアに対する専門継続教育が不在だったことが、「リカレント教育」の底の浅さを示している（第4章第3節参照）。1992年の生涯学習審議会答申『今後の社会の動向に対応した生涯学習の振興方策について』は、リカレント教育を「職業人を中心とした社会人に対して、学校教育の終了後、いったん社会に出た後に行われる教育（職業から離れて行われるフルタイムの再教育のみならず、職業に就きながら行われるパートタイムの教育を含み、また、大学等の正規の学校以外の場で行われるものも含む）」、と定義づけしていた（http://www.mext.go.jp/b_menu/shingi/12/shougai/toushin/990601.htm）。

　ここで、「職業人を中心とした社会人」という表現は、「職業人」と「非・職業人」を区分していると見ることができる。つまり、リカレント教育には、「職業的」なものと「非・職業的」なものとがあることになる。この区別にある意味づけを与えると、「職業的・職能的なリカレント」と、「公共的・公益的なリカレント」という概念がえられる。前者は【職業人の要請に応えるところの、職業的力能の深化・拡張、または転換のための学習機会の提供】である。後者は【まちづくりやボランティアなどの活動のための専門的・公共的な力能の養成】を、その中核として位置づける。「職業的」「公共的」は活動の圏域を、「職能的」「公益的」は活動の内実を意識した概念化である。すなわち、「リカレント学習」は直ちに「職業的リカレント学習」を意味しない。「社会人」を「職業人」から敢えて区別し、職業的／職能的なリカレント学習とは別に、公共的／公益的なリカレント学習を措定してみようというのである。

2種類のリカレント学習と高等教育との結合

　これら両者はいずれも高等教育機関との連携・協力が不可欠であり、そこに生活拡充共生型の「生涯学習」との違いがある。学習内容的にも、特定の専門分野における「高度で専門的」なもの、または「学際的かつ総合的」なものという点で専門性を求められる。公共的・公益的なリカレントと、高等教育機関との連携・協力を必ずしも必要とはしない生活拡充共生型の「生涯学習」、特に「教養」ないし「現代的教養」とくくられる「生涯学習」との境目は微妙であり相互の移行もありうるが、「専門性」の養成という点で、つまり高等教育機関の参画のあり方の差異という点で、一応の区分をすることが可能である。この点で「職業訓練」と「職業的・職能的リカレント」との区分が問題となる。一応の基準はここに示したごとくであるが、職業訓練における高等教育レベルの必要性は、本書第1巻の第2章で見たごとく、日本では文部省(現・文部科学省)管轄の大学教育とは異なる、労働省(現・厚生労働省)管轄の「職業能力開発大学校」－「職業能力開発短期大学校」という独自制度を創り出してきた。

　私たちはさっぽろ市民カレッジを創出していく過程――札幌市リカレント教育研究会設立(1996-99年度)、さっぽろ市民カレッジ・プレ講座実施(1997-99年度)――において、このように整理してみた。しかし現実問題として苦慮せざるをえないのは、職業的・職能的なリカレント学習の推進方策である。現実に札幌大都市圏域の人材育成機関と「生涯学習」制度を見てみると、一方に労働省(厚生労働省)－雇用促進事業団：雇用・能力開発機構－職業能力開発短期大学校・ポリテクカレッジ－職業能力開発センター・ポリテクセンターの系列、他方に通商産業省(経済産業省)－中小企業事業団－中小企業大学校の系列がそれぞれ存在し、かつ、そのそれぞれが道庁－関連機関および札幌市－関連機関、と重層的に連結する分厚い人材育成網を持っている。新参の「リカレント学習」が入り込む余地はないように見える。それゆえ、その点を社会学的に分析することから始め、具体的な考察を重ねて、「生涯学習」制度の、とりわけリカレント学習の、特に「職業的・職能的リカレントの可能性を検討したい。職業的・職能的リカレントという言葉で表現されるある内実が、他の仕組みによって代替可能なのかどうかという問題でもある。

第2項　札幌市の人材養成における既存の分業構造

札幌市の産業振興計画と人材養成

　札幌市は『札幌市生涯学習推進構想』の翌年、『第3次札幌市長期総合計画・第3次5年計画』(1996年3月)を出し、「産業振興計画」の基本目標として次の5点を挙げた。1)「都市型産業、先端型産業」の振興、2) 産・学・官の連携による多様な分野での「融合化・ネットワーク化」、3)「創造性に富む産業活動の担い手」たる人材の確保、4)国際的連携と「特色をもった競争力のある産業」の創造・育成、5) 近隣町村との連携のもとにおける「広域的な産業」振興である。こうした基本計画に基づく「施策の基本方針」は、①新しい時代に対応した産業の育成、②中小企業の経営基盤強化、③商工業の振興、④都市観光の振興、⑤都市農業の振興に柱立てされ、さらには「事業計画」としてブレイク・ダウンされる。「主な事業計画」の中から、職業的リカレント学習とかかわると思われる項目を抜き出すと次のようになる。

　① WTCサッポロ開設 (World Trade Center; 地場中小企業の国際化支援：企画部)、札幌国際見本市開催 (商工部)、海外市場調査事業 (海外市場調査団、経済シンポジウム：商工部)、新札幌型産業創出のための調査研究 (製造業保有技術調査、新札幌型産業分野の抽出と展開プログラムづくり、産学共同研究開発支援：商工部)、産業デザイン支援に関する調査 (市内企業のデザイン力向上：商工部)、ファッションタウンさっぽろの展開 (ファッションタウンさっぽろ推進協議会負担金、サッポロコレクション開催費補助：商工部)。②中小企業金融対策貸付 (中小企業指導センター)、人材育成拠点施設建設 (技能訓練会館移転、人材育成棟建設：中小企業指導センター)。③先端産業立地促進助成 (コンピュータ産業・OA関連機器産業・産業用ロボット産業・ファインケミカル産業等：商工部)、札幌エレクトロニクスセンターの機能強化事業 (マルチメディアに対応した施設の充実、情報化のためのシンクタンク的機能の強化：商工部)。④国際観光イメージアップ事業 (観光部)、観光ボランティアガイド養成 (希望者に対するガイド養成講座：観光部)。⑤市民農園等育成事業 (市民農園等育成、公共開設型市民農園整備調査：農務部)。

札幌市の産業人材養成とリカレント学習

　このように、基本的にはハードな側面での事業の立案・実行という行政手

法が多いようだが、ソフトの側面が無視されているのではない。商工部担当の海外市場調査事業、新札幌型産業創出のための調査研究、産業デザイン支援に関する調査、ファッションタウンさっぽろの展開、札幌エレクトロニクスセンターの機能強化などの事業は、「リカレント学習」と楯のウラ・オモテの関係、連携に基づく分業の関係にある。観光部の観光ボランティアガイド養成事業は公共的リカレントそのものと深く重なる。中小企業指導センターは、「人材育成」拠点施設建設を構想した。新札幌型産業の創出やエレクトロニクスセンターの機能強化、また産業デザイン支援やファッションタウン化の達成にしても、「人材育成」の問題と深くかかわっている。こうした点で、総体としての市民の人的力能を、個々の市民の自主的な活動結果として、如何に高めてゆくことができるかという点に、リカレント学習支援事業と企画局や経済局などの事業との接点がある。

　しかし、文部省がリカレント教育（生涯学習局）やリフレッシュ教育（高等教育局）を重要な施策として打ち出す以前から、職業人・社会人に対する職業教育・職業訓練の施策が労働省や通商産業省、農林水産省などによってなされてきた。ここではまず「職業能力開発促進法」および「中小企業指導法」に関連する"人材育成"策を見る。ついで「リカレント学習」の機会提供と関連すると思われる札幌市における近年の新たな動向に触れる。いわゆる「生涯学習振興法」には「生涯学習」の規定がなく、職業能力開発促進法や中小企業指導法に比べ実効性に乏しいと思われるので、職業的・職能的リカレント学習ならびに公共的・公益的リカレント学習のあり方を検討するには、他省庁による既存の学習体系との対比という作業を欠かせないからである。

1　「職業能力開発促進法」に関連する事業

職業能力開発促進法の骨格

　1985年に成立した職業能力開発促進法は、「民間活力の増進を期して企業生涯教育訓練を前面に押し出し、公共職業訓練の地域センター化をねらうもの」で、(1)生涯職業訓練の明確化、(2)訓練を受ける労働者の自発的努力への助成配慮、(3)事業主の職業訓練自主運営、(4)事業主に対する国・自治体の援助、の4点を骨格とする（斉藤将 1993: 148-151）。この法を受けた、当時の労働省

／雇用促進事業団の「職業能力開発」事業には、北海道内では、「高度職業訓練」を担当する北海道職業能力開発短期大学校（ポリテクカレッジ北海道：小樽市銭函に所在）と、「普通職業訓練」を担う北海道職業能力開発促進センター札幌分校（豊平区に所在）があった。

1-1　旧労働省／雇用促進事業団／北海道職業能力開発短期大学校
ポリテクカレッジ北海道における高度職業訓練

　職業能力開発促進法に基づき1985年に設立されたポリテクカレッジ北海道は、生産技術科、産業機械科、制御技術科、電子技術科、情報処理科、情報技術科、建築科の7科をもつ、二年制の「高度職業訓練」機関である。同校は企業内技術者の技術的・技能的な実務能力の向上、すなわち「"ものづくり"を通した実践技術者の育成」を掲げるが、それは生涯職業能力開発にとって重要な意味をもつ。社会人に対する訓練コースとしては「能力開発セミナー」（地域産業の技術開発、新技術の導入、新入社員および企業内研修のための、実践技術の向上）と、「リーダー養成コース」（企業における指導者養成のための技術研修）が置かれている。同校が制度変更する直前、1997年当時の能力開発コース（9：30～16：15、4日間）は、設計・CAD技術10人、熱・流体・エネルギー技術15人、加工技術10人、材料・物性技術18人、計測・制御32人、電気電子（回路・回路設計・計測）17人（夜間コースも）、コンピュータ利用技術11人、アプリケーションソフト15人（夜間コースも）、通信・ネットワーク9人、生産情報システム3人、プログラミング5人、光工学4人、建築施工・設備・構造11人、建築計画20人、その他4人（CGのための実用数学：2日、日常生活支援のための信号処理技術：2日）であった。他方、リーダー養成コースの1997年度プログラム（定員10人、各10日間、9～16）は、1.材料基礎技術、2.機械製図、3. NCワイヤカット放電加工、4. CAE構造解析技術、5.パソコンを用いた工業計測、6.建設設備機器に関する熱工学技術、7.マイコン制御技術、8.電気設備保守管理、9.ネットワークに対応したプログラム開発、10.企業内情報とその効果的運用、11.建築計画設計技術、12.各種建築構造技術であった。受講対象者は「事業主団体及び企業が能力開発体系図に基づいて、専門基礎及び専門Ⅰ程度の教育訓練を実施する場合」において、従業員が講師に

なる意思を持ち、かつ講師として必要なレベルの技能・技術を有する人とする（同短期大学校「平成9年度職業能力開発プログラム」）。これは1996年度からの「事業主団体を中心とする人材高度化支援事業」の一環で、企業内で「教育」を担当するリーダーの育成事業である。

　雇用促進事業団自体、中央省庁や外郭団体のスリム化の動向の中で存続が論議されてきたが、「職業能力開発」の必要性は衆目が一致するから、「新法人」の設立が認められた（1997年2月）。そのさい全国26校の大学校を10校に集約して「四年制大学校」化（現行の専門課程2年間＋新規の実践課程2年間）を目指すこととした。「高度職業訓練」の一層の高度化である。北海道職業能力開発大学校は、2000年4月、「専門課程」の他に「応用課程」を新設開講し、「生産システム技術系」と「居住・建築システム技術系」を置いた。前者には生産機械システム技術系、生産電子システム技術系、生産情報システム技術系（各20人）があり、後者は建築施工システム技術系（20人）をもつ。

1-2　北海道職業能力開発促進センター、北海道雇用促進センター

北海道職業能力開発促進センターの離・転職者訓練、在職者訓練

　北海道職業能力開発促進センター（2005年現在は岩見沢能力開発支援センター）の札幌分校、北海道職業能力開発促進センターは、1988年10月、技術革新、女性雇用の拡大、高年齢社会等に対応することを目的に設置された。その後、「離・転職等求職者に対する訓練」として、アビリティコース（ビジネスワーク科、ビル管理科：定員は各入所月15名、6ヶ月）、マスターコース科（中高年齢者：ビルメンテナンス科：定員20名、年2回入所）の訓練を開設する。また「能力開発セミナー」では在職者に対する2～3日程度の講習を、「事業内職業訓練援助」では講師派遣や教育訓練計画立案の援助を、「通信制訓練」では職業能力開発大学校の通信制訓練の相談やスクーリングなどを行っている。

　このポリテクセンター北海道は1998年に、「新・北海道職業能力開発促進センター」（札幌市西区）への再編と、雇用促進訓練センターや能力開発情報システムの設置、ポリテクカレッジの分室の設置、四年制化との関連が検討された。新センターでの「在職者訓練」（能力開発セミナー、技能レベル2～4）は、技能者への実技教育を以下の4系（専門群、コース）で行うことになった。機

械系には加工技術、測定・検査技術、設計技術、生産システム技術の約72コース、電気・電子系には回路技術、制御技術の約48コース、情報・通信系にはコンピューターシステム、情報通信ネットワーク、情報システムの約24コース、居住系には設計技術、施工技術の約48コースがある。また「離転職者訓練」(アビリティコース)の訓練科は、テクニカルオペレーション科、電気設備科、住宅サービス科、ビジネスワーク科、介護サービス科で、1998年度までとは大きく編成が替えられた。

北海道雇用促進センターの職業訓練制度

北海道雇用促進センターは、1995年11月改正の「中小企業労働力確保法」を機に、在職者の職業訓練を担当するポリテクセンターと分担して、社員の人材育成のための職業訓練受講制度の利用促進を担っている。「雇用ネット北海道」フォーラムや各種の「研修コース」「雇用管理研究会」などを開設し、人材の確保・育成、労働時間の短縮など、雇用管理改善の普及促進を目的とする研修会・講演会を実施し、ビデオ教材の貸出しも行う。さらに中高年齢労働者受講奨励金(受講開始日満40歳以上の中高年齢者が専門学校などの教育機関で受講し修了した場合に経費の一部を助成)、ソフトウェア人材育成事業派遣奨励金(社員を地域ソフトウェアセンターへ派遣し訓練を受講させた場合に受講料の一部を助成)、建築雇用改善助成金(建設労働者の雇用の改善推進のため技能実習・認定訓練・認定職業訓練・雇用管理研修などを行う中小建設業の事業主への助成)の窓口でもある。

1-3 労働省関係のその他の職業能力開発の機関と事業

その他の労働省関係諸機関による職業訓練制度

労働省関係のその他の機関としては、建設業労働災害防止協会北海道支部(1964年設立、安全教育など)、㈳全国民営職業紹介事業協会札幌事務所(1987年設立、求職者の職業能力の開発向上)、㈶北海道雇用開発協会(1988年設立、地域雇用開発に関する研修・人材育成事業)、㈶国際研修協力機構札幌駐在事務所(1991年設立、1993年創設の「技能実習制度」実施)、㈶21世紀職業財団北海道事務所、㈳北海道季節移動労働者福祉協会(1992年設立、技能講習用テキスト作成

頒布、情報提供・調査研究）がある。21世紀職業財団は、労働省の青少年女性室と係わる団体で、1986年の「男女雇用機会均等法」の施行を機に設置された㈶女性職業財団が1993年に名称変更した。1994年の「パートタイム労働法」、1995年の「育児介護休業法」成立に伴い活動領域を拡大し、2005年現在は働く女性の能力発揮、仕事と家庭の両立支援、パートタイム労働者の福祉向上を課題に、男女協働社会の実現に向けて活動中という。1995年には、㈶KSD中小企業経営者福祉事業団北海道支局が開設された。この組織は㈶中小企業国際人材育成事業団（外国人研修生受け入れ事業、中小企業の海外進出支援事業）と㈶国際技能振興財団（KGS）が関係団体だが、前者は北海道には来ていない。KGSは「職人大学」(国際技能工芸大学 International University of Industrial Arts〔仮称〕）の設立を準備し、2000年度に「ものつくり大学」を発足させた（Institutes of Technologists；製造技能工芸学科、建築技能工芸学科）。NPO法人「北海道職人大学」は「小樽職人の会」等を中心に2000年に設立され、2002年に小樽で第1回「全国職人まつり」を開催した。

1-4　北海道経済局商工労働観光部
北海道商工労働観光部の職業訓練計画と能力開発機関
　北海道庁商工労働観光部は、1971年に第一次『北海道職業訓練計画』を出し、翌年に北海道立札幌職業訓練校分校および札幌市職業訓練センター（技能訓練会館）を札幌市と共同で建設した。以後、1976年に『北海道職業訓練計画』、1981年『北海道職業訓練計画——生涯訓練体制の整備をめざして』、1986年には『北海道職業能力開発計画——生涯職業能力開発の新たな展開』を策定し、上のセンターを民間分野の職業能力開発に係る拠点施設、北海道立職業能力開発支援センターに再編成した（札幌市と共同）。1992年『北海道職業能力開発計画——新しい時代の技能者づくりと豊かな職業生活の充実をめざして』を重ねた。とりわけ、1984年の職業能力開発促進法の成立の前後で、発想が大きく異なってくる。公的職業訓練体制から、民間企業の企業内教育訓練、従業員の自己研修を含めた「総合的な職業能力開発推進体制の確立」への転換である（1986年に道立職業能力開発支援センター設置）。
　1991年度以降、訓練内容的には、ME化など技術の高度化に対応できる「技

術的技能者の育成」という、ポリテクカレッジと重なり合う方向づけにより、労働省の機関委任事務、そして職業能力開発促進法に基づく公共職業能力開発施設としての、「道立技術専門学院」の再編が企図された。道内20校の専門学院を三分し、拠点8校の「短期大学校化」(札幌；室蘭；苫小牧；旭川；北見；帯広；釧路；函館)、準拠点校的な4校(滝川；稚内；網走；女性専門の札幌女子)、残りの8校は地域密着型の「人材開発センター化」(美唄；岩内；浦河；富良野；名寄；留萌；遠軽；江差)という区分であった。現実には1996年、道立の札幌、函館、旭川、北見、網走、帯広、釧路に二年制課程主体の高等技術専門学院を設置した(滝川、稚内、室蘭、苫小牧は一年制のまま、札幌市に障害者職業能力開発校も置いた)。

　札幌市内所在の道立職業能力開発機関としては、札幌高等技術専門学院(東区；岩内町に分校)、札幌女子高等技術専門学院(東区)の2校があり、ともに高卒・中卒者を受け入れている。両校は、生涯能力開発給付金(事業内職業訓練計画を作成し、当該従業員に教育訓練を受講させる事業主への助成)、事業主団体等委託訓練制度(新たに即戦力となる技術や技能を持った人を雇用しようとする事業主また事業主団体への助成；公共職業能力開発施設からの委託で実施)の窓口である。新卒者に対する訓練内容変更の方向性は、札幌高等技術専門学院を例に取れば、既存の精密工学科・金属工学科・電子工学科(いずれも普通課程Ⅱ類二年制)、製版印刷科・建築科・測量科・建築設備科(いずれも普通課程Ⅱ類一年制)に加え、専修課程と転換訓練のブロック建築科、配管科(いずれも一年制)を置き、普通課程Ⅱ類二年制を機械工学科・電子工学科・電子印刷科・建設設計科・土木情報処理科・建築設備科、そして普通課程Ⅰ類二年制を住宅サービス科に変えようという。中卒者が多かった専修課程は廃止し、「短期大学校化」を図ろうとするが、ポリテクカレッジ北海道よりも「実技中心」という性格が強い。

北海道商工労働観光部職業能力開発課と中小企業振興策

　北海道商工労働観光部は、国の職業能力開発促進法を受けて職業能力開発課を設置し、より広い人材育成業務に対応してきた。すなわち、1)「生涯能力開発給付金」の給付(業務命令で教育訓練を行う企業に「能力開発給付金」、従業員の申し出で教育訓練を行う企業に「自己啓発助成給付金」、技能検査や社内検定を行う企業に「技能評価促進給付金」)、2)事業転換を計画している中小企業への

「中小企業事業転換等能力開発給付金」、3) 認定職業能力開発施設に従業員を派遣する中小企業への「認定訓練派遣等給付金」、4) 学習企業を目指した「職業能力開発推進者制度」の推進（「推進者」に講習会・経験交流プラザ開催）、5) 北海道職業能力開発サービスセンターによる「企業の職業能力開発の支援」である。北海道商工労働観光部はこのほかに、「指導員派遣支援策」としての巡回技術指導・技術アドバイザーの派遣、「各種施設の利用」として開放試験室の利用にかかわっている。その他、婦人就業援助センターが市内中央区にあり、労働省‐道庁商工労働観光部労政福祉課がかかわる㈶北海道労働協会は、労使関係の安定化のための労働問題講演会、中小企業経営者講座などの各種講座を開催している。

1-5　札幌市経済局商工部
札幌市の技能訓練会館、認定職業訓練補助

札幌市には、経済局商工部工業課所管の「技能訓練会館」が《技能訓練センター》的な意味合いをもつものとして存在する。前述したように、1972年に北海道と札幌市は道立札幌職業訓練校分校と札幌市職業訓練センター（技能訓練会館）を共同で建設した。その後、分校の廃止に伴い、両者は1986年に北海道立職業能力開発支援センターを共同建設し、民間分野の職業能力開発にかかわる拠点施設および技能検定試験の実施会場として位置づけた。しかし、札幌市の業務は会場貸与が主なもので、雇用開発は重点目標となっていない。工業課は「札幌市認定職業訓練補助」（認定職業訓練を実施する中小企業者または中小企業団体などへの助成）制度の窓口だが、そのもとで実際には㈳札幌技能訓練会館運営協会が中小の製造業者や建設業者で組織された職業訓練団体など訓練校の設置、若年技能労働者に必要な知識や技能の取得訓練を取り仕切る。そのことと関係してこの会館内には「北海道職業能力開発協会」および「㈳北海道技能士会」が置かれている。工業課はこれとは別に、「工業技術力向上促進補助事業」の窓口でもある。これは「大学その他の教育研修機関に研究または研修のために技術者を派遣する企業および公的試験研究機関などからの技術指導者の派遣受け入れを行う企業」への助成で、大学や大学院へ行った従業員に半額補助がなされる。専修学校を対象外とすることは

見直す必要がある。

　工業課が2000年に立ち上げるとしていた「人材育成拠点施設」は、この会館の移転に伴うもので、経済局の中小企業指導センターの研修業務も統合する予定であった。札幌市は「人材育成」の拠点施設をもつことになるはずであった。計画が進めば、「札幌市生涯学習総合センター」の、とりわけリカレント学習機関「さっぽろ市民カレッジ」との「棲み分け」(＝連携と分担) に対する、経済局と教育委員会との双方の意志疎通が不可欠になったものと思われる (この点は後述する)。

地域産業振興と一村一品運動：北海道と大分県

　このように見るなら、職業能力開発促進法にかかわる人材育成において、労働省または雇用促進事業団に関連する事業が大半を占めていて、北海道庁や札幌市役所の独自の施策は乏しいと言わざるをえない。札幌市は全道からの流入人口を第三次産業によって吸収しえたため、深刻な雇用問題には直面してこなかったのかもしれない。他方、北海道は、横路孝弘知事 (1983.4～1995.4；社会党) 時代に「一村一品運動」を提唱し、1984年の「推進要領」は「行政依存が強いといわれる本道の住民意識を変えながら自立意識を育てていくことによって、地域の活性化を図っていこうとするもの」と指摘して、この運動の"意識革命"的性格を鮮明にしていた。5年後の1988年11月、道庁企画振興部地域振興室地域振興課の文書『一村一品運動の推進について』は、地域おこしの「気運づくり」と「取組みの芽づくり」という第一段階は着実に進展したと述べ、「今後の推進方向」の1つに「人づくり」、すなわち「(1)地域リーダーの育成、ネットワークづくりなど地域の人づくり、(2)地域の人材の把握と活用の推進、(3)地域の取り組みへの協力グループの育成」を指摘する。しかし、運動の推進体制 (特に「総括窓口」「地場産業、観光の窓口」「生活文化の窓口」) に教育庁は入らず、平行した HIMEX 構想 (「北海道国際医療・産業複合都市」建設構想；1987年以降、後述)、世界食の祭典 (1988年；90億円の赤字) が進められた。しかしその一方で、道立の職業高校は著しく減少し、札幌職安や札幌東職安という人口増加の顕著な職安管内では普通高校への進学率が、東京都の三多摩地区と同じく、9割を超えるという「特異な」事態を生み出した。一村一

品運動（と、HIMEX の失敗）と受験戦争激化（と、職業高校の切り捨て）とが同時進行したのである。

　他方、大分県の「一村一品」運動は、その発展として「豊の国の地域づくり・人づくりプロジェクト」を位置づけていた（『21大分県長期総合計画』、1990年）。すなわち、①一村一品運動の推進、②5大プロジェクトの推進（県北国東地域テクノポリス、別大情報都市圏、等々）、③過疎地域の振興、④豊の国ふるさとの創生、⑤実践的な地域づくりリーダーの養成（豊の国づくり塾こすもすコース、地域デザイン会議、高年大学校、婦人大学校、女性の船の充実等）、⑥豊の国交流センターの充実、⑦国際的視野を持つ人材の育成（農林水産業後継者、女性、青年、高校生の海外派遣研修等）、⑧21世紀を担う大分っ子の育成、⑨大分県女性センターの建設である。高等教育機関との連携に一考の余地がないわけではないが、「ひと」こそが地域づくりの要であるとすることなど、学ぶべき多くの事柄が含まれている。2000年には立命館大学と協働して、立命館アジア太平洋大学を創出しているが、それはアジア諸国との友好促進のほかに、県民同士の連帯強化をも目的とするものでもある。高等教育政策は、高等教育機関の誘致政策ではなく、高等教育機関と地元「地域社会」との連携の充実でもあるからである。

　このような試みの結果が本巻第3章第1節に見た、大分県による「新しい胎動」を作り出していったと思われる。他方、この間の札幌市役所、北海道庁のいずれにとっても、大学等の高等教育機関は、「外」にある存在であったようである。行政機関の内部に高等教育機関との組織的な協働を紡ぐ部署は、2005年現在において用意されていなかった。

2　「中小企業指導法」に関連する事業

中小企業指導法と人材育成事業

　中小企業指導法に基づく「人材育成」事業としては、中小企業者・従業員に対する「経営研修」および「技術研修」がある。それらは通商産業省（現・経済産業省）中小企業事業団の中小企業大学校旭川校が、道内の拠点である。ただし「経営研修」のみで、「技術研修」は主に中小企業大学校東京校が行う。北海道内では北海道中小企業団体中央会、札幌商工会議所が、中小企業庁の

研修委託事業を行っている。

2-1　旧通産省中小企業事業団／中小企業大学校旭川校
中小企業大学校旭川校の経営研修

　中小企業大学校旭川校（1986年設立）は、経営管理の向上のための研修・講習会を行う。その典型的な事業である「中間管理者コース」のうちの、「営業管理者養成コース」を例に事業内容を見てみよう。この養成コースは2泊3日で「入寮制」である。そこでは、営業管理者に必要な知識・能力、販売分析と実績評価、販売計画の策定と展開方法、営業活動の管理方法と強化策、部下の指導・育成法、自社・自部門の課題研究が、研修内容として課せられる。現役の中小企業診断士や経営コンサルタントが講師となる、実務的・実践的な講座である。私たちが札幌市内のある業界団体から聞いたところでは、中間管理者訓練に対する企業家の要望は高く、人気のコースはすぐに満杯となる、ということであった。しかし、札幌から遠いこと、全寮制であることなど、仕事に穴をあけねばならなくなることなどの問題点が指摘されていた。なお、北海道商工会議所連合会内に「中小企業大学校旭川校協力会」（1986年設置）が置かれ、道商連や北海道中小企業団体中央会の幹部が役員を勤め、研修生の募集支援や研修事業への提言を行っていた。

2-2　㈳北海道商工指導センター（商工研修センター）
北海道商工指導センターの公的診断指導・情報関連事業、自主事業

　北海道商工指導センターは、通産省の中小企業庁と道庁商工労働観光部の中小企業課とにかかわる組織であるが、それ自体、長い歴史を持っている。前身は、1951年に設立された㈳北海道能率指導所（経営合理化の企業診断専門機関）であり、1958年には北海道中小企業相談所を吸収合併して、新たに㈳北海道商工指導所として発足した。4年後の1962年に人材育成機関・北海道商工研修所を付設、1964年には業務の拡大とともに現在名に名称変更し、翌年に函館、旭川支部開設（1974年、帯広に道東支部）、1970年に道と国の要請で下請企業振興部を設置、1973年には研修事業を1971年設立の㈳北海道研修協会に移管した。その後、1986年に「北海道地域産業情報センター」を

併設し、1994年には研修事業を北海道研修協会から再移管、1997年には3支部を閉鎖した。――このように、中小企業指導法が規定する都道府県・12大都市の「中小企業総合指導所」は名称は区々だが、北海道だけは行政の内部組織ではなく「社団法人組織」である(『商工指導センターインフォメーションブック』、1997)。

現在の事業は、「公的診断指導・情報関連事業」と「センター自主事業」に大別され、前者の中に「商工研修事業」、後者に「研修事業」がある。前者では道庁からの研修委託事業「中小企業経営管理者研修事業」(中小企業経営者や中堅管理者を対象とする経営管理、生産管理などの研修〔「短期管理者研修」〕と「中小小売商業短期研修」)、「中小企業技術者研修事業」(「短期技術者研修」と「新技術技術者研修」;北海道、北海道工業試験場と共同で工業デザイン関連や、金属加工、食品加工関連の技術的テーマの研修、技術者の質的向上や地場産業製品の高付加価値化を図るための研修会の実質的な実施)、「経営指導員研修事業」(商工会議所・商工会、北海道商工会連合会の経営指導員の指導力向上のための研修)を行っている。商工業の近代化・合理化を目的とするセンター主催の「研修事業」には「商店街近代化フォーラム」と「地域振興フォーラム」があり、市町村担当者、商工会議所、商工会ないし商店街組合が対象である。さらに、講演・講習への講師の派遣も行う(商工業・街づくり・人材育成・情報化など)。

㈶北海道中小企業総合支援センターの設立

㈳北海道中小企業振興基金協会は1969年に㈳北海道商工指導センター内に併設され、投資育成事業を開始し、地場製品開発促進事業(1978年)、北海道地場工業等振興事業(1986年)を開発して、1987年には㈳北海道商工指導センターから独立した。その後、1996年から創造的中小企業創出支援事業を開始し、北海道が「創造的中小企業育成条例」を設けた1997年からは、それに基づいた事業を展開している。この年に、函館、旭川、道東(帯広)にあった支部を閉鎖した。これとは別に、1979年に設立された㈶北海道中小企業振興公社は設備貸与事業を開始し、設備近代化資金償還準備金積立事業(1985年)、中小商業活性化推進事業・中小商業振興対策事業(1990年)、地場工業設備貸与事業(1992年)を行ってきた。――2001年、北海道商工指導センター、

北海道中小企業振興基金協会、北海道中小企業振興公社の3団体は整備・統合して、㈶北海道中小企業総合支援センター」を設立した。

　北海道の中小企業振興策は「中小企業振興資金融資制度」のほかに、㈳北海道中小企業振興基金協会の助成事業として、北海道地場工業等振興条例に基づく、「研究開発補助事業」、「従業員等派遣補助事業」（先進企業、試験研究機関、大学、中小企業大学校等への技術者、経営管理者の派遣）、「事業化資金貸付事業」があり、製造業・ソフトウェア業への助成システム制度の中で独自な存在である。通産省／道庁商工労働観光部との関連では、北海道立工業試験場・技術指導センター（江別市）が技術者の質的向上を図るための技術情報や新技術に関する研修会、企業の要請に応じた中堅技術者の研修生としての受入れ、北海道立食品加工研究センター（美唄市）は食品加工に関連する新技術・新製品に関する講習会の実施や企業などからの研修生受入れ、北海道立寒地住宅都市研究所（旭川市）も北海道の建築に関する研究・技術指導、講師派遣を中小企業者に行っている。通産省と北海道電力の協力による㈶北海道地域技術振興センター（ホックタック財団、札幌市）は、中堅の技術者などを対象に中堅技術講習会の実施や、先端技術者の養成の講座を開催し、北海道庁と北海道開発庁の協力による㈳北海道開発技術センターは中小企業者を対象に、寒地開発技術などに関する講習会、講演会を開く。道庁の石狩支庁商工労働観光課は事業内職業訓練運営費補助金という制度を作り、認定職業訓練を実施する中小企業主、中小企業主団体、その連合団を助成する。

2-3　札幌市経済局中小企業指導センター

札幌市中小企業指導センターの経営研修事業

　中小企業指導法に基づく札幌市経済局中小企業指導センターは、中小企業に対する相談・診断・融資斡旋・研修・助成・情報提供・福利厚生を業務とする。研修に関しては、中小企業大学校旭川校に職員を2年間派遣して研修事業担当者とし、中小企業の活性化を経営者・管理者の人材育成をとおして図ろうとしている。「中小企業経営セミナー」の開催が中心で、例えば1995年度には、㈶札幌市中小企業共済センターと共催の、「管理者養成セミナー　①財務コース」（昼間1日）、「管理者養成セミナー　②新任管理者コース」（昼間2日）、「管

理者養成セミナー ③経営管理コース」(夜間4日)、「管理者養成セミナー ④法律コース」(昼間1日)、「管理者養成セミナー ⑤女性リーダーコース」(夜間2日)、「中小企業経営管理者研修」(夜間12日：人材育成、能力開発、生涯教育などについての講演)、「トップマネジメントセミナー」(経済講演会、昼間半日)が主なものである。

このほか、札幌市商店街振興組合連合会と共催の「接遇実践セミナー（2回、昼間1日ずつ）、札幌市商工会議所・札幌市商店街振興組合連合会・㈶札幌市中小企業共済センターなどと共催の「フレッシュマンセミナー」(昼間2日)もあった。社内研修用のビデオテープの無料貸出しも行っている。1996年度には新たに「創業者セミナー」(創業者を対象とした開業に必要な経営管理能力の習得、夜間2日；30人の定員に76人が受講)が加わった。だが、製造業関係の業界団体関係者からは、「商業やサービス業などの人が対象なので、自分たちも出られるようになればいい」という声も聞いている。

札幌市の「新たな人材育成拠点施設」と研修カリキュラム計画

紀元2000年をめどとする〈新たな人材育成拠点施設〉は、東札幌に技能訓練会館を移転して建設する予定で、㈱たくぎん総合研究所の『人材育成拠点施設建設に係る基本調査・報告書』(1996年3月)も出されていた。経済局からの聞き取りによると、新たな施設での「研修カリキュラム」の中には札幌市中小企業指導センターの研修事業を激変させるものも含まれていた。具体的な「プラン」(予定)は以下のごとくであった。

　　Ⅰ．総合的経営管理
　　　① 長期管理者研修、経営管理者研修（営業管理者）、経営管理者研修（経営管理基本）（長期コース）【いずれも国庫補助事業】
　　　② 管理者養成セミナー（経営管理、リーダーシップ、チームワーク、目標管理、幹部・中堅社員育成、財務、営業力強化、法律、賃金・労務、商品管理、生産管理、等）
　　　③ 中小小売商業短期研修【国庫補助事業】
　　　④ 商店街リーダーアカデミー【市商連実施】
　　　⑤ ライフプランセミナー

Ⅱ. 講演会　トップマネジメントセミナー、新春経済講演会、経営デザインセミナー
Ⅲ. 階層別研修　フレッシュマン、フレッシュマンフォローアップ、セールスマン研修
Ⅳ. 業種別研修　業種別セミナー（建設・運輸・家具・食品）、デザイン実践講習会
Ⅴ. 接遇研修　接遇実践セミナー、接遇実践リーダーセミナー
Ⅵ. 国際化研修　貿易実務入門セミナー
Ⅶ. 創業者支援研修　創業者支援研修【国庫補助事業】、起業家セミナー
Ⅷ. ソフトウェア研修　パソコン、ワープロ
Ⅸ. ビジネス教養講座
　① 教養講座（政治、経済、時事、哲学、文学、美術、環境、自然等）
　② 語学研修（英語、ロシア語、中国語、韓国・朝鮮語等）
　③ ステップアップセミナー（TA、カウンセリング、ボランティア、話し方、手話等）

　すなわち、Ⅰ.総合的経営管理の中の長期管理者研修、経営管理者研修（営業管理者）、経営管理者研修（経営管理基本）という長期コース３本が"目玉"となっており、管理者養成セミナー、創業者支援研修、業種別研修も拡大強化されていた。問題は、これだけのプランを実施に移していく組織論が見えないところにあったと思われる。「ビジネス教養講座」と「さっぽろ市民カレッジ」との調整が不可欠であったが、このプランの基礎にある「人材養成拠点施設」論の『生涯学習』に対する考え方は、以下に見るごとく、たいへんに興味深いものであった。

たくぎん総研の札幌市人材育成拠点施設計画と生涯学習計画
　たくぎん総研の報告書『札幌市人材育成拠点施設建設に係る基本調査』は、札幌市長期総合計画（第三次5年計画）の産業振興計画が、基本方針、商業施策、工業施策、中小企業施策のいずれにおいても、「人材育成」を重要な柱として位置づけている、という重要な指摘を行っていた。「生涯学習計画」についても、――「高等教育の推進」（市立高等専門学校の拡充整備、同専攻科・研究所でのデザイン教育、「芸術の森」等との連携）や、「専修学校・各種学校の振興」（研修事業費等の補助、施設整備費の貸付）とは別に――、独自の意見を示し

た。すなわち「社会教育」という項目の中の「生涯学習の推進」では、生涯学習総合センターの建設、生涯学習関連情報システムの整備、さっぽろふれあい事業と並んで、〈さっぽろカレッジ〉の開設を、「大学等高等教育機関と連携し、市民の学習ニーズに対応した高度で体系的な学習機会の提供を行う」ものとして位置づけていた。だが調査目的の違いからか、たくぎん総研の労作が触れなかったのが、「人材育成拠点施設」と「生涯学習総合センター」あるいは「〈さっぽろカレッジ〉」との関係についてである。この点に関しては、基本的には「人材育成拠点施設」の活動と「さっぽろカレッジ」や「生涯学習総合センター」との棲み分けが必要である。しかも職業能力開発法による「職業に必要な能力開発」、中小企業指導法による「研修」「人材育成」、そして生涯学習振興法の「人材育成、趣味・教養・娯楽」のいずれもが、大学など高等教育機関との関連をもってはいない中で、高等教育機関との連携という視点を入れた三者関係の再検討が必須となる。当然に札幌市、北海道、高等教育諸機関の間の「対話」が、これにクロスすると思われた。

　だがこの対話はなかった。1997年11月、北海道拓殖銀行が経営破綻し、たくぎん総研の「人材育成拠点施設」計画は頓挫した。そして違う発想からの㈶さっぽろ産業振興財団が5年後の2002年に発足する。他方では、〈さっぽろ市民カレッジ〉を含む札幌市生涯学習総合センターは、3年後の2000年8月から「㈶札幌市生涯学習財団」の管轄下で運営されることとなり、力点が学習から経営へと移行したと考えるからである。

人材養成事業と生涯学習計画との断裂状況

　以上に見たごとく、旧通産省・中小企業事業団系統の「人材育成」事業は、中央から中小企業大学校旭川校を結節点として、北海道庁および札幌市役所に及んでくる。札幌市レベルになると、地域の中小企業家とのつながりが増えてくるが、日常的なサポートセンターにはなっていないという声がある。北海道内での旭川市への立地は、札幌大都市圏から見れば、いかにも「遠い」と言うのである。それは物理的時間のみでなく、精神的時間から来ているようでもある。かつ労働省系統の諸事業に比べ、こちらの系統は（「技術研修」を行えないわけではないのだが）「経営研修」が主体である。ここに官庁のタテ

ワリ型棲み分け構造を見て取ることができる。それ以上に、市町村という地方自治体としては、人びとの生活現実に近づくわけだから、生活者の側を配慮したヨコウケ型"ネットワーク"を構築する必要があるが、それぞれの部署は自分のタテのブランチの中に囲い込まれており、地域社会のレベルにおいて通産省と文部省のヨコの連携を図る機構は存在してはいない。

3 その他の人材育成機関、ならびに、これまでの小括
各種の団体・組織による人材育成実践

厚生労働省や経済産業省の系統による人材育成事業、そしてそれらに連鎖する北海道や札幌市などの関係事業以外に、次に見るような各種の団体・組織が"人材育成"の実践にかかわっている。それらは、[官] (国→道・市) とともに、日本型《産業社会》の組織と行動を作り上げている諸団体・組織であるが、《地域社会》とのかかわりの度合いに応じて、それぞれの性格が微妙に異なってくるものと思われる。

3-1 経営管理のための研修・講習、技術の研修・講習
札幌商工会議所、北海道経営者協会、北海道生産性本部など

札幌商工会議所 (後述)、北海道経営者協会 (労働対策や企業経営の安定確立のための労務・経営者セミナーおよび社員教育セミナーの開催)、㈳日本産業訓練協会北海道支部 (人材の開発・育成のための各種講習会の開催、講師派遣)、北海道生産性本部 (教育システムの再構築と産業人の育成に取り組むための階層別・職能別・労使関係セミナーの開催、講師派遣)、日本経営協会総合研究所 (企業を活かす人材教育・能力開発のための講師派遣、人事・労務指導、時代に応える各種セミナー開催)、㈳企業合理化協会 (企業活動の実践に直結する各種研修の開催、講師派遣)、北海道雇用開発協会 (地域雇用開発に関する研修会の実施)、㈳北海道観光連盟 (接客の心掛け、ポイントなどの講習実施)、北海道中小企業団体中央会 (組合自主研修に対する助成)、北海道商店街振興組合連合会 (接遇実践セミナー、フレッシュマンセミナー)、などである。北海道中小企業同友会における経営者と労働者の「共育」活動は、異なる角度からの接近であるが、ここに位置づく。

北海道機械工業会、北海道ソフトウエア技術開発機構など

㈳北海道機械工業会（後述）、㈳北海道食品産業協議会（食品製造の基本的な技術理論や新技術ならびに微生物や食品添加物などのほか、経営に関する指導普及講座の開設）、㈳北海道ソフトウエア協会（一般教養・基礎・高度技術者の養成講座）、㈱北海道ソフトウエア技術開発機構（システムエンジニア養成講座）、㈳発明協会北海道支部（中小企業特許講座・審査基準節米会の開催）、㈶日本規格協会北海道支部（品質管理・標準化の講習会などの開催、講師派遣）、㈶たくぎんフロンティア基金、㈶北海道銀行中小企業人材育成基金（第二次産業の技術力向上のための研修）、㈱北海道高等技術情報センター、その他の中間諸領域・集団も存する。さらに㈳北海道物流システム開発研究センター、日本貿易振興会（ジェトロ）北海道貿易情報センターは、それぞれ物的流通改善講座等、また貿易実務講座等を、中小企業者に提供している。

3-2　これまでの小括──「市民社会・札幌」の質を高めること
分厚い日本型産業社会の再生産構造とリカレント学習の位置

以上、職業能力開発促進法および中小企業指導法にかかわる人材育成事業、ならびにそれ以外の団体・組織による関連事業を見てきた。何よりも明白なことは、旧労働省、旧通産省以来の、また北海道庁や札幌市のさまざまな制度的な仕組みが整備されており、日本型「産業社会」の再生産構造が分厚く構築されてきたことである。それゆえに、いまさらリカレント教育事業が入り込む余地はないようにも見える。だが、いわゆる公共的リカレントのかかわる学習制度は多くはないのみならず、職業的リカレントと関係する公的な研修制度においても、必ずしも時代の要請に即応しているとは限らないものもある。この点において、たくぎん総研の『人材育成拠点施設建設に係る基本調査・報告書』が、札幌商工会議所、㈶札幌エレクトロニクスセンター、㈱北海道ソフトウエア技術開発機構の人材育成事業を取り上げたことは、一定の見通しに基づく判断の結果として尊重できるものであった。

こうした文脈において考える職業的・職能的なリカレント学習は、労働省・雇用促進事業団の「職業能力開発」と「生涯にわたる職業能力開発」という点で共通項をもち、かつ特定の技術訓練内容において棲み分けを行う。通産省・

中小企業事業団の「中小企業者の研修」に対しては、中小企業の"情報化・協業化［ヨコウケ化］"という点を共通点とし、かつ経営研修ないし人材育成の内実において棲み分ける。リカレント学習は、企業の一員という属性よりも、一己の市民としての個人を対象とする。それは一人ひとりの人間が自らの職業観と生活観を再検討し、他の機関ではうることのできない技術、またサイエンスとテクノロジーの基礎、さらには現代の社会と人間にかかわる複合的な知見などを自己学習し、自分が生きている時代についての展望をうることである。こうしたリカレント学習から、雇用促進事業団系統の職業能力開発事業や、中小企業事業団系統の経営研修・人材育成へと、各人が進んでゆくことはたいへんに望ましい事柄である。つまり、職業的・職能的リカレントは、職業再訓練への「入り口」をなす。

職業的・職能的なリカレント学習の社会的根拠

別言すれば、職業的・職能的リカレント学習とは、この労働省・厚生労働省と通産省・経済産業省の両者の挟間にあり、かつ両者が立ち入っていない「ニッチ」を見いだすことに意味がある、というのではない。「個人化の時代」（ベック）にあって、両者の職業的な訓練・事業を個々人がより一層深く意味づけできるよう、自己の「生活－職業－学習」を自らで検討する営み、すなわち「現代的『教養』」を獲得するのである。このことが事柄の基底をなしていて、そこからいくつもの系が出てくると位置づけることができる。とりわけ、「学」に対する要請が社会的な根拠をもっている現在、こうした点について関連する高等教育機関の間のネットワークを形成することは、極めて大きな意味を持つ。大学院－大学－短期大学・専修学校、そして厚生労働省系統の教育機関との、重層的な協働関係を構築するという課題を解こうとするときには、第一に大学院を中心とする「新産業おこし」における、第二に専修学校を中心とする「既存産業の再活性化」における、「学」、［産］と［金］、［労］と［民］（NPOなど市民の諸力能）、そして「官」との連携という方向性が考えられる。前者と後者の間の、「大学」を媒介とする相互連携の道筋が研究されねばならない。

「新産業おこし」においても「既存産業の再活性化」においても、柔軟な頭

脳と身体をもった次世代の再生産が不可欠である。それは生涯学習の一環としてスクール学習と、その前提であるファミリー学習の改革を必要とするが、「生涯学習」の場の提供機関もその役割を果たすことができる。「さっぽろ市民カレッジ」のような専門性とかかわる機関は、これまでの「職業観－生活観－教育観」に対する草の根からの再検討の場として自らを位置づけ、市民に情報を知らせ、問いかけ、意見を求め、熟議する、等々を日常的な活動とすることによって、「市民社会・札幌」の社会的・文化的な質を高め、そのことによって札幌大都市圏に基盤を置く産業ないし雇用の場の質を高め、新たな創出に寄与することが可能となる。

今日、一方では、「学」の側が自らを社会に開放することを志向し始めており、他方、「産」（「金」「労」）、「民」や「官」の側も既存の路線の一大変更を迫られる中で、すなわち「産」（「金」）と「官」の役割のある部分が「民」へと転移される中で、「産」（「金」）、「官」「民」（「労」）のそれぞれと、「学」との新たな協働が始まっている。しかもそれは国際的なレベルでの普遍性を求められてもいる。そうした「グローバル化された社会」の中で大切なことは、「学の資源の社会化」は特定の利害関係者のみに開放されるのでなく、「公共」化されていなければならないということである。そのことは大学・高等教育機関を「国民の社会的資産」と見ることであり、そこから大学等が自らに要請されている社会的役割を考え直すということを意味する。このような点が、「大学と社会」との新しい協働関係（Community-University Partnership）を構築していくさいに大いに留意さるべき事柄になり、大学の自己変革に資すると思われる。——次に、各種産業団体の活動と意見を見る。

4　産業団体と「リカレント学習」の場の設定

高度で専門的なリカレント学習についての協働研究

北海道大学機能開発総合センター生涯学習計画研究部は、札幌市教育委員会社会教育課職員とともに、「高度で専門的なリカレント学習」の可能性とその内実を求め、札幌市経済局商工部（経済企画課、工業課、中小企業指導センター）、㈶札幌エレクトロニクスセンター、㈶札幌国際プラザ、札幌商工会議所、㈳北海道機械工業会、北海道印刷工業組合、㈳札幌建設業協会／大札

幌建友会、北海道産業クラスター創造研究会ベンチャーグループにおいて聞き取り調査を行った。1996年から1997年にかけてのことであり、その一端はすでに述べてきた。私たちは、札幌商工会議所、大札幌建友会、北海道印刷工業組合、北海道機械工業会、「異業種交流」グループについて、それぞれの人材育成にかかわる活動の現状をとおして、リカレント学習の可能性に対する意見等を聞いた。以下にその骨子を見る。

4-1 札幌商工会議所の場合

札幌商工会議所に加盟する産業団体の研修事業

札幌商工会議所は「地区内における商工業の総合的な改善発達を図り、兼ねて社会一般の福祉の増進に資すること」を「主な事業」とする（同所編『1996北海道・札幌＝産業別団体総覧』）。同所には2005年現在、11の部会（68の分科会）があった。総合建設関連部会（その内部に8つの分科会）、住宅・不動産部会（3分科会）、設備工事部会（2分科会）、食品関連部会（6分科会）、情報・メディア部会（6分科会）、運輸・自動車部会（6分科会）、産業資材部会（10分科会）、生活関連商業部会（17分科会）、サービス部会（4分科会）、金融・保険部会（2分科会）、観光部会（4分科会）である。同会議所は『1996札幌の産業界〜37業界の課題と価格破壊・規制緩和への取り組み〜』（1996年3月）を編集したが、上の68分科会中の28分科会について、業界ごとの克服すべき課題と人材育成対策の動向を伝えてくれる。以下、要点を抜き出してみる（**表3-20**）。

表3-20　札幌の産業団体と会員の研修事業

総合建設関連部会		
01	測量設計業	「問われる幅広い応用力」、札幌理工学院専門学校と提携
02	造園工事業	「必要な技術者養成」「従業員個々のレベルアップ」
03	躯体工事業	「技術者不足へ積極的に対応」、一年課程の訓練校を設置
04	インテリア工事業	「若者に夢を」＝「下請け体質から脱皮」
	仕上工事業	「優秀な作業管理者の養成」
住宅・不動産部会		
05	住宅業	「質の維持」「ユーザー」の要求へ対応すること
設備工事部会		
06	電気工事業	「若年労働者の不足」
07	管工事業	「技術者は不足」、通信教育などを奨励
食品関連部会		

08	パン・菓子製造業	「技術者を確保しておくこと」
09	農畜水産物商業	「経営者の高齢化、後継者難」
情報・メディア部会		
10	印刷業	「コンピュータを自在に操る人材を育成」
11	情報処理産業	「技術を担保」に融資を期待
12	OA事務機器卸売業	「メンテナンスの有償化と社員の資質向上」
運輸・自動車部会		
13	自動車整備業	「人材の育成と組織強化が必要、悩みは後継者難」
14	自動車販売業	「大切な社員教育」
産業資材部会		
15	骨材・コンクリート業	「若手の育成と技術の向上」(北海道建築石材協会の出資で北海道石材技術学院」設置)
16	建築資材卸売業	「精神論だけでは上がらない生産性」
17	鉄鋼・金属製品製造業	「人材育成は高校教育から」(ある団体が「工業高校の機械があまりにも古いのを見兼ねて寄贈したケースもある。機械工業の遅れを取り戻すためには、従業員教育だけでなく、高校教育から必要なことを強調したい」)
18	機械器具製造業	「北海道機械工業会では技術向上と事業あっ旋に力を入れている。技術向上については、6年前から専門家を招き必要に応じて技術講習会を行っている」
生活関連商業部会		
19	繊維・身回り品卸売業	「得意とする分野の充実を」
20	身の回り品小売業	「職人に代わる優秀な機械」によって「経営体質を変える試み」が「静かに進行」
21	家具小売業	―【「従業員の削減を目指す」】
22	書籍小売業	―【「競争の時代から生き残りの時代へ」】
23	医薬・化粧品小売業	―【「時短はコストアップにつながる」】
24	燃料小売業	―【「人件費が経費の約6割」】
25	家庭用電気機器小売業	―【「クリーニングや宅配を扱う店舗も」】
サービス部会		
26	クリーニング業	「繊維の特性を理解するために研修会を実施」
観光部会		
27	ホテル・旅館業	「基本的な礼儀から教育」
28	飲食業	「サービス・質の向上を」「安くても大人の味を提供」

　この『1996札幌の産業界』に先だち、札幌商工会議所は1993年に『札幌業界振興ガイドライン』を出していた。その第1部「人材」では、人材に関する今日的課題、生涯学習社会、職業観の確立について触れたあとで、企業が直面している人材に係る問題点を、労働力不足の具体的要因、労働力不足下における人材育成、外国人労働者を取り巻く現状、労働価値観の変化、時短・週休2日制推進の要請、の5点で把握していた。人材育成に関しての「提言」

では、一方で「人材育成に関する個人ニーズの把握と対応」と「労働環境の整備」を、他方で「人材育成に関する公的援助・助成制度の活用」と「人材育成事業の共同化推進」を提唱した。それらを価格破壊・規制緩和という新しい事態の中で再検討し、手を打つことを求めた。そのさいの注意点が3つあった。いずれも『'94北海道・札幌＝産業別団体総覧』のデータと関係する。

第一に、札幌商工会議所の産業分野別の部会を構成する各企業が、それぞれの「産業団体」、すなわち協同組合・協会・同業団体等、同連合会ないし全国連合会の支部を構成し、その多くが人材育成を事業内容に含んでいることである。上の『団体総覧』により「教育」ないし「研修」を主な事業の中に含む産業団体を数え、その比率を示すと、「情報・メディア」71％、「総合建設関連」70％、「食品関連」57％、「設備工事」55％、「住宅・不動産」52％、そして「産業資材」48％、「サービス」44％、「観光」44％、「生活関連商業」39％、「運輸・自動車」39％、「金融・保険」28、全体では52％となる。このうち、講習会・教育訓練等の実施から、法定の業務・講習実施、そして国家試験準備に至る業者団体は、**表3-21**に見るように、後述の建設産業、印刷工業、機械工業関係を除いても、合計31団体に及んでいる。

表3-21　札幌市の産業別業者団体と「研修」事業

札幌市食品衛生協会連合会	食品衛生責任者資格者養成講習会の実施
北海道学校給食パン工業協同組合	製パン技能検定試験受験の促進
北海道パン協同組合	製パン技能検定試験受験への積極的な取り組み
北海道パン粉工業協同組合	試験研究機関の設置についての調査研究
北海道菓子協会	全国菓子大博覧会への参加
北海道日本調理技能士会	料理研修発表会・料理コンクールの開催
北海道全調理師会	食品の調理・衛生の研修成果の発表
北海道環境衛生営業指導センター	クリーニング師研修会・業務講習会開催
北海道理容環境衛生同業組合	技能の改善・向上のための講習会・競技会開催
札幌珠算教育連盟	連盟主催による検定試験競技大会の実施
日本珠算連盟道ブロック協議会	全道珠算競技大会、珠算指導者単位認定講習会
札幌簿記教育連盟	連盟主催による検定
札幌ビジネス技能教育連盟	英文タイプライティング・ワープロの検定試験
北海道事務機産業協会	北海道ビジネス賞、北海道ニューオフィス賞
北海道薬種商協会	薬種商の養成および職能の向上
札幌表具協会	技能向上訓練、技能検定
北海道デザイン協議会	優秀デザイン・デザイナー表彰、新人賞制定
北海道紙パルプ協議会	道内紙パルプ安全衛生研究大会の運営・実施
札幌市防災協会	防災管理者業務の一部受託者の教育担当者講習

北海道警備業協会	警備員・警備員指導者等に対する教育訓練
日本自動車査定協会札幌支部	査定士の技能検定
札幌地方自動車車体整備協同組合	職訓法による技能者養成の認定事業・職業訓練
北海道電気協会	電気技術者試験、講習実施
日本ボイラー協会北海道支部	ボイラー技士養成のための講習・研修の実施
全国旅行業協会北海道支部	法定業務：社員研修業務・ほか
日本旅行業協会北海道支部	法定業務：研修ほか
北海道消防設備協会	消防設備士の法定講習・試験予備講習会の開催
日本無線協会北海道支部	無線従事者国家試験事務
省エネルギーセンター道支部	エネルギー管理士試験（国家試験）の実施事務
高圧ガス保安協会北海道支部	高圧ガス取締法に基づく国家試験の実施
北海道火薬類保安協会	火薬類取扱保安責任者・発破技士免許試験講習

「監督官庁－特定業界－人材育成」のトライアングル

　こうした、タテに細分化された業者団体は、教育・研修事業の基盤として、関係官公庁との"きめ細かな"連携を取っている。そのうえで自らの業界の再生産機能の1つとして技術研修・人材育成などを位置づけ、何らかの形で全国組織の一員になることで、技能・技術の水準の向上を図ってきた。「産」と「官」は、人材の確保・供給という活動をとおしても、協調してきたのである。それに金融支援の仕組みが重なるので、「監督官庁－特定業界－人材育成」という秩序をもった「官」と「産」「金」「労」との協調システムは、日本「産業社会」の根幹であるから、今後とも早期に消滅することはないのだろう。しかし考えておくべき事柄は、その秩序がすでに制度疲労を起こしている可能性が極めて高いということである。業界内、そして業界間の「競争」原理の確保の問題であり、旧型熟練職種における技能高度化にかかわる新たな仕組みの創出の問題でもある。

　第二に、上の『1994産業別団体総覧』の「その他」は特定の産業団体に区分し得ない組織を掲載しているが、その中に含まれる札幌商工会議所内の「サブシステム」の活性化の問題である。1981年以降のサブシステムは、「クロスオーバー経営研究会」（部会運営部会・情報課内、1981年）、「ファッションタウン・さっぽろ推進協議会」（産業振興部内、1984年）、「札商大望会」（中小企業相談所内、1985年）、「札幌技術交流プラザ」（産業振興部内、1985年）、「21世紀若手経営者クラブ」（白石支所内、1987年）、「アドヴァンスクラブ」（西支所内、1988年）、「北区地域活性化フォーラム」（北支所内、1988年）、「東区若手異業種

交流会」(東支所内、1988年)、「ストレンジャー21」(中央支所内、1988年)、「札商若手21世紀会」(中小企業相談所内、1990年)である。新産業の振興から若手経営者の地域交流への推移を看取できるが、1990年6月から1994年6月(『1994総覧』調査の締め切り)までの間の新規設立が見られない。だが、全体的傾向としては、後述する「異業種交流」組織の活性化の下地づくりを果たしたものと思われる。

第三に、『1994総覧』の「その他」に含まれる、札商以外の新規設立組織の動向である。その多くはいわゆる「異業種交流グループ」である。それらは㈶北海道科学・産業技術振興財団 (ホクサイテック)、北海道産業クラスター創造研究会、そして21世紀産業基盤フォーラム'96などの活動を呼び寄せる役割を果たしたと思われるが、この点については、北海道機械工業会のところで、改めて検討する。

リカレント学習に対する札幌商工会議所の意見

さて、以上に見てきたことを前提に、さっぽろ市民カレッジのリカレント学習に関する札幌商工会議所からの聞き取りを見てみよう。同所の人材育成機能については、「たくぎん総研」の前述した報告書に見るごとく、講演会・講習会の実施 (産業・経済全般、経営、社員教育・社内実務、貿易・海外投資、法・制度)、付属専門学校の運営 (高卒者対象の経営情報学科など6学科、税務会計学科卒業者対象の税務会計学科、企業人対象の社会保険労務士資格取得講座・英語検定3級取得講座)、通信教育講座の開設 (産能大学、日本技能教育開発センターとの提携)、そして1997年度に開始した生涯学習講座「創業塾」、さらには「生涯学習センター」の開設がある。

私たちに要請された最初の事柄は「ものづくり」の強調であった。すなわち、いま通産局や北海道、札幌市などが始めている「新産業おこしは、最終製品までもっていくことが大事で、製造工程で言うと下請部門にまで目を向けたい。ものづくりの人材養成、特に誰が作るのかということが忘れられてはならない」ということであった。この点で札幌市の中小企業指導センターでの講習は、「商業系が中心で、技術的なものは入っていない」と、改善要望を出す。他方、「新産業おこし」の展開とかかわっては、「公立の研究機関

や大学との結合が望ましい。定期的な研究発表会とかを『さっぽろカレッジ』で行ってもらえれば、経営者がシーズを探せるかもしれないのでいいのではないか」と期待する。そのうえで、「『北海道に生きる』ということについてのコンセプトを明らかにすること、新産業の中には『環境』や『生活』『福祉』も入れて考えたい。『観光』産業における人づくりのカリキュラムもほしい」。こうした、「北海道がどこへ進んで行けばよいのか、ということについてのシンポジウムみたいなこと、自由に意見を述べられるゼミナールみたいな機会を、『さっぽろカレッジ』が企画してくれてもよい」。真っ当な意見であった。

　商工会議所は、都市自治体とともに、市の経済活性化のための中核的機能をもつ組織である。『団体総覧』においても、「地区内における商工業の総合的な改善発達を図り、兼ねて社会一般の福祉の増進に資すること」を、その主な事業に掲げているとおりである。それゆえ、「監督官庁－特定業界－人材育成」という既成秩序の改革を、「ものづくり」としての新産業おこしの中で、どのように変革してゆくのか。そのことは、職業人のためのリカレント教育とかかわる課題であると考えられる。さっぽろ市民カレッジにおける職業的リカレント学習の場の提供活動に対して、札幌商工会議所としては積極的で全面的な参画の姿勢を有していたのであった。

4-2　大札幌建友会の場合
札幌市の建設業界と技能研修

　札幌市の産業別就業構造の特徴は、周知のごとく、東京都区部よりも第三次産業の比率が高く、製造業の比率が1割も低いことにある。そうした中で、建設業のみは東京都区部を、また他の11大都市を上回る。こうした特徴は産業団体の設置数にも現れている。札幌市に事務所を置く協同組合・協会・同業団体等の産業団体は約1,300ほどであったが、札幌商工会議所『総覧』には658団体が記載されている。このうち、「総合建設関連」や「住宅・不動産」「設備工事」の合計は164団体(25％)、他部会の関連する産業団体――「運輸・自動車」4、「産業資材」55、「生活関連商業」14――を加えると237団体(36％)にもなる。札幌商工会議所の会頭も建設産業の出であった。

　「総合建設関連」部会106団体中の74団体、「住宅・不動産」27中の14団体、「設

備工事」31中の17団体が、それぞれ《研修》《教育》等の事業を掲げている。さらに、資格取得や研究大会実施などの事例は、①札幌塗装工業協同組合による「札幌塗装学院」の運営、札幌板金工業協同組合の事業内訓練（札幌板金業職業訓練校）実施、札幌ビルヂング協会の法定技術資格者の指導および訓練、②道央建築職業訓練協会と事業内職業訓練校木造建築科、③北海道建設技術訓練協会と普通訓練課程の実施、北海道インテリア事業協同組合の「北海道インテリアニュース」誌の毎月発行、北海道土木施工管理技士会の「技士情報及び建築技術研修資料」その他の刊行、北海道建築石材協会の建築石材工事に関する職業訓練実施、④日本建築大工技能士会の技能競技大会実施、のごとくである。

大札幌建友会と建設技能研修の構造

　この『総覧』では、大札幌建友会（1962年設立、164社加入）の主な事業は、「会員相互の親睦を旨とし、つねに連絡提携を密にして札幌市のおこなう公共建設工事の発注受注並びに施工上の各般の問題につき協議検討し、その適正化を図ることにより健全明朗な業界の確立に資すると共に市の重要施策の円滑な遂行に協力し、公共の福祉の増進に寄与する」ことにあった。総会、役員会の他に、総務・土木・建築・建設環境対策・安全推進・暴力対策の各委員会があった。札幌市とは正副会長の市長・助役・関係局長への「要望具申」（「地元中小建設業者の育成」等）、「意見交換」——建設環境対策委員会と札幌市土木部長ほか（「建設工事に伴う環境対策事例調査」結果について）、建築委員会と市建築局長ほか（「札幌市発注建築工事工事費実態調査」結果について）、安全推進委員会と土木部長ほか（「札幌市発注工事現場安全パトロール実施結果」について）、土木委員会と管理部長ほか（「札幌市発注土木工事工事費実態調査」結果について）——などがなされていた。

　研修は各委員会ごとに実施されたが、1995年度の具体的な事業は以下のごとくであった。土木関係研修会（札幌市建設局契約制度主幹・工事審査室主任審査員、北大土木工学科助手の講演：受講者150人）、安全管理研修会（札幌中央労働基準監督署次長、札幌市建設局土木部技術主幹・安全推進委員の講演：受講者140人）、建設環境対策研修会（札幌市環境局団地開設主幹・下水道局管渠担当部長・水

道局の講演、受講者120人)、トップ・セミナー（中小企業部会関係：㈲Y経営研究所長、㈶建設業福祉共済団業務副部長の講演：受講者70人）。

　このように、「監督官庁－特定業界－人材育成」という秩序が息づいていたわけだが、事態はそう単純ではなかった。1995年度事業報告は言う。「民間の建設投資の不振と競争の激化」による「たいへん厳しい経営環境」は拡大し、「入札契約制度において、一般競争入札、指名入札などでの新しい入札方式の実施や、新経営事項審査制度による格付けなど、建設業界にとってまさに試練の年」が、現在進行形で持続していたのである。大札幌建友会は、「中小建設業者対策として昨今の厳しい経営環境を乗り切るためトップセミナーを開催し、自助努力に努めるほか札幌市に対しても機会のあるごとに中小建設業者の育成について強く要請」してきたのであった。

リカレント学習に対する大札幌建友会の意見

　こうした中で、リカレント学習の機会提供とかかわって、同会が私たちに強調したことは、「建設業界は北海道として、どう生きるべきなのか？　このことについて、行政が主導権をとって取り組んでほしい」、ということであった。つまり、公共工事の受注減などに端的な経営環境の厳しさの中、北海道の建設業界は生き残せるのか。残せるとしたら、どのような大改革が必要なのか。「コツコツ勉強しようか、という人たちもいるのだから、どうにかして欲しい。建設業界がこんなにたいへんだということを、市民はどれくらい分かってくれているのか」とも言う。大札幌建友会の主な事業は技能・技術上の人材育成ではなく、そうした側面は「北海道建設躯体工事協同組合」などに委ねている。建友会として力を入れてきたことは「高齢化・少子化」への取り組みで、青少年に対し働きかけをしている。「工業高校の2年生にビデオを見せたり、見学会に呼んだりしている。中学時代が大切なので、今後、もっと働きかけてゆきたい」、と。

　このように、札幌市ならびに北海道の基幹産業である建設産業はいま現在に至るも、とても深刻な事態に直面していた。一方で、ベンチャー企業の創出ということが言われても、他方で、札幌や北海道内の首位産業の淘汰が続くならば、深刻な失業問題をも生み出しかねない。3Kということで青年層

の参入が乏しくなっている側面はたしかにあるが、構造問題に展望が与えられるならば、魅力のない仕事ではない。日本の高校工業教育のメッカ、東京都立蔵前工業高等学校で学ぶ建築科の生徒にとって、一番の将来目標は「会社に使われるのでなく、自分の工務店をもつこと」であった（1993年度の私たちの調査による）。それと同時に、細分化されている産業団体ごとの「研修」を、技術の進歩とカリキュラムの体系性という視点から再検討することも要請されていた。「技術面のみではなく、積算などを含んだものを」という声があるからで、北海道専修学校各種学校連絡協議会などとの組織的で積極的な提携が不可欠となるし、他方で専修学校の教員に対する「スキルアップ」を図るリカレント学習の場づくりが必須であると思われる。

4-3 北海道印刷工業組合の場合
北海道の印刷産業とその合理化過程

　北海道印刷工業組合（1940年設立）は、『1994産業別団体総覧』では、印刷業に関する指導及び教育、情報又は資料の収集及び提供、調査研究を主な事業として位置づけている。全道430社、札幌支部（1956年設立）には120社程度が加入している。関連する産業団体としては、北海道印刷材料同業会（1949年設立）、北海道写真製版工業組合（1967年設立、30社）、協業組合高速印刷センター（1970年設立、5社）、北海道製本工業組合（1971年設立、40社）、北海道フォーム印刷工業会（1974年設立、35社）、北海道スクリーン印刷共同組合（1975年設立、15社）、北海道コンピュータグラフィックス協会（1986年設立、25社）、北海道企画事業協同組合（1990年設立、6社）、北海道写真植字協同組合（1992年設立、33社）があった。近接業界の広告業界には、協同組合札幌広告美術協会（1947年設立、45社）、全北海道広告協会（1955年設立、148社）、北海道屋外広告業団体連合会（1974年設立、283社）、北海道広告業協会（1983年設立、49社）が存した。これら15団体のうちの13団体までが研修・教育を「主な事業」の中に入れるが、資格取得や技能検定のための事業は、北海道屋外広告業団体連合会の全道技能競技大会開催を除いては、存在していなかった。

　だが、そのことは、印刷工業界が低迷していることを意味しない。事態は全く逆であった。ここは極めて動きの激しい業界で、「全くたいへんなんで

す、昭和47年から。通産省の第1回構造改善事業が始まり出して。この構造改善に乗るために組合を作って、それから今の第4次まで次々に技術を革新してきました。今は、デジタル化、つまり電子化、高付加価値化ということで、平成5年の11月から11年の3月までの計画でやっています。印刷業は、昔は、プリプレス［組版］－プレス［印刷］－ポストプレス［製本］、という分業がありましたが、この20数年で、まず写植業界がワープロで潰され、ついで製版業界が壊滅状態になり、同時に製本業界も駄目になりました。調合や綴りが簡単にできる機械が出てきたんです。今後は、異業種、例えば流通業界、クロネコとか佐川急便、量販店、ダイエーなどが参入してきたので、付加価値をつけて対抗するしかない。ドイツなどでは今の3分の1に減ると言われてますが、日本では二極化、それも『小』が重たい二極化になるでしょう」。これが、印刷工業組合の抱えている課題であった。

技術の高度化による人材養成の不可避性と至難性

こうした激しい技術革新の中で、「自社で技術者の訓練はできない企業がほとんど」なので、「一社では技術の進歩に追いつくことができません。それで技術の高度化を業界として行っています。機械力と技術力、デジタル化などへの対応です。技術のスピードについてゆける会社では、コンピュータの開発企業に従業員を行かせて訓練を受けさせ、帰ってきたらその人を中心に社内で訓練しています。いずれにしても、技術革新に対応できなければ倒産です。この前も有名な老舗が廃業しました」。さらに、「企画提案力」が何よりも要であるという課題がある。「広告代理店では、大きな企画の一部として『印刷』が入っているのですが、印刷業界ではこれまで企画提案はサービスと考えられてきて、知的資産としては見てこなかったのです。しかしもう、そんなことではやっていけない。プリプレスを含めた、企画の提案が決定的なんです。北海道にいるとか東京だとかは関係なくなっています」。つまり、機械力と技術力、企画提案力と付加価値力、割り付け技術と美的感覚（画像や色の調整、それを選択するときの感性）が必須となっていた。

しかし、こうした人材養成は道内では「間に合わない」。養成機関が存在していないからである。したがって、例えば、千葉大学工学部画像工学科と

か、日本プリンティングアカデミー（東京・文京区）の卒業生とかが欲しいが、「なかなか来てくれない」。日本プリンティングアカデミーは、大卒者・高卒者・企業派遣者を対象に、文部省認定の「情報処理活用能力検定」「ビジネス能力検定」、また労働省認定の「印刷関連技能士」（版下、製版、印刷の2級資格取得）を取得目標としている学校法人で、「本科」は基本教育2年間ののち、マネジメント・コースとエンジニア・コースに分かれて1年間の専門教育を行う。その上に「実践研究科」（1～2年）がある。

こうした事情にあるがゆえに、道外から講師を招いて行う研修会が重要な研修の場となる。北海道印刷関連業協議会の新年交礼会に併せて「電子化研修会」を開催したりする。組合の機関誌『北海道の印刷』（1996年12月）によると、「昨今の印刷業界を取り巻く環境は、需要の減退、ニーズの多様化、短納期化、週40時間労働制、価格破壊、コンピュータ化による急速な技術革新等多くの課題」を抱えていた。とりわけ「プリプレスを中心とした技術のデジタル化は避けて通れない現実」であると現状認識し、かつ「21世紀を見据えた印刷産業のデジタル化等」について、東京から㈳日本印刷技術協会の最高顧問を招いて講演会を開いたりしたのであった。

リカレント学習に対する北海道印刷工業会の意見

リカレント学習の機会提供に関しては、こう言う。通産省などの「既成の職能訓練には前近代的なところが残っていると思うので、新しい教育機関は、実生活に即した形でなされるべきだ」、と。また市民との関係では、「印刷業の社会的な位置、役割について考えてゆきたい。文化産業としての使命、と言ってもいいんですが、イメージづくりが大切です。私たちが本当に若い人を吸収しているか。もし受け手市場になれば最後列に居ることになるのではないでしょうか」。だから、「生涯学習などで、工程を一般の人に見てもらえるようにしたい。印刷業界を理解してもらう、楽しさを分かっていただく、そういうような工場づくりが必要だと思います」。

北海道印刷工業組合の理事長企業の業務内容、すなわち企画メディア事業（人と人をつなぐ通信・電子媒体・イベントなど、コミュニケーション活動に関する企画立案・制作・運営のお手伝い）、情報処理・システム開発事業（データベースを

核とした電子出版や紙メディアによる出版など、文字と画像の情報処理およびソフト開発）、印刷事業（書籍印刷・高級カラー印刷・事務用印刷など、総合印刷に関するお手伝い）――に見るごとく、都市型産業の典型としての印刷工業界・印刷関連産業界は、いま業界イメージの大きな変貌過程にある。そのベクトルは、札幌市の目指す「都市型産業、先端型産業」の振興とも重なる。それゆえにこそ、産・学・官の連携による多様な分野での「融合化・ネットワーク化」「創造性に富む産業活動の担い手」の確保によって、国際的にも「特色をもった競争力のある産業」としての創造・育成が不可欠となる。さっぽろ市民カレッジのリカレント講座は「印刷業界を理解してもらう、楽しさを分かっていただく」という点で一定の役割を果たすことができるし、札幌市に相応しい「文化産業」が形成されて「若い人を吸収」すること、「融合化・ネットワーク化」という課題に対しても、札幌都市圏域内の「大学・高等教育機関のネットワーク」形成をとおして役立ちうると考えることができた。デザインを研究・教育している札幌市立高等専門学校が、〈さっぽろ市民カレッジ〉の「リカレント」事業に非常に熱心であることも大きかった。

4-4　㈳北海道機械工業会の場合
北海道の機械金属産業と北海道機械工業会：会員企業の技術力向上

　北海道の機械金属業界は、第二次産業の中でも比重は高くない。製造業の比率は8％にすぎないが、その中の24％が機械金属業者であり、食品工業の27％を下回り、印刷工業の20％をわずかに上回る。産業団体も同様の姿を示している。道内には、次の16団体があるが、「研修・教育」への取り組みがある団体（下の○印）は5割を切っており、北海道溶接協会のみが溶接工技量検定試験を実施していた。札幌丘珠鉄工団地協同組合（1950年設立、47社、○）、北海道綜合鉄工協同組合（1956年、51社）、北海道農業機械工業会（1958年、40社、○）、札幌鉄工団地協同組合（1962年、65社）、札幌アイアンクラブ（1963年、31社）、北海道めっき工業組合（1968年、9社）、札幌機械センター協同組合（1968年、28社、○）、北海道銑鉄鋳物工業組合（1970年、18社）、北海道金属プレス工業会（1973年、15社、○）、北海道溶接協会（1973年、664社、○）、北海道機械工業会（1975年、580社、○）、札幌サークル鉄工協同組合（1975年、

5社)、北日本鍍金協同組合(1976年、5社)、札幌発寒工業団地協同組合(1977年、37社、〇)、石狩湾新港機械金属工業協同組合(1981年、36社)、日本配電盤工業会北海道支部(1982年、28社)、である。

北海道機械工業会と会員企業の技術力向上方策

　こうした中で、北海道機械工業会の占める役割は大きい。札幌、小樽、苫小牧、室蘭、函館、空知、旭川、北見、帯広、釧路という10の支部、鉄骨、サッシ、表面処理、検査、プレス・金型、電機電子、機械製缶、船舶関連、自動車関連という9つの部会、そして北海道地域融合化センターをもつ同会は、先の『1994産業別団体総覧』の中では、受注機械の拡大対策事業、技術力の向上対策事業(講習会、講演会等の開催)、交流推進事業、情報収集及び調査研究事業を「主な事業」と記していた。このうち技術力向上対策事業(1995年度)では以下の事業を行った。<u>1. 技術相談</u>、<u>2. 生産設備・管理等改善指導事業</u>(3社への指導)、<u>3. 自動車工業参入可能性指導事業</u>(札幌市の1社への指導)、<u>4. TPM事業</u>(生産保全交流会：33社、TPM補助事業［自動車工業参入促進事業］：1社への補助)、<u>5. 技術開発研究会</u>(旧FA化事業の未完成開発項目の継続；会員企業、大学・公設試験研究機関)、<u>6. 地域技術おこし事業</u>(道立工業試験場中心の産学官連携：道の委託による融雪技術開発、実施企業9社)、<u>7. 食品機械研究会</u>(座長・㈱日本製鋼所室蘭副所長、座長代理・㈱小樽製作所社長、下野幌テクノパークの㈱電制社長；他に札幌市の10社、石狩市・室蘭市の各2社、苫小牧市・南幌町・芦別市・釧路市の各1社、計21社の中小企業主体による研究交流組織)、<u>8. 1996北海道技術・ビジネス交流会</u>(交流会実行委員会には北海道機械工業会の他、北海道通産局・北海道・札幌市・㈶北海道地域技術振興センター(ホックタック財団)・㈶テクノマート・北海道経済連合会・㈳北海道商工会議所連合会・北海道商工会連合会・㈳北海道商工指導センター・北海道中小企業団体中央会。ホックタック財団内に事務局。異業種交流の研究開発展示会を含む、製品群情報と技術関係情報の公開発表の場「技術情報展示会」と、企業・研究機関等の新製品開発体制、研究開発情報などの発表説明の場「ビジネス・セッション」の2つを基盤とし、「交流商談会」というビジネスチャンス拡大を図る集まりで、異業種交流、地域振興促進のほか「人的交流」「工業分野を目指す若い人材の教育・学習チャンス」の場。出店数：企業194、大学・研究機関19、商談件数：

492件)。9. 北海道工業技術振興懇話会(道立工業試験場、道立食品加工研究センター、北海道商工労働観光部の工業振興課、新技術産業課、食品工業課の間の意見交換。出席者39名)、10. 技術講習会(計48回：10支部で19回、検査部会18回、鉄骨部会7回、検査・鉄骨両部会3回、自動車関連1回。札幌支部ナシ)、11. 講演会(計27回：全会員2回、4支部で7回、6部会合同で1回、機械製缶部会1回、自動車関連1回、船舶関連1回、電機電子部会・札幌支部1回、道異業種交流連絡協議会4回、異業種交流プラザ9回)、12. 視察会・見学会(計27回：全会員1回、7支部で9回、鉄骨1回、表面処理1回、検査1回、電機電子1回、機械製缶部会・札幌支部で1回、自動車関連1回、道異業種交流連絡協議会1回、異業種交流プラザ［後述］10回)である。

産と学との新たな結合の試み

　1996年度には大学等との既存の事業継続のほか、新たな試みが加えられた。これらは、かっての「産学共同」とは違った形での「学」と「産」との結びつきを求める趨勢の中で、新しい動向を形成してゆく。すなわち、「技術開発研究会の継続」(建築鉄骨の共同開発研究：北海道工業試験場、北海道工業大学などとの協働)であり、「産業技術交流セッション」(「1997北海道技術・ビジネス交流会」における「ビジネス・セッション」の一環としての、北大先端科学技術共同利用センター長と助教授、室蘭工業大学地域共同研究開発センター長、北見工業大学地域共同研究センター長、帯広畜産大学地域共同研究センター長、北海道工業大学工学部教授、北海道東海大学環境研究所長のによる講演会)の2例である。後者は大学や国公設試験研究機関が所有する先端技術の普及・宣伝、道内企業への相談会を目的とする「産学技術交流会」が、技術情報展示会場内で同時開催されたものである。

北海道機械工業会のリカレント学習への意見

　このように、北海道機械工業会がかかわる人材育成は、技術力の向上対策事業と一体化している。ここには、「技能労働者の技能向上」を主体としてきた労働省・雇用促進事業団、中小企業経営者・管理者の経営管理能力の向上に力点を置いてきた通産省・中小企業事業団の、いずれとも異なる指向性があった。その背後には、北海道の機械工業の問題点に対する次のような認

識が存した。「『一品生産』ができないものか。うちは［会員企業は］部品メーカーが多すぎる。大手の系列下に入っていて、ライン・システムしかない。これまでずっとそういう位置づけだったので、一貫生産を行うためには工程を思い切って替えなければならない」、そういう弱点がある。その克服のためには『トップのマネジメント力と技術陣の技術力の結合』が鍵となる。つまり監督者のリーダーシップが求められているのであって、技術屋さんも『人を見る目を養う』ということで、旭川の大学校に行かれている人もいるらしい。人気のあるものは早めに締め切られるそうだ。しかし、長期のものは参加しづらいので、地元［札幌市］でできるようにして欲しいという声を聞いている。［小樽市］銭函のポリテクカレッジにも結構行っているようだ」。

リカレント学習の機会提供に関する意見は、「5時以降で、週1回というペースにしてほしい。中堅どころがいなくなると企業が機能しなくなるところが、残念ながら多い」からだ。「リカレント学習」の内容としては、「もう一回り大きな、今までとは違った、『異業種』の交流、産・学・官の交流をしたらどうか。毎回、シンポジウム的なものにして、参加者が自分の経験や意見を交流できる場があるとよい」。さらに、「生涯学習総合センターには情報センターとしての役割をもたせてほしい。相談機能があってもよい」。これらは札幌商工会議所で聞いたこととも重なる、貴重な意見であった。

4-5　北海道異業種交流連絡協議会の場合
札幌市および北海道の異業種交流組織

こうした指摘のさらなる意味を知るには、異業種交流事業の展開と現状を理解しなければならない。北海道異業種交流連絡協議会（道異協）の1996年度『メンバーズ・リスト』には、23会員・1特別会員（伊達市地場産業振興協議会）が掲載されている。この協議会は1985年に結成され（年に1度の「異業種交流大会」）、1992年からは「北海道地域融合化フェア」、1993年には「北海道・東北ブロック技術市場プラザ北海道大会」、そして1996年には「1996中小企業メッセイン・札幌」を㈶全国中小企業融合化促進財団と共催した。8つのプラザ（224企業の参加）による結成ののち出入りがあり、1988年には15プラザ390企業、1991年18プラザ421企業、1993年には23プラザ466企業、そし

て1995年3月には24プラザ480企業とピークに達した。しかし、以後、1995年内に24プラザ463企業、1996年24プラザ430企業と、逓減してきている。——この間、大半のプラザは今日まで活動を継続してきているが、「旭川異業種交流プラザ」(c. 1986-94)、「ウオッチングプラザ」(1992-95)、「異業種交流Be-ing北見」(1992-96)は、それぞれ解散して道異協から退会、1987年から賛助会員であった三菱商事㈱北海道支社も1995年に退会した。

表3-22　北海道の異業種交流組織

1	札幌市に本拠を置く異業種交流プラザ
	「北海道テクノプラザ」(1982→1984：北海道機械工業会内)
	北海道で最初の制度プラザ・北海道技術交流プラザとして発足し、1984年に自主プラザを設立。1986年に若手社員の「ポプラの会」。在札プラザの縦割組織に、若手中堅の横断組織を組み合わせて、新技術・新商品の開発。札幌市所在企業13社、小樽市3社、石狩市2社、北広島市・南幌町・追分町・滝川市の各1社
	「TCプラザ'21(ひぐまの会)」(1984年→1986年：北海道機械工業会内)
	北海道技術交流プラザ(制度プラザ)として設立、1986年に自主プラザに移行。「自主運営」という基本認識の上に、例会・部会活動(メンバーの任意参加：商品開発等)、他プラザ等との積極的交流活動を展開。札幌市の13社、石狩市2社、苫小牧市・函館市・旭川市の各1社
	「札幌技術交流プラザ」(1985年：札幌商工会議所産業振興部工業課内)
	札幌商工会議所が中心となって、札幌市及び周辺地区の異業種交流を志向。現在は会員主導型の自主運営。共同研究・新製品開発のため、会員間の意見交換・実験、視察、また大学・研究機関等への調査依頼。ホームページの開設。札幌市の企業18社、小樽市・北広島市の各1社
	「テクノポート'88(北斗の会)」(1986年→1988年：北海道機械工業会内)
	国および道が主催する本道第3番目の制度プラザとして設立、1988年から自主プラザとして発足。現在の代表幹事は4代目(下野幌テクノパーク内の札幌オフィスコンピュータ㈱社長)。プラザ内3社を含む4社のFRP窓枠づくりは札幌のプラザで初の国の認定)。毎月1回例会(月例幹事企画運営)、講演会、企業視察会等。札幌9社、石狩3社、小樽・恵庭・苫小牧・江別・岩見沢・当麻の各1社
	「ブレイクスルー21」(1988年→1990年：北海道機械工業会内)
	国および道が主催する本道第4番目の制度プラザとして設立、1990年から新生・自主プラザとして発足したが、「お互いに気心の知れた仲間であり、本音の交流」ができる。月別幹事の企画運営による、視察会・講演会・商品開発研究会。本年度は、共同研究や技術交流のための情報交換、他プラザとの交流の積極的な推進。札幌市の5社、苫小牧市・美唄市・旭川市の各1社
	「フュージョン北海道'92」(1990年→1992年：北海道機械工業会内)
	国および道が主催する本道第5番目の制度プラザとして設立、1992年から自主プラザとして再発足し、「友好的な交流によって相互に補完・啓発」し合っている。プラザの開催、研究会、成果発表会、見学会、講演会、セミナー、新商品・新技術の開発、情報の収集などの事業。交流の成果として、「市場の拡大が見られる」。アドバイザーには長岡金吾・北大名誉教授(機械工学：1985年退官)。札幌市10社、石狩市・岩見沢市・夕張市・砂川市・旭川市の各1社

第3節　札幌市における「リカレント学習」と地域アソシエーション的社会　233

2　札幌市以外の自主交流プラザ
「協同組合異業種交流ひょうたん」(1985年→1992年法人化：㈱オールマネージメントオフィス)
函館市内の8社。1992年に協同組合設立
「函館プラザ'92」(1985年→1992年自主プラザ：半田機械株式会社内)
函館市15社、上磯町3社、七飯町1社。「中小公庫支店長、商工中金支店長、㈶テクノポリス函館技術振興協会事務局長に「助言者」依頼
「異業種交流巴港プラザ」(1992年→1994年自主プラザ：有限会社メデック内)
国および道が主催する本道第6番目の制度プラザとして設立後、自主プラザに再組織化。函館市内の9社、七飯町・室蘭市の各1社。「アドバイザー」に㈳北海道商工指導センター函館支部長、「オブザーバー」に㈶テクノポリス函館技術振興協会総務課主任
「テクノプラザ・トライ」(1995年→1996年自主プラザ：㈶室蘭テクノセンター内)
室蘭市内の8社、登別市・伊達市の各2社、札幌1社。[経緯については本文中に後述]
「異業種交流1・2会」[北見市](1994年自主プラザ：トキワ電工株式会社内)
1993年頃から若手経営者グループによる21世紀の経営のあり方。北見16社、留辺蘂町1社
3　自主プラザ以外の異業種交流組織
「技術情報交換プラザむろらん」(1983年：㈶室蘭テクノセンター内)
室蘭市役所の主導。室蘭市内の40社、登別市3社、伊達市1社
「センチュリープラザ・オタル」(1983年：小樽市経済部商工課内)
小樽市と業界の策定した7業種の地場産業振興対策との関連。小樽市内の27社。アドバイザーに北海道職業能力開発短期大学校長（1992年度より）
「テクノ北見21」(1985年：北見市商工観光課工業係内)
商工会議所工業部会で産学官交流の要望。コーディネーターとして北見工業大学、北海学園北見大学、北見市工業技術センターから各1名派遣。北見市内の31社
「苫小牧異業種交流プラザ」(1986年：苫小牧商工会議所企画課内)
苫小牧市43社、厚真町1社。助言者に㈶道央テクノポリス開発機構・技術コーディネーター
「TCプラザ釧路」(1986年：丸善木材株式会社内)
道庁釧路支庁及び北海道異業種交流連絡協議会の指導により設立。釧路市11社、白糠町1社。
「釧路市異業種交流プラザ」(1987年：釧路市経済部鉱工業課内)
地場企業数社と釧路市役所との間の協議。釧路市内の16社。アドバイザーに釧路工業高等専門学校の電子工学科教授・機械工学科助教授
「テクノプラザ帯広」(1987年：帯広商工会議所内の帯広工業団体協議会)
帯広工業団体協議会を基盤とし、帯広商工会議所・帯広市役所の支援。帯広市内の20社。「国立帯広畜産大学」が「アドバイザー」として名簿に登載
「異業種交流のぼりべつ水滴の会」(1989年：登別商工会議所内)
登別市役所の指導・支援により設立。登別市内の14社、室蘭市の1社
「室蘭異業種交流会（室蘭原起会）」(1990年室蘭商工会議所支所内)
室蘭商工会議所の呼びかけによる、流通問題を中心とした異業種交流。1992年から「貿易流通委員会」設置。室蘭市内の17社
「稚内異業種交流会・北星会」(1990年：チセキ石油販売株式会社内)
「碓井貢先生のご指導により設立」。稚内市内の12社。グループ顧問に稚内北星学園短期大学の田中貢教授
「あしべつ異業種交流会」(1991年：芦別市商工労働観光課商工労働係内)

	石炭鉱業の減産合理化・道庁の特定地域診断、芦別市役所の主導・「中小企業団カタライダーである城本先生」の指導。芦別市内の10社
「アルコー倶楽部」[旭川] (1992年：㈱旭川産業高度化センター内)	
	通産省の頭脳立地法に基づく地域指定、その中核的推進母体としての産業高度化センター。市内12社。アドバイザーは旭川地域を中心とする大学、高専、試験研究機関などの研究者で、1997年度より「創造的地場企業育成研究会」を立ち上げ

(出典) 北海道異業種交流連絡協議会『メンバーズ・リスト』(1996年版)

さて、札幌市に本拠を置く異業種交流グループの一覧は、以上に見たとおりである（設立年次別に並べてある：○○内と有るのは事務局の所在場所を示す。札幌市以外の自主交流プラザ、自主プラザ以外の異業種交流組織についても、対比のため簡略化して掲載した）。

異業種交流と人的ネットワークの拡大・深化

異業種交流組織に関しては、以下の3点を指摘しておきたい。第一に札幌市内に本拠を置く異業種交流組織の持つ「広域性」である。市内には6つのグループがあるが、そのうちの5つ——「北海道テクノプラザ」「TC プラザ '21」「テクノポート '88」「ブレイクスルー '21」「フュージョン北海道 '92」——は国・道の「制度プラザ」として設立され、のちに会員が「自主プラザ」へと再編したもので、いずれも北海道機械工業会に事務局を置く。これらは拠点は札幌であっても広く全道的にメンバーがおり、札幌市域、札幌大都市圏域、札幌複合交流圏域のいずれをも超え出る存在である。この点が道内他都市の異業種交流グループとは性格が大きく異なっていて、インターネット時代における"地域に在りながら地域を越え出る"という特質を見いだすことは可能である。また、札幌商工会議所の関係の「札幌技術交流プラザ」は、当初より札幌及び周辺地区と限定しているが、ホームページの開設など積極的に他のグループや他の有志と連結・接合しようとしている点がユニークである（産学／企業間連携や創業・新事業支援事業の一層の展開が望まれていた）。

1996年度、北海道テクノプラザと TC プラザは共同で、道通産局による「中小企業活動促進法について」などの講演会を開催し、石狩湾新港サポートセンター等の視察を行った。北海道テクノプラザ、テクノポート、ブレイクスルー、フュージョンは、テクノ総研代表による講演会「生き残りのための異

業種交流戦略」を、フュージョン、TCプラザ、テクノポート、ブレイクスルーは夕張精密社長による講演会「生き抜く」を共催した。単独では、テクノプラザは三菱製鋼室蘭特殊鋼などの視察会、TCプラザはあるプロゴルファーの講演会と、苫小牧バード・サンクチュアリなどの見学会、テクノポートは札幌市立高等専門学校教授による「明日の北海道とデザイン」、情報通信あるた代表による「札幌とすすきのの現在、未来」の講演会、3度にわたる視察会（食品製造、木材加工、製鉄・製綱の諸企業）を行った。フュージョンはライフ・スイッチ研究所長の「講演会革命」と、あるカラーコーディネーターによる「くらしの中の色」の講演会、また3度の視察会（夕張精密など、トーヨー化工など、アイワードなど）を行った。

　こうした経過の中で、人的ネットワークが拡大・深化し、経営理念の継承と革新が行われ、そして技術・技能においてもその移転・開発にかかわる進展を見たところもある。異業種交流の経営者活動は、北海道産業クラスター創造研究会や21世紀新産業基盤創出フォーラムなどが生み出されてくるインキュベーター機能を果たしたと考える。こうした「連鎖」はそれ自体、大変に興味深いところであるが、なおかつ、そのこと自体がさっぽろ市民カレッジが開講すべきカリキュラムの重要な一環につながるものであった。機械工業会でお聞きしたところでは、異業種交流の各プラザの内部にはより小規模なグループが生まれ、製品開発への試みも行われていた。また、札幌の各プラザの活動には「教養型」の内容が含まれており、その点で北海道中小企業家同友会が提唱する「共育」活動に通底するところがあった。

異業種交流組織と高等教育機関との関係
　第二に、大学等の高等教育機関との関係は、札幌の諸組織においては、「札幌以外の自主プラザ」や「自主プラザ以外の異業種交流組織」よりも明らかに薄い。「札幌市以外の自主交流プラザ」も同じく多くないが、「自主プラザ以外の異業種交流組織」の場合は次のようなつながりがある。「テクノ北見21」と北見工業大学、北海学園北見大学、北見市工業技術センター（コーディネーター各1名派遣）、「釧路市異業種交流プラザ」と釧路工業高等専門学校電子工学科教授・機械工学科助教授（アドバイザー）、「テクノプラザ帯広」と国

立帯広畜産大学（アドバイザー）、「稚内異業種交流会・北星会」と稚内北星学園短期大学田中貢教授（グループ顧問）、「アルコー倶楽部」と旭川地域を中心とする大学、高専、試験研究機関などの研究者（小林・江口2005参照）、「センチュリープラザ・オタル」と北海道職業能力開発短期大学校長（アドバイザー：92年度以来）である。しかし、これらは各グループと個々の研究者との結合が主で、高等教育機関との組織的な連携ではない。札幌の「フュージョン北海道'92」と長岡金吾北大名誉教授（機械工学）との関係、また「稚内異業種交流会・北星会」「あしべつ異業種交流会」「苫小牧異業種交流プラザ」なども特定のキー・パーソンとの結合である。札幌以外の自主プラザ「函館プラザ'92」「異業種交流巴港プラザ」のは大学外の専門家だが、その一環でもある。

　私たちの聞き取り調査に対する、機械工業会事務局の意見を再録すると、「もう一回り大きな、今までとは違った、『異業種』の交流、産学官の交流をしたらどうか。毎回、シンポジウム的なものにして、参加者が自分の経験や意見を交流できる場があるとよいと思う」、という指摘があった。前述したような、札幌および全道の異業種交流の実態に照らしてみるなら、この指摘は国や道・札幌市レベルの開発構想がトップダウンしてくることが多いのに対して、自分たちも加わって中長期や短期の目標設定をし、それを実現する手立て、手順をオープンに合意形成しようということとして理解したい。また、生涯学習総合センターには「情報センターとしての役割を持たせて欲しい。相談機能があってもよい」という指摘も、異業種交流のさらなる発展という視点から見なければならない。こうした点の吟味がさっぽろ市民カレッジの試金石となると思われたのである。

異業種交流と銀行等との関係

　第三に、異業種交流と銀行等との関係の問題である。道内には、幾つかの地域金融システムがある。例えば、「(財)たくぎんフロンティア基金」は同行の創立90周年記念として設立された公益法人で、"どさんこ技術開発奨励賞"等の事業を継承し、全国規模で中小企業等の技術振興および人材育成事業等を展開するとその「一口PR」にあった。同じく「(財)北海道銀行中小企業人材育成基金」は、(1)海外や国内機械工業先進地区への派遣研修、(2)専門家による、

生産現場の合理化や効率化に対する技術上のアドバイス、(3)バイオテクノロジーを武器とした研究開発のための研修などを事業目的に謳っている。「㈶札幌銀行中小企業新技術研究助成基金」(愛称：札幌銀行ドリーム基金) は、企業が創意工夫し研究活動を進めるための支援、および分散している知識、努力の結集と交流の支援を提唱してきた。「何でも相談、情報の北洋銀行」も交流の輪を広げる。

　こうした金融システムと異業種交流組織の関係を見ると、「北海道テクノプラザ」にはたくぎんフロンティア基金、北海道銀行中小企業人材育成基金、札幌銀行の3行がメンバーとして加わり、「TCプラザ'21」にはたくぎんフロンティア基金、札幌銀行、北洋銀行が、また「フュージョン北海道'92」には札幌銀行中小企業新技術研究助成基金が、それぞれ異業種交流組織の会員となっている。しかし、こうした姿を見ることのできないプラザも存在した。札幌商工会議所系統の「札幌技術交流プラザ」に対しても同様である。もちろん異業種交流組織のメンバーになることと金融的支援とは別次元の問題とも言えるが、道内における自主的・内発的な新技術開発→新商品創出への資金援助のあり方も再検討されてよい。──だが、ここまでの記述は、北海道拓殖銀行倒産前までの話であった。拓銀倒産によって事態は急迫した。

5　産業振興、職業能力開発、リカレント学習──構造転換の中で

拓銀破産後におけるサッポロバレー、産業クラスターの創造

　1997年11月17日の拓銀倒産は、バブル経済破綻の典型例の一つであった。その破綻に至る、1980年代半ばから10年あまりの間に、新たな産業振興の構想として2つの試みが積み上げられてきていた。拓銀の倒産は水を差したが、その流れは押し止められはしなかった。この試みの1つは「サッポロバレー」の構築であり、他の1つは「産業クラスター」の創造である。拓銀倒産の「効果」をあえて言えば、21世紀の北海道が「持続的発展」(sustainable development)、「内発的発展」(endogenous development) の道を模索すべきことを明確にしたことである。それを産業振興政策的に言えば、苫小牧東部地域や石狩湾新港地域などの大規模開発でもバブル経済でもなく、例えば札幌市と北海道大学の情報工学研究者などによる「サッポロバレー」IT企業群の形成であり、北海道

経済連合会などの地域「産業クラスター」創造に端的な「産業起こし」活動になる。

ただ、産業が主体なのではなく、生命をもつ人間の再生産こそが中核に座る。その再生産における4つの問題、すなわち、1）生命自体の再生産と持続、2）食・住・衣の保障、3）生活の拡充と共生、4）これらすべてに関与して保全（maintenance）する「労働」＝「学習」の全面的な保障、である。それらは諸個人と地域社会のもつ自然・歴史・文化の内側から形成され、国家・国民社会ときには国際社会において社会的に承認（recognition）される、特定の社会過程の中で生起し、諸個人の生活過程を基礎づけをする。この意味において、内発的発展は「内発的発達」（development）であり、地域社会と諸個人の内発的で持続的な「発展・発達＝保全・止揚」である。

さて、1980年代半ばからの10余年（「失われた10年」）、すなわち経済の「構造転換」が進行した中で、産業振興と職業能力開発とリカレント学習に対する模索は、札幌市のレベル、北海道のレベルにおいて、それぞれどのように進行したのであろうか。

5-1　20世紀末までの"産・官・学"共同に至る動向

バブル経済期における産業構造改革の諸動向

「生涯学習」とりわけリカレント学習にかかわる社会的・文化的資源は多様に存在している。しかし、それらは自らの課題遂行に忙殺されるので、ネットワークを作り上げる主体にはなかなかなりえない。道内に最初の異業種交流組織（北海道テクノプラザ）が組織されたのは1982年のことであったが、バブル経済の時期と重なる1980年代半ばころから20世紀末までの時期に、「産・官・学」連携にかかわるさまざまな団体・組織が生まれてきた。そしてバブル経済が破綻していく時期の全体をとおして、札幌と北海道に新たな産業構造の創出をめざす社会的動向が固められていった。

すなわち、1984年に札幌市が「札幌テクノパーク」の設置を決定し、1985年に北海道異業種交流連絡協議会（前出）が生れた。1986年には札幌市が㈶札幌エレクトロニクスセンターを設立し、また㈶北海道地域技術振興センター（ホックタック財団）を、通産省と北海道電力（戸田一夫会長）、北海道拓

殖銀行、マルキンサトー、新日本製鉄など道内関連企業が立ち上げ、中堅技術者講習会や先端技術者養成講座を開催した（前出）。横道孝弘北海道知事は「一村一品」運動に続いて、1987年、北海道国際医療・産業複合都市建設（HIMEX）を構想し、産・学・官の「HIMEX建設推進協議会」が発足した。他方、同年からの準備の上に1988年、㈶北海道地域総合振興機構（はまなす財団）が設立された。「当財団は、北海道開発庁、通商産業省および北海道の行政機関それぞれの検討や構想を基に、北海道経済団体連合会〔戸田一夫＝会長；引用者〕、北海道商工会議所連合会、北海道建設業協会等の民間団体、市長会、町村会、そして道外経済界、北海道の発展に思いを寄せる民間人など官民挙げての支援・協力を得て設立された」（『10年のあゆみ』の「設立の経緯」）。中心的事業は調査研究と助成支援、会長には戸田一夫が就いた。この年には北海道雇用開発協会も設立された（北海道経営者協会、北海道職業能力開発短期大学校、北海道商工会議所連合会、日本労働組合総連合北海道連合会ほか）。1990年に北海道機械工業会やホックタック財団等の技術・市場交流プラザが始まった（前出）。

地域ソフト法、ホクサイテック財団、HIMEX構想と拓銀破産

1991年には地域ソフト法（地域ソフトウェア供給力開発事業推進臨時措置法）に基づいて㈱北海道ソフトウェア技術開発機構が設立され（通産省・労働省の外郭団体「情報処理振興事業協会」と北海道・札幌市・民間企業；岩井滉社長）、札幌市立高等専門学校が開校した。1992年の㈱北海道科学・産業技術振興財団（ホクサイテック財団）は通産省と道内経済界との連携により立ち上がり、異分野研究交流集会などを組織してゆく。この間、道のHIMEX構想（「医療・産業・研究都市づくり事業」）は国の関係省庁連絡会議設置を見て、「基本構想並びに事業化方針」（1992年）、「医療・産業・研究都市づくり」推進決定（1992年）、北海道住宅供給公社への土地開発主体としての役割要請（1993年、公社受諾）、「医療・産業・研究都市づくり」基本構想策定（1994年）と展開していた。

しかし、「時のアセスメント（時代の変化を踏まえた施策の再評価）実施要綱」により、「施策の円滑な推進に課題を抱えており、施策が長期間停滞するおそれがある」と認定され、「今後、基本構想のあり方や事業の進め方を検討

する」と判断された。再評価の期間は「概ね1年」であったが、1995年の知事の任期満了退任により計画は白紙に戻された。他方、1996年、道内経済4団体（北海道経済連合会、北海道商工会議所連合会、北海道経済同友会、北海道経営者協会）は、それとは別に、「産業クラスター創造」に関する検討を開始し、1997年に北海道産業クラスター創造研究会の「マスタープラン」が作成された。同年、札幌市商工部工業課は「ネットワークプラザ」構想を公表し、また小樽商科大学の札幌サテライトが認可された。──北海道拓殖銀行の破綻は、こうした時点において突発した。

5-2　札幌市の産業振興政策──職業能力開発とリカレント学習
札幌エレクトロニクスセンターと北海道大学の情報科学研究

　札幌市は1984年、研究開発型団地「札幌テクノパーク」とその中核施設「札幌エレクトロニクスセンター」の設置を決定し、1986年には「財団法人札幌エレクトロニクスセンター」が稼働し始めた。エレクトロニクス関連技術者・研究者と企業との「交流と連携」を事業コンセプトとするこの財団は、①「技術開発室支援事業」（技術開発室の賃貸）を基礎に、②「技術交流促進事業」（先端技術展の開催、技術動向調査、研修・セミナー等の実施、視察対応その他情報提供事業等；日本自転車振興会補助対象事業）、③「プロジェクト事業等」（次代の技術動向の提唱となる特定の技術テーマのもと、研究開発支援、人材養成、広報普及などの事業の、産学の連携、企業間の連携による、総合的・有機的な展開）を行ってきた。

　こうした試みの背後には北海道大学の情報科学研究が存在した。青木由直が『マイクロコンピュータの研究』を創刊したのは、実に1976年のことであった。その後に田中譲が「Intelligent Pad」を開発し、札幌エレクトロニクスセンターはそれを「Intelligent Pad事業」として位置づけた（「プロジェクト事業としての独立性を強化し、今後の事業発展性を促進するため、財団自主事業から分離」し、産学官の共同プロジェクトとして実施）。他に日本自転車振興会補助対象事業としての「コンピュータ・ネットワーク事業」「メディア・ワールド事業」（「Intelligent Padをベースとしたソフトウェア流通のためのアーキテクチャの設計と実現」、社会学出身のテッド・ネルソン指導の「Xanaduシステムの特定モデルの実現」の2プロジェクト）、そして「デジタル・メディア事業」（通産省支援で「ディジタ

ル工房」設置：1996年）などの事業を展開している。

　さらに財団法人札幌エレクトロニクスセンターは、「JICA（国際協力事業団）受託事業」と「受託調査事業」、そして札幌エレクトロニクスセンターの「管理運営事業」を行っている。JICA受託事業とは「財団が培ってきた産学官の人的ネットワークのもとで、技術ノウハウを社会に還元し、また国際化に寄与するため、国際協力事業団が行う発展途上国の技術者に対するエレクトロニクス技術に係る研修を受託を受けて実施する」（同センター資料）ものである。これは、「技術交流支援事業」（産学協力、関係企業との連携による先進的技術動向の把握と、地域つまり関連企業群、公共システム等への還元）と並んで、札幌市の長期計画が意図する「新札幌型産業創出」、そのための人材育成のネットワークと連動している。しかも、「北海道内のインターネット接続構成図」や「NTTマルチメディア通信の共同利用実験接続構成図」のように、「コンピュータ・ネットワーク事業」はハード面での「異領域」交流を生み出し、北海道ネットワーク協議会 (NORTH：1993年設立、座長：山本強・北大情報工学)、またマルチメディアソフト「ハイパー風土記札幌」制作委員会 (1994年設立) などによって、「コンピューター・コミュニティ」が形成されつつある（サッポロ・バレー形成への北大情報工学研究者たちの役割は、北海道情報産業史編集委員会編『サッポロバレーの誕生──情報ベンチャーの20年＝SAPPORO VALLEY STORY』、イエローページ、2000年、に詳しい）。

札幌市のネットワークプラザ事業：人材と情報の交流拠点

　北海道新聞 (1997.02.19) の「インターネットで交流の場──札幌市が結ぶ市民と大学、企業」という記事は、札幌市商工部工業課の「ネットワークプラザ事業」のコンセプトを伝えた。この事業は、基本的には札幌テクノパーク、㈶札幌エレクトロニクスセンターの成果を一層発展させようとするもので、「情報通信関連技術を担う人材・企業を育成・振興し、この過程において地域に蓄積された技術によって、さらに地域産業全体を情報化・高度化し、もって移入超過の域際収支を改善し、経済振興・地域の活性化を図る」と、札幌市の産業振興戦略を描いている。この戦略の達成のための課題は次の3点だと指摘された。1. 地域産業全体の情報化・高度化を図るための、地域におけ

る人材・企業の連携促進の必要性、そのための企業の自主的・自立的な連携組織の育成、人材の協働の場構築の不可欠性。2.産学官の連携、起業家支援制度等を実効あらしめるため、各産業振興セクター（国、道、市、公共機関等）の産業振興施策の有機的な連携の必要性。3.札幌市の基幹産業の一つである印刷・出版産業における、マルチメディア化に伴う業態変化への対応の不可避性、である。

　札幌市のネットワークプラザは、こうした「人材と情報の交流拠点」を構成する。工業課の資料によれば、「市の中心部に、産業振興・地域活性化のための自主的・自立的な活動を始めている団体・組織の活動拠点、いわば協働の部屋を設け、そこで多種多様なセミナー、研修等を自主的に行わせる。そして『インターネット』環境を利用して、それら団体・組織の活動を、より一層活性化させる」ことが狙いである。このためネットワークプラザは具体的には、札幌市の行政施策、通産省・中小企業庁の施策とかかわるのみではなく——労働省・雇用促進事業団には触れていないが——「業界・地域ニーズ」や「学術的提言」との接合を志向する。すなわち、小樽商科大学札幌サテライト・オフィス事業（経済研究所、地域経済社会システム研究会）、札幌市立高等専門学校の地域リカレント教育推進事業、21世紀産業基盤フォーラム（北大を中心とした産学連携の動き）、札幌狸小路商店街振興会（青年部情報化委員会）、札幌青年会議所（地域産業創造委員会）、「ジョイントベンチャー：地域ネットワーク研究会」（山本強座長）、そうして北海道産業クラスター創造研究会のそれぞれ動向が、タテワリ秩序でなく「ネットワーク」ないし「ネットワーキング」の視点から注目されたのであった。

イノベーションシティ札幌とe-シルクロード宣言

　2000年にサッポロビズカフェが発足し、2001年にはさらに新しい展開があった。e-シルクロード宣言「アジアのIT産業の交流と連携による変革と創造のための札幌宣言」が、韓国デジョン（大田）市のIT産業代表者とともに、アピールされたのである。「有史以来、人と情報の移動と交流が、文明を生み、発展と変化をもたらしてきた」という文章で始まるこの宣言は、「21世紀のe-シルクロードは、札幌－大田－瀋陽－新竹－香港－シンセン－上海－シ

ンガポール-バンガロールなど、IT産業が地域に活力を与えている都市を結び、そこに人間と情報のネットワークを形成し、ビジネスと文化を多様に結合させる路」なのだと訴え、次のように展望した。

札幌市は「明治維新後に計画的に創建され、誕生した新しい都市である。外国人技術者の先進的技術によって開拓が進められ、身分関係のない個人が多く全国から参集し市民となっていった。伝統にしばられない、自由な気風を持ち、新しいものを自ら創造するフロンティア精神」があった。「その札幌に誕生したIT企業集積・サッポロバレーの経験とは、産業と技術のイノベーションが次世代の産業を形成することであり、そのためには革新的企業群の存在と連携、オープンな場の共有と人間のネットワークを背景としたコラボレーションが不可欠」なことだった。「このイノベーションシティともいえる札幌の都市スタイルは、e-シルクロードを通じてアジアとであうことで、より多様性と深みを獲得するだろう。e-シルクロードの最初の宣言が札幌から発せられることの意味は、ここに存在している」、と（www.E-s\Silkroad-Web.Com/、傍点引用者）。

札幌市立高等専門学校とリカレント学習への参画

札幌市立高等専門学校は、札幌市立高等看護学院とともに、札幌市に属する高等教育機関で、1991年の創設以来、市立芸術大学に向けての拡充整備が謳われてきた（札幌市第三次長期総合計画）。同時にその長期計画の中では「産業高度化の支援」を期待されていた。私たちが面接した、札幌市商工部経済企画課職員は同校に「デザイン力、技術力」を希望し、同部工業課は「デザイン開発、デザイン力で市立高専との連動」を望んでいた。

また、札幌市立高等専門学校はリカレント学習との深いかかわりをもち、1995、1996年度の2ヵ年間、北海道地域リカレント教育推進事業に参画して、「地域と企業のためのデザインセミナー———デザインと人間、風土、都市」の学習講座を開講していた。1996年度の講座は、清家清学校長の基調講演、たくぎん総研の石黒直文顧問の特別講演のあと、第1部「デザインと人間」（担当は、建築設計・工業デザイン、日本画・工芸デザイン、美術解剖学、体育実技〔舞踏など〕、体育心理学、芸術工学、金属工芸、陶芸、グラフィックデザイン、の9人）、

第2部「デザインと風土」(彫刻、建築学、舞台美術、メタルクラフト、環境設計、工業意匠学、視覚デザイン、室内空間論、湿原環境、の9人)、第3部「デザインと都市」(都市計画、建築史学、アーバンデザイン、造園学、コンピュータ・グラフィックス、工業デザイン、近代ロシア文化史、現代アメリカ文学、彫刻・空間構成論、の9人)というユニークな構成で、たいへん好評であった。

　現代の生活空間、風土・街角、都市とデザインとの関係の考察をとおして、「札幌を考え直そう」という試みは、公共的リカレント学習、職業的リカレント学習のいずれにも、つまり都市生活機能の活性化、都市型産業の活性化の両者にとって、刺激的な視点を提供するものであった。こうして、札幌市立高等専門学校はさっぽろ市民カレッジの、極めて有力な担い手の役割を果たしていた。——札幌市はその後、市立高等専門学校と市立高等看護学校とを合わせて「札幌市立大学」の設立に踏み切った。したがって、「生涯学習」ないし「成人教育」の学部、あるいは教育研究センターを別に置く、という一部にあった「夢物語」は雲散霧消した(2006年度から札幌市立大学発足、デザイン学部と看護学部の2学部制。2010年に大学院デザイン研究科修士課程開設)。

5–3　北海道産業クラスター創造研究会とその「精神」
産業クラスター創造とフィンランドの経験
　北海道の経済4団体が組織した「北海道産業クラスター創造研究会」は1996年段階において、北海道産業の現状分析つまり産業集積地内外の調査、核となる仕組みの提案を行い、1997年度は「クラスター創造実験事業」、すなわち産業クラスター創造推進機構の詳細検討、リサーチ＆ビジネスパークの詳細検討を「マスタープラン」として取りまとめた。そして1998年度には「クラスター創造プロジェクトの立ち上げ」、具体的には産業クラスター創造推進機構の設立、産官学協同の三層ネットワークの充実、クラスター創造の拠点づくりの検討を予定していたが、拓銀倒産がマイナスに影響した。「製造業が弱く、公共投資に依存し、域際収支(道外との移輸出入の収支)が約2兆5千億円もの赤字である北海道の産業構造」(日本政策投資銀行北海道支店副調査役・大橋裕二 2004: 1)の変革は至難な事業であった。

　そうした状況を当時の北海道経済連合会会長・戸田一夫は、こう見ていた。

第3節　札幌市における「リカレント学習」と地域アソシエーション的社会　245

「開拓開始以来、国の手厚い支援の下、北海道は石炭を代表とする資源供給地域として大きな役割を果たしてきました。しかし、わが国の経済発展に伴い、円レートが360円から100円台へと推移する中で、北海道の資源の国際競争力は完全に失われ、資源供給地域としての使命を果たせなくなり、現在の経済低迷を見るに至りました」(ノーステック財団「退任にあたって」、2005年)。別の場所で戸田は、次のようにも言っていた、当時は「石炭、鉄鋼、農・水産など北海道を支えていた基幹産業のいずれもが時代の流れの中で非常に厳しい環境下におかれていた」のだ、と(はまなす財団「財団設立10年を振り返って」、1998年。なお、戸田のリーダーシップについては谷口2003: 135参照)。

　1994年、戸田一夫は、北海道経済再建の「模範」をうるため、フィンランド共和国で調査研究を行った。「フィンランドから収集してきた膨大な資料を調査した結果、ハーバード大学のマイケル・ポーター教授が提唱している『産業クラスター』を国家産業戦略として位置付けており、その効果の大きいことを知りました。フィンランドの国家産業戦略とは、同国の資源状況では幅広い産業に手を伸ばすことができないことから、国際競争力において優位の産業をベースとして、そこから新しい産業を創出することに重点を置くというものでした。すなわち、産業クラスターを自分たちで形成する努力の中に、生き残る道があるとするものでした」(ノーステック財団「退任にあたって」、2005年)。――このように、フィンランドの産業振興策を基盤として提唱したのが、「産業クラスター創造」運動であった。

デンマークのライフロング・ラーニング：戸田一夫の理解

　だが、戸田一夫はこの運動の中核にデンマークから学んだ《ライフロング・ラーニング》を置いていた。戸田は言う。「産業構造の変革は社会変革そのものであり、道民に大きく意識改革を求めるものでもある」、と(戸田1997: 1、傍点引用者)。そこから、デンマークの教育に深い共感を寄せた。「農業を基幹産業と位置づけ、その国際競争力が高位にあるデンマークの今日の姿を作り上げた原動力は何であったかを知りたいと色々な方にお逢いしている中で本書〔コースゴー著『光を求めて――デンマークの成人教育500年の歴史』、本書第1巻44頁以降参照：引用者注〕の存在を知った。特に1997年9月には、3時間に

わたってコースゴー先生の講義を受け、デンマーク国民が自らの生きる道をどの様な形で学んで来たか、精神的指導者とその理想を実践しようとする多くの人達の長い努力の経過を知ることが出来た。グローバル化の声に押され勝ちな社会的潮流の中にあっても独自性を失わず、『デンマークの民主主義』を国民が生涯の学習目的として研修に努めていることを知り、深い感銘を受けたのである。(中略)。／『人は何のために生きるのか』、もう一度、自分を取り戻すためにも、本書から学ぶものは多い」(戸田 1999: 1)。

ここで戸田が指摘したことは、「人の生」の意味である。そうして「日本の民主主義」の意義である。さらに、デンマークの《ライフロング・ラーニング》は、こうした深みに根ざしているというメッセージである。その深みが、職業人の労働と生活とを下支えしている点については、本書第1巻「序章」において検討した。論点を絞ってリカレント学習とかかわらせてみれば、それは職業的ないし職能的リカレントの専門性を支えるべき、公共的ないし公益的リカレントにおける「客観価値」の問題であった。

デンマーク王国教育省がユネスコ第5回国際成人教育会議(ハンブルク会議、1997年)に提出した文書はこう指摘していた。「デンマークの文化では、民主主義の基本をなす価値観〔＝客観価値〕、つまり責任を果たすこと、理解すること、他人を尊重することが、重要な要素となっている。これらの価値は、教育システムを通じて、市民活動と連携した様々な組織の形成が大きな特徴となっている市民社会の中で形成され、発達してきたものである。デンマークの教育システムは、職業上の能力と同時に、総合的な個人としての資質にも主眼を置いており、各教育コースは、受講者が個人としての生活を営むだけでなく、社会生活や労働に参加するために不可欠な要件を身につけることを目的」とする。一言で言えば、「個人としての成長、コミュニティ意識、職業教育、そして各個人の民主主義に対する責任」である、と(デンマーク教育省 1997: 2, 3、傍点および〔 〕内引用者)。

内村鑑三『デンマルク国の話』と北海道の産業・社会の構造転換

かつて内村鑑三(1861-1930)は『デンマルク国の話』(1911年)において、1864年のプロシャ・オーストリア連合軍に敗れ、国土の割譲と荒廃のもとに

呻吟していたデンマークにおける、「信仰と樹木とを以て国を救ひし話」(同書副題) を感激を以て書き記した。グルントヴィ (1783-1872) の直面した問題でもある。水産学を専攻した内村は、札幌農学校でクラーク博士から植物学を学んだことを誇る (『後生への最大遺物』1894) が、かの国の若き植物学者フレデリック・ダルガスの科学的知見による植林の成功が、木材の収穫、気候の変化、砂塵の防止、農地の拡大、農業全般の振興へと至る過程を詳述したのち、こう書く。「然し木材よりも、野菜よりも、穀類よりも、畜類よりも、更に貴きものは国民の精神であります、デンマルク人の精神はダルガス植林成功の結果として茲に一変したのであります、失望せる彼等は茲に希望を恢復しました、彼等は国を削られて更に新たに良き国を得たのであります、而かも他人の国を奪ったのではありません、己の国を改造したのであります、自由宗教より来る熱誠と忍耐と、之に加ふるに大樅小樅の不思議なる能力とに由りて、彼等の荒れたる国を挽回したのであります」(同、岩波文庫: 80-81)。——内村は、ここでのダルガスやその父親 (敗戦時の下士官)、またダルガスを称揚したデンマーク人の「自由宗教」に基づく精神を、二宮尊徳 (1787-1856) にも見いだしていたようである (『代表的日本人』1908: 87)。

　産業構造の変革は社会構造の変革を伴うのであるから、意識革命が不可欠になる。私たちは人口400万人のデンマーク人が行ったように、人口600万人弱の北海道に相応しい民主主義を作りださなければならない。東京工業大学出身の電気技術者・戸田一夫は、このように力説していた。《ライフロング・ラーニング》と産業クラスター創造活動とは、戸田一夫において民主主義社会づくりのまさに重要な「両輪」をなしていたのである。

産業クラスター創造戦略と国家の産業政策

　拓銀破綻翌年の1998年、北海道産学官協働センターの北大構内への設置が認可され、ホックタック財団はクラスター事業とFC担当部を設置した。2002年にコラボほっかいどう (北海道産学官協働センター、戸田一夫理事長) が運営を開始、翌2001年にホックタック財団とホクサイテック財団が合併してノーステック財団が誕生した (戸田一夫理事長)。拓銀の業務を引き継いだ北洋銀行の経営努力とも相まって、産業クラスター創造活動を支える制度的・

金融的な基盤ができたのであるが、この活動の意図するところは何であるかを見ておこう。この創造活動は、地域産業全体の競争力を強めることにより、雇用問題に光を当てることを目的としている。産業クラスター創造戦略と従来の国家産業政策との違いには3点がある。第一に、「国や行政区単位ではなく地域が単位であり、民間が主体の産業戦略」である。第二に、地域産業を「群れ（クラスター）」として把握し、各種産業間の連携、産学官連携を強め、そこから新たなビジネス創造を展開していくという『連携型の内発的産業振興戦略』である。第三に、産業クラスター創造活動は、「各分野で個別に展開しているベンチャー支援、科学・技術振興、各種産業振興、地域振興等を包含した総合的な活動」である。

　国家産業政策と産業クラスター創造戦略との差異は、具体的には、①「国が主導する開発計画」VS「地域が主導するクラスター戦略」、②「再配置構想に基づく産業立地政策」VS「内発的産業政策」、③「画一化による『国の比較優位』の創出」VS「特色ある『地域の比較優位』の創出、そして④「タテワリと効率重視」VS「繋ぐ機能と創造性重視」、という差異をもたらす。つまり、それまでの産業発展モデルが「主要産業・先端産業・先端施設の配置」であったのに対し、産業クラスター創造戦略は「特色ある産業と技術の集積化、つなぐ機能の配置」に光を見出す。前者における「単位としての国家－国家間競争－中央の産官複合体による国家の比較優位」という「癒合」に対し、後者には「単位としての地域－地域間競争－地域コミュニティを母胎とする地域の比較優位」という「つながり」が意図されていた（以上、http:www.noastec.jp/、による）。

「これからの地域社会」と起業家支援システムの創造

　ここには地域産業政策に対する明白なオルターナティヴが存在する。一者はこれまでの「産業社会」であり、他の一者はこれからの「地域社会」である。前者の競争は「蹴落とし型」のそれ、後者の競争は「高め合い型」のそれである。根本には、日本の現代「市民社会」が「地域社会」にそれに相応しい社会的位座を用意することによって、日本型近代「市民社会」としての「日本産業社会」を乗り越え、「地域社会」と「産業社会」との社会的バランスを「反省的近代化」

としていかに構築するか、という重大問題がかかわっている。そのためにも「地域社会に相応しい民主主義」の問題が重要となる。戸田一夫が言った、「産業構造の変革は社会変革そのものである」(前出、1997)、という言葉のもつ重たい意味を再度確認したい。

リカレント教育の推進という点から言えば、北海道産業クラスター創造研究会ベンチャーグループ・日本開発銀行・北海道東海大学共著の『北海道における起業家支援システムの在り方について』(1997年) が重要な視点を提出していた。そこでは、①アメリカ合衆国カリフォルニア州の「起業家支援ネットワーク」、②フィンランド共和国の「産官学ネットワーク」を検討し、「北海道に合った形のネットワーク」を提起した。すなわち、「(1)産官学を連携させる、(2)三層構造のもの、(3)ネットワークの活性化に大学の能力を最大限活用するため大学外組織としてネットワーク事務局が整備されている」ことについてである。三層構造とは、「草の根のネットワーク (プロジェクトベース)」、「実働部隊のネットワーク (各支援セクター)」、「トップのネットワーク (連携のプラットホーム)」の結合を意味する。さらに注目すべきは、大学と企業等との間に、大学と連携する大学外組織 (「スマートネットワークセンター」: SNC) を入れ、全体の連携を伸展させようする仕組みの提案にある。ベンチャー企業創出のさいの大学の役割を、SNCを設定することで鮮明にしたと言える。また、「理科系大学 (学部) と文化系大学 (学部) の相互補完システムの構築→複合人材の輩出」という指摘は、今後の大学教育のあり方とかかわる論点を提出していた。

なお、このころ私たち (北大生涯学習計画研究部) は、北海道教育委員会と協働して「北海道リカレント学習推進ネットワーク会議」を立ち上げ (1998.06〜1999.03)、道内各支庁ごとに、リカレント学習活動を産業クラスター創造活動とリンクさせることを追求していた。しかし、この段階では、結果として、そのような学習活動の内容把握や制度化、支庁ごとの組織化は構築されなかった。「社会教育」と「生涯学習」の差異と連関、生涯学習と地域住民組織とのかかわりが不分明だったころであったことは確かであるが、それ以上に、産業クラスター創造活動とリカレント学習活動という両者を、内発的につなぐ環を見出していなかったからだと思う。

第3項　さっぽろ市民カレッジにおける「生涯学習」の講座内容

「起業家精神の教育」、リカレント学習、さっぽろ市民カレッジ

　前掲『北海道における起業家支援システムの在り方について』(1997) は、大学の役割として、「幼稚園から高校に至るまでの起業家教育等についての指導」を挙げている。それは、「支援システムを長期的に維持・発展させるための教育システム」構築の一環としてであった。この報告書はフィンランド・バーサ市の「起業家精神の教育」、すなわち就学前教育から高等教育までの教育課程を利用して起業に必要な素養・知識を与える一貫教育プログラムの存在に言及する。より具体的には「創造性・柔軟性・勇気・積極性・自主性・協調性・モチベーション等の同義語として、起業するしないに拘わらない時代の要請として、育成の対象としているもの」(同第1分冊：25) が経験として対象化されている。こうした精神的特質とそれを支える「客観価値」は、「オーストラリア、カナダ、英国」「米国」のみならず、デンマークでも第三のイタリアでも看取できる。日本社会でそのことは、「起業家支援システム」を現実化するのと同じか、それ以上に困難な事柄であるのかもしれない。だが、それなくしては「起業家支援システム」の長期的な維持・発展が難しいことは確かである。さっぽろ市民カレッジにおけるリカレント学習の機会提供は、こうした課題と直に向き合わねばならなかった。

　『札幌市生涯学習推進構想』や『第三次札幌市長期総合計画』が具現化される直前の、1990-91年度に札幌市 (経済局商工部経済企画課、企画調整局企画部企画調査課) は、「産業活性化推進事業」にかかわるある調査を行っていた。聞くところによれば、産業活性化の基本方策として、1) 新産業コンプレックスの形成による産業の高度化、2) 多極多機能都市圏の形成による都市生活環境の改善、3) この両者による人材確保・地元定着、4) それらの結果としての地域の国際化 (国際経済圏における拠点機能強化)、という方向性が明確にされていたという。札幌大都市圏における都市機能 (生産支援機能・生活支援機能・共通基盤) の活性化と産業の活性化とが、人を媒介として相互に連結して把握され、グローバリゼーションへの対応が志向されていた。

　さっぽろ市民カレッジは、何より250万人の人口を擁する札幌大都市圏の

都市文化の深さ、高度化こそが、人材養成の社会的な土壌を豊かにすると考えた。それゆえ、大都市圏域市民のリカレント学習（継続高等教育型の生涯学習）は、生活拡充共生型生涯学習とともに、「縁の下の舞」的な意味をもっていた。この土壌なくして、いわゆる先端的な科学・技術に基づく新産業基盤形成の動向も、既存産業の再活性化も長期性をもちえず、市民からの支持も逓減化すると思われる。地域産業を育成し、《社会》が豊かになることを願うからこそ、継続高等教育型のリカレント学習が重要になる。

1　さっぽろ市民カレッジ・プレ講座と2000年の本講座
さっぽろ市民カレッジと職業的・職能的、公共的・公益的リカレント学習

こうした中で、さっぽろ市民カレッジにおける職業的・職能的リカレント学習に求められるの役割は、以下の2項6点になるものと予想された。

- A．札幌圏の「産業と就業」の将来像に関する広範な意志の結集
    - ・多様な取り組みの、「人材育成・人間形成」という視点からの突合せ
      （他の諸視点とのインターフェイスによる相互の役割の明確化）
    - ・この点についての関連する高等教育機関のネットワークの形成
      （大学院－大学－短期大学・専修学校などの重層的な関係の構築）
      （厚生労働省関係の職業能力開発諸機関との連携・協働・協治）
    - ・上の点に関して、市民に情報を知らせ、問いかけ、意見を求める活動
      （職業観－生活観－教育観の転換を草の根から再検討する場の構築）
- B．他の関係機関と競合しない領域での専門教育の実施
    - ・「総合する専門性」が必要な領域に対する専門教育の実施
      （ネットワーク型市民カレッジのもつ組織特性を活用しての試み）
    - ・他のリカレント学習提供機関が扱わない分野への取り組み
      （自前講座の用意等による新しい学習課題の発掘と提供、成熟化）
    - ・職業的・職能的リカレント教育の考え方に対する実践的な検証
      （若い人の職業観形成との関係、全教育課程での職業教育体系の明確化）。

他方、公共的・公益的リカレント学習については、職業的・職能的リカレ

ント学習において想定された上述の役割規定に加えて、以下の項目を付け加わえた方が学習活動の実情に相応しいと考えた。

- 生命と人間の社会的再生産にかかる領域での専門家の力能向上
  (教育、保育、福祉、介護などで働く人へのリカレント学習の場)
- ボランティア、NPO活動従事者などに対するリカレントによる支援
  (仲間づくり、まちづくりの経験交流と当事者による体系化など)
- 市民の「生活の質」向上に関する専門的活動とかかわるリカレント
  (豊かさとは、日本人として生きるとは：国籍を超えた交流と対話)
- 学縁ネットワーク形成、小地域共同体などでの市民活動との結合
  (小地域共同体の市民を単位とする地域教育社会力の再形成)
  (札幌から北海道・日本をへて、アジアと世界への民間国際交流)

　こうした、公共的・公益的リカレント学習が独自にもつ側面の補強・拡充が必要と思われる。さらに、「さっぽろ学講座」(大分県や山形県、長崎県、大学コンソーシアム京都におけるような「地域学」)、「デザイン講座」(市立高等専門学校の試みや、北海道教育大学などの美術科の存在)、「生涯学習ボランティア養成講座」も時間をかけて準備する必要がある、と展望し試行したのであった。

1-1　さっぽろ市民カレッジ・プレ講座の分析
さっぽろ市民カレッジのプレ講座 (1997-1999年度)

　2000年における札幌市生涯学習総合センターのオープンを前に、1997年度から札幌大都市圏内の高等教育機関在籍者有志により「札幌市リカレント教育研究会」が組織され、プレ講座の企画・準備・実施・総括にかかわる研究会活動を3年にわたって行った。その結果は、3冊の報告書にとりまとめられた (1997年度『さっぽろ市民カレッジ・プレ講座の創出と新たな課題』、1998年度『さっぽろ市民カレッジ・プレ講座の2年目の総括と新たな課題』、1999年度『さっぽろ市民カレッジ・プレ講座3年目の総括と新体制への移行』)。こうしたプレ講座にきびすを接して2000年9月から本講座が開講される。本講座を事前に準備したプレ講座の内容は、職業的・職能的リカレント講座と公共的・公益的なそれ、

これらに加えて両者の「中間ないし複合」的なものの3タイプに分けられた。
　わずか3年間の試行だが、札幌大都市圏に存在する既存の生涯学習機会とは異なった講座内容を、ネットワーク型で提供しようとした。**表3-23**の講座一覧中の括弧内は、それぞれの講座の「コーディネイター」役と主な協力者を示している。具体的な10コマ前後の講義の開講にはさらに多くの方の参加を見たが、そのさいの考え方は「学」の間のネットワークを探求するのみならず、「産」・「金」・「労」・「民」・「官」と「学」のネットワークを再構築することによって、「学問知」と「実践智」の間の橋渡しを試みようというところにあった。

表3-23　〈さっぽろ市民カレッジ〉プレ講座の内容

1997年度
職業的・職能的リカレント講座
・器のデザインプロセス〜真空成型法による制作から（札幌市立高等専門学校）
・創業塾〜独立開業の経営戦略（札幌商工会議所付属専門学校）
公共的・公益的リカレント講座
・ボランティアコーディネーター・リーダー養成（北大生涯学習計画研究部・北星学園女子短期大学部）
・さっぽろ学（北大生涯学習計画研究部ほか）
職業的／職能的と公共的／公益的の中間ないし複合
・クライアント（患者、児童・生徒）とのよりよい関係づくり（北星学園大学）
1998年度
職業的・職能的リカレント講座
・楽しい現代美術（札幌市立高等専門学校）
・創業塾〜独立開業支援（札幌商工会議所付属専門学校）
・コンピューターネットワークと電子商取引」（札幌大学・札幌市経済局・［札幌］電子流通促進協議会）
公共的・公益的リカレント講座
・ボランティアコーディネーター・リーダー養成（北大生涯学習計画研究部・北星学園女子短期大学部）
・生涯学習計画セミナー（北大生涯学習計画研究部）
職業的・職能的と公共的・公益的の中間ないし複合
・環境問題を考える（北海学園大学・北海道教育大学岩見沢校・札幌市環境局）
・まちづくり実践講座〜市民参加のワークショップを中心に」 　　　（㈱柳田石塚建築計画事務所・札幌市立高等専門学校・札幌市都市局地域計画部）
・福祉・医療・教育におけるよりよい関係づくり〜『共生』の社会（北星学園大学）
・高齢社会の『介護』を考える」講座 　　　（北星学園大学・北海道医療大学・札幌市保健福祉局高齢保健福祉部）
・学校をひらく、子どもの明日をひらく（北海道教育大学札幌校・札幌市児童福祉総合センター）

1999年度	
職業的／職能的リカレント講座	
・生活発想によるデザイン〜売れる商品開発とデザインの役割（札幌市立高等専門学校）	
・管理者の知っておきたい財務諸表の基礎知識（札幌商工会議所付属生涯学習センター）	
公共的・公益的リカレント講座	
・ボランティアコーディネーター実践交流（北大生涯学習計画研究部・北星学園女子短期大学部）	
・生涯学習ボランティア養成（北大生涯学習計画研究部・札幌市教育委員会生涯学習推進課）	
職業的・職能的と公共的・公益的の中間ないし複合	
・まちづくり専門講座〜まちづくりワークショップの運営 　（㈱柳田石塚建築計画事務所・札幌市都市局地域計画部）	
・地域の環境を考える〜地域の環境リーダーとなるために（丸山環境教育事務所）	
・福祉・医療・教育におけるよりよい関係づくり〜『共生』の社会（北星学園大学）	
・NPOマネジメント講座〜市民力パワーアップ（さっぽろ村コミュニティ工房）	
・初めての人のためのNPO（札幌市教育委員会生涯学習推進課）	

第1年度の5講座に対するコーディネーターの総括

　講座の総括を見る。例えば第1年度（1998年度）には5つの学習講座を実施したが、それぞれについて各講座のコーディネイターは次のように総括し、「今後考えられる方向性」も提示されていた（同上報告書第2章）。

　　「器のデザインプロセス」講座（札幌市立高等専門学校）
　　　今後考えられる方向性：「①モノづくりの実習での他の教育機関とのネットワークづくりを行う。関連機関にリカレント講座の主旨をよく理解してもらい、実習指導、講義、講評などの組み合わせによる講座の共同開催の在り方についても検討する必要がある。②今後の検討事項として、実習だけの講座ではなく、例えば本年度開催された『創業塾』のような講座との組み合わせによる、デザイン開発講座をとおしての起業家の育成や地域産業の振興を目的とした講座の開設や、『アートセラピー』等の講座も考えられる。また、本学の環境デザインや建築デザイン等計画系のデザインコースでは、例えば本年度の『さっぽろ学』のワークショップ等への参画も考えられる」（札幌市立高等専門校・後藤元一稿）。
　　「創業塾」講座（札幌市商工会議付属専門学校）
　　　「それなりの成果があったものと考えられるが今後はビジネスゲームの導入、事業計画の作成実技や国民金融公庫融資担当者の現場の声など、具体的かつ興味を持続させるような工夫があればより深度のある成果があがると思われる」（札幌商工会議所・小林順吾稿）。
　　「クライアントとのよりよい関係づくり」（北星学園大学・ほか）

「今後の課題」。「受講者の各領域での関わり方を見た場合、現職者、ボランティア、『関心を持っている』者といくつかの層が混ざっていた。これはこれでおもしろい交流・意見交換ができたが、当初のねらいが現職者のスキルアップ的リカレント教育であったことからは、問題を残した」。講座のねらいから「受講者を限定する場合、募集方法から検討しなおす必要がある（たとえば、該当する職場宛てに直接募集するだけで、広報などによる公募はしない、など）」。「受講者間の相互学習については当初のねらいどおりに達成することができなかった。その原因としては、時間不足、コーディネーターの力量不足（内容についての講師との事前打ち合わせの不十分さなど）、小グループでの学習にとっての会場の不適切さなどがある」。今後、「講座のねらいを達成するためには、受講者間の相互学習の時間をもっと長くとる必要がある。一回時間の拡大か、または、回数を増やして、講義と討論・意見交換を交互に行う形態などの工夫が必要」。「受講者を限定できるなら、高等教育機関における単位認定の可能性が十分にありうる」。「講師依頼に関して、複数の高等教育機関による連携を模索する必要がある」（北星学園大学［当時］・勝野正章稿）。

「ボランティアコーディネーター・リーダー養成」講座（北大生涯学習計画研究部・北星学園女子短期大学部）

「ボランティア活動を対象にするので、受講者同士の実践・体験の交流が重要になる。講師の講義についての意見の交換の機会をふくめ、討論と交流の時間をたっぷりとることが必要である。受講者が独自に運営・進行する時間を設けるなどして、開設する時間帯、1回の時間、回数さらには、（受講者自身が場合によっては講師になりうるので）、受講料の設定など柔軟な制度が検討されねばならない」。「幅広い領域の内容のボランティア活動を対象としたが、講師陣としては、やや福祉ボランティアにかたよった。今後は、社会教育や自然・環境保護等の講師の発掘、依頼、研究者のネットワークの形成が課題となる」（北海道大学生涯学習計画研究部・木村純稿）。

「さっぽろ学」講座（北大生涯学習計画研究部・札幌市都市計画課協力）

「それぞれの講義自体は大変質の高いもの」であったが、「討論を効果的に運ぶという点にはほど遠かった。これは、どうしても問題が拡散するし、受講者が『討論の仕方』というものをほとんど理解していないことによるものと考えられる。こうしたことは、総合的・学際的な講座、あるいは討論を重視する講座（『さっぽろ学』はその両方の性格を持っている）では、今後とも起こり得ることである。その解決の一つの方法としては、やはり対象者を一定の層に絞ることが考えられよう」。「今後の課題」としては、「［今回］最終回の討論の時に、『さっぽろ学』という問題のフレームが広すぎることもあることから、議論が

かみ合わなかったことが挙げられる。これには、受講者層の広さも関係していると考えられる」(北海道大学生涯学習計画研究部［当時］・笹井宏益稿)。

　これらをとおして読むと、第一に、他の高等教育機関ないし各種専門職者との連携の強化が、「デザイン」講座、「創業塾」講座、「クライアント」講座、「ボランティア」講座によって指摘されていた。特に「デザイン」講座からの「創業塾」との結合可能性や、「さっぽろ学」との連携、「アートセラピー」の提起などは興味深い。第二に、すべての講座は、学習講座の内容および学習形態にかかわる質的改善を「今後の課題」として意識していた。「さっぽろ学」講座における「討論の仕方」の指摘のごとくである。第三に、「クライアント」講座は、「受講者を限定できるならば、高等教育機関における単位認定の可能性が十分にありうる」ことを展望していた。それは前述した視点から見ても極めて重要な指摘であり、可能なところから「突破口」を切り開いていく必要がある。

市民カレッジへの基本問題(1)：コーディネーターと講座の充足

　だが、3年目に私はこう書いた。「1999年度は、札幌市生涯学習総合センターへの移行準備という、プレ講座にとってはマイナスとなる要因があったが、講座開講の不安定性は、当然、それだけによるのではない。少なくとも、①コーディネイター役の不確実性、そして拡がりの少なさ、②講座の分野とレベルの未確定さ、③サポート体制の未整備、④全市的な関心を喚起させる点での弱点、といった問題点を挙げることができる」、と。最初の問題点に対しては、この3ヶ年のコーディネイター役の変遷をその所属機関を単位に見ると、問題が明瞭になる。3年間をとおしてコーディネイターを務めたのは、札幌商工会議所附属専門学校・生涯学習センター、札幌市立高等専門学校、北海道大生涯学習計画研究部、1998年と99年の2年間が㈱柳田石塚建築計画事務所、1997年と98年の2年間が北星学園大学経済学部教職課程担当、合わせても5機関である。1999年単独がさっぽろ村コミュニティ工房、丸山環境教育事務所、札幌市教育委員会生涯学習推進課（前2者のNPO法人は2000年以降の本講座にも参画した）、1998年単独は3大学で、コーディネイター役だった人の人事異動のあとがいずれも切れた。

第3節　札幌市における「リカレント学習」と地域アソシエーション的社会　257

　ここから分かることは、第一に、コーディネイターの絶対的な不足である。3ヶ年延べ人数でも10人台に止まっているので、正式オープン後の「さっぽろ市民カレッジ」は、この弱点をまず解消すべきである。オープン後の「カレッジ運営組織」として「さっぽろ市民カレッジ運営委員会」が置かれるが、その外側に独自に組織される大学人・専門家の「さっぽろ市民カレッジ・オフィシャルコーディネーター」との協力・協働が決定的に重要である。第二に、この3ヶ年における講座開講の不安定性は、主に大学人の参加・参画の不安定性によるものであった。その結果、多くの重要課題を学習する場が消えていった。しかし、そのことの背景を理解しなければなるまい。それぞれの大学は自前の大学公開講座や学部公開講座などを開いており、個々の大学人は教育活動・研究活動に加え社会参画活動を要請されている。この要請が「強要」と受け止められる限りは、「大学開放」(University Extension)——公開講座に留まらない地域社会と大学とのパートナーシップの確立——は望めない。それゆえに、自分の大学の外で行われているネットワーク型「市民カレッジ」に対する参画は、現状では、莫大なエネルギーを要する行為なのである。このことを心に刻まなければ大学人との協働は行い難いと判断できた。

市民カレッジへの基本問題(2)：協力体制と運営体制の強化
　そのうえで、第三に、個々の大学人・専門家にさっぽろ市民カレッジへの参画を要請し続ける必要がある。参画の形態と内容は、「産」・「金」・「労」・「民」・「官」・「学」による札幌市内や札幌大都市圏域の「生涯学習」の将来像を協議課題とする「仮称・札幌市生涯学習推進協議会」が形成されていない中では、——そして国・公・私立大学や短期大学・専修学校など、高等教育を担う全機関による「生涯学習」推進方策を協議する場がなく、しかも北海道や札幌市などの自治体が高等教育政策担当課をもたない中では——、高等教育機関の意志決定に基づく組織的な「市民カレッジ」への参加・参画は望めない。したがって現状が続く限りは、さっぽろ市民カレッジは大学人・専門家のボランティーアとしての自発性に期待するしかないと思われる。参加・参画は「オフィシャルコーディネイター」でなくても、特定の講座の講師でも、学習相談のアドバイザーでもよく、多様なボランティーアの形がありう

る。しかし、そのためには、札幌市は大学人・専門家に対し、地域社会の将来像とその中での「生涯学習」、特にリカレント学習の位置づけを訴え、協力・協働を要請すべきである。大学人・専門家も市内・圏内で生活している市民＝生活者だが、その人たちに積極的協力を訴える熱意と論理が不可欠である。だが、熱意だけで事は済まない。

　第四に、1) 生活者の実生活に基礎を置く生涯学習・リカレント学習という位置づけに基づいて、市民各層の学習ニーズを把握する、2) 新年度の本講座開設に向けて、内容、実施体制、方法、時期などを検討し、PR方法に対する吟味も行う、3) 札幌市の生涯学習・リカレント学習の長期的な展望を考え、大学・高等教育機関や「産」「民」「官」等との連携を強化しうる「体制」づくりとかかわって、「さっぽろ市民カレッジ運営委員会」(仮称)を設立し問題点を整理する、という現実的な諸課題が存してはいた。——以上がプレ講座の総括から導き出される教訓であった。

1-2　札幌市生涯学習財団と市民カレッジの2000年講座

札幌市生涯学習総合センター開設と2000年度の講座編成

　転機は20世紀最後の年に来た。札幌市は2000年度に㈶生涯学習振興財団を設立し、7月に「札幌市生涯学習総合センター」(生涯学習センター、青少年センター、教育センター、リサイクルプラザの複合施設：愛称：ちえりあ)を開設し、9月から〈さっぽろ市民カレッジ〉を開講した。生涯学習振興財団の事業内容は、(1)学習機会提供事業、(2)人材活用育成事業、(3)学習活動支援事業、(4)調査研究事業、(5)施設管理運営事業の5つである。このうち、(1)の学習機会提供事業は、「さっぽろ市民カレッジ」「生涯学習センター施設機能活用事業」「視聴覚学習機会提供事業」「青少年科学館学習機会提供事業」「共催事業」の5事業から成り立っていた。「さっぽろ市民カレッジ」に対する財団の「基本方針」は、「1.生涯学習関連機関との連携、ネットワークを構築することをとおして、市民ニーズを踏まえた事業展開を図る。2.市民参画を進め、市民による市民のための学習活動を支援する。3.財団が有する専門性・柔軟性を生かしながら、効率的・効果的な事業運営を行う」とあった。「カレッジ」の具体的講座構成としては、札幌市教育委員会からの委託事業である「市民活

動系」リカレント講座、「産業・ビジネス系」リカレント講座、そして財団独自の「文化・教養系」講座とがあった。後一者の中には生涯学習ボランティアが主体的に構想する「ボランティア企画講座」も含まれていた。

独立採算性に基づく札幌市生涯学習財団体制への移行

このようにして、生涯学習総合センターへと移行した2000年度のさっぽろ市民カレッジ開講講座は、**表3-24**のごとくであった（○人→△人は定員数→受講者数を示す。系の区分は財団による）。

表3-24 〈さっぽろ市民カレッジ〉本講座初期の内容

2000年度秋季
　市民活動系
　　・ボランティアコーディネイター実践講座（社会教育活動専門家：30人→10人）
　　・まちづくり基礎講座（柳田石塚建築計画事務所：30人→7人）
　　・地域の環境を考える（丸山環境教育事務所：30人→申し込み者なく中止）
　　・NPO実践講座（さっぽろ村コミュニティ工房：30人→15人）
　産業・ビジネス系
　　・福祉・医療現場でのよりよいコミュニケーション（北海道医療大学：30人→13人）
　　・起業塾（札幌商工会議所生涯学習センター：30人→7人）
　　・インターネットと電子商取引（札幌大学経営学部：30人→7人）
2000年度冬季
　市民活動系
　　・グループリーダー実践講座（ボランティア活動研究会I氏：30人→10人）
　　・外国人観光客を温かく迎えるためのノウハウ講座・基礎編（北海道国際大学観光学科・札幌市観光局：100人→102人）
　　・外国人観光客を温かく迎えるためのノウハウ講座・実践編（北海道国際大学観光学科・札幌市観光局：50人→60人）
　　・市民活動・ボランティア・NPOマネージメント講座（さっぽろ村コミュニティ工房：20人→18人）
　　・身近な環境とデザインを学ぶ講座（札幌市立高等専門学校：20人→22人）
　　・家族関係の心理学（札幌学院大学人間科学科：20人→29人）
　産業・ビジネス系
　　・環境マネジメントシステム～ISO 14001取得促進講座（㈱エコニックス：30→8人）
　　・知的所有権入門（北大法学部H氏：30人→5人）
　　・ビジネス英会話入門（英会話教師K氏：20人→13人）
　　・広告・宣伝力アップ講座（電通U氏：30人→10人）

若干の先細り的な傾向もあるが、そのことはネットワーク型のリカレント学習を支えるコーディネイターの存在とかかわる。さらには、その位置づけ

に対する教育委員会や財団の考え方が関係すると思われる。札幌市生涯学習振興財団は札幌市助役を理事長とするが、さっぽろ市民カレッジを含む札幌大都市圏の「生涯学習」の中長期的なあり方を検討する機構、例えば「札幌市生涯学習推進協議会」(仮称)のようなものは検討を見ていなかった。札幌大都市圏における大学等の高等教育機関、民間教育産業、NPO組織などの多種多様な生涯学習組織とさっぽろ市民カレッジとの関係のあり方も残された。さっぽろ市民カレッジの学長は札幌市長、副学長は教育長で、札幌市生涯学習財団が事務局(=運営実施機関)を構成する。財団からの「委嘱」を受けた「さっぽろ市民カレッジ運営委員会」(委員7人のうち2人は札幌市教育委員会生涯学習部長と札幌市生涯学習振興財団事務局長)は、財団からの「提案協議」に「意見」を述べるという組織になった。私見では、「教務」的な事柄を重視すべきであった。しかし、それに手作りで取り組もうとしていた「札幌市リカレント教育研究会」は解散となり、さっぽろ市民カレッジを含む「学習活動支援事業」自体が幾つかある中の一事業にすぎないという、独立採算性に基づく札幌市生涯学習財団の管理・運営へと、事態は明確に転換していたのであった。

2 札幌市生涯学習振興財団さっぽろ市民カレッジの講座内容分析

さっぽろ生涯学習ネットワーク情報誌『Sá：サア』

札幌市生涯学習振興財団は「さっぽろ生涯学習ネットワーク情報誌『Sá：サア』」を、2000年の第1号(7月〜10月)より発刊を積み重ね、2005年(4月〜7月)で第15号になる。この情報誌を見ると、札幌市生涯学習総合センターとかかわりのある「生涯学習」講座の一覧を入手できる。以下、第1号と第15号の内容を分析し、両者の比較を試みる。この5年間に何がどう変わったのか。

2-1 情報誌『Sá：サア』第1号(2000年7月〜10月)の分析

2000年度614講座の講座提供者

第1号を見ると、生涯学習総合センターの9講座(前出)の他、視聴覚センターの8講座、青少年センターの4講座があり、リサイクルプラザは開講しなかったことが分かる。合わせて21講座である。「札幌市・行政関係機関」からは

次のような連携講座があった。まず、中央区市民部(2講座)、白石区市民部(3)、豊平区市民部(1)、南区市民部(1)、手稲区市民部(4)；そして札幌市市民局生活文化部市民文化課(7)、札幌市市民局生活文化部消費者センター(14)；札幌市保健福祉局児童家庭部子育て推進課(3)、手稲区保健福祉部(4)、母子寡婦福祉センター(7)、在宅福祉サービス協会(2)、身体障害者福祉センター(34)、社会福祉協議会(1)、ボランティア研修センター(6)、市立札幌病院救命救急センター・札幌市消防局中央消防署(2)；女性センター(11)；中央図書館(1)、山の手図書館(2)、教育センター(4)、子どもの劇場やまびこ座(4)、子どもの劇場こぐま座(2)、青少年科学館(15)、豊平川さけ科学館(3)、サンピアザ水族館(2)、定山渓自然の村(2)、青少年山の家(4)、豊平公園緑のセンター(48)、平岡樹芸センター(17)；道立近代美術館(8)、札幌彫刻美術館(4)、市民ギャラリー(1)；中央勤労青少年ホーム(7)、豊平勤労青少年ホーム(7)、ポプラ勤労青少年ホーム(4)、アカシア勤労青少年ホーム(4)、円山勤労青少年ホーム(3)、発寒勤労青少年ホーム(16)；札幌市環境局環境計画部環境活動推進課(4)、札幌市建設局管理部道路管理課(1)、札幌市経済局産業振興部産業振興課(3)である。以上の、生涯学習総合センターから産業振興課のものまでの小計は、278講座である。

「大学・短期大学・専修学校」では、北海道医療大学(14講座)、北海道大学(13)、小樽商科大学(6)、札幌学院大学(6)、北海道浅井学園大学(5；現・北翔大学)、藤女子大学(4)、北海学園大学(3)、北海道自動車短期大学(3)、北星学園大学(2)、北星学園女子短期大学部(2)、北海道東海大学(1)、札幌大谷短期大学(1)、天使大学(1)、そして北海道私立専修学校各種学校連合会の「北海道まちかど学園」が31講座で、小計96講座になる。「民間教育事業やカルチャーセンター」等では、読売文化センター札幌(69講座)、道新文化センター(50)、STV文化教室(30)、UHB大学(27)、大同ギャラリー(25)、札幌サンプラザ文化教室(23)、朝日カルチャーセンター(15)、札幌西武コミュニティカレッジ(1)、小計は240講座である。

2000年度講座提供者の特質

以上のごとく、総計は614講座、うち札幌市・行政関係機関は45.3％、民

間カルチャーセンター等が39.1％、大学・短期大学・専修学校が15.7％、という比率になる。札幌市・行政関係機関の比率が極めて高い。614講座のうち「自前講座」は9講座だから、それを差し引いた「連携講座」605講座の46.0％、実に5割近くが"行政"の"出前"講座になる。「自前講座」を除く605講座の中で、「地域課題の解決」や「職業能力の向上」とつながる講座は幾つあるか。拾い出してみると、次のようになる。

　第一に札幌市の関係で、経済局産業振興部産業振興課の創業者セミナー・女性起業家セミナー、保健福祉局児童家庭部子育て推進課の子育てサークルリーダー講習会、建設局管理部道路管理課の屋外広告物講習会、市立札幌病院救命救急センターと札幌市消防局中央消防署の心肺蘇生術講習会などで、分野は特定されない。福祉・介護の領域では関連団体であるボランティア研修センターの生活介助スクール・介護支援ボランティア研修会、また在宅福祉サービス協会の訪問介護員養成研修2級・協力員登録時研修、さらに北星学園大学の社会福祉夏季セミナー、北海道医療大学の家庭介護実践セミナー、札幌西武コミュニティカレッジの福祉住環境コーディネーター養成講座がある。次いでパソコン分野が目立ち、北海道浅井学園大学（ワープロ中級）、北海道自動車短期大学（パソコン・情報リテラシー）、身体障害者福祉センター（ワープロ）、UHB大学（パソコン）、そして北海道専各連の「北海道まちかど学園」もパソコン、医療事務など14講座を提供し、母子寡婦福祉センター（パソコン講習会、ワープロ講習会、簿記2級講習会、ビジネス能力講習会、福祉住環境コーディネーター講習会）、女性センター（再就職準備講座）も続く。——このように、全体として福祉・介護系とパソコン修得が主軸で、起業セミナーは多くはない。

2-2　情報誌『Sá：サア』第15号（2005年4月～7月）の分析
2005年4～7月の講座内容と講座提供者

　では、2005年4月～7月の『生涯学習講座』内容はどのように変化したのだろうか。情報誌『サア』15号を同じように見てみる。

①「自前講座」の分析

　札幌市生涯学習センターの「自前講座」は、<u>産業・ビジネス系</u>では、「始め

第3節　札幌市における「リカレント学習」と地域アソシエーション的社会　263

よう！　パソコン～知っておきたい基礎用語～」（リズ大通ライフデザインスクール校長）、「電子メール活用法～インターネットでコミュニケーションを始めよう～」（同上者）、「パソコンを使ってプレゼンデビュー」（同上者）、「画像を操る～暑中見舞いをパソコンでつくる」（同上者）、「インターネットを使って旅をプランニングしてみよう」（同上者）、「町内会運営にパソコンを活用していこう」（同上者）、「コミュニケーションのためのインターネット活用術①～メーリングリストオーナーへの道」（北海道医療大学情報センター運営主任）、「はじめてのホームページ作成～自己紹介ページを作る」（同上者）、「画像を取り入れたホームページを作成しよう」（同上者）、「パソコンの基本操作を体得しよう」（いるかまん㈱派遣講師、女性）、「インターネット入門～正しい知識を習得してからネットデビュー」（同上者）、「ｅショップのイロハを学ぶ」（札幌大学経営学部教授）、「個人情報保護の方法を学ぶ」（同上者）、「マーケティング感覚を磨こう」（㈱電通北海道マーケティング・クリエーティブ室長）、「いきいきと自分らしく生きるための転職さがし」（ユニバーサル・ジョブズ・インク代表、女性）である。

　<u>市民活動系</u>では、「ボランティア・マネジメント入門～ボランティアと協働するために～」（ボランティア活動アドバイザー、女性）、「地域と暮らし続けるためのまちづくり～支え合える『まち力』、行政・住民・企業の協働～」（バリアフリー・デザイン協議会事務局長）、「イベント実施のノウハウを学ぶ～ちえりあフェスティバルを企画・運営する～」（㈱ピーアールセンター企画制作局統括部長）、「あなたのワークショップをレベルアップ～ワークショップ企画者のための学びの作業場～」（丸山環境教育事務所代表、女性）、「都市と自然との共生～身近な自然を調べてみよう～」（エコネットワーク代表）、「乳幼児期の子育てポイント～子どもの良さを活かすには～」（キャリアカウンセラー・上級カウンセラーほか）、「さっぽろふるさと学～地域を見直すコミュニティマップ作り」（NPO法人旧小熊邸倶楽部代表）、「市民ディレクター養成講座～まちのPRビデオを作ってみよう！」（映像制作・演出家）、「私たちにもできること～身近にある社会福祉～」（北海道浅井学園大学人間福祉学部講師）、「外国人観光客に魅力的なまち"SAPPORO"を考えよう」（異文化コミュニケーショントレーナー、女性）、そして「〈ちえりあ学習ボランティア企画講座〉健康に生きる食生活

と医療」（北海道医療大学看護福祉学部教授、ほか）、であった。

　札幌市生涯学習振興財団独自の文化・教養系では、「安心して暮らせる家作り！〜災害に備える〜」（札幌市立高等専門学校助教授）、「くらしに身近なお金の基礎を学ぶ」（日本ファイナンシャル・プランナーズ協会道央支部長、女性）、「水彩画を描きながらアートな感性を磨こう」（道展会員）、「日本の歌をうたおう〜春をテーマに〜」（札幌大谷短期大学講師、女性）、「おうちでできるバレエストレッチ」（真下バレエ研究所代表、女性）、「歌ってみよう！　思い出の外国民謡」（札幌大谷短期大学非常勤講師、女性）、「ちえりあオペラシアター」（声楽家）、「ちえりあ夏休み親子映画界」（−）、「ちえりあ映画試写会」（−）、「札幌を撮る［一眼レフカメラ編］」（写真家）、「16ミリ映写機操作技術講習会」（メディアボランティア）、そして「解説！　現代史〜世界史から現代の諸問題を探る〜」（地中海文化研究家）、「目の前の現実をゆっくり考える術を学ぼう〜忙し過ぎる現代人のための哲学入門教室」（札幌大学経済学部教授）。合わせて13講座である。これに青少年センターの「ちえりあDONUTS所属サークルメンバー募集」「青少年センターのロビーを活用しませんか？」を入れて15講座になる。

自前講座における特徴

　このように、産業・ビジネス系はパソコン・インターネット関係12講座、他の3つと合わせて15講座。市民活動系ではボランティア企画講座の1つを入れて11講座、そして文化・教養系が15講座、合計41講座が「自主講座」であった。春季と夏季との違いはあるが、産業・ビジネス系、市民活動系とも5年前よりも講座数が増大している。産業・ビジネス系はパソコンが主体で、しかもあまり系統性が感じられないが、市民活動系講座では「さっぽろ市民カレッジ」の一つの特色ないし"伝統"が生きており、かつボランティア、NPO活動家、コミュニティ・ビジネスの関係者など、さまざまな市民活動家が講座開講に協働していることが分かる。他方、公民館関係者がいないのは札幌の事情から不思議ではないが、町内会関係者も出てこない。これもさっぽろ市民カレッジの講座編成の特色の1つである。

② 「連携講座」の分析

第3節　札幌市における「リカレント学習」と地域アソシエーション的社会　265

　2000年（7月～10月）のときと同じく開講を続けている札幌市・行政関係機関から見ると、まず南区地域振興課（1講座）、在宅福祉サービス協会（2）、豊平川さけ科学館（2）、青少年科学館（6）、市民ギャラリー（1）、札幌彫刻美術館（7）、中央勤労青少年ホーム（1）、豊平勤労青少年ホーム（1）、ポプラ勤労青少年ホーム（2）、アカシア勤労青少年ホーム（1）、円山勤労青少年ホーム（5）、などがある。おおむね講座数を減少させているが、その中では札幌市ボランティア研修センター（6講座→20講座）の動向が目立つ（ここまでで49講座）。逆に、札幌市市民局生活文化部市民文化課、札幌市市民局生活文化部消費者センター、札幌市保健福祉局児童家庭部子育て推進課、母子寡婦福祉センター、身体障害者福祉センター、社会福祉協議会、女性センター、図書館、教育センター、札幌市経済局産業振興部産業振興課など、29機関の講座がなくなった。
　新たに参画したのは、札幌市西健康作りセンター（15講座）、札幌市中央健康作りセンター（12）、札幌市東健康作りセンター（3）、札幌子育てサポートセンター（1）、札幌サンプラザ文化教室（15）、札幌市芸術文化財団・サッポロ芸術の森（4）、サッポロコンサートホール・キタラ（11）、札幌市教育文化会館（6）、札幌市民芸術祭（7）、札幌市男女共同参画センター（12）、サッポロさとらんど（11）、札幌市経済局農務部（1）、そして㈶札幌市防災協会（2）、北海道開拓記念館（北海道立総合歴史博物館）（15）、北海道立三岸好太郎美術館（3）、ほっかいどう社会保険センター（21）、さらにポリテクセンター北海道（20）である。ほっかいどう社会保険センターの講座は趣味系のものだが、ポリテクセンター北海道の参画が大きい（後述）。2000年の第1号にはおおむね40の札幌市・行政関係機関が出講していたが、2005年では29機関へと減少し、講座総数も減っている。2005年の「札幌市・行政関係機関」の講座総数は208講座であるから、50講座ほどが減少した。
　大学・短期大学・専修学校の「公開講座」では、北海道浅井学園大学（20講座）、北星学園大学（20）、北海道医療大学（17）、札幌学院大学（15）、北海道大学（12）、道都大学（5）、酪農学園大学・酪農学園短期大学（4）、北海道東海大学（3）、北海道情報大学（2）、天使大学（1）、北海道武蔵女子短期大学（1）。ここまでで100講座となるが、これに北海道私立専修学校各種学校連合会の「北海道まちかど学園」（50）を加えると合計150講座で、2000年の96講座を

大きく超えた。

　カルチャーセンター等を見ると、NHK文化センター札幌教室（20講座）、NHK文化センター新さっぽろ教室（20）、朝日カルチャーセンター（20）、そしてSTVカレッジ（19）を合わせて79講座で、2000年の240講座がまさに激減した。代わりに、NPOが参入しており、NPOサポートセンター（3講座）、NPO法人市民と共に創るホスピスケアの会（3）、NPO法人エスコニ（5）、そしてNPO法人さっぽろ自由学校「遊」（13）の小計24講座がある。

連携講座における特徴

　全体として、講座数は2000年の『サア』第1号のときより150講座減となっていた。そのことは2003年度の生涯学習振興財団の決算（収支合計約12億8万円）で、さっぽろ市民カレッジ事業受託収入が約756万円なのに対し、生涯学習センター管理運営受託収入と、青少年科学館管理運営受託収入とで8割弱を占めた、という実績に反映されたような、講座の深刻な状況と重なっていた。『サア』第15号における分類では、2005年春期講座は「パソコン・情報」36講座、「ビジネス・社会・経済・資格」31、「語学・国際理解」36、「教育・福祉・医療・ボランティア・市民活動」87、「趣味・娯楽・暮らし」61、「運動・スポーツ・体操」51、「造形・美術・デザイン」76、「演劇・映像・音楽」41、「書道・茶道・フラワー・舞踏・伝統芸能」24、「歴史・文化・教養」39、「自然・科学・環境」31、「体験学習・親子・こども」16、「イベント・その他」11講座である（総計は540講座となり、私たちの集計とは大きく異なる）が、内容的に見た場合に、大分型や山形型、富山型、あるいは青森型ないし青森類似型、香川型ないし香川類似型と比べ、「さっぽろ」らしさに乏しいと感じられた。「道民カレッジ」ともベクトルは合わない。

新たに生まれてきた動向2つ

　しかし、新たな動向が生まれていることもまた確かであって、それらは次の2つの動向に端的であった。第一に、新たな参画者の多元化である。例えば、北海道職業能力開発大学校（ポリテクカレッジ北海道）の参画である。同校は中級・上級の情報処理技術の13講座の他に、「溶接構造物の品質保証」

第3節　札幌市における「リカレント学習」と地域アソシエーション的社会　267

「油圧実践技術」「空圧の技術と指導」「一般用電気工作物の一般知識」「一般用電気工作物の施行」「管理事務系セミナー」などを開講した。北海道専修学校各種学校の「まちかど学園」も精力的に講座を増大させた。公共的・公益的リカレント学習とかかわって、北海道医療大学の意欲的試みの継続に加え、札幌市ボランティア研修センターの取り組みがあった。さらにNPOの参画がある。哲学者花崎皋平を共同代表の一人とするNPO法人さっぽろ自由学校「遊」は、東京「自由学校」とも連携を取りつつ、「コッシーの東南アジア豆知識」（越田清和・アジア太平洋資料センター理事）、「アイヌアートデザイン教室」（アイヌアートデザイナー）、「市民ジャーナリスト講座『取材・調査して書く』」（北海道大学宮内泰介、環境社会学）、「札幌は自治基本条例で何が変わるのか？」（「遊」事務局）、「持続可能な開発のための教育『歴史と人権〜植民地主義を再考する』」（「遊」事務局）等々、他では聞けない講座を開講していた。筆者も2004年度の講座「学習を学ぶ学習会──オルタナティヴな学びの場をつくる」の第3回、「イタリアにおけるオルタナティヴな学習の実践」の報告など、2度ほど討論の輪に加えていただいたことがある。

　第二に、札幌市生涯学習センター「ちえりあ」における学習ボランティアの展開である。1996年度のプレ講座以来の「ボランティアコーディネイター養成講座」参加者の希望者に対し、1999年に「生涯学習ボランティア養成講座」（7日間）を実施し、翌年その修了者63名の中から「講座企画・サークル支援ボランティア」を募集し41名が参加した。そうして2000年度秋講座から「生涯学習ボランティア企画講座」4講座を実施した（教育、老後保障、環境、健康生きがい。01年度は食生活、ゴミ、札幌学、藍染め）。そして2001年度に「ちえりあ学習ボランティア」（ちえボラ）設立総会を開き、「『ちえボラ』のきまり」も決めた。講座企画運営・自己研鑽の支援、財団の諸事業への協力・参画が主な活動である。2005年秋期には、野生動物との共生、健やかな社会生活、札幌学、の講座を企画運営を予定していた。また、生涯学習センターの施設を用いた「ちえりあサークル」には、ダンス16サークル、体操14サークル、美術・絵画13サークルなど、合わせて82の趣味系サークルがあった。

第4項　札幌市のリカレント学習と地域アソシエーション的社会

本節総括の視点

さて、本節を閉じよう。ここでは次の2点に意を留めたい。第一はリカレント学習の可能性について、第二は地域アソシエーション的社会と地域コミュニティ的社会の区分と連関についてである。

本節は札幌市を対象に、リカレント学習を中心とするさっぽろ市民カレッジのあり方を考えるために、先行して成人の職業訓練・職業能力開発の場を創出していた旧労働省・雇用促進事業団（現・厚生労働省の雇用・職業能力開発機構）から道庁・札幌市役所に至る系統と、通産省（現・経済産業省）中小企業庁から別系統で道庁・札幌市へと降りてくる、中小企業大学校旭川校系統のキャリア開発の流れとを見てきた。この両系統に対して、「生涯学習」はどのような社会的位座にあるのか、新しい視点は那辺にあるかを検討し、その可能性をプレ講座などで探ったわけである。そのさい、これらの2系統に関する記述をおおむね20世紀末（西暦2000年）までに留めておいた。それゆえ、まずはその後の動向を補足しておきたい。雇用促進事業団も中小企業事業団もともに独立行政法人化し、ともに「北海道センター」や「北海道支部」など地域統括部署を置いて、業態のスリム化を図り、地域社会の中へ一層浸透しようと企図していた。

1　能力開発・人材育成をめぐる2機構におけるその後の動向

雇用・能力開発機構の発足と事業内容

2004年3月、雇用促進事業団は法に基づいて独立行政法人の「雇用・能力開発機構」(横浜市)へとその編成を替えた。主な業務は、雇用開発、能力開発、勤労者財産形成促進である。雇用開発では「中小企業の雇用創出、人材確保」および「建設労働者の雇用管理」改善のための、助成金の支給、研修、相談等を行い、能力開発では「公共職業能力開発施設等の設置運営、事業主等の行う職業訓練の援助等」、「労働者の職業生活設計に即した自発的な職業能力の開発及び向上についての労働者等に対する相談等（キャリアコンサルティング）」が挙げられた (http://www.ehdo.go.jp/profile)。力点は後者にあり、運営施設等も整備され、全国に職業能力開発総合大学校 (1校＝相模原市)、職業能力

第3節　札幌市における「リカレント学習」と地域アソシエーション的社会　269

開発総合大学校東京校（1校＝小平市）、創業サポートセンター（起業・新分野展開支援センター、1校＝東京都港区）、関西創業サポートセンター（1校＝大阪市）、職業能力開発大学校（ポリテクカレッジ、＝10校：北海道・小樽市、東北・仙台市、関東・小山市、北陸・魚津市、東海・岐阜県大野町、近畿・岸和田市、中国・倉敷市、四国・丸亀市、九州・北九州市、沖縄・沖縄市）、職業能力開発大学校附属職業能力開発短期大学校（＝13校）、港湾関係の職業能力開発短期大学校（ポリテクカレッジ、2校＝港湾・横浜市、港湾・神戸市）が設置された。

都道府県センター、北海道センターの業務内容

　都道府県センターは求職者や転職者、また在職者への職業訓練等を行う。それは全国47都道府県に置かれ、そのうち17県のセンターは職業能力開発促進センターを併設していた。東京都には東京センター（文京区）と生涯職業能力開発促進センター（Ability Garden；ホワイトカラーの職能開発施設、墨田区）をもち、近くに高度職業能力開発促進センター（高度ポリテクセンター；ハイテク教育の総合研修施設、千葉市幕張新都心）を置いた。松山市の愛媛センターは愛媛職業能力開発促進センターを併設する。東京を除く道府県センターと道府県ごとに1つ以上の職業能力開発促進センターは、「1人の統括所長の下で、1つの組織として、都道府県センターで実施している事務・業務を職業能力開発促進センターの事務所の場所で処理すること（一元管理）を推進」しており、2005年には27道県が実施することになっていた。

　北海道センター（北海道職業能力開発促進センター、札幌市）の所長は旭川職業能力開発促進センター（旭川市）、函館職業能力開発促進センター（函館市）、釧路職業能力開発促進センター（釧路市）を統括する役割をもつが、他方では事務・業務の委譲でもあった。北海道職業能力開発短期大学校は北海道職業能力開発大学校となり、北海道センター、旭川・釧路・函館の職業能力開発促進センター、そして岩見沢能力開発支援センター（岩見沢市）は、衛星通信を利用した能力開発セミナー、創業経営改革セミナー、キャリア・コンサルタント養成講座を開講するアビリティガーデンの受け皿としても活動し始めた。ちなみに公共職業安定所（ハローワーク）は、札幌圏域には札幌職安（ヤングハローワーク札幌、札幌人材銀行）、札幌東職安（江別出張所、千歳出張所）、

札幌北職安がある。全道には札幌分を含め23職安、10出張所、8分室が置かれたから、札幌圏域には212市町村中の2割強が存在していたが、ハローワーク東京と都立職業能力開発センターとの職業訓練をめぐる協働のごときは、ハローワーク北海道では未だしであった（以上 www.ehdo.go.jp/profile）。

中小企業基盤整備機構の発足と地域支援北海道地域戦略会議

　中小企業事業団も2004年7月、法に基づいて独立行政法人「中小企業基盤整備機構」に編成替えした（主務大臣＝経済産業大臣、一部の業務は財務省と共管）。事業内容は、1.創業・新事業展開の促進、2.経営基盤の強化、3.経営環境変化への対応、4.産業用地の提供、5.施策情報提供の充実である。1では、専門家派遣と事業化助成のサポート、ビジネスマッチングのサポート、インキュベーションのサポート、ファンド出資を通じたサポート、そして民間支援機関を通じたサポートを行う。2では、中小企業大学校による人材育成サポート、「なんでも相談ホットライン」によるワンストップサポート、「Ｊ－ネット・セミナー等」による情報提供サポート、効果的な連携・集積のための施設活性化サポート、「中心市街地・商業集積」のための地域活性化サポートが予定されていた。全国に9校ある中小企業大学校（旭川校・仙台校・東京校〔東大和市〕・三条校・瀬戸校・関西校〔兵庫県福崎町〕・広島校・直方校・人吉校）は、中小企業者（経営者・管理者等）、創業予定者、中小企業支援機関の支援担当者に対する研修を行うので、例えば税理士・公認会計士・中小企業診断士向けの研修講座が置かれていた。東京校のみは都道府県の支援担当者への研修も実施していた。

　独立行政法人化すると同時に、中小企業基盤整備機構は全国9ヵ所に支部を開設した（北海道＝札幌市、東北＝仙台市、関東＝東京都港区、北陸＝金沢市、中部＝名古屋市、近畿＝大阪市、中国＝広島市、四国＝高松市、九州＝福岡市。なお、中小企業大学校の所在地とは九州と四国に異同がある）。各支部は機構本部や地元関係機関と連携して、利用者に密着した支援サービスを提供するためであるとしていた。

　北海道支部は、①経営相談・専門家派遣を「中小企業ベンチャー総合支援センター北海道」をとおして、②経営者・管理者等向け研修を中小企業大学

校旭川校によって、③事業用施設・用地に関して「産業用地ナビゲーター」や「産業施設プロジェクト」を介して、それぞれ実施していた。さらに北海道支部が事務局となって、「新連携支援北海道地域戦略会議」の活動を行った。新連携とは2社以上の中小企業、あるいは「大企業、大学、研究機関、NPO、組合などが参加」して、「それぞれが有する技術・ノウハウなどの『強み』を持ち寄って高付加価値の製品サービスを新たに創出する事業展開」を言う。磨き上げた計画が、各経済産業局から「中小企業新事業活動促進法」の認定を受けると、「補助金、税政、信用保証、融資等の支援措置を受ける」ことができる（以上、http://www.smrj.go.jp/kikou/ による）。

経済産業省のIT国家戦略と北海道

　経済産業省は、2001年1月に策定したIT国家戦略「e-Japan戦略」（世界最先端のIT国家に2005年までになるという戦略）において、「IT基盤の整備をほぼ達成」したので、2003年7月から「e-Japan戦略Ⅱ」（世界最高水準のIT利活用の実現を目指す施策）へと移行したとし、2004年2月には「e-Japan戦略Ⅱ加速化パッケージ」（政府として取り組むべき加速化重点施策）を打ち出した。経済産業省北海道経済産業局は、「北海道スーパー・クラスター振興戦略」（2001年4月）を「北海道スーパー・クラスター振興戦略Ⅱ」（2004年5月）に展開し、2年後の2006年における情報産業の数値目標を、売上高では4,000億円（2003年度売上高見込は2,997億円）、新規株式公開企業数は12社（2001年からの3年間で5社創出）、売上高10億円超の企業数60社（2002年度には43社）と高く掲げた。

　そのため、①北海道情報産業クラスター・フォーラム活動の推進、②提案公募型技術開発事業、新連携対策委託事業の効果的投入、③海外展開への支援（ジェトロ産業クラスター国際交流調査事業）、④オープンソース・ソフトウェア等新ビジネス分野への挑戦支援、⑤知的クラスターとの連携（文部科学省の知的クラスター創成事業「札幌ITカロッツェリア構想」との連携）、⑥情報産業関連団体等との連携強化を謳っていた（同局「北海道経済産業局における情報政策の重点～情報産業の成長支援とIT利活用の加速化を車の両輪に～」、2004年）。──こうした「情報産業クラスター」とともに、他方での「バイオ産業クラスター」の推進も第2位につけた。

2　サッポロバレー、産業クラスターの創造とさっぽろ市民カレッジ
最初の転機としての1997〜1998年

　札幌市の「ネットワークプラザ」構想提出、北海道経済4団体による産業クラスター創造の「マスタープラン」策定、また札幌市生涯学習総合センターにおける「さっぽろ市民カレッジ」の開講をめざしたプレ講座の開始は、いずれも1997年のことである。だが、以後の中央政府による政策展開は地方自治体や地方経済団体の活動に弾みを付けたりせず、活力を削いだりもしたと思われる。1997年の中央教育審議会は「ゆとり教育」を提起し（「21世紀を展望した我が国の教育の在り方について・第二次答申」）、翌年には本書第1巻第2章で見たように、「次世代を育てる心を失う危機」を憂い（「新しい時代を拓く心を育てるために」）、生涯学習審議会は「学習の成果を幅広く生かす」こと（1999年答申）、「家庭の教育力の充実等のための社会教育行政の体制整備」（2000年答申）、「新しい情報通信技術を活用した生涯学習の推進方策」（2000年答申）を出したが、新・中央教育審議会時代になると『生涯学習』の展開を図る答申はなくなり、2004年に生涯学習分科会の審議経過報告「今後の生涯学習の振興方策について」まで明確な方向性を提起してはいない。

　他方、大学審議会は「競争的環境の中で個性が輝く大学」（1998年答申「21世紀の大学像と今後の改革方策」）、「グローバル化時代に求められる高等教育の在り方」（2000年答申）以降、新・中央教育審議会時代においても「大学院における高度専門職業人養成について」（2002年答申）など大学改革に関する答申を積み重ね、2004年には国立大学法人が発足し、大学分科会の「我が国の高等教育の将来像」（審議経過の報告）は2005年に中教審答申「我が国の高等教育の将来像」として公表された。すなわち、この間の文部科学行政の力点は生涯学習政策ではなく、大学政策ならびに科学技術政策にあったことは明白である。

　こうした動向と併行して、新たな産業構造の創出に関連する施策が、バブル経済の破綻が見え始めたころから始まり出した。先駆的なのは1986年の「研究交流促進法」で、「国と国以外の者との間の交流及び特定独立行政法人と特定独立行政法人以外の者との間の交流を促進」し、以て「科学技術に関する試験研究の効率的推進を図る」ことがその目的であった。他方では1988年の「異分野中小企業者の知識の融合による新分野の開拓の促進に関する臨時

措置法」(知識融合化法)は異業種交流の産物で、かつその交流に拍車をかけた。1989年、「地域ソフトウェア供給力開発事業推進臨時措置法」(地域ソフト法)が施行され、全国20ヵ所に第三セクターのソフトウェアセンターが設置された。この知識融合化法は1995年に「中小企業の創造的事業活動の促進に関する臨時措置法」(中小創造法)へと展開した。この法はこれから創業しようとする個人、起業を考え準備している個人をも法の対象とした。

しかし、異業種交流組織等と大学等を結びつけたのは、「競争的環境の中で個性が輝く大学」答申が出されたのと同じ1998年の「大学等技術移転促進法」制定(技術移転機関〔TLO〕の整備)、および「研究交流促進法」改正(産学共同研究に係る国有地の廉価使用許可)である。翌1999年には「中小企業技術革新制度」(日本版SBR)の創設、地域ソフト法のほかに「新事業創出促進法」の施行(「地域プラットフォーム」法；中小企業者の新技術を利用した事業活動の促進、地域産業の自律的発展を促す事業環境の整備)、また「産業活力再生特別措置法」の策定も見た(日本版バイドール条項・承認TLOの特許料1/2軽減)。「日本技術者教育認定機構」(JABEE)も設立された。

高等教育と連携する新たな産業社会(「国家社会」)の形成

2000年に入ると「産業技術力強化法」制定(国立大学研究者の役員兼業禁止規定の改定)、2001年には「大学発ベンチャー3年1000社計画」発表(新市場・雇用創出重点プラン)、および経済産業省「産業クラスター計画」の開始があり、翌2002年には文部科学省の「知的クラスター創成事業」が始まり、産業クラスター創造活動が北海道産から中央戦略へと"変質"し出す(後述)。

2003年に「学校教育法」の改正により「専門職大学院制度」が創設され(学部・学科設置の柔軟化、アクレディテーション制導入も含む)、2004年度から「国立大学法人法」(教職員身分は非公務員型)が施行され、TLOへの出資が可能となり、「特許法等の一部改正法」(大学、TLOに係る特許関係料金の見直し)の施行、そして文部科学省・経済産業省主催の「全国産業クラスターフォーラム」の開催を見た。2005年には中教審「我が国の高等教育の将来像」答申のほかに、「中小企業新事業活動促進法」が施行された(「中小企業の新たな事業活動の促進に関する法律」；「中小創造法」と「新事業創出促進法」による支援措置の整理統合)。

支援対象は、①新商品の開発または生産、②新役務の開発または提供、③商品の新たな生産または販売の方式の導入、④役務の新たな提供の方式の導入その他の新たな事業活動、などの「経営革新計画」なのであって、単なる救済は対象外とされていた。

　まさに、脱工業化・情報社会化を志向した「産業社会」、すなわち高等教育機関等からのシーズをもととする新たな産業連関－人的連関をもつ「産業社会」の高度化へと飛躍ないし脱皮（新「産業社会」の形成）を図ろうとする諸施策が取られていたのである。独立行政法人の雇用・能力開発機構や中小企業基盤整備機構の設立、国立大学の国立大学法人への移行は、こうした動向に沿うた新たな制度的整備であった。「地域社会」はその中で知恵（'social capital'）を集めて、新しい「自律＝自立＝自治」にかかわる内発的・持続的活動を要請していた。それゆえ、新「産業社会」が都道府県や市区町村に与えるインパクトを正鵠に把握する必要がある。例えば、新「産業社会」政策は「監督官庁－特定業界－人材育成」のトライアングル構造をいかに改変するのか（新「特定業界」の造出で終わるのか）、新「産業社会」政策の「社会」構想はいかなるものか（グローバリゼーションのもとで日本の地域社会はなぜ疲弊化したのか、新「産業構造」の政策誘導は日本社会の構造変動を促進するものなのか）、などの諸問題が検討されねばならない。──以下、こうした視点から「サッポロバレー」や「北海道産業クラスター」の動向を追ってみよう。それらは、前項で見た「さっぽろ市民カレッジ」の、2000年と2005年の講座実施とに挟まれる時期に、展開されていたのである。

2-1　サッポロバレーの展開と札幌市の動向
サッポロバレーにおけるビジネス文化の特徴

　サッポロバレーの特徴は、「オープンマインドで企業連携を進める札幌IT企業」、つまりマイコンをベースとした情報ベンチャー群の、「日本でも稀なビジネス文化が確固たる技術力を背景に広がっている」ことにあるとされた。すなわち「札幌は、日本でも最も早く情報ベンチャーが誕生した土地」である。例えば、ビー・ユー・ジー社はソニーの最初のパソコンにBASICを提供し、またデービーソフト社は「一太郎」と競ったワープロ「P1.EXE」で知られ、

そこからアジェンダ社、データクラフト社など多くの企業が孵化した。ダットジャパン社は日本でほぼ最初に商用パソコン通信を開発し、データベース技術を開発してゆく。ハドソン社は日本で最初にゲームソフトの全国販売を行い、ソフトバンク（孫正義）の立ち上がりに貢献した。すなわち20年以上にわたる経営と技術の蓄積を持つIT企業が、「フラットに連携し、競争と協同の関係を作りながら、自由でオープンな新しいビジネススタイル」を生んできたのである（「サッポロバレーはどこからきて、どこへ行くのか」、2001年7月、http://www.E-silkroad-Web.Com/j/valley/valley.php）。

ビー・ユー・ジー社は2006年度人事採用に当たり、「求める人材」像の中核を「自己学習能力の高さ」に置いて、次のように具現化した。「コンピュータが好きな人」「新しい技術に興味がある人、知的好奇心が旺盛な人」「自発的に技術の勉強をする人、そしてそれを楽しんで勉強する人」、「フレキシブルな勤務体系の中で、自己管理ができる人」、「コミュニケーション能力を持つ人」、「全体を広い視野で把握できる人」、と。こうした素質をもった人たちで、社是（Success is mutual.）、すなわち「『競合』するのではなく、『協調』『共生』すること」で、会社を発展させようとするのである（www.bug.co.jp）。

札幌市デジタル創造プラザ、eシルクロード構想推進委員会

札幌市は2001年に「札幌市デジタル創造プラザ」（Inter-cross Creative center）を開設した。若いクリエーターやデザイナー、IT関連分野で起業を目指す人に対する「異種交配入居ユニット」で、セミナー、ワークショップ、研修会・ミーティング、アワード、マーケティング、イベント、コーディネイトが用意される。チーフアドバイザーは彫刻家、チーフコーディネーターにはメディアプロデューサーが就いた。翌2002年4月、札幌市は㈶札幌エレクトロニクスセンター、経済局中小企業指導センター、札幌市デジタル創造プラザを再編成し、㈶さっぽろ産業振興財団を設置した。新たな財団は情報産業振興事業本部と産業支援事業本部を持ち、前者は札幌市エレクトロニクスセンターと札幌市デジタル創造プラザを、後者は札幌市産業振興センターと札幌中小企業支援センターを、それぞれ擁している。同じ2002年、札幌IT City推進協議会（1998年の電子流通促進協議会の発展形態）、およびWebシティさっぽろ（札

幌市、NPO シビックメディア、さっぽろタイムズ、札幌総合情報センター㈱の協働）が設立され、ノーステック財団主導の「北海道情報産業クラスター・フォーラム」年が始まった（後述）。

　翌2003年には、㈳北海道IT推進協会（HICTA）が㈳北海道ソフトウェア協会、㈳日本システムハウス協会北海道支部、北海道コンピュータディーラー協会、北海道情報処理産業懇談会、北海道マルチメディア協会、そしてサッポロビズカフェの有志によって設立され、NPO法人札幌市IT振興普及推進協議会（UNISON）も活動を開始した（理事長・テクノラボ代表取締役、63法人会員、8個人会員、事務局：下野幌テクノパーク内）。2004年6月、北海道、札幌市、㈱北海道ソフトウェア技術開発機構の三者は、マイクロソフト株式会社の協力の下、地域IT産業の育成と活性化のための「フロンティアベンチャー育成プロジェクト実行委員会」を結成した。2005年の「eシルクロード構想推進委員会」（委員長・上田文雄札幌市長）のトップアドバイザリー・コミッティは委員長に㈶さっぽろ産業振興財団理事長（前市長）、副委員長に青木由直教授（北大大学院工学研究科）、顧問にMIXMAX㈱社長、北海道経済産業局産業部長、北海道経済部長を、またエグゼクティブ・コミッティの委員長にUNISON理事長（㈱テクノラボ代表取締役）、委員にはHICTA会長（＝㈱デジック代表取締役、北海道情報産業クラスター・フォーラム運営会議議長）、サッポロビズカフェＢ２発起人会代表、㈶札幌国際プラザ専務理事、㈶さっぽろ産業振興財団専務理事、そして委員兼監事に札幌市経済局産業振興部長を据えた。

サッポロバレーの諸困難と札幌プラットフォームの形成

　このように、新しい《産業構造》の輪郭は確かに浮かび上がってきている。これが主要な側面である。だが、困難な局面もまた存在する。例えば山本強らの研究は、「道内IT関連企業は小規模事業者が比較的多く、一企業ですべての経営資源を自社内に抱えることが困難であることから、他企業との連携を志向する例」があるという現状を踏まえ、むしろ業界内で企業連携が進むことが産業集積の強化につながること、地域経済活性化のためには他産業分野との戦略的連携、公共分野における連携促進方策、IT関連企業実績の可視化が必要なこと、連携組織を「一つの事業体」として見る場合の「連携の

マネジメント」(役割分担や利害調整など)が重要なことを提言していた。2001年度のことである(山本強ほか2001、参照)。

　『日経コンピュータ』誌によれば、「日本のソフトハウスに、かってない淘汰の波が押し寄せている。事業所数は6年連続減少、倒産件数は2000年以降増加の一途をたどる。特に苦しいのは札幌や大阪、仙台などの地方都市だ。仕事の絶対量が少ないうえに、根強く残る下請け構造に悩まされているという。ソフトの受託開発やソフト製品の開発を主な業務とするソフトハウスは、"人"に依存するビジネスである。それは、1989年制定の地域ソフト法に基づいて設立されたが、新潟県に見るように、『地方で優秀な人材を育てよう』という試みはうまく行かず、企業が求める人材像もプログラマー育成ではなく、SEやプロジェクト統括マネジャーになったが、地域ソフト法—第三セクターは対応しきれない。仕事の内容も東京の大手ベンダーの下請け業務が多い。そして朝倉幹雄・北海道ソフトウェア事業協同組合理事長、札幌オフィスコンピュータ代表取締役の、『地元企業からの案件が少ないため、それに限ると1〜2ヵ月先の仕事さえ読めなくなる。どうしても大手の下請けを引き受けざるを得ない』という言葉を紹介」した。確かに、「技術的な強みをもたず、人を大切にせず、大手ベンダーの下請けに甘んじているだけのソフトハウスなら、淘汰の波に飲み込まれたほうが、むしろ業界は健全になる」。そうでないとするのなら、「自社の存在意義とは何か」を明確にすべきだ、と(『日経コンピュータ』2004年5月3日号、http://itpro.nikkeibp.co.jp/free/NC/TOKU1/20040426/1/)。

　前述のように、北海道、札幌市、㈱北海道ソフトウェア技術開発機構がマイクロソフト株式会社と協力して、「フロンティアベンチャー育成プロジェクト」のための実行委員会を設置したのは、地方IT企業の下請け体質脱却の試みであった。北海道ソフトウェア技術開発機構は、一般研修(システム利用者のための研修)のみならず、技術者養成研修(プログラマーから上級SEまでを育成する研修)を実施し、また㈶さっぽろ産業振興財団、北海道立工業試験場、北海道大学先端科学技術共同研究センター、㈶北海道科学技術総合振興センター(ノーステック財団)、北海道信用保証協会、札幌商工会議所、日本政策投資銀行北海道支店、北海道ベンチャーキャピタル株式会社とともに、「札幌プラットフォーム」の一角を占めていたのである。

札幌市「経済局実施プラン」と「地域コミュニティ」への言及

　同じ2004年、札幌市経済局は、「元気な経済が生れ安心して働ける街さっぽろを目指して」(経済局実施プラン)を出した。そこでの「運営方針」は、(A)「時代やニーズに即応した意欲的な事業の推進と効果的な進行管理」、すなわち①時代に即応した局内全職員による実践的な取り組み、②企業・市民等のニーズを踏まえた事業の推進、③経済社会の変化に対応した迅速かつ柔軟な事業執行、④効果的な進行管理と政策評価による事業の見直し、(B)「第三セクター等の関係機関の活用によるネットワーク・協働事業の拡充」、すなわち⑤関係機関等との連携や人的ネットワークの拡充の促進、⑥第三セクター等を活用した協働による実践的な取り組み、(C)「職員の改革意欲の向上を目指した能力開発プログラムの導入」、すなわち、⑦視野を広げ、対話能力を高めるワークショップの導入、⑧自由な発想で職場の課題対応を図る研修プログラムの導入である (http://city.sapporo.jp/keizai/top/keizaiplan/2004)。全体として札幌市の経済行政を担う職員の自主「リカレント学習」の称揚である。

　さらに「平成17年度経済局実施プラン」では、上の(B)が「地域や関係機関との連携強化とネットワーク・協働事業の拡充」に、そしてB⑤が新B⑥に移り、新B⑥には「市民に身近な地域活動団体との協働の推進」を据えた。その説明にはこうある。「経済活動には豊かな市民生活を支えるという側面を有しており、商店街を始めとする地域活動団体との連携により、地域コミュニティの醸成や市民生活の安全・安心の確保を支援する」。そして「コミュニティ」には「居住地や関心を共にすることで営まれる共同体」と注が振られていた (ibid. 2005)。──ここから私たちは、市区町村のレベルから《産業社会》を見るときには必ず、「地域コミュニティ」(商店街を始めとする地域活動団体)が入ってくるということを、地域アソシエーション的社会が主導する札幌のような都市においても、再確認することができる。そのうえではあるが、「豊かな市民生活を支えるという側面」からの《産業社会》の評価は、北海道産業クラスター「マスタープラン」の言う、「画一化による『国の比較優位』」に対する「特色ある『地域の比較優位』の創出」という展望と、通底するところがあると思われるのだが、確認できなかった (数年前の話ではある)。

2-2 産業クラスター創造と、産業クラスター計画―知的クラスター創成
ノーステック財団誕生後の北海道産業クラスター創造活動

　次に、北海道経済4団体による「産業クラスター創造」活動の動向を見る。ノーステック財団の資料によれば、同財団は、第一に、研究開発支援事業、すなわち研究開発助成、共同研究プロジェクト、産学官交流事業、次世代ポストゲノム研究推進、知的クラスター創成、地圏環境の諸事業、第二に、事業化・実用化支援事業、すなわち北海道産業クラスタープロジェクトの発掘・開発、北海道産業クラスタープロジェクト・フォローアップの諸事業、第三に、サポート事業、すなわち普及啓発講演会の開催、広報活動、人材育成セミナーの開催、技術交流イベントの開催等、調査研究・研修事業等の受託、特許流通アドバイザーの諸事業、第四に、北海道産学官協働センター（コラボほっかいどう、戸田一夫理事長）の運営・管理を行う。これら4つの事業群の全体をとおして産業クラスター創造活動が進められていた。

　若干の経緯は次のとおりである。ノーステック財団誕生の2001年に、バイオ産業クラスター創成事業開始（糖鎖工学、蛋白工学、遺伝子組換え・解析、発生工学）、2002年には産業クラスター事業に重点地域（函館、釧路、旭川、北見）を設定して、大学等との交流の推進を図る。この年、北海道情報産業クラスター・フォーラム（情報技術を活用して社会にオープンで公平な環境を提供する試み）、および札幌ITカロッツェリア（文部科学省知的クラスター創成事業）の開始。2003年に北大構内北キャンパスに次世代ポストゲノム研究実験棟・創成科学研究棟が竣工し、北大R&Bパーク推進協議会を設置（事務局は北海道経済連合会）、2004年に地圏環境研究所の研究（幌延ライズ）が始った。ノーステック財団が管理運営する北大構内（北海道大学先端技術共同研究センター横）にある「コラボほっかいどう」の道路を隔てた向かい側に、北海道工業試験場など道立研究機関群がある。これらが北海道産業クラスター創造活動の中心的な支援機関を構成し、北大北キャンパス・周辺エリア産学官連絡会（「北キャンパス町内会」）が2004年に結成された。ノーステック財団クラスター推進部には、民間出身プロジェクトマネジャーが7名、同じく民間出身のコーディネーター7名、アドバイザー67名が登録されていた。また工業試験場には117名の職員（うち研究職91名、事務職26名）、他に試験場内に指導センターが

あり15名の職員がいた。

食・住・遊のドメインと道内産業クラスターの展開

　北海道産業クラスター創造研究会のマスタープランは、産業クラスター創造活動のドメイン（領域）を、「食」「住」「遊」に置いた。北海道の全域が同様なドメインをもつことはありえないが、一応、「食」では「農林水産物の高付加価値化」「未利用資源活用による商品開発」「農業機械・食品加工業の機械開発」「排水・残渣処理および利用」、また「住」では「建築、製材、家具」「医療福祉」「構造物の測定・評価」「リサイクル技術」、さらに「遊」では「マルチメディア」「観光マネジメント」「娯楽アウトドア」「アウトドア商品」が意図されており、これらのドメイン全体に「IT、バイオ、ナノテクなどの先端技術や従来型基盤技術（電気、機械、土木）との融合」が被さるものと理解されていた。──1997年から2004年3月末までの道内圏域（道央、函館、室蘭・苫小牧、旭川、オホーツク、十勝、釧路）別の、個々のクラスターの状況、それらと連携する機関（大学、道立や市立研究機関など）の動向は**表3-25**のごとくである。

表3-25　北海道の産業クラスター研究会

【道央圏】
新産業創造ネットワーク（98年9月発足）[滝川市経済部商工労働課]
○生ゴミ分散処理システムの開発　○有機減農薬農法の確立
南空知産業クラスター創造研究会（98年11月発足）[岩見沢商工会議所]
○無農薬有機栽培の基準設定と販売戦略　○雪冷房の更なる利用拡大
西積丹深層水クラスター構想研究会（99年2月発足）[岩内町企画経済部岩内湾深層水対策室]
○深層水の各産業別有効活用
くっちゃん産業クラスター研究会（99年7月発足）[倶知安商工会議所]
○木炭及び籾殻燻炭を活用した製品開発　○規格外馬鈴薯活用による健康飲料開発
観光クラスター研究会「小樽ゆらぎの里」（01年5月発足）[小樽市経済部観光振興室]
○朝里川温泉地区の水を利用した商品開発、○CS調査、イベントの実施
よいち産業クラスター研究会（02年10月発足）[余市町経済部商工観光課]
○果実ペースト〔農産加工プロジェクト〕
＊道央圏の連携機関：小樽商科大学ビジネス創造センター、北海道立工業試験場、北海道立中央農業試験場、北海道大学、酪農学園大学、北海道東海大学、千歳科学技術大学、藤女子大学、北海道立食品加工研究センター
【函館圏】
南北海道産業クラスター研究会（99年3月発足）[函館市㈱リージャスト]
○未利用海藻に関する新事業創出
桧山北部産業クラスター研究会（01年4月発足）[北桧山㈲うまいベイこだわり工房]

第3節　札幌市における「リカレント学習」と地域アソシエーション的社会　281

○農業、水産物関連
南桧山北部産業クラスター創造研究会 (01年4月発足) [北海道電力㈱江差営業所・江差町]
○未利用資源を活用した土壌改良剤の開発　○地場産材と漆工芸技術を融合させた新商品開発
＊函館圏の連携機関：㈶函館地域産業振興財団、北海道立工業技術センター、北海道大学水産学部、公立はこだて未来大学
【室蘭圏－苫小牧圏】
室蘭地域環境産業推進コア (00年5月発足) [㈶室蘭テクノセンター]
○廃棄物処理・環境改善関係　○省資源・省エネ関連
門別産業クラスター研究会 (02年6月発足) [門別町商工会]
○未定
＊室蘭－苫小牧圏の連携機関：室蘭テクノセンター、室蘭工業大学
【旭川圏】
下川産業クラスター研究会 (98年4月発足) [㈱下川町ふるさと開発振興公社]
○森林総合クラスター創造　○森林資源の高付加価値化、プロジェクト化
旭川周辺地域産業クラスター創造研究会 (98年10月発足) [旭川商工会議所産業振興部]
○廃棄物処理・環境改善関連　○木工家具、環境デザイン
わっかない産業クラスター研究会 (00年2月発足) [稚内経済部商工労働課物産営業係]
○稚内の独自物産の開発　○地元観光資源の開発
＊旭川圏の連携機関：㈱旭川産業高度化センター、北海道立林産試験場
【オホーツク圏】
産業クラスター研究会オホーツク (97年4月発足) [北見市商工部産業振興課]
○ハーブビジネスの事業化　○大学の研究資源の活用
産業クラスター研究会東オホーツク (98年4月発足) [研究会事務局・網走市]
○農畜産物、水産廃棄物の資源の利活用　○ジャガイモなどの農産物の高付加価値化
ネット・プロジェクト・オホーツク・クラスター (98年8月発足) [北海道電力㈱紋別営業所]
○オホーツク海産物・農産物を活用した食品開発　○体験型観光スポット発掘とネットワーク化
滝上産業クラスター研究会 (99年12月発足) [江本木材産業㈱]
○農産物の滝上規格づくり　○景観作物栽培による観光農場化
北オホーツクえさし発「プロジェクトE」(02年6月発足)　[㈲三浦書店・枝幸町]
○未定
＊オホーツク圏の連携機関：北見工業技術センター、北見工業大学、北海道立オホーツク圏地域食品加工技術センター、東京農業大学
【十勝圏】
十勝圏産業クラスター研究推進会議 (97年7月発足) [㈶十勝圏振興機構]
○十勝圏内クラスター活動の調整を主とした活動：全体会議・地域研究会ネットワーク会議開催
足寄産業クラスター研究会 (99年5月発足) [足寄町農林課] [40人]
○ラワンブキ・プロジェクト事業
大樹産業クラスター研究会 (00年2月発足) [大樹町地場産品研究センター] [43人]
○グリーンツーリズム　○産業廃棄物研究会　○白樺研究会 (清涼飲料水、菓子ほか)
清水産業クラスター研究会 (00年4月発足) [清水町産業振興課] [36人]
○山羊乳の加工品開発　○食品残渣の飼料機械開発　○カラマツ堆肥舎の普及推進
帯広産業クラスター研究会 (00年7月発足) [帯広市商工観光部工業課] [53人]

○地場の食材を生かしたお土産づくり　○地場の木素材によるイスの商品化　○「広場」の活動
音更産業クラスター研究会（02年10月発足）［音更町役場経済部工刊行課］［46人］
　　○食品残渣の飼料化による鶏卵生産　○観光地における蛍の再生　○小豆の栽培技術（畜産大と）
鹿追町産業クラスター研究会（03年4月発足）［YMCA北海道部］［9人］
　　○ITを活用したショッピングモール　○「食検討会」のテーマ絞り込み
十勝圏の連携機関：北海道立十勝農業試験場、㈶十勝圏振興機構、北海道立十勝地域食品加工技術センター、帯広畜産大学、九州大学、農業・生物系特定産業技術研究機構北海道農業研究センター畑作研究部、帯広市産業技術センター
【釧路圏】
釧路産業クラスター創造研究会（98年7月発足）［釧路市経済水産部産業推進室］
　　○カラマツ等を利用した複合構造材の開発　○食産業向けロボットの開発
根室産業クラスター創造研究会（99年3月発足）［根室市水産経済商工観光課］
　　○タラソテラピー研究開発　○起業家ビジネススクール
東方産業クラスター創造研究会（02年10月発足）［中標津町商工会］
　　○未定
＊釧路圏の連携機関：㈶釧路根室圏産業技術振興センター、釧路工業技術センター、釧路公立大学、釧路工業高等専門学校、北海道立根釧農業試験場

（http://www.noastec.jp/project2.html, http://www.netbeet.ne.jp, 北海道新聞2004.12.4）

北海道内における個別産業クラスター活動の分類と特徴

　「食」の関係（農林水産物の高付加価値化、未利用資源活用による商品開発、農業機械・食品加工業の機械開発、排水・残渣処理および利用）は、滝川、岩見沢、岩内、倶知安、小樽、余市；函館、北桧山、江差；室蘭；下川、稚内；北見、網走、紋別、滝上；足寄、大樹、清水、帯広、音更、鹿追；釧路、根室の24単位クラスター（「食」42活動中の57％）。「住」の関係、すなわち建築・製材・家具、構造物の測定・評価、リサイクル技術は、岩見沢、倶知安；江差；室蘭；旭川；清水、帯広；釧路の8単位クラスター（上と同じく19％）。「遊」すなわち観光マネジメント、娯楽アウトドア、マルチメディアの関係は、小樽；稚内；紋別、滝上；帯広、音更の6単位クラスター（14％）。「未定」が比較的最近に結成された3単位クラスター（門別、枝幸、中標津；7％）、そして「その他」4（10％）は、北見（大学の研究資源の活用）、根室（起業家ビジネススクール）と、十勝圏産業クラスター研究推進会議による圏内クラスター活動の調整（全体会議・地域研究会ネットワーク会議の開催）、鹿追（IT利用のショッピングモール）である。「食」の農業機械・食品加工業の機械開発2件、「住」の医療福祉なし、「遊」のアウトドア商品なし、マルチメディア1件という状況が存していた。

十勝圏域では1990年に「十勝ふるさと市町村計画」が「十勝圏地域振興機構」(仮称)の設立を位置づけ、1993年に㈶十勝圏振興機構が設立された。翌年には北海道立十勝圏地域食品加工センターの開設、1999年に十勝圏地域産業支援センターの設置も見た。十勝圏産業クラスター研究推進会議によるクラスター活動振興は、「とかち財団」によって支えられ、上の6つの産業クラスター研究会の他に、テクノプラザ帯広(1987年設立の異業種交流組織、23人)、十勝ナチュラルチーズ研究会(1991年設立、18人)、十勝の「食」を考える会(1998年設立、43人)、とかち循環型農業システム研究会(2003年設立、5社)があった。物流振興支援として「十勝ブランド」の確立を図る試みも見られた。

道内個別産業クラスター活動への危惧：産学の隙間、札幌の動向

ところで、この表をよく見ると、気になることが2つ出てくる。一つは、各クラスター、とりわけ「地方」(札幌以外)のクラスターが製品化・サービス化を志向するものと、大学・大学院等が研究開発しようとしていることとの間にギャップがありそうな気配があることである。美濃洋輔・十勝圏産業クラスター研究推進会議会長(帯広畜産大学地域共同研究センター長＝当時)は、私たちの問に対し、「雇用労働力を増やすというならハイテクはダメで、むしろローテクの方が良い」と述べられていた(1997年3月5日の聞き取り)。大学・大学院の方では「コラボほっかいどう」が所在している北海道大学や札幌大都市圏域の諸大学が、中央省庁／諸機関との関係も入れて、バイオ産業クラスター創成、情報産業クラスター創成、知的クラスター創成、次世代ポストゲノム研究推進、地圏環境研究などに一斉に走り出している中においての指摘であった。そうして十勝圏は上述の㈶十勝振興財団を中心に札幌圏とは位相差のある動向を作り上げてきていた。

それにしても、札幌市域には個別の産業クラスターが一つもない。危惧の2つ目である。かって1980年代から1990年代の、産業クラスター創造活動が始まるまでは、札幌は異業種交流活動の盛んな地域であった。札幌圏では大学人との結合は限られたが、異業種交流自体、経営者自身の自己学習活動でもあった。その意味では中小企業家同友会などの活動とも通底していたし、工業や工学の枠の中だけで思考を完結させず、地域社会と個別企業、経営者

個人との親密な関係を作り出していた。札幌市のように、公民館がなく、町内会活動も行政主導である都市でも、経営者同士の、あるいは他の市民との地域社会におけるつながりが、OECDの言う「社会資本」の原基としての意味をもち、そのうえに「地域商社」がヨコウケを仕掛けることが可能となっていた（下の大田区の事例を参照されたい）。しかし今日では、工学による技術革新とそれを経済活動に載せていくうえでの法的仕組み（「法津」）との結合、つまり工学と法学の結合があれば事態は改善されるかのように見えるが、そうは軽々には言えない。経営者の力能には知識に「＋α」な何かがある。経験智や生活智は、前述したごとき"sozial"なつながりの中で意味をもつし、個として経営決断を下す経営者個人を支えもする。

東京都大田区におけるヨコウケと地域社会の人的結合

私たちの調査によれば、"田舎"出身だった東京都大田区の中小企業経営者たちの「ヨコウケ」を支えたのは、コミュニティ（居住の地）における親密な人間関係であった。「もともと中小企業自体は個別の発想で経営し、お互いは競争者だったが、反面、仲間意識も強かった。地元の飲み屋などでグチを言い合う中から、たぶん、地域工業団体を作ろうという機運が出てきたのだろう」（1994.11.01 大田区産業経済部産業振興課木原彬掛長からの聞き取り）。当時、社団法人大田工業連合会は、その下に大森・蒲田・調布地域における11の地域協会・工業会・振興会を持ち、それぞれの地域工業団体は、親睦、情報交換、YMクラブ（Young Man）、中国研修生受入れなどを行っていた。しかも、こうした地域的組織は「異業種の集まりであったので、専業化した企業の間のネットワークができ、80年代のメカトロニクス化に対応してきた」。バブル経済崩壊後の大田区中小企業の困難には、最終製品をもたないという生産構造上の問題、生産物の販売より不動産売買の方がカネになるという風潮の持続とともに、ヨコウケを支えてきた社会関係の変質に苦しむ経営者と、その姿を見続けてきた後継期待者の転業願望とに直面したことにあった。現に羽ばたいている企業は、こうした困難を何らかの方法で、例えば中小企業家同友会支部でのざっくばらんなミーティングなどによって、乗り越ええた人たちの経営であった。

全国クラスターフォーラムと経済産業省「産業クラスター計画」

　文部科学省と経済産業省は共同主催で2004年9月に、「全国クラスターフォーラム～クラスター政策は地域再生の切り札になるか～」を開催し、「各クラスターと地方自治体や産業支援機関、商社等との連携を深め、地域の総合力を持ってクラスター政策を推進する方策」について討論した（http://www.jilc.or.jp/forum.html）。初めての試みであった。

　このフォーラムで政策説明をした経済産業省塚本芳昭室長（地域経済産業グループ産業クラスター計画推進室長）の報告「産業クラスター計画について」は、1970年代以降における経済産業省の地域経済産業政策を3期に分けた。「産業の地方分散・拠点開発」期（1970～90年代半ば）、「空洞化防止と新規成長分野の発展支援」期（1990年代半ば～2001年）、そして「世界に通用する地域産業・企業の発展支援」期（2001年～）である。地域経済産業政策の「集大成」としての「産業クラスター計画」は、全国19のプロジェクトを立て、北海道、東北、関東、中部、近畿、中国、四国、九州の各経済産業局、および沖縄総合事務局経済産業部の担当職員約500名と民間の推進組織が一体となって、新事業に挑戦する地域の中堅・中小企業約5,800社、220校を超える大学の研究者等と緊密な協力関係を構築し、地域における新事業展開」の促進をめざした。

　北海道経済産業局は「北海道スーパー・クラスター振興戦略」（情報・バイオ分野）を、16大学・約300企業の結集により展開していた。こうした活動をとおして、①地域における産学官のネットワーク形成、②地域の特性を生かした実用化技術開発等の推進（地域新生コンソーシアム研究開発事業、地域新規産業創造技術開発費補助事業）、③起業家育成施設の整備等インキュベーション機能の強化、④商社等の連携による販路開拓支援、⑤資金供給機関との連携を図るとする。

　塚本室長は、北海道スーパー・クラスター振興戦略が「大学発ベンチャー」を46社創出するなど、「目に見える動き」が起こっていると評価し、今後は文部科学省の創生事業との連携の本格化の他に、農林水産省との連携（例えば北海道でバイオ分野のプロジェクトを進めると「農業と絡んでくる要素」が出てくる）、厚生労働省との連携の範囲も拡げたいと展望した。また、地方自治体

の地域プラットフォーム整備と産業クラスターとのリンケージ、首都圏西部地域（TAMA）が進める海外との交流も射程に入れたいと見たのである（http://www.jilc.or.jp/forum/tsukamoto.html）。産業クラスター関連施策の2004年度予算は490億円、2005年度要求予算は744億円であった。

全国クラスターフォーラムと文部科学省「知的クラスター創成」

　文部科学省が2002年度から開始した「知的クラスター創成事業」は、地域の大学や研究機関、研究開発型企業などの「知的連携」によって、革新的な新技術や新産業を生み出そうとするもので、その背後には「切実な危機意識」が存した。「グローバル競争のなかで、日本の大学・研究機関の知的資産を社会還元し、大学・研究機関の活性化と産業連携を進め、シリコンバレーのような革新的新技術・新産業の先端地域を生むというビジョン」を可能にしなければ、「日本は技術・産業において二流国に転落する」。先のクラスターフォーラムで政策説明をした文部科学省田口康室長（科学技術・学術政策局地域科学技術振興室）の報告「知的クラスター創成事業について」は、科学技術基本法－科学技術基本計画（第2期科学技術基本計画；2002年）が知的クラスターを、「グローバル化の進展で地域産業が国際競争に直接さらされており、この現状を打破するにはイノベーションによって競争力を付けていく」しかない。こうした認識のもと、「科学技術政策においてもその部分に力を入れるために、知的クラスターの形成という大きな目標」を示したのであり、「都市エリア産官学連携促進事業」も位置づくと説明した。知的クラスター事業の2004年度予算は90億円、都市エリア事業は34億円であった。

　田口室長は国立大学の法人化を前提に、こう展望する。文部科学省は大学や公的研究機関などシーズ側に最も近い存在だが、「シーズ創出の流れの中に経済産業省はもちろん、国土交通省や農林水産省、厚生労働省といった他の省庁も巻き込んでいくと言うか、歩調を合わせることを通じて、『シーズを作ったらおしまい』ではなく、生まれたシーズをきちんと受け渡すところまで見据えていこう」、と（http://www.jilc.or.jp/forum/taguchi.html）。文部科学省は2002年、全国12地域10クラスターを選定して知的クラスター創成事業を開始した。事業期間は5年間で、京都ナノクラスター、関西ヒューマン・エ

ルキューブクラスター、北九州システムLSIなどがあった。札幌ITカロッツェリア構想は、サッポロバレーとして知られるIT産業集積地としてのアドバンテージを活かし、「ITものづくり」のプラットフォーム構築をめざすものと位置づけられていた。

産業クラスター創造に対する地方の視点：京都府と北海道

だが、全国クラスターフォーラムで「地域における新事業創出活動のあるべき姿」を講演した京都府の堀場雅夫（堀場製作所会長、京都地域知的クラスター創成事業本部長、日本新事業支援機関協議会JANBO代表幹事）が指摘したように、「地域に根付いた智恵を活かして日本を『地域主権国家』に」することが、「日本が21世紀に本当の意味の一流国であり続けるための条件」であるとした（http://www.jilc.or.jp/forum/horiba.html）。それが北海道産業クラスター創造活動の基本精神であったことは、すでに述べた。産業クラスター創造戦略は、第一に、国や行政区単位でなく地域が単位であり、民間が主体の産業戦略である。第二に、それは、地域産業を群れ（クラスター）として把握し、各種産業間の連携、産学官の連携を強め、そこから新たなビジネス創造を展開していくという、連携型の内発的産業振興戦略である。第三に、産業クラスター創造活動は、各分野で個別に展開してきたベンチャー支援、科学・技術振興、各種産業振興、地域振興等を包含した総合的な活動である。これらをとおして、「国の比較優位」に対する「地域の比較優位」を創出しようと企図したのであった。

ノーステック財団の瀬尾英生・クラスター推進部長は、北海道産業クラスター創造活動の今後の活動方針を、「1."北海道経済の自立に向けた具体的な成果の拡大"、2."地域主体による内発型産業おこしの展開"」に置いた。そのために「ビジネス開発軸」（A：横軸）と「仕組みづくり」（B：縦軸）の重要性に注意を喚起した。A横軸では、①「ノーステック主体によるビジネス開発クラスター形成」のみならず、②道内中核都市の地域産業支援機関を中心とする「地域主体による内発型クラスター形成」、③町村型の地域クラスター研究会を中心とする「地域主体による内発型クラスター形成」が位置づく。③は「地域の強みや地域の産業戦略に基づき具体的な商品開発にトライアルしていく。市場または販売先を持っている企業からの情報を基に技術習得、

商品改良、商品のプロモーションを行っていく」、と説明された。B縦軸は「産学官・地域支援機関とノーステック・クラー推進部との間の連絡軸」とされるが、それとA横軸の②、とりわけ③との具体的な関係性が重要になると思われる（瀬尾2005: 1）。

北海道の産業振興とフィンランドの経験と北海道大学の対応

以上のように、北海道に新しい産業振興の手だてを創出しようとするとき、大きな影響を与えたのはデンマークとともにフィンランドである。北海道デンマーク協会は存しないのに対し、北海道フィンランド協会はすでに1976年に設立されていたが、1996年のバーサ市代表団、オウル市代表団の相次ぐ来道により新たな交流が始まった。翌年、フィンランド・札幌圏大学間交流プログラムの締結、創立20周年記念「第2回フィンランド一日大学」の開催があり、フィンランドへの視察親善旅行も組まれた。しかし、これらに先だって戸田一夫（北海道経済連合会会長、ノーステック財団理事長）が1994年、上に述べたように、フィンランドに調査に出向き、「産業クラスター」創造という産業振興政策、それと大学との結合方式を学び取ろうとした。フィンランド北西部のオウル市とオウル大学は、学・官・産のサイエンスパークによるハイテク産業振興の事例として有名だが、オウル大学ーオウル市自体がリカレント学習に非常に熱心に取り組んでいた。戸田はサイエンスパークとリカレント学習を柱とする、産業クラスター創造活動の展開を志向し、その手始めとして北海道大学構内に1997年、㈶北海道科学技術総合振興センター（「コラボほっかいどう」）の設置を実現、ノーステック財団が産業クラスター創造活動を支えた（ノーステック財団2006、川崎2007参照）。

その後、北海道大学はオウル大学等と研究交流し、「北大リサーチ＆ビジネスパーク構想」のもと、学内共同教育研究施設として「創成科学共同研究機構」を2002年に設立した。同機構には、研究企画部（戦略的研究の開発）、戦略スタッフ部門（「知の活用」のサポート）、研究支援部（研究環境の整備）、リエゾン部（地域連携の推進と起業人材育成、ビジネス創造支援等）がある。また、研究部門ではプロジェクト研究部門（学内外の大型資金採択者でオープンラボ割当を受けた研究者）、戦略重点プロジェクト研究部門（人獣共通感染症、移植医療・

組織工学、食の安全・安定供給、環境・科学技術政策)、ゲノムダイナミクス研究部門 (動物染色体研究、遺伝子機能・遺伝的多様性、動物生体機能・植物資源多様性、生体分子機能)、特定研究部門 (学外からの招聘研究者；計算科学、生体材料)、流動研究部門 (学内若手研究者；生命学1、環境学2、ナノテク・材料学5、広域文化学1、未踏学4の5研究部門) を擁している。しかしリエゾン部門が重要な活動を行っているとはいえ、オウル市－オウル大学、ヴァーサ市－ヴァーサ大学などのサイエンスパークに比べ、北大の機構は地元産業界にとどまらず全国的な共同研究の創成を志向しており、また起業家支援より共同研究の方に力点があるように見えた。そこに日本の特色があるのかもしれない。本書第3巻第5章の小括において、フィンランドの事例と比較検討しようと思う。

3 北海道の人材育成施策とリカレント学習のあり方

札幌市生涯学習財団の「生涯学習」展望を超えるもの

㈶札幌市生涯学習財団は、そのホームページで「生涯学習関連リンク」を次のように張っている。「▽学ぶ仲間を見つける」……札幌市内の講座・施設・サークル (団体)：[札幌市生涯学習関連情報システム－ちえりあ]、「▽自分のペースで学ぶ」……通信教育・資格・ビジネスなど」：㈶社会通信教育協会、放送大学、中央職業能力開発協会、北海道職業能力開発協会〔2002年開設の北海道職業能力開発支援センター内に設置〕、エルネットオープンカレッジ。そして「▽感性を伸ばす」……芸術文化：〈ホール〉は教育文化会館、札幌コンサートホールキタラ。〈科学館・博物館・美術館〉は札幌市青少年科学館・豊平川さけ科学館・下水道科学館・芸術の森・市民ギャラリー・写真ライブラリー・美術館・博物館活動センター・円山動物園、北海道立近代美術館・三岸好太郎美術館・開拓記念館・開拓の村である。これは2005年現在において、㈶札幌市生涯学習財団が志向する関連領域の範囲を示している (道民カレッジは言及されない)。「学ぶ仲間をを見つける」、科学も含め「感性を伸ばす」という領域と並んで、「自分のペースで学ぶ」の関連先として通信教育、放送大学、エルネットカレッジの他に、中央職業能力開発協会と北海道職業能力開発協会を載せるところに特徴がある。しかしこの点に関しては北海道経済部人材育成課がより包括的な取りまとめを行った。

3-1 北海道の「人材育成」施策の全体像

北海道経済部人材育成課の『施策ガイド』

　北海道経済部人材育成課は2005年4月現在で、『北海道経済を支える人材の育成・誘致の施策ガイド』を作成した。極めて包括的なもので、2005年時点における人材育成ないし能力開発にかかわる多様なデータが整理されていた。それは、Ⅰ. 道民（個人）に対する施策と、Ⅱ. 事業主の方等に対する施策に大きく分かれる。Ⅰ. 道民（個人）に対する施策は、1「就職・再就職したい方へ」、2「在学生や学校を卒業されて間もない方へ」、3「働きながらスキルアップ等を図りたい方へ」、4「新しく事業を始めたい方へ」、5「いろいろな分野での指導者・リーダー等を目指す（育成したい）方へ」、6「特別な配慮を必要とする方（高齢者・障害者）へ」、7「その他（U・Iターンを希望する方等）」へと区分けされた。また、Ⅱ. 事業主の方等に対する施策は、8「従業員の能力向上を図りたい方へ」と、9「道外から人材を誘致したい方へ」に区分され、「参考」として10「地域と大学等との連携の取組みを促進します（人材育成関連）」が付く。以下にその要点を、担当機関（ないしその組合せ）ごとに要約する（**表3-26**右端の算用数字は上述の施策分野を示す）。

表3-26　北海道人材育成課『北海道経済を支える人材の育成・誘致の施策ガイドブック』の要点

A	各道立高等技術専門学院、北海道経済部人材育成課
・道立高等技術専門学院による職業訓練（普通課程）〜公共訓練費（養成・転職職業訓練費）	1
・道立高等技術専門学院による職業訓練（短期課程）〜公共訓練費（養成・転職職業訓練費）	1
・離転職者等を対象とした職業訓練〜公共職業訓練費（就職支援委託訓練費）	1
・離転職者等を対象とした職業訓練〜公共職業訓練費（緊急再就職訓練費）	1
・建設業等の離職者等を対象とした職業訓練〜公共職業訓練費（建設業等雇用対策訓練費）	1,8
・若年求職者等に対する職業訓練〜公共職業訓練費（デュアルシステム推進モデル事業費）	1
・道立高等技術専門学院によるインターンシップ〜インターンシップ推進事業費	2
・建設業在職者を対象とした職業訓練〜公共訓練費（建設業等雇用対策訓練費）	3
B	各道立高等技術専門学院、国立障害者職業能力開発校、北海道経済部人材育成課
・向上訓練等推進員による指導〜向上訓練等推進員設置費	3
・障害者に対する職業訓練〜公共訓練費	6
・アイヌの人たちへの支援〜アイヌ入校対策費	6
・職業訓練期間中の手当〜公共職業訓練手当	6,8
C	各道立高等技術専門学院、各公共職業安定所、北海道経済部人材育成課
・高校生の就職未内定者に対する研修〜若年労働者雇用対策費／高校生職業能力向上推進事業費	2

第3節　札幌市における「リカレント学習」と地域アソシエーション的社会　291

	・道立高等技術専門学院による能力開発セミナー～成人職業訓練費	3, 8
D	国立障害者職業能力開発校、北海道経済部人材育成課	
	・北海道障害者職業能力開発校による職業訓練	6
E	北海道経済部人材育成課	
	・ものづくり職業への就業促進～地域を担う若者ものづくり人材創出事業（技能ふるさと塾）	2
	・能力開発スタッフ研修（職業訓練指導能力向上推進費）	5, 8
	・地学連携マッチングパネル（ホームページ http://www.hrd.pref.hokkaido.jp/mp/）	10
F	北海道経済部人材育成課、各支庁商工労働観光課	
	・事業主のもとでの職業訓練～職場適応訓練費	6
G	各支庁商工労働観光課、北海道経済部人材育成課	
	・認定職業訓練～事業内職業訓練事業費補助金	8
H	北海道経済部雇用対策課、各支庁商工労働観光部・小樽市商工労働事務所	
	・人材確保支援事業費	1
	・季節労働者通年雇用支援事業費	1
	・季節労働者能力開発支援事業費	1
I	ジョブカフェ北海道、北海道経済部雇用対策課	
	・就職支援セミナー（ジョブカフェ北海道）	1
	・若年者能力開発支援助成金（ジョブカフェ北海道）	1, 2
J	北海道経済部新産業振興室	
	・IT産業人材育成事業	1, 3, 8
K	北海道経済部新産業振興室、各支庁経済商工労働観光課・小樽商工労働事務所	
	・地域政策総合補助金（新産業創造事業／特別対策事業～事業者育成事業）	4
L	北海道経済部観光のくにづくり推進室	
	・アウトドアガイドの育成（北海道アウトドア活動振興事業費）	5
M	北海道経済部金融課	
	・中小企業総合振興基金（事業活性化資金創業貸付）	4
N	北海道経済部商工振興課	
	・エクセレントカンパニー挑戦経営塾開催事業	3, 4, 5, 8
O	北海道経済部商工振興課、各支庁商工労働観光部・小樽市商工労働事務所	
	・中小企業経営革新支援対策費補助金	8
P	北海道中小企業団体中央会、北海道経済部商工振興課	
	・企業組合設立による起業化の支援～雇用創出組織化推進事業	4
Q	㈶北海道中小企業総合支援センター、北海道経済部商工振興課	
	・㈶北海道中小企業総合支援センターによる研修（人材育成事業）	3, 8
	・起業化促進支援事業	4
	・㈶北海道中小企業総合支援センターによる専門家のアドバイス（専門家派遣事業）	4, 8
	・北海道で起業される方への支援	7
	・北海道創造的中小企業育成条例に基づく従業員等派遣補助・専門技術者等招へい補助	8
R	北海道商店街振興組合連合会	
	・商店街青年部・女性部の育成	5
S	北海道総務部人事課	
	・ワークシェアリング的手法による新規高卒等の未成年者に対する就業支援	2
T	北海道企画振興部科学技術振興課	
	・MOT講座（MOTプログラムモデル事業）	3, 4, 5, 8

U	北海道IJU（移住）情報センター、北海道企画振興部地域振興室地域政策課	
	・IJU（移住）インフォメーション事業	7
V	北海道IJU（移住）情報センター、札幌市人材銀行	
	・北海道へのU・Iターン就職の支援（人材誘致推進事業費）	7, 8
W	㈳北海道機械工業会	
	・㈳北海道機械工業会が実施するセミナー～北海道機械工業会補助金	3, 5, 8
X	北海道立工業試験場技術支援センター	
	・北海道立工業試験場による技術支援	8
Y	北海道立食品加工研究センター	
	・北海道立食品加工研究センターによる技術支援	8
Z	道民カレッジ事務局（北海道生涯学習協会内）	
	・道民カレッジ（ほっかいどう生涯学習ネットワークカレッジ事業）	3, 5
Γ	雇用・能力開発機構北海道センター	
	・離転職者等に対する職業訓練～雇用・能力開発機構による職業訓練（アビリティコース）	1
	・キャリア・コンサルティングの機会確保等を支援～キャリア形成促進助成金	8
Δ	雇用・能力開発機構北海道センター、各職業能力開発促進センター	
	・在職労働者に対する職業訓練～雇用・能力開発機構AGネットセミナー（衛星通信講座）	3
Θ	雇用・能力開発機構北海道センター、各職業能力開発促進センター、北海道職業能力開発大学校	
	・在職労働者に対する職業訓練～雇用・能力開発機構による能力開発セミナー	3
Λ	北海道職業能力開発大学校	
	・新規学卒者等を対象とした高度な技能の修得～北海道職業能力開発大学校（専門・応用）	1, 2
Σ	北海道職業能力開発協会	
	・技能検定試験～技能振興費（技能検定促進費）	1, 3, 8
Φ	㈳北海道雇用促進協会	
	・高齢者等共同就業機会創出助成金	4, 6
Ψ	各公共職業安定所	
	・教育訓練給付金	1, 3
Ω	中小企業大学校旭川校	
	・中小企業等を対象とした人材育成～中小企業大学校旭川校による研修	3, 4, 5, 8

（出典：北海道『北海道経済を支える人材育成・誘致施策ガイド』2005.4）。

北海道における人材育成の特質、道民カレッジの位置

　一見して明らかなことは、北海道経済部人材育成課と各道立高等技術専門学院、国立障害者職業能力開発校（旧道立障害者職業能力開発校・札幌市）、各職業安定所、各支庁商工労働観光部との結びつきが強いことである。「育成・誘致」の領域としては、「就職・再就職」への応答、「特別な配慮」、そして「従業員の能力向上」が上位に来る。道立高等技術専門学院の比重は大きい。次いで、道庁経済部の他の課（雇用対策課、新産業振興室、観光のくにづくり推進室、金融課、商工振興課）と、関連機関（ジョブカフェ北海道、北海道中小企業団体中央会、

(財)北海道中小企業総合支援センター、北海道商店街振興組合連合会、そして各支庁経済部商工労働観光課・小樽商工労働事務所）との結合がある。領域としては「就職・再就職」と「従業員の能力向上」のほかに、「起業」支援が多い。道庁の他の部局（総務部人事課、企画振興部科学技術振興課・地域振興室、工業試験場技術支援センター、食品加工研究センター）と、関連機関（北海道移住情報センター、札幌市人材銀行、(社)北海道機械工業会）とは、あまり特化する領域を持たないが、その中では「従業員の能力向上」が比較的目立っていた。

　Ｚの「道民カレッジ」（ほっかいどう生涯学習ネットワーク事業）は、「スキルアップ」と「指導者・リーダー養成」に位置づけられ、そうした役割遂行が期待されていたが、それに応えるには現状の大きな改革が必要なことは前述したとおりである。最後に国の機関（雇用・能力開発機構の関係と、中小企業大学校旭川校）であるが、前者は道内の職業能力開発促進センター、北海道職業能力開発大学校や、北海道職業能力開発協会、北海道雇用促進協会と連携し、また各公共職業安定所、中小企業大学校を合わせて、「スキルアップ」「就職・再就職」「従業員の能力向上」に対応し、雇用・能開機構は北海道中央コンピュータ・カレッジを設置し（美唄市）、職業訓練法人美唄情報学園に運営委託していた。

北海道立高等技術専門学院、能力開発総合センター

　北海道経済部人材育成課の資料によれば、道内の職業能力開発施設等は「公共部門」のものと「民間部門」のものからなっていた。前者には上述の雇用・職業能力開発機構の関係のほかに、道立高等技術専門学院（11校）と国立北海道障害者職業能力開発校（砂川市）がある。道は「平成13年2月に策定した『道立技術専門学院整備基本方針』に基づき、2005年度から道立高等技術専門学院に設置した『「能力開発総合センター」において、能力開発にかかわる各種情報の提供や相談・指導などの支援を充実するなど、地域の人材育成の総合センターとしての機能強化を図る」（第七次北海道職業能力開発計画、2001～2005年）、と位置づけていた。2005年現在における「北海道立高等技術専門学院」の施設・科目一覧（2005年度募集科目）は**表3-27**のとおりだが、以前と比べると、第一に、札幌、函館、旭川、北見、帯広、釧路の中核6学院が二年制課程を採った。第二に、販売システム（札幌）、総合ビジネス（函館）、在

宅サービス（網走）、観光ビジネス（網走、室蘭）、ショップマネジメント（障害者校）など、工業技術以外の科目が学べるようになった。第三には、電子工学（札幌、函館、旭川）、電子印刷（札幌）、電子機械（北見）、OAシステム（苫小牧）など、IT革命に即応した科目群が置かれた。第四に、印刷デザイン（旭川）、造形デザイン（旭川・北見・帯広）、色彩デザイン（旭川）、建築デザイン（北見）など、デザイン関係の科目の充実が目立つようになり、新しい技術革新に対応しようとしていた。こうした諸点での改革があった。

さらに北海道は、『道立技術専門学院整備基本方針』（2001年策定）に基づいて各高等技術専門学院に設置した「能力開発総合センター」を、地域の人材育成の総合センターとするべく、能力開発にかかわる情報提供や、相談・指導の支援機能を強化し、IT化の推進、技術・技能の高度化・複合化等に対応しようとしていた。

表3-27　北海道立高等技術専門学院の施設・科目一覧（2005年度）

札　幌	◎精密機械、◎金属加工、◎電子工学、◎販売システム、◎電子印刷、◎建築技術、◎建築設備、□エクステリア技術、☆食品加工
函　館	◎自動車整備、◎電子工学、◎機械技術、◎建築技術、◎総合ビジネス、☆販売実務
滝　川	□電気工事、□建築、□板金、□エクステリア技術
旭　川	◎建築技術、◎電子工学、◎自動車整備、◎印刷デザイン、◎造形デザイン、◎色彩デザイン、☆介護サービス
稚　内	□土木施工管理、□建築
北　見	◎電気工学、◎自動車整備、◎造形デザイン、◎建築デザイン、◎電子機械
網　走	◎住宅サービス、□土木施工管理、□観光ビジネス
室　蘭	□機械、□構造物鉄工、□観光ビジネス、□溶接、□配管、□塗装、□建築
苫小牧	□自動車整備、□電気機器、□金属加工、□OAシステム、□エクステリア技術
帯　広	◎電気工学、◎金属加工、◎自動車整備、◎建築技術、◎造形デザイン
釧　路	◎電気工学、◎建築技術、◎自動車整備
国立北海道障害者職業能力開発校（砂川）	◎プログラム設計、◎CAD機械、□情報ビジネス、□プリントメディア、□家具工芸、□建築設計、□ショップマネジメント、□被服縫製／作業実務

（◎印は2年の、□は1年の訓練課程。札幌・函館・旭川の☆は障害者への訓練科目）

地域職業訓練と地域人材開発のセンター、認定職業訓練施設、高等職業訓練校

他方、「民間部門」職業能力開発施設等は、①雇用・職業能力開発機構が設置し、地域の事業主による公益法人運営の「地域職業訓練センター」が4ヵ所（滝川・北見・釧路・苫小牧の各市）、②道立技術専門学院から地域の人材開発

型施設に転換した「地域人材開発センター」8ヵ所（留萌市・名寄市・富良野市・美唄市・遠軽町・岩内町・浦河町・江差町の8地域、05年度から「職人塾」開設）、そうして③中小企業事業主やその団体等が行う「認定職業訓練施設」があった。この③に属する札幌圏域の施設には、千秋庵製菓短期大学、土屋アーキテクチュアカレッジ、北海道ヘアーコレクションテクニカルカレッジ、札幌レオンアカデミーがあり、その他に板金、塗装、左官、建築、タイル、管設備、石材、造園、理美容の訓練校が札幌市産業振興センター（後述）内に立地していた。それ以外にも、建築、鉄筋、ブロック、着物技術の訓練校があり、すべて合わせて17校になった。道内にはこのほか25校があったが、そのうち17校は「○○高等職業訓練校」を名乗っていた。また25校の中の12校は事業内職業訓練共同施設と重なった。職業能力開発促進法は個々の企業が「職業能力開発推進者」を置き、事業内職業能力開発計画を作成することを義務づけたわけである（従業員100人以下の事業所は共同専任可能）。雇用・職業能力開発機構系統のほかに、北海道立職業能力開発支援センター（2002年設置）が新たな雇用の創出と産業を支える人材の育成という目標のために、事業主など民間の職業能力開発を支援し、同センター内に立地する北海道職業能力開発協会は民間職業能力開発の指導的団体として助言・指導を、同じく職業能力開発サービスセンターは能力開発情報システムを用いた情報提供を行っていた。

3-2 「リカレント学習」の対応と課題
北海道経済部「地域と大学等との連携」、地学連携マッチングパネル

　北海道経済部は2004年度から、「地域と大学等との連携の取組み」（「地学連携」事業）を始めだした。その経過は下に見るごとくであった。

　　2004.06.05　赤レンガMBAフォーラム〔道庁赤れんが庁舎〕
　　　　　　　（MBA教育の必要性；小樽商科大学ビジネススクール）
　　　 07.06　第1回地学連携懇話会（フォーラム形式）〔道庁赤れんが庁舎〕
　　　　　　　（基調講演「地域からの産業創造の現状と課題」：三菱総研主任研究員）
　　　 08.09　地学連携フォーラム in オホーツク〔北見〕
　　　　　　　（意見交換会「地域が大学に望むこと・今後の産業人材育成」）
　　　 08.25　地学連携フォーラム in 上川〔旭川〕

(旭川産業高度化センター、創造的地場企業育成支援研究会：4大学1高専)
09.04　赤レンガMBAフォーラム・第2回〔道庁赤れんが庁舎〕
　　　 (MBA教育の必要性；小樽商科大学ビジネススクール)
09.10　地学連携フォーラム in 渡島〔函館〕
　　　 (産学連携「クリエイティブネットワーク」函館：4大学1高専)
2005.01.08　赤レンガMBAフォーラム・第3回〔道庁赤れんが庁舎〕
　　　 (MBA教育の必要性；小樽商科大学ビジネススクール)
07.05　2005北海道地学連携フォーラム〔札幌〕
　　　 (「地域と大学の連携による産業人材の育成」、北海道中小企業家同友会共催)
08.05　地学連携フォーラム in 西胆振〔室蘭〕
　　　 (「地域と大学の連携による産業人材の育成」、室工大・室蘭テクノセンター)
09.02　地学連携フォーラム in 十勝〔帯広〕
　　　 (「地域と大学の連携による産業人材の育成」、帯畜大・十勝振興財団)

　さらに、北海道経済部の「地学連携マッチングパネル」は、北海道各地の大学・短大・高専の先生や学生が「地域貢献の取り組みを行っている事例」を、「実践プロジェクト（分野別）」として紹介した。分野は17に区分されたが、多い順に見ると、①「人材育成」18件、②「共同研究」17件、③「イベント」15件、④「農業」7件、⑤「まちづくり」と⑥「工業」6件、⑦「観光」5件、⑧「食品」4件、⑨「福祉」3件、⑩「経営」・⑪「林業」・⑫「環境保全・リサイクル」各2件、⑬「水産」・⑭「商業」・⑮「芸能文化」・⑯「子育て」各1件、⑰「その他」3件であった。これらが集められた基準は明らかとしないが、これを地域区分ごと、高等教育機関ごとに整理して、テーマを書き出すと、次のようになる。

　　【道央地区】[国立]小樽商科大学：「新産業創造への挑戦」①②⑰、「『国際取引契約』実務で研鑽①。北海道大学：「次世代の宇宙開発を担う人材育成と宇宙開発の一般の方々への普及」①⑰、「ニセコ・プロジェクト」①⑦、「観光情報の活用で地域産業振興」⑦。北海道教育大学札幌校：「現職教員のための『起業家教育』セミナー」①③、「北海道地域教育連携フォーラム」③、「地方自治体と協定、

地域活性化に貢献」⑤。／［私立］道都大学：「産学連携プロジェクト～連携授業における製品の開発」①②③⑬、「道民カレッジと連携した『公開講座』」①。千歳科学技術大学(千歳市)：「地域 e コミュニティシステムの構築」①、「ちとせ生涯学習まちづくりフェスティバル(ふるさとポケット)」③。北海道東海大学工学部(札幌市)：「夕張バイオ試験農場」②④。酪農学園大学(江別市)：「クラスタークラブ」④⑤、「江別市農業支援の会」④。札幌大学：「月寒中央商店街の振興」⑤。札幌国際大学：「産学連携によるインバウンド・ツーリストの受入体制に関する総合的研究」⑦。北海道医療大学(当別町)：「当別町二万人歯の健康プロジェクト」⑨、「地域ボランティア活動への積極的参加」⑨。［短大］北海道文教大学短期大学部(江別市)：「保育フェスティバル及び子どもクリスマス会」①③⑯。國學院短期大学(滝川市)：「コミュニケーション誌『北海道CATY』の出版と『FM CATY』放送」①③⑭。拓殖大学北海道短期大学(深川市)：「ミュージカルの制作」①③⑮。

【胆振地区】［国立］室蘭工業大学：「地域の小中学生を対象としたものづくり講座(大学 Jr. サイエンス)」①③、「地域に密着した産学連携の取り組み」②⑥。苫小牧工業高等専門学校：「学科横断型プロジェクトチームで地域社会に貢献」②。

【渡島地区】［公立］公立はこだて未来大学：「『函館ベンチャー企画企業組合』設立へ」①⑤⑩、「大門祭～商店街で開催する学生主体の合同学園祭」③、「函館アカデミックフォーラム」③、「函館国際水産・海洋都市構想」⑦⑬、「ビジネスプラン作成スクール」⑩。［私立］函館大学：「国際観光都市に向けてのイベントの検証」③⑤、「函館アカデミックフォーラム」③、「函館国際水産・海洋都市構想」⑦⑬。

【上川・宗谷地区】［国立］北海道教育大学旭川校：「全国初の試み『情報教育支援コンソーシアム』」①②。旭川医科大学：「北海道メディカルミュージアムが全道展開へ」⑨⑰。［私立］北海道東海大学芸術工学部(旭川市)：「『旭川家具』を世界ブランドへ」③⑪。稚内北星学園大学(稚内市)：「地域情報をインターネットで映像発信」⑤。

【十勝地区】［国立］帯広畜産大学：「十勝圏産業クラスター研究推進会議」②④⑧、「食品加工副産物の有効利用に関する研究——家畜の飼料としての利用」②⑧⑫、「家畜の移動訓練システム」②④、「澱粉廃液処理に関する研究」②④⑫、「プルーン、ブルーベリーの品種選定と栽培法の確立」②④⑧。

【釧路地区】［公立］釧路公立大学：「地域観光の経済効果分析と地域自立型産業への展開に向けての研究」②⑦。［国立］釧路工業高等専門学校：「サイエンス屋台村」①③⑥、「メイドイン釧路」①③⑥、「生涯学習向け公開講座『やさし

い家づくり2004』」①③⑥、「画像処理によるコンブ幅測定装置の開発」②⑥。[道立] 釧路工業技術センター:「氷冷熱エネルギー活用低コスト食糧貯蔵システムの実用化への取組み」②⑧。
【オホーツク地区】[国立] 北見工業大学:「ITによる地域活性化教育システム（e－学生・技術者・市民との街づくりプログラム）」①②、「除雪支援システム・GPSを利用した自律型除雪ロボットの研究」②⑥。
（http://www.hrd.pref.hokkaido.jp/mp/jissenbunyabetu.htm）

地学連携マッチングパネルと「生涯学習」とのかかわり

　これらの中には、直接的に広義の生涯学習と、とりわけ狭義の日本現行「生涯学習」とかかわる取り組みがある。例えば、道都大学の「道民カレッジと連携した『公開講座』」、千歳科学技術大学の「ちとせ生涯学習まちづくりフェスティバル（ふるさとポケット）」、釧路工業高等専門学校の「生涯学習向け公開講座『やさしい家づくり2004』」である。しかしながら、他の取り組みのすべてを、リカレント学習に適うものとして位置づけることは可能であるし、またそうする必要があるように思われる。私たちは、本章第2節第1項において、リカレント学習を職業的・職能的リカレント学習と公共的・公益的リカレント学習とに区分したが、上の実践プロジェクトに照らしてみると、①「人材育成」のある部分、②「共同研究」、④「農業」、⑥「工業」、⑦「観光」、⑧「食品」、⑩「経営」、⑪「林業」、⑫「環境保全・リサイクル」、⑬「水産」、⑭「商業」がおおむね「職業的・職能的」な、また①「人材育成」の他の部分と、③「イベント」、⑤「まちづくり」、⑨「福祉」、⑮「芸能文化」、⑯「子育て」が公共的・公益的なリカレント学習とかかわり、これらの両側面とも上の実践プロジェクトに横溢していた。

　北海道経済部人材育成課は「実践プロジェクト」をリカレント学習事業とは位置づけてはいないし、逆に、前述のごとく道民カレッジ（ほっかいどう生涯学習ネットワークカレッジ事業）への役割期待を、「働きながらスキルアップ等を図りたい方へ」と、「いろいろな分野での指導者・リーダー等を目指す（育成したい）方へ」の対応に位置づけていた。そうして本章第1節に見た道民カレッジの動向、とりわけ本節に見た「さっぽろ市民カレッジ」のプレ講座、特に2005年4月～7月の『生涯学習講座』の内容と比較してみれば、北海道

経済部の「地域と大学等との連携の取組み」(地学連携)と、教育委員会サイドの「リカレント教育」とが重なり合っていたことは明々白々であった。否、むしろ、現行のリカレント学習に収まりきれないものが、地学連携事業には存在している場合があったことを率直に認めたい。《地域社会》と《生涯学習》の両者は「共存的」で「創発的」な関係にあるのである。

高等教育機関の重層的連関とネットワーク創出

　そのことを前提に置いた上で、リカレント学習を準備するさいに私たちが留意してきた2つのことを指摘し、地学連携事業の参考としたい。第一は「さっぽろ市民カレッジ」のリカレント学習提供事業が、高等教育機関の重層的連関のネットワークの創出を、当初の意図として重視していたことである。一方でベンチャー企業を大学院との協働によって創出させながら、他方で既存中小企業のレベルアップのために専修学校等の活躍を期待し、かつ両者の間に一定の関係があるという構造は、決して夢物語ではない。その関係は、例えば北海道大学大学院の専門的研究科博士課程に、専修学校の教員が入学するということだけでは成就されない。これからの専修学校は、社会人入学者を増やさざるをえないのだが、そのためには教員スタッフの力能向上が必須で、理系であれ文系であれ大学院はそうした意欲ある社会人を受け入れるようになるに違いない。なおかつ、専修学校教員のキャリアアップは大学院博士課程で本当に行いうるのかという検討が不可欠である。高度職業専門学校・マイスターコース（仮称）が一部で志向される今日、職業能力開発大学校等が大学院博士課程等と協力しながら、こうした再教育課程を設置することが望ましい、と私には思われたのである。

リカレント学習と学習相談の充実、支援組織の強化

　もう1つは、学習者に対する「学習相談機能」の抜本的な引き上げである。札幌市生涯学習センターはメディアプラザ学習相談室での相談、電話での相談の他に、「web学習相談」を行い、札幌市内で行われる「講座」「団体・サークル」に関すること、「資格」の取得方法、「人材活用用紙」「学習施設」への相談への返信メイルを7日以内に出すという(吉田有見2003参照)。その「相談」

業務の質的向上である。北海道経済部人材育成課の『北海道経済を支える人材の育成・誘致の施策ガイド』は、「職業的・職能的リカレント」にかかわる、さまざまな領域での人材育成・誘致の手立てを示している。つまり、ある目的が比較的明瞭な市民にとっての「ガイド」としてはまことに良くできている。しかし、地学連携や、職業的・職能的また公共的・公益的なリカレント、さらに狭義の「生涯学習」においては、自分の知りたいことを探り、吟味したいことを見つけたり、実際に小当たりしてみるという、「入門」的な段階とそのための段取りとが、学習者にとっては欠かせない。

内閣府の2005年度「生涯学習に関する世論調査」によれば、IT活用の学習を「してみたい」が北海道では60％（全国平均50％）に及ぶ（北海道新聞2005.07.31）。学習機会が偏在する道民にとって、まずは「生涯学習」で触れてみて、それから他の手段を取るということは大いにありうる。つまり「入門的なもの」（中等教育レベルを含む）から入って、人材育成・能力開発の諸コースのいずれかを選択するという水路づけを行う、「相談」機能の充実が強く望まれる。リカレント学習が「教育」という意味をもつのは、自分の「人生のあり方」模索への支えが、個々人にとっての学習の「入門」から「出口」までをつなぐ伏流水として存するからである。そのことを「職業能力開発」や「人材育成・誘致」の事業は所与の前提としているが、リカレント学習論はそこで少し立ち止まり、「相談」という教育的行為の重要性を考える。相談はモチベーションの喚起とその方向づけである。しかも地学マッチングパネルの根底には「地域からの産業創造」という視点が位置づいていた。このパネルが34主体群55事業という人材育成の細分化を乗り越えるには、北海道産の産業クラスター創造と「民主主義」社会形成との結合が必要となる。

4 地域アソシエーション的社会と地域コミュニティ的社会の区分

地域アソシエーション的社会としての札幌市

サッポロバレーに端的な企業文化はイノベーションシティ・札幌の都市スタイル、すなわち「伝統にしばられない、自由な気風を持ち、新しいものを自ら創造するフロンティア精神」を根底に置く革新的企業群の存在と、人びとの間の「オープンな場の共有と人間のネットワークを背景としたコラボ

レーション」、これら両者を基盤にすると語られてきた。それはまた、公民館のない札幌市における異業種交流活動と通底し、「さっぽろ市民カレッジ」の「自前講座」へのボランティアやNPO法人関係者の参画、「連携講座」へのNPO法人や受講者の参画などとも関連し合う、一つの都市文化である。そこからは各種のアソシエーションに基づく都市社会が匂い立ってくる。

　例えば、「市民自治を進める市民会議」すなわち「自治のルール、みんなでつくろう！」委員会の第16回市民会議（2005年に最終報告書を市に提出）のメンバーには、小樽商科大学教員、㈳北海道総合研究調査会調査部長、北大法学部学生の他に、障害者自立センターさっぽろ事務局長、まちばるADEKLANTEの会、㈱らむれす（コミュニティFM三角山放送）社長、リンカーンフォーラム北海道「公開討論会を実施する道民の会」主宰者、建築設計事務所＝さっぽろNPO市民活動連合会会長、主婦＝ひまわりの種子の会、丸山環境教育事務所代表、北海道ワーカーズコレクティブ連絡協議会＝WEショップ、といった各種アソシエーションの人たちが集まっていた。地域コミュニティ的社会の類型を代表するのは、北野地区町内会連合会副会長、澄川地区連合会＝まちづくり協議会の会長、そして鉄東地区第16分区町内会防災部長＝時計台の会常任理事の人の、「2人半」であった。

　札幌市の市民活動は、基本的には地域コミュニティ的社会に立脚したものではない。何らかの地域活動を行おうとするとき、市民は町内会、公民館、小学校区などを当てにすることはできない。さまざまなアソシエーション的サークルや団体に加入するか、自ら作り出すしかない。こういう意味で札幌市は、東京都文京区以上に、地域アソシエーション的社会なのである。しかもそれは、イタリアの「アッソチアチオーネ社会」（本書第1巻第1章参照）とも異なる。イタリアでは伝統的な「コムニタ・ロカーレ」の古い閉鎖的な有機的関係（血縁・地縁と「教区」を主とする関係）は、その中に機能集団のアッソチアチオーネ（アソシエーション）が内部創出－外部移入されるとともに、性格が変貌する。すなわち閉鎖的・オルガーニコなものから、開放的・アッソチアートな「ソチエタ・ロカーレ」（「地方行政区」）へと変わる。そして早くからソチエタ・ロカーレの性質を示していた都市社会ともども、イタリアの「ソチエタ・ジェネラーレ」（全体社会）は「アッソチアチオーネ」としての性格を一層明瞭

にした。こうした「三層の社会」構造における各種の制度改革が、ヨーロッパ連合内の一国としてこの10年間に断行されてきたと、A・バニャスコ、M・バルバッリ、A・カヴァッリは指摘した（Bagnasco, Barbagli e Cavalli 1997参照）。アッソチアチオーネ社会は、カトリック的普遍ないし万国の労働者は一体という普遍によって、地域的な閉鎖性を脱却しているところに特質がある（本書第3巻第6章、第4巻「終章」参照）。

地域コミュニティ的社会としての松山市

いずれにせよ、札幌という都市社会を見て、そこでの知見を"普遍化"することは慎まねばならない。札幌のような純然たる《地域アソシエーション的社会》は日本社会においては、むしろ"特異な"ケースとも考えられる。この点で、対比的な位置にある都市、例えば愛媛県松山市を見てみよう。札幌都市圏は人口250万人、松山都市圏は人口70万人に達しないが、人口の大小ではなく地域組織の編成のあり方の問題がそこにはある。端的に言うなら、松山市の地域社会と「生涯学習」活動とを理解するには、41館が設置されている公民館、そして324館ある公民館分館の存在に着目しなければならない（平成大合併以前の2004年度末の数字）。**表3-28**に見るように、例えば味生公民館区の中には、南斉院町・空港通町・北斉院町・別府町・清住町・大可賀町・山西町という7つの町会があり、17の分館がそれらに所属している。しかし、松山市においては公民館・公民館分館の範域と小学校の校区とは、現在では一致しない地区も出てきていた（愛媛県新居浜市では連合自治会区、小学校区、公民館区、地域社会福祉協議会区をすべて重ねる）。

公民館には「公民館運営審議会」があり、また事業推進部会のような事業推進組織が存在している。この松山地域社会においては、公民館長は決して「名誉職」なのではない。以下に、松山市の公民館一覧を掲げるが、第1ブロックは道後温泉と奥道後温泉の間に存するかっての農村地帯であり、第3ブロックと第4ブロックの中にある東雲、番町、清水、味酒の4公民館は、松山市の旧市街地（「お城下」）に位置している。周辺旧村の松山市への合併年も同表3-28に記した。また公民館名に付したアンダーラインは、市の教育委員会による「ブロックの本部」公民館を意味する。——それ自身が「『生涯学習』

の拠点」になると、市が宣言している公民館は決して希有な例ではないことを、この表から見ていただきたい。

表3-28　松山市の公民館一覧

第1ブロック（1955に松山市と合併：旧農村部）

湯山公民館（1955年設置；地区人口7,962人）。[運営方針]①地域住民の連帯感や主体性を育てる諸活動の推進、②青少年の健全育成と社会参加、③あらゆる差別をなくす学習機会の拡充と内容の充実。[主要事業]湯山竹の子掘り大会、ホタル鑑賞会、青少年キャンプ大会、地区球技大会、地区体育祭、婦人健康講座、三世代交流集会、チューリップの会（独居老人）。

日浦公民館（1955年設置；地区人口532人）。[運営方針]公民館を生涯学習の拠点として、地区住民の多種多様なニーズへの対応、より一層住みやすい街づくりを目指す。[主要事業]敬老会、川施餓鬼（650年前からの行事）、盆踊り大会、体育祭、クリスマス大会、スキー教室（小中学生）。

五明公民館（1949年設置；地区人口690人）。[運営方針]公民館は郷土の特色を生かす唯一の社会教育の場だから、公民館運営審議委員会を中心に、管内の町内会長や区長等、また地域の社会教育組織や各種団体と協議しながら、地域住民の経済生活・社会生活・日常生活の充実のために活動する。[主要事業]さくらまつり集会、1日ふれあいの旅、体育祭、敬老会・子供相撲大会、ホタルまつり集会、ふるさとづくり地区集会（一般住民）、交流（他の公民館・小学校）、人権啓発推進の集い、盆踊り大会、どんど焼きまつり（正月の松飾りなどのどんど焼き；1992年から開催）。

伊台公民館（1949年設置；地区人口5,263人）。[運営方針]人間尊重と生涯学習の理念に基づき、生涯の各時期における学習機会の充実、社会参加意識の醸成をはかり、思いやり、連帯感にみちた地域づくり、心豊かな人づくりを目標に、公民館活動を推進している。[主要事業]薄墨さくらまつり、地区運動会、バレーボール大会、盆踊り大会、ソフトボール大会、子ども球技大会、文化祭、グランドゴルフ大会、新春カルタ大会、地区コミュニティ・ハイキング。

第2ブロック（1955-62、68松山市と合併：旧農村部で人口急増地）

久米公民館（1951年設置；地区人口29,521人）。生活の場としての地域社会づくり・人づくり。

小野公民館（1946年1月設立；地区人口16,948人）。[運営方針]人間尊重と生涯学習の理念に基づいて、思いやりと連帯感とボランティアに満ち溢れた人づくりを目標に、地域に根ざした公民館活動の推進。[地区の特色]松山市の最東部：小野町、北楠本町、南楠本町、平井町、水泥町の5町構成。

石井公民館（1951年設立；地区人口56,148人）。松山市の方針に基づき生涯学習のまちづくり。関係機関との連携、人権・同和教育、生涯スポーツ。男女共同参画社会、女性団体連絡協議会の組織強化など、地域に根ざした公民館活動の推進。

浮穴公民館（1953年設立；地区人口9,416人）。事業推進部会の活動強化、本館・分館の交流連携。人権教育の推進、社会教育・コミュニティ活動の振興。

荏原公民館（1954年設立；地区人口9,115人）。[地区の特色]1963年に「本村は真理と正義を愛し個人の価値をたっとび勤労と責任を重んじ自主的精神に充ちた心身ともに健康な村民の育成を期し、ゆたかで明るい村づくりを達成するため、ここに文教村たること宣言」し、「施策の根本を教育第一主義」とした。[事業]分館対抗男女混合バレー、住民ぐるみで昔の久谷川を取り戻そう、など。

坂本公民館(1968年設置；地区人口2,041人)。人間尊重と生涯学習の振興、連帯と協調の意識。人づくり、ふるさとづくり、コミュニティ活動の推進。

第3ブロック(旧市街地と戦前合併の隣接地)

八坂公民館(1950年設置；地区人口5,608人)。人づくり、まちづくり、家庭つくり。住民の自治能力の向上、生涯学習グループの育成・連携、同和教育。

素鷲公民館(1953年設置；地区人口20,868人)。[地区の特色]「当地区はスポーツ行事が活発であり、以前は子ども球技大会に各町内会が力を入れて応援に熱が入り、高齢者から青少年まで一日中沸き返っていました。しかしながら、最近では愛護班と町内会、愛護班と公民館の関係が遠のき参加チームの数が減少しています。それに相反して、成人(特に女性)によるレクレーションバレーボールの普及が著しく、地区のレクバレー大会には男女合わせて36チームの参加」があった。

道後公民館(1953年設置；地区人口25,287人)。生涯学習に対応する組織体制の充実。青少年の地域体験学習、住民の人権意識向上、読書活動の促進、学習意欲を高める広報活動の充実。

東雲公民館(1953年設置；地区人口7,444人)。[運営方針]「しあわせまちづくり東雲地区」を目指し、校区住民の理解と協力の上に、生涯学習の拠点として、公民館活動の実現に取り組む。[主要事業]「校区」の文化祭、盆踊り大会、体育祭、敬老会、ペタンク大会、芸能祭、歩こう会。

番町公民館(1954年設置；地区人口3,835人)。松山市の中心部。[運営方針]地域住民の生涯学習の拠点となるように、関係機関・団体との連携を取りながら、住民のニーズに応えた学習機会を提供する。[主要事業]番町サマーカーニバル、城山サーキット。アンド・ウォークリー、番町地区文化祭、番町地区敬老会。

桑原公民館(1951年設置；地区人口25,276人)。地域における生涯学習の機会の拡充。子供から高齢者まで全員で取り組めるコミュニティ活動。

第4ブロック(旧市街地と戦前合併の隣接地域)

新玉公民館(1953年設置；地区人口12,842人)。地域住民の生涯学習の拠点。公民館運営審議会・事業推進組織の体制強化。三世代交流、青年会・子ども会の育成者養成。人権教育。

雄郡公民館(1953年設置；地区人口29,744人)。生涯学習の基本理念を踏まえた、充実した公民館活動の推進。地域内の人材確保・育成、各種団体メンバーとの連帯。とりわけ人権同和の教育。

清水公民館(1953年設置；地区人口26,721人)。[運営方針]地域住民が意欲的に生涯学習活動に参加する環境づくり、住民参加による「みんなでつくろう、みんなの清水」という努力目標の推進。[主要事業]ふるさと史跡めぐり、勝山フェスティバル、親子キャンプ大会、地区体育祭、文化祭。

味酒公民館(1990年再設置；地区人口21,506人)。地域の高齢・少子化問題や人権教育、住みやすい地域作りに取り組みながら、地域の情報拠点・交流の場としての公民館。[主要事業]みさけ夏まつり(1999年に第1回開催)、三世代交流ふるさと遊具あそび、地球にやさしいまちづくり、親子ウォークラリー、地区文化芸能祭、クリスマス会、子どもバレンタイン教室、のびのび教育ふれあい通学合宿、地区体育祭、婦人学級・高齢者学級。

第5ブロック(1940年代合併村を主とする旧農村地域)

生石公民館(1953年設置；地区人口17,710人)。地域住民が、生涯学習の理念に基づき、「みんなでつくろう、みんなの生石」をスローガンに、物語のある町づくりを目指す。生涯学習ネットワーク活動の促進を図る。

余土公民館(1947年3月設置；地区人口22,156人)。公民館の、地域の生涯学習拠点としての役割。社会の変化に対応した魅力ある学習。全住民参加の家庭づくり、地域づくり。

垣生公民館	(1948年4月設置；地区人口9,758人)。気軽に集まり学び、結ぶ場としての施設の開放。地域のニーズに応じた学習・講座、生涯学習を通じて明るい家庭・社会づくり。
味生公民館	(1953年設置；地区人口24,867人)。[地区の特色]南斉院町・空港通町・北斉院町・別府町・清住町・大可賀町・山西町の7町、17分館による構成。住民意識の高揚を目指す生涯学習活動。社会福祉活動への参画。三世代交流(特に青少年育成事業の企画強化)。学ぶ喜びと、地域づくりへの参加。
第6ブロック	(1940-54年合併の漁村地域と2005年合併の中島)
三津浜公民館	(1953年設置；地区人口6,175人)。人間尊重と生涯学習の理念でふるさとづくり。地域の自主性・主体性、新たなコミュニケーション活動。
宮前公民館	(1953年設置；地区人口15,370人)。地区内9分館。地区住民一体のコミュニティづくり。豊かな自然と、郷土の文化遺跡・伝統芸能を生かした地域づくり。
高浜公民館	(1953年設置；地区人口8,364人)。地域全体で取り組む特色あるまちづくり。一人ひとりの自主性によるコミュニティーづくり。体育・健康づくり活動。
泊公民館	(1954年設置；地区人口750人)。「泊・五明・日浦子ども・地区交流会」。全員が改善意欲を持ち参加する活動。充実した生涯学習で豊かな人間性の育成。高齢・過疎化の実情に即応した事業実践。
由良公民館	(1954年設置；地区人口1,261人)。生涯学習の地域拠点として、地域住民のニーズに応える学習機会の充実、心豊かなふるさとづくりの展開。高齢者の健康づくり、学校五日制と子どもへの対応。
中島公民館	【旧中島町に所在。2005年4月に松山市と合併】
第7ブロック	(1940年合併の漁農地域)
和気公民館	(1953年設置；地区人口12,211人)。生涯教育推進体制の整備、生涯スポーツの普及。ゆとりと潤いをもたらすまちづくり。
潮見公民館	(1949年設置；地区人口10,181人)。新しい時代を拓く青少年の育成。自ら拓く生涯学習の促進。公民館運営の基礎づくりとしての社会教育推進の基盤整備。人権・同和教育の推進。
堀江公民館	(1951年設置；地区人口11,917人)。楽しさと喜びのある生涯学習、健康・体力づくりを目指す運動文化。郷土文化の構築。
久枝公民館	(1953年設置；地区人口18,748人)。生涯学習推進(公民館組織と学習内容の充実)。
第8ブロック	(旧北条市。中予北部の田園都市、人口3万弱。2005年合併)
	浅海・立岩・難波・正岡・北条・河野・粟井の7公民館。旧松山藩領。旧北条市に所在。

(http://www.city.matsuyama.ehime.jp/kychiiki/kouminkan%20gaiyou/index.html)

松山市における公民館・分館活動と「生涯学習」

　こうした公民館および公民館分館(集会所とは別)と、幕藩体制時代にまでさかのぼりうる旧城下の町会、農村聚落の自治的集会、また明治国家の形成過程におけるそれらの変容、戦時下の隣組の結成、戦後直後期の占領軍による部落会・町内会の禁止・解体命令とその解除後の自治会また公民館結成といった、内務省－自治省の系統の動き(松山市ではいずれも松山市に合併する以前の農村地帯の、小野村(1946年1月)と余土村〔1947年3月〕の公民館設置が早い)、さらに小学校の学区、それに接続した青年学校－在郷軍人会の地域的存立構

造の動向、しかもそれらが戦後改革の中で、とりわけ公選制教育委員会制度の中で変容し、さらに公選制から任命制へと転換させるといった文部省系統の対応、これら全体の関係性を「郷土民」とのかかわりにおいて問うことが、私の次なる課題となる。それを現時点にまで追い上げ、東北型日本社会とは異なる西南型日本社会のあり方を含め、「対人的－集合的」結合と「中間諸組織・集団」世界と「国家・経済」システムとの「歴史的ブロック」、その構造変動の解明に取りかかることは、まさに今後に残されている。

　松山市の「生涯学習」制度について一言すれば、それは㈶松山市生涯学習振興財団の活動に委ねられている。この財団は「市民一人ひとりの生涯学習を援助しながら、地域住民の集団活動を促進し、併せて埋蔵文化財の調査研究及び埋蔵文化財保護思想の普及並びに野外活動をとおした青少年の健全育成を推進し、もって市民の生涯学習を総合的に振興することを目的とする」と謳われる。財団には「生涯学習振興室」と「埋蔵文化財センター」「野外活動センター」が設置され、2003年はそれぞれ2,690万円、27,318万円、549万円という決算額であった。同年度の生涯学習振興室は、1. 生涯学習ふるさとづくりの推進（決算額1,468万円）――(1)生涯学習フェスタ2004（全国フェスティバル；7,000人参加）、(2)松山ライトアップ事業、(3)市民大学講演会（浅香光代、レツゴー正児ほか2人、4回）、(4)地域ふれあい子ども英会話クラブ――、2. 生涯学習活動の援助、生涯学習機会の提供及び学習意識の啓発(1,222万円)――(1)指導者バンク推進事業（2003年度の累計549人）、(2)生涯学習機会の提供事業（「市民文化セミナー」1回、「愛媛夏季大学」1回、「ふれあい体験学習」1回、「市民教養講座」3回、「成人大学」2回、「市民学習セミナー」3回、「子ども体験学習」1回、「生涯学習講演会」2回：倍賞智恵子、志茂田景樹、そして「松山大学公開講座」2回〔経済、パソコン〕）、(3)学習情報誌「らいふろんぐ」の発行――に取り組んできた。

公民館・分館活動とエルネット視聴学習

　だが、それらは、松山の「生涯学習」活動の特色を強く規定している公民館や分館の人たちの要望には十分には応えていないように見えた。別言すれば、松山市生涯学習振興財団の限られた人員と予算の中での活動だけを見て、松山市の『生涯学習』の全体像を把握することはできないように思われる。

例えば、文部科学省の教育情報衛星通信ネットワーク（エル・ネット）放送の視聴による「学習」がある。松山市の公民館におけるエル・ネット受信可能施設は、1ブロック：伊台、2ブロック：石井、3ブロック：素鷲、4ブロック：味酒、5ブロック：余土、6ブロック：三津浜、7ブロック：堀江の各ブロック本部公民館にあった。

　視聴開始の2003年度において、伊台公民館は「教育改革フォーラム（基調講演・シンポジウム）」〔生中継〕、「イギリスの英語ワールド（クリスマス・天気予報ができるまで）」〔録画〕、「できるIT活用型生涯学習（IT基礎講習ステップアップほか）」〔録画〕の3回、石井公民館は「教育改革フォーラム（エル・ネットで結ぶ新しい教育）」〔生中継〕、「オープンカレッジ講座（地域で担う子育て）」〔録画〕の2回、素鷲公民館は「まちづくりと大学生涯学習（地域活性化とその担い手の育成のまちづくり）」〔録画〕、味酒公民館は「地域で担う子育て（子どもをとおして自分の生き方を見つめ直す）」〔録画〕、余土公民館は「見つけよう！　お話の世界／何でもやってみよう！」〔録画〕、三津浜公民館は6回で、「わくわく読書ランド（みつけようお話の世界）」〔録画〕、「イギリスの英語ワールド」、「できるIT活用型生涯学習」、「オープンカレッジ講座（思いやりのコミュニケーション）」〔録画〕、「宇宙からの贈り物（世界宇宙飛行士会議IN花巻）」〔録画〕、「オープンカレッジ講座（愛媛大学講座ほか）」、堀江公民館は「公民館における特色ある事業（家庭教育と公民館ほか）」〔録画〕と、合わせて「生中継」2回、「録画」13回の視聴がなされていた。──札幌市内の受信局が教育委員会、生涯学習センター、中央図書館、青少年科学館、中島児童会館、そして道立生涯学習センター、北大図書館北分館であるのと、まさしく対比的であった。

松山市政と市民参加トーク、地域コミュニティ市民検討会議

　さらに、「みんなでつくろうみんなの松山」をモットーとする松山市政（中村時広市長）は「市民参加の機会づくり」として、例えば2003年度に以下のような取り組みをしたが、そこにも「学習」がある（http://www.city.matsuyama.ehime.jp/seisaku/jimujigyo）。①「まつやま市民シンポジウム」(2003年度の第20回は松山青年会議所と共催、対象は松山市民で「事業所や通勤・通学者を含む」。「障害者とともに参加し社会貢献できるまち、松山を目指して」、「地域でNPOをデザイン

する」などの分科会、松山の文化資源を巡るバスツアー、など）、②「学生による制作論文募集事業」（全国の大学、短大、専門学校に所属する学生；109件応募）、③「みんなのまつやま夢工房事業」（公募や推薦で選ばれた夢工房メンバーの市民に市職員が加わり、6月から翌年2月までの9ヶ月にわたって、月1回の全体研究会、その間の個別班会での話し合いの成果を市長に提言した。「まつやまの夢づくり編」「地域の夢づくり編」「みんなの地域福祉」「中央商店街のにぎわいづくり」など）、④「みんなの松山わいわいトーク」（市民グループの申し込みにより、課長級の市職員が出向き、テーマについての説明と意見交換）、⑤「市長とみんなのわくわくトーク」（市長自らが市民と交流し市政についての説明、意見交換）、⑥「市長へのわくわくメール」（受付件数1,644件）などである。

　2005年の「みんなの松山わいわいトーク」は、9分野105テーマのトーク（意見交換）を予定し、7〜8月、10〜11月、1〜2月に開かれる。①［市政］分野：1「21世紀のまちづくり」、2「あなたもできる構造改革（改革特区の作り方）」、3「松山市のふところ具合」、4「市の財産の話」、5「市民会館へ行こう、コミセンで遊ぼう」、6「松山市の会計制度」、7「なぜ行政改革が必要か」、8「開かれた行政をめざして」、9「監査制度ってなに？」、10「地方公務員になりたい」、11「今を改革できる職員をめざして」、12「聴きっぱなしと言わせない」、13「伝えたい！松山市広報です」、14「『坂の上の雲』のまちづくり」、15「産業振興で地方を元気にする」。②［福祉と健康］は10テーマ（省略）、③［水と環境］が9テーマ（省略）、④［まちづくり］は15テーマである。35「都市計画とは」、36「土地区画整理と市街地再開発のいろは」、37「住居表示はどんなもの？」、38「JR松山駅周辺のまちづくり」、39「地震に強いまちづくり」、40「公園のあるまちづくり」、41「市民参加型のみち整備のあり方」、42「用地買収のあらまし」、43「代替地登録制度のしくみ」、44「地籍調査について」、45「下水道の歩みと役割」、46「みなとのはなし」、47「地震に強い公共建物づくり」、48「公共工事の検査について」、49「公共工事コスト縮減のはなし」。

　⑤［生活と防災］19テーマで、53「未来型公民館へむけて」、54「今なぜNPOか」、55「安全・安心に暮らせる社会を目指して！」、56「『男女共同参画』ってなあに」、57「地域コミュニティの自立を目指して」など、⑥［教育・文化・スポーツ］9テーマ。69「教育委員会とは」、70「今、子どもたちは」、72「みんなの人権」、73「青少年の健全育成を目指して」、74「国際交流と文化が息づくまちづくり」など、⑦［観光と産業］12テーマ。78「新産業創出が明るい未来を拓きます」、79「農林水産

業の振興」、84「"いで湯と文学のまち"松山の観光」、86「道後温泉について」、87「競輪へゆこう」、88「中小企業が元気になれば、日本の未来は明るい」、89「元気なまちは、元気な商店街と生活文化から」、⑧［議会と選挙］2テーマ。⑨［子ども版コーナー］14テーマである。

松山市地域コミュニティ市民検討会議の発足

　2004年6月、「松山市地域コミュニティ市民検討会議」・同「研究会」（検討会議の作業部会）が発足した。松山市は「みんなでつくろうみんなの松山」を合い言葉に「市民の協働によるまちづくり」を志向しているが、今後さらに「地域コミュニティ活動やボランティアなどの社会貢献活動の促進、支援」するシステムを構築するため同検討会議を設置し、(1)地域のまちづくりにかかわる市民と行政の協働、(2)まちづくりにかかわる地域及び行政の推進体制、(3)地域コミュニティ活動への支援を具体的に検討している。検討会議の委員(17名)は、愛媛大学地域創成研究センター長を委員長に、学識経験者としての松山東雲大学教授(兼NPO法人CCM庚申倶楽部理事長)、また松山市ボランティア連絡協議会会長や、松山市女性総合センター館長、愛媛新聞社社長、松山商工会議所会頭などを除くと、いずれも私の言う地域コミュニティ的社会の代表であった。すなわち松山市公民館連絡協議会会長、松山市高齢クラブ連合会会長、松山市社会福祉協議会会長、松山市民生児童委員協議会会長、松山市小中学校PTA連合会会長などである。「研究会」の委員(13名)には「公募」2名(団体職員、会社員)、えひめ情報ボランティア協会副理事長、(有)邑都計画研究所代表取締役などが入ったが、基本構造は変わらないと思われる。

　もっとも2002年度における第五次松山市総合計画審議会委員は、愛媛大学工学部教授を長に、大学教員4人とマスコミ人2人のほか、地域コミュニティ社会の関係者5人、地域アソシエーション的社会の関係者3人（環境市民会議委員、市障害者団体連絡協議会副会長、男女共同参画会議委員）であった。公募の男女4人の方々の所属は不明だが、「地域コミュニティ市民検討会議」とは若干の異同があった。地域アソシエーション的社会・札幌において「市民自治」が議論されるのと比べ、松山では「地域コミュニティ活動」のあり方に対していかなる討議をへて、いかなる改革案が出されるのか、極めて興味

深い。日本の「地域社会」は地域アソシエーション的社会やグローバル・アーバン社会ではなくて、地域コミュニティ的社会を社会的基盤としていると考えられるからである（なお、ここでの論点については本書第3巻の第6章第3節「地域社会の世界社会化(ローカリゼーション)・生涯学習(ライフロング・ラーニング)の時代と地域教育社会」を参照されたい）。

【付記】

　2006年2月1日、松山市地域コミュニティ市民検討会議は、『地域コミュニティの自立を目指して――「地域における」まちづくり研究成果報告書』を市長に提出した。報告書は、「『地域における』まちづくり」を、「共通の生活基盤を有する、一体感のあるコミュニティにおいて、地域住民が連携・協力し、行政との役割を明確に分担した上で、住民総意のあるべき理想像（目標）の実現に向け、主体的に行動していくこと」と定義し、「すべての提言はこの定義に依っています」と明言した。つまり、コミュニティとは、小学校や支所、公民館、公園などの生活基盤、ならびに教育、福祉、環境などの課題を共有する区域のことである（同報告書：23）。「地区まちづくり協議会」は、地域住民による自治の観点（住民自治）から、住民が地域の課題を自主的に発見し、解決することや地域資産を有効に活用すること、さらには「行政の政策形成へも参画の機会を得ること」を担う住民組織である。それは「住民ができないことを行政が担う」という補完性原理に基づいて、市・支所の事務的支援、町づくりセンターの技術的支援、地区公民館との協働のうえに、旧公民館分館ごとに支部を設け、また12の専門部会を置く。総務・広報部、まちおこし部（地産品販売等）、防犯活動部、福祉活動部、都市整備部、民俗行事部、スポーツ部、生涯学習推進部、青少年活動推進部、図書活動推進部、情報活動推進部、である。

　これに、各機関・団体が「本来の目的で独立に活動しながら」、町づくりの名のもとに参画・連携し、行政と協働する。ここでは高齢者クラブ、町内会連合会・町内会、広報委員会、体育協会、消防団・分団、社会福祉協議会、土地改良区、学校・PTA、子ども会、企業・商店、NPO・ボランティア、自主グループ・趣味サークル、「団体に属さない住民（個人）」が想定されており、「地域に関わるすべての住民が参画する権利を有する」（以上、同報告書：28）。市は「まちづくり支援センター」（仮称）を設置し、立ち上げ支援、活動サポート、情報交流、仲介、普及・啓発、研修（人材育成）、調査・研究、資金調達支援、データ配信の諸機能遂行を役割とする。また、本庁の市民参画まちづくり課・その他各課（広報課、農林土木課など）と連携し、各支所・各地区公民館とも連携・連絡する（同報告書：37）。

　このようにして、松山の地域コミュニティを「『ミニ自治体』」とでも呼べる組

織を目指す」。ミニ自治体は、地域のコミュニティ組織が、「市町村からコミュニティづくりの顕現・財源、そして責任を委譲され、自らが主体となって、魅力的でかつ居心地の良い地域コミュニティの創造を目指す組織」で、それを「町づくり協議会」と呼ぶと言うのである。ここには、松下圭一の見通しとは異なる「自治・分権」の考え方がある。市長の知事職転出後の対応が注目される。

第4節　現時における「生涯学習」政策の社会的位座
——地域工業振興諸政策との対比において

小序　文部科学省の「公民館の設置及び運営に関する基準」改訂
公民館の設置及び運営に関する基準とその改訂の論理

　2003（平成15）年6月6日、文部科学大臣遠山敦子は、「社会教育法（昭和24年法律第207号）第23条の2第1項の規定に基づき、公民館の設置及び運営に関する基準（昭和34年文部省告示第98号）の全部を次のように改正する」と告示した（文部科学省告示第112号）。新旧を対照すると、Ａ：条の新設、Ｂ：項の新設、Ｃ：条の削除、Ｄ：条の文言変更、Ｅ：文言変更なし、に区分できる。全体を見れば、第1条（趣旨）と第2条（対象区域）はＤ、旧第3条（施設）と旧第4条（設備）はＣ、新第3条（地域の学習拠点としての機能の発揮）と新第4条（地域の家庭教育支援拠点としての機能の発揮）はＡ、旧第5条（職員）は新第8条に移設され、新第5条（奉仕活動・体験活動の推進）がＡ、旧第6条（他の施設との連絡協力）の1項はＤ、2項はＥ、3項・4項はＡで、全体の位置づけが「学校、家庭及び地域社会との連携等」に変更された。そして旧第7条（連絡等に当たる公民館）がＣ、旧第8条（公民館運営運営協議会）の1項はＤ、2項がＡで、全体として「地域の実情を踏まえた運営」とされた。新第8条（職員）は、1項がＤ、2項がＥ、3項がＡ、旧第9条（分館）はＣ、新第9条（施設及び設備）と新第10条（事業の自己評価）はＡである。文部科学省が言う改訂の趣旨は、「①地方分権の推進に伴う定量的、画一的な基準の大綱化、弾力化、②多様化、高度化する学習ニーズや国際化、情報化等の進展に伴う現代的課題への対応など」を踏まえた「全部改正」にある（文科省生涯学習局長近藤信司『「公民館の設置及び運営に関する基準」の告示について（通知）』、2003.6.6）。

全国公民館連合会の対応 (1)：総論

　全国公民館連合会は2004年2月17日に会長名で、文部科学省からの正式ルートの文書ではないと断わりつつ、「『公民館、図書館、博物館の民間への管理委託について（文部科学省社会教育課）』の資料提供について」（発公第109号）を、各都道府県公民館連合会長に送付した。「公民館の全面的な民間委託を可能にするこの資料」（同上）という表現に、全公連の"危機意識"が端的に表明されているが、同連合会は「それぞれの地域で永年にわたって培ってきた地域密着の公民館を中核とした社会教育・生涯学習の諸活動の展開を阻害するような施策の導入」に対して、公民館が、1.公教育である社会教育の中心的担い手であることを再認識すること、2.従来以上にその管理運営に工夫を凝らすこと、3.街づくり・人づくり・地域福祉の拠点としてその役割・存在感を示すこと、4.利用に当たってはすべての住民が公平に利用できること、5.管理運営には従来以上に住民の意見や希望が生かされること、という5点を対峙させた（「全国公民館連合会の対応について」、www.kominkan.or.Jp/zenko_komin/zenko06_01_02html:1-1）。

　そして、翌3月に「第二次社団法人全国公民館連合会基本構想」検討委員会を、全公連副会長を委員長として立ち上げた。「全国公民館連合会基本構想検討委員会の趣旨と審議経過について」という文書は、こう言う。「平成15年6月には『公民館の運営及び設置』における基準』が約30年ぶりに改正」され、また「同年9月には地方自治法が改正、『指定管理者制度』が導入され、公民館を取り巻く状況がますます厳しくなってきて」いる、と。さらに付け加えて言う、「これらを理由に、それぞれの地域で永年にわたって培ってきた地域密着の公民館を中核とした社会教育・生涯学習の諸活動の展開の再検討を首長部局が主導して行う動きも出てきて」いる、と。それゆえにこそ、「公民館とは何か、公民館の役割とは何か、公民館の事業はどうあるべきか等がわかりづらくなっている今、私たち公民館に直接係わる者が公民館のあり方やその必要性を説得する確かな言葉を持ち、地域の方々から信頼される着実な実践を展開することが求められて」いる、と指摘したのである（同文書、www.kominkan.or.jp/zenko_komin/zenko07_04.html:1, 2）。

第4節　現時における「生涯学習」政策の社会的位座　313

全国公民館連合会の対応 (2)：各論

　基本構想検討委員会は、組織及び運営小委員会、事業及び活動小委員会、財政小委員会を設けて「第二次基本構想」を検討したが、上の根本的な問いに対応したのは事業及び活動小委員会で、全公連副会長2人と前さいたま市三橋公民館長、NPO法人教育支援協会代表理事が小委員を務めた。小委員会による7項目にわたる意見の最初に置かれたのは、(1)「館長・職員の専門性と資質の向上」であった。これは、文科省の新「基準」第8条（職員）に対応する。旧第5条（職員）はこう言っていた。「公民館には館長及び主事を置き、公民館活動の規模及び活動状況に応じて主事の数を増加するよう努めるものとする。2　公民館の館長及び主事は、社会教育に関し識見と経験を有し、かつ公民館の事業に関する専門的な知識を有する者をもって充てるよう努めるものとする」（傍点引用者）。

　新8条では「増加するよう努める」という文言が削除された。第2項の傍点部分は「専門的な知識及び技術」を変わったが、とりわけ第3項として付加された「公民館の設置者は、館長、主事その他職員の資質及び能力の向上を図るため、研修の機会の充実に努めるものとする」という要請に応えたものである。具体的には、全国公民館研究集会と生涯学習推進研究協議会（公民館全国セミナー）の継続が謳われ、特に後者は「生涯学習体系への移行という新しい教育改革の動きの中で、生涯学習の振興を図る上で公民館が中核的な役割を担うことが期待されていることから始った」ものであると位置づけられたが、いま、この事態の下で、『生涯学習』を推進するために公民館は何をすべきかは、提起されてはいないと思われる。

　小委員会の第二の論点は(2)「情報収集・提供」で、広報・PR、『月刊公民館』、公民館叢書の充実が挙げられた。(3)は「文部科学省との連携」で、「文部科学省との適宜適切な情報交換を密に」すること、(4)「諸団体との連携」では、社会教育関係団体、国会議員の文教関係者、全国公民館振興市町村長連盟、学校及び関係団体、との連携を何らかの形で深めるというものである。(5)は公民館調査研究事業で、「生涯学習時代に即応した公民館のあり方なども調査すべきである」。とりわけ(6)の「国際交流・海外研修」は興味深い。「国際交流は、各国のコミュニティがどうなっているかを知ることと、それから外

側から見て日本の地域の問題がどう見えるのかということを知るうえで、たいへん有意義な事業」であり、かつ「アメリカやヨーロッパだけでなく、アジアにも学ぶべき点は多い」。そして、こう言う。「アジアでは日本の公民館制度に関心を持っている国々は多い。特に、ユネスコではアジア地域でCLC（コミュニティ・ラーニング・センター＝地域学習施設）の設置を進めており、地域教育施設の先進事例である日本の公民館にはたいへん興味を持っているように、日本の公民館もその蓄積されたノウハウ等を積極的にアピールし、貢献していくべきである」。最後に(7)「表彰」（優良公民館表彰など）がくる（www.kominkan.or.jp/zenko_komin/zenko07_02.html:1-8）。

広くて深い状況把握の全体としての未決

こうした見方は、「生涯学習時代」において「公民館とは何か、公民館の役割とは何か、公民館の事業はどうあるべきか」、という根本問題に接近した。しかし全公連全体としては未決状況にあったように思われる。しかも、文部科学省は「公民館の全面的な民間委託」の可能性だけを指摘したわけではない。それは、①面積に係る規定や必要施設の定量的内容の見直し、基準の大綱化・弾力化（第9条）、②必要設備の定量的内容の見直し、基準の大綱化・弾力化（第9条）、③地域の学習拠点としての役割の明確化（「NPO等と共に講座を企画・立案することなどにより多様な学習機会の提供に努める」；第3条第1項）、④「地域住民の学習活動」の支援（「インターネットその他の高度情報通信ネットワークを活用し、学習情報の提供に努める」；第3条第2項）、⑤家庭教育支援の充実（学習機会、学習情報の提供、相談・助言、交流機会の提供等；第4条）、⑥ボランティア養成や奉仕活動・体験活動の支援（研修会開催など学習機会・学習情報の提供；第5条）、⑦地域住民の便宜に適う開館日、開館時間の設定（第7条第2項）、⑧高齢者、障害者等に利便な施設・設備の設置（第9条）、⑨公民館職員の資質・能力の向上に資する研修機会の充実（第8条第3項）、⑩自己点検・自己評価の導入（事業の水準向上、公民館の目的達成；第10条）の要請である（全公連『月刊公民館』9頁所収の文部省の整理をさらに簡略化した）。

地方自治法改正と公民館運営基準改訂との関係（益川浩一の指摘・1）

第4節　現時における「生涯学習」政策の社会的位座　315

　益川浩一（岐阜大学総合情報メディアセンター・生涯学習システム開発研究部門）は、その著『戦後初期公民館の実像――愛知・岐阜の初期公民館』の終章を「提言・生涯学習時代の公民館のあり方」に充て、その中で「公民館経営・運営をめぐる近年の動向(1)――公民館設置基準の全面改訂」、同「(2)――地方自治法改正と公民館」を検討した。

　益川は(1)において、今次の基準改定が「規制緩和・地方分権の動向を受け、公民館設置・運営に関わる定量的基準（ハード）を大幅に大綱化・弾力化するとともに、家庭教育支援、奉仕活動・体験活動の推進等、時代に対応した公民館の新たな役割について規定したこと」（益川 2005: 204）を、全公連とは逆に評価している。同時に、「内容」とかかわって、「①公民館の事業の主たる対象となる区域（対象区域）から、『市町村の小学校又は中学校の通学区域（児童又は生徒の就学すべき学校の指定の基準とされている区域をいう。）』が削除され、新たに『日常生活圏』が加わったこと（第2条）、②公民館の『分館』規定が削除されたこと（旧基準第9条）、③職員（主事）の任意設置化（第8条・旧基準第5条）、④公民館事業の評価の方法（何を、どのように評価するのか）（第10条）等の各事項は、一層推進されるであろう地方分権、市町村合併・広域行政の奨励の動きや学校選択の自由化の動向ともあいまって、今後注視することが必要な改訂点である」（同: 204）と見る。その背後には(2)の論点がある。

　益川は、第一に1999年7月の「民間資金等の活用による公共施設等の整備に関する法律」（Private Finance Initiative 法）に注目する。それが従来型の社会教育施設の財団委託等に加えて、いわゆる公共施設等の建設、維持管理、運営等を民間の資金、統治能力及び技術的能力を活用して行うことを志向しているからである。PFI 法の規定する「公共施設等」には「公共施設」（道路、鉄道、港湾、空港、河川公園、水道、下水道、工業用水道など）、「公用施設」（庁舎、宿舎など）、「公益施設」（公営住宅、教育文化施設、廃棄物処理施設、医療施設、社会福祉施設、更生保護施設、駐車場、地下街など）、「その他施設」（情報通信施設、熱供給施設、新エネルギー施設、リサイクル施設、観光施設、研究施設など）が含まれている。次いで益川は、2002年10月の地方分権改革推進会議の「意見」と、2003年9月の「改正地方自治法」施行による「指定管理者制度」を検討し、二宮厚美の指摘を紹介する。指定管理者制度の下にあっては、1.「公的施設の

管理権限が指定管理者に委任され、公的施設はいわば『丸投げ』のかたちで委託・委任されることになる」、2.「指定管理者は、一定の範囲内で収益事業を行うことも可能になる」、3.「委託先が『公共団体もしくは公共的団体』に限定されず、議会の承認があれば、株式会社等の民間事業者であってもよい」（同）ことになる、と。

より根本的な問題（益川浩一の指摘・2）

これを受けて益川は、指定管理者制度においては「株式会社等の民間事業者も指定管理者になりうるし、さらに、指定管理者制度においては、企画事務や権力的色彩の強い事務に関しても、委託・委任が可能となった」が、「一般法（地方自治法）と個別法（社会教育法、図書館法等）の関係をめぐって、検討すべき課題も多い」と注意を促した（同：205-206）。そして、内容的な結論は次の指摘に端的である。「今後、社会教育施設、とりわけ公民館としては、こうした『公の施設』の経営・運営をめぐる民間手法導入の動向を批判的かつ創造的に止揚し、施設を活用する地域住民の学習活動にとってどういった運営形態を採ることがもっとも望ましいのか（例えば、施設の設置の目的を効果的に達成するためには、どこが当該施設の管理を行うことが望ましいのか、指定管理者が行う管理の基準及び業務の範囲等の事項について等）という観点から、専属の物的施設及び専門性を裏付けられた事業を継続的に行う『教育機関』（1957年文部省宇宙等教育局長回答を参照）としての自立性（自律性）、専門性をいかに担保していくかが、大きな課題となってくる」（同：206）、と。この指摘を否定するのではないが、「規制緩和・地方分権の動向」を受け、「時代に対応した公民館の新たな役割」を考えてゆくためには、現に進行している「改革」の全体構造を把握する必要がある。

第1項　小泉構造改革路線における地域の位置づけ

経済財政諮問会議「構造改革の進捗状況」

経済財政諮問会議の資料「構造改革の進捗状況」（2005.08.09）は、「小泉構造改革」の射程を明示している。それは6領域30分野に及ぶ。1. 地域の活性化──①構造改革特区、②地域再生、③都市再生、④観光、2. 産業・金融──

①産業再生、②金融再生、③起業、④対日直接投資、⑤物流、3.知識・技術——①大学改革、②知的財産、③科学技術、④IT化、4.生活と雇用——①子育て・仕事支援、②食の安全、③環境、④社会保障、5.公的部門改革等——①行財政改革、②規制緩和、③司法制度改革、④税制改革、⑤国と地方、⑥政策群、⑦モデル事業、⑧ABC（活動基準原価計算）、⑨NPM（New Public Management）、⑩統計整備推進委員会、⑪特別会計改革、6.経済の動向——①経済見通し、②デフレ、である。小泉純一郎が首相に就任したのは2001年4月25日であるから、これら6領域30分野の諸課題の中には小泉内閣が始めたものと、引き継いだ課題があり、また取り上げなかった課題もあった。

1　小泉改革路線と都市再生法、構造改革特区法、地域再生法
地方分権改革と構造改革特区、道州制

　地方分権の推進に関しては、宮沢喜一内閣時代の1993年6月に衆参両院が地方分権推進の決議をし、村山富市内閣時代の1995年5月に地方分権推進法が成立した。そうして地方分権推進委員会の勧告（第一次〜第五次の勧告、1996〜98）の間に、行政改革会議が発足（1996.11、橋本龍太郎内閣、最終報告書1997.12）、1998年6月に中央省庁等改革基本法が公布され、省庁再編成、内閣のリーダーシップ、行政のスリム化、独立行政法人制度の導入が謳われた。翌1999年7月、小渕恵三内閣は、独立行政法人通則法、総務省設置法、省庁等改革関連法、そして地方分権推進一括法を成立させた。2000年4月に地方分権推進一括法が施行され、2001年1月（森喜朗内閣）に新府省が発足した。内閣府（経済財政諮問会議、総合科学技術会議、中央防災会議、男女共同参画会議）と12の再編省庁とである。同年4月には57法人が独立行政法人へ移行した。小泉内閣が発足したのはこうした「国家・経済」システムの再編過程においてであった。

　しかし2001年度内は、5月に経済財政諮問会議が国と地方の関係につき「道州制」を検討し始め、6月には経済財政諮問会議において「構造改革特区」の導入を決定した。7月は内閣に「構造改革特区推進本部」（本部長＝小泉首相）を設置し、11月からの第27次地方制度調査会に「道州制」の検討に関する首相諮問というように、次に向けての準備期間であった。

318　第3章　分析3:「生涯学習」の重層構造と地域社会の諸類型

小泉構造改革とその進捗状況

　小泉構造改革の「進捗」状況を、上に述べた「構造改革の進捗状況」を素材として、法律化したもの、内閣のプログラムとしたものなど、制度改革の具体的な試みを年次別に整理すると、以下のごとくになる。

　　2001.04　産業クラスター計画 (3-③)
　　　　04　総合規制改革会議設置 (議長＝宮内義彦) (5-②)
　　[小泉内閣発足]
　　　　05　経済財政諮問会議、「道州制」の検討開始
　　　　06　経済財政諮問会議、「構造改革特区」の導入決定
　　　　07　内閣、「構造改革推進本部」設置
　　　　10　認定NPO法人制度発足 (国税庁長官の認定)
　　　　11　第27次地方制度調査会に「道州制」諮問
　　　　11　司法制度改革推進法 (5-③)
　　　　12　総合規制改革会議「第1次答申」(5-②)
　　2002.03　司法制度改革推進計画、閣議決定 (5-③)
　　　　04　知的クラスター創成事業 (3-③)
　　　　04　都市再生特別措置法 (1-③)
　　　　05　京都議定書 (気候変動に関する国際連合枠組条約の京都議定書)、国会で承認 (4-③)
　　　　12　構造改革特別区域法 (1-①)
　　　　12　知的財産基本法 (3-②)
　　2003.03　循環型社会形成推進基本計画策定 (4-③)
　　　　03　対日投資促進プログラム (2-④)
　　　　04　郵政公社発足 (5-①)
　　　　04　改正産業再生法 (→㈱産業再生機構) (2-①)
　　　　05　新産業創造戦略策定 (2-①)
　　　　07　e-Japan戦略IIを決定 (3-④)
　　　　07　「立ちあがれニッポンDREAM GATE」事業 (2-③)
　　　　07　観光立国関係閣僚会議・観光立国行動計画決定 (1-④)
　　　　07　内閣府に食品安全委員会設置 (4-②)
　　　　07　税関の執務時間外通関体制の整備 (2-⑤)
　　　　07　次世代育成支援対策推進法 〔4-①〕

　　　　07　地方独立行政法人法〔1〕
　　　　10　内閣に地域再生本部設置 (1-②)
　　　　12　金融改革プログラム (2-②)
　　　　12　総合規制改革会議「第2次答申」(5-②)
　2004.04　国立大学の法人化 (3-①)
　　　　05　規制改革・民間開放推進会議設置 (議長＝宮内義彦) (5-②)
　　　　06　特殊法人等整理合理化計画 (5-①)
　　　　11　経済社会統計整備推進委員会設置 (5-⑩)
　　　　12　規制改革・民間開放推進会議「第1次答申」(5-②)
　2005.03　規制改革・民間開放推進会議「第1次答申 (追加答申)」(5-②)
　　　　04　地域再生法・政令・内閣府令の公布・施行 (1-②)
　　　　08　郵政改革法案、参議院で否決、廃案 (5-①)。

1940年体制の残滓を引きずる構造改革、地方制度改革

　これらは、内政上の問題を軸とした「国家・経済」システムのあり方を、法制制度における1940年体制という「強制的均質化」(山之内靖) の打破・変革から迫ったものと見ることもできるが、その背後に憲法改正や教育基本法改正、靖国問題や歴史教科書問題など、1940年体制が志向した超国家主義体制の残滓を引きずっているところに、小泉構造改革の特質がある。こうした改革の社会学的な総括は別著を要請するが、その基本的視点は「官製市場の民間開放による『民主導の経済社会の実現』」(規制改革・民間開放推進会議「規制改革・民間開放の推進に関する第1次答申」のサブタイトル) に端的である。「産業社会」概念は「経済社会」概念へと展開されているのであるが、当然にも《地域社会》また《地域住民》とのかかわりが問題となる。ここにおいて「構造改革の進捗状況」の曖昧な点が出てくる。「4-①子育て・仕事支援」、「4-④社会保障」、「5-④税制改革」等は国民生活の「痛み」には触れない。

　小泉改革における「地方」制度の改革について、経済財政諮問会議「構造改革の進捗状況」は、「5-⑤　国と地方」の項において、第一に「三位一体の改革」、すなわち国庫補助負担金の改革、国から地方への税源移譲、地方交付税の改革という、2006年度までの「全体像を決定」したこと、第二には「町村合併」の推進で、2006年度末の「期限」までには1999年度末の市町村数3,232

を1,822（マイナス1,410）に減少させるという方向づけを図った。だが、三位一体改革とかかわっては、義務教育費国庫負担金のあり方が中央教育審議会において激論の真っ最中であった。「地方側の試算では、2004年度の義務教育関係経費（経常経費のみ）のうち、国庫負担分は28.8％にすぎない。70％以上が、地方税や地方交付税など地方の一般財源で賄われているのが現実」である。しかも「これまで国（文科省）は教材費や図書費から退職手当まで関係費を次々と一般財源化してきた」。共済負担金や退職金などが一般財源化された結果、02年度から04年度の間で、国庫負担割合比は5.7ポイントも下がった。これでは「『最後に残った給与費が対象になった途端、文科省は一般財源化に反対を言い出した』という地方の言い分も当然だろう。国の責任の重要性を主張するなら、こうした経緯に対しても説明する責任がある」（日本経済新聞編集委員横山晋一郎「国と地方　溝なお深く──義務教育費巡り中教審が中間報告」、同紙2005.07.25）。──平成の大合併は広島県、愛媛県で劇的に進み、北海道では極めて遅々たる動きであった。

都市再生特別措置－構造改革特区－地域再生計画

　しかしながら、小泉内閣の「地域」政策はこれらに尽きるものではない（経済財政諮問会議「構造改革の進捗状況」の、5-⑤には「『国と地方』の関連情報・リンク集」の項がある）。第一に、「都市再生」であり、早くも2001年5月に都市再生本部を内閣に設置し（本部長＝首相）、翌2002年4月には「都市再生特別措置法」が成立する。この法律は、「近年における急速な情報化、国際化、少子高齢化等の社会経済情勢の変化に我が国の都市が十分対応できたものとなっていないことにかんがみ、これらの情勢の変化に対応した都市機能の高度化及び都市の居住環境の向上（以下「都市の再生」という。）を図るため、都市の再生の推進に関する基本方針等について定めるとともに、都市再生緊急整備地域における市街地の整備を推進するための民間都市再生事業計画の認定、都市計画の特例等の特別の措置を講じ、もって社会経済構造の転換を円滑化し、国民経済の健全な発展及び国民生活の向上に寄与することを目的とする」（第1条）ものである。「近年における急速な情報化、国際化、少子高齢化等の社会経済情勢の変化」がいかに、また何ゆえに、「我が国の都市」を対

応不十分にさせたかについては語らない。

　都市再生緊急整備地域は2002年から2004年までに間に四次、63地域が指定された。東京駅・有楽町駅周辺地域をはじめ東京都7、横浜市5、川崎市3、千葉市3地域、他の南関東6都市6地域、大阪市8、京都市4、寝屋川市・堺市・尼崎市・神戸市各2、他の3都市3地域、名古屋市3地域、岐阜市1地域、また福岡市3、北九州市2地域、そして札幌市、仙台市各2、静岡市、高松市、岡山市、福山市、広島市、那覇市各1地域が、「緊急に」整備された。同法に基づいた松山市の都市観光推進計画は、「市全域を『坂の上の雲』フィールドミュージアムとした市民参加型の観光振興」(「1-③」)として、市長を先頭に熱心に取り組まれている。

　この「都市再生」に次いで、「構造改革特区」－「地域再生計画」が来る。特区は2001年6月に経済財政諮問会議にて導入を決め、7月に内閣「構造改革特区推進本部」(本部長＝小泉首相)設置、8月には「規制緩和(構造改革特区)」の自治体提案を締め切る。同年12月には構造改革特別区域法が成立し、以後、2005年3月までの間に第1次～第7次の認定があり、「全都道府県で549件の特区」が認定された(経済財政諮問会議・前掲文書「1-①」)。この間、2003年10月に内閣は地域再生本部(本部長＝小泉首相)を設置し、総務省は「地域再生支援プラン」を具体化した。すなわち、1.地方公共団体のアウトソーシング等促進、2.地域資源(既存施設等)の再生・有効活用、3.コミュニティ・サービス事業(NPO法人等)の活性化、4.ITを活用した地域通貨の導入・普及検討、5.地域再生マネジャー制度(仮称)の創設、6.地域公共ネットワークの民間活用等の推進、7.地域再生に貢献する電波の開放、である。厚生労働省は同年末、「『地域再生雇用支援ネットワーク事業』を創設(1.情報・ノウハウ、2.支援・協力、3.助成措置の活用；職業安定局雇用政策課)、翌年1月、文部科学省は「地域づくり推進室」を設置する。2月の地域再生本部「地域再生推進のためのプログラム」は、河川・道路・公営住宅等における指定管理者制度(後述)の活用、都市公園施設の民間事業者等による管理可、2.国や県管理の道路・河川を市町村主導で柔軟な占有を可にする等の措置を決め、6月から第1次「地域再生計画」を募集する。9月には政府が内閣府特命担当大臣を置き、規制改革－産業再生機構－行政改革－構造改革特区・地域再生を、一連のつな

がりあるものとして把握した。内閣府特命大臣は愛媛二区の村上誠一郎代議士であった。

地域再生法－政令－内閣府令の論理

2005年2月に閣議決定された「地域再生法案」は、4月に地域再生法－政令－内閣府令として公布・施行され、地域再生本部の位置づけ直しも行われた。この法律は、「近年における急速な少子高齢化の進展、産業構造の変化等の社会経済情勢の変化に対応して、地方公共団体が行う自主的かつ自立的な取組による地域経済の活性化、地域における雇用機会の創出その他の地域の活力の再生（以下『地域再生』という。）を総合的かつ効果的に推進するため、その基本理念、政府による地域再生基本方針の策定、地方公共団体による地域再生計画の作成及びその内閣総理大臣による認定、当該認定を受けた地域再生計画に基づく事業に対する特別の措置並びに地域再生本部の設置について定め、もって個性豊かで活力に満ちた地域社会を実現し、国民経済の健全な発展及び国民生活の向上に寄与することを目的」とする（第1条、傍点引用者）。

状況認識は都市再生特別措置法の場合と変化はなく、そこでの「近年における急速な情報化、国際化、少子高齢化等の社会経済情勢の変化」という把握が、地域再生法では「近年における急速な少子高齢化の進展、産業構造の変化等の社会経済情勢の変化」となるようにである。両者の「因果関係」は問われない。その上で地域再生法の基本理念とは、端的には「地域における地理的及び自然的特性、文化的所産並びに多様な人材の創造力を最大限に活用した事業活動の活性化を図ることにより魅力ある就業の機会を創出する」ことにある。それは「地域の特性に応じた経済基盤の強化及び快適で魅力ある生活環境の整備」（第2条）につながる筈と思念された。国はこの基本理念により「地方公共団体の自主性及び自立性を尊重しつつ、地域再生に関する施策を総合的に策定し、及び実施する責務を有する」（第3条）。

構造改革特区と地域再生計画：提案主体と提案内容

地域再生法に基づく地域再生計画の認定は2004年6月以降、2005年3月までに3回あった。それと構造改革特区のプロジェクト提案数を提案主体ごと

第4節　現時における「生涯学習」政策の社会的位座

に整理した表を示すと、**表3-29**のようになる（表側の比率算出、北海道のデータ補足等は小林の追加である）。

この表において、7次分の特別区域と3次分の地域再生計画との合計2,303地域申請のうち、民間企業や大学・病院・社会福祉法人・NPO法人・任意団体などが占める比率は、全体の35％に及ぶ。別の資料を重ねると、第1次〜第5次の特区における民間企業やNPO法人などが提案主体をなした485件の内訳は、教育関連（20.6％）、農業関連（16.％）、幼保連携・一体化推進関連（13.9％）、都市農村交流関連（12.8％）、生活福祉関連（9.7％）が上位5者であっ

表3-29　構造改革特区と地域再生計画における「提案主体」、および北海道の状況

主体	内訳	A	B	C	D	E	F	G	H	計(％)
民間企業等	民間企業	11	56	24	32	36	43	20	36	258 (11.2)
	学校法人・国公立大学	6	10	2	4	4	5	4	5	40 (1.7)
	医療法人・国公立病院	−	7	1	3	2	9	3	2	27 (1.2)
	社会福祉法人	−	2	2	1	−	3	2	1	11 (0.5)
	その他の公益法人	−	9	5	5	13	3	2	3	40 (1.7)
	NPO法人	−	18	13	11	12	19	14	15	102 (4.4)
	任意団体	−	31	10	16	17	13	21	23	131 (5.7)
	個人	1	24	11	14	−	15	29	18	112 (4.9)
	その他（共同提案等）	−	7	8	16	9	25	17	16	98 (4.3)
	小計	18	164	76	102	93	135	113	119	819 (35.6)
地方公共団体	市区町村単独	159	173	72	84	269	168	62	66	1,053 (45.7)
	都道府県単独	43	26	24	14	28	37	24	25	221 (9.6)
	複数市区町村の共同提案	7	4	1	3	−	4	3	2	24 (1.0)
	複数都道府県の共同提案	−	1	1	2	−	2	1	1	8 (0.3)
	都道府県と市区町村の共同提案	15	15	4	8	−	10	4	6	62 (2.7)
	その他（民間企業との共同提案等）	7	29	10	10	2	29	16	13	116 (5.0)
	小計	231	248	112	121	299	250	110	113	1,484 (64.4)
	計	249	412	188	223	392	385	222	232	2,303 (100.0)
北海道	市区町村単独	4	1	4	8	13	6	3	5	44 (86.3)
	都道府県単独	−	−	−	−	−	1	−	2	3 (5.9)
	複数市区町村の共同提案	1	1	−	−	−	1	−	−	3 (5.9)
	複数都道府県の共同提案	−	−	−	−	−	−	−	−	− (−)
	都道府県と市区町村の共同提案	−	1	−	−	−	−	−	−	1 (2.0)
	その他（民間企業との共同提案等）	−	−	−	−	−	−	−	−	− (−)
	計	5	3	4	8	13	8	3	7	51 (100.0)

(注) A：特区・第一次（2003.4/6）、B：特区・第二次（2003.8/10）、C：特区・第三次（2003.11）、D：特区・第四次（2004.3）、E：地域再生・第一次（2004.6）、F：特区・第五次（2004.6）および地域再生・第二次（2004.12）、G：特区・第六次（2004.6）、H：特区・第七次（2005.3）および地域再生・第三次（2005.3）。資料：www.pref.hokkaido.jp/skikaku/sk-tstcs/chicho/saisei/top.htm.

て、これらで全体の4分に1を占める(日本経済団連21世紀政策研究所・圓城寺美佳 2005: 3)。しかし他方、この間の北海道においては、構造改革特区に34件、地域再生計画に17件の計51区域が認定されたが、いずれの主体も「地方公共団体」である。34件の特区認定数は長野県の39件に次ぐが、その内訳は、幼保連携・一体化推進関連(26.5％)、生活福祉関連(23.5％)、教育関連(14.7％)、都市農村交流関連(8.2％)であり、これらで73％になる。だが、特区の認定を受けた道内市町村はわずか30に過ぎず、制度そのものに関心が薄い自治体も多く、二極化が進んでいる。

一方では、空知管内長沼町の「グリーンツーリズム特区」は、宿泊施設に必要な消防設備の一部分の免除が認められ、また受入れ農家のどぶろく(濁り酒)製造免許取得を容易にする追加認定を受け、宿泊者にどぶろくを提供する仕組みが整った。「国や道から与えられた制度を利用するのではなく、独自のアイデアを以て国と道と直接交渉することで、職員の政策立案能力が高まるという効果」が出てきている。しかし「特区を認められても部分的な規制緩和にとどまり、使い勝手が良くない事例もすくなくない。複数省庁にまたがる大胆な規制緩和が減り、似たような特区が増えるなど、全体に小粒化している」との指摘もあった。「単なる規制緩和だけではなく、もう一歩踏み込んだ権限委譲や財政措置への拡大を求める声も強い」。それゆえ、「意欲ある地域が報われる制度としてさらに成熟させられるかどうかが、今後のカギとなりそうだ」。北海道新聞の2005年8月の指摘である。同紙は、「意欲ある地域が報われる」という制度にすべきであると提言するが、「意欲」評価の問題を含めて、そうした制度で良いのかどうか検討すべきである。こうした基本的な問題点に関しては、構造改革特区の問題点が地域再生計画の場合にも該当すると思われる。

2　ニュー・パブリック・マネジメント思想の意味

小泉地域政策とニュー・パブリック・マネジメント

小泉内閣の「地域」政策を貫いて「ニュー・パブリック・マネジメントの思想」がある。経済財政諮問会議「構造改革の進捗状況」の「5-⑨　NPM」(New Public Management)によれば、それは「民間企業における経営理念、手法、成

功事例などを公共部門に適用し、そのマネジメント能力を高め、効率化・活性化を図るという考え方」で、1980年代半ば以降にイギリスやニュージーランドで形成されたとする。具体的には3本柱を立てた。第一に「徹底した競争原理の導入」で、「民営化、民間委託、PFI〔Private Finance Initiative〕の活用、等」を志向する。当然にも「蹴落とし型競争」の称揚になる。第二は業績や成果による評価で、労務管理・人事管理における「成果主義」を下敷きとする。すなわち、「事業に対する費用対効果などの事前評価業績や成果に対する目標設定と事後的な検証、評価結果の政策決定へのフィードバック、公会計制度の充実、等」を要請する。第三に「政策の企画立案と実施執行の分離」で、フォード主義生産管理における「構想と実行の分離」を、ほぼ無批判に取り入れ、「独立行政法人化」や「指定管理者制度」などを追求しようとした。

　財務省財務総合政策研究所の「民間の経営理念や手法を導入した予算・財政のマネジメントの改革」報告書 (2001.9, www.mof.go.jp/jouhou/soken/kenkyu/zk053.htm) は、NPMと政府部門のリエンジニアリングを、次の3段階として把握している。第1段階：政府の役割の見直し。民営化、民間委託、競争入札、PFI等。第2段階：組織運営の改革。業績マネジメントの導入。第3段階：予算・財政のマネジメントの改革である。「我が国でも、民営化やPFIに加えて（第1段階）、今般の中央省庁改革において独立行政法人（エージェンシー）や政策評価等が導入されている（第2段階）」。この第2段階の「業績マネジメントは、エージェンシーの長官（あるいは省庁の責任者等）に予算や人事など（インプット）についての裁量を与え、その業績や成果（アウトプット・アウトカム）によって行政活動を統制しようとする」。エージェンシーの長官は「行政の『責任者』というよりは顧客にサービスを提供する『経営者』になることが期待されている」。ただし、イギリス、ニュージーランド、スウェーデン、カナダ、オランダでの話であり、「省益」に固執する日本のことではない。第3段階についても、「最も伝統的だと言われる英国の財務省は、近年、予算を担当する部局の名称を、『予算局』から『公共サービス局』に変えたが、これは業務の重点を予算の詳細な査定から公共サービスを効率的に供給するためのマネジメントへ転換する流れである」と指摘した。そのことは「サービス」についての普遍的な理解を不可欠とする。現在の日本に社会改革（格差社会と教育社会の構造改革）と国家改革（地域主権と予算編成の構造改革）は、共振する重大な課題である。だが財務省は「自分たちの裁量で配分できる自由な財源の拡大」を「行動原理」とする（古賀 2011a: 222）。官僚機構は今や国家と

社会の桎梏と化したのか。

NPM と競争原理－成果主義－構想と実行の分離

　パブリック・マネジメントにおける「競争原理の徹底－成果主義－構想と実行の分離」の諸原理は、民主主義の基本原理である「国民の、国民による、国民のための、政治」という考え方を損なう懼れをもつ。すなわち、2005年の地域再生法は、地域経済の活性化、地域における雇用機会の創出、その他の地域の活力の再生を果たし、個性豊かで活力に満ちた地域社会を実現することを、「地方公共団体が行う自主的かつ自立的な取組による」と位置づけた。そのためには地方自治体に権限と財源を保障するのが当然と思われるが、この法律が中央「政府」の役割としたことは、①地域再生基本方針の策定、②地方公共団体による地域再生計画の作成及びその内閣総理大臣による認定、③当該認定を受けた地域再生計画に基づく事業に対する特別の措置並びに地域再生本部の設置、であった。①は広域自治体こそが立案に当たるべき事柄であり、②の（地方公共団体でなく）地方自治体が地域再生計画を作成するのは当然であるが、それを内閣総理大臣が認定する必要性は、中央政府－地方公共団体という「官治的集権性」(松下 1975: 6) の桎梏があるがゆえであろう。③の地域再生本部は（地方自治体にでなく）中央政府に設置され、総理大臣の認定を受けた事業に対する特別措置を執る。

　つまり、「地方公共団体が行う自主的かつ自立的な取組」と言う言葉には、二重の注意が必要とされる。第一に、あくまでも「地方公共団体」が主語であり、【国→地方公共団体（都道府県・特別区・市町村）→住民】という、「下降型の官治的発想」(松下、同: 115) に収まることである。これに対し「上昇型の発想」がある。それは【市民→自治体(市町村→都道府県)→国】の構図となる。第二に、「自主的かつ自立的な」取り組みとは、関係省庁－総理大臣の認定を必要条件とする、「囲い込まれた」自主性・自立性でることである。第二の注意は第一のそれの系として生ずる、いわば枕詞的な役割を果たす。

　このように、都市再生計画、とりわけ構造改革特区や地域再生計画は、国（担当省庁）が企画立案し、地方自治体がその意向を汲んだ計画案を策定して、国がそれを評価＝認定する。認定された計画案は特定の課題に特化している

から、自治体行政のある部分を担うものでしかない場合が多いが、自治体側の企画立案能力次第では行政改革の「特効薬」になることもありうる。そうした場合でも、長沼町の事例のように、構想と実行の主体分離を前提とはしない。ところが、全体としては、国（担当省庁）の「指導」に基づく、「地方公共団体」の「自主的かつ自立的」な取り組みという、上位から下位へのベクトルが貫徹する構図が保持されるのである。

ニュー・パブリック・マネジメントは「効率性」を基軸とし、そこから「政策の企画立案と実施執行の分離」を導き出すが、そのプロセスにおいて地域社会の「自治」については触れない。しなしながら、「対人的－習俗的」社会の側から、「国家・経済」システム（ベラーらの言う「大きな社会」）を一挙に見通すことは難しく、「中間集団」と「法制制度」とのせめぎ合いを媒介としなければならない。このせめぎ合いの中で、今日、最も重要な課題が「地方自治」の制度＝行為であることは言うをまたない。例えば、ほとんどの市町村自治体は「総合計画」を定めているが、それは行政運営の総合的・計画的遂行という意味のほかに、「住民と一番近い自治体である市町村が、国や都道府県のいわゆる『タテ割り行政』をそのまま住民生活に持ち込ませない、という別の側面での役割」ももっている（木佐・逢坂編、2003: 80）。

ニセコ町自治基本条例における「コミュニティ」把握の論理

こうした視点から逢坂誠二ニセコ町長らは、「ニセコ町自治基本条例」の策定に時間を掛けた。検討項目は、1. ニセコで自治基本条例（まちづくり総合条例）が必要な理由、2. 自治基本条例の制定と憲法上の可否、3. 自治基本条例の「自治体ことに市区町村の法」の体系における意義、6. 事業別基本条例と自治基本条例との関係、役割分担及び事業別基本条例の法的意味（国の基本法との比較検討を含む）、9. 住民の権利、10. 住民の義務、11. 自治体間協力・自治体外交、12. 国・道との協力規定、13. 条例制定権、14. 都道府県の基本条例と市町村の基本条例との関係、の14項目であった（同: 78）。

北海道ニセコ町の「自治基本条例」の特徴は、その中に「コミュニティ」に関する規定をもっていることである。すなわち、第14条（コミュニティ）「わたしたち町民にとって、コミュニティとは、町民一人ひとりが自ら豊かな暮

らしをつくることを前提としたさまざまな生活形態を基礎に形成する多様なつながり、組織及び集団をいう」(「ニセコ町まちづくり基本条例の手引き」、木佐・逢坂：17)。第15条(コミュニティにおける町民の役割)「わたしたち町民は、まちづくりの重要な担い手となりうるコミュニティの役割を認識し、そのコミュニティを守り、育てるよう努める」。第16条(町とコミュニティとのかかわり)「町は、コミュニティの自主性及び自律性を尊重し、その非営利的かつ非宗教的な活動を必要に応じて支援することができる」、の3条文がそれを示している。第14条において、「『コミュニティ』は、旧来の自治会(町内会)組織などの地縁団体のみを指すものではない。ボランティアなどの目的団体から企業などの営利団体まで広く含めている。更に、わたしたち町民相互の日常のコミュニケーションもひとつの『コミュニティ』として広く捉え、『つながり』という言葉で多様なコミュニティ(コミュニケーション)の重要性や可能性を表現している」(同「手引き」、木佐・逢坂：18、傍点引用者)。ここでのコミュニティはまさに"sozial"な「対人的－習俗的」社会を意味する。第16条の「支援」とは、「まちづくりの専門スタッフ(第19条第2項に規定)である町職員の持ちうる能力(労力、専門的知識や情報等)を積極的に提供することや、コミュニティ間の連携を助けることなど」が含意される(木佐・逢坂：18)。

3　地方独立行政法人法と指定管理者制度

地方独立行政法人法の成立と「公の施設」への指定管理者制度

　2003年7月、地方独立行政法人法が成立した。この法律は「地方独立行政法人の運営の基本その他の制度の基本となる事項を定め、地方独立行政法人制度の確立並びに地方独立行政法人が公共上の見地から行う事務及び事業の確実な実施を図り、もって住民の生活の安定並びに地域社会及び地域経済の健全な発展に資すること」(第1条)を目的とする。同法は「地方独立行政法人」と「特定地方独立法人」とを区別し、前者を「住民の生活、地域社会及び地域経済の安定等の公共上の見地からその地域において確実に実施されることが必要な事務及び事業であって、地方公共団体が自ら主体となって直接に実施する必要のないもののうち、民間の主体に委ねた場合には必ずしも実施されないおそれがあるものと地方公共団体が認めるものを効率的かつ効果的に

行わせることを目的として、この法律の定めるところにより地方公共団体が設立する法人」(第2条)とする。

その具体的な対象は、1.試験研究等の実施、2.公立大学の設置及び管理、3.地方公営企業、すなわち水道事業、工業用水道事業、軌道事業、自動車運送事業、鉄道事業、電気事業、ガス事業、病院事業、その他政令で定める事業、そして4.社会福祉事業の経営、5.公共的な施設で政令で定めるものの設置及び管理、6.前各号に掲げる業務に附帯する業務を言う(第21条)。このような部門においては、直営事業や第三セクター事業ではなく、行政法人への業務委託が可能となる。しかも、それに「指定管理者制度」を被せることも可能となった。

指定管理者制度については、2002年の地方分権改革推進会議の「意見」が表明していたが、2003年9月の改正地方自治法は「指定管理者制度」創設を盛り込んだ。すなわち、同法第2編「普通地方公共団体」の第10章「公の施設」、第244条(公の施設の設置、管理及び廃止)の第3項、「普通地方公共団体は、公の施設の設置の目的を効果的に達成するため必要があると認めるときは、条例の定めるところにより、法人その他の団体であって当該地域普通地方公共団体が指定するもの(以下本条及び第244条の4において『指定管理者』という。)に、当該公の施設の管理を行わせることができる」。第4項「前項の条例には、指定管理者の指定の手続、指定管理者が行う管理の基準及び業務の範囲その他必要な事項を定めるものとする」。第5項「指定管理者の指定は、期間を定めて行う」。

ここで、「公の施設」とは、第一に社会教育施設、すなわち中央公民館、地区公民館、勤労青少年ホーム、青年の家・自然の家、中央図書館、地区図書館、博物館、資料館、小・中学校の地域開放など、第二に「会館」、すなわち市民会館・公会堂、文化センター、勤労会館、婦人会館、コミュニティセンター、集会所など、第三に体育施設、すなわち体育館、陸上競技場、プール、野球場、武道場、キャンプ場などが考えられているが、この制度自体、ニュー・パブリック・マネジメントの典型例たりうる。だが、「条例の定めるところ」というプロセスを前提とするので、ニセコ町のように「パブリックコメント」の場とすることも可能である(同:26)。自治体における「情報公開」と「住民参加」

のあり方に対する位置づけ方次第であるとも考えられる。

地域社会づくりと新たな「生涯学習(ライフロング・ラーニング)」、公民館の位置

　さて、公民館設置運営基準の改訂は、地域社会や地方自治のあり方に関する、前述してきた「せめぎ合い」の中で考察されなければならない。全国公民館連合会は、「それぞれの地域で永年にわたって培ってきた地域密着の公民館を中核とした社会教育・生涯学習の諸活動の展開の再検討を首長部局が主導して行う動きも出てきて」いると否定的にコメントするが、私たちの調査では「生涯学習」は「まちづくり」と密接に結合することによって、新たな「生涯学習(ライフロング・ラーニング)」へと歩み始めたところもある（讃岐2001；また本章序文参照）。現段階は、こうした新たな状況の中でこそ、「公民館とは何か、公民館の役割とは何か、公民館の事業はどうあるべきか」について積極的に見解を提示し、地域住民との対話をとおしてそれを彫琢してゆくべきときなのである。文部科学省は、内閣地域再生本部に合わせて2004年1月に、上述の「地域づくり支援室」を設置し、3月には中央教育審議会生涯学習分科会が『今後の生涯学習の振興方策について（審議経過の報告）』を発表、また同年8月には地域づくり支援アドバイザー会議の提言『地域を活性化し、地域づくりを推進するために――人づくりを中心として――』も出された。こうした「流れ」の中で、公民館のあり方が問われなければならないのである。

第2項　『今後の生涯学習の振興方策について』の方向転換

中教審生涯学習分科会と「審議経過の報告」に至る社会過程

　2004年3月29日、中央教育審議会生涯学習分科会は『今後の生涯学習の振興方策について（審議経過の報告）』を出した。「今後の生涯学習の振興方策全般について概観し、生涯学習を振興していく上での基本的考え方や、生涯学習を振興していく上で今後重視すべき観点、今後重点的に取り組むべき分野への対応などを提示」して、「今後の関係機関・団体等の活動の活性化の方策や、それを支えるための国、地方公共団体の役割等の一定の方向を示した」（同答申「おわりに」）ものである。出発点は、2003年3月の中央教育審議会答申『新しい時代にふさわしい教育基本法と教育振興基本計画の在り方につい

第4節　現時における「生涯学習」政策の社会的位座　331

て』にある。同答申は、「審議経過の報告」によれば、「少子高齢化社会の進行などの社会の大きな変化の潮流を踏まえ、我が国の教育を新しい時代にふさわしいものにすることの必要性について提言され、教育の基本理念として生涯学習の理念を明確化することや、家庭教育の支援、社会教育の振興の重要性」を提言したが、中央教育審議会生涯学習分科会は「このことを踏まえ」、2003年7月から、生涯学習の振興方策全般について、委員間の自由討議、都道府県等の関係者や文部科学省内関係各局・文化庁、関係各省等からのヒアリング、課題別討議等、計13回に及ぶ審議を行った。「本報告は、これまでの審議の際に出た意見をまとめ、とりあえず、生涯学習の振興方策に関する『審議経過の報告』として、総会に提出」された（同報告「はじめに」）。

　この中央教育審議会分科会「審議経過の報告」は「分かりやすい国民運動」を提起して、新機軸を打ち出している。すなわち、「今回の議論に当たって必要と考えられたのは、国民が生涯学習を、自らの資質・能力を向上するため、そして、国民全体の資質・能力を向上するために不可欠なものとして受け止めるような国民運動を展開し、国民の合意を形成していくこと」であり、そのため「分かりやすいキャッチフレーズ」（「日本を作り直そう」「学び、考え、行動し、つくり直そう豊かな日本」というようなコピー）を作り出そう、それについては政治・行政・民間が一致して取り組む環境づくりも行ってゆきたい、と言うのである（同V-4、傍点引用者）。『審議経過の報告』の論理には、新しく盛り込まれようとする視点と、旧来のそれとがある。私たちは両者を区別して読み解かねばならない。

1　生涯学習振興施策の総括と、新しい「公共」、新しい「重点分野」

「審議経過の報告」による日本の生涯学習政策史の総括と立脚点

　これまでの生涯学習振興施策の経緯を「審議経過の報告」は次の5段階として総括する。第一に、1965年の「ユネスコの提言」は人生の諸段階ごとの、生活の諸領域におけるフォーマル、ノンフォーマル、インフォーマルな教育・学習のすべてを含む、総合的・統一的な概念として「生涯教育」を提案した。第二に、1981年の中央教育審議会答申「生涯教育について」は初めて本格的な「生涯学習」の考え方を出した。すなわち激しい変化の時代において自ら

学習する意欲と能力を養うこと、社会のさまざまな教育機能を相互の関連性を考慮しつつ総合的に整備・充実しようとする「生涯教育」の考え方を提出した。第三に、臨時教育審議会答申(1984〜87年)は「生涯学習社会の実現」「個性重視の原則」「国際化・情報化などの変化への対応」という教育改革を提言した。第四に、生涯学習にかかわる体制の整備(1988年の文部省生涯学習局設置、1990年の「生涯学習の振興のための施策の推進体制等の整備に関する法律」制定、生涯学習審議会設置)以来、15年間にわたる施策の結果として、「都道府県及び市町村における生涯学習振興のための体制の整備等は一定程度進展してきている」。第五に近年の動きで、2001年に社会教育法の一部改正(家庭教育向上のための社会教育行政の体制整備、ボランティア活動など社会奉仕体験活動、自然体験活動等の体験活動促進、社会教育主事の資格要件の緩和、社会教育行政と学校教育との連携の確保、家庭教育の向上への配慮に関する規定設置)。その後、家庭教育に関する学級・講座数の増加、子育てサークル・リーダーなど「家庭教育の向上に資する活動を行う者」の社会教育委員への委嘱、学校内外における奉仕活動・体験活動の充実が図られてきた(同Ⅰ-1)。

「生涯学習」施策の問題点、振興の基本的考え方、重視すべき観点

　では、現在の「生涯学習振興施策」が抱える問題点は何か。「生涯学習が、家庭のもつ教育機能をはじめ、学校教育、社会教育、さらには民間の行う各種の教育・文化事業・企業内教育等にわたるあらゆる教育活動、及び、スポーツ活動、文化活動、趣味・レクリエーション活動、ボランティア活動などにおける学習の中でも行われるものであるということが、都道府県、市町村等の関係者や国民の間に共通認識として浸透していない」ことである。「生涯学習」と「社会教育」との混同があり、また「生涯学習を担当する行政や公民館・図書館・博物館等の社会教育施設等の関係機関の取組が、現在の社会の要請に必ずしも適合していない」。さらに「学習機会の提供や、学校、公民館・図書館・博物館等の社会教育施設、民間教育事業者、社会教育関係団体、NPO」など、関係機関・団体等の間の連携、学習成果の評価・活用についても「今後の課題」であると厳しく指摘した。しかも、「これらは、これまで、生涯学習に係るその時点で緊急的と考えられる課題に焦点が当てられ、生涯

学習振興の基本的考え方が必ずしも明確に示されていなかったことに一因がある」(同Ⅰ-2)、と自らをも批判の対象とした。

　そこで、まず、「生涯学習を振興していく上での基本的考え方」を提示した。キイ概念は「生涯学習社会」で、「人々が、生涯のいつでも、自由に学習機会を選択して学ぶことができ、その成果が適切に評価される」ような「社会」の実現である。こうした生涯学習社会は、①「教育・学習に対する個人の需要と社会の要請のバランス」を保ち、②「人間的価値の追求と職業的知識・技術の習得の調和」を図り、③「これまでの優れた知識、技術や知恵を継承して、それを生かした新たな創造により、絶えざる発展を目指す社会」である(同Ⅱ-1)。後述するが、念頭に置かれているのは、「これからの知識社会、高度情報通信社会」であると思われる。第二に、生涯学習を振興していく上で「今後重視すべき観点」として次の5点が示される。すなわち、(1)国民全体の人間力の向上、(2)生涯学習における新しい「公共」の視点の重視、(3)人の成長段階ごとの政策の重点化、(4)国民一人ひとりの学習ニーズを生かした、広い視野に立った多様な学習の展開等、(5)ITの活用、である(同Ⅱ-2)。

　「人間力の向上」では、「一人一人の基礎的能力を引き上げるとともに、世界に誇る専門性、多様性ある人材を育成し、国としての知識創造力を向上させる」こと、また「職場、地域社会等での交流や対話を深め、人を育む豊かな社会を構築する」ことが指摘される。同時に、現代社会の不安定要因としての「経済的格差の拡大、それによる社会階層の二極分化とその固定化という問題」が取り上げられる。この課題は言い換えられて、「内容の充実した学習や事業への参加の機会を提供してもそれを活用しようと思わない、あるいはできない人々の問題」とされる。例えば「子育てを放棄しているような親、働く力はあるのに働こうとしない人など、かつての貧しい中から国民が豊かさを求めて立ち上がろうとしていた時代には大きく問題にならなかった人々」の増加が「社会の不安定感、閉塞感を助長している」。こうした、あたかも諸悪の根源のように捉えられた人びとの「人間力の向上」についても、「国民全体の人間としての資質・能力の向上」という問題として取り組むべきだとする。しかも、「国民の生活の質の向上をできるだけ少ないコストで向上させるという視点」によってである(同Ⅱ-2)。

新しい「公共」：個人の社会への参画、多様な学習と活用

　生涯学習における新しい「公共」の視点重視は、2003年中教審答申の柱の一つとして提言された、「国家・社会の形成に主体的に参画する日本人の育成」という新しい「公共」の創造を言う。それは「自らが社会づくりの主体となって社会の形成に参画する『公』の意識」をもつこととして説明される。「行政が主導して住民に学びの機会を提供する」ということでなく、「個人が主体となって社会に働きかけていく」ということの重視である。それゆえ、国、都道府県、市町村、関係機関・団体等が生涯学習を振興するに当たっては、「国民各個人が可能な限り、職業を持つことなどにより、自立し、社会において健康で文化的に生涯を送ること」に第一義的な力点を据える。別言すれば、「これまでの、ともすれば行政に依存しがちな発想を転換し、個人やNPO等の団体が社会の形成に主体的に参画し、互いに支え合い、協力し合うという互恵の精神に基づく、新しい『公共』の観点に視点を向けること」がまさしく必要になると強調したのであった（同Ⅱ-2）。

　「人の成長段階ごとの政策の重点化」でも「社会」が意識されている。したがって、「例えば、乳幼児期から小学校期における、子ども同士の交流のみならず、大人たちとの交流の場づくり、若者、中高年層の職業能力の向上、子育て期の親に対する家庭教育支援、社会保障制度を維持していく観点からの中高年期から老年期の健康づくりなど」に光が当てられた（同Ⅱ-2）。

　「多様な学習」においても「働き盛りの世代、中でも、職業生活、地域生活等の様々な活動と家庭生活との両立等の課題を持つ人々」に対する対応、市町村等における「あらゆる資源の把握と有効活用」（高齢者や大学生、保護司、PTA、青少年関係団体、スポーツ指導者などの地域人材の発掘）、「学校教育におけるやり直し、学び直しができる体制づくり」、「廻り道や試行錯誤が許容される社会づくり」（高等学校段階を終了した後での入学留保制度の導入、海外留学、ボランティア休学、労働体験、社会体験などの「自分探し」や、進路の試行錯誤をすることが許容される社会づくりと、学歴社会から学習歴社会への移行）を注視する。しかも「新たに教える、学ぶという視点だけではなく、人生の各段階の活動・体験の中に人格形成に当たって有益に働く面と不適切に働く面の両方があることに配慮するという視点を持つこと」、「大人の社会規範の低下」について

の留意など、中教審の答申としては新鮮な文言が続く(同Ⅱ-2。東京都生涯学習審議会答申〔2002.12〕における「新しい『公共』」と地域社会との関係、中央教育審議会答申〔2003.3〕における「社会」の把握と比較されたい。本章131-134頁、23-28頁)。

「ITの活用」における「生涯学習へのアクセス」「学習資源の創造・蓄積・共有・循環」、そして「ネット・コミュニティの形成」、すなわちITの活用による全国や各地域における「ネット・コミュニティ」の形成と、人と人との交流を通じた学習の深化、新たな価値観の創出である。また、「職業教育を含む日本の教育においては、不登校の児童生徒や、高校中退者、フリーター等の再教育の場があまり多くない実態」にある中で、「今後の生涯学習社会においては、やり直し、学び直しができる教育が求められていると考えられるため、今後、情報化が進む中で、学び直しの手段として、対面による教育のほか、インターネットや、テレビ等のメディアを活用した教育も重視する」、という指摘にも賛同できる(同)。

近年の社会変化と今後の重点分野

『審議経過の報告』の新しい視点は、「今後の重点分野」の設定にも見ることができる。「従来の重点分野」(1992年生涯審答申「今後の社会の動向に対応した生涯学習の振興方策について」における4つの課題)は、「社会人を対象としたリカレント教育の推進」「ボランティア活動の支援・推進」「青少年の学校外活動の充実」「現代的課題に関する学習機会の充実」(現代的課題の例:生命、健康、人権、豊かな人間性、家庭・家族、消費者問題、地域の連帯、まちづくり、交通問題、高齢化社会、男女共同参画型社会、科学技術、情報の活用、知的所有権、国際理解、国際貢献・開発援助、人口・食料、環境、資源・エネルギー等)であった。これらは「依然として、重点を置く分野であることには変わりがない」が、「これらの指摘を踏まえつつ、今後の生涯学習振興に当たって留意すべき点」として、新たな「重点分野」が設定された(同Ⅲ-1)。

すなわち、「近年の社会の変化」を2003中教審答申は、少子高齢化社会の進行、高度情報化の進展と知識社会への移行、産業・就業構造の変化、グローバル化(地球規模化)の進展、科学技術の進歩、家庭の教育力・地域の教育力の低下などを施策の前提としたが、『審議経過の報告』では一歩を踏み込もう

とした。そして、①フリーター等の増加と失業等、②家庭の教育力の低下、③地域の教育力の低下、④高齢化、⑤地域社会の活力の低下、を指摘したのである（同Ⅲ-2）。ここでは、①と⑤に注目したい。

　①フリーター等の増加と失業等
　「現在、景気の低迷や雇用の多様化、労働者に対する企業の評価の変化等、社会や企業のシステムが著しく変化している。このような中、高校卒における新規学卒入職者に占めるパートタイム労働者の割合は、約31％（厚生労働省の平成15年上半期雇用動向調査）となっている。また、厚生労働省（労働経済白書）によると、平成14年時点でのフリーターの数は約209万人、内閣府（国民生活白書）によると、平成13年時点でのフリーターの数は約417万人に達している。また、24歳以下の失業率は依然として10％を超えているなど、特に、若者を取り巻く状況は深刻なものとなっている。さらに、一度就職してもすぐに離職してしまう若者が多く、就職してから3年後に中卒では約7割、高卒では約5割、大卒では約3割の人が離職するという状況にある。地域ごとに若年雇用の情勢は異なっているものの、こうした、働いていないことや能力の蓄積の機会を十分に与えられないことによる若者の能力不足等を通じて、社会の競争力が低下することや、社会不安につながっていくおそれがあることが指摘されている」（同Ⅲ-2）。
　⑤地域社会の活力の低下
　「現在、グローバル化による産業の空洞化や少子高齢化の進展などにより、地域社会の活力の低下が問題となっている」（同）。

今後の重点5分野：職業能力の向上、地域課題の解決、など

　こうした5つの観点と近年の社会の変化を踏まえ、「特に、重点的に取り組むべき分野」が導き出される。(1)職業能力の向上、(2)家庭教育への支援、(3)地域の教育力の向上、(4)健康対策等高齢者への対応、(5)地域課題の解決、である。(1)と(5)を以下に見る。

　(1)職業能力の向上：「職業能力の向上を図るためには、学校教育段階から、勤労観・職業観の育成を図るとともに、社会教育施設等においても、若者や働き盛りの世代の人のための職業能力の向上につながる学習支援を充実していくことが重要である。
　この際、フリーターなどの中でも、就きたい職が見つからない若者、自分がどう生きたらよいのか分からないといったことのために自分探しをしている若

者などが多数存在しているとの指摘があるため、こうした人への対応を検討していく必要がある。また、働く期間が長期化していることに対応し、高齢者の職業能力を高めていくとともに、男女ともに、生き方を主体的に選択し、生涯にわたり学び、力を付け、その成果を生かして様々な分野で能力を発揮できるような学習環境の整備を図ることにより、男女共同参画社会の形成を促進するという視点も重要である」(同Ⅲ-3)。

(5)地域課題の解決：「各地域において、まちづくりや地域の文化の継承・創造、自然環境の保全、地域に根ざした経済活動の活性化の促進、介護・福祉、男女共同参画等の現代の切実な地域の課題に適切に対応していくことにより、個性豊かな活力ある地域社会を築いていく必要がある」(同)。

2 『審議経過の報告』と「国－地方公共団体」の役割分担
重点分野と「関係機関・団体等の今後の方策」

これらの重点的に取り組むべき分野に関し、「関係機関・団体等の今後の方策について出された意見」がある（同上）。「地域課題の解決」に対しては、(1)学校、(2)市町村、公民館等、(3)図書館、(4)博物館、(5)社会教育関係団体、NPOのほかに、(6)文部科学省が加わる。すなわち、「平成16年1月に文部科学省に設置された『地域づくり支援室』においては、人づくりを通じた地域づくりのための新たな施策の企画・立案、市町村等への情報の提供、市町村等からの地域づくりのための相談への対応や要望等の把握を行っている。また、専門家の派遣、大学等の関係機関との仲介支援、地域の特色ある事業の全国への紹介等、教育関連の総合的な支援体制を整備するための取組も行っている。今後、関係者との協力を図りつつ、こうした取組を充実していくことが重要」だ、と（同、別添1-5）。

他方、「職業能力の向上」に関しては、(1)学校――小中高等学校、大学等、専門学校・高等専修学校等――、(2)都道府県、市町村、公民館、青少年教育施設、女性教育センター等、(3)図書館、(4)民間教育事業者、(5)社会教育関係団体、NPO、(6)企業、などの制度的諸機関への役割期待が表明され、(7)学習者への支援（厚生労働省関係の教育訓練給付金）が謳われた（同、別添1-1）。文部科学省の役割への言及は存していなかった。

そうした中で、大学等（インターンシップ）のみでなく、専門学校・高等専

修学校にも高い期待が寄せられていた。文部科学省の委託による「社会人等を対象としたキャリアアップのためのモデル・プログラム」の開発・導入、情報処理・建築・自動車整備分野などの講座の「教育訓練給付制度」指定、離職者等に対する「委託訓練」などが評価され、こう指摘された。「専門学校・高等専修学校等が、実践的で専門的な技術・技能の教育機会を提供する中核的な職業教育機関であることを明確に位置づけることが必要である」、と。今後、ITや福祉等の短期教育プログラムや実務・教育連結型人材育成システム（日本版デュアルシステム）の開発・導入により、フリーター等の再教育や社会人の能力開発など、社会の要請に一層応えるとともに、公開講座等をとおして地域の人々の生涯学習の場としての役割、また専門学校の出前講座や土日開放講座など、「子どもたちの職業意識や勤労観の育成のための学習機会の提供に積極的に貢献していくこと」が重要だと指摘された（同）。『審議経過の報告』作成陣による極めて高い期待を見て取ることができる。

学習機会等の地域格差と「地方公共団体の今後の役割」

こうした状況を踏まえ、『審議経過の報告』は「国・地方公共団体の今後の役割等」についての提言をもって閉じられる（同Ⅳ）。前提には次の事態への認識があった。「依然として、地域によって学習機会等に大きな格差が存在するなど、地方公共団体によって、行政課題への取組姿勢に相当な差がある」と指摘されるとともに、「国の情報が市町村に伝わっていない、市町村等の実態が国に十分伝わっていない」という意見もある、という事態の存在であった（同Ⅴ-1）。それゆえ「基本的考え方」として、市町村は「社会の要請と地域住民全体の多様な需要の双方に対応した学習機会の提供、図書館の整備など地域住民の生涯学習の支援、生涯学習を通じた地域づくり等」、「地域住民等と協力して、主体的に実施すること」が期待されていた。都道府県には、「都道府県域全体についての大学、専門学校、民間教育事業者、職業訓練施設、公民館等との間における広域での連携の機能の強化（学習情報の提供、学習成果の評価、生涯学習推進センター等による関係機関・団体等のコーディネートや学習相談を行う人材の養成等）を行うこと」が役割期待であった（同Ⅴ-2）。

そうして「国」は、「自立した個人の資質・能力の向上をとおして、国民全

体としての資質・能力の向上をめざすことをナショナルミニマム（国民の最低限度の生活水準）の確保のために必要不可欠なものとして位置づける」（同）。そのうえで、都道府県や市町村を補完する立場から、以下の6点に重点的に取り組むとした。(i)大学等における社会人の受入れ促進のための支援、(ii)行政上の喫緊の課題として重点的に取り組むべき課題に対応するための施策、(iii)図書館の蔵書、博物館の収蔵品等に関する全国的な情報提供システムの構築等、(iv) IT の活用等の重要な政策課題に対応する、先導的事業や実験的事業による支援、(v)生涯学習振興を担う人材の養成（専門職や指導者等の研修と研修教材の作成）、(vi)市町村等の現場の実態把握、先進事例の収集・情報提供。これらに関連した都道府県や市町村と、大学や民間教育事業者、NPO などのコーディネートである（同）。

　役割の明確化は「従来の行政手法、財政措置等の見直し」を必要とするが、それに向けては「今後、更に検討を進めていく」。また、「生涯学習振興法や社会教育法、図書館法、博物館法など関連する法律についても見直しを行うことも含めて、今後、更に検討を進めていく」。さらに「地域の実情に応じた施策の在り方」（大都市、中小都市、町村によって、地方公共団体の行財政能力や、大学や民間教育事業者、NPO の数などの状況が異なり、地域の実情に応じた施策の在り方は自ずと異なる）。また「市町村合併への対応」を指摘した。地方公共団体内部の多角的な行政展開も必要で、「教育委員会と人づくり・まちづくりに関連する他の部局との十分な連携」が要請された（同）。しかしこれらは一般的要請にとどまり、「地域住民組織」「地域自治組織」とのかかわりはペンディングされた。

日本国民社会における「生涯学習」と国家「行政内部の連携」

　最後に、「国」の「行政内部の連携の在り方」では2004年6月の「若者自立・挑戦プラン」に関し、厚生労働省、経済産業省、内閣府と連携を図ったという。そこでは、①学校段階からのキャリア教育の強化（ものづくり体験等）、専門的職業人の育成、フリーター・無業者に対する働く意欲の涵養、向上等への「総合的な対策」、③成長分野を支える人材育成の推進、④企業内人材投資の促進、⑤誰でもいつでも能力向上を行う機会の提供（草の根eラーニング・システムの

導入)、⑥国民各層が一体となって取り組む「国民運動」の推進が指摘されたというが、『報告』は「今後は、特に、職業能力開発分野において、文部科学省と厚生労働省との連携を強化する」ことを展望している（同V-3)。

　この最後の一文がなければ、日本国の「生涯学習」政策は「文部科学省としての政策」であって、市区町村－都道府県を含む日本国－日本国民社会の総力を挙げた施策としての意味を持ちえないものになったと思われる。日本国における「生涯学習」政策は、旧文部省－新文部科学省をリーダーとして、上から下への施策を下降させて「啓蒙」するという経過を辿った。今回の『審議経過の報告』は、1999年の生涯学習審議会答申『学習の成果を幅広く生かす』と同様に「参考事例等」に注目し、下の事例を位置づけようとした。

　　佐賀県立生涯学習センター・女性センター「学習成果の評価・活用に関する取組」、東京都渋谷区「地域環境パートナーシップ」、千葉県常磐線NPO「地域プラットフォーム」、富山インターネット市民塾「インターネットを活用した市民講座」、東広島市生涯大学システム運営委員会「生涯大学システムにおける生涯学習パスポート」、イギリス「シチズンシップ教育」、イギリス「ギャップイヤー」、浦安市立図書館「図書館におけるビジネス支援」、鳥取県立図書館「県立図書館の広域サービス」、東京都杉並区向陽スポーツ文化クラブ「総合型地域スポーツクラブ」、江戸東京博物館「高齢者元気回復プロジェクト」、東京都墨田区江戸東京博物館「参加・体験型の展示」、江戸東京博物館・国技館・JR両国駅等、両国を基盤とする地元企業等による両国協議会の「地域の活性化に向けた取組」、合計12事例（日本10、イギリス2）である（同、別添3)。

　だが、それは「優良事例」の選別であって、都道府県・市区町村の経験からの「上向」ではなかった。1990年から20年近くの歳月が経った今日、都道府県・市区町村が蓄積してきたこの20年間の経験を総括することが極めて重要である。そのさいイギリスの「シチズンシップ教育」がある示唆を与えてくれると思う（本書第1巻序章第2節第1項を参照してほしい)。

3　『審議経過の報告』の基本的視点における二重性
二重性：個人の要求と社会の共通課題
　もう1点の指摘をお許しいただきたい。『審議経過の報告』がもつ「基本的

な視点」がもつ二重性についてである。すでに本文中において『報告』が示している新しい視点については、そのつど指摘してきた。その上での再検討である。生涯学習の位置づけに関する「基本的な視点」は、大学等の役割期待に関連した次の文章に明瞭だと思われる。「近年、社会・経済が高度化・複雑化し、グローバル化が進展する中で競争化していく社会を生きていくためには、職業能力の向上につながる学習の支援や、国民の教育レベルの高度化に対応することが重要」である。ここから冒頭の、つまりこの『審議経過の報告』の出発点をなす、「生涯学習を振興していく上での基本的考え方」──①「個人の需要」と「社会の要請」のバランス、②「人間的価値」と「職業的知識・技術」の調和、③「継承」と「創造」──が位置づけられた。

それゆえにこそ、①の「バランス」とは「社会にとって必要なことへの関心や対応が欠如しがちで」な個人的要求に対し、「社会に共通の課題に取り組む」ことで「社会の存続を図る」必要と対置するのである。それは、「社会」に共通する課題は「必ずしも個人の興味・関心に合致しないことが多いが、それへの取組を怠ると、社会的に様々な問題の発生につながるおそれが生ずる」という判断に基づくものであるが、「バランス」の論拠を示したものではないと見受けられる。「社会」概念の内実は明らかにされず、したがって「社会のなかの個人」と「個人のなかの社会」の弁証法も考慮されない。

②の「調和」にも同様の論理が働いている。「芸術・文化・スポーツ、趣味、教養、生きがいとなるもの、人間的なつながりなどの人間的価値（人間の持つよさ）を追求する学習」と、「財やサービスなどの経済的価値を生みだすための職業的知識・技術を習得する学習」とが、あたかも二者択一であるかのような印象を与える。後者の職業的知識・技術を習得する学習」は、諸個人が生存し成長してゆくのに欠かせない人間的営みであり、人びとのそのような「生産・労働」という行為の結果が「財やサービスなどの経済的価値を生みだす」のである。しかも、その"生産・労働"という行為は「人間的なつながりなどの人間的価値」によって、社会的に担保されているのであるから、「経済的価値」と「人間的価値」との機械的な対置は、「生涯学習」の可能性を摘むことになりかねない。

③「継承と創造」によって発展する「社会」は、実は、「これからの知識社

会、高度情報通信社会」と等置されており、したがって、「蓄積された知識・技術、情報を生かして新たな創造や工夫につながる生涯学習が求められている」という見解になる。だが、「人間的なつながり」は、ここに繰り返すまでもなく、「社会(ゾチアール)」の根幹をなすものであり、そこにこそ日本人の倫理的再形成とかかわる「生涯学習(ライフロング・ラーニング)」の社会的基盤が存している。「人間的なつながり」の意味は、決して「人間的価値(人間の持つよさ)」などという「美しい言葉」に解消せずに、社会学的に分析すべき社会的な事柄である。

中教審『審議経過の報告』と文科省「地域づくり支援室」

さて、「生涯学習」のあり方に対する以上の再検討は、本章第1節に見たような地域社会における「生涯学習」講座の新たな胎動をも合わせ、文部科学省レベルにおいての「地域づくり支援室」設置(2004年1月)へと連動したと思われる。同室は「教育、文化及びスポーツの振興による地域づくり」の推進を「目的」に、生涯学習政策局、初等中等教育局、高等教育局、スポーツ・青少年局、文化庁からのメンバーをスタッフとし、さらに「地域づくり支援専門員」(大学教授、市町村長等、NPO等のまちづくり関係団体の代表者の、外部の地域づくりの専門家)を擁する組織である。具体的な「地域への支援内容」は、(1)新たな地域づくりのために──外部の専門家の協力による新たな地域づくり施策の企画・立案──、(2)望む情報を早く──情報の共有及び発信機能の強化──、(3)開かれた相談体制──総合的な相談窓口の設置──、(4)人と人をつなぐ──子どもが安心してすごせ、人が行き交うまちづくりを支援──、(5)地域の魅力を全国へ──まちづくりへの取り組みの普及、奨励、広報──、の5つである。

地域づくり支援室は、まず2003年度「生涯学習まちづくりモデル支援事業」により地域づくり事例を19摘出し、その事例をとおして大学・短大とNPO・市民活動と「行政」という、「学」と「産」(「金」)「労」「民」「官」の連携という構図を示唆した。2004年2月に2004年度「モデル支援事業」の募集が終了したが、「地域において住民による個性と魅力あるまちづくりを進めるため、生涯学習機関として地域への貢献が求められている大学・短期大学等の高等教育機関の人的・知的・物的資源を活用していくこと」が重要な課題だと、

第4節　現時における「生涯学習」政策の社会的位座　343

改めて位置づけ直した。申請行為自体を「まちづくり実行委員会」、すなわち事業を運営するために組織される、市町村、高等教育機関(大学、短期大学、高等専門学校、専修学校)、市民団体、経済団体等の関係者からなる組織が行うものとし、市町村のみには限定していなかった。——このように、文部科学省の一大方針転換とも言える「地域振興施策」が、滞りなく伸展し始めたように見えた。果たして、そこには何の問題もなかったのであろうか。

第3項　文部科学省の地域振興施策と地域づくり支援室の位座

文部科学省の生涯学習まちづくりモデル支援事業

「生涯学習まちづくりモデル支援事業」の事業内容は、言い換えると、「地域において住民による個性と魅力あるまちづくりを進めるため、生涯学習機関として地域への貢献が求められている大学・短期大学等の高等教育機関の人的・知的・物的資源を最大限に活用すること」が重要で、そのための本事業は「市町村と高等教育機関が組織的に連携した地域住民の学習成果や能力を活かしたまちづくりの取組みを支援し、生涯学習まちづくりのモデルとなる施策を展開する」、と位置づける。その対象機関は、前述したごとく、「市町村まちづくり実行委員会」であり、担当局課は言うまでもなく、生涯学習政策局政策課地域政策室である。——では、文部科学省が新たに打ち出した「地域振興施策」の中で、まちづくり支援モデルの事業はどのような位置づけにあったのか。地域振興施策はいかなる内包を有していたのか。

1　文部科学省における地域振興施策の一覧

文部科学省の地域振興に関する7つの施策

文部科学省が実施している「地域振興施策」の一覧は**表3-30**に見るごとくである。その内訳は、1.生涯学習推進によるまちづくり、2.学校を核としたまちづくり、3.高等教育機関の機能を活用したまちづくり、4.国際交流によるまちづくり、5.スポーツ振興によるまちづくり、6.地域文化の振興によるまちづくり、7.地域の科学技術振興によるまちづくりに区分される。この区分ごとの施策内容と予算額をご覧いただきたい。

表3-30 文部科学省における地域振興施策一覧（2003年度、2004年度）

1 生涯学習推進によるまちづくり
① 生涯学習まちづくりモデル支援事業（2003年度5,600万円、2004年度4,100万円） 　　対象機関　市町村まちづくり実行委員会 　　担当局課　生涯学習政策局政策課地域政策室
② 生涯学習フェスティバル（2003年度12,300万円、2004年度12,300万円） 　　対象機関　フェスティバル実行委員会（2004年度は愛媛県） 　　担当局課　生涯学習政策局生涯学習推進課
③ 省庁連携子ども体験型環境学習推進事業（2003年度12,600万円、2004年度12,100万円） 　　対象機関　都道府県及び政令指定都市、民間団体 　　担当局課　スポーツ・青少年局青少年課
④ 青少年長期自然体験活動推進事業（2003年度6,100万円、2004年度6,100万円） 　　対象機関　都道府県（補助事業者）、市町村（間接補助事業者） 　　担当局課　スポーツ・青少年局青少年課
⑤ 全国子ども読書推進キャンペーン（2003年度10,000万円、2004年度10,000万円） 　　対象機関　実行委員会 　　担当局課　スポーツ青少年局参事官（青少年健全育成担当）
⑥ 生涯学習活動のIT化支援事業（2003年度20,000万円、2004年度13,800万円） 　　対象機関　－ 　　担当局課　生涯学習政策局学習情報政策課
⑦ 外国語長期体験活動推進事業（2003年度3,000万円、2004年度1,400万円） 　　対象機関　実施協議会 　　担当局課　生涯学習政策局生涯学習推進課
⑧ 地域と学校が連携協力した奉仕活動・体験活動推進事業（2003年度206,800万円、2004年度100,000万円） 　　対象機関　都道府県 　　担当局課　生涯学習政策局社会教育課
⑨ 地域子ども教室推進事業（新規）（2003年度－、2004年度700,000万円） 　　対象機関　運営協議会等 　　担当局課　生涯学習政策局生涯学習推進課（参考：子どもの居場所づくりHP）
⑩ 全国家庭教育フォーラムの開催（新規）（2003年度－、2004年度2,500万円） 　　対象機関　実行委員会 　　担当局課　生涯学習政策局男女共同参画学習課
⑪ 家庭教育支援総合推進事業（新規）（2003年度－、2004年度108,300万円） 　　対象機関推進協議会 　　担当局課　生涯学習政策局男女共同参画学習課
⑫ 男女の家庭・地域生活充実支援事業（2003年度3,000万円、2004年度2,000万円） 　　対象地域　都道府県・政令指定都市教育委員会等を構成員とする実行委員会・各地域の女性団体、グループ 　　担当局課　生涯学習政策局男女共同参画学習課
⑬ 女性のキャリア形成支援プラン（新規）（2003年度－、2004年度4,900万円） 　　対象機関　大学、行政、産業界、NPO等で組織する実行委員会 　　担当局課　生涯学習政策局男女共同参画学習課
⑭ 社会人キャリアアップ推進プラン（2003年度48,700万円、2004年度29,400万円） 　　対象機関　推進委員会 　　担当局課　生涯学習政策局生涯学習推進課、高等教育局専門教育課

⑮　高齢者の社会参加促進に関する特別調査研究（2003年度800万円、2004年度800万円）
　　　対象機関　フォーラム開催県（沖縄県）（2004年度は愛媛県）
　　　担当局課　生涯学習政策局社会教育課
　⑯　社会教育活性化21世紀プラン（2003年度0、2004年度14,700万円）
　　　対象機関　運営協議会等
　　　担当局課　生涯学習政策局社会教育課
　⑰　生涯学習分野におけるNPO支援事業（2003年度－、2004年度3,500万円）
　　　対象機関　「わが町生涯学習NPO委員会」（NPO委員会）
　　　担当局課　生涯学習政策局生涯学習推進課
２　学校を核としたまちづくり
　①　地域・学校連携施設整備事業（2003年度75,800万円、2004年度14,800万円）
　　　対象機関　公立小・中学校、中等教育学校前期課程・特殊教育諸学校
　　　担当局課　初等中等教育局施設助成課
　②　幼稚園の子育て支援活動の推進（私立高等学校等経常費助成費補助〔特別補助〕）
　　　（幼稚園が行う各種の子育て支援活動について助成を行う都道府県に対して補助）
　　　（2003年度33,400万円、2004年度33,400万円）
　　　対象機関　都道府県
　　　担当局課　高等教育局私学部私学助成課
３　高等教育機関の機能を活用したまちづくり
　①　国立大学における共同研究センターの設置（2003年度－、2004年度－）
　　　対象機関　国立大学
　　　担当局課　研究振興局研究環境・産業連携課技術移転推進室
　②　公開講座・施設等の開放（私立大学等経常費補助金〔特別補助〕）
　　　（2003年度92,100万円、2004年度92,100万円）
　　　対象機関　私立の大学・短期大学・高等専門学校を設置する学校法人
　　　担当局課　高等教育局私学部私学助成課
　③　大学等開放推進事業（新規）（2003年度－、2004年度4,500万円）
　　　（大学等公開講座の様々な課題を解決するために、有効な方策について調査・研究を行うとともに、大学等の機能を開放し、子どもたちに科学技術等に関する体験活動の機会を提供するなど、今後の大学開放の推進を図る）
　　　対象機関　民間団体、国立大学法人等
　　　担当局課　生涯学習政策局生涯学習推進課
４　国際交流によるまちづくり
　①　国際交流による地域文化活性化事業（2003年度10,800万円、2004年度10,800万円）
　　　対象機関　アマチュア芸術文化団体、高等学校
　　　担当局課　文化庁芸術文化課
５　スポーツ振興によるまちづくり
　①　総合型地域スポーツクラブ育成モデル事業（2003年度31,300万円、2004年度－）
　　　対象機関　市町村
　　　担当局課　スポーツ・青少年局生涯スポーツ課
　②　総合型地域スポーツクラブ育成推進事業（新規）（2003年度－、2004年度101,100万円）
　　　対象機関　民間スポーツ団体（財日本体育協会）
　　　担当局課　スポーツ・青少年局生涯スポーツ課
　③　全国スポーツ・レクリエーション祭（2003年度15,400万円、2004年度15,400万円）
　　　対象機関　都道府県（福井県）
　　　担当局課　スポーツ・青少年局生涯スポーツ課

346　第3章　分析3：「生涯学習」の重層構造と地域社会の諸類型

　　④ 広域スポーツセンター育成モデル事業（2003年度41,900万円、2004年度32,800万円）
　　　　対象機関　都道府県
　　　　担当局課　スポーツ・青少年局生涯スポーツ課
　6　地域文化の振興によるまちづくり
　　① 国民文化祭（2003年度18,000万円、2004年度18,000万円）
　　　　対象機関　都道府県
　　　　担当局課　文化庁芸術文化課
　　② 芸術情報プラザ（2003年度16,000万円、2004年度11,400万円）
　　　　対象機関　公立文化施設（社団法人全国公立文化施設協会に委嘱して実施）
　　　　担当局課　文化庁芸術文化課
　　③ 本物の舞台芸術に触れる機会の確保（2003年度254,000万円、2004年度254,000万円）
　　　　対象機関　小・中・高等学校、公立文化施設
　　　　担当局課　文化庁芸術文化課
　　④ 学校の文化活動の推進（2003年度15,000万円、2004年度14,400万円）
　　　　対象機関　小・中・高等学校
　　　　担当局課　文化庁芸術文化課
　　⑤ 文化体験プログラム支援事業（2003年度103,700万円、2004年度42,500万円）
　　　　対象機関　市町村等
　　　　担当局課　文化庁芸術文化課
　　⑥ 「文化芸術による創造のまち」支援事業（2003年度71,300万円、2004年度75,900万円）
　　　　対象機関　市町村等
　　　　担当局課　文化庁芸術文化課
　　⑦ 文化財建造物保存修理等事業（2003年度612,800万円、2004年度613,600万円）
　　　　対象機関　所有者・管理団体
　　　　担当局課　文化庁建造物課
　　⑧ 伝統的建造物群保存修理等事業（2003年度86,200万円、2004年度86,600万円）
　　　　対象機関　市町村
　　　　担当局課　文化庁建造物課
　　⑨ 史跡等保存整備活用等事業（2003年度2,451,700万円、2004年度2,452,700万円）
　　　　対象機関　都道府県・市町村、所有者
　　　　担当局課　文化庁記念物課
　　⑩ 重要文化財等保存活用整備事業（2003年度12,000万円、2004年度12,000万円）
　　　　対象機関　所有者・管理団体
　　　　担当局課　文化庁美術学芸課
　　⑪ 民俗文化財伝承・活用等事業（2003年度14,000万円、2004年度12,500万円）
　　　　対象機関　都道府県・市町村、所有者、保護団体
　　　　担当局課　文化庁伝統文化課
　　⑫ 芸術拠点形成事業（展覧会事業等支援）（2003年度20,000万円、2004年度20,000万円）
　　　　対象機関　公私立の美術館・歴史博物館等
　　　　担当局課　文化庁美術学芸課
　　⑬ 文化的景観の保護（－、－）
　　　　対象機関　－
　　　　担当局課　文化庁記念物課
　7　地域の科学技術振興によるまちづくり
　　① 知的クラスター創成事業（2003年度690,000万円、2004年度900,000万円）
　　　　対象機関　都道府県及び政令指定都市が指定した財団等

第4節　現時における「生涯学習」政策の社会的位座　347

　　　担当局課　科学技術・学術政策局地域科学技術振興室
② 都市エリア産官学連携促進事業（2003年度310,000万円、2004年度340,000万円）
　　　対象機関　都道府県及び政令指定都市が指定した財団等
　　　担当局課　科学技術・学術政策局地域科学技術振興室
③ 地域先導科学技術基盤施設整備費補助金（2003年度50,000万、2004年度40,000万）
　　　対象機関　都道府県及び市町村
　　　担当局課　科学技術・学術政策局地域科学技術振興室
④ 地域結集型共同研究事業（独立行政法人科学技術振興機構事業）（2003年度531,100万円。科学技術振興機構の運営費交付金の内数）
　　　対象機関　都道府県及び政令指定都市が指定した財団等
　　　担当局課　科学技術・学術政策局地域科学技術振興室
⑤ 重点地域研究開発推進事業（独立行政法人科学技術振興機構事業）（2003年度328,100万円。科学技術振興機構の運営費交付金の内数）
　　　対象機関　独立行政法人科学技術振興機構
　　　担当局課　科学技術・学術政策局地域科学技術振興室
⑥ 地域研究開発推進拠点支援事業（独立行政法人科学技術振興機構事業）（2003年度61,400万円。科学技術振興機構の運営費交付金の内数）
　　　対象機関　都道府県が指定した財団等
　　　担当局課　科学技術・学術政策局地域科学技術振興室
⑦ 科学技術振興調整費（先導的研究等の推進のうち「地域の特性を生かした先導的な研究開発」）（2003年度3,770,000万円〔内数〕、2004年度3,860,000万円〔内数〕）
　　　提案者　地方公共団体
　　　対象機関　国内の産学官の研究開発機関全体
　　　担当局課　科学技術・学術政策局科学技術振興調整費室

（http://www.mext.go.jp/a_menu/shougai/chiiki/chiiki.htm）

7つの施策と予算配分額

　文部科学省の地域振興施策は、上述のごとく、1.生涯学習推進によるまちづくり、2.学校を核としたまちづくり、3.高等教育機関の機能を活用したまちづくり、4.国際交流によるまちづくり、5.スポーツ振興によるまちづくり、6.地域文化の振興によるまちづくり、7.地域の科学技術振興によるまちづくり、の合わせて7つの柱から成り立っていた。「地域づくり支援室」は1の中に含まれる。それぞれの事業の予算規模は、1：2003年度30.2億円、2004年度91.7億円、2：2003年度10.9億円、2004年度4.8億円、3：2003年度9.2億円、2004年度9.7億円、4：2003年度1.1億円、2004年度1.1億円、5：2003年度8.9億円、2004年度14.9億円、6：2003年度306.2億円、2004年度300.0億円、7：2003年度867.9億円、2004年度514.0億円となる（合計は2003年度1,534億円、2004年度936億円。ちなみに2009年は3,125億円）。2003年度予算を見れば、「7.地域の科学技術振興によるまちづくり」予算が全体の7割を超える。次いで「6.

地域文化の振興によるまちづくり」が約2割5分、「1. 生涯学習推進によるまちづくり」経費は3%を切っていた。これは独立行政法人科学技術振興機構の巨額な運営交付金があったからである。それがなくなった2004年度は地域振興経費が4分の1ほど削減されたことになる中でも、「7. 地域の科学技術振興によるまちづくり」の予算額は5.5割に達し、「6. 地域文化の振興によるまちづくり」が3割強、「1. 生涯学習推進によるまちづくり」は実に1割未満であった。その中で「生涯学習まちづくりモデル支援事業」費の2003年度5,600万円、2004年度4,100万円は、微々たる重要経費なのであった。

2 「地域科学技術振興室」と「まちづくり」施策

科学技術・学術政策局「地域科学技術振興室」の事業内容

文部科学省の「地域づくり関連の支援体制」としては、生涯学習政策局内に置かれたこの「地域づくり振興室」のほかに、科学技術・学術政策局の「地域科学技術振興室」があり、「科学技術・学術の振興を通じた地域の新技術・新産業の創出等を支援」する。こちらは科学技術・学術政策局、研究振興局、研究開発局のスタッフからなっていた。この「地域科学技術振興室」が扱う事業が、上記7の①～⑦であるが、それぞれの事業内容は次のように説明されていた。

　　① 知的クラスター創成事業（2003年度69億円、2004年度90億円）：自治体の主体性を重視し、知的創造の拠点たる大学、公的研究機関等を核とし、関連研究機関、研究開発型企業等による国際的な競争力のある技術革新のための集積（知的クラスター）の創成を目指す。
　　② 都市エリア産官学連携促進事業（2003年度31億円、2004年度34億円）：個性発揮を重視して都道府県等（政令指定都市を含む）の都市エリアに着目し、大学等の「知恵」を活用し、新技術ニーズを生み出し、新規事業等の創出、研究開発型の地域産業の育成等を目指すもので、都市エリアにおける産学官連携事業の促進を図る。
　　③ 地域先導科学技術基盤施設整備費補助金（2003年度5億円、2004年度4億円）：地方公共団体が行う、地域の特性やポテンシャルを活用した先導的研究に資する基盤施設の整備事業に対して支援を行う。
　　④ 地域結集型共同研究事業（独立行政法人科学技術振興機構事業）（2003年度53

億1,100万円。科学技術振興機構の運営費交付金内数)：都道府県や政令指定都市において、国が定めた重点研究領域の中から、地域が目指す特定の研究開発目標に向けて、研究ポテンシャルを有する地域の大学、国公立試験研究機関、研究開発型企業等が結集して共同研究を行うことにより、新技術・新産業の創出に資することを目指す。

⑤ 重点地域研究開発推進事業 (独立行政法人科学技術振興機構事業) (2003年度32億8,100万円。科学技術振興機構の運営費交付金の内数)：研究成果活用プラザ (全国8ヵ所) において、地域の独創的な研究成果を活用して、産学官の交流、産学官による研究成果の育成を推進し、大学、国公立試験研究機関等の研究者と地域の連携を図り、技術革新による新規事業創出を目指す。

⑥ 地域研究開発推進拠点支援事業 (独立行政法人科学技術振興機構事業) (2003年度6億1,400万円。科学技術振興機構の運営費交付金の内数)：都道府県が地域のコーディネート活動の拠点整備するにあたり、科学技術振興機構が科学技術コーディネータを委嘱し、その活動を支援する。大学等の研究成果を育成し、新技術・新産業の創出を促進する (新規採択終了、2003年度事業終了予定)。

⑦ 科学技術振興調整費 (先導的研究等の推進のうち「地域の特性を生かした先導的な研究開発」) (2003年度377億円 (内数)、2004年度386億円 (内数)：当該地域の特性を生かしつつ、かつ、科学技術の複数の分野にかかる境界的又は融合的な研究開発を行う必要がある領域を対象とした研究開発を実施する。

　これらは、枕詞的には、「自治体の主体性を重視」し、都道府県等の「個性発揮を重視して」、あるいは「地方公共団体が行う」事業に対し、また「地域の独創的な研究成果を活用」、「地域のコーディネート活動の拠点整備」の補助、「地域の特性を生かした先導的な研究開発」等々と書かれたが、北海道産業クラスター創造研究会が喝破したとおり、「国が主導する開発計画」「再配置構想に基づく産業立地政策」「画一化による『国の比較優位』の創出」、すなわち「主要産業・先端産業・先端施設」という「再配置」施策そのものであった。高度経済成長期における「拠点地域」を発信源とする地域産業開発政策が、「拠点大学」を発信源とする地域技術開発政策へと衣替えして、新しい事態に対応しようとしていたのであろうが、「地域社会優位」の視点からの諸産業クラスターの創造、それによる雇用問題への真摯な対応が伴わなければ、大学・高等教育機関はそれまで基礎的な研究活動をとおして溜め込んできた知的蓄積を吐き出して終わり、というパロディになりかねない。

知的クラスター創成事業、都市エリア産学官連携促進事業

　知的クラスター創成事業は、北海道では、札幌地域（サッポロ・バレー）の「札幌ITカロッツェリアの創成」が対象として設定された。それは、⑴次世代組込システム開発環境の構築とモデル機器開発による機能評価、⑵次世代工業デザイン手法研究開発プロジェクト、⑶ユーザビリティ評価・適用研究、⑷応用システム研究開発プロジェクトを「共同研究テーマ」とし、ノーステック財団が「中核機関」、北海道大大学院工学研究科が「核となる大学」で、「参加企業」は㈱マイクロネット、㈱ソフトフロント、㈱富士通九州システムエンジニアリング、㈱日立製作所機械研究所、㈱ビー・ユー・ジー、㈱シーワーク、㈱福本工業である。このほかに「関西広域クラスター」（大阪府、神戸市）、「九州広域クラスター」（福岡県、北九州市）が設定されていた。四国からは徳島県の「ヘルステクノロジーを核とした健康・医療クラスターの創成――プロテオミクス・ファクトリー徳島の実現」（徳島大学分子酵素学研究センター、ゲノム機能研究センター、工学部）、ならびに香川県「希少糖（生理活動単糖）を核とした糖質バイオクラスター構想」（香川大学）が認定されたが、愛媛県からの参画はなかった。

　「都市エリア産学官連携促進事業」には、北海道からは2003年度に「函館エリア」が選定された（一般型；ライフサイエンス「ガゴメ及びイカの高価値化等に関する開発研究」、核となる機関：道立工業技術センター、参加研究機関：北海道大学水産学研究科、はこだて未来大学、函館工業高等専門学校）。四国では愛媛県から2件が選定された。2002年度には「松山エリア」（連携基盤整備型；製造技術「液中プラズマ利用等による製造技術革新」、核となる大学：愛媛大学、参加研究機関：愛媛県工業技術センター、愛媛県窯業試験場）、2004年度採択の「愛媛県東部エリア」（連携基盤整備型；ナノテク材料「インテリジェント機能材料等の創成と利用」、核となる機関：愛媛県紙産業研究センター、新居浜工業高等専門学校、参加研究機関：愛媛大学、愛媛県工業技術センター）である。地域社会に所在する多様な大学・高等教育機関、都道府県立・企業立等の研究機関の中から、工業技術の「創成」のみを抜き出して「地域振興」を行うというのは、矛盾そのものである。地域社会は中央優位を持続させるための「ピラミッド型の社会的交流路線」（鈴

木榮太郎の言葉）の末端にすぎなくなってしまうことを懼れる。

3　多元的・多面的な「まちづくり」の必要性
地域社会の日常的多様性・緊急時連帯性：日本的工学との関係性

　もともと地域社会は、日常的な多様性と緊急時の連帯性とを「統一」している。日常的多様性は持続的発展や内発的発展の道の模索を必須とする。それは産業政策的に言えば、北海道経済連合会などの「産業クラスター創造活動」に端的な「産業起こし」活動であり、サッポロバレーのようなIT企業群の形成にもなる。ただ産業が主体なのではなく、生命をもつ人間の再生産こそが中核に据わるはずである。地域社会における人間の再生産は4つの側面をもつ。すなわち、1）生命自体の再生産と持続、2）食・住・衣の保障、3）生活の拡充と共生、4）これらすべてに関与し保全（maintenance）する「労働」＝「学習」の個々人に即した保障である。それらは個人と地域社会の持つ自然・歴史・文化の内側から形成される。かつ社会的な承認（recognition）と、許容（tolerate）し合う社会過程の中で生起する。この意味において、内発的発展は持続的な「発展＝保全」であり、相互の「承認＝許容」を日常的な多様性においても、緊急時の連帯性においても客観価値とする。核心は、内発的発展が産業上の発展＝保全に止まらないということにある。

　私の危惧は、日本での現在形の「工学」が「競争原理の徹底－成果主義－構想と実行の分離」の諸原理を補強する存在、でしかないのかという点にある。今日において地域社会のあり方を考えるとき、緊急時の連帯性とかかわる「防災の問題」を欠くことはできない。だが、それは「防災」の工学が盛んになれば済むのでなく、地域社会における人と人の関係、人と機関の関係、機関と人の関係、機関と機関の関係のすべてが重要な要因となる。ニセコ町の「自治基本条例」で見たように、「コミュニティ」は旧来の自治会（町内会）組織などの地縁団体、ボランティアなどの目的団体や企業などの営利団体に加えて、町民相互の日常的つながりを含み、それら相互の協働関係が重大事となるからである。10年前の阪神・淡路大震災を想起するまでもなく、現代日本の地域社会は「災害弱者犠牲の構造」を持ち、それは「近隣連携の困難、自治体の問題意識と対応力の弱さ、災害危険度マップの死蔵、災害弱者の情

報力・行動力の弱さ」(柳田邦男 2004a: 21-22)に起因する。特に最初の要因は「農山村における過疎化、都市部における隣近所交流の空疎化」によって、「家族構成の点でもコミュニティー（街区や集落）の点でも」、災害発生の危険接近に対する「近隣連携がとりにくく」なっており、とりわけ高齢者世帯や障害者世帯、病人のいる世帯を孤立化させてしまう（同：21、傍点原文）。

　だからこそ、緊急時の連帯性は日常的な多様性によって、平常時から培われていなければならない。この、日常的な多様性と緊急時の連帯性との弁証法のあり方こそ、一つの「全体社会」としての地域社会における諸施策の根底に横たわる根本課題と考えられる。この点とかかわり、神戸市真野地区における震災とまちづくりについて、今野裕昭は次のように指摘した。「相互扶助システムは、家族・親戚の絆、近隣の絆、職場の絆、友人の絆をめぐってつくられている。それら一次的絆の上での物やサービスの交換は、自分のもてるものは惜しみなく相手に与えるという、利他主義の原理で物やサービスを相手に送り出してやるという点で、物やサービスを等価交換で売り買いする功利主義的な交換の対極にある。（中略）核家族化や家族生活の社会化が進展し、家族や親戚の一次的絆に基づく生活扶助システムの機能が弱体化した現代社会にあって、こうした利他主義での交換の地平を地域コミュニティのなかに構築していくことが一つの展望になっている。こうして平常時の生活における都市コミュニティの重要性は、都市的生活様式の特有の脆弱さのなかにこそ、見出すことができる」(今野 2001: 14。今次の東日本大震災とかかわっては、本書「あとがきに代えて：東日本大震災と地域教育社会学・生涯学習研究の課題」参照)。

第4項　地域づくり支援アドバイザー会議『提言』への要望：小括に代えて

生涯学習政策局地域づくり支援室、地域づくり支援アドバイザー会議

　さて、文部科学省地域づくり支援室とかかわる「地域づくり支援アドバイザー会議」(座長＝大宮登・高崎経済大学地域政策学部教授)は、2004年8月、提言『地域を活性化し、地域づくりを推進するために――人づくりを中心として』を出した。そこには、地域実践に基づいた新たな提案が含まれており、「生活

形式の民主主義」(ハル・コック)を念頭に置く《生涯学習》の展開という視点から慎重に検討していきたい。

1　アドバイザー会議の『提言』と「地域づくりの推進」
地域づくりと「公共」の観点、ならびに諸困難の実在
　『提言』はまず、地域づくりの推進について検討し、「地域は、そこに住み暮らしている地域住民や地域に関わる人々」(すなわち「地域住民等」)で構成されている。そればかりでなく、NPO・ボランティア団体、小学校、中学校、高等学校等の教育機関、公民館、図書館、博物館等の社会教育機関、社会教育団体等の地域における各種機関、大学等の高等教育機関、企業、行政機関など様々な主体によっても構成」される。このため「地域づくりとは、地域住民等がその他の様々な主体とともに社会の形成に主体的に参画し、互いに支えあい、協力し合うという互恵の精神に基づき、パートナーシップを形成して地域の課題を解決する活動である。それはまた、社会の問題を自分自身の問題として考える新しい『公共』の観点に立って、『自らの地域は自らつくる』という意識を持って行う主体的な活動でもある」と規定された。それは2003年中教審答申具現化の試みであった。
　しかし、現実の地域づくりは、「都市化の進展、産業・就業構造の変化、生活意識や価値観の個人化傾向、生活圏の拡大などにより地域への帰属意識が薄れ、地域住民等が主体的に地域づくりに参画しようという意識を醸成することが困難になっている場合」がある。また、「市町村等の現状を見ると、地域づくりを担うリーダーが今なお十分でなく、育成するための教育内容、方法等のシステムも確立されていない。さらに、リーダーの個人的な資質に依存した取組みが多く見受けられる。このため、必ずしも地域づくりの活動が効果的に行われていない場合」がある、と問題点を摘出した(以上、同提言：4-5。傍点引用者)。

地域づくりの推進と「生涯学習」の重要性
　こうしたことのため、地域づくりは、「人材」「情報活用」「活動の計画性・継続性」「連携協力」においても、さまざまな困難に逢着していた。それゆえ、

「地域づくりの推進」にとって「生涯学習」が極めて重要になると指摘された。すなわち、

　「地域づくりの取組みは、地域が抱えている課題や目指すべき地域社会像を明らかにしながら、地域の特性や地域資源を十分に把握した上で、計画的かつ継続的に行うことが重要である。そのためには、地域社会の変化に対応した知識や技術を学びながら実践し、実践を通して新たな課題を発見し、さらに課題の解決に向けて学習し、それをまた実践に生かすということを絶えず行っていく必要がある。このため、地域づくりは、学習と実践を一体的かつ継続的に行うものであると考えられる。

　このような学習と実践を通じて展開される地域づくりは、『生涯を通じて学び続ける』生涯学習と切り離して考えられるものではない。生涯学習の重要性をもう一度確認し、現在生涯学習として文化活動やスポーツ活動を行っている人々も、地域づくりの担い手としても重要な役割を担っているという自覚を持つことが、地域づくりの推進に大いに寄与することになる」（同：5）。

2　『提言』と地域づくりの担い手と期待される役割

地域づくりにおける6つの活動主体群

　次に『提言』は「地域づくりの担い手と期待される役割」を検討する。「成熟した今日の社会」においては、「地域住民等は当然ながら、NPO・ボランティア団体、地域における各種機関、大学等の高等教育機関、企業、行政機関なども重要な地域づくりの主体であり、担い手」となる。第一に「地域住民等」は「地域づくりの主体的な担い手」であり、「自分たちが解決できる地域の課題に自ら関わって、自ら学び、自ら解決するという意識と活動が必要」とされる。地域づくりに積極的に参加し、自らを成長させ、さらにまたそれを地域づくりに還元していくことが期待されたのである。第二に「NPO・ボランティア団体等」は、「特定のテーマについて自らが有する理念に基づき、非営利性や公益性をもった活動を推進する役割」、すなわち「ひとつの地域にとどまることなく、様々な地域で活動できることから、地域横断的に地域づくりに関わること」が期待された。第三に「地域における各種機関」（小学校、中学校、高等学校等の教育機関、公民館、図書館、博物館等の社会教育機関、社会教育団体、自治会等の一定のエリアで活動する主体）は、「地域づくりの拠点」とし

第4節　現時における「生涯学習」政策の社会的位座　355

ての機能をもちうる。これらの地域づくりの拠点におけるグループ、サークル等を通じた「地域の人々の顔が見える範囲での地域づくりの活動は、豊かな人間関係の形成やコミュニティ再生などに重要な役割を持つ」(同：6)。

　そうして第四に、大学等の高等教育機関は、「地域づくりのリーダーの養成、再教育、専門的な学習拠点として、知的・物的資源を生かしてより積極的に地域社会に貢献すること」が期待されていた。大学の専門的知識や人材、設備等を生かし、地域づくりに関するニーズやシーズの調査分析などを積極的に推進することが求められた。第五に地域の「企業」は「地域の一員であり、地域が活性化すれば企業も活性化するという意識を強く持ち、雇用創出、産業振興などを軸に、その立地する地域の活性化に積極的に関わる主体である」。NPO等だけでなく企業も、自らの事業のノウハウや経営資源を生かして、「コミュニティビジネスの支援者、または実施者」として、地域づくりに取り組むことが期待された。第六に、「行政機関（市町村、都道府県、国）」であるが、その主な役割は、「地域づくりの活動の啓発や地域づくりを担う各主体間のコーディネート等」である。これに関連して、歴史や文化をはじめとする地域の特性、地域住民等のニーズを把握するとともに、これらの地域づくりに関する情報などを的確に発信することも重要であるとした。

「地域づくり推進の視点と手法」

　このように地域づくりの担い手が位置づけられると、次はより具体的な「地域づくり推進の視点と手法」が提起される。ここではまず、「地域づくり推進の視点」を、「人材育成システム」「情報収集・発信システム」「『経営的』な視点」「地域づくり拠点の形成と機能の充実」という4つの視点として具体化された。そして、A「人材育成システムの構築」における、(1)地域づくりを担う人材の発掘と育成、(2)人材育成システムの構築の際の留意点、またB「情報収集・発信システムの構築」における、(1)情報の収集・発信システムの構築、(2)情報の共有化、(3)相談機能の強化、C「『経営的』な視点の構築」における、(1)「経営的」な視点から地域づくりを行うための組織の必要性、(2)「経営的」な視点をもった人材を育成する必要性（すなわちマーケティングや内部資源の正確な把握による事業の企画立案・目標設定、事業の実施、事業の有効性、効率

性などの評価を専門的に行える体制を整える必要性)、そしてD「地域づくりの拠点の形成と機能の充実」における、(1)地域づくりの拠点形成の必要性、(2)テーマ型とエリア型の活動主体による機能の充実が提起された。この最後の点は重要なのでいま少し検討したい。

3　地域活動における「テーマ型」と「エリア型」
テーマ型とエリア型の差異と連関：「社会」のあり方とのかかわり

『提言』はこう指摘した。「NPO・ボランティア団体等は、特定の目的(テーマ)をもって地域を越えて活動が可能な主体、すなわち「テーマ型」の活動主体である。その特色としては、特定の分野の専門的な活動をとおして、地域横断的に地域の活性化に寄与することと規定された。これに対し、小学校、中学校等の教育機関、公民館、図書館、博物館等の社会教育機関、社会教育団体、自治会等を核とした一定のエリアで活動を行う主体、すなわち「エリア型」の活動主体は、地域住民等の学習・社会参画活動によるコミュニティづくり、子どもの健全育成、治安の維持のための活動を行うなど、従来から地域づくりの機能を有しているものである。近年、地域における人間関係が希薄化し、「エリア型」の活動主体の機能が衰えてきたと言われているが、「テーマ型」の活動の活性化とともに、「エリア型」の活動主体が活発に活動することが地域づくりに特に効果的であり、その機能を再生することが強く望まれる」(同：11)、と。

こうした提案、特に結論部分の、「『テーマ型』の活動の活性化とともに、『エリア型』の活動主体が活発に活動することが地域づくりに特に効果的であり、その機能を再生することが強く望まれる」、という指摘には全く異論はない。ただ、本書は「社会」のあり方を探求しているのであるから、「活動主体」の差異による「テーマ型」と「エリア型」の背後に、それぞれ《地域アソシエーション的社会》と《地域コミュニティ的社会》の差異があること、その上で《地域アソシエーション的社会》の中に「テーマ型」と「エリア型」の地域活動が、また《地域コミュニティ的社会》の中に「エリア型」と「テーマ型」の地域活動がそれぞれ共存し、助け合っている、と理解したい。東京都教育委員会の2002年『答申』が、《地域コミュニティ的社会》が存在しているにもかかわら

ず、「テーマ型」をとおした《地域アソシエーション的社会》を追い求める姿勢を見せたのに対し、《地域コミュニティ的社会》に着目することは、そこにおける人と人との sozial な関係性を「社会」の根底をなすものとして活性化させることを意味する。そして「エリア型」の活動と「テーマ型」の活動という、タイプの異なる活動の相互理解・相互承認にとって、《地域コミュニティ的社会》のもつさまざまな意味での"閉鎖性"を内部から打ち破っていくことが、「グローカリゼーション」の時代において、強く求められている（この点で、愛媛県、新居浜市、泉川公民館、に学ぶところが多かった。本書第3巻参照）。

『提言』の評価と要請

　『提言』の立論における特質は、「地域づくり」の把握の仕方にあった。つまり「地域の課題を解決する」ための活動スタイル（参画―協力―互恵）を重視したことにあったと思われる。この点は「地域づくり推進の視点」としての、①人材育成システムの構築、②情報収集・発信システムの構築、③『経営的』な視点の構築、④地域づくりの拠点の形成と機能の充実、の4点として展開された（同：「おわりに」）。その中心は地域づくり推進のための人づくりであった。そして、こう続けた。地域づくりの推進は、地域特性に応じて、多種多様な推進方策があるが、「今後、例えば財政支援のような課題も含めて、総合的な支援策についてさらに検討していく必要性がある」と。私は、この『提言』が地域づくりにおける活動スタイルとリーダー養成の研究として優れたものであり、「エリア型」と「テーマ型」の区別と協働の必要性という指摘は、傾聴に値すると考える。

　それにもかかわらず、地域づくりには活動のスタイルには解消することができない重要な問題がある。「地域の課題を解決する」という場合の地域の課題とは何か、である。この点が明らかにならないと、「エリア型」と「テーマ型」の協働は枕詞で終わってしまいかねない。つまり対立し合う課題は回避され、目先の課題ばかりが選ばれるといった懼れなしとしない。より具体的に言えば、少なくとも次の点への言及がないことが気になる。第一は中教審生涯学習分科会『討議結果の報告』と比べても、「職業能力の向上」ないし「地域産業」再構築の問題群が欠落している点である。北海道など日本中の

過疎地域では、こうした地域の課題を抜きにしては「地域づくり」は考えられない。しかし、これについてはすでに多言を弄した。第二に日本の「国家・経済」システム改革、それと根底的なつながりをもつ「地方制度」改革をペンディングしたことである。それは公民館のあり方にまで波及するが、1940年体制に1955年体制を重ねた「アンシャン・レジーム」に対する「構造改革」の、国民生活の「痛み」(「生活破壊」：島崎稔)を介しての遂行という矛盾は、地域社会における最大の「解決課題」「学習課題」を構成する。そうして、第三は、日本の中だけでの論議ではないかという点である。「グローカリゼーション」の時代において、日本が東アジアへ、さらに世界へと発信しうる「生涯学習」あるいは「生涯学習」(ライフロング・ラーニング)の内実は何であるか、という問いでもある。だが、これらに関しては、本書の第3巻『学習力変革——地域自治と社会構築』において改めて考察したい。

　なお、中央教育審議会は2008年2月、『新しい時代を切り拓く生涯学習の振興方策について〜知の循環型社会の構築を目指して〜』というＡ４版55頁に及ぶ長文の答申を出した。これについては本書「結章」において考察する。

4　「生涯学習／共生力成熟」と「開かれた地域社会」との関係性
練馬市民大学と学び手・教え手の交流の場

　最後にもう二言。1つは前述した松下圭一の1983年論文「市民文化と市民自治」についてである。それは、練馬市民大学による講座『市民とは……』の一環で、篠原一(東京大学教授)の「市民とはなにか」、松下(法政大学教授)の報告、大谷幸夫(東京大学教授)の「都市構造とまちづくり」、菅直人(衆議院議員)の「市民と政治」、宇井純(東京大学助手)の「公害と市民自治」、筑紫哲也(朝日新聞編集委員)の「マスコミと市民」という連続講演は、同市民大学編『市民の復権：自立社会の創造をめざして』に収められた。松下圭一は練馬区が市民大学を始めるのなら、区内在住の専門家やタレントが講師になればいいので、自分が「小平市からのこのこやって来ることはない」としていた。3年前、武蔵野市在住のときに、「吉祥寺村立雑学大学」の発起人になった経験からの発言であった(練馬市民大学編 1983: 21-22)。

　講座『市民とは……』はもともと「現代都市と市民」「くらしと市民」「市民

第4節　現時における「生涯学習」政策の社会的位座　359

をとりまくもの」の三部で構成され、上述の連続講演のほかに、「地域とコミュニティ」(松原治郎・東京大学教授、石崎明・大沢住民協議会委員：コミュニティ形成の今日的意義と実践例の報告)、「市民の参加」(神原勝・地方自治総合研究所研究員)、「都市農業の将来」(田中公雄・東京都都市計画局副参事、生産者・消費者・行政代表7名：田中氏の問題提起と各代表によるパネルディスカッション)、「市民文化の創造と担い手」(篠原一、重岡健司・茅ヶ崎自由大学、大橋一範・吉祥寺村立雑学大学、田中勇輔・世田谷市民大学、山下史路・練馬市民大学：篠原氏を司会に各市民大学の現状と将来についてのパネルディスカッション)、「消費者問題を考える」(竹内直一・日本消費者連盟代表委員、神原昭子・練馬消費者連盟：消費者運動の歴史と練馬における動向)、「女性の社会参加」(紀平悌子・婦人有権者同盟会長：紀平氏の問題提起と受講者全員によるバス・セッション〔ブンブン討議〕形式による討論)、「くすり・食品と健康——職と薬の文化史」(高橋晄正・医学博士)、という講座があった(同：203-204)。

　「練馬市民大学企画書」は、その「趣旨」をこう説明する。「学びたいと思ったとき、学びたいものが出てきたとき、年齢や職業に関係なく、いつでも普通に参加できる"学ぶ場"があったなら、どんなにか精神的に豊かになれることでしょう。／私たちは、自分たちで学びたいことを企画し、たがいに教え手であり、学び手である学習の場をつくり、生き方や文化やまちづくりを考えようと思い市民の手による市民のための市民の大学として『練馬市民大学』を創設しました」、と。1980年10月のことである。「練馬区在住の一主婦の呼びかけにより準備会が発足。社会教育課に届けられているサークル・リーダーに呼びかけを行い、公民館、図書館などにチラシを置くとともに、練馬区報で呼びかけを行う。以後、定期的に例会を開き、市民大学の在り方などについて議論を重ね、企画書の作成を行う」(同：207)。市民大学には40名からなる運営委員会と事務局(総務、財務、広報、渉外、監査)があり、「プロジェクトチーム」が講座を企画・運営する。資金は委員の会費とカンパによるものであった。

　最初の講座は1981年3月の発足記念講演会で、「学ぶってなあに」「私の市民大学像」を、練馬在住の中山千893・矢崎泰久、篠原一が講演した。同年4月、講座「教育と人生」6回。7月、自主ゼミ形式で「障害って何だろう」2回。

講座「現代ヤングの意識と行動」5回。9月、上記講座「市民とは……」12回。1982年4月、講座「シェイクスピアの魅力」6回。5月、練馬市民大学一周年記念講演会、小中陽太郎の「平和について考えよう」。9月、自主ゼミ「シェイクスピアを読む会」月1回。講座「生きるとは……育てるとは……」7回（自主ゼミ形式で進められてきた『教育』プロジェクトのまとめ的講座）。1983年3月、講座「政治と倫理」4回。4月、講座「私にとってのバッハ」6回。5月、練馬市民大学二周年記念コンサート（ピアニスト・花房晴美、練馬文化ホール小ホール）などが積み重ねられていた。

松下圭一の「田吾作文化」に対する「自治文化」

　松下の講演は論文や著作よりも分かりやすい。《自治文化》を説明するために選ばれたのが《田吾作文化》であり、そのモデルが『水戸黄門』に求められた。若侍が悪さをする、代官がインチキをする、年貢などの悩みがあるにもかかわらず、人びとは愚痴を言い涙を流すだけである。「こういう人間型を田吾作型」と呼ぶが、「自分たちの問題を自分たちで解決する能力を持っていない非自治型の人間型」である（松下 1983: 23）。田吾作型の人間たちが作り出す《田吾作文化》の特徴の1つは、オカミが救済する／オカミによって救済されるという「政治イメージ」にあり、「美濃部黄門」から越山会、前衛党に至るまで共有されるところである（同: 25）。他方、《自治文化》は西部劇に出てくる。西部劇の世界はホワイト（白人）によるアメリカ・インディアン虐殺の歴史だが、ホワイトだけを見れば「自治の世界」がある。何か問題が起きるとバーに集まったり、教会前の広場で議論をし、公職の選出も行う。「文化」は生活のスタイルだが、日常生活の感覚というレベルにおける市民文化ないし市民自治が、さらには「市民的人間型」の成熟という構造が立ちあらわれる。こうした文化の違いが政治の違いを生みだすと松下は対比した（同: 25-26）。しかし横須賀基地・厚木基地の周辺で育った人間として愚考すると、戦後アメリカの《自治文化》は朝鮮戦争、ベトナム戦争、湾岸戦争、イラク戦争、アフガン戦争等々に関与してきたが、戦後日本の《田吾作文化》は平和を大事にしてきたのである。

　松下の《田吾作文化》と《自治文化》は、根底に農村型社会と都市型社会

の差異を置く。農村型社会の生活感覚、《田吾作文化》は、「よく働いて所得が増えれば生活が良くなる」と考えた。所得が上がったら、「上がった形で、社会のしくみを変えていかねばならなかった」が、都市型社会へと変えることはできなかった。社会科学者が一番の田吾作だったし、政府や官僚も田吾作的発想だった。池田内閣の所得倍増計画はその典型で、都市問題・公害問題の「もっとも激しい社会」を結果させた（同：30-33）。それゆえ都市型社会における新しい政策領域の開示が不可避であって、シビル・ミニマム論が、貧困問題に対する社会保障、都市問題に対する社会資本、公害問題に対する社会保健の総体として登場する（同：33-34）。しかも社会保障・社会資本・社会保健はすべて地域特性を帯びる。つまり基礎自治体（市、区、町、村）が一番大事な制度であり、都や県は「中二階」の補完行政体、国は「屋根裏」の基準行政体である。だが、それにもかかわらず東京都は東京市役所、特別区は市役所出張所にすぎない。特別区を自治体にする必要があるし、国は分権化しなければ「国際化」に対応できない（同：37-38）。

　基礎自治体としての区にとって、自治体の規模という問題がある。人口30万人以上になれば、「区民と密着した行政は無理」だが、練馬区56万人、世田谷区は80万人、他方、武蔵野市13万人、三鷹市16万人である。100万人以上の人口規模をもつ政令指定都市では「細かい地域づくりはできない」。20万人までの小規模自治体なら、職員も地域の実情を熟知している。松下は「自分たちの地域は自分たちの手で」と訴え、次の貴重な提言をした。「地域社会のコミュニティ・レベルから自治体行政をとらえなおしていただきたい」（同 42-43）、と。ここでの「コミュニティ」は、国民生活審議会コミュニティ問題小委員会の『コミュニティ――生活の場における人間性の回復』（1969年）、すなわち私の言う「行政コミュニティ形成」を指すものではなかろう。松下はそれを明確に否定していたからである（松下 2006: 40）。もちろんムラ社会でもなく、都市型社会の小規模自治体を支える「コミュニティ・レベル」の存在を、松下は予知している。「そういう意味で、自分たちの地域に合った行政というのはどうあるべきかを、今一度振り返る必要」がある（同：43）。官治型の社会教育行政の存在理由は、《田吾作文化》にあったからである。

　――このようにして、松下政治学の地域社会的基盤は、練馬区や世田谷

区、あるいはより巨大な都市社会ではなく、また田吾作的な農村や地方中小都市でもなく、武蔵野市や三鷹市のような三多摩の"小規模自治体"にあった。しかし実は、全国すべての地域自治組織において、地域住民組織の豊饒化が不可欠な方向性なのであることは、間違いない（例えば、自治体財政劣化のもとでの住民活動への視座の萎縮化、また生涯学習施策実現活動と（自治）公民館活動等との"対立"的関係の醸成などの克服が不可欠となる）。

「生涯学習／共生力成熟」（ライフロング・ラーニング）と「開かれた地域社会」（アソシエーショナル・コミュニティ）との共振的構造

　もう1つの付言は「社会」についてである。とりわけ日本社会学確立者のひとり、高田保馬（1883-1972）は1922年の著作『社会と国家』において、R・M・マッキーヴァー（1882-1970）の多元的政治理論を吸収しながら、「全体社会」を三種の団結ないし結合の複合として把握した。第一は全体社会の成員の全範囲を以てその成員となす「統一的団結」（高田 1922: 77）で、「社会的にして而も組織立てられたるもの、云はば結社を形づくれる部分」（同 : 73-74）をなす。第二は「成員の人数から云へば其一部分づつを含める所の統一的団結」、つまり「堆環的団結」である（同 : 77）。「社会関係の中に与れども、組織を有せざる方面、即ち共同社会の中に入れども結社と云ふ組織に入らざる方面」（同 : 73-74）を指す。第三は成員相互の間に存する「繊維的団結」で、「雑多にして統一を欠き組織を伴はざる結合」（同 : 77）、つまり「何等の社会関係に与る事なき純個人的内容」であるが、「人間個性の中核をなすものは此最後のものの中にある」（同 : 73-74）。――高田保馬は、結社という社会組織を構成する統一的団結、共同社会という社会関係を作るが非結社的な堆環的団結の二者で全体社会を閉じるのでなく、社会組織にも社会関係にも関与しない純個人的内容である繊維的団結を加えるだけでなく、「人間個性の中核をなすものは此最後のものの中にある」と言い切った。

　社会学は、統一的団結→堆環的団結→繊維的団結という、全体社会を構成する諸要素の"下降"過程でなく、高田も意識していたところであるが、繊維的団結→堆環的団結→統一的団結という過程をとおして、個人から発する社会の三層構造の、すなわち「共同的 – 習俗的」結合⇔「諸組織・集団」世界⇔「国家・経済システム」の把握へと"上向"する道筋の認識を課題とする。

その意味で高田の「純個人」は単体としての個ではあっても、関係的な個であり、上向する認識の過程はG・W・Fヘーゲル(1770-193)の言葉で言えば、「精神現象学」的過程でもある。ヘーゲルにおいても大論理学の端緒であるSein（有）は実はNichts（無）との統一、つまりWerden（成）であること、言い換えればWerdenの要素としてSeinとNichtsがあることが示される。この意味で真の端緒はWerdenであるとも言える。個は単体として肉体と精神との統一であるが、単体と関係との統一でもある。

　わたしは、いま、ここで、個の《生涯学習》と《共同社会》の社会力充実とは相互関連する発展過程にある、ということを言おうとしている。言葉をより正確にすれば、個の《生涯学習》と《共同社会》の社会力充実の両者における弁証法的な関係性は、「生涯学習／共生力成熟(ライフロング・ラーニング)」と「開かれた地域社会(アソシエーショナル・コミュニティ)」変革という、お互いを自己の存立のため必要不可欠な"環境(レーゾン・デートル)"とする（Luhmann 1981: 282＝1985: 146）、そういう関係性である。こうした論点については本書第3巻『学習力変革』の第6章「考察2：生涯学習／共生力成熟(ライフロング・ラーニング)の社会学的研究」の第1節「日本社会における『社会』の三層構造把握」、および第4巻の『社会共生力――東アジアと成人学習』の終章・結節「21世紀の地域生涯学習と"もう一つの世界"」において、改めて考察する。

あとがき

1）東日本大震災と地域社会学研究

　2011年3月11日の東日本大震災から1年が経った。衝撃は已まず、未来は見えない。考えてみれば、日本列島の成立史は巨大なハザード（hazard）を内に抱え、それに地球全体の寒冷化／温暖化の問題が被さる。そのすべてが地域社会が生き抜くための構造的基盤である。自然と社会の関係は一様ではなく、［異変時－緊急時－日常時］という時空間構造の変動が根幹をなす（私は地域社会や地域教育を学んできたが、日常時－緊急時を超えた数百年また千年に一度という"異変時"を、地域把握の根幹に据えてはこなかった！）。今次の東日本大震災は［超広域連動型大地震＋大津波］に［原発震災＋政治人災（短期的な政治の無策＋長期的な国家・経済システムの構造問題）を重ね、異変時における［ハザード＋リスク］を大激発させた。だが、「社会」（対人的・集合的結合、中間諸組織・集団、国家・経済システムの三層構造）の要因が、時空間的構造の変動（異変時か、緊急時か、日常時か）に対応した応答に関与していく。私たちは異変時にどう備えればいいのか（減災とは何か）、異変時を緊急時に吸収していくことは如何に可能か（復旧と何か）、緊急時を日常時に転換していくのに何が必要か（復興とは何か）。これらの局面それぞれにおいて「社会」が、そして「個人」がなすべきことがクロスする。だが、こうした課題を考えるにさいしては、東日本大震災が関東大震災や阪神・淡路大震災の経験を超えるところに、意を払わなければならない。

　震災の社会学的総合研究は、『阪神・淡路大震災の社会学』（岩崎信彦・鵜飼孝造・浦野正樹・辻勝次・似田貝香門・野田隆・山本剛郎編、1：被災と救援、2：避難生活、3：復興・防災のまちづくり、1999）の、地域社会と災害・防災の総合研究に始まる。二千年紀に入り、シリーズ「災害と社会」は「災害社会学」体系化を図った（全8巻。災害社会学：大矢根淳ほか。復興コミュニティ論：浦野正樹ほか。災害危機管理論：吉井博明・田中淳。減災政策論：永松伸吾。災害ボランティア論；

菅磨志保ほか。リスク・コミュニティ論：山下祐介。災害情報論；田中・吉井。災害復興論：田中、2007〜2009）。シリーズ「防災を考える」は継続中の防災研究で（全6巻、3・5巻未刊）、第1巻『防災の社会学』（吉原直樹編 2008a）は似田貝香門論文（防災思想の〈転換〉）と吉原論文（防災ガバナンス）の間に各論を置いた（防災ローカル・ノレッジ：後藤一蔵、防災コミュニティ：松井克浩、災害ボランティア：西山志保、生活再建の社会過程：今野裕昭、災害弱者の自立：永井彰）。第6巻『防災教育の展開』（今村文彦編、2011a）の巻頭で今村は、防災と防災教育の基本理念を Knowing Risk, Wise for Risk reduction, Living with Risk.（今村 2011b: 4-13）とした。次いで実践的5論文が続くが、それぞれ地域教育社会学・生涯学習研究に魅力的である（「生きる力」を育む防災教育：佐藤浩樹、夢見る防災教育：諏訪清二、防災ワークショップの実践：村山良之、地域と連携した防災教育：川本孝司、生涯学習と防災教育：佐藤健）。東北大学大学院災害制御研究センターの佐藤健は「災害科学の研究者と安全教育の研究者や安全教育現場の教員とのコラボレーションが必要不可欠である」と書いた（2011a: 171）。社会学者も加わるべきであろう。

　しかし、これら3研究はいずれも今次大震災以前の経験に基づいているので、今次の諸経験を踏まえたハザード／リスクと防災教育との関連の整理は、関係学会／事業にとって共通の課題であると思われる。

2）東日本大震災とハザード／リスク研究

　リスク社会研究は転機にある。『リスク学とは何か』（橘木俊詔・長谷部恭男・今田高俊・益永茂樹『リスク学入門』1、2007a）の冒頭「共同討論」は、「自己の責任において引き受ける危険」としての risk を、「事故や災害など自己が責任を負いきれない出来事をあらわす」danger、「人間の力では避けることのできない」hazard と区別する。risk の社会学ではベックのリスク社会論（環境汚染など産業社会の負の側面）、ルーマンのリスク論（選択の自由に伴うリスク意識高揚）の別に加え（同上討論：6, 12、今田発言）、新たなリスク学をリスクアセスメント、リスクマネジメントの上に構築しようとした（同：47-53）が、巨大地震や津波、寒冷化などハザードの諸問題は隠れてしまう。――チェルノブイリやスリーマイル島は地震も津波もない安定した大地の上にあり、カリフォ

ルニア州定住の人たち（例えば Yeats 2001）ほどは地震・津波に対する切迫感が少ないように思われる。リスク／危険、決定者／非決定者の差異の隠蔽を警戒するルーマン（小松 2003: 31, 140）も、現代リスクを（金融危機や気候変動を含む）グローバル・リスクと捉えるベック（Bech 2011＝2011: 72）も、ハザードが多発する日本列島の地域安全／エネルギーとハザード／リスクとの関連には言及しない。それは私たち自身の課題である。

　日本列島における「地学的平穏の時代」は 1990 年代に終った（大矢根 2005: 276）。ハザードに対する警戒が不可欠となり、「揺れによる倒壊→延焼火災」（同：271）という震災観では今次大震災は捉えられない。①巨大な連動型地震の発生、②原発震災の続発が新たな防災課題になる。①に対し吉井博明（2007b）は首都直下型地震の死者1万人、東海・東南海・南海連動型地震の死者2・5万人という想定（中央防災会議）に種々の減災方策を提起した。②原発震災に関して吉井（2007c）、大矢根（2007b）が中越沖地震－東電柏崎刈羽原発に言及、危惧した。環境社会学者長谷川公一は、分権的な社会は分散型のエネルギー源を、集権的な社会は原発巨大発電所を好む。「エネルギーの選択、つまりエネルギー政策のあり方は、社会の基本的なあり方の選択の問題であり、市民社会のありようと密接に深く関わる」（長谷川 2009: 181）と喝破した。そのことが今次の自然災害を社会震災たらしめた複合的構造の根底に存する、根幹的な「社会」問題なのである。

　今次の地震・津波は「社会」（三層の社会構造）が地学的時空間構造をその存立基盤としていることを全国民に示し、国民もまた「絆」が社会にも政治にも不可欠なことを理解した。そして現実政治とは真逆だったのだが、地域主権（聚落⇔村町区市⇔都道府県⇔国家）の確立という政権党「マニフェスト」が進展していれば、「絆」を「社会」に息づかせるために、国民社会の構成員間の"熟議"を用意できたはずだった。異変時を緊急時に吸収する営みは続くとしても、緊急時における連帯性を取り戻して日常時の多様性へと転換する課題を、家族－聚落、市町村－府県－国、多様な市民的組織－社会的企業の連携によって、補完性原理に基づく復興基本計画を成案化し、そしてその具体化につなげることにおける、国民の間の合意形成が不可欠であった。こうした社会的な活動過程自体が、地域住民の主権者としての力量を成熟させる

のである。――夢物語ではない。生涯学習を「あらゆる機会に、あらゆる場所において学習することができ、その成果を適切に活かすことができる社会の実現」を図る（新・教育基本法第3条：生涯学習の理念）という、異変時も緊急時も「想定」しない生涯学習理解の限界が、今次の大震災であますところなく明瞭になったのである。新たな転回が待たれている。

3）地学的時空間構造変動と三層の社会構造区分との関連

　日本社会に最悪の地学的シナリオは、寒冷化の到来と巨大地震（海溝型、大都市直下型）の続発である。自然の脅威に人知の動向が重なって、原発震災はリスクからハザードに転化する。農山漁村における生存権と自治権の喪失は「構造改革路線」で急速に進んだ。こうした諸困難の中で、「社会」（「社会的・集合的結合」＝家族／聚落、「中間諸組織・諸集団」＝町村／企業、「国家・経済システム」＝国家／権力とイメージ化）は、最悪のシナリオに対し如何に応答するのか。吉井博明は戦後防災システムの確立と災害環境の変化、社会的脆弱性の深刻化という状況下の、「防災システムのフロンティア」を被害軽減と回復力強化と見た（2007c: 204-209）。その論旨を「社会」力の充実・強化と捉え、防災活動・防災教育の枠組みを予備的に整理するため**下図**を作った。

	（α）巨大地震・津波：「三陸」			（β）原発震災：フクシマ		
	国家・経済システム（国家／府県）	中間諸組織・諸集団（町村／企業）	社会的・集合的結合（家族／聚落）	国家・経済システム（国家／府県）	中間諸組織・諸集団（町村／企業）	社会的・集合的結合（家族／聚落）
異変時	●一に救助、二に復旧の人的、財政的行動支援	●救助実施、聚落活動支援、ライフライン復活	●支えあい相互の救助、生活諸物資、外部の協働	●福島原発廃炉。被害者救済、生活権の保障	●住民避難等への対応。倒産、原発内危険作業	●聚落放棄の避難生活、失業状態の強要、生活困難
緊急時	★復興計画作成の調整。中央防災会議等の強化	★復旧から復興へ。防災計画・マップの修正	★家族生活の立て直し、聚落生活の作り直し	●原子炉の段階的閉鎖、エネルギー政策の転換	●原子炉廃炉集団討議。エネルギー転換討議	●帰宅帰村は放射能次第★弱者の保護が肝要
平常時	★内閣府と全官公庁によるハードの防災対策	★地域の教委と首長部局、全社のソフト防災対策	★まちづくり、地域起こし、次世代の育成	★エネルギー転換遂行、一極集中体制の変革	★エネルギー自給・省エネ、地域社会の産業経済再建	★生活と聚落の再建★省エネ生活革命推進

地学的時空間構造変動と三層の社会構造区分との関連（概念図）

この表を見てすぐに分かることは、(α)巨大地震・津波の場合と(β)原発震災の場合とでは、異変時ー緊急時ー平常時の様相がまったく異なることである。家族／聚落といった「社会的・集合的結合」から見ると、異変時において(β)では聚落放棄の避難生活や失業状態が強要されたのに対し、(α)では聚落内部での支えあい・相互の救助に加え、生活諸物資など外部の人たちの協働が期待できた。緊急時になると、(α)では家族生活や聚落生活の立て直し・作り直しが始まり出すが、(β)では帰宅・帰村は放射能次第である(現に見通しが立っていない)。町村や企業など「中間諸組織・諸集団」において、(α)では異常時から緊急時にかけて救助実施・聚落活動支援・ライフライン復活、また復旧から復興への諸活動を展開したが、(β)では町村は住民避難などの対応に追われ、中小企業は企業活動を停止、また原発内危険作業が降りてくる。

　この間、「国家／権力」(「原子力ムラ」諸結合)は(α)でも(β)でも、なすべきことをなしてはこなかった。東日本大震災復興基本法(2011年6月24日)の「基本理念」は、1. 21世紀半ばのあるべき姿を示す復興、2. 地域住民の意向尊重、国―地方の連携、3. 人類共通の課題解決に資する先導的施策、4. 3課題〈安全な地域づくり、被災地域の雇用機会創出と社会経済再生、文化振興・絆の維持強化・共生社会実現〉推進、5. 原子力発電施設事故による災害地域振興は「当該災害の復旧の状況等を勘案しつつ、前各号に掲げる事項が行われるべきこと」(第2条)と謳われた。しかし理念5の無内容さに見るように、(β)による(α)へのしわ寄せが復興庁の発足を2012年2月10日まで遅らせ、かつ中央省庁群の一角としての行政手法が三陸地域民を苦しめている。復興庁発足の前後に「冷温停止」、「原発再稼働」の作略があるが、「フクシマ」の異変時は終わってはいず、地震頻発国におけるエネルギー基本政策の全面的な見直しは先送りされたままである。

4) 東日本大震災と「生涯学習」の展望

　社会教育法(1949年)に生涯学習振興法(1990年)を加えてから20年が経った。前者の公民館活動に後者のコミュニティセンター活動を"対置"したのは、特に東京都政においてであって、「新たな胎動」の4県(本書101頁以降)など

では両者は創発的に協働した。東日本大震災への国民的な対応は、対置でなく創発が、特に公民館活動の再生（新営）が、日本国民の社会的指向であることを示した。理由は2つある。第一に、今次大震災で公民館が果たした役割である。大震災で岩手・宮城・福島3県で公民館894館、図書館251館、博物館236館、生涯学習センター128館が被災したが、残った公民館は宮城県気仙沼市松岩公民館のように地域社会と密接な関係を保ち、館の運営も自治会長連絡協議会等を含む地域公民館経営委員会と館長が担っていた（斎藤文良2011: 8）。避難所となった公民館は3県で139館（全避難所の2割弱）、受入れは12,000人（全避難者の3割弱。文科省調、5月15日付）、避難所運営でも避難者＝地域住民の自治能力向上に努めた。

第二に、「熟議」との連動である。2011年12月、全国公民館連合会（全公連）と全国公民館振興市町村長連盟（全振連）は、「熟議 in 公民館プロジェクト」を全国の公民館に訴えた。全公連と全振連の主張は、①リアル熟議は公民館の共同学習等の現代版である、②地域課題解決に向けた公民館の役割強化を図る、の2点にあった。「熟議」は、熟議民主主義（Deliberative Democracy）を念頭に、民主党「『新しい公共』円卓会議」（2010.01、金子郁容座長）に連なる、鈴木寛文部副大臣（当時）提唱の「『熟議』に基づく教育政策形成の在り方に関する懇談会」（2010.02、金子郁容座長）が推進した。「リアル熟議」（当事者同士の熟慮・討議による解決策模索と自己変容の過程）は学校熟議を中心に2010年度90熟議、11年度77熟議（両者の1割強は社会教育関係）があった。文科省生涯学習局生涯学習推進課が2010年10月から始めた「大学リレー熟議」（「地域と共生する大学づくりのための全国縦断熟議～生涯学習社会における知の拠点・ネットワーク形成」）の展開は興味深い。広義の「生涯学習」において、公民館など地域組織を拠点とする社会教育的展開と、地域組織と大学・高等教育機関等とが協働するリカレント的展開との、緊張ある協力関係を続ける中から次の段階が見えてくるに違いないからである。2つの「生涯学習」の学習過程においてリアル熟議と重ねるなら、民主主義は前進する。

防災教育に関して一言すれば、これまでは主に学校教育場面で進められてきた（中溝2008、佐藤浩樹2011、諏訪2008, 2011、有木・田中2008）。しかし、防災と防災教育の基本理念（"Knowing Risk, Wise for Risk reduction, Living with Risk,"

今村 2011b: 再掲）は、生涯学習と防災教育との共振を強くうながす（佐藤健 2011）。法制上の「地域自治組織」、とりわけ法にはよらない歴史的存在である「住民自治組織」に基づく「防災」の取り組みは、熟議民主主義のより一層の充実と深くかかわる。本巻序文Ⅰに見たハル・コックの「生活形式の民主主義」という視点は、日本の公民館活動が培った行動原理につながっている。私たちはデンマークのライフロング・ラーニングに学びつつ、日本の公民館やアジア諸国の CLC（Community Learning Centers）における経験を一層深めることが必要である（笹井 2009、益川 2009 参照）。「開かれた公民館活動」の創出と「開かれた地域社会」の創成は、21世紀日本にとって極めて重要な課題である。

2012年3月10日

謝辞

　今回の出版に当たって、またも、多くの人たちのお世話になった。友人、きょうだい、家族に謝意を申し上げる（特に広川恵さんには資料の関係でご尽力いただいた）。6年間の松山大学（大学院社会学研究科）特任教授も退職したが、松山、宇和、新居浜の友人にも助けられた。しかし何よりも、東信堂の下田勝司社長はじめ社員の方がた、組版会社の方がたに深く御礼を述べたい。私の病気が主な原因であったが、多大な負担をお掛けした。本書が日本社会の成人教育、生涯学習振興の一助になれば望外の喜びである。（2012.03.10）

第2巻　参考文献

1　参考文献を著者名によりアルファベット順に並べた。
2　原書名に続けて，訳書のあるものは（　）内に挙げた。
3　直接の引用・参照文献を中心に，関連文献も含めた。
4　文献はおおむね2005年度までである。追加した場合も，引用・参照
　　文献および東日本大震災関係を除き，2009年度までとした。

AAVV., 1985, *Guida alla cooperazione e all'autogestione: come costruire e gestire una cooperativa*, Roma, Le guide.
阿部博之，2005,「技術者教育の課題」（『IDE 現代の高等教育』No.470，特集「技術者教育の曲がり角」，所収）
阿部謹也，1995a,「人文社会系教育のあり方」（国立大学協会編『文化立国をめざし——国立大学は訴える』，国立大学協会）
——，1995b,「生涯学習，その理念　国立大学の役割」（同上書，所収）
——，1995c,『「世間」とは何か』（講談社現代新書）
——，1997,『「教養」とは何か』（講談社現代新書）
——，1998a,「教養とは何か——教養の二つの形（個人の教養と集団の教養）について」（大阪経済大学『経済史研究』第2号，所収）
——，1998b,「いかにして教養を身につけるか」（敬和学園大学編『リベラル・アーツとキリスト教』，敬和カレッジ・ブックレット No.4）
——，1999,「教養教育の将来」（日本教育学会編『教育学研究』第66巻第4号，所収）
——，2001,『学問と「世間」』（岩波新書）
——，2005,『「世間」への旅』（筑摩書房）
——，2006,『近代化と世間——私が見たヨーロッパと日本』（朝日新聞社）
Accornero, A. et al., *1977, Movimento sindacale e societa italiana*, Milano, Feltrinelli Economica.
—— (a cura di), 1983, *L'Identità comunista: i militanti, la strutta, la cultura del Pci*, Roma, Editori riuniti.
——，1992a,「柔らかい社会における労働組合」（片桐薫訳，日本労働組合総評議会経済局編『総評調査月報』19-11所収（「この論文は，イタリア・ロンバルディ州の CGIL 付属『経済，労働研究センター』編『イタリアにおける産業関係の展望』の巻頭論文で，それをアリス・アッコルネロが要約し，『リナシタ』1985年6月29日号に掲載したものである」という訳者の付記がある。訳者によれば，アッコルネロは当時，「前『ラッセーニャ・シンダカーレ』〔『労働組合雑誌』〕編

―――, 1992b, *La parabola del sindacato: ascesa e declino di una cultura,* Bologna, Il Mulino.

―――, 1994, *Il mondo della produzione,* Bologna, Il Mulino.

Acquaviva, S. S., 1981, *L'eclissi del sacro nella civiltà industriale: Una teoria del movimento generale di dissacrazione e una sintesi della pratica religiosa nel mondo,* Milano, Edizioni di comunità.

―――, 1994, *Automazione e nuova classe: la societa gestita da un grande sistema telematico,* Padova, Edizioni GB.

Acquaviva, S. S. e Guizzardi, G., 1974, *Religione e irreligione nell'età postindustriale,* Roma, Editrice AVE.

Ahrne, G. and Roman, C., 1997, *Rapport till Utredningen om fordelningen av ekonomisk makt och ekonomiska resurser mellan kvinnor ovh man,* SOU. (=2001, 日本・スウェーデン家族比較研究会／友子・ハンソン訳『家族に潜む権力――スウェーデン平等社会の理想と現実』, 青木書店)

相原静彦・木全崇仁・田中公博・田中亮偉・長谷川健一共著, 2002, 「富士通 成果主義人事制度の変遷」(神戸大学大学院経営学研究科社会人 MBA プログラム「ビジネスシステム応用研究」レポート) (http://www.kobe-mba.net/life/minipro/2002/materials/5.pdf)

赤岡功, 1989, 『作業組織再編成の新理論』(千倉書房)

赤祖父俊一, 2006, 『北極圏へ――オーロラと地球温暖化に挑む』(白日社)

―――, 2008, 『正しく知る地球温暖化――誤った地球温暖化論に惑わされないために』(誠文堂新光社)

秋間実, 1974, 『科学論の世界』(大月書店)

天野正子, 1997, 『フェミニズムのイズムを超えて――女たちの時代経験』(岩波書店)

網野善彦, 1993, 「日本列島とその周辺――『日本論』の現在」(岩波講座「日本歴史」第 1 巻『日本列島と人類社会』, 岩波書店, 所収)

―――, 2000, 『「日本」とは何か』(講座「日本の歴史」00, 講談社)

安藤彦太郎, 1957, 「孫文『三民主義』解説」(岩波文庫)

Antikainen, A., 1994, "New universities, welfare state and market: the case of Finland," in Dahllöf, U. and Selander, S. (eds), *New universities and regional context: paper from an International Seminar held at Sundsvall, Sweden 14-18 June, 1992,* Stockholm, Uppsala universitet.

―――, 1998a, "Between Structure and Subjectivity: Life-histories and Lifelong Learning," in the *Journal of International Review of Education,* Vol.44, No..2-3.

――, 1998b, "Life-histories of Learning, the'Learning Society'and Globalization," Data for Committe on Conceptual and Terminological Analysis: panel at the World Congress of the International Sociological Association, Montreal, Canada.

――, 2001, "Is Lifelong Learning Becoming a Reality? The Case of Finland from a Comparative Perspective," in the *European Journal of Education*, Vol.36, No.3. In Antikainen, A. (ed), 2005, *Transforming a learning society*.

―― (ed.), 2005, *Transforming a learning society: the case of Finland*, Bern, P. Lang AG, European Academic Publishers.

Antikainen, A., Houtsonen, J., Huotelin, H. and Kauppila, J., 1996, *Living in a Learning Society: Life-histories, Identities and Education*, London, Washington, D.C., Falmer Press.

――, 2002, "Educational generations and the futures of adult education: a Nordic experience," in the *International Journal of Lifelong Education*, Vol.21, No.3, Routledge, part of the Taylor & Francis Group.

Antikainen, A. and Harinen, P., 2002,"Living and Learning in a Changing European Periphery,"in *Lifelong Learning in Europe*, vol.7.3. In Antikainen, A. (ed.), 2005, *Transforming a learning society: the case of Finland*.

Antikainen, A., Harinen, P. and Torres, C. A., 2006, *In from the Margins: Adult Education, Work And Civil Society*, Sense Publishers.

安西祐一郎, 2001,「大学教育と大学組織のあり方を問う」(大学の研究教育を考える会編『大学の社会的責任』, 所収)

――, 2008,『教育が日本をひらく――グローバル世紀への提言』(慶應義塾大学出版会)

――, 2010,「日本の大学の『ガラパゴス化』――中韓との連携通じ脱却を」(日本経済新聞6月14日号)

青島矢一, 2008a,「失われた10年と人材育成・教育システムの改革」(青島編『企業の錯誤/教育の迷走――人材育成の「失われた10年」』の序章, 東信堂)

――, 2008b,「全体観の欠如と個性の罠」(同上書の終章)

Argyris, C. and Schön, D., 1978, *Organizational learning: a theory of action perspective*, Addison-Wesley Pub. Co.

Argyris, C., 1993, *On organizational learning*, Blackwell.

阿利莫二・高木鉦作・松下圭一・小森武・鳴海正泰, 1960,『大都市における地域政治の構造――杉並区における政治・行政・住民』(東京都政調査会)

有木康雄・田中泰雄, 2008,「大学における震災教育システムの開発」(岩崎信彦・田中泰雄・林勲男・村井雅清編『災害と共に生きる文化と教育』, 所収)

浅川和幸, 1987, 「九州B工場における労働過程と職場構造——職場共同生活体の現実的基盤に関する分析(2)」(小林甫編著『大企業労働者の「企業共同生活体」の構造とその地域的特質に関する実証的比較研究』, 1984〜86年度科学研究費補助金一般研究B・研究成果報告書, 所収)

——, 1992, 「『無人化ライン』における労働過程・職場社会の研究」(小林甫編『大企業労働者の生活と文化における〈同化の中の異化〉——電機産業M社グループ・S社を通しての実証的研究』所収。北海道大学教育学部附属産業教育計画研究施設・研究報告書第40号, 所収)

——, 2009, 「ブラジル人労働者の労働と社会関係——『顔の見えない定住化』の終焉とそのゆくえ」(小内透編著『在日ブラジル人の労働と生活』, 所収)

浅野慎一・岩崎信彦・西村雄郎(編), 2008, 『京阪神都市圏の重層的なりたち——ユニバーサル・ナショナル・ローカル』(京都・昭和堂)

Ashby, E., 1963, *Technology and the Academics: An Essay on Universities and the Scientific Revolution*, MACMILLAN & Co., London. (=1967, 島田雄次郎訳『科学革命と大学』, 中央公論社)

渥美公秀, 2008, 「文化としての災害ボランティア活動」(岩崎信彦・田中泰雄・林勲男・村井雅清編『災害と共に生きる 文化と教育』, 所収)

東市郎, 2005, 「高等専門学校における技術者教育の現状」(『IDE 現代の高等教育』No.470, 所収)

Bagnasco, A., 1977, *Tre Italie: la problematica territoriale dello sviluppo italiano*, Bologna, Il Mulino.

——, 1986, *Torino: un profilo sociologico*, Giulio Einaudi.

——, 1990a, *La Città dopo Ford: il caso di Torino*, Bollati Boringhieri.

——, 1990b, "The Informal Economy," in ISA Current Sociology 38-2/3.

——, 1995, "Introduction: An unexpected and controversial return," in Bagnasco and Sabel 1995.

——, 1996, *L'Italia in tempi di cambiamento politico*, Il Mulino.

Bagnasco, A. e Triglia, C., 1984, *Società e politica nella aree di piccola impresa: il caso di Bassano,* Arsenale, Venezia.

——, 1985, *Società e politica nella aree di piccola impresa: il caso di Valdelsa*, Franco Angeli, Milano.

Bagnasco, A. and Sabel, C.F. (eds.), 1995, *Small and medium-size enterprises,* London and New York, Pinter.

Bagnasco, A., Barbagli, M. e Cavalli, A., 1997, *Corso di sociologia*, (2ed., 2007), Bologna, Il Mulino.

Barshay, A. E., 1988, *State and Intellectual in Imperial Japan: The public man in crisis*, University of California Press.

Bates, T., 2011, "E-learning and distant education in mongolia." Http://www.tonybates.ca/2011/01/14/distance-education-in-mongolia.

Becattini, G., 1987, *Mercato e forze locale: il distretto industriale*, Bologna, Il Mulino.

——, 1990, "The Marshallian industrial district as a socio-economic notion," in Pike, F. Becattini, G. and Sengenberger, W. (eds.), *International Districts and Inter-firm Cooperation in Italy*, Geneva, Institute for Labour Studies.

Beck, U., 1986, *Risikogesellschaft: Auf dem Weg in eine andere Moderne*, Edition Suhrkampf. (＝1998, 東廉・伊藤美登里訳『危険社会――新しい近代への道』法政大学出版局)

——, 2005, "How not to become a museum piece," in *British Journal of Sociology*, 56-3.

——, 2011, Aus gegebenem Anlaß: Fukushima oder die Zukunft Japans in der Weltrisikogesellshaft. (＝2011, 鈴木宗徳訳「福島、あるいは世界リスク社会における日本の未来」抄訳,『世界』6月号, 岩波書店, 所収)

Beck, U. and Beck-Gernsheim, E., 2001, *Individualization*, SAGE Publication, London.

Beynon, H., 1973, *Working for Ford*, Reading, Cor & Wyman Ltd. (＝1980, 下田平裕身訳『ショップ・スチュワードの世界――英フォード工場活動家伝説』, 鹿砦社)

Blauner, R., 1964, *Alienation and Freedom: The Factory Worker and His Industry*, The University of Chicago Press. (＝1971, 佐藤慶幸監訳, 辻勝次・村井忠政・吉川栄一訳『労働における阻害と自由』, 新泉社)

Blum, L., 1991, *Between feminism and labor*, The University of California Press. (＝1996, 森ます美・居城舜子・川東英子・津田美穂子・川島美保・中川スミ・伊藤セツ・杉橋やよい訳『フェミニズムと労働の間』, 御茶の水書房)

Bodei, R. and Cassano, F., 1977, *Hegel e Weber: egemonia e legittimazione*, Bari, De Donato.

Borzaga, C. and Defourny, J. (eds.), 2001, *The Emergence of Social Enterprise*, London, Routledge. (＝2004, 内山哲郎・石塚秀雄・柳沢敏勝訳『社会的企業――雇用・福祉のEUサードセクター』, 日本経済評論社)

Braverman, H., 1974, *Labor and monopoly capital: The degradation of work in the Twentieth Century*. (＝1978, 富沢賢治訳『労働と独占資本――20世紀における労働の衰退』, 岩波書店)

Brender, A. et Aglietta M., 1984, *Les metamorphoses de la société salariale*. (＝1990, 斉藤日出治・若森章孝・山田鋭夫・井上泰夫訳『勤労者社会の転換――フォーディズムから勤労者民主制へ』, 日本評論社)

Brunello, G. e Gambarotto, F., 2003, "Doppio binario: un passo indietro rispetto alla legge De Mauro," in Il mattino di Padova, 13 marzo. Padova.

Brusco, S., 1982, "The Emilian model: productive decentralisation and social integration," *Cambridge Journal of Economics*, 6.
———, 1989, *Piccole imprese e distretti industriali*, Turin, Rosenberg & Sellier.
Burawoy, M., 1979, *Manufacturing consent: changes in the labor process under monopoly capital*, Chicago, University of Chicago Press.
———, 1985, *The politics of production: factory regimes under capitalism and socialism*. London, Verso.
———, 2005,"For Public Sociology," in *American Sociological Review.*, Vol.70. 2005, in British Journal of Sociology, 56-3.
———, 2009,"The Ethnographer's Curse," (=2009, 鈴木玲訳「エスノグラファーの呪い——市場原理主義の時代の労働研究」, 日本労働社会学会年報第20号『労働者像のこの10年』, 東信堂, 所収)
Burawoy, M., [et al.], 2000, *Global ethnography: forces, connections, and imaginations in a postmodern world*, Berkeley, University of California Press.
Carboni, C. (a cura di), 1988, *Classi e movimenti in Italia1970-1985*, Roma, Laterza.
———, 1991, *Lavoro e cultura del lavoro*. Gius. Laterza & Figli Spa. Roma-Bari.
Carulli, G. B. and Slejko, D., 2005,"The 1976 Friuli (NE Italy) earthquake,"in *Giornale di Geologia Applicata*, 1.
Cascioli, R. e Gaspari, A., 2004, *Le bugie degli ambientalisti,* Edizioni Piemme S.p.A. (=2008, 草皆伸子訳『環境活動家のウソ八百』, 洋泉社新書)
Cassano, F., 1996, *Il pensiero meridiano*, Gius. Laterza & Figli. (=2006, F・ランベッリ訳『南の思想——地中海的思考への誘い』(原著の増補新版〔2005〕をもとにした翻訳。講談社選書メチエ)
———, 2003, *Oltre il nulla: stidio su Giacomo Leopardi*, Roma, GLF editori Laterza.
———, 2005,「南の思想の射程——2005年イタリア語新版序文」(上記『南の思想』, 所収)
カッサーノ, F., 2006,「南の思想と『ホモ・キヴィクス』, あるいは異文化対話の倫理へ」(F・ランベッリとのインタビュー, 同上書, 所収)
Castells, M., 1996, *The Rise of the Network Society. (The Information Age: Economy, Society and Culture*, Vol.I. Oxford, Blackwell Publishers Ltd.)
———, 1997, *The Power of Identithy,* Oxford, Blackwell.
———, 1998, *End of Millenium*, Oxford, Blackwell.
———, 1999a, *Global Economy, Information Society, Cities and Regions.* (=1999, 大澤善信訳『都市・情報・グローバル経済』, 青木書店)
———, 1999b,「日本的発展モデルの危機とグローバリゼーション, 都市, 地域」(同

上書「序文」)
——, 2001a, "Epilogue: Informationalism and Network Society," in Himanen, P., *The Hacker Ehic*. (=2001, 山形浩生訳「エピローグ——情報主義とネットワーク社会」, 安原和見・山形浩生訳『リナックスの革命』, 所収)
——, 2001b, *The Internet Galaxy: Reflections on the Internet, Business, and Society*, Oxford University Press.
Castells, M. and Himanen, P., 2002, *The Information Society and the Welfare State: The Finnnish Model*, Oxford University Press. (=2005, 高橋睦子訳『情報社会と福祉国家——フィンランド・モデル』, ミネルヴァ書房)
Cestari, M., 2004, (=2006, 米山優訳「イタリアにおける日本の宗教・哲学研究」(J.W. ハイジック編『日本哲学の国際性——海外における受容と展望』, 世界思想社, 所収)
千葉正士, 1962, 『学区制度の研究——国家権力と村落共同体』(勁草書房)
——, 1986, 『要説・世界の法思想』(日本評論社)
——, 2007, 『世界の法思想入門』(講談社学術文庫。1986, 『要説世界の法思想』日本評論社の改題・文庫化)
朝鮮史研究会 (編), 1995, 『【新版】朝鮮の歴史』(三省堂)
秋教昇 (Kyo-Sung CHU), 朴昌業 (Chang-Eob Baag), 都司嘉宣, 2005, 「韓半島で発生した最大級の地震——1681年6月韓国東海岸地震」(歴史地震研究会編『歴史地震』第20号, 所収)
中央教育審議会, 2002, 答申『新しい時代における教養教育の在り方について』(文部科学省)(www.mext.go.jp/b_menu/shingi/chukyo/chukyo0/toushin/020203.htm)
——, 2003, 答申『新しい時代にふさわしい教育基本法と教育振興基本計画の在り方について』(文部科学省)(www.mext.go.jp/b_menu/shingi/chukyo/chukyo0/toushin/030301.htm)
——, 2004, 『今後の生涯学習の振興方策について(審議経過の報告)』(www.mext.go.jp/b_menu/shingi/chukyo/chukyo2/toushin/04032901.htm)
——, 2008, 『新しい時代を切り拓く生涯学習の振興方策について～知の循環型社会の構築を目指して～』(www.mext.go.jp/component/b_menu/shingi/toushin/__icsFiles/afieldfile/2008/12/18/080219.pdf.)
Collins, R., 1979, *Credential Society: A Historical Sociology of Education and Stratification*, Academic Press. (=1984, 新堀通也監訳, 大野雅俊・波平勇夫訳『資格社会——教育と階層の歴史社会学』, 有信堂高文社)
Crossley, N., 1996, *Intersubjectivity: The Fablic of Social Becomming*. (=2003, 西原和久訳『間主観性と公共性——社会生成の現場』, 新泉社)

―――, 2004, *After Habermas: New Perspectives on the Public Sphere*, Oxford, Blackwell Publishing.
㈶大学基準協会, 2000,『工学教育に関する基準』(大学基準協会)
大学における実践的な技術者教育に関する協力者会議, 2010,『大学における実践的な技術者教育のあり方』(文部科学省)
大学の研究教育を考える会(野村浩泰・前田正史)編, 2001a,『大学の社会的責任――大学における学問・教育・人材育成』(丸善株式会社)
―――, 2001b, パネル討論「大学は社会的責任をどう果たすか?」(同上書所収)
大学の研究教育を考える会(草原克豪・野村浩泰・前田正史)編, 2001,『大学の自律と自立――組織・運営・財政』(丸善株式会社)
D'Angelillo, 1990, "Dietro il mito «Giappone»," L'Unita', 21 Febbraio, 1990, Roma.
Delors, J., 1996, "Education: the necessary Utopia," in *Learning: The Treasure within. Report to UNESCO of the International Commission on Education for the Twenty-first Century*, edited by Delors, UNESCO. (=1997, J・ドロール「教育:なくてはならない理想郷」, 天城勲監訳『学習:秘められた宝』, ユネスコ「21世紀教育国際委員会」報告書, ぎょうせい, 所収)
Demetrio, D., 1999, *Manuale di educazione degli adulti*, Editoria Laterza, Roma-Bari, Quinta edizione.
De Nardis, P. (a cura di), 1998, *Le nuove frontiere della sociologia*, Carroci, Roma.
Denmark Ministry of Education, 1997, (=1997, 山岸明彦訳『デンマークにおける生涯学習』, 北海道経済連合会会長・戸田一夫刊)
ディ・マルティノ, L. A., 「イタリアの地場産業発展モデルによる『もうひとつのグローバル化』の可能性」(片岡幸彦編『下からのグローバリゼーション』, 新評論, 所収)
土光敏夫(監修), 1982,『これが行革だ――臨調答申の手引き[付]全文』(サンケイ出版)
Dolby, N. and Dimitriadis, G. (eds.) with Willis, P., 2004, *Learning to Labor in New Times*, RoutledgeFalmer.
Dore, R., 1973, *British Factory-Japanese Factory: The Origins of National Diversity in Industrial Relations*, University of California Press. (=1987, 山之内靖・永易浩一訳『イギリスの工場・日本の工場――労使関係の比較社会学』, 筑摩書房)
―――, 2000, *Stock Market Capitalism: Welfare Capitalism—Japan and Germany versus the Anglo-Saxons*, Oxford University Press (=2001, 藤井眞人訳『日本型資本主義と市場主義の衝突――日・独対アングロサクソン』, 東洋経済新報社)
愛媛県, 1992,『生涯学習社会における公民館のあり方と学習プログラムに関する研究』(愛媛県)

愛媛県，2003，『愛媛県生涯学習推進計画——自己をひらき共に生きる"学び舎えひめ"の創造』(ehime-c.esnet.ed.jp/shougai/keikaku.html)

愛媛県公民館連絡協議会／愛媛県総務部企画広報課編，1960，『伊予路』(第7回全国公民館大会特集号)

愛媛県教育委員会，1993，『企業と生涯学習』(愛媛県生涯学習調査研究活動事業報告書，愛媛県教育委員会)

愛媛県生涯学習センター（編），1995，『地域素材を活用した生涯学習』(同センター発行)

Emery, F. E. and Thorsrud, E. in cooperation with Trist, E., 1974, *Form and Content in Industrial Democracy: Some Experiences from Norway and Other European Countries*, tarnslated from the Norwegian, Tavistock Publications, London.

江守正多，2008，『地球温暖化の予測は「正しい」か？——不確かな未来に科学が挑む』(株式会社化学同人)

圓城寺美佳（日本経団連21世紀政策研究所），2005，「構造改革特区の現状分析と企業にとっての意味」(『企業診断』，同友館，3月号，所収)

Evers, A. and Laville, J-L., 2004, *The Third Sector in Europe*, Edward Elgar Publishing Ltd. (=2007, 内山哲朗・柳沢敏勝訳『欧州サードセクター——歴史・理論・政策』，日本経済評論社)

Faure, E., Herrera, F., Kaddoura, A-R., Lopes, H., Petrovsky, A. V., Rahnema, M. and Ward, F. C., 1972, *Learning to be: The world of education today and tomorrow*, UNESCO, Paris and Harrap, London. (=1975, 国立教育研究所内フォール報告書検討委員会〔代表：平塚益徳〕訳『未来の学習』，第一法規出版)

Featherstone, M., Thrift, N. J. and Urry, J., 2005, *Automobilities*. (= 2010, 近森高明訳『自動車と移動の社会学』，法政大学出版局)

Ferrari, V., Ronfani, P. e Stabile, S. (a cura di), 2001, *Conflitti e diritti nella società transnazionale*. Milano, FrancoAngeli.

Ferrarotti, F., 1972, *Una sociologia alternativa: Dalla sociologia come tecnica del conformismo alla sociologia critica*. (=1979, translated Pasqualino and Barbara Columbo, *An alternative sociology*, John Wiley & Sons Inc.).(=1980, 古城利明／R・マッジ／元島邦夫訳『オルターナティヴ社会学——操作テクニックとしての社会学から批判社会学へ』，合同出版)

――, 1981, *Storia e storie di vita*, Laterza, Roma-Bari.

――, 1986, Manuale di sociologia (4a ed., 1995), Laterza, Roma-Bari.

Fortunato, M. and Methnani, S., 1990, *Immigrato*. (=1994, 関口英子訳『イタリアの外国人労働者』，明石書店)

Frankel, A. D., Petersen, M. D., Wheeler, R. L., Cramer, C. H. et al., 2002, "Documentation for the 2002 Update of the National Seismic Hazard Maps," in *U.S. GEOLOGICAL SUEVEY*, Open-File Report 02-420.
Fricke, E.,（=1986，石川康子訳「西ドイツの技術者・技術員——現代的問題と労働組合の課題」,『賃金と社会保障』7月上旬号，所収）
Fucini, J. J. and Fucini, S., 1990, *Working for the Japanese*.（=1991，中岡望訳『ワーキング・フォー・ザ・ジャパニーズ——日本人社長とアメリカ人社員』, イースト・プレス）
藤垣裕子，2002a，「科学的合理性と社会的合理性——妥当性境界」，小林傳司編『公共のための科学技術』，所収）
――，2002b，「現場科学の可能性」(小林傳司編『公共のための科学技術』，所収）
――，2003，『専門知と公共性——科学技術社会論の構築へ向けて』(東京大学出版会）
――，2005，『科学技術社会論の技法』(東京大学出版会）
藤井博志，2006，「社会福祉協議会とNPO」(牧里毎治編『地域福祉論——住民自治と地域ケア・サービスのシステム化』放送大学教育振興会）
藤井敏嗣・纐纈一起（編），2008，『地震・津波と火山の事典』(丸善）
藤本隆宏，2003，『能力構築競争——日本の自動車産業はなぜ強いのか』(中公新書）
藤本隆宏・東京大学21世紀COEものづくり経営研究センター，2007，『ものづくり経営学——製造業を超える生産思想』(光文社新書）
Fujimoto, T. and Clark, K., 2009, *Product development performance: strategu, organization, and management in the world auto industry*.（=2009，田村明比古訳『製品開発力——自動車産業の「組織能力」と「競争力」の研究』(ダイヤモンド社）
藤岡美恵子・越田清和・中野憲志（編），2006，『国家・社会変革・NGO —— NGO運動はどこへ向かうべきか』(新評論）
藤田弘夫，1982，『日本都市の社会学的特質』(時潮社）
――，1991，『都市と権力——飢餓と飽食の歴史社会学』(創文社）
――，2006，『路上の国柄——ゆらぐ「官尊民卑」』(文藝春秋）
藤田弘夫・浦野正樹（編著），2005，『都市社会とリスク——豊かな生活をもとめて』東信堂）
藤原毅夫，2005，「東京大学工学部における工学教育改革の実験」(『IDE 現代の高等教育』No.470，所収）
深井純一，2008，「阿波漁村の津波防災の努力と体験記出版」(岩崎信彦・田中泰雄・林勲男・村井雅清編『災害と共に生きる文化と教育』，所収）
布川清司，1995，『江戸時代の民衆思想——近世百姓が求めた平等・自由・生存』(三一書房）

福島清彦, 2002, 『ヨーロッパ型資本主義——アメリカ市場原理主義との決別』(講談社現代新書)
——, 2003, 『アメリカのグローバル化戦略』(講談社現代新書)
——, 2006, 『アメリカ型資本主義を嫌悪するヨーロッパ』(亜紀書房)
——, 2009, 『環境問題を経済から見る——なぜ日本はEUに追いつけないのか』(亜紀書房)
FUKUSHiMAプロジェクト委員会(水野博之・山口栄一・西村吉雄・河合弘之・飯尾俊二・仲森智博・川口盛之助・本田康二郎)編, 2012, 『FUKUSHiMAレポート——原発事故の本質』(日経BPコンサルティング)
Fuller, S., 1992, "Social Epistemology and the Research Agenda of Science Studies," in *SCIENCE AS PRACTICE AND CULTURE*, The University of Chicago. (=1996, 河村市郎訳「社会的認識論と科学論の研究戦略」, 『現代思想』5月号, 特集「科学者とは誰か」, 青土社, 所収)
古城利明, 1977, 『地方政治の社会学——階級性と公共性の論理』(東京大学出版会)
——, 1980, 「戦後のイタリア社会学とオルターナティヴ社会学」(F・フェッラロッティ著, 古城利明／R・マッジ／元島邦夫訳『オルターナティヴ社会学』の「解説」)
——(編著), 1982, 『世界システムとヨーロッパ』(中央大学出版部)
——, 1998, 「ヨーロッパ連合とイタリア」(高柳先男編著『ヨーロッパ統合と日欧関係——国際共同研究Ⅰ』, 中央大学出版部, 所収)
古谷圭一, 1970, 「大学における工学の変質」(『思想』第553号, 所収)
布施晶子, 1984, 『新しい家庭の創造——「母親」と「婦人労働者」のはざまで』(青木書店)
——, 1993, 『結婚と家族』(岩波市民大学・人間の歴史を考える5, 岩波書店)
布施鉄治, 1968, 「地域工業化に伴う農村社会変動と農民教育」(北海道大学教育学部附属産業教育計画研究施設編『研究紀要』第1号, 苫小牧市糸井・柏原地区調査)
——, 1969, 「農民層の"生活の論理"と農村社会再編過程」(村落社会研究会編『村落社会研究』第5号, 苫小牧市弁天開拓部落調査)
——, 1972, 『行為と社会変革の理論——マルクス主義社会学方法論序説』(青木書店)
——, 1975, 「戦後日本農村社会学の展開と農民層の『生産・労働——生活過程』分析の視角」(北川隆吉監修『社会・生活構造と地域社会』, 時潮社所収。1970年に執筆したもの)
——(文責), 1975, 「国民社会学原理ノート(遺稿)について」(鈴木榮太郎著作集第Ⅷ巻『国民社会学原理ノート(遺稿)』, 未來社)

――，1976,「社会機構と諸個人の社会的労働――生活過程」(『北海道大学教育学部紀要』第26号。1983, 布施・岩城・小林『社会学方法論』所収)
――(編著), 1982,『地域産業変動と階級・階層――炭都・夕張労働者の生産・労働－生活史・誌』(御茶の水書房)
――，1984,「生活と貧困と教育――教育における『貧困研究』の視座と実証」(『篭山京著作集』第6巻「解題」)
――，1988,「地域社会研究の意義と方法――日本資本主義の発展と北海道社会分析の視点」(北海道社会学会編『現代社会学研究』第1号)
――(編著), 1992,『倉敷・水島／日本資本主義の展開と都市社会――繊維工業段階から重化学工業段階へ；社会構造と生活様式変動の論理』(東信堂)
布施鉄治・岩城完之・小林甫, 1974,「生活構造と社会構造変動に関する一考察」(日本社会学会編『社会学評論』第99号, 所収)
――，1983,『社会学方法論――現代における生産・労働・生活分析』(御茶の水書房)
布施鉄治・白樫久・安倍恒雄, 1976,「資本主義の『高度成長』と『家』及び『村落社会』の構造変動の論理――北海道専業酪農地帯・標茶町虹別I部落における実証研究」(『村落社会研究』第11集)
布施鉄治・小林甫, 1977,「わが国における労働・産業社会学の形成過程に関する一考察」(日本社会学会編『社会学評論』第110号, 所収)
――，1979,「現段階における地域社会研究」(地域社会研究会年報創刊号『地域社会研究の現段階的課題』, 時潮社, 所収)
布施鉄治・安原茂・岩城完之・布施晶子・酒井恵真・藤井史朗・内田司・小内透・浅野慎一・土田俊幸, 1990,『東京墨田区における事業体, 世帯(家族)の生産・生活様式変容と地域社会の構造的変質過程』(北大生活社会学研究会編『調査と社会理論』14, 北海道大学教育学部教育社会学研究室)
布施鉄治著作集編集委員会(編), 2000,『調査と社会理論：布施鉄治著作集』(北海道大学図書刊行会)
Gao Wenqian (高文謙), 2007, *Zhou Enlai's Later Years*. (2007, 上村孝治訳『周恩来秘録――党機密文書は語る』文藝春秋社。2010, 文春文庫版, 上・下)
Gambino, F., 2003, *Migranti nella tempesta: Avvistamenti per l'inizio del nuovo millennio*. Ombre corte, Verona.
ギデンズ, A. (渡辺聰子訳), 2008,「グローバル時代の仕事と政府の政策」(渡辺聰子, A・ギデンズ, 今田高俊『グローバル時代の人的資源論』の第5章)
ギデンズ, A.・渡辺聰子, 2009,『日本の新たな「第三の道」――市場主義改革と福祉改革の同時推進』(ダイヤモンド社)
Giddens, A. and Pierson, Ch., 1998, *Conversation with Anthony Giddens: Making Sense of*

　　　　Modernity, Polity Press. (=2001, 松尾精文訳『ギデンズとの対話——いまの時代を読み解く』而立書房)
Giorio, G. (a cura di), 1990, *Dall'intersoggettività alla reciprocità: nelle risposte ai bisogni umani della società tecnologica,* Padova, CEDAM.
後藤一蔵, 2008,「防災をめぐるローカル・ノレッジ——消防団の系譜と今後の可能性を中心に」(吉原直樹編『防災の社会学』, 所収)
後藤新平・塚越停春, 1922,『江戸の自治制』(二松堂。2010, 現代語訳/復刻版, 公人社)
後藤敏夫, 1980,『人事管理の理論——人間協働の探求』(学陽書房)
Granovetter, M.S., 1973, "The Strength of Weak Ties," *American Journal of Sociology*, 78.
――, 1974, *Getting a job: a study of contacts and careers,* Harvard University Press. (1995, = 渡辺深訳『転職——ネットワークとキャリアの研究』ミネルヴァ書房)
Guidetti, G., 1998, *L'analisi empirica della segmentazione e della flessibilità del lavoro utilizzando le tecniche di job creation edestruction,* Ufficio Studi Uniokamere Emilia-Romagna.
Habermas, J., 1990, *Strukturwandel der Öffentlichkeit: Untersuchungen zu einer Kategorie der bürgerlichen Gesellschaft,* Surkamp Verlag, Frankfurt am Main. (=1994, 細谷貞雄・山田正行訳『公共性の構造転換——市民社会の一カテゴリーについての探求』, 未來社)
濱口桂一郎, 1998,『EU労働法の研究——欧州社会モデルに未来はあるのか?』(日本労働研究機構)
――, 2002,「EUの労働・社会政策と日本へのインプリケーション」(http://homepage3.nifty.com/hamachan/imply.html).
――, 2009,『新しい労働社会——雇用システムの再構築へ』(岩波書店)
阪神復興支援NPO(編), 1995,『真野まちづくりと震災からの復興』(自治体研究社)
原山優子, 2001,「シリコンバレーの産業発展とスタンフォード大学のカリキュラム変遷」(青木昌彦・澤昭裕・大東道郎・『通産研究レビュー』編集委員会編著『大学改革 課題と争点』, 東洋経済新報社)
――, 2003,『産学連携——「革新力」を高める制度設計に向けて』(東洋経済新報社)
――, 2004,「世界と日本の産学交流」(『IDE 現代の高等教育』第463号・特集「産学交流と大学改革」, 所収)
長谷部恭男(責任編集), 2007,『法律からみたリスク』(「リスク学入門」3, 東京大学出版会)
――, 2011,「発電方法の選択——政府が正しいとは限らぬ」(北海道新聞7月2日号)
長谷川公一, 1996,『脱原子力社会の選択——新エネルギー革命の時代』(新曜社)
――, 2007,「ヨーロッパの政治と原子力——原子力産業の真の狙いとは」(『科学』

第77巻第11号，所収）
———，2009，「温暖化対策とエネルギー政策」（鳥越皓之・帯谷博明編『よくわかる環境社会学』，ミネルヴァ書房，所収）
架谷昌信，2001，「十七大学工学系学部のコアリションと工学教育改革」（大学の研究教育を考える会編『大学の社会的責任』，所収）
橋爪大三郎，2008，『「炭素会計」入門』（洋泉社新書）
橋本正洋，2004，「産業政策からみた産学交流」（『IDE 現代の高等教育』第463号，所収）
服部律子・小田和美・両羽美穂子，2006，「英国の医療における WBL（Work Based Learning）の実際（第1弾）――新しい NHS と WBL の概念」（『岐阜県立看護大学紀要』第6巻第2号）
服部拓也，2007，「日本を支えるエネルギー源として」（『科学』第77巻第11号，所収）
早川義一，2008，「名古屋大学工学研究科の大学院教育」（名古屋大学高等教育研究センター『名古屋高等教育研究』第8号，所収）
林勲男，2008，「大規模地震に対する災害文化の形成――和歌山県串本町 自主防災組織の活動」（岩崎信彦・田中泰雄・林勲男・村井雅清編『災害と共に生きる文化と教育』，所収）
林正人，2003，「大学設置基準大綱化後の共通（教養）教育のかかえる問題」（『大阪工業大学紀要』人文社会篇第48巻第2号，所収）
林雄二郎（編著），1988，『先端技術と文化の変容――日本とフランスからの提言』（NHKブックス）
間宏，1974a，『日本的経営――集団主義の功罪』（日経新書）
———，1974b，『イギリスの社会と労使関係――比較社会学的考察』（日本労働協会）
Hegel, G. W. F., 1807, *Phänomenologie des Geistes.* (=1988, 長谷川宏訳『精神現象学』，作品社)
———, 1816, *Die Wissenschaft del Logik.* (=1998, 長谷川宏訳『論理学』，作品社)
———, 1824/25, Philosophie des Rechts nach der Vorlesungsnachschrift K. G. v. Griesheims, herausge. v. K.-H. Ilting. (=2000, 長谷川宏訳『法哲学講義』，作品社)
日高敏隆・阿部謹也，2001，『「まなびや」の行方』(黙出版)
Himanen, P., Torvalds, L. and Castells, M., 2001, *The Hacker Ethic and the Spirit of the Information Age.*(=2001, 安原和見・山形浩生『リナックスの革命――ハッカー倫理とネット社会の精神』，河出書房新社)
平川秀幸，2001，「科学・技術と公共空間――テクノクラシーへの抵抗の政治のための覚え書き」（『現代思想』8月号，特集「サイエンス・スタディーズ」，青土社，所収）
———，2002a，「リスクの政治学――遺伝子組み換え作物のフレーミング問題」（小

　　　　林傳司編『公共のための科学技術』，所収）
　　──，2002b，「専門家と非専門家の協働——サイエンスショップの可能性」（小林傳司編『公共のための科学技術』，所収）
　　──，2002c，「科学技術と市民的自由——参加型テクノロジーアセスメントとサイエンスショップ」（『科学技術社会論研究』第1号，所収）
　　──，2005，「サイエンスショップ——市民社会をエンパワーする専門性」（新田孝彦・蔵田伸雄・石原孝二編『科学技術倫理を学ぶ人のために』，所収）
　　──，2007，「リスクガバナンス」（城山英明編『科学技術ガバナンス』東信堂，所収）
　　──，2010，『科学は誰のものか——社会の側から問い直す』（NHK出版生活人新書）
平川祐弘，1976，『和魂洋才の系譜——内と外からの明治日本』（河出書房新社）
広井良典，2009，『コミュニティを問い直す——つながり・都市・日本社会の未来』（ちくま新書）
広瀬隆，2010a，『二酸化炭素温暖化説の崩壊』（集英社新書）
　　──，2010b，『原子炉時限爆弾——大地震におびえる日本列島』（ダイヤモンド社）
　　──，2011，『FUKUSHIMA 福島原発メルトダウン』（朝日新書）
廣重徹，1973，『科学の社会史——近代日本の科学体制』（中央公論社。2002，岩波現代文庫）
一言憲之，1996，「機械工業化と人的資源」（関満博・一言憲之編『地方産業振興と企業家精神』，所収）
北海道，2006，『地域主権型社会のモデル構想（案）——北海道の未来と道州制について議論していただくために』（北海道）
北海道知事政策部，2006，『ソーシャルキャピタルの醸成と地域力の向上——信頼の絆で支える北海道』（北海道）
北海道大学大学院工学研究科（8大学工学部長懇談会世話校），2008，「8大学工学部長会議工学教育プログラム委員会の活動——工学教育プログラム・グローバル推進委員会」（北海道大学大学院工学研究科）
北海道大学大学院工学研究科工学教育プログラム実施検討専門委員会委員（髙橋英明・岸浪建史・三上隆・工藤一彦），2000，「北海道大学における創成科目への取り組み」（日本工学教育協会「平成12年度工学・工業教育研究講演会講演論文集」）
　　──，2002，「全学初等教育および工学部専門教育における創成型教育の試み」（北海道大学高等教育機能開発総合センター編『高等教育ジャーナル——高等教育と生涯学習』第10号，所収）
　　──，2003，「北海道大学における『創成科目』の実施状況」（日本工学教育協会「平成14年度工学・工業教育研究講演会講演論文集」）
本田由紀，2001，「高卒就職とフリーターの現状——市場の縮小と揺れる高校生の意

識」(『IDE 現代の高等教育』第427号, 所収)
——, 2005,『若者と仕事——「学校経由の就職」を超えて』(東京大学出版会)
——, 2008,『「家庭教育」の隘路——子育てに強迫される母親たち』(勁草書房)
——, 2009,『教育の職業的意義——若者, 学校, 社会をつなぐ』(筑摩書房)
本田由紀・内藤朝雄・後藤和智, 2006,『「ニート」って言うな!』(光文社)
本間正明・金子郁容・山内直人・大沢真知子・玄田有史, 2003,『コミュニティ・ビジネスの時代—— NPO が変える産業, 社会, そして個人』(岩波書店)
堀川哲男, 1983,『孫文』(人類の知的遺産63, 講談社)
星谷勝, 2007,「地震災害とリスクマネジメント」(益永茂樹責任編集『科学技術からみたリスク』, 所収)
細山俊男・松田久美子・山田郁子・藤井一彦・辻浩, 2008,「住民の協働ですすめる地域・自治体づくり——福島県飯舘村」(島田修一・辻浩編『自治体の自立と社会教育』, 所収)
飯沼勇義, 1995,『仙台平野の歴史津波——巨大津波が仙台平野を襲う』(仙台・宝文堂)
——, 2011,「津波-歴史研究から警告——『仙台平野は常襲地帯 叡知を集め対策を』」(「しんぶん赤旗」4月6日号の記事)
市原博, 1996,『炭鉱の労働者会史——日本の伝統的労働・社会秩序と管理』(多賀出版)
市川惇信, 2000,『暴走する科学技術文明——知識拡大競争は制御できるか』(岩波書店)
市川昭午(編), 1993a,『大学校の研究』(玉川大学出版部)
——, 1993b,「研究の対象と意義」(同上書・序章)
——, 1993c,「〔省庁所管学校〕教育対象と費用負担」(同上書・二章)
——, 1993d,「〔部局所管学校〕特質と問題点」(同上書・八章)
——, 1993e,「大学と大学校」(同上書・結章)
市川昭午, 1996,「生涯 仕事／学習社会の実現を目指して—— 21世紀への教育改革の基本方向」(市川・連合総研編『生涯かがやき続けるために』の「総論」)
——, 2000,『高等教育の変貌と財政』(玉川大学出版部)
——, 2002,「90年代——教育システムの構造変動」(日本教育社会学会編『教育社会学研究』第70集, 所収)
——, 2003,「高等教育システムの変貌」(日本高等教育学会編『高等教育研究』第6集・「高等教育改革の10年」, 所収)
市川昭午・㈶連合総合生活開発研究所(編), 1996,『生涯かがやき続けるために—— 21世紀の「しごと」と学習のビジョン』(第一書林)
市野川容孝, 2006,『社会』, 岩波書店
伊田広行, 1995,『性差別と資本制——シングル単位社会の提唱』(啓文社)

──, 1998a, 『21世紀労働論──規制緩和へのジェンダー的対抗』(青木書店)
　　──, 1998b, 『シングル単位の社会論──ジェンダー・フリーな社会へ』(世界思想社)
　　──, 1998c, 『シングル単位の恋愛・家族論──ジェンダー・フリーな関係へ』(世界思想社)
池田大作・Peccei, A., 1984, 『21世紀への警鐘 (Before It Is Too Late)』(読売新聞社)
今田高俊 (責任編集), 2007, 『社会生活からみたリスク』(「リスク学入門」4, 東京大学出版会)
今田高俊, 2007, 「リスク社会への視点」(同上書, 所収)
　　──, 2008, 「人と組織のエンパワーメント──ポストモダンの組織活性化とは？」(渡辺聰子, A・ギデンズ, 今田高俊『グローバル時代の人的資源論』の第4章)
今井照, 1996, 『市民自治としての産業政策──「空洞化」論を越えて』(公人の友社)
　　──, 2005, 『自治体再構築における行政組織と職員の将来像──役所はなくなるのか, 職員は不要になるのか』(公人の友社)
今村仁司, 1998, 『近代の労働観』(岩波書店)
今村文彦 (編), 2011a, 『防災教育の展開』(シリーズ「防災を考える」第6巻, 東信堂)
　　──, 2011b, 「自然災害リスクと防災教育──地球圏で生きること」(同上書, 所収)
　　──, 2011c, 「超巨大地震・津波の実態」(『世界』5月号, 所収)
今村ゆかり, 1993a, 「〔資料1〕省庁所管学校名称・所在地一覧」(市川昭午編『大学校の研究』, 所収)
　　──, 1993b, 「〔資料2〕部局所管学校一覧」(同上書, 所収)
井村裕夫, 2005, 『21世紀を支える科学と教育──変革期の科学技術政策』(日本経済新聞社)
稲上毅, 1981, 『労使関係の社会学』(東京大学出版会)
稲上毅・連合総合生活開発研究所(編), 2000, 『現代日本のコーポレート・ガバナンス』(東洋経済新報社)
　　──, 2007, 『労働CSR: 労使コミュニケーションの現状と課題』(NTT出版)
稲盛和夫・堺屋太一, 2006, 『日本の社会戦略──世界の主役であり続けるために』(PHP新書)
井上久男, 2010, 「トヨタのエース (故・畑隆司常務役員) が遺した『人事は愛！』」(『週刊現代』9月11日号)
井上富雄, 1979, 『成果主義目標管理の実践──能力主義と人間主義の経営革新』(日本能率協会)
乾彰夫, 1990, 『日本の教育と企業社会──一元的能力主義と現代の教育＝社会構造』(大月書店)

井沼淳一郎（大阪府立福泉高校教諭），2010，『「はたらく・つながる・生きる」ちからを育てる現代社会——いっぱい学んだ！ 考えた！ そして，身につけた』（大阪府金融広報委員会・金融教育研究活動報告書）

石橋克彦，1994，『大地動乱の時代——地震学者は警告する』（岩波新書）

——，1997，「原発震災——破滅を避けるために」（『科学』第67巻第10号，所収）

——，2011，「まさに『原発震災』だ」（『世界』5月号，所収）

石原孝二，2004，「技術・リスク・文化価値の現象学」（北海道大学創成化学共同研究機構研究アクティビティー［流動研究部門］）(http://www.cris.hokudai.ac.jp/cris/sousei/main/kenkyu/ryudo/ishihara.html)

——，2005，「科学技術のリスク評価とリスク認知」（新田孝彦ほか編『科学技術倫理を学ぶ人のために』，所収）

——（編），2008，『科学者倫理における学協会の役割と制度設計に関する調査研究』(Research on the role and the institutional design of engineeriing ethics. 科学研究費補助金（基盤研究Ｃ）研究成果報告書）

石川正俊，2004，「東京大学の産学連携戦略」（『IDE 現代の高等教育』第463号，所収）

石坂巌，1975，『経営社会学の系譜』（木鐸社）

石崎誠也，2006，「地域自治区の法的性格と課題」（岡田知弘・石崎誠也編著『地域自治組織と住民自治』，所収）

石沢眞貴，2003，「国際化における地場産業の技術伝承と生涯学習——秋田県稲川町の川連漆器産業を事例として」（小林甫編2003，所収）

——，2008，「伝統工芸の継承とグローバル化——秋田県湯沢市稲川」（矢内諭編著『自立・交流する中山間地域』，所収）

磯村英一，1993，『21世紀への都市像』（ぎょうせい）

磯谷桂介・原山優子，2004，「日本の産学連携と大学改革の進展」，独立行政法人経済産業研究所 RIETI セミナー (http://www.rieti.go.jp/jp/events/bbl/04031601.html)

伊藤秀司，2005，「都心回帰はいつまで続く？」（日本リサーチセンター編『市場 CLOSE VIEW』4月号，所収）

伊藤和良，2000，『スウェーデンの分権社会——地方政府ヨーテボリを事例として』（新評論）

伊藤公紀・渡辺正，2008，『地球温暖化論のウソとワナ——史上最悪の科学スキャンダル』（KK ベストセラーズ）

岩崎允胤，1967，『弁証法と現代社会科学』（未來社）

岩崎允胤・宮原将平，1972，『現代自然科学と唯物弁証法』（大月書店）

岩木秀夫，1993，「〔省庁所管学校〕教育内容と指導」（市川昭午編『大学校の研究』第3章）

岩城完之，1994，『都市社会変動と生活過程』（時潮社）

────（編著），1996,『産業変動下の地域社会』(学文社)
────，2005,『グローバリゼーションと地域社会変動』(関東学院大学出版会)
岩村秀・中嶋尚正・波多野誼余夫(編)，2004,『若者の科学離れを考える』(放送大学教育振興会)
岩本純，1992,「『プロセス』専門職の仕事意識──ソフトウェア開発従事者を事例として」(日本労働社会学会編『日本労働社会学会年報』第3号，所収)
岩本純・吉井博明，1998,『「情報」の商品化と消費──ソフトウエア開発の産業・企業・技術者』(学文社)
岩崎稔・小沢弘明(編)，1999,『激震! 国立大学──独立行政法人化のゆくえ』(未来社)
岩崎信彦・上田惟一・広原盛明・鰺坂学・高木正朗・吉原直樹(編)，1989,『町内会の研究』(御茶の水書房)
岩崎信彦・鵜飼孝造・浦野正樹・辻勝次・似田貝香門・野田隆・山本剛郎(編)，1999,『阪神・淡路大震災の社会学』(全3巻，昭和堂)
岩崎信彦，2002,「書評／布施鉄治著作集『調査と社会理論[上巻]実証研究』」(北海道社会学会編『現代社会学研究』第15巻，所収)
岩崎信彦・田中泰雄・林勲男・村井雅清(編)，2008,『災害と共に生きる文化と教育──「大震災」からの伝言(メッセージ)』(昭和堂)
岩崎信彦，2008,「悲しみは伝えることができるか?」(同上書，所収)
岩崎剛人，2005,「エンジニアリングの倫理」(新田孝彦・蔵田伸雄・石原孝二編『科学技術倫理を学ぶ人のために』，所収)
Jackson, Brian, 1968, *Working class community*.(=1984, 大石俊一訳『コミュニティ──イングランドのある町の生活』，晶文社)
Jarvis, P., 1993, *Adult education and the state: Towards a politics of adult education*.(=2001, 黒沢惟昭・永井健夫監訳『国家・市民社会と成人教育』，明石書店)
江娃利(Jiang Wa-li／中国地震局地殻応力研究所研究員)，2009,「中国大陸における主な活構造帯の定量的研究，及び強震予知についての検討」(www.spc.jst.go.jp/hottopics/0901earthquake/r0901_jiang.html)
神野直彦・澤井安勇(編)，2004,『ソーシャル・ガバナンス──新しい分権・市民社会の構図』(総合研究開発機構NIRA「分権社会における新たなアクターの役割と日本型ソーシャル・ガバナンスのあり方に関する研究」，東洋経済新報社)
城繁幸，2004,『内側から見た富士通の「成果主義」の崩壊』(光文社)
────，2006,『若者はなぜ3年で辞めるのか?──年功序列が奪う日本の未来』(光文社新書)
嘉田由紀子・槌田劭・山田國廣(編)，2000,『共感する環境学──地域の人びとに学ぶ』

（ミネルヴァ書房）
科学技術社会論学会編集委員会（編），2002，『「科学技術と社会」を考える』（玉川大学出版部）
——，2003，『知の責任』（玉川大学出版部）
——，2004，『科学技術と社会の共生』（玉川大学出版部）
——，2006，『社会と科学のネットワークの構成——技術経営論（MOT）の潮流』（玉川大学出版部）
——，2008，『サイエンス・コミュニケーション』（玉川大学出版部）
篭山京，1943，『国民生活の構造』（長門屋書房。1984，篭山京著作集第5巻『国民生活の構造』，ドメス出版）
——，1950，『労働と休養』（光生館。1985，篭山京著作集第8巻『労働と休養』，ドメス出版）
——，1952，「漁家経済の分析Ⅲ」（水産庁漁家経済調査資料第23輯，所収。1985，「漁家の生計費調査を通じてみた窮乏化現象」〔1953d〕と合わせ，「漁家と漁夫の貧窮——漁家経済調査資料」と改題して篭山京著作集第7巻『漁村の貧困』に所収，ドメス出版）
——，1953a，『貧困と人間』（河出書房。1983，篭山京著作集第3巻『貧困と人間』，ドメス出版）
——，1953b，『北海道における社会構造の研究——地域の類型化』（北海道総合開発委員会事務局刊）
——，1953c，「貧困家庭の学童における問題」（日本教育社会学会編『教育社会学研究』第4集，所収）
——，1953d，「漁家の生計費調査を通じてみた窮乏化現象」（社会政策学会編『社会政策学会年報』第1輯，所収。1985，篭山京著作集第7巻『漁村の貧困』に所収，ドメス出版）
——，1954，「漁村における貧困階層の創出過程と分布に関する研究」（厚生省厚生科学研究費報告。1985，「沿岸漁家の分化分解と貧困層——北海道熊石村調査」と改題して，篭山京著作集第7巻『漁村の貧困』に所収，ドメス出版）
——，1956a，『貧困児の教育』（北海道民生部社会課調査報告書。1984，篭山京著作集第6巻『貧困児の教育』，ドメス出版）
——（編著），1956b，『生活教育』（城戸幡太郎教授還暦記念「教育全書」全8巻の第1巻，国土社）
——，1956c，「目標を誤った生活教育」（同上書所収）
——，1957，「岩手県下下閉伊郡山田町における貧困層の創出過程と分布並に非保護世帯の家計」（岩手県厚生部委託調査報告。1985，「沿岸漁村における貧困層

の創出と分布――三陸山田町調査」と改題し，篭山京著作集第7巻『漁村の貧困』に所収，ドメス出版）
―――（編著），1959-60,『貧困層とその所得構造』（北海道民生部社会課編。総括・農村：篭山京稿，山村：石原孝一稿，漁村：江口英一稿，都市：篭山・江口・石原稿。北海道社会福祉主事協会刊行）
―――，1970,『低所得層と被保護層』（ミネルヴァ書房）
―――，1976,『戦後日本における貧困層の創出過程』（東京大学出版会）
―――（編著），1981,『大都市における人間構造』（東京大学出版会）
―――，1984a,「『いか釣り』に出た生徒へのアンケート」（未発表，篭山京著作集第6巻『貧困児の教育』所収，ドメス出版）
―――，1984b,「滝川における学習研究覚書」（未発表，篭山京著作集第6巻『貧困児の教育』所収，ドメス出版）
―――，1984c,「『生活構造論』小論」（篭山京著作集第5巻『国民生活の構造』に補遺として収録。ドメス出版）
―――，1985,「自序」（篭山京著作集第4巻『生活調査』への序，ドメス出版）
篭山京教授還暦記念論文集刊行会（編），1972a,『社会福祉と生活構造』，光生館）
―――，1972b,「篭山京教授年譜」（同上書，所収）
甲斐倫明，2007,「低線量放射線のリスク評価とその防護の考え方」（益永茂樹責任編集『科学技術からみたリスク』，所収）
開沼博，2011,『「フクシマ」論――原子力ムラはなぜ生まれたのか』（NHK出版）
鎌田哲宏・鎌田とし子，1983,『社会諸階層と現代家族――重化学工業都市における労働者階級の状態Ⅰ』（御茶の水書房）
―――，1992,「スウェーデンにおける新たな『労働の人間化』実験」（日本労働社会学会編『日本労働社会学会年報』第3号，所収）
―――，1993,『日鋼室蘭争議三〇年後の証言――重化学工業都市における労働者階級の状態Ⅱ』（御茶の水書房）
亀野淳，2004,「IT関連産業におけるマネジメント人材の育成と生涯学習――サッポロバレー企業へのインタビュー調査を事例として」（『北海道大学大学院教育学研究科紀要』第95号，所収）
―――，2006,「フィンランドの人材育成における高等教育機関の役割――フィンランドにおけるインタビュー調査を事例として」（『北海道大学大学院教育学研究科紀要』第98号，所収）
上井喜彦，1994,『労働組合の職場規制――日本自動車産業の事例研究』（東京大学出版会）
神谷秀樹，2008a,『さらば，強欲資本主義――会社も人もすべからく倫理的たるべし』

(亜紀書房)
――, 2008b,『強欲資本主義 ウォール街の自爆』(文春新書)
金井利之, 2007,『自治制度』(東京大学出版会)
金子勇, 2009,『社会分析――方法と展望』(ミネルヴァ書房)
――, 2011,「環境破壊から社会の復興再生へ――集合的ストレス状況の社会学的分析」(北海道大学文学研究科紀要第135号, 北海道大学文学研究科, 所収)
金子邦博, 2004,「第一次臨調での公会計改革への取り組みの再評価――失われた40年を再度繰り返さないために」(㈱日本公会計総合研究所『公会計総研レポート』所収。koukaikei.co.jp/p4.html)
神田光啓, 2003,「岐阜県の生涯学習 (Ⅰ)――高山市」(小林甫編2003, 所収)
鹿野政直, 1999,『近代日本思想案内』(岩波文庫別冊)
Kant, I., 1784, *Beantwortung der frage: Was ist Aufklärung?* (=2006, 中山元訳「啓蒙とは何か――『啓蒙とは何か』という問いに答える」, 中山元訳『永遠平和のために／啓蒙とは何か 他3編』, 光文社古典新訳文庫, 所収)
葛西康徳・鈴木佳秀 (編著), 2008,『これからの教養教育――「カタ」の効用』(東信堂)
片桐薫, 2002,『ポスト・アメリカニズムとグラムシ』(リベルタ出版)
片桐資津子, 2003a,「まちおこしと生涯学習――鹿児島県H町における『地域拡充共生型』生涯学習」(小林甫編2003, 所収)
――, 2003b,「要介護高齢者のライフロングラーニング・エイジング」(小林甫編2003, 所収)
――, 2005,「要介護高齢者と介護職員の脱アサイラム研究――特養ホームにおける介護自治文化の形成過程のフィールドワーク」(北海道大学博士論文, 大学院文学研究科)
――, 2009,「準限界集落化する存続集落の統廃合の困難――超高齢化時代のへき地保育所と教育機関の地域社会研究」(北海道社会学会編『現代社会研究』Vol.22, 所収)
片岡弘勝, 1997a,「現代社会教育史研究における戦間期研究の方法的視点――戦後〈占領期〉との『連続性』を中心に」(『占領期教育改革の評価に関する研究報告書』, 平成7～8年度名古屋大学特定研究経費による研究)
――, 1997b,「地域に開かれた大学像――戦後大学の社会的基盤と自治をめぐって」(大学教育出版編『大学と教育』No.20, 所収)
――, 1998,「戦後主体性論における『地域』概念――上原専禄『生活現実の歴史化的認識』論の構造」(日本社会教育学会紀要『日本の社会教育』34号)
――, 2003,「奈良における地域づくりNPOの学習・研究要求の特質――大学の地域貢献に関するインタビュー調査報告」(小林甫編2003, 所収)

―――，2005，「上原専禄『主体性形成』論における『近代』相対化方法――生涯にわたる時期区分とその指標」(奈良教育大学紀要第54巻第1号〔人文・社会〕，所収)

―――，2008，「主体的学習の環境条件としての『地域』概念――実践分析のためのモデル設計」(奈良教育大学紀要第57巻第1号，所収)

―――，2009，「上原専禄『主体性形成』論における『個』観念――『共同体』相対化と『近代』相対化の相」(奈良教育大学紀要第58巻第1号，所収)

加藤秀雄，1996，「地域中小企業の生産体制と技術構造」(関満博・一言憲之編『地方産業振興と企業家精神』，所収)

加藤譲治，1984，『静かなる労使関係革命』(産業労働調査所)

加藤雄三，2008，「南と北の『日本』をめぐって――社会制度の持続性とは」(木村武史編『千年持続学の構築』，所収)

河合榮治郎研究会(編)，2002，『教養の思想――その再評価から新たなアプローチへ』(社会思想社)

川村喜芳，1998，『自治の現場から――北海道町村会とわたし』(北海道自治体学会)

河村孝・大朝摂子，2009，「『知の共有』から始まる協働のまちづくり――『進化する自治体』三鷹市のDNA」(宇田川妙子編『多元的共生を求めて――〈市民の社会〉をつくる』，東信堂，所収)

川口清史，1999，『ヨーロッパの福祉ミックスと非営利・協同組織』(大月書店)

川口清史・富沢賢治(編)，1999，『福祉社会と非営利・協同セクター――ヨーロッパの挑戦と日本の課題』(日本経済評論社)

川口清史・大沢真理，2004，『市民がつくるくらしのセーフティネット――信頼と安心のコミュニティをめざして』(日本評論社)

川本孝司，2011，「地域と連携した防災教育――行政と学校，地域との新しい連携」(今村文彦編『防災教育の展開』，所収)

川崎一彦，2007，「北海道の活性化と産業クラスターづくりの課題――戸田一夫氏の想いを受け継いで」(北海道雇用経済研究機構〔Hokkaido Employment Economy Research Organization〕編『HeeRo REPORT』N0.61，所収)

風間晴子，1998，「国際比較から見た日本の『知の営み』の危機」(『大学の物理教育』，No.2。松田良一・正木春彦編・高等教育フォーラム監修，『日本の理科教育があぶない』，所収)

風間信隆，1992，「ドイツにおけるフレキシブル合理化と『労働の人間化』」(『大原社会問題研究所雑誌』407号，所収)

慶伊富長，1984，『大学評価の研究』(東京大学出版会)

―――，2001，「科学技術と科学・技術の大きな違い」(『IDE 現代の高等教育』第422号，所収)

―――, 2004, 「大学の社会的効用」(『IDE 現代の高等教育』第463号, 所収)
Keller, W. W. and Samuels, R. J., 2003, *Crisis and Innovation in Asian Technology,* Cambridge Univ. Press.
菊池誠, 1982, 『エレクトロニクスからの発想――ある技術の軌跡』(講談社ブルーバックス)
木股文昭・田中重好・木村玲欧, 2006, 『超巨大地震がやってきた――スマトラ沖地震に学べ』(時事通信出版局)
木本喜美子, 1995, 『家族・ジェンダー・企業社会――ジェンダー・アプローチの模索』(ミネルヴァ書房)
―――, 2003, 『女性労働とマネジメント』(勁草書房)
―――, 2009, 「未来志向のエスノグラフィーへ」(日本労働社会学会年報第20号『労働者像のこの10年』, 東信堂, 所収)
木村純, 2003, 「大樹町における地域産業の発展と生涯学習」(小林甫編 2003, 所収)
―――, 2009, 「北海道大学における生涯学習参画の取り組み」(北海道大学高等教育機能開発総合センター生涯学習計画研究部編『大学による地域住民の生涯学習への参画と公開講座』, 所収)
木村礎, 1998, 『村を歩く――日本史フィールド・ノート』(雄山閣出版)
木村武史(編), 2008, 『千年持続学の構築』(東信堂)
木村保茂, 1987, 「労働組合の活動と仕事別賃金・経営参加――経営哲学"内在化"に関する教育社会学的分析(2)」(小林甫編『大企業労働者の「企業共同生活体」の構造とその地域的特質に関する実証的比較研究』, 1984～86年度科学研究費補助金一般研究B・研究成果報告書)
木村保茂・永田萬享, 2005, 『転換期の人材育成システム』(学文社)
Kinmonth, E. H., 1981, *The Self-Made Man in Meiji Japanese Thought: from Samurai to Salary Man,* The University of California. (=1995, 広田照幸・加藤潤・吉田文・伊藤彰浩・高橋一郎『立身出世の社会史――サムライからサラリーマンへ』, 玉川大学出版部)
木佐茂男・逢坂誠二(編), 2003, 『わたしたちのまちの憲法――ニセコ町の挑戦』(日本経済評論社)
北原敦, 2002, 『イタリア現代史研究』(岩波書店)
―――(編), 2008, 『イタリア史』(山川出版社)
北沢栄, 2001, 『公益法人――隠された官の聖域』(岩波新書)
―――, 2005, 『独立行政法人――静かな暴走』(日本評論社)
木場隆夫(科技庁・科学技術政策研究所), 1998, 「日本におけるコンセンサス会議の試み」(www.jaist.ac.jp/coe/library/jssprm_p/1998/pdf/1998-2A11)

木場隆夫・総合研究開発機構，2003，『知識社会のゆくえ――プチ専門家症候群を超えて』(日本経済評論社)
小林傳司(編)，2002，『公共のための科学技術』(玉川大学出版部)
――，2004，『誰が科学技術について考えるのか――コンセンサス会議という実験』(名古屋大学出版会)
――，2007，『トランス・サイエンスの時代――科学技術と社会をつなぐ』(NTT出版)
小林傳司・中山伸樹・中嶋秀人(編著)，1991，『科学とは何だろうか――科学観の転換』(木鐸社)
小林甫，1979，「農村社会における老人層の生活史と地域老人福祉の諸条件――北海道酪農専業地帯の事例を通して」(社会保障研究所『季刊社会保障研究』14-4，所収)
――，1982a，「日本資本主義発展と石炭産業の変動」(布施鉄治編著『地域産業変動と階級・階層――炭都・夕張／労働者の生産・労働－生活史・誌』の第1章)
――，1982b，「北炭H鉱における『合理化』の展開と労働組合運動」(同上書第3章「北炭H鉱における鉱員・職員・組夫の生産・労働－生活史・誌」の第1節)
――，1982c，「北炭H鉱直轄鉱員層の事例分析」(同上書第3章「北炭H鉱における北炭H鉱における鉱員・職員・組夫の生産・労働－生活史・誌」の第2節)
――，1982d，「炭鉱労働者階級と三つの階層」(同上書第3章「北炭H鉱における北炭H鉱における鉱員・職員・組夫の生産・労働－生活史・誌」の第5節)
――，1982e，「地域労働組合の対応」および「革新市政下における政策決定機構」(同上書第12章「地域社会の構造と発展への模索」の第2節「現段階における資本と賃労働の地域的展開」の「二」，および第3節「地域政策決定のメカニズムと諸政党の政策」の「一」)
――，1984，「炭鉱労働者の労働史と労働組合――北炭平和鉱及び北炭夕張新炭鉱での"職場の構造"の実証的研究」(社会政策学会年報第28集『行財政改革と労働問題』所収，御茶の水書房)
――(編)，1987，『大企業労働者の「企業共同生活体」の構造とその地域的特質に関する実証的比較研究』，1984～86年度科学研究費補助金一般研究B・研究成果報告書
――，1987，「諸個人の生活史と職場共同生活体――経営哲学"内在化"に関する教育社会学的分析(2)」
――，1990, "L'operaio giapponese alla catena," in *Politica ed Economia,* Rivista mensile della Fondazione Cespe, Roma. Anno 21, Terza serie n.3.〔「ベルトコンベアラインの日本人労働者」。Tradotto da Colpi, F. Riassunto da Accornero, A.〕
――，1991, "Italia e Giappone: un confronto," in *Il Progetto,* Bimestrale della CISL di

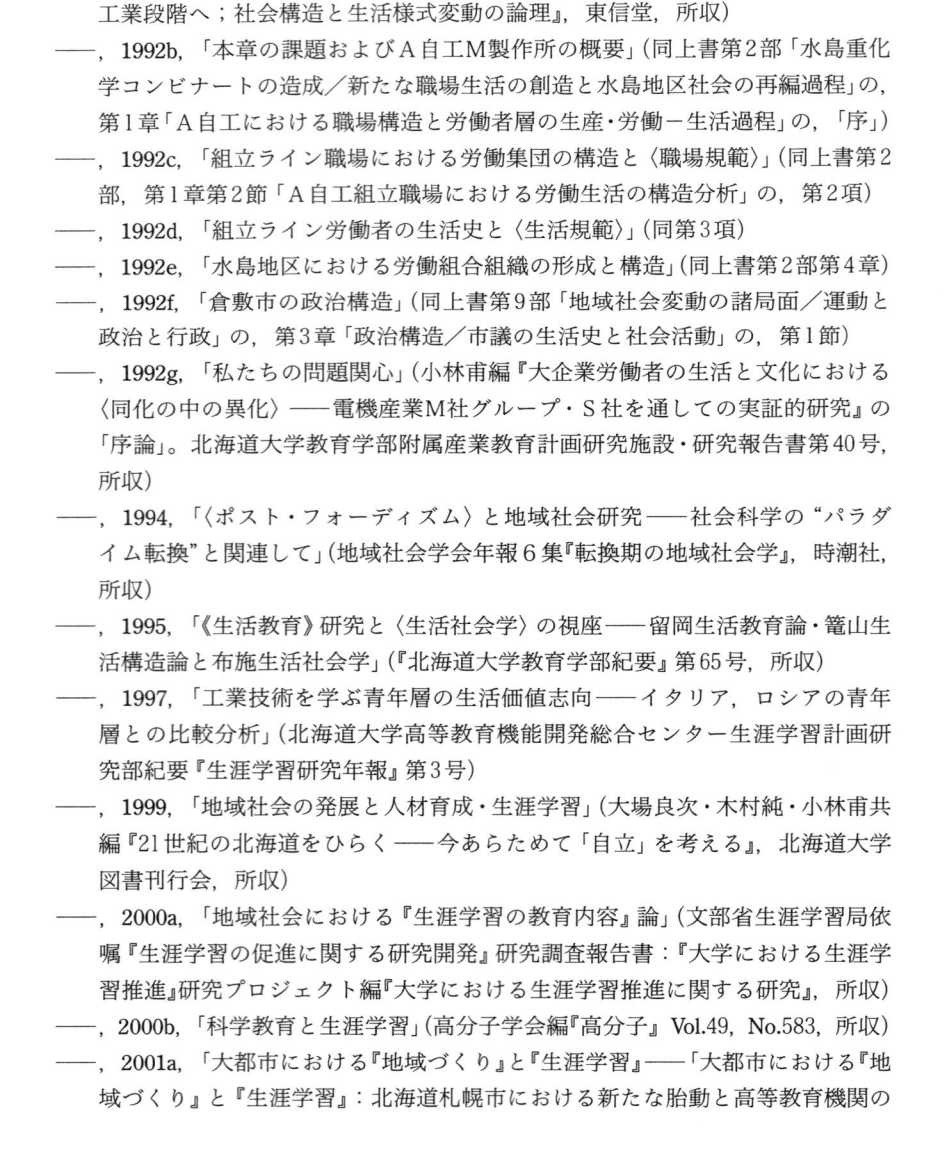

politica del lavoro, Roma. Anno 11, n.66.〔「イタリアと日本──（労働のいくつかの問題に関する）比較考察」〕
――, 1992a, 「戦後日本資本主義の発展と水島臨海工業地帯の展開」(布施鉄治編著『倉敷・水島／日本資本主義の展開と都市社会──繊維工業段階から重化学工業段階へ；社会構造と生活様式変動の論理』，東信堂，所収)
――, 1992b, 「本章の課題およびA自工M製作所の概要」(同上書第2部「水島重化学コンビナートの造成／新たな職場生活の創造と水島地区社会の再編過程」の，第1章「A自工における職場構造と労働者層の生産・労働－生活過程」の，「序」)
――, 1992c, 「組立ライン職場における労働集団の構造と〈職場規範〉」(同上書第2部，第1章第2節「A自工組立職場における労働生活の構造分析」の，第2項)
――, 1992d, 「組立ライン労働者の生活史と〈生活規範〉」(同第3項)
――, 1992e, 「水島地区における労働組合組織の形成と構造」(同上書第2部第4章)
――, 1992f, 「倉敷市の政治構造」(同上書第9部「地域社会変動の諸局面／運動と政治と行政」の，第3章「政治構造／市議の生活史と社会活動」の，第1節)
――, 1992g, 「私たちの問題関心」(小林甫編『大企業労働者の生活と文化における〈同化の中の異化〉──電機産業M社グループ・S社を通しての実証的研究』の「序論」。北海道大学教育学部附属産業教育計画研究施設・研究報告書第40号，所収)
――, 1994, 「〈ポスト・フォーディズム〉と地域社会研究──社会科学の"パラダイム転換"と関連して」(地域社会学会年報6集『転換期の地域社会学』，時潮社，所収)
――, 1995, 「《生活教育》研究と〈生活社会学〉の視座──留岡生活教育論・篭山生活構造論と布施生活社会学」(『北海道大学教育学部紀要』第65号，所収)
――, 1997, 「工業技術を学ぶ青年層の生活価値志向──イタリア，ロシアの青年層との比較分析」(北海道大学高等教育機能開発総合センター生涯学習計画研究部紀要『生涯学習研究年報』第3号)
――, 1999, 「地域社会の発展と人材育成・生涯学習」(大場良次・木村純・小林甫共編『21世紀の北海道をひらく──今あらためて「自立」を考える』，北海道大学図書刊行会，所収)
――, 2000a, 「地域社会における『生涯学習の教育内容』論」(文部省生涯学習局依嘱『生涯学習の促進に関する研究開発』研究調査報告書：『大学における生涯学習推進』研究プロジェクト編『大学における生涯学習推進に関する研究』，所収)
――, 2000b, 「科学教育と生涯学習」(高分子学会編『高分子』Vol.49, No.583, 所収)
――, 2001a, 「大都市における『地域づくり』と『生涯学習』──「大都市における『地域づくり』と『生涯学習』：北海道札幌市における新たな胎動と高等教育機関の

課題」(文部省生涯学習局依嘱『生涯学習の促進に関する研究開発』研究調査報告書：『大学における生涯学習推進』研究プロジェクト編『大学における生涯学習推進に関する研究』，所収)
――，2001b，「〔日本教育社会学会第52回全国大会：北海道大学〕シンポジウム報告：変革期における大学と高校の接続」(日本教育社会学会編『教育社会学研究』第68号，所収)
――(編)，2003，『変革期における《ライフロング・ラーニング》の社会的意味と社会的役割――その重層的構造の解明と地域社会における教育改革の具体化のために』(2000～2002年度 科学研究費補助金基盤研究(A)(1)研究成果報告書)
――，2003，「高田保馬の社会学理論――鈴木榮太郎の関わりを通して」(金子勇編著『高田保馬リカバリー』，ミネルヴァ書房，所収)
――，2004a，「鈴木榮太郎《「国民社会の研究」ノート》の成立過程と論理展開――《国家》と《国民社会》との関係把握を中心に」(北海道大学大学院文学研究科社会システム科学講座編集・発行『現代社会の社会学的地平――小林甫教授退官記念論文集』，所収)
――，2004b，［資料］「《「国民社会の研究」ノート》のノート別内容編成――鈴木榮太郎著作集第Ⅷ巻『国民社会学原理ノート』よりの再構成」，同上書，所収)
――，2004c，「『市民社会』の社会学的分析と鈴木榮太郎の『国民社会』――東條由紀彦・栗田健の日本〈市民社会〉把握とかかわって」(東北社会学会編『社会学年報』50周年記念特別号)
――，2004d，「"グローカリゼーション"とは何か――北海道から考える」(第13回「社会・意識調査データベース」〔SORD〕ワークショップ，および小内透・玉野和志・内田司「コメント・質疑応答」，札幌学院大学社会情報学部紀要『社会情報』第14巻第1号，所収)
――，2004e，《書評論文》「桜井厚『インタビューの社会学』」(日本社会学会編『社会学評論』第219号所収)
――，2008，「北海道と愛媛県における公民館の現状」(北海道公民館協会編『公民館のてびき』別冊)
――，2009，〈地域住民活動について考える〉(旭川市市民委員会連絡協議会主催「地域づくりまちづくり研修会」基調講演)
――，2010，『教育社会史――日本とイタリアと』(「大転換期と教育社会構造――地域社会変革の学習社会論的考察」第1巻，東信堂)
小林甫・安倍喜美子〔木本喜美子〕，1978，「日本資本主義発展の諸階梯と『家』の対応形態／農民層の労働－生活史分析」(布施鉄治編著『酪農経営の「大規模化」と農民層の生産・労働－生活過程』第2編，北大教育学部産業教育計画研究施設

研究報告・第15号)

小林甫・木村保茂・越田清和・浅川和幸,1987,『大企業労働者の「企業共同生活体」の構造とその地域的特質に関する実証的比較研究』(文部省科学研究費補助金・研究成果報告書)

小林甫・浅川和幸,1992,『大企業労働者の生活と文化における〈同化の中の異化〉——電機産業M社グループ・S社を通しての実証的研究』(北大教育学部附属産業教育計画研究施設・研究報告書,第40号)

Kobayashi, H., Gurisatti, P. and Borovskoy, G. V., 1997, *Young people in Italy, Russia and Japan: For the endogenous community development in the non-heavy industrialized regions,* An interim report. Sapporo.

小林甫・片桐資津子,1999,「アメリカ高齢者の地域移動と生活変容——『ジ・オレゴーニアン』紙の「オビチュアリー・インデックス」分析」(北海道大学生涯学習計画研究部編『生涯学習研究年報』第6号所収)

小林甫・江口尚文,2005,「地方中核都市・旭川市の産業と人材」(北海道エンパワーメント研究会／代表・濱田康行編『北海道の地域経済社会の変貌に関する調査研究』所収,北海道開発協会刊行)

小林文人,1982,「総論——東京の公民館をめぐる状況と課題」,東京都立川社会教育会館編集『東京の公民館の現状と課題——公民館の事業を中心に』(同研究所発行)

——,1983,「公民館事業の構築」,東京都立川社会教育会館編集『東京の公民館の現状と課題Ⅱ——公民館事業論の構築をめざして』(同研究所発行)

——,1994,「三多摩テーゼ20年——経過とその後の展開」,東京都立多摩社会教育会館発行『戦後三多摩における社会教育のあゆみ』Ⅶ (http://www007.upp.so-net.ne.jp/bunjin-k/tokyourekisi.htm)。

——,1997a,「東京二三区の公民館——資料解題的に」,東京都立多摩社会教育会館・編集発行『戦後における東京の社会教育のあゆみ』Ⅰ (通巻Ⅹ) (http://www007.upp.so-net.ne.jp/bunjin-k/tokyourekisi.htm)

——,1997b,「戦後東京・社会教育行政・施設史 (1947～1989)」,東京都立教育研究所編集・発行『東京都教育史』通史編4 (http://www007.upp.so-net.ne.jp/bunjin-k/tokyourekisi.htm)

小林文人・末本誠・松田武雄・上野景三・小林平造・内田和浩・永田香・黄丹青,2001,『中国上海・無錫・蘇州「社区教育」調査報告書』(東京・沖縄・東アジア社会教育研究会「社区教育」調査団発行)

小林文人・末本誠・呉遵民 (共編著),2003,『現代社区教育の展望』(原題, 呉遵民・小林文人・末本誠『当代社区教育新視野——社区教育理論与実践的国際比較』,

上海教育出版社）
小林信一，2004，「産学交流の可能性と限界」（『IDE　現代の高等教育』第463号，特集「産学交流と大学改革」，所収）
──，2006，「第3期科学技術基本計画の問題点」（『IDE　現代の高等教育』No.480，特集「新科学技術基本計画と大学」，所収）
小林信一・小林傳司・藤垣裕子（編著），2007，『社会技術概論』（放送大学教育振興会）
神戸大学〈震災研究会〉（編），1995，『大震災100日の軌跡──地震発生，被害，避難，そして復興へ』（阪神大震災研究1，神戸新聞総合出版センター）
──，1997a，『苦闘の被災生活』（阪神大震災研究2，神戸新聞総合出版センター）
──，1997b，『神戸の復興を求めて』（阪神大震災研究3，神戸新聞総合出版センター）
──，1999，『大震災5年の歳月』（阪神大震災研究4，神戸新聞総合出版センター）
──，2002，『大震災を語り継ぐ』（阪神大震災研究5，神戸新聞総合出版センター）
Koch, H., 1945, *Hvad er demokrati?* (=2004，小池直人訳『生活形式の民主主義──デンマーク社会の哲学』，花伝社)
──，1959, *N. F. S. Grundtvig,* Gyldendal. (=2007，小池直人訳『グルントヴィ──デンマーク・ナショナリズムとその止揚』，風媒社)
工学における教育プログラムに関する検討委員会，1998，「8大学工学部を中心とした工学における教育プログラムに関する検討」（同委員会）
古賀茂明，2011a，『日本中枢の崩壊』（講談社）
──，2011b，『官僚の責任』（PHP新書）
小出裕章，2011，『原発のウソ』（扶桑社新書）
小池直人，1999，『デンマークを探る』（名古屋・風媒社）
──，2004，「ハル・コックとデンマーク民主主義」（H・コック『生活形式の民主主義』訳者解題）
──，2007，「コックのグルントヴィ論」（H・コック『グルントヴィ』訳者解題）
小池直人・西英子，2007，『福祉国家デンマークのまちづくり──共同市民の生活空間』（かもがわ出版）
小泉賢吉郎，1997，『科学・技術論──社会の中の科学・技術を考える』（培風館）
国民生活審議会コミュニティ問題小委員会，1969，『コミュニティ──生活の場における人間性の回復』（大蔵省印刷局）．2000，姉崎洋一・長澤成次・辻浩編，日本現代教育基本文献叢書，社会・生涯教育文献集Ⅱ20（日本図書センター，所収）
小松丈晃，2003，『リスク論のルーマン』（勁草書房）
──，2007，「リスク社会と信頼」（今田高俊責任編集『社会生活からみたリスク』，「リスク学入門」4，岩波書店，所収）

小宮山宏, 2007,『「課題先進国」日本——キャッチアップからフロントランナーへ』(中央公論新社)
小室直樹, 1979,「山本七平『勤勉の哲学』解説」(PHP 研究所。1984年, PHP 文庫, 所収)
今野裕昭, 2001,『インナーシティのコミュニティ形成——神戸市真野住民のまちづくり』(東信堂)
——, 2007,「地域コミュニティと都市内分権——地方都市における地域コミュニティの再編」(専修大学社会学会編『専修社会学』第19号)
——, 2008,「被災者の生活再建の社会過程」(吉原直樹編『防災の社会学』, 所収)
コンピュータ労働研究会 (代表・下田博次), 1983,『コンピュータ技術者によるコンピュータ労働白書』(『技術と人間』2月臨時増刊号, 刊・㈱技術と人間)
河野健二 (編), 1975-76,『産業構造と社会変動』(全3巻；第1巻『産業構造の変革』, 第2巻『地域社会の変貌と住民意識』, 第3巻『職場と労働者生活の変化』, 日本評論社)
Korsgaard, O., 1997, *Kampen om lyset: Dansk voksenoplysning gennem 500 ar.* (=1999, 川崎一彦監訳, 高倉尚子訳『光を求めて——デンマークの成人教育500年の歴史』, 東海大学出版会)
Korsgaard, O.・清水満, 1994,『デンマークで生まれたフリースクール「フォルケホイスコーレ」の世界——グルントヴィと民衆の大学』(新評論)
越田清和, 1987,「大阪A工場における労働過程と技能形成——職場共同生活体の現実的基盤に関する分析(1)」(小林甫編『大企業労働者の「企業共同生活体」の構造とその地域的特質に関する実証的比較研究』, 1984〜86年度科学研究費補助金一般研究B・研究成果報告書)
小杉礼子 (編), 2002,『自由の代償／フリーター——現代若者の就業意識と行動』(日本労働研究機構)
——, 2003,『フリーターという生き方』(勁草書房)
——(編著), 2005,『フリーターとニート』(勁草書房)
——(編著), 2009,『若者の働き方』(ミネルヴァ書房)
小杉礼子・堀有喜衣 (編), 2006,『キャリア教育と就業支援——フリーター・ニート対策の国際比較』(勁草書房)
Kotter, J. P., 1997, *Matsushita Leadership,* The free press. (=1998, 高橋啓訳『限りなき魂の成長——人間・松下幸之助の研究』, 飛鳥新社)
高坂健次, 1999,「ポスト生涯学習のめざすもの」(村田治編著『生涯学習時代における大学の戦略』所収)
高等教育研究会 (編), 2002,『大学審議会全28答申・報告集——大学審議会14年の軌跡と大学改革』(ぎょうせい)

子安宣邦，2010，『思想史家が読む論語――「学び」の復権』(岩波書店)
Krzywosz-Rynkiewicz, B. and Ross, A. (eds.), 2004, *Social Learning, Inclusiveness and Exclusiveness in Europe*, Trentham Books.
久保正彰，2008，「ハーバード・カレッジの教養教育」(葛西康徳・鈴木佳秀編著『これからの教養教育――「カタ」の効用』，東信堂，所収)
久保孝雄・原田誠司・新産業政策研究所(編著)，2001，『知識経済とサイエンスパーク――グローバル時代の戦略』(日本評論社)
工藤一彦・髙橋英明・岸浪建史・三上隆，2002，「全学初習教育および工学部専門教育における創成型教育の試み」(北海道大学高等教育機能開発総合センター編『高等教育ジャーナル――高等教育と生涯学習』10，所収)
Kuhn, T., 1962, *The structure of science revolution*, University of Chicago Press. (＝1971, 中山茂訳『科学革命の構造』(みすず書房)
熊沢誠，1981，『日本の労働者像』(筑摩書房)
――，1981，『ノンエリートの自立――労働組合とはなにか』(有斐閣)
――，1985，「〈労働社会論〉批判考」(吉村 励編『労働者世界を求めて』所収)
――，1986，『職場史の修羅を生きて――再論・日本の労働者像』(筑摩書房)
――，1989，『日本的経営の明暗』(筑摩書房)
――，1993，『働き者たち泣き笑顔 現代日本の労働・教育・経済社会システム』(有斐閣)
――，1997，『能力主義と企業社会』(岩波新書)
――，2003，『リストラとワークシェアリング』(岩波新書)
――，2006，『若者が働くとき――「使い捨てられ」も「燃えつき」もせず』(ミネルヴァ書房)
――，2007，『格差社会ニッポンで働くということ――雇傭と労働のゆくえをみつめて』(岩波書店)
久米邦武(編)，1878，『特命全権大使 米欧回覧実記』(博聞社。1977，田中彰校注，岩波文庫)
蔵田伸雄(編)，2006，『リスク論を軸とした科学技術倫理の基礎研究』(文部科学省研究費補助金研究成果報告書。北海道大学大学院文学研究科)
――，2011，「科学技術倫理――個人の決断が重要に」(北海道新聞，6月6日号，夕刊)
栗原彬，2001，「教養とは，自分と世界を変える身体行動」(『世界思想』第28号，世界思想社，所収)
栗原利美，2002，「都区制度の歴史と改革――東京の自治・共和への新たな展開に向けて」(法政大学大学院政治学専攻科編『政治・政策ダイアローグ』，所収) [www.i.hosei.ac.jp/～muto/Dialogue/]

栗田健, 1988, 「日本における労働者の価値観と行動様式」(『明治大学社会科学研究所紀要』27-1)
――, 2000, 「戦後日本における労働者集団」(『明治大学社会科学研究所紀要』38-2)
栗田健・東條由紀彦, 1994, 「近代日本社会における労働者集団」(『明治大学社会科学研究所紀要』33-1)
黒沢惟昭・佐久間孝正 (編著), 1996b, 『苦悩する先進国の生涯学習』(社会評論社)
草野完也・三村昌泰 (編), 2009, 『階層構造の科学＋現象数理学』(明治大学)
草原克豪, 2001, 「大学の社会的責任――学問と教育」(大学の研究教育を考える会編『大学の社会的責任』, 所収)
桑原雅子, 1994, 『先端科学技術と高等教育――アメリカ多元社会展望』(学陽書房)
桑原雅子・後藤邦夫, 2000, 「大学の民営化は学術研究の将来を危うくするか？」(日本物理学会「物理学者の社会的責任」サークル編『科学・社会・人間』第72号) http://ac-net.org/dgh/00329-kuwabara-goto.html.
京谷栄二, 1993, 『フレキシビリティとはなにか――現代日本の労働過程』(窓社)
――, 2009, 「労働社会学者マイケル・ブラウォイの軌跡」(日本労働社会学会年報第20号「労働者像のこの10年」, 東信堂, 所収)
京都大学新工学教育プログラム実施検討委員会 (編), 2001, 『ディベート形式による工学部FDシンポジウム――工業化学科・地球工学科・物理工学科』(京都大学高等教育叢書第12号)
――, 2003, 『ディベート形式による工学部FDシンポジウム (建築学科・電気電子工学科・情報学科) および授業参観にもとづくジョイントワークショップ報告』(京都大学高等教育叢書第15号)
九州大学大学院工学研究科 (8大学工学部長懇談会世話校), 2010, 「8大学工学部長会議工学教育プログラム委員会の活動――工学教育プログラム実践強化委員会」(九州大学大学院工学研究科)
La Rosa, M. e Minardi, E.(a cura di), 1989, *Il futuro del lavoro: Organizazzione del lavoro, nuove tecnologie e relazioni industriali: i casi italiano e inglese*. Milano, FrancoAngeli.
La Rosa, M. e Gosetti, G. (a cura di), 2005, *Giovani, lavoro e società: varoli e orientamenti tra continuità e discontinuità: Secondo Rapporto sulla popolazione giovanile nella provinciale di Bologna,* FrancoAngeli.
Latiolais, P., Reder, S. and Kobayashi, H., 2001, "Comparative Perspective on the Reform of General Education," in The *Journal of Higher Education and Lifelong Learning, 9.* Center for Research and Development in Higher Education, Hokkaido University.
Laville, J.-L. e Mingione, E. (a cura di), 1999, *La nuova sociologia economica. Prospettive*

Europee, Numero di *Sociologia del lavoro*, N.73.
Levinson, D.J. et al., 1978, *The Seasons of a man's life*, New York, Knopf. (=1980, 南博訳『人生の四季――中年をいかに生きるか』講談社。1992, 南博訳『ライフサイクルの心理学』講談社学術文庫)
Levinson, D.J. in collaboration with J.D.Levinson, 1996, *The Seasons of a woman's life*, New York, Alfred Knopf.
Leydesdorff, L. and Ward, J., 2003, Communication of Science Shop Mediation: A Kaleidoscope of University-Society Relations, A project funded by the European Commission/DG 12 under the Fifth RTD Framework Programme. (members.chello.at/wilawien/interacts/interacts_scientometric_report.pdf).
Luhmann, N., 1981, "Wie ist soziale Ordnung möglich," in *Gesellschafts Struktur und Semantik*, Suhrkamp Verlag, Frankfurt am Main. (=1985, 佐藤勉訳『社会システム理論の視座』, 木鐸社)
――, 1984, *Soziale Systeme*. (=1993-95, 佐藤勉監訳『社会システム理論』, 恒星社厚生閣)
――, 1992, *Beobachtungen der Moderne*, Opladen, (=2003, 馬場靖雄訳『近代の観察』, 法政大学出版局)
町井輝久, 2003a, 「韓国の生涯学習政策と大学の生涯学習機能」(小林甫編2003, 所収)
――, 2003b, 「社会人の学習環境としての大学院の現状と課題」(文部科学省高等教育局学生課編『大学と学生』, 特集・高度専門職業人教育――リカレント教育, 所収)
――(編著), 2006, 『大学教育改革における大学-地域パートナーシップの開発過程に関する国際比較研究』(北海道大学高等教育機能開発総合センター生涯学習計画研究部)
町村敬志, 1994, 『「世界都市」東京の構造転換――都市リストラクチャリングの社会学』(東京大学出版会)
――, 2006a, 『開発の時間 開発の空間――佐久間ダムと地域社会の半世紀』(東京大学出版会)
――(編集チーフ), 2006b, 『地域社会学の視座と方法』(「地域社会学講座」第1巻, 監修:似田貝香門, 東信堂)
Madsen, R., Sullivan, W.M., Swidler, A. and Tipton, S.M. (eds.), 2002, *Meaning and Modernity: religion, policy, and self*, University of California Press.
牧野昇・谷明良, 1995, 『新しい成長産業分野・ソシオテクノ――生活者重視の技術創造が日本を救う』(PHP)
萬成博(編), 1973, 『新しい労働者の研究――産業構造の変革と労働問題』(白桃書房)

真野地区復興・まちづくり事務所(編), 1996,『震災の記憶と復興への歩み——「真野っ子ガンバレ!!」縮刷版』(有限会社 真野っこ)
毛沢東, 1940,『新民主主義論』(＝1954, 毛沢東専修刊行会訳『新民主主義論・中国革命と中国共産党』, 大月書店・国民文庫, 所収)
Marshall, T. H., 1950, 1992, *Citizenship and Social Class*, Cambridge University Press, Cambridge. (＝1993, 岩崎信彦・中村健吾訳『シティズンシップと社会的階級——近現代を総括するマニフェスト』, 法律文化社)
丸山正樹, 2005, 「国立大学の法人化後の教養教育」(大学出版部協会編『WEB出版』, 第63号)
丸山茂徳・磯崎行雄, 1998,『生命と地球の歴史』(岩波新書)
丸山茂徳, 2008a,『「地球温暖化」論に騙されるな!』(講談社)
——, 2008b,『科学者の9割は「地球温暖化」CO_2犯人説はウソだと知っている』(宝島社新書)
——, 2008c,『地球温暖化対策が日本を滅ぼす』(PHP)
——, 2009,『今そこに迫る「地球寒冷化」人類の危機』(KKベストセラーズ)
増田聡, 2004, 「地域防災計画とハザードマップ：コミュニティ防災計画へ」(www.disaster.archi.tohoku.ac.jp/koukaikouza/.../masuda.pdf.)
益川浩一, 2003, 「岐阜県における生涯学習推進政策の動向と教育改革」(小林甫編 2003所収)
——, 2005,『戦後初期公民館の実像——愛知・岐阜の初期公民館』(大学教育出版)
——, 2007,『人びとの学びと人間的・地域的紐帯の構築——地域・まちづくりと生涯学習・社会教育』(大学教育出版)
——, 2009, 「アジア諸国のコミュニティー学習センター（CLC）に向けての発信」((財)ユネスコ・アジア文化センター編集・刊行『海外のコミュニティー学習センターの動向にかかわる総合的調査研究』, 所収)
益永茂樹(責任編集), 2007,『科学技術からみたリスク』(「リスク学入門」4, 東京大学出版会)
松井克浩, 2008a,『中越地震の記憶——人の絆と復興への道』(高志書院)
——, 2008b, 「防災コミュニティと町内会——中越地震・中越沖地震の経験から」(吉原直樹編『防災の社会学』, 所収)
松田良一・正木春彦編, 高等教育フォーラム監修, 1998,『日本の理科教育があぶない』(学会センター関西, および学会出版センター)
松本三和夫, 1992, 「造船科学技術革命への日本型適応形態——三菱長崎造船所1904-1914年」(日本労働社会学会編『労働社会学会年報』第3号, 所収)
——, 1995,『船の科学技術革命と産業社会——イギリスと日本の比較社会学』(同

文舘出版)
　——，1998,『科学技術社会学の理論』(木鐸社)
　——，2002,『知の失敗と社会——科学技術はなぜ社会にとって問題か』(岩波書店)
　——，2009,『テクノサイエンス・リスクと社会学——科学社会学の新たな展開』(東京大学出版会)
松野博，2004,『地域社会形成の思想と論理——参加・協働・自治』(ミネルヴァ書房)
松岡昌則，2003,「過疎山村における定住空間形成の展開と展望——秋田県山本郡藤里村の事例」(小林甫編 2003, 所収)
　——，松岡昌則，2007,「村落の農村社会の変容」(蓮見音彦編著・講座社会学第3巻『村落と地域』，東京大学出版会，所収)
松下電器産業株式会社社史室(編)，1983,『松下相談役の理念研究——第一部:「人間を考える　第一巻」の用語集および，コメンタール(注釈)』(松下電器社史室)
松下圭一，1952,「ロックにおける近代政治思想の成立とその展開」(1,2)(法政大学法学志林協会編『法学志林』第49巻2・3・4号，第50巻第1・2号，所収)
　——，1954,「名誉革命のイデオロギー構造とロック」(一橋大学『一橋論叢』第32巻第5号)
　——，1956a,「集団観念の形成と市民政治理論の構造転換」(1)(法政大学法学志林協会編『法学志林』第53巻第3・4合併号，所収)
　——，1956b,「大衆国家の形成とその問題性」(『思想』11月号。1959,『現代政治の条件』所収。1994,『戦後政治の歴史と思想』所収)
　——，1957a,「マルクス主義理論の20世紀的転換」(『中央公論』3月号。1959,『現代政治の条件』所収))
　——，1957b,「巨大社会における集団理論」(『日本政治学会年報1957』岩波書店，所収。1959,『現代政治の条件』所収)
　——，1957c,「史的唯物論と大衆社会」『思想』5月号。1959,『現代政治の条件』所収)
　——，1957d,「民主主義の歴史的形成」(講座『現代思想』6。1959,『現代政治の条件』所収)
　——，1957e,「日本における大衆社会論の意義」(『中央公論』8月号。1959,『現代政治の条件』所収)
　——，1957f,「集団観念の形成と市民政治理論の構造転換」(2)(法政大学法学志林協会編『法学志林』第55巻第2号，所収)
　——，1957g,「現代政治における自由の条件」(日本政治学会報告。1957,『理想』12月号，特集・大衆社会の諸問題，所収。1959,『現代政治の条件』所収)
　——，1958a,「社会民主主義の危機」(『中央公論』2月号。1959,『現代政治の条件』所収)

――，1958b,「忘れられた抵抗権」(『中央公論』12月号。1959,『現代政治の条件』所収)
――，1959a,「大衆天皇制論」(『中央公論』4月号，所収。1985,『昭和後期の争点と政治』所収。1994,『戦後政治の歴史と思想』所収)
――，1959b,『市民政治理論の形成』(岩波書店)
――，1959c,『現代政治の条件』(中央公論社。1969, 増補版, 中央公論社)
――，1959d,「戦後農村の変容と政治」(『農業協同組合』12月号。1962,『現代日本の政治的構成』所収。2004,『戦後政党の発想と文脈』所収)
――，1960a,「大衆娯楽と戦後の思想状況」(『思想』5月号。1965,『戦後日本の展望』所収)
――，1960b,「労働組合の日本型政治活動」(『日本政治学会年報1960』〈1959報告〉。1988,『昭和後期の争点と政治』所収)
――，1960c,「社会科学の今日的状況――大衆社会論の今日的意義」(『思想』9月号。1969,『現代政治の条件』増補版所収。1994,『戦後政治の歴史と思想』所収)
――，1961a,「地域民主主義の課題と展望」(『思想』5月号。1962,『現代日本の政治的構成』所収)
――，1961b,「戦後日本社会の変容」(『中央公論』11月号。1962,『現代日本の政治的構成』所収)
――，1962,『現代日本の政治的構成』(東京大学出版会)
――，1963,「地域民主主義の展望」(『エコノミスト』11月5日。1965,『戦後民主主義の展望』所収)
――，1965,『戦後民主主義の展望』(日本評論社)
――，1966,「〈市民〉的人間型の現代的可能性」(『思想』6月号。1969,『現代政治の条件』増補版所収。1994,『戦後政治の歴史と思想』所収)
――，1967,「都市科学の可能性と方法」(『世界』11月号。1971a, 同著『シビル・ミニマムの思想』所収)
――，1968,『現代政治学』(東京大学出版会)
――，1970,「シビル・ミニマムの思想」(『展望』5月号。1971,『シビル・ミニマムの思想』所収)
――，1971a,『シビル・ミニマムの思想』(東京大学出版会。2001, 復刊)
――，1971b,『都市政策を考える』(岩波書店)
――，1972,「市民的自由の成熟」(『中央公論』12月号)
――，1973,「市民参加と法学的思考」(『世界』7月号。1975,『市民自治の憲法論』所収)
――，1974a,「憲法理論への市民的視角」(『法律時報』3月号。1975,『市民自治の

憲法論』所収)
——, 1974b, 「戦後憲法学の理論構成」(東京大学社会科学研究所編『戦後改革』3。1975, 『市民自治の憲法論』所収)
——, 1975, 『市民自治の憲法理論』(岩波新書)
——, 1977, 「国会イメージの転換を」(『世界』2月号。1994, 『戦後政治の歴史と思想』所収)
——, 1979, 「市民型法意識と法社会学」(日本法社会学会年報『日本の法社会学』創立30周年記念号, 所収。1987, 『都市型社会の自治』所収)
——, 1981, 「都市型社会と防衛論争」(『中央公論』9月号所収。1985, 『昭和後期の争点と政治』所収。1994, 『戦後政治の歴史と思想』所収。2002, 『都市型社会と防衛論争』所収)
——, 1983, 「市民文化と市民自治」(練馬市民大学編『市民の復権：自律社会の創造をめざして』, 中央法規出版。篠原一, 大谷幸夫, 菅直人, 宇井純, 筑紫哲也と共著)
——, 1986, 『社会教育の終焉』(筑摩書房。2003, 新装版, 公人の友社)
——, 1987, 『都市型社会の自治』(日本評論社)
——, 1988a, 「自治体の国際政策」(松下圭一編著『自治体の国際政策』, 学陽書房, 所収。1988, 『現代政治の基礎理論』所収)
——, 1988b, 『昭和後期の争点と政治』(木鐸社)
——, 1989, 「現代法と政策法務」(日本法社会学会年報『法社会学への期待』創立40周年記念号, 所収。1995, 『現代政治の基礎理論』所収)
——, 1991, 『政策型思考と政治』(東京大学出版会)
——, 1994a, 「行政・行政学・行政法学」(日本行政学会編『行政学と行政法学の対話』所収。1995, 『現代政治の基礎理論』所収)
——, 1994b, 『戦後政治の歴史と思想』(ちくま学芸文庫)
——, 1995, 『現代政治の基礎理論』(東京大学出版会)
——, 1996, 『日本の自治・分権』(岩波新書)
——, 1997, 「官僚内閣制から国会内閣制へ」(法政大学法学部政治学科コロキアム報告。『世界』8月号の座談会「行政権とは何か」で一端を報告。座談会は松下, 菅直人, 五十嵐敬喜の3人による。『政治・行政の考え方』1988, 所収)
——, 1998, 『政治・行政の考え方』(岩波新書)
——, 1999, 『自治体は変わるか』(岩波新書)
——, 2002, 『都市型社会と防衛論争』(公人の友社)
——, 2004a, 『戦後政党の発想と文脈』(東京大学出版会)
——, 2004b, 「公共概念の転換と都市型社会」(佐々木毅・金泰昌編『公共哲学』

11，東京大学出版会。2005，松下『転換期日本の政治と文化』，岩波書店，所収)
——, 2005a, 『自治体再構築』(公人の友社)
——, 2005b, 『転型期日本の政治と文化』(岩波書店)
——, 2006, 『現代政治＊発想と回想』(法政大学出版会)
——, 2007, 『市民・自治体・政治――再論・人間型としての市民』(公人の友社)
——, 2009, 『国会内閣制の基礎理論：松下圭一法学論集』(岩波書店)
松下圭一・森啓, 1981, 『文化行政：行政の自己革新』(学陽書房)
Meadows, D. H., Meadows, D. L., Randers, J. and Behrens III, W. W., 1972, *The Limits To Growth.: A Report for The Club Of Roma Project on the Predicament of Mankind*, Universal Books, New York.（=1972, 大来佐武郎監訳，田中務・直井優・中村良邦・石谷久・石川真澄・鈴木胖・石川好男・吉見一郎訳『成長の限界――ローマ・クラブ「人類の危機」レポート』，ダイヤモンド社)
松沢成文, 2005, 『実践 ザ・ローカル・マニフェスト』(東信堂)
Merler, A. (a cura di), 2001, *Dentro il terzo settore: alcuni perché dell'impresa sociale,* Milano, F. Angeli.
道又健治郎 (編著), 1978, 『現代日本の鉄鋼労働問題』(北海道大学図書刊行会)
三上直之, 2009, 「科学技術コミュニケーション」(北海道大学高等教育機能開発総合センター生涯学習計画研究部編『大学による地域住民の生涯学習への参画と公開講座』, 同研究部刊，所収)
嶺学, 1991, 『労働の人間化を求めて――労使関係の新課題』(法政大学出版局)
Mingione, E., 1981, *Social conflict and the city,* St. Martin's Press, New York. (=1985, 藤田弘夫訳『都市と社会紛争』，新泉社)
——, 1991, Fragmented societies: a sociology of economic life beyond the market paradigm, translated by Goodrick, P. and Blackwell, B. Oxford, UK, Mass, Cambridge, USA.
——, 1999, "Gli itinerari della sociologia economica in una prospettiva europea," in Laville, J.-L. e Mingione, E. (a cura di), *La nuova sociologia economica. Prospettive Europee*, Numero di *Sociologia del lavoro*, N.73.
Miozzi, U・M., 1993, *Lo sviluppo storico dell'universita' italiana*, Firenze, Le Monnier.
三井逸友, 2005, 「欧州小企業憲章と EU 中小企業政策の今日的意義」(中小企業家同友会全国協議会企業環境研究センター編集『企業環境研究』No.10, 所収)
三戸公, 1991, 『家の論理』(1・2)(文眞堂)
——, 1994, 『「家」としての日本社会』(有斐閣)
宮原誠一, 1949a, 「社会教育の本質論」(日本社会教育連合会編『社会と教育』10月号, 12月号所収)

――, 1949b,「社会教育の本質と問題」と改題(宮原著『教育と社会』, 金子書房, 収録。1976,『宮原誠一教育論集』第2巻, 国土社, 所収。1990, 復刻『社会教育論』国土社, 所収)

宮原誠一・千野陽一・中村重康・小出まみ・杉村房彦・三輪定宣・坂井信子・花香実, 1964,「技術の高度化と現場作業員の学力」(『東京大学教育学部紀要』第7巻)

宮本又次, 1982,『日本町人道の研究――商人心の原点を探る』(京都, PHP研究所)

宮本みち子, 2002,『若者が《社会的弱者》に転落する』(洋泉社)

――, 2004,『ポスト青年期と親子戦略――大人になる意味と形の変容』(勁草書房)

宮本七郎(愛媛大学教授)・旅井理喜男(愛媛県社会教育局長)・船野宣明(愛媛県運動室長補佐)・東艶子(松山市八坂公民館長)・重松康隆(砥部町公民館主事)・中島都貞(双海町公民館主事)・和田貞行(愛媛県公民館連絡協議会会長)・井上巻太(同協議会事務局長), 1968,〈座談会・これからの公民館〉(愛媛県公民館連絡協議会編集・刊行『公民館風土記』所収)

宮本常一, 1963,『村の若者たち』(家の光協会。2004復刻版, 家の光協会)

宮坂広作, 1997,『大学改革と生涯学習』(明石書店)

都城秋穂, 2009,『地球科学の歴史と現状』(丸山茂徳・熊沢峰夫・磯崎行雄編集「地質学の巨人 都城秋穂の生涯」, 第2巻。東信堂)

宮田清蔵・北嶋克寛, 2004,「東京農工大学の産学協同」(『IDE 現代の高等教育』第463号, 所収)

宮内泰介, 2004,『自分で調べる技術――市民のための調査入門』(岩波アクティヴ新書)

――, 2009,『半栽培の環境社会学――これからの人と自然』(昭和堂)

宮崎市定, 1956,『九品官人法の研究――科挙前史』(東洋史研究会刊。1997, 中公文庫)

――, 1963,『科挙――中国の試験地獄』(中公新書)

宮崎満・横山知玄, 1984,『職場集団と労働者組織――地方都市・私鉄Ⅰ企業を事例として』(松山商科大学経済経営研究所『松山商科大学経済経営研究所所報』第8号)

宮崎隆志, 2002a,「現代民主主義と社会教育――教育・労働・民主主義のトリアーデの視点から」(『北海道大学大学院教育学研究科紀要』第86号, 所収)

――, 2002b,「地域的教養学習と教育主体の形成――竜岡地区」(姉崎洋一・鈴木敏正編著『公民館実践と「地域をつくる学び」』, 所収)

宮崎隆志・鈴木敏正(編著), 2006,『地域社会発展への学びの論理――下川町産業クラスターの挑戦』(北樹出版)

宮脇淳, 2008,「第二次地方分権改革の基本理念に関する考察――『中間的な取りまとめ』から見る分権改革の理念と方向性」(北海道大学大学院公共政策学研究科『年報 公共政策学』Vol.2, 所収)

三好信宏, 1999, 『手島精一と日本工業教育発達史――産業教育人物史研究(1)』(風間書房)
――, 2000, 『横井時敬と日本農業教育発達史――産業教育人物史研究(2)』(風間書房)
――, 2001, 『渋沢栄一と日本商業教育発達史――産業教育人物史研究(3)』(風間書房)
溝口雄三・丸山松幸・池田知久編, 2001, 『中国思想文化事典』(東京大学出版会)
水林彪・大津透・新田一郎・大藤修(編), 2001, 『法社会史』(「新体系日本史」2, 山川出版社)
望田幸男(編), 1995, 『近代ドイツ＝「資格社会」の制度と機能』(名古屋大学出版会)
――, 1998, 『ドイツ・エリート養成の社会史――ギムナジウムとアビトゥーアの世界』(ミネルヴァ書房)
茂木健一郎, 2010,「『ガラパゴス化』する脳」(『週刊ポスト』7月2日号)
文部省高等教育局／工学教育の振興に関する調査研究協力者会議, 1989, 『変革期の工学教育』(文部省)
森永輔, 2011,「プレート説は地震の原因を十分には説明できない――M6～7の余震に注意せよ！」(日経ビジネスオンライン, 3月22日号)
森啓, 2000, 『自治体職員の政策水準――如何にして上昇したか』(企画・北海道町村会。公人の友社)
森村正直, 1996, 『科学・技術研究の未来――メタ研究者の提言』(丸善株式会社)
Mosher, S. and Fuller, T., 2010, *Climategate: The crutape letters*. (＝2010, 渡辺正訳『地球温暖化スキャンダル――2009年秋クライメート事件の激震』, 日本評論社)
村上哲見, 1980, 『科挙の話――試験制度と文人官僚』(講談社新書。2000, 講談社文庫)
村上泰亮, 1975, 『産業社会の病理』(中央公論社)
――, 1989,「移行期における知識人の役割――ウォルフレン論文批判」(『中央公論』3月号。1998,「村上泰亮著作集」第8巻『時評・講演・随筆・年譜・著作リスト・総索引』, 中央公論社, 所収)
村上陽一郎, 1979, 『科学と日常性の文脈』(海鳴社)
――, 1984, 『非日常性の意味と構造』(海鳴社)
――(編), 1999, 『思想としての科学／技術』(講座『科学／技術と人間』9, 岩波書店)
――, 2001a, 『工学の歴史』(岩波講座「現代工学の基礎」技術連関系1, 岩波書店)
――, 2001b,「〈科学の現在〉を捉える」(聞き手：平川秀幸, 『現代思想』8月号, 特集「サイエンス・スタディーズ」, 青土社, 所収)
――, 2006, 『工学の歴史と技術の倫理』(岩波書店)
村田治, 1999, 『生涯学習時代における大学の戦略――ポスト生涯学習社会にむけて』(ナカニシヤ出版)
村山良之, 2011,「地域の特性をふまえた防災ワークショップの実践」(今村文彦編『防

災教育の展開』，所収)

室井力, 1990,「国家の公共性とその法的基準」，室井力・原野翻・福家俊朗・浜川清編『現代国家の公共性分析』(日本評論社)

Myerson, G., 2001, *Heidegger, Habermas and the Mobile Phone*,（=2004, 武田ちあき訳『ハイデガーとハバーマスと携帯電話』，岩波書店)

永田萬亨, 2003,「転換期にみる電機産業の企業内教育と生涯学習」(小林甫編 2003, 所収)

中林一樹, 1999,「復興への事前準備と防災都市づくり」(日本都市計画学会・防災復興問題研究特別委員会編『安全と再生の都市づくり──阪神・淡路大震災を超えて』学芸出版社)

───, 2003,「防災都市計画と地震災害ハザードマップ：東京の地域危険度」(日本地理学会企画専門委員会主催公開シンポジウム「災害ハザードマップと地理学──なぜ今ハザードマップか？」，講演発表要旨集，所収)

名古屋大学大学院工学研究科 (8大学工学部長懇談会世話校), 1996,「8大学工学部長会議工学教育プログラム委員会の活動──工学教育プログラム検討委員会」(名古屋大学大学院工学研究科)

───, 1999,「8大学工学部長会議工学教育プログラム委員会の活動──工学教育プログラム実施検討委員会」(名古屋大学大学院工学研究科)

中原秀臣・佐川峻, 1996,『巨大科学技術が日本を破壊する──戦艦大和の過ちを繰り返すな』(太陽企画出版)

永井彰, 2008,「災害弱者の支援と自立」(吉原直樹編『防災の社会学』，所収)

中島尚正(編), 2000,『工学は何をめざすのか──東京大学工学部は考える』(東京大学出版会)

中島都貞(双海中央公民館主事), 1968,「主演は住民自身 33の小字全部に公民館」(愛媛県公民館連絡協議会編集・発行『公民館風土記』，所収)

仲正昌樹, 2008,『集中講義！ アメリカ現代思想──リベラリズムの冒険』(NHK Books)

永松伸吾, 2008,『減災政策論入門──巨大災害リスクのガバナンスと市場経済』(シリーズ「災害と社会」第4巻, 弘文堂)

中溝茂雄, 2008,「小中学校での震災教育──『幸せ運ぼう』の取り組み」(岩崎信彦・田中泰雄・林勲男・村井雅清編『災害と共に生きる文化と教育』，所収)

中村圭介, 1996,『日本の職場と生産システム』(東京大学出版会)

中西新太郎／新しい生き方をつくる会共編, 2005,『フツーを生きぬく進路術 17歳編』(青木書店)

中野麻美, 2006,『労働ダンピング──雇用の多様化の果てに』(岩波新書)

中岡哲郎，1971，『コンビナートの労働と社会』(平凡社)
——，1974，『工場の哲学——組織と人間』(平凡社)
——，1979，『技術を考える13章』(日本評論社)
——，2001，「労働・近代・技術」(聞き手：柿原泰，『現代思想』8月号，特集「サイエンス・スタディーズ」，青土社，所収)
中田実，1993，『地域共同管理の社会学』(東信堂)
——，2000a，『世界の住民組織——アジアと欧米の国際比較』(自治体研究社)
——(編著)，2000b，「住民組織の現状と可能性」(同上書所収)
——，2006，「都市コミュニティの再生と地域協働の創造」(片岡幸彦編『下からのグローバリゼーション』，新評論，所収)
中山茂(編)，1986，『日本の技術力——戦後史と展望』(朝日新聞社)
中山茂，1995，『科学技術の戦後史』(岩波新書)
——，2001，「戦後科学論の鉱脈——遡行と展望」(聞き手：塚原東吾・柿原泰，『現代思想』8月号，特集「サイエンス・スタディーズ」，青土社，所収)
——，2003，「ポスト冷戦期の大学と科学技術」(日本高等教育学会編『高等教育研究』第6集・特集「高等教育 改革の10年」，所収)
——，2006，『科学技術の国際競争力——アメリカと日本相克の半世紀』(朝日新聞社)
中山茂・吉岡斉，1994，『戦後科学技術の社会史』(朝日新聞社)
中山茂・後藤邦夫・吉岡斉(責任編集)，1995-1999，『「通史」日本の科学技術』(全4巻・別巻1，学陽書房)
並木頼寿，2006，「中華の発見者」(孫文『三民主義〔抄〕ほか』，島田虔次・近藤秀樹・堀川哲男訳，中央公論社・中公クラシックス，所収)
鳴海正泰，1994，『地方分権の思想——自治体改革の軌跡と展望』(学陽書房)
Nassehi, A. und Nollmann, G. (eds.), 2004, *Bourdieu und Luhmann: Ein Theorienvergleich*, Suhrkampf, Frankfurt am Main. (=2006，森川剛光訳『ブルデューとルーマン——理論比較の試み』，新泉社)
National Society of Professional Engineers (ed.), 1999, *Opinions of the Board of Ethical Review*. (=2000，社団法人日本技術士会訳編『科学技術者倫理の事例と考察』，丸善)
——, 2004, *Opinions of the Board of Ethical Review 1997 through 2002 Cases*, (=2004，社団法人日本技術士会訳編『続 科学技術者倫理の事例と考察』，丸善)
夏目漱石，1892，「文壇に於ける平等主義の代表者『ウォルト，ホイットマン』Walt Whitman の詩について」(『哲学雑誌』第7冊，第68号，所収．1995，『漱石全集』第13巻〔英文学研究〕，岩波書店，所収)

練馬市民大学（編），1983，『市民の復権：自律社会の創造をめざして』(中央法規出版)
Niero, M., Diamanti, I. e Noventa, A., 1989, *Giovani e tempo libero,* Milano, Franco angeli.
日本学術会議工学教育研究連絡委員会，2000，『グローバル時代における工学教育』(日本学術会議)
——，2003，『グローバル時代における工学系大学院教育』(日本学術会議)
㈳日本技術士会（編），2004，「技術士ビジョン――科学技術創造立国の実現を目指して：社会の利益と環境の保全に貢献する技術士」(㈳日本技術士会)
日本科学者会議（編），2002，『異議あり 新しい「国立大学法人」像』(青木書店)
㈳日本経済調査協議会，1972，『産業社会における人間形成――長期的観点からみた教育のあり方』(東洋経済新報社．2001，日本現代教育基本文献叢書／戦後教育改革構想2-18，日本図書センター)
日本経済新聞社（編），2011，『東日本大震災，その時企業は』(日本経済新聞社)
日本倫理学会（編），1985，『技術と倫理』(以文社)
日本労働組合連合会，2003，『教育が未来を創る―連合・教育改革12の提言』(http://www.jtuc-rengo.or.jp/new/wakaru/kurashi/kyouiku/sanko_3.html)
日本鉄鋼産業労働組合連合会・労働調査協議会（編），1980，『鉄鋼産業の労使関係と労働組合』(日本労働協会編集協力：稲上毅・海野幸隆)
日刊工業新聞特別取材班（編），1987，『新「前川リポート」が示す道――日本をこう変える』(にっかん書房)
新潟日報社特別取材班，2009，『原発と地震――柏崎刈羽「震度7」の警告』(講談社)
新原道信，1995，「イタリアの地方大学における地域形成と人間形成の試み――サッサリ大学を基盤としたA・メルレルの教育・研究活動について」(横浜市立大学経済研究所『経済と貿易』第169号)
——，1997，『ホモ・モーベンス――旅する社会学』(窓社)
——，2007，『境界領域への旅――岬からの社会学的探求』(大月書店)
新原道信・広田康生（編集チーフ），2006，『グローバリゼーション／ポスト・モダンと地域社会』(「地域社会学講座」第2巻，監修：古城利明，東信堂)
西出郁代，2001, *Expanding Opportunities of Higher Learning for Older Adults,* Sagamihara, Seizansha.
——，2003a，「高齢者主導型プログラム―― The Plato Society（UCLA）の発展とその意義」(小林甫編2003，所収)
——，2003b，「高等教育と高齢者の生涯学習――いなみ野学園の事例」(小林甫編2003，所収)
西原和久，2003，『自己と社会――現象学の社会理論と〈発生社会学〉』(新泉社)
西原和久・宇都宮京子編，2004，『クリティークとしての社会学――現代を批判的に

見る眼』(東信堂)
Nishikawa, I. and Lauria, A. (a cura di), 1994, *Konosuke Matsushita. L'uomo e l'impresa: Etica degli affari e responsabilita del management secondo il fondatore della Panasonic.*
西山志保, 2005, 『ボランティア活動の論理――ボランタリズムとサブシステンス』(東信堂)
――, 2008, 「災害ボランティアと支えあいのしくみづくり」(吉原直樹編『防災の社会学』, 所収)
――, 2009, 「阪神・淡路大震災が生みだした市民活動の新たな展開――ボランティアからNPO, ソーシャル・エンタープライズへ」(宇田川妙子編『多元的共生を求めて』東信堂, 所収)
似田貝香門, 1999, 「専門職とボランティアの可能性」(『看護教育』Vol.4, No.4, 医学書院)
――(編著), 2002, 『第三世代の大学――東京大学新領域創成の挑戦』(東京大学出版会)
――, 2006a, 「越境と共存的世界――新たなる社会の尖端的現象の把握について」(似田貝香門・矢澤澄子・吉原直樹編『越境する都市とガバナンス』, 所収)
――, 2006b, 「『構造分析』の調査を振り返って――〈主体を介しての構造分析〉をめざして」(第19回「社会・意識調査データベース(SORD)」ワークショップ・報告(札幌学院大学社会情報学部)
――(編著), 2008a, 『自立支援の実践知――阪神・淡路大震災と共同・市民社会』(東信堂)
――, 2008b, 「防災の思想――まちづくりと都市計画の〈転換〉へむけて」(吉原直樹編『防災の社会学』, 所収)
似田貝香門・矢澤澄子・吉原直樹(編著), 2006, 『越境する都市とガバナンス』(法政大学出版局)
新田孝彦・蔵田伸雄・石原孝二(編), 2005, 『科学技術倫理を学ぶ人のために』(世界思想社)
新田孝彦, 2005, 「科学技術倫理とは何か」(同上書, 所収)
――, 2000, 「いのちをめぐる倫理」(馬渡峻輔・木村純編『21世紀・新しい「いのち」像――現代科学・技術とのかかわり』, 北海道大学図書刊行会, 所収)
新田孝彦・蔵田伸雄・石原孝二(編), 2005, 『科学技術倫理を学ぶ人のために』(世界思想社)
新田照夫, 1998, 『大衆的大学と地域経済――日米比較研究』(大学教育出版)
――, 2003a, 「大学の地域連携機能に関する研究――カリフォルニア州立大学ベーカーズフィールド校を中心に」(小林甫編2003, 所収)

──，2003b，「地域活性化のための大学生涯学習──長崎県を例に」(小林甫編 2003，所収)
──，2006，『生涯学習と評価──住民自治の主体形成をめざして』(大学教育出版)
ノーステック財団(編)，2006，『北海道産業クラスター創造活動の原点──戸田一夫のことば』(ノーステック財団，札幌)
野田北部まちづくり協議会(編)，1999，『野田北部の記憶(震災後3年のあゆみ)』(同協議会刊)
野田宣雄，1988，『教養市民層からナチズムへ──比較宗教社会史のこころみ』(名古屋大学出版会)
──，1997，『ドイツ教養市民層の歴史』(講談社学術文庫)
野原光・藤田栄史，1988，『自動車産業と労働者──労働者管理の構造と労働者像』(法律文化社)
野原博淳，1986，「フランスにおける技術者と組合運動」(『賃金と社会保障』7月上旬号，所収)
野村浩一，1978，『毛沢東』(人類の知的遺産76，講談社)
乗杉嘉寿，1923，『社会教育の研究』(東京・同文館。1983，復刻・有明会図書部)
尾高煌之助，1993，『職人の世界・工場の世界』(リブロポート)
尾形勇・小島毅・茂木敏夫，2001，「国家」(溝口雄三・丸山松幸・池田知久編『中国思想文化事典』，所収)
小椋正得，1981，『ICが社会を変える』(読売新聞社)
岡田知弘・石崎誠也(編著)，2006，『地域自治組織と住民自治』(地域と自治体第31集，自治体研究社)
岡田知弘，2006，「地域づくりと地域自治組織」(同上書所収)
沖大幹，2001，「千年科学技術をめざそう」(『科学』第71巻第12号，岩波書店，所収)
──，2008，「二一世紀の千年持続学」(木村武史編『千年持続学の構築』，所収)
奥林康司，1981，『労働の人間化──その世界的動向』(有斐閣。1991，増補版，有斐閣)
──，2005，『旧ソ連邦の労働』(中央経済社)
奥林康司・竹林明・上林憲雄・庄村長・森田雅也，1994，『柔構造組織パラダイム序説──新世代の日本的経営』(文眞堂)
Olson, L., 1997, *The school-to-work revolution: how employers and educators are joining forces to prepare tommorrow's skilled workforce*, Mass., Addison-Wesley. (=2000，千崎武監訳，渡辺三枝子・三村隆男訳『インターンシップが教育を変える──教育者と雇用主はどう協力したらよいか』，東京雇用問題研究会)
尾身幸次，1996，『科学技術立国論──科学技術基本法解説』(読売新聞社)
小内透(編)，2009a，『在日ブラジル人の労働と生活』(講座「トランスナショナルな

移動と定住——定住化する在日ブラジル人と地域社会』第1巻，御茶の水書房）
——（編），2009b,『在日ブラジル人の教育と保育の変容』(講座「トランスナショナルな移動と定住」第2巻，御茶の水書房）
——（編），2009c,『ブラジルにおけるデカセギの影響』(講座「トランスナショナルな移動と定住」第3巻，御茶の水書房）
小野元之・香川正弘（編著），1998,『広がる学び開かれる大学——生涯学習時代の新しい試み』（ミネルヴァ書房）
小野寺理佳，2003,「向老期親子関係の選考性に着目した祖母の育児支援の検討」(小林甫編2003，所収)
小野寺理佳・新藤慶・濱田国佑，2009,「僻地農村におけるデカセギの影響」(小内透編『ブラジルにおけるデカセギの影響』，所収)
大林正昭，2002,「近代前教育の日中比較」「高等教育の日中比較」「社会教育の日中比較」「産業教育の日中比較」「日中近代教育の軌跡」（佐藤尚子・大林正昭編『日中比較教育史』，所収)
大橋秀雄，1997,「工学教育アクレディテーションシステム調査研究委員会審議経過」（日本工学教育協会編『工学教育』第45巻第2号，所収)
——，1998,「工学教育からエンジニア教育へ」（『IDE 現代の高等教育』第402号，所収)
——，1999,「技術士法が改正されました——過渡措置を見過ごさないように」(http://www.jsme.or.jp/cpd/cpd1.htm)
——，2000a,「技術者教育の認定——国際整合性を求めて」（『IDE 現代の高等教育』第414号，所収)
——，2000b,「科学のターニングポイント——世界科学会議の宣言から」（学術会議『学術の動向』4月号）
——，2000c,「技術者認定制度が目指すもの」(http://www.jabee.org/OpenHomePage/jabee1.htm)
——，2001,「技術者能力開発システムの構築——技術者の育成・確保のために」（第5回産学連携推進小委員会資料）(www.meti.go.jp/policy/innovation_corp/subcommission/5th/5-7.pdf)
——，2002a,「次世代の技術者と社会」（日本工学教育協会第50回年次大会特別講演）(esel.mech.kogakuin.ac.jp/~ohashi/nextengineer.PDF)
——，2002b,「〔PDE協議会委員会〕委員長の挨拶」(www.ifes.or.jp/_pde/aisatsu.html)
——，2004,「JABEEの理解を深めるために」(http://www.jabee.org/OpenHomePage/jabee2.htm)
——，2005a,「〔JABEE〕会長就任のご挨拶——次の段階に向かって」(http://www.

jabee.org/OpenHomePage/greeting2005-5.htm)
――，2005b，『これからの技術者――世界に羽ばたくプロを目指して』(オーム社)
大橋昭一，1999，『ドイツ経済民主主義論史』(中央経済社)
大橋昭一・竹林浩志(編著)，2003，『現代のチーム制――理論と役割』(同文館出版)
大橋徹郎(新日本製鐵)，2001，「大学への期待と連携――製造業の視点から」(大学の研究教育を考える会編『大学の社会的責任』，所収)
大橋裕二(日本開発銀行)，2004，「産業クラスター創造活動の現状と課題～北海道経済の自立を実現するために～」(www.dbi.go.jp/hokkaido/report/cluster.html)
大久保貞義，1970，『技術社会の人間と労働――労働形態と生きがいの変化』(日本労働協会)
大中逸雄(JABEE副会長)，2005a，「日本技術者教育認定制度の現状と展望」(http://www.jabee.org/OpenHomePage/jabee3.htm)
――，2005b，「技術者教育の新動向」(『IDE 現代の高等教育』No.470，特集「技術者教育の曲がり角」，所収)
大阪大学大学院工学研究科(8大学工学部長懇談会世話校)，2010，「8大学工学部長会議工学教育プログラム委員会の活動――工学教育プログラム連携推進実委員会」(大阪大学大学院工学研究科)
大阪哲学学校(編著)，1988，『企業モラルを哲学する――よく生きるにはどうすべきか』(三一書房)
――，1994，『日本の〈保守〉を哲学する――保守マジョリティにどう対峙すべきか』(三一書房)
大崎仁，1981，「国の研究費の配分(大学関係)」(日本学術振興会編『科学政策の日米比較――第1回日米科学政策比較研究セミナー』，日本学術振興会，所収)
――，1990a，「大学設置基準大綱化の意味」(『IDE 現代の高等教育』11月号，所収)
――，1990b，「英国高等教育のゆくえ」(『IDE 現代の高等教育』12月号，所収)
――(編)，1991，『「大学紛争」を語る』(有信堂高文社)
――，1991，「戦後大学の歩みと『大学紛争』」(同上書，所収)
――，1993，「高等教育研究への期待」(筑波大学大学研究センター研究紀要『大学研究』第11号)
――，1994，「戦後大学改革再訪」(『IDE 現代の高等教育』No.352-355，357-359，所収)
――，1997，「科学技術政策の新展開と大学」(『IDE 現代の高等教育』第383号，所収)
――，1998，「高等教育研究への視点」(日本高等教育学会編『高等教育研究』第1集，所収)

―――，1999，『大学改革 1945〜1999 ―― 新制大学一元化から「21世紀の大学像」へ』(有斐閣)
―――，2000a，「大学院教育」(財高等教育研究所編『高等教育研究紀要』第18号 [高等教育ユニバーサル化の衝撃Ⅱ])
―――，2000b，「国立大学法人化への国際的視点」(『IDE 現代の高等教育』第423号，所収)
―――，2002，「国立大学法人化への国際的視点」(学士会午餐会講演) (http://ac-net.org/dgh/00c/29-oosaki.Html)
―――，2003，「日本の大学 ―― 変革の意味するもの」(末松安晴編『知と美のハーモニー ―― 猪瀬ロッジからのメッセージ：軽井沢土曜懇話会講演集』，国立情報学研究所，所収)
―――，2006，「高等教育改革政策について」(広島大学高等教育研究開発センター・日本高等教育学会編『日中高等教育新時代 ―― 第2回日中高等教育フォーラム／第33回 (2005年度) 研究員集会の記録』，広島大学高等教育研究開発センター，所収)
―――，2009，「国立大学法人制度の再検証」(『IDE 現代の高等教育』No.511，所収)
大澤真幸，2004，「もう一つの，『ハイデガー，ハバーマス，ケータイ』」(G・Myerson 著，武田ちあき訳『ハイデガーとハバーマスと携帯電話』の「解説」)
大田口和久，2005，「コアリッションによる創成科目の開発と教育実践」(日本工学教育協会『工学教育』第53巻第1号)
大戸安弘，1998，『日本中世教育史の研究 ―― 遊歴傾向の展開』(梓出版社)
―――，2005，「一向一揆を支えたもの ―― 一向宗門徒の学習過程を中心として」(日本教育史学会編『日本教育史研究』24)
大輪武司，2006，「技術者の能力開発と PDE 協議会：Continuing Professional Development and PDE (Professional Development of Engineers) Council」(日本工学教育協会編『工学教育』第54巻第5号，所収)
小山陽一(編)，1985，『巨大企業体制と労働者 ―― トヨタの事例』(御茶の水書房)
大矢根淳，2005，「災害と都市 ―― 21世紀・『地学的平穏の時代の終焉』を迎えた都市生活の危機」(藤田弘夫・浦野正樹編『都市社会とリスク』，所収)
大矢根淳・浦野正樹・田中淳・吉井博明(編)，2007，『災害社会学入門』(シリーズ「災害と社会」第1巻，弘文堂)
大矢根淳，2007a，「わが国独自の災害社会(科)学的先行研究」(同上書，所収)
―――，2007b，「原子力災害の認識と対応」(同上書，所収)
大矢根淳・渥美公秀，2007，「災害社会学における研究実践」(同上書，所収)
Orefice, P., 2000, "Participatory Research Method in the Education of Adults: theoretical

and methodological aspects," in Dale, Mark. (ed.), *Towards the End of Teaching?*, Nordic Folk Academy, Sweden.

Pace, E. (a cura di), 1984, Dizionario di sociologia e antropologia cultrale.(Direttpo di S. Acquavuva.), Cittadella editrice, Assisi.

Pace, E. (a cura di), 1984, *Dizionario di sociologia e antropologia cultrale*. (Direttpo di S. Acquavuva.), Cittadella editrice, Assisi.

Parsons, T., 1951, *The Social System*, Glencoe, Ill., Free Press. (=1974, 佐藤勉訳『社会体系論』, 青木書店)

―, 1966, *Societies: Evolutionary and Comparative Perspectives*, New Jersey, Prentice-Hall, Inc. (=1971, 矢澤修次郎訳『社会類型――深化と比較』, 至誠堂)

Pascale, R. T. and Athos, A. G., 1981, *The Art of Japanese Management*. (=1981, 深田祐介訳『ジャパニーズ・マネジメント――日本的経営に学ぶ』, 講談社)

Peccei, A., 1984a, 「人間革命」(池田大作・Peccei, A. 『21世紀への警鐘』, 所収)

―, 1984b, 「〔遺稿〕恒久平和への道」(同上書, 所収)

Peterson's, 1998, *Distance Learning Programs*. (=1999, 笠木恵司訳『日本で学べるアメリカ大学遠隔学習プログラム――学士・修士・博士課程』(ダイヤモンド社)

Pfeffer, T., Unger, M., Hölttä, S., Malkki, P., Boffo, S. and Finochietti, G., 2000, *Latecomers in vocational higher education: Austria, Finland, Italy*, Universität Klagenfurt, Faculty of Interdisciprinary Studies, Vienna. (www.iff.ac.at/hofo/WP/IFF_hofo.00.00 1_Pfeffer_latecomers.pdf)

Piazza, M., 2004, *Le trentenni. Fra maternità e lavoro, alla ricerca di una nuova identità*. Arnaldo Mondadori Editore S.p.A., Milano. (=2006, 伊藤あき子・進藤多代訳『母性と仕事に揺れる三十代――イタリア女性たちは語る』, ミネルヴァ書房)

Pink, D. H., 2001, *Free Agent Nation*. (=2002, 玄田有史・池村千秋訳『フリーエージェント社会の到来』, ダイヤモンド社)

Piore, M.J., 1980, "The technological foundations of dualism and discontinuity," in Berger, S. and Piore, M. (eds.), *Dualism and Discontinuity in Industrial Socities*, Cambridge, Cambridge University Press.

―, 1986, "Perspectives in labor market flexibility," in *Industrial relations*, vol.25.

―, 1995, *Beyond Individualism*, Harvard University Press.

Piore, M. J. and Sabel, C. F., 1984, *The second industrial divide: possibilities for prosperity*, New York, Basic Books, (=1993, 山之内靖・永易浩一・石田あつみ訳『第二の産業分水嶺』, 筑摩書房)

Piva, P. T., 2001, I servizi alla persona: Manuale organizzativo, Carocci, Roma.

Polanyi, K., 1944, 1957a, *The Great Transformation: The Political and Economic Origins of*

　　　　　Our Time, Beacon Press.（=1975, 吉沢英成・野口建彦・長尾史郎・杉村芳美訳『大転換——市場社会の形成と崩壊』，東洋経済新報社。2009, 野口建彦・栖原学訳『[新訳] 大転換——市場社会の形成と崩壊』，東洋経済新報社）

———, 1957b, "The Place of Economies in Societies," in Polanyi, K. Arensberg, C.M. and Pearson, H.W. (eds.), *Trade and Market in the Early Empires,* Chapter 12.（=1980, 2005, 玉野井芳郎・栗本慎一郎・山崎光治・小倉利丸訳「原始的社会における交易港」, 玉野井芳郎・栗本慎一郎訳『人間の経済』Ⅱ『交易・貨幣および市場の出現』, 岩波書店, 所収）

———, 1957c, *The Economy as Institutional Process. Dahomey and the State Trade,* University of Washington Press, (=1975, 1981, 栗本慎一郎訳『経済と文明——〈ダホメと奴隷貿易〉の経済人類学的分析』, サイマル出版会)

———, 1977, *The Livelihood of Man* (ed. by H. Pearson), Academic Press, Inc., New York.（=1980, 2005, 玉野井芳郎・栗本慎一郎訳『人間の経済』Ⅰ『市場社会の虚構性』, Ⅱ『交易・貨幣および市場の出現』, 岩波書店）

———, 1980, *Economie primitive, arcaiche e moderne,* Einaudi, Torino.

Putnam, R. with Leonardi, R. and Nanetti, R.Y., 1993, *Making democracy work: civic traditions in modern Italy.*（=2001 河田潤一訳『哲学する民主主義——伝統と改革の市民的構造』, NTT出版）

———, 2000, *Bowling Alone: The Collapse and Revival of American Community,* New York, Simon & Schuster.（=2006, 柴内康文訳『孤独なボウリング——米国コミュニティの崩壊と再生』, 柏書房）

——— (ed.), 2002, *Democracies in Flux: The Evolution of Social Capital in Contemporary Society,* Oxford University Press.

Pyke, F., Becattini, G. and Sengenberger, W. (eds.), 1992, *Industrial districts and inter-firm co-operation in Italy,* International Institute for Labour Studies, Geneva.

Rambelli, F.（ファビオ・ランベッリ），1997,『イタリア的考え方——日本人のためのイタリア入門』(ちくま新書)

———, 2005,『イタリア的:「南」の魅力』(講談社選書メチエ)

———, 2007, *Buddhist materiality: a cultural history of objection in Japanese Buddhism,* Stanford University Press.

Redclift, N. and Mingione, E. (eds.), 1985, *Beyond employment: houshold, gender, and subsistence,* Blackwell, New York.

Regini, M. e Sabel, C.F. (a cura di), 1989, *Strategie di riaggiustamento industriale,* Il Mulino.

立命館大学阪神・淡路大震災復興研究プロジェクト・社会システム部会(編), 1996,『阪神・淡路大震災・被災から再生へ』(立命館大学産業社会学部)

立命館大学阪神・淡路震災復興研究グループ（編），1999，『災害現象の社会学的考察——1998年度阪神・淡路大震災学術調査研究報告書』(立命館大学・同研究グループ刊)

Robertson, R. and Turner, B. S., 1991, *Talcott Parsons: Theorist of Modernity,* Sage Publication.（=1995，中久郎・清野正義・進藤雄三訳『近代性の理論——パーソンズの射程』，恒星社厚生閣）

Robertson, R.,1992, *Globalization: Social Theory and Global Culture.*（=1997，阿部美哉訳『グローバリゼーション——地球文化の社会理論』抄訳，東京大学出版会）

Rosenbloom, R. and Spencer, W. J. (eds.), 1996, *Engines of Innovation: U.S. Industrial Research at the End of an Era,* Harvard Business School Press, Boston.（=1998，西村吉雄訳『中央研究所の時代の終焉——研究開発の未来』，日経BP社）

Rothblatt, S., 1999, *The Batlles for Liberal Education in the United States History.*（=1999，吉田文・杉谷祐美子訳『教養教育の系譜——アメリカ高等教育にみる専門主義との葛藤』(玉川大学出版部)

Sabel; C.F., 1982, *Work and Politics: the Division of Labour in Industry,* Cambridge University Press.

——, 1993, "Learning by monitoring: the institution of economic development," in Smekser, N. and Swedberg, R. (eds.), *Handbook of Economic Sociology,* Princeton-Sage.

——, 1995, "Conclusion: Turning the page in industrial districts," in Bagnasco, A. and Sabel, C. F. (eds.), 1995.

Sabel, C. F. and Zeitlin, J., 1982, "Alternative storiche alla produzione di massa," in *Stato e Mercato,* 5.

——, 1985, "Historical alternatives to mass production: politics, markets and technology in nineteenth-century industrialisation," in *Past and Present,* 108.

Sabour, M. and Vikor, K. S. (eds.), 1995, *Ethnic encounter and culture change: papers from the Third Nordic Conference on Middle Eastern Studies, Joensuu,* 1995, Bergen, Nordic Society for Middle Eastern Studies.

Sabour, M., 2001, *The Ontology and Status of Intellectuals in Arab Academia and Society,* Ashgate Pub Ltd.

佐伯浩，2004，「北大土木工学科における技術者倫理教育」(第1回技術者倫理研究事例発表大会特別講演)(https://www.engineer.or.jp/cpd/ckoza-chapter.html)

斎藤文良，2011，「気仙沼市松岩公民館館長日誌」(1～5，全国公民館連合会編集・発行『月刊公民館』，6～10月号，所収)

斉藤将，1993，『職業能力開発法体系』(酒井書店)

斉藤信男, 2004,「慶應義塾大学の産学交流」(『IDE 現代の高等教育』第463号, 所収)
斉藤了文, 2005a,『テクノリテラシーとは何か——巨大事故を読む技術』(講談社)
―――, 2005b,「工学の認識論」(新田孝彦・蔵田伸雄・石原孝二編『科学技術倫理を学ぶ人のために』, 所収)
斉藤真一, 2002,「札幌市における連絡所の役割と協働型社会の形成」(北海道大学文学部卒業論文)(reg.let.hokudai.ac.Jp/miyauchi/ssaito.pdf)
斉藤貴男・東京管理職ユニオン, 2005,『成果主義神話の崩壊』(旬報社)
坂公恭, 2004,「中部地区講演会『工学に明るい未来はあるか？——環境と生産から考える』」(㈳日本工学アカデミー編『EAJ NEWS』99-4)(www.eaj.or.jp/eajnews/news99/news99-4-j.html)
坂井昭宏, 1996,「授業科目再考」(北海道大学機能開発総合センター編「センターニュース」第7号,「巻頭言」)(socyo.high.hokudai.ac.jp/More_HTML/news/News7-html)
坂本賢三, 1987,『先端技術のゆくえ』(岩波新書)
坂本登, 2009,「『生きがい仕事』の創出とCS神戸の役割——『自立と共生』の市民社会の構築に向けて」(宇田川妙子編『多元的共生を求めて——〈市民の社会〉をつくる』, 東信堂, 所収)
櫻井義秀, 2003,「タイ高等教育と生涯学習——タイ市民社会論と大学改革の問題」(小林甫編 2003, 所収)
―――, 2005,『東北タイの開発と文化再編』(北海道大学図書刊行会)
―――, 2008,『東北タイの開発僧——宗教と社会貢献』(梓出版社)
Samuels, R. J., 1994, *"Rich Nation, Strong Army": National Security and the Technological Transformation of Japan,* Cornell University Press.
―――, 2003, *Machiavelli's Children: Leaders and Their Legacies in Italu and Japan,* Cornell University Press.（=2007, 鶴田知佳子・村田久美子訳『マキァヴェッリの子どもたち——日伊の政治指導者は何を成し遂げ, 何を残したか』, 東洋経済新報社)
寒川旭, 1997,『揺れる大地——日本列島の地震史』(同朋舎出版)
―――, 2007,『地震の日本史——大地は何を語るのか』(中公新書)
堺屋太一, 1990,『知価革命——工業社会が終わり 知価社会が始まる』(PHP研究所)
―――, 2002,『日本の盛衰——近代百年から知価社会を展望する』(PHP新書)
Sandkull, B.,（=1986, 石川康子訳「スウェーデンの技術者・技術員——今日的問題はなにか」,『賃金と社会保障』7月上旬号, 所収)
Santuccio, M., 1987, *Scienza e Società,* Milano, Franco Angeli.
讃岐幸治・田中毎実, 1995,『ライフサイクルと共育』(青葉図書)
讃岐幸治・住岡英毅, 2001,『生涯学習社会』(ミネルヴァ書房)

讃岐幸治, 2001, 「生涯学習社会へのまちづくり——創造の喜びをともにする」(同上書, 所収)
佐貫正和, 2009, 「近代日本における共和主義—— 1920年代の丘浅次郎を通じて」(総合研究大学院大学『文化学研究』第5号, 所収)
笹井宏益, 1997, 「旧制専門学校における University Extention の意義と限界」(北海道大学生涯学習計画研究部紀要『生涯学習研究年報』第3号)
——, 2003, 「生涯学習の視点から見た農村地域の発展可能性」(ライフスタイルプロジェクト研究資料第1号『人口定住・地域再生方策と農の教育及び福祉機能』, 所収)
——, 2004, 「生涯学習概念の変遷と EU の生涯学習論」(未公刊原稿)
——, 2005, "The Relationships between Development Support and Academism in Non-Formal Education,"Report of ACCU International Exchange Programme under UNESCO/Japan Funds in Trust for the Promotion of International Cooperation and Mutual Understanding, ACCU.
——, 2009, 「世界に拡がる『公民館の魅力』」((財)ユネスコ・アジア文化センター編集・発行『海外のコミュニティー学習センターの動向にかかる総合的調査研究』, 所収)
佐々木元, 2005, 「企業から見た大学の技術者教育」(『IDE 現代の高等教育』No.470, 特集「技術者教育の曲がり角」, 所収)
佐々木惠彦, 2000, 「世界科学アカデミー会議が開かれるまで」(日本学術会議編『学術の動向』, 7月号, 所収)
佐々木信夫, 2002, 『市町村合併』(ちくま新書)
——, 2004, 『地方は変われるか——ポスト市町村合併』(ちくま新書)
佐々木聡・野中泉, 1990, 「日本における科学的管理法の導入と展開」(原輝史編『科学的管理法の導入と展開——その歴史的国際比較』(昭和堂)
佐々木毅・金泰昌 (編), 2002, 『中間集団が開く公共性』(Intermediary Organizations and Publicness。「公共哲学」7, 東京大学出版会)
佐々木力, 1996, 『科学論入門』(岩波新書)
——, 1997, 『学問論——ポストモダニズムに抗して』(東京大学出版会)
札幌市教育委員会, 1995, 『札幌市生涯学習推進構想』(2011, 第2次構想)(www.city.sapporo.jp/kyoiku/shogaikyoiku/gakushu/suishin/koso.html) および (newkoso.html)
佐藤浩樹, 2011, 「『生きる力』をはぐくむ防災教育——発達段階に応じた防災教育『みやぎ防災教育基本指針』の展開から」(今村文彦編『防災教育の展開』, 所収)
佐藤一子, 1998, 『生涯学習と社会参加——おとなが学ぶことの意味』(東京大学出版会)

――――，2007，『比較成人教育論』(東京大学大学院教育学研究科生涯学習基盤経営コース)
佐藤健，2011，「生涯学習の場面での防災教育の実践」(今村文彦編『防災教育の展開』，所収)
佐藤直樹，1989，『共同幻想としての刑法』(白順社)
――――，1995，『〈責任〉のゆくえ――システムに刑法は追いつくか』(青弓社)
――――，2001，『「世間」の現象学』(青弓社)
――――，2002，「『中間的』共同幻想としての世間――わが国における対人恐怖の解明を通して」(阿部謹也編著『世間学への招待』，青弓社)
――――，2004，『世間の目――なぜ渡る世間は鬼ばかりなのか』(光文社)
――――，2006，『刑法39条はもういらない』(青弓社)
――――，2008，『暴走する「世間」』(バジリコ)
佐藤尚子・大林正昭，2002，『日中比較教育史』(春風社)
佐藤悌二郎，1987，「石田梅岩にみる『商人ノ道』」(PHP総合研究所研究本部編『研究レポート』通巻1号，所収)
――――，1988，「船場商法の一考察――松下経営哲学の源流をさぐる」(同上誌通巻2号，所収)
――――，1989，「松下電器『綱領』『信条』制定の周辺――松下経営哲学の源流をさぐる(三)」(同上誌通巻3号，所収)
――――，1990，「松下幸之助氏は従業員に何を訴え，求めてきたか――戦前の『社主通達』を手がかりとして」(同上誌通巻4号，所収)
――――，1997，『松下幸之助 成功への軌跡――その経営哲学の源流と形成過程を辿る』(PHP)
佐藤利明，2007，『地域社会形成の社会学――東北の地域開発と地域活性化』(南窓社)
佐藤弥八郎，1906，『最新町村制正解』(大阪・文英館)
佐藤慶幸(編)，1988，『女性たちの生活ネットワーク――生活クラブに集う人々』(文眞堂)
――――，1993，「現代産業社会と対話的コミュニケーション行為」(北海道社会学会編『現代社会学研究』6)
――――，1996，『女性と協同組合の社会学――生活クラブからのメッセージ』(文眞堂)
――――，2002a，「ボランタリー・セクターと社会システムの変革」(佐々木毅・金泰昌編・公共哲学7『中間集団が開く公共性』，東京大学出版会，所収)
――――，2007，『アソシエーティブ・デモクラシー――自立と連帯の統合へ』(有斐閣)
佐藤慶幸・那須壽(編著)，1993，『危機と再生の社会理論』(マルジュ社)
佐藤慶幸・天野正子・那須壽(編著)，1995，『女性たちの生活者運動――生活クラブ

を支える人々』(マルジュ社)
佐藤慶幸・那須壽・大屋幸恵・菅原謙(編著), 2003, 『現代社会と批判的公共性』(文眞堂)
澤木信彦, 2003, 「工学部・工学研究科の経験した教育評価――大学評価・学位授与機構による分野別教育評価を受けて」(名古屋大学高等教育研究センター『名古屋高等教育研究』第3号, 所収)
Schmiegelow, M. and Schmiegelow, H., 1990, *Japanese Lessons in the Use of Economic Theory.* (=1991, 鳴澤宏英・新保博訳『日本の教訓――戦略的プラグマティズムの成功』, 東洋経済新報社)
Schwartz, G. G. and Neikirk, W., 1983, *The Work Revolution*, Witers House Inc., New York. (=1985, 中村瑞穂・中村眞人訳『ザ・ワーク・レボリューション――労働革命』, ホルト・サウンダース)
㈶政策科学研究所(大隈和彦ほか), 2004, 『専門学校等における高度専門人材育成』(平成15年度経済産業省委託調査:産業技術調査・産学連携の促進に向けた今後の課題に関する調査報告書, 同研究所)
盛山和夫, 1995, 『制度論の構図』(創文社)
――, 2000, 『権力』(「社会科学の理論とモデル」3, 東京大学出版会)
――, 2006a, 『リベラリズムとは何か――ロールズと正義の論理』(勁草書房)
――, 2006b, 「理論社会学としての公共社会学に向けて」(日本社会学会編『社会学評論』第57巻第1号, 所収)
世界科学アカデミー会議, 2000, 「21世紀における持続可能性への移行――科学技術の貢献」(世界科学アカデミー東京国際フォーラムにおける世界科学アカデミー会議の「宣言」, 日本学術会議編『学術の動向』, 7月号, 所収)
関曠野(編), 1996, 『ウォルフレンを読む』(窓社)
――, 1996, 「なぜ日本は変わらないか――ウォルフレンの日本権力論が提起したもの」(同上書, 所収)
関満博, 1993, 『フルセット型産業構造を超えて――東アジア新時代のなかの日本産業』(中公新書)
――, 1994, *Beyond the Full-Set Industrial Structure: Japanese Industry in the New Age of East Asia,* Tokyo, LTCB Library Foundation.
――, 1996, 「地域経営の担い手と今後の課題――坂城テクノセンターへの期待」(関満博・一言憲之編『地方産業振興と企業家精神』, 所収)
関満博・一言憲之(編), 1996, 『地方産業振興と企業家精神』(新評論)
Senge, P., 1990, *The fifth discipline: the art and practice of the learning organization*, New York, Doubleday. (=1995, 宇部信之・飯岡美紀・石岡公夫・内田恭子・河江祐子・関根一彦・草野哲也・山岡万里子訳『最強組織の法則――新時代のチームワー

クとは何か』，徳間書店）
Sennett, R., 1970, *The uses of disorder: personal identithy and city life,* New York, Vintage Books.（=1975，今田髙俊訳『無秩序の効用――都市コミュニティの理論』(中央公論社)
――，1976, *The fall of publicman,* New York, Vintage Books.（=1991，北山克彦・高階悟訳『公共性の喪失』，晶文社）
――，1980, *Authority,* New York, W.W.Norton.（=1987，今防人訳『権威への反逆』，岩波書店）
――，1994, *Flesh and stone: the body and the city in western civilization,* New York, W.W. Norton.
　――，1998, *The corrosion of character: the personal consequence f work in the new capitalism,* New York, W.W. Norton.（=1999，斉藤秀正訳『それでも新資本主義についていくか――アメリカ型経営と個人の衝突』(ダイヤモンド社)
――，2006a, *The culture of teh new capitalism,* Yale University Press.（=2008，森田典正訳『不安の経済／漂流する個人――新しい資本主義の労働・消費』(大月書店)
――，2006b, *Conversation with Richard Sennett,* New York, Blackwell Publishers.
瀬尾英生，2005，「平成17年度北海道産業クラスター創造活動の実施にあたり」(ノーステック財団2005年度事業計画書，所収)
職業訓練大学校30年史編集委員会（編），1991，『職業訓練大学校30年史』(職業訓練大学校)
職業・生活研究会（編），1994，『企業社会と人間――トヨタの労働，生活，地域』(法律文化社)
首藤若菜，2003，『統合される男女の職場』(勁草書房)
渋沢栄一（口述），尾立維孝（筆述），1935，『論語講義』(二松学舎講義録，二松学舎大学出版部．1975，新版，二松学舎大学出版部．1977，講談社学術文庫)
渋谷望，2003，『魂の労働――ネオリベラリズムの権力論』(青土社)
島田修一・辻浩〔社会教育・生涯学習研究所〕（編著），2008，『自治体の自立と社会教育――住民と職員の学びが拓くもの』(ミネルヴァ書房)
島村英紀，2008，『「地震予知」はウソだらけ』(講談社文庫)
――，2011，『巨大地震はなぜ起きる――これだけは知っておこう』(花伝社)
島崎稔，1960，「農民の意識」(福武直編『日本人の社会意識』，三一書房，所収)
――，1961，「意識研究についての感想」(日本社会学会編『社会学評論』43・44号，所収)
――，1965，『日本農村社会の構造と論理』(東京大学出版会)
――，1978，「戦後日本の都市と農村」(島崎稔編『現代日本の都市と農村』，大月書

店，所収）
　――，1979,『社会科学としての社会調査』(東京大学出版会)
　――，1984,「マグレブの旅――イタリア再訪の一齣」(中央大学文学部哲学科紀要第117号，著作集第9巻，所収)
　――，1988,「イタリア米作寸描」(中央大学文学部哲学科紀要第133号，著作集第9巻，所収)
島崎稔・島崎美代子，1973,『ボルゴの民――イタリアの都市と農村』(中央大学出版部。『島崎稔・島崎美代子著作集』第9巻，礼文出版，2004, 所収)
　――，2004-05, 島崎稔・島崎美代子著作集（礼文出版）
　1. 戦後日本資本主義分析（安原茂・編集，解説1：山之内靖，解説2：島崎美代子）
　2. 日本農村社会の構造と論理（蓮見音彦・編集，解説：細谷昂）
　3. 戦後日本の農村支配機構（安原茂・編集，解説：吉沢四郎）
　4. 戦後日本の都市分析（倉沢進・編集，解説：吉原直樹）
　5. 社会科学としての社会調査（川合隆男・編集，解説：川崎嘉元）
　6. 安中調査と鉱害裁判（安原茂・編集，解説1：安原茂「島崎地域調査の発端と裁判証言への展開」，解説2：鎌田とし子「安中鉱害裁判証言の論理」）
　7. ダム建設と地域社会（高橋明善・編集，解説：皆川勇一）
　8. 都市問題と構造分析（大野晃・編集，解説1：宮川実「地方都市」，解説2：大澤善信「利根川流域調査」，解説3：大澤善信「重化学工業都市の構造分析」）
　9. ボルゴの民――イタリアの都市と農村（古城利明・編集，解説：丸山優）
　10. 能楽社会の構造（倉沢進・編集，解説：倉沢進「能楽の社会学的研究」）
　　別巻．小論文・時評（安原茂・編集，解説：橋本和孝）
島崎稔・安原茂（編著），1987,『重化学工業都市の構造分析――川崎市を対象に』(東京大学出版会)
清水聖幸・茂里一紘，2001,「日本の理工系大学院教育の抜本的改革」(青木昌彦・澤昭裕・大東道郎，『通産研究レビュー』編集委員会編著『大学改革　課題と争点』，東洋経済新報社)
下田博次，1982,『メカトロニクス革命』(毎日新聞社)
　――，1983,『いま労働の豊かさとは―― ME革命と熟練のゆくえ』(朝日新聞社)
　――，1987,『新メカトロニクス革命』(講談社文庫)
志村嘉一郎，2011,『東電帝国　その失敗の本質』(文春新書)
品川ひろみ，2003,「子育てサークルと生涯学習――サークルの活動実態と生涯学習の可能性」(小林甫編2003, 所収)
品川ひろみ・野崎剛毅・上山浩治郎，2009,「ブラジル人の子どもの保育」(小内透編著『在日ブラジル人の教育と保育の変容』，所収)

新潮45（編），2011，『別冊 日本の原発——あなたの隣にあるリスク』(新潮社)
新藤宗幸，2002，『技術官僚——その権力と病理』(岩波新書)
——，2009，『司法官僚——裁判所の権力者たち』(岩波新書)
新海英行・牧野篤（編著），2002，『現代世界の生涯学習』(大学教育出版)
篠原一・牧柾名，1987，『地域からの教育改革——川崎における学校・家庭・行政の地域ネットワーキングの実践』(自治体研究センター)
塩原勉，2002，「きびしい拘束下で多様性を生きる社会」(佐々木毅・金泰昌編「公共哲学」7，『中間集団が開く公共性』，東京大学出版会，所収)
塩谷喜雄，2011，「なおも暴走する『原子力村』 虚構と偽りの戦後史」(新潮45編『別冊 日本の原発』，所収)
調麻佐志，2002，「Linux開発——公共空間における知識生産の可能性」(小林傳司編『公共のための科学技術』，所収)
——，2005，「工学教育改革と技術倫理」(新田孝彦・蔵田伸雄・石原孝二編『科学技術倫理を学ぶ人のために』，所収)
白樫久，2001，『地域社会の変動と住民——1960-2000』(アカデミア出版会)
——，2003，「岐阜県の生涯学習（Ⅱ）——郡上八幡町と高鷲村」(小林甫編 2003，所収)
白樫久・今井健・山崎仁朗，2008，『中山間地域は再生するか——郡上和良からの報告と提言』(あおでみあ書斎院)
白石裕，2000，『分権・生涯学習時代の教育財政——価値相対主義を越えた教育資源配分システム』(京都大学学術出版会)
城山英明・鈴木寛・細野助博（日本計画行政学会，編著），1999，『中央省庁の政策形成過程——日本官僚制の解剖』(中央大学出版部)
城山英明・細野助博（編著），2002，『続・中央省庁の政策形成過程——その持続と変容』(中央大学出版部)
城山英明（編），2007，『科学技術ガバナンス』(東信堂)
城山英明・鈴木達治郎・大上泰弘・平川秀幸，2007，「科学技術の発展と社会的合意——科学技術ガバナンスの必要性」(同上書，所収)
城山英明・鈴木達治郎・角和昌浩（編著），2009，『日本の未来社会——エネルギー・環境と技術・政策』(東信堂)
Shiva, V., 1988, *Staying Alive: Women, Ecology, and Survival in India*. (=1994, 熊崎実訳『生きる歓び——イデオロギーとしての近代科学批判』，築地書館)
Slejko, D., Peruzza, L. and Rebez, A., 1998, "Seismic hazard maps of Italy," in *Annali di geografisica*, Vol.4, N.2.
Smith, P., 1992, *The Emotional Labour of Nursing*. (=2000, 武井麻子・前田泰樹監訳『感

情労働としての看護』(ゆみる出版)
副島隆彦 + SNSI(副島国家戦略研究所), 2008,『エコロジーという洗脳——地球温暖化サギ・エコ利権を暴く[12の真論]』(成甲書房)
総合科学技術会議(編), 2004,『科学技術関係人材の育成と活用について』(総合科学技術会議)
Soziologisches Forshungsinstitut Gottingen (SOFI), 1981, *Industrieroboter: Bedingungen und soziale Folgen des Einsatzes neuer Technologien in der Automobilproduktion,* CAMPUS VERLAG GmbH.(=1986, 土屋嘉一郎監訳, 泉卓二・松本芳夫・桜井徹・小坂隆英・平沢克彦訳『産業用ロボットと労働者——フォルクスワーゲンの調査研究』, 文眞堂)
Stiglitz, J., 2002, *Globalisation and its Discontents,* WWN & Company, Inc.(=2002, 鈴木主税訳『世界を不幸にしたグローバリズムの正体』, 徳間書店)
Stubblefield, H. W. and Keane, P., 1994, *Adult Education in the American Experience: From the Colonial Period to the Present.* Jossey-Bass.(=2007, 小池源吾・藤村好美訳『アメリカ成人教育史』, 明石書店)
菅磨志保・山下祐介・渥美公秀(編), 2008,『災害ボランティア論入門』(シリーズ「災害と社会」第5巻, 弘文堂)
杉本良夫, 1990,『日本人をやめる方法』(ほんの木。1993, ちくま文庫版)
Sugimoto, Y., 1997, *An Introduction to Japanese Society,* Cambridge University Press.
杉山滋郎, 1994,『日本の近代科学史』(朝倉書店。2010, 新装版, 朝倉書店)
──(編), 1997,『日本の近代化と科学技術——田中舘愛橘を事例に』(科学研究費補助金基盤研究(B)(2)研究成果報告書, 北海道大学大学院理学研究科)
──(共著), 2003,『理学基礎——私たちにとって科学とは』(文部科学省検定済教科書 高等学校理科用, 数研出版)
──, 2004,『非専門家向け理科教育の可能性に関する調査研究』(科学研究費補助金基盤研究(B)(1)研究成果報告書, 北海道大学大学院理学研究科)
──, 2005a,『北の科学者群像——「理学モノグラフ」1947-1950』(北海道大学図書刊行会)
──, 2005b,「科学コミュニケーション——研究結果の『公表』をめぐって」(新田孝彦ほか編『科学技術倫理を学ぶ人のために』, 所収)
住明正, 2007,「地球温暖化に関するリスク」(益永茂樹責任編集『科学技術からみたリスク』, 所収)
住田正樹・南博文(編著), 2003,『子どもたちの「居場所」と対人的世界の現在』(九州大学出版会)
隅谷三喜男(編著), 1970,『日本職業訓練発展史《上》——先進技術土着化の過程』(日

　　　　本労働協会)
　　――, 1971, 『日本職業訓練発展史《下》――日本的養成制度の形成』(日本労働協会)
隅谷三喜男・古賀比呂志 (編著), 1978, 『日本職業訓練発展史《戦後編》――労働力陶冶の課題と展開』(日本労働協会)
孫文 (Sun Wen), 1925, 『三民主義』(1924年の連続講演 〔民族主義6講, 民権主義6講, 民生主義4講〕に加筆・修正を加えたもの。邦訳：1946, 魚返善雄訳『孫文・三民主義及自伝』, 大阪府・増進堂 〔『三民主義』は要訳, 『自伝』は全訳〕。1957, 安藤彦太郎訳『三民主義』, 岩波文庫。1961, 山口一郎訳『三民主義』, 世界大思想全集23, 河出書房新社。2006, 島田虔次・近藤秀樹・堀川哲男訳『三民主義 (抄) ほか』, 中公クラシックス。〔『三民主義』は「民族主義」のみ全訳, 他は要約〕)
砂川信宏, 1987, 「シンガポール及び近隣諸国の社員教育」(PHP総合研究所研究本部編『研究レポート』通巻1号, 所収)
――, 1988, 「インドにおけるPHP経営セミナーとその反響」(PHP総合研究所研究本部編『研究レポート』通巻2号, 所収)
――, 1989, 「松下経営の国際的普遍性についての一考察――『PHP海外セミナーinマレーシア』の現地での反響から」(PHP総合研究所研究本部編『研究レポート』通巻3号, 所収)
――, 1990, 「米国製造業の人材育成活用面での課題に関する一考察」(PHP総合研究所研究本部編『研究レポート』通巻4号, 所収)
壽里茂, 1996, 『ホワイトカラーの社会史』(日本評論社)
諏訪清二, 2008, 「高校における『環境防災科』の取り組み」(岩崎信彦・田中泰雄・林勲男・村井雅清編『災害と共に生きる文化と教育』, 所収)
――, 2011, 「夢みる防災教育――子供たちの将来のために」(今村文彦編『防災教育の展開』, 所収)
鈴木栄太郎著作集編纂委員会 (編), 1973, 『朝鮮農村社会の研究』(著作集Ⅴ巻, 未來社)
――, 1975, 『国民社会学原理ノート (遺稿)』(著作集Ⅷ巻, 未來社)
鈴木俊一, 1986, 『世界都市東京を語る』(ぎょうせい)
鈴木達治郎, 2009, 「日本のエネルギー・環境技術政策の課題」(城山英明・鈴木達治郎・角和昌浩編『日本の未来社会』, 所収)
鈴木康弘, 2003, 「災害ハザードマップ整備の背景と地理学」(日本地理学会企画専門委員会主催公開シンポジウム「災害ハザードマップと地理学――なぜ今ハザードマップか？」, 講演発表要旨集所収,)
鈴木良始, 1994, 『日本的生産システムと企業社会』(北海道大学図書刊行会)
橘木俊詔・長谷部恭男・今田高俊・益永茂樹 (責任編集), 2007a, 『リスク学とは何か』

(「リスク学入門」1，東京大学出版会)
―― (共同討論)，2007b,「リスク論からリスク学へ」(同上書，所収)
橘木俊詔 (責任編集)，2007,『経済からみたリスク』(「リスク学入門」2，東京大学出版会)
高城和義，1986,『パーソンズの理論体系』(日本評論社)
―― , 1988,『現代アメリカ社会とパーソンズ』(日本評論社)
―― , 1989,『アメリカの大学とパーソンズ』(日本評論社)
―― , 1992,『パーソンズとアメリカ知識社会』(岩波書店)
―― , 2002,『パーソンズ：医療社会学の構想』(岩波書店)
高橋清・田中国昭，1980,『革新するエレクトロニクス――源流から未来へ』(工業調査会)
高井寛，1990,「生涯学習時代における大学開放――現状と課題」(日本大学教育学会編『教育学雑誌』第24号，所収)
高梨昌，1987,『臨教審と生涯学習』(エイデル研究所)
高田保馬，1922,『社会と国家』(岩波書店)
―― , 1946,『終戦三論』(有恒社)
武田清子，2002,「日本リベラリズムにおける河合榮次郎」(河合榮次郎研究会編『教養の思想』所収)
武田邦彦，1997,「廃人工学」(日本工学教育協会編『工学教育』第45巻第6号，所収)
―― , 2002,「技術者倫理教育と工学教育の整合性」(日本工学教育協会編『工学教育』第50巻第1号，所収)
―― , 2006,「研究のコンセプト」(www.numse.nagoya-u.ac.jp/F1/Labo/concept/index.htm)
―― , 2007,「廃人工学」(「工学倫理講義」第16回)(http://takedanet.com/2007/04/post_8f27.html)
―― , 2007-2008,『環境問題はなぜウソがまかり通るのか』(1～3，洋泉社)
―― , 2008a,『偽善エコロジー――「環境生活」が地球を破壊する』(幻冬舎)
―― , 2008b,『食糧がなくなる！ 本当に危ない環境問題：地球温暖化よりもっと深刻な現実』(朝日新聞出版)
―― , 2008c,「Dedication」(http://takedanet.com/2008/07/dedication.html)
武田邦彦・池田清彦・渡辺正・薬師院仁志・山形浩生・伊藤公紀・岩瀬正則，2007,『暴走する「地球温暖化」論――洗脳・煽動・歪曲の数々』(文藝春秋社)
武田邦彦・丸山茂徳，2008,『「地球温暖化」論で日本人が殺される！』(講談社)
武田邦彦・枝廣淳子・江守正多，2009,『温暖化論のホンネ――「脅威論」と「懐疑論」を超えて』(技術評論社)

竹中健, 2003, 「病院ボランティアと生涯学習——動員か？ 自発性か？ 導かれたボランティアの行方」(小林甫編 2003, 所収)
——, 2006, 「ボランティアというハビトゥス——札幌市の病院ボランティアの事例から」(西日本社会学会編『西日本社会学会年報』第5号, 所収)
竹信三恵子, 2002, 『ワークシェアリングの実像——雇傭の分配か, 分断か』(岩波書店)
武谷三男(編), 1960, 『自然科学概論』(第1巻：科学技術と日本社会, 第2巻：現代科学と科学論, 第3巻：科学技術論, 勁草書房)
——, 1966, 『辯證法の諸問題』(正・續, 勁草書房)
——, 1998, 『罪つくりな科学——人類再生にいま何が必要か』(青春出版社)
竹内啓, 1984, 『無邪気で危険なエリートたち——技術合理性と国家』(岩波書店)
竹内洋, 2001, 「『ひけらかす』教養と『じゃまをする』教養」(『世界思想』第28号, 特集「教養ということ」, 世界思想社, 所収)
——, 2002, 「教養の復権と河合榮次郎」(河合榮次郎研究会編『教養の思想』, 所収)
——, 2009, 「高等教育の普及は下等大衆社会の普及なり」(『世界思想』第36号, 特集「大学と教養」, 世界思想社, 所収)
竹内常一＋全国高等学校生活指導研究協議会, 2002, 『揺らぐ〈学校から仕事へ〉——労働市場の変容と10代』(青木書店)
玉野和志, 2005, 『東京のローカル・コミュニティ——ある町の物語1900-1980』(東京大学出版会)
玉野和志・浅川達人(編), 2009, 『東京大都市圏の空間形成とコミュニティ』(古今書院)
玉野和志・三本松政之(編集チーフ), 2006, 『地域社会の政策とガバナンス』(「地域社会学講座」第3巻, 監修：岩崎信彦・矢澤澄子, 東信堂)
田村明・森啓(編), 1983, 『文化行政とまちづくり』(時事通信社)
田村哲樹, 2008, 『熟議の理由——民主主義の政治理論』(勁草書房)
田中彰, 2002, 『岩倉使節団「米欧回覧実記」』(岩波現代文庫)
田中一, 1985, 『未来への仮説——人類再生への提言』(培風館)
——, 1988, 『研究過程論』(北海道大学図書刊行会)
田中博秀, 1984, 『解体する熟練—— ME革命と労働の未来』(日本経済新聞社)
田中淳, 2007, 「日本における災害研究の系譜と領域」(大矢根淳編『災害社会学入門』, 所収)
田中淳・吉井博明(編), 2008, 『災害情報論入門』(シリーズ「災害と社会」第7巻, 弘文堂)
田中淳・サーベイリサーチセンター(編), 2009, 『社会調査で見る災害復興——帰島後4年間の調査が語る三宅島島民の現実』(シリーズ「災害と社会」第8巻, 弘文堂)
田中三彦, 2007, 「浜岡原発はなぜ危険か」(『科学』第77巻第11号, 所収)

──，2011，「福島第一原発事故はけっして"想定外"ではない」（『世界』5月号，所収）
田中夏子，1992，「サルデーニャ女性労働者協同組合の展開」，『社会学評論』42-4（日本社会学会編）
──，2001，「マジョリティ不在時代を生きる──産業化とマイノリティ」（竹内治彦編著『グローバリゼーションの社会学』，八千代出版，所収）
──，2001, "Viaggio nell'economia sociale. Studio comparativo fra tre esperienze in Giappone e in Italia," in Merler, A. (a cura di), 2001, *Dentro il terzo settore*.
──，2002，「イタリアの社会的経済と市場及び自治との相互作用について──イタリアの社会的協同組合を題材に」（農林中金総合研究所編『協同で再生する地域と暮らし』，日本経済評論社，所収）
──，2004a，『イタリア社会的経済の地域展開』（日本経済評論社）
──，2004b，「ソーシャル・キャピタル論から見たイタリアの非営利・協同事業組織研究の意味」，『現代社会の社会学的地平──小林甫教授退官記念論文集』（北海道大学大学院文学研究科社会システム科学講座編集・刊行，所収）
──，2005a，「参加への回路としての協同労働と『社会的排除との闘い』──問われる『排除とのむきあい方』」（佐藤洋作・平塚真樹編『ニート・フリーターと学力』，明石書店，所収）
──，2005b，「EUの価値としての『社会的排除との闘い』とイタリアの『社会的協同組合』の展開」（農業・農協問題研究所編『農業・農協問題研究』第33号，農業・農協問題研究所）
──，2006，「グローバリゼーションとイタリア地域社会の非営利・協同事業組織の展開」（地域社会講座2『グローバリゼーション／ポスト・モダンと地域社会』，東信堂，所収）
田中夏子・根岸久子，2002，「女性及び高齢者の『農』を含めた仕事起こし」（農林中金総合研究所編『協同で再生する地域と暮らし』，日本経済評論社，所収）
田中夏子・杉村和美，2004，『現場発 スローな働き方と出会う』（岩波書店）
田中敏，2004，「大学政策からみた産学連携」（『IDE 現代の高等教育』第463号，所収）
田中重好，2007a，「災害社会学のパースペクティブ」（大矢根淳編『災害社会学入門』，所収）
──，2007b，「災害におけるグローバル化」（同上書，所収）
丹保憲仁，2009，「国立大学の教育研究評価を終えて」（『IDE 現代の高等教育』No.511，所収）
谷直樹，2008，「高齢者の自己アイデンティティと地域コミュニティ──通所ケアを利用する高齢者の生活構造の変化との関わり」（松山大学大学院社会学研究科2007年度修士論文。新居浜市調査。2008，『松山大学大学院社会学研究科修士

論文集』, 所収)
谷口功, 2003,「地域社会における構造の変革——北海道『産業クラスター創造活動』を素材に」(地域社会学会年報第15号『「公共性」の転換と地域社会』, ハーベスト社)

Teeuwen, M. and Rambelli, F. (eds.), 2003, *Buddhas and kami in Japan: honji suijaku as a combinatory paradigm*, London, Routledge-Curzon.

Teichler, U., 2006, *Higher Education Reform in Europe*. (=2006, 馬越徹・吉川裕美子編集・監訳『ヨーロッパの高等教育改革』, 玉川大学出版部)

帝国大学学友会, 1939,『帝国大学大観』(東京・帝国大学学友会)

寺田幸紀, 1996,『近代ドイツ職業教育制度史研究——デュアルシステムの社会史的・教育史的構造』(風間書房)

寺中作雄, 1946,『公民館の建設——新しい町村の文化施設』(公民館協会, 1995,『社会教育法／公民館の建設』, 国土社, 所収)

Thompson, P., 1983, 1989, *The nature of work*. (=1990, 成瀬龍夫・青木圭介・水野喜志彦・山本隆訳『労働と管理——現代労働過程論争』, 京都・啓文社)

Thomson, 2002, "Trade Union Promotion of Lifelong Learning in England 1999-2002 and Assessment of Different Approaches," in Asia-Europe Institute, University of Malaya (ed.), *Integrated Approaches to Lifelong Learning: Papers Presented at the ASEM International Conference on Lifelong Learning, Kuala Lumpur*, Malaysia, May 13-15, 2002.

地域づくり支援アドバイザー会議, 2004, 提言『地域を活性化し, 地域づくりを推進するために——人づくりを中心として』(www.mext.go.jp/b_menu/houdou/16/08/04/081301.htm)

Tipton, S. M., 2002, "Social Differentiation and Moral Pluralism," in Madsen, R., Sullivan, W.M., Swidler, A. and Tipton, S.M. (eds.), *Meaning and Modernity*.

Tipton, S. M. and Witte, J. W. Jr., (eds.), 2005a, *Family transformed: religion, values, and society in American life,* Georgetown University Press, Wasington D.C.

——, 2005b, "Introduction: No Place Like Home," in *Family Transformed*.

戸田一夫, 1998,「デンマークに見る人作り」(Denmark Ministry of Education, 1997, *Lifelong Learning in Denmark*.=1998, 山岸明彦訳『デンマークにおける生涯学習』への戸田一夫の巻頭言)

——, 1999,「推薦のことば」(O・コースゴー著, 高倉尚子訳『光を求めて』の推薦文)

東北大学大学院工学研究科 (8大学工学部長懇談会世話校), 2001a,「工学教育プログラム改革推進について」(東北大学大学院工学研究科)

——, 2001b,「工学教育プログラム改革推進セミナー実施報告書」(東北大学大学院

工学研究科)
東北経済産業局アントレプレナーシップ教育普及検討委員会, 2001, 『アントレプレナーシップ教育プログラムの普及に関する東北的モデル検討調査報告書』(東北経済産業局)
㈶東北産業活性化センター(編), 1998, 『モノづくり産業革命——職人(匠)技術・技能の継承発展戦略』(日本地域社会研究所)
東條由紀彦, 1988, 「工場法の法理」(高村直助編『日露戦後の日本経済』, 塙書房)
　——, 1990, 『製糸同盟の女工登録制度——日本近代の変容と女工の『人格』』(東京大学出版会)
　——, 1991, 「日本労働者の自己意識の変遷と社会形成」(歴史学研究会編『歴史学研究』No.620)
　——, 1994, 「近代社会の生成と市民社会の論理」(歴史科学協議会編『歴史評論』No.527)
東京工業大学大学院理工学研究科(8大学工学部長懇談会世話校), 2004, 「8大学工学部長会議工学教育プログラム委員会の活動——工学教育プログラム基準強化実委員会」(東京工業大学大学院理工学研究科)
東京高等教育研究所・日本科学者会議(編), 2002, 『大学改革論の国際的展開——ユネスコ高等教育勧告宣言集』(青木書店)
東京帝国大学, 1932, 「工部大学校沿革」(同編集・刊行(非売品)『東京帝国大学』の「附録」)
東京都立教育研究所(編), 1967, 『戦後東京都教育史』下巻(同研究所刊)
東京都生涯学習審議会, 2002, 答申『地域における「新しい公共」を生み出す生涯学習の推進——担い手としての中高年世代への期待』(www.kyoiku.metro.tokyo.jp/gijiroku/toushin.pdf.)
東京都職員労働組合・都政調査会(執筆：阿利莫二・高木鉦作・松下圭一・小森武・鳴海正泰), 1960。『大都市における地域政治の構造——杉並区における政治・行政・住民』(都政調査会)
東京都統計協会, 2011, 『東京都の統計』(「東京都の人口」)
特定非営利法人神戸まちづくり研究所(編), 2006, 『フォーラム「地域とNPOによる防災まちづくり」記録』(同研究所発行)
泊次郎, 2008, 『プレートテクトニクスの拒絶と受容——戦後日本の地球科学史』(東京大学出版会)
富永健一, 1993, 戦後日本社会学の発展とその問題」(日本社会学史学会編『社会学史研究』第15号, いなほ書房)
　——, 1994, 『経済と組織の社会学理論』(東京大学出版会)

――, 1995, 『行為と社会システムの理論』(東京大学出版会)
――, 1998, 『マックス・ヴェーバーとアジアの近代化』(講談社学術文庫)
――, 2001, 『社会変動の中の福祉国家――家族の失敗と国家の新しい機能』(中公新書)
――, 2004, 『戦後日本の社会学――一つの同時代史』(東京大学出版会)
――, 2008, 『思想としての社会学――産業主義から社会システム理論まで』(新曜社)
富永健一・徳安彰(編著), 2004, 『パーソンズ・ルネサンスへの招待――タルコット・パーソンズ生誕百年を記念して』, 勁草書房
富田英雄, 2004, 「東京電機大学の産学交流」(『IDE 現代の高等教育』第463号, 所収)
富沢賢治, 1974, 『唯物史観と労働運動――マルクス・レーニンの「労働の社会化」論』(ミネルヴァ書房)
――, 1980, 『労働と国家――イギリス労働組合評議会史』(岩波書店)
――, 1999, 『社会的経済セクターの分析――民間非営利組織の理論と実践』(岩波書店)
――, 2009, 「ブラウォイ論文へのコメント」日本労働社会学会年報第20号『労働者像のこの10年』, 東信堂, 所収)
富沢賢治・二上護・佐藤誠・坂根利幸・石塚秀雄, 1988, 『協同組合の拓く社会――スペイン・モンドラゴンの創造と探求』(みんけん出版)
富沢賢治・柳敏勝・中川雄一郎, 1996, 『労働者協同組合の新地平――社会的経済の現代的再生』(日本経済評論社)
富沢賢治・川口清史(編), 1997, 『非営利・協同セクターの理論と現実』(日本経済評論社)
十名直喜, 1993, 『日本型フレキシビリティの構造――企業社会と高密度労働システム』(法律文化社)
――, 2008, 『現代産業に生きる技――「型」と創造のダイナミクス』(勁草書房)
渡植彦太郎, 1986, 『仕事が暮らしをこわす――使用価値の崩壊』(農文協)
――, 1987a, 『技術が労働をこわす――技能の復権』(農文協)
――, 1987b, 『学問が民衆智をこわす――科学の内省』(農文協)
鳥越皓之・帯谷博明(編著), 2009, 『よくわかる環境社会学』(ミネルヴァ書房)
鳥越皓之, 2009, 「人間社会にとっての環境」(同上書, 所収)
Trist, E., 1974, *Form and content in industrial democracy: some experiences from Norway and other European countries*, London, Tavistock Publications.
Trist, E. L, Higgin, G. W., Murray, H. and Pollock, A. B., 1963, *Organizational Choice: Capabilities of Group at the Coal Face under Changing Technologies*, Tavistock

Publications, London.

Trist, E. and Murray, H. with Trist, B. (eds.), 1990, 1993, *The social engagement of social science: a Tavistock anthology. Vol.1: The Socio-psycological perspective. Vol.2: The socio-technical perspective,* Philadelphia, University of Pennsylvania Press.

トロウ，M.，喜多村和之編訳，2000，『高度情報社会の大学』(玉川大学出版部)

土屋喬雄，1964，『日本経営理念史』(日本経済新聞社)

——，1967，『続日本経営理念史』(日本経済新聞社)

——，2002，『日本経営理念史』(1964本と1967本の合本・新装復刻版，麗澤大学出版部)

津田真徵，1977，『日本的経営の論理』(中央経済社)

——，1981，『現代経営と共同生活体——日本的経営の理論のために』(同文館出版)

——，1987，『日本的経営の人事戦略』(同文館出版)

辻勝次，2001，『災害過程と再生過程——阪神・淡路大震災の小叙事誌』(晃洋書房)

辻井喬，2008，『憲法に生かす思想の言葉』(新日本出版社)

辻本雅史・沖田行司(編著)，2002，『教育社会史』(新体系日本史16，山川出版社)

辻本雅史，2002，「近世社会における教育の多様性——社会と教育の多様性」(同上書所収)

塚原修一，2004，「企業内大学——日米の動向を中心に」(日本高等教育学会編『高等教育研究』第6集，特集「高等教育 改革の10年」，所収)

塚本学，2001，『生きることの近世史——人命尊重の歴史から』(平凡社)

月尾嘉男・田原総一郎，2000，『IT革命のカラクリ』(アスキー)

常本秀幸，2005，「北見工業大学の技術者教育」(『IDE 現代の高等教育』No.470，所収)

筒井美紀，2008，「個別教育システム間の不整合——高等学校と中小零細企業との関係を事例に」(青島矢一編『企業の錯誤／教育の迷走』，所収)

角田史雄，2009，『地震の癖——いつ，どこで起こって，どこを通るのか？』(講談社+α新書)

内田樹，2011，「阪神・淡路大震災との違いは『人災』であること」(『中央公論』5月号，所収)

内田洋子・ピエールサンティ，S.，2004，『イタリア人の働き方——国民全員が社長の国』(光文社新書)

内橋克人・鎌田慧，1995，『大震災 復興への警鐘』(岩波書店)

内橋克人，2011，「巨大複合地震に思う」(『世界』5月号，所収)

内村鑑三，1908，『代表的日本人』(岩波文庫)

——，1911，『デンマルク國の話』(岩波文庫)

内山節，1976，『労働過程論ノート——マルクス主義哲学の構築のために』(田畑書店)

―――, 1982, 『戦後日本の労働過程――労働存在の現象学』(三一書房)
内山節・竹内静子, 1997, 『往復書簡 思想としての労働』(農文協)
宇田川妙子, 1998, 「イタリアにおけるさまざまな共同体意識」(中牧弘允編『共同体の二〇世紀』, ドメス出版, 所収)
―――, 1999, 「イタリアの家族論と家族概念」(日伊協会編『日伊文化研究』第37号, 所収)
―――, 2006a, 「アイデンティティ概念の再構築の試み――イタリア人アイデンティティという事例とともに」(国立民族学博物館『研究報告』第30-4号, 所収)
―――, 2006b, 「イタリア社会研究と『市民社会』概念」(同下書, 所収)
宇田川妙子・本田洋・中村淳 (伊藤亞人先生記念論文集編集委員会) 編著, 2006, 『東アジアからの人類学――国家・開発・市民』(風響社)
宇田川妙子 (編), 2009, 『多元的共生を求めて――〈市民の社会〉をつくる』(東信堂)
上田大助・清原金・都築洋次郎・岡不二太郎, 1953, 『科学概論及び科学史』(コロナ社)
上田利男, 1973, 『日本の職長――悩める現場管理者たち』(日経新書)
上野千鶴子, 1990, 『家父長制と資本制――マルクス主義フェミニズムの地平』(岩波書店)
―――, 1994, 『近代家族の成立と終焉』(岩波書店)
―――, 2009, *The modern family in Japan: its rise and fall*, Merbourne, Vic. Trans Pacific Press.
上杉孝實・前平泰志 (編著), 1990, 『生涯学習と計画』(松籟社)
上山信一, 2002, 『「政策連携」の時代――地域・自治体・NPOのパートナーシップ』(日本評論社)
上山信一・梅村雅司, 2003, 『行政人材革命――"プロ"を育てる研修・大学院の戦略』(ぎょうせい)
浦野正樹編, 2001, 『転換期における地域社会と生活の変容 PART〈3〉――鐘ヶ淵, 大森西, 地蔵通り商店街周辺地区を事例として』(早稲田大学文学部社会学研究室)
浦野正樹, 2005, 「都市社会のリスクとその変容――直近の生活危機から恒常的な不安の沈潜化へ」(藤田弘夫・浦野正樹編『都市社会とリスク』, 所収)
―――, 2007a, 「災害研究の成立と展開」(大矢根淳編『災害社会学入門』, 所収)
―――, 2007b, 「災害社会学の岐路」(同上書所収)
浦野正樹・大矢根淳・吉川忠寛 (編), 2007, 『復興コミュニティ論入門』(シリーズ「災害と社会」第2巻, 弘文堂)
Urry, J., 1981, *The Anatomy of Capitalist Societies: The Economy, Civil Society and The State*, Macmillan. (=清野正義監訳『経済・市民社会・国家――資本主義社会の解剖学』,

――, 2000, *Sociology beyond Societies: Mobilities for the twenty-first century*, Routledge, (=2006, 吉原直樹監訳『社会を越える社会学――移動・環境・シチズンシップ』, 法政大学出版局)

宇佐美龍夫, 2003, 『日本被害地震総覧――「416」-2001』(東京大学出版会)

潮木守一, 2008a, 『いくさの響きを聞きながら――横須賀そしてベルリン』(東信堂)

――, 2008b, 『フンボルト理念の終焉?――現代大学の新次元』(東信堂)

Vargiu, A., 2001, "Imprese identitatorie, sviluppo, terzo settore," in Merler, A. (a cura di), *Dentro il terzo settore*.

Vartiainen, P., 1997, "Urban networking: an emerging idea in spatial development planning," Regional Science Association 37th European Congress, Roma, Italy. In Antikainen, A. (ed.), *Transforming a learning society: the case of Finland*.

Vartiainen, P. and Viiri, A., 2002, "Universities and their local partners: The case of the University of Joensuu, Finland," in *the Journal of Industry and Higher Education*, 16-.2. In Antikainen, A. (ed.), 2005, *Transforming a learning society: the case of Finland*.

Vattimo, G. e Rovatti, P. A. (a cura di), 1984, *Il Pensiero debole*, Milano, Feltrinelli.

Vattimo, G., "Dialettica, differenza, pensiero debole," in *Il Pensiero debole*. (=1986, 佐藤三夫訳「弁証法・差異・弱い思想」, 『現代思想』Vol.14-7, 青土社, 所収)

Vestager, M., 2000, *Values in practice*. (=2001, 小林甫訳『生きるための"客観価値"と教育』, 教育改革北海道民協議会刊)

Vester, M., 1977, "Soziale Milieus und Individualisierung. Menthalitaeten und Konfliktlinien im historischen Wandel," in Beck, U. and Sopp, P. (eds.), *Individualisierung und Integration: Neue Konfliktlinien und neuer Integrationsmodus*, Leske & Budrich, Opladen.

Vester, M. et al., 2001, *Soziale Milieus im gesellschaftlichen Strukturwandel: Zwischen Integration und Ausgrenzung*, Suhrkamp, Frankfurt am Main.

Virno, P., 2001, *Grammatica della moltitudine. Per una analisi delle forme di vita contemporanee*, Rubbettino Editore, Catanzaro. (=2004, 広瀬純訳『マルチチュードの文法――現代的な生活形式を分析するために』, 月曜社)

――, 2002, "La Condición ambivalente: General intellect, éxodo y mulyitud," Entervista con Virno, Paolo, Gago, Verónica y Sztulwark, Diego (Colectivo Situaciones). (=2004, パオロ・ヴィルノ インタビュー(聞き手, ベロニカ・ガゴ, ディエゴ・ストゥルバルク), 広瀬純訳「〈General intellect〉・脱出・マルチチュード」, 広瀬・同上訳書所収)

若松進一，1986，「新しいまちづくりのこころみ」(愛媛県教育委員会編集・発行『えひめの公民館』，所収)
───，2000，『昇る夕日でまちづくり──日本一を目指した夕焼け課長の奮戦記』(松山・アトラス出版)
若松征男，2005，「科学技術への市民参加──コンセンサス会議を中心に」(新田孝彦・蔵田伸雄・石原孝二編『科学技術倫理を学ぶ人のために』，所収)
早稲田大学社会科学研究所・都市研究部会（編），1996，『阪神・淡路大震災における災害ボランティア活動』(早稲田大学社会科学研究所)
渡辺京二，1998，『逝きし世の面影──日本近代素描Ⅰ』(葦書房。2005，ソフトカバー版，平凡社)
───，2004，『日本近世の起源──戦国乱世から徳川の平和へ』(弓立社。2008，洋泉社新書。2011，渡辺京二傑作選①，洋泉社)
渡辺雅男，2004，『階級！ 社会認識の概念装置』(彩流社)
渡辺聰子，A・ギデンズ，今田高俊，2008，『グローバル時代の人的資源論──モティベーション・エンパワーメント・仕事の未来』(東京大学出版会)
渡辺聰子，2008a，「グローバル・モデルとしてのハイブリッド型人的資源政策」(同上書の終章)
渡辺孝，2004，「芝浦工業大学の産学交流」(『IDE 現代の高等教育』第463号，所収)
Wells, D. M., 1987, *Empty Promises: Quality of Working Life Programs and The Labor Movement*. （＝1989，島弘訳『小集団管理批判──カナダにおけるQWL導入の事例研究』，ミネルヴァ書房)
Wolferen, Karel van, 1988,「なぜ日本の知識人はひたすら権力に追従するのか」(『中央公論』1月号。1995, *To the Japanese Intellectuals*. （＝西岡公・篠原勝・中村保男訳『日本の知識人へ』，窓社，所収)
───，1989, *The Enigma of Japanese Power: People and Politics in a Stateless Nation*, Alfred A. Knopf, New York.（＝1990，篠原勝訳『日本／権力構造の謎』上・下，早川書房。1994，早川文庫新版。「日本語文庫新版への結び」所収)
───，1994, *The Hidden Agenda of Japanese Bureaucrats and Newspapers*. （＝1994，篠原勝訳『民は愚かに保て──日本／官僚，大新聞の本音』，小学館)
───，1994, *The False Realities of a Politicized Society*. （＝1994，篠原勝訳『人間を幸福にしない日本というシステム』，毎日新聞社。日本の読者を対象に書き下ろされたオリジナル)
───，1995, *To The Japanese Intellectuals*. （＝1995，西岡公・篠原勝・中村保男訳『日本の知識人へ』(窓社)
───，1998, *Why Can't Japanese Love Japan?*（＝1998，大原進訳『なぜ日本人は日本

を愛せないのか』, 毎日新聞社)
―, 2000, *American's Political Mission. The New Economy and Japan*（=2000, 福島範昌訳『アメリカを幸福にし世界を不幸にする不条理な仕組み』, ダイアモンド社)
―, 2001, *Can Japanese People Control Their Own Fate?*（=1998, 藤井清美訳『日本という国をあなたのものにするために』, 角川書店)
―, 2003, *Genuine Japanese Independence: A Necessity!*（『アメリカからの独立が日本人を幸福にする』, 実業之日本社)
―, 2006, *Sakoku by other meanss.*（=2006, 井上実訳『もう一つの鎖国』, 角川書店)
―, 2007, *The End of American Hegemony.*（=2007, 井上実訳『日本人だけが知らないアメリカ「世界戦略」の終わり』, 徳間書店)
ウォルフレン, K.van, フルフォード, B., 『幸せを奪われた「働き蟻」国家日本――〔JAPANシステムの偽装と崩壊〕』(徳間書店)
World Conference on Science, 1999, Declaration on Science and the Use of Scientific Knowledge.（http://www.unesco.org/science/wcs/eng/overview.htm)
山田竜作, 2004, 『大衆社会とデモクラシー――大衆・階級・市民』(風行社)
Yamada, R., 2006, *Democracy and Mass Society: A Japanese Debate.* Tokyo, Gakujutsu Shuppannkai.
山田礼子, 2003a, 「アメリカの生涯学習――エクステンションを超えて」(小林甫編 2003, 所収)
―, 2003b, 「社会人大学院の現状と課題――2001社会人大学院生への面接調査を中心に」(小林甫編 2003, 所収)
―(編著), 2009, 『大学教育を科学する――学生の教育評価の国際比較』(東信堂)
山田定市(編著), 1987, 山田定市編著『現代農民教育論』(あゆみ出版)
―, 1999, 『農と食の経済と共同』(日本経済評論社)
―, 2003, 「生涯学習とNPO・協同組合――分析の基本視角を中心に」(小林甫編 2003, 所収)
山田定市・鈴木敏正(編著), 1992, 『地域づくりと自己教育活動』(筑波書房)
山口二郎, 1996, 「日本政治における規範的思考のあり方――市民はなにをいかに成熟させていくべきか」(関曠野編『ウォルフレンを読む』所収)
山口二郎, 2005, 『ブレア時代のイギリス』(岩波新書)
山口二郎・宮本太郎・小川有美(編著), 2005, 『市民社会民主主義への挑戦』(日本経済評論社)
山口幸夫, 2007, 「柏崎刈羽原発の再開ありきを疑う」(『科学』第77巻第11号, 所収)
山本七平, 1979a, 『日本資本主義の精神――なぜ, 一生懸命働くのか』(光文社カッ

──，1979b，『勤勉の哲学――日本人を動かす原理』(PHP研究所。1984年，PHP文庫)
──，1981，『論語の読み方――いま活かすべき　この人間知の宝庫』(祥伝社ノンブックス)
──，1987，『近代の創造――渋沢栄一の思想と行動』(京都，PHP研究所)
──，1997，『これからの日本人』(京都，PHP研究所)
山本七平・小室直樹，1981，『日本教の社会学』(講談社)
山本強ほか，2001，『北海道地域のIT産業における企業連携に関する調査研究』(はまなす財団)
山室信一，1984，『法制官僚の時代――国家の設計と知の歴程』(木鐸社)
──，2001，『思想課題としてのアジア――基軸・連鎖・投企』(岩波書店)
──，2003，『ユーラシアの岸辺から――同時代としてのアジアへ』(岩波書店)
──，2007，『憲法9条の思想水脈』(朝日新聞社)
山之内靖，1991，「『第二の産業分水嶺』の社会システム論的考察」(『日本福祉大学社会科学研究所年報』5)
──，1993，「システム社会における社会科学の方法」(札幌学院大学社会情報学部『社会情報』2-2)
──，1996，『システム社会の現代的位相』(岩波書店)
山之内靖，ヴィクター・コシュマン，成田龍一(編)，1995，『総力戦と現代化』(柏書房)
山之内靖・酒井直樹(編)，2003，『総力戦体制からグローバリゼーションへ』(平凡社)
山下文男，2008，『津波てんでんこ――近代日本の津波史』(新日本出版社)
山下祐介，2008，『リスク・コミュニティ論――環境社会史序説』(シリーズ「災害と社会」第6巻，弘文堂)
山内英子，2003，『トヨタ「イタリアの奇跡」』(中公新書ラクレ)
山崎正和，1999，「『教養の危機』を超えて――知の市場化にどう対処するか」(『This is 読売』3月号)
山崎ゆき子，2006，「フランスの大学における生涯学習の現状と課題」(町井輝久編『大学教育会核における大学――地域パートナーシップの開発過程に関する国際比較研究』，平成15～17年度科学研究費補助金基盤研究(B)(2)研究成果報告書，所収)
──，2010，「フランスにおける学習社会構築へ向けての取り組み――高等教育における経験認定措置をめぐって」(日本学習社会学会編『日本学習社会学会年報』第6号，所収)
山住正己(校注)，1990，『教育の体系』(日本思想体系6，岩波書店)

柳田邦男（編著），2004a，『阪神・淡路大震災10年——新しい市民社会のために』（岩波新書）
　——，2004b，「災害弱者の視点から」（同上書所収）
柳田国男，1927，「地方学の新方法」（社会教育指導者講習会講演。1976，柳田国男『青年と学問』，岩波文庫所収）
屋敷和佳，2003a，「省庁所管学校の立地と施設」（市川昭午編『大学校の研究』5章）
　——，2003b，「〔部局所管学校〕民間人の教育訓練」（同上書・7章）
安田喜憲，2004，『気候変動の文明史』（NTT出版）
　——，2007，『環境考古学事始——日本列島2万年の自然環境史』（洋泉社新書）
安冨歩，2012，『原発危機と「東大話法」——傍観者の論理・欺瞞の言語』（明石書店）
矢内諭，2008，『自立・交流する中山間地域——東北農山漁村からの地域デザイン』（昭和堂）
Yeats, R. S., 2001, *Living with Earthquakes in California: A Survivor's Guide*, Oregon State University Press.（=2009，太田陽子・吾妻崇訳『多発する地震と社会安全——カリフォルニアにみる予防と対策』古今書院）
ユネスコ・アジア文化センター（編），2009，『海外のコミュニティー学習センターの動向にかかる総合的調査研究』，同センター発行；平成20年文部科学省委託研究「公民館の国際発信に関する調査研究」）
ヨハネ・パウロ二世，1997，〈ロータリー・クラブ・インターナショナル主催「健康と環境に関する会議」の出席者に向けた演説〉（バチカン広報室の広報03.24号。Casciolïe Gaspari 2004＝2008:227-230）
米本昌平，1994，『地球環境問題とは何か』（岩波新書）
　——，1998，『知政学のすすめ——科学技術文明の読みとき』（中央公論社）
　——，1999，「専門家と素人の間」（岩波講座「科学／技術と人間」第2巻『専門家集団の思考と行動』，岩波書店）
　——，2006，『バイオポリティックス——人体を管理するとはどういうことか』（中公新書）
米澤彰純，1996，「高等教育改革の現状と問題点」（市川昭午・連合総研編『生涯かがやき続けるために』，所収）
吉田民人，1995，「ポスト分子生物学の社会科学——法則定立科学からプログラム解明科学へ」（日本社会学会編『社会学評論』第46巻第3号，所収）
　——，2000，「俯瞰型研究とは何か——人工物システム科学の提唱と科学論のパラダイム転換」（日本学術会議・学術の動向編集委員会編『学術の動向』第5巻第12号，所収）
　——，2002，「『新しい学術体系』をめぐる一つの論点整理」（日本学術会議・学術の

動向編集委員会編『学術の動向』第7巻第6号,所収)
　──,2004,「新科学論と存在論的構築主義──『秩序原理の進化』と『生物的・人間的存在の内部モデル』」(日本社会学会編『社会学評論』第55巻第3号,所収)
吉田有見,2003,「札幌市生涯学習センターにおける学習相談に見る市民の生涯学習の現状──平成13年度の事例より」(北海道浅井学園大学生涯学習研究所研究紀要『生涯学習研究と実践』第4号)
吉原直樹,1989,『戦後改革と地域住民組織──占領下の都市町内会』(ミネルヴァ書房)
　──(編著),1993,『都市の思想──空間論の再構成に向けて』(青木書店)
　──(編著),2000,『アジアの地域住民組織──町内会・街坊会・RT/RW』(御茶の水書房)
　──,2005,『アジア・メガシティと地域コミュニティの動態──ジャカルタのRT/Rを中心にして』(御茶の水書房)
　──(編著),2008a,『防災の社会学──防災コミュニティの社会設計に向けて』(シリーズ「防災を考える」第1巻,東信堂)
　──,2008b,「防災ガバナンスの可能性と課題」(同上書,所収)
吉井博明,2007a,「災害への社会的対応の歴史」(大矢根淳編『災害社会学入門』,所収)
　──,2007b,「迫られる巨大自然災害への対応──首都直下型地震と東南海・南海地震」(同上書,所収)
　──,2007c,「防災システムのフロンティア」(同上書,所収)
吉井博明・田中淳(編),2008,『災害危機管理論入門──防災危機管理担当者のための基礎講座』(シリーズ「災害と社会」第3巻,弘文堂)
吉川弘之,1981,「一般設計学序説」(精機協会編『精密機械』第45巻第8号,丸善)
　──,1981,「一般設計過程」(精機協会編『精密機械』第47巻第4号,丸善)
　──,1985,「一般設計学」(『機械の研究』第37巻第1号,養賢堂)
　──,1990,『概念の設計から社会システムへ』(三田出版会)
　──,1993,『テクノグローブ──「技術化した地球」と「製造業の未来」』(工業調査会)
　──,1997a,「科学技術政策と国立大学」(『IDE 現代の高等教育』No.383,所収)
　──,1999b,「学問と教養教育」(『IDE 現代の高等教育』No.407)
　──,2000,「科学分野の改革」(世界科学会議基調講演,日本学術会議編『学術の動向』4月号)
　──,2001,『テクノロジーと教育のゆくえ』(岩波書店)
　──,2002a,『科学者の新しい役割』(岩波書店)
　──,2005a,『「産業科学技術」の哲学』(東京大学出版会)

――，2005b,「未開の学問的空間へ」(日本学術会議編『学術の動向』8月号)
吉川弘之＋IM研究会(編), 1999,『逆工場――見えてきた製造業これからの10年』(日刊工業新聞社)
吉川弘之・冨山哲男, 2000,『設計学――ものづくりの理論』(放送大学教育振興会)
吉川弘之・内藤耕, 2003,『第二種基礎研究――実用化につながる研究開発の新しい考え方』(日経BP社)
吉本圭一, 1993,「〔省庁所管学校〕キャリア形成に果たす役割」(市川昭午編『大学校の研究』序章)
――, 1996,「普通教育・職業教育・職業能力開発の体系化」(市川昭午・連合総研編『生涯かがやき続けるために』, 所収)
吉野源太郎, 2005,「〈中外時評〉都民が日本をだめにした？」(『日本経済新聞』7月10日号)
四ツ柳隆夫, 2001,「創成型科目について――東北大学の取り組み」(工学教育プログラム実施検討委員会編集・刊行『平成11.12年度工学教育プログラム実施検討委員会報告(要旨)』, 所収)
Young, J., 1999, *The Exclusive Society: Social Exclusion, Crime & Difference in Late Modernity,* Sage Publications. (=2007, 青木秀男・伊藤泰郎訳『排除型社会――後期近代における犯罪・雇用・差異』, 洛北出版)
――, 2007, *The Vertigo of Late Modernity,* Sage Publications. (=2008, 木下ちがや・中村好高・丸山真央訳『後期近代の眩暈――排除から過剰包摂へ』, 青土社)
油井清光, 2002,『パーソンズと社会学理論の現在――T・Pと呼ばれた知の領域について』(世界思想社)
湯川抗, 2001,「東京におけるネット企業の集積――日本版シリコンアレーの発展に向けて」(富士通総研, *Economic Review,* Vol.15, No.1)
全日本労働組合総連合・総合生活開発研究所事務局, 1996,「21世紀への学習・教育システムの確立を目指して」(市川昭午・連合総研編『生涯かがやき続けるために』, 所収)

事項索引

ア行

青森県「ありすネット」	83
秋田県「Info Akita」	90
新しい「公共」	i, 26, 331, 333-334
新しい「公共」と「生涯学習」	23
新しい「時代」と「教養」	21
石川県「あいあいネット」	96
一村一品運動：北海道と大分県	205
イノベーションシティ札幌	242
異変時−緊急時−日常時	365
岩手県「学びネット Iwate」	90
内村鑑三『デンマルク国の話』	246
愛媛県「学び、伝え、共に創る生涯学習社会推進計画」	180-181
大分県「おおいた県民大学」	99
大田区のヨコウケと人的結合	284

カ行

香川県「かがわ学びプラザ」	85
監督官庁−特定業界−人材育成のトライアングル	220
岐阜県「ほほえみライフ」	97, 110
客観価値の重層的共有	3
行政の官治・無謬・包括性	10
京都市と大学コンソーシアム京都	174
京都市とパードヴァ市	176
経済産業省の産業クラスター計画	284
現代的「人間型」	56-59
現代の社会形態・巨大大衆社会	33
小泉構造改革路線と地域政策	317
国際化社会の外国人市民と学び	170-171
国際化社会の大学コンソーシアム	172
公民館活動とコミュニティセンター活動	369
公民館活動に対する生涯学習組織化	120
コミュニティ・ラーニング・センターズ（CLC）	370
雇用・能力開発機構	268

サ行

災害社会学	365
札幌圏人材養成の分業構造	197
札幌市新人材育成拠点施設計画	211
さっぽろ市民カレッジの形成	193
——プレ講座	252
——2000年度講座	258
——2005年度講座	262
札幌市生涯学習振興財団	260
札幌市の「政策コミュニティ形成」施策	187
札幌商工会議所とリカレント学習	221
札幌私立高等専門学校とリカレント学習	243
サッポロバレーとビジネス文化	274
札幌プラットフォーム	276
産業クラスター創造と京都府・北海道	287
滋賀県「淡海生涯カレッジ」	101
地震津波−原発震災と社会学	369
市制・町村制と官庁・町村	61
自治体の雇用計画・産業計画	17
指定管理者制度	328
市民文化と文化装置・大学	13
「社会」	365, 367-368
社会教育行政廃止論	7-8
儒教文化圏と「共和」	64-66
熟議 in 公民館プロジェクト	369
熟議民主主義(Deliberative Democracy)	370
生涯学習広域連携と学習環境	180
生涯学習と防災教育	366, 370
生涯学習の内容別分類：北海道、東京都、	

兵庫県、愛媛県	181	分の関連	368
生涯学習の社会教育的展開	370	知の世紀と大学改革	28
生涯学習の展開における二類型	81	地方独立行政法人法	328
——ボランティア型生涯学習	81	中教審『今後の生涯学習の振興方策（審議経過の報告）』	330
——資格取得型生涯学習	85	中小企業基盤整備機構	270
生涯学習の場としての大学	370	中小企業指導法と国・道・市	206
生涯学習のリカレント的展開	370	中小企業の町・文京区	140
生涯学習（ライフロング・ラーニング）と開かれた地域社会	364	町内会解体・生涯学習廃止論	31-33
職業的・職能的リカレント学習の社会的根拠	215	東京都公民館「三多摩テーゼ」	121
職業能力開発促進法と国・道・市	198	東京都社会教育長期計画と磯村英一	118
食・住・遊と道内産業クラスター活動	280	東京都杉並区立公民館	117, 122
新国家社会形成と高等教育	273	東京都練馬区立公民館	118
『杉並調査』と地域民主主義	46-56	東京都の公民館・コミュニティ活動	115
生活形式の民主主義	4-7, 29, 352-353, 370	東京都の専門職大学院構想	134
政治システムとしての民主主義	4	東京都「マイタウン構想」	120
成文憲法における自由・正義（法権利）・人間	5	東京23区と文京区の生涯学習	164
全国公民館振興市町村長連盟（全振連）	369	東京のローカル・コミュニティ	123
全国公民館連合会（全公連）	369	都市型公民館	121-122
相互討論による相互承認と自己変革	5	都生涯学習審答申『地域における「新しい公共」を生み出す生涯学習の推進』	127
		富山県「県民カレッジ自遊塾」	102

タ行

ナ行

大学リレー熟議	370	長崎県「ながさきまなびネット」	92
大札幌建友会とリカレント学習	223	長野県「らんらんネット」	91
大衆娯楽の二重構造	43-46	20世紀デンマークにおける女性の位座	5-6
「民は知らしむべし、由らしむべからず」	19	ニセコ町自治基本条例	327
地域アソシエーション的社会・札幌	301	日常的多様性・緊急時連帯性	352
地域活動のテーマ型とエリア型	356	日本国憲法	3-4
地域コミュニティ的社会・松山	302	ニュー・パブリック・マネジメント	326
地域社会づくりと公民館のあり方	330	練馬市民大学	358
地域社会の自立・自律と自治・共和	60		
地域熟議の場としての大学	370	**ハ行**	
地域生涯学習の新たな胎動	99, 110	ハザード	i, 365-368
地域生涯学習の教育内容論	19	東日本大震災と公民館	369
地域づくり支援アドバイザー会議	352	避難所としての公民館	369
「地域」と「地域コミュニティ」	129-130	開かれた公民館活動	370
地学的時空間構造変動と三種の社会構造区分の関連			

福井県「ユー・アイふくいネット」 96
福島県「ふくしまマナビィねっと」 90
文京区教育改革区民会議 146
文京区生涯学習推進計画（第二次改訂版） 153
文京区の生涯学習講座 149
文京区の諸大学と地域生涯学習 159
文京区「文の京」自治基本条例 147
防災社会学 366
防災と防災教育の基本理念 366, 370
北海道異業種交流組織と高等教育 235
北海道印刷業工界とリカレント学習 227
北海道機械工業会とリカレント学習 230
北海道経済部の地学マッチングパネル 295, 298
北海道産業クラスター創造 244, 279
北海道地域リカレント教育推進事業 191
北海道「道民カレッジ」 75, 292-293
『北海道における起業家支援システムのあり方』(北海道産業クラスター創造研究会ベンチャーグループ・日本開発銀行・北海道東海大学) 249
北海道の産業人材育成と生涯学習 289
ポラニーのコミュニティ論 38-41

マ行

松下圭一の「田吾作文化」批判 360

松山市地域コミュニティ市民検討会議 309
松山市の公民館活動と生涯学習 305
宮城県気仙沼市松岩公民館 369
民主主義的生活観、権威主義的生活観 6
文部科学省地域科学技術振興室 348
文部科学省地域づくり支援室 348
文部科学省の公民館基準改定 311
文部科学省の地域振興7施策 343
文部科学省の知的クラスター創成 286

ヤ行

山形県「ゆとり都カレッジ」 104
山口県「かがやきねっとやまぐち」 95
ユネスコの成人基礎教育把握 14

ラ行

リアル熟議 370
リカレント型生涯学習と高等教育との結合 196
リカレント型生涯学習の2区分 195
　——公共的／公益的リカレント 195
　——職業的／職能的リカレント 195
リスク学 366-367

ワ行

和歌山県「きのくに県民カレッジ」 97

人名索引

ア行

青木由直	240, 276
有賀喜左衛門	62
有木康雄	370
池田知久	64
石黒直文	243
石澤眞喜	70
磯村英一	118-119, 131
市川昭午	22
伊藤和良	189
井上毅	66
今田高俊	366
今村文彦	366
岩城完之	115-116
岩崎信彦	132, 365
ウェーバー（Weber）、M.	33
ウォラス（Wallas）、G.	37
鵜飼孝造	365
内村鑑三	246-247
浦野正樹	365
逢坂誠二	327-328
大宮登	352
尾形勇	64
小野寺理佳	70
大矢根淳	365, 367

カ行

片岡弘勝	70-71
片桐資津子	69-70
勝野正章	255
金子郁容	370
鹿野政直	65
亀野淳	70
川本孝司	366
神田光啓	70
木佐茂男	327-329
ギデンズ（Giddens）、A.	22
木村純	69, 71, 255
木村礎	62
グルントヴィ（Grungtvig）、N. F. S.	4
小池直人	6
小泉純一郎	316-325
越田清和	267
コック（Coch）、H.	4-7, 18, 29, 353, 370
後藤一蔵	366
後藤元一	254
小林順吾	254
小林文人	117-122, 179
小松丈晃	367
コント（Comt）、A.	33
権藤成卿	47
今野裕昭	352, 366

サ行

斉藤真一	187-189
斎藤文良	369
櫻井義秀	69
笹井宏益	255-256, 370
佐々木信夫	183
佐藤健	366, 370
佐藤浩樹	366, 370
讃岐幸治	181
佐貫正和	66
品川ひろみ	70
篠原一	359
島田修一	164
ジャービス（Jarvis）、P.	22, 168
周恩来（Zhou Enlai）	64
白樫久	70

ジンメル（Simmel）、G.　　　　　33
菅磨志保　　　　　　　　　　　366
鈴木榮太郎　　18, 22, 62-63, 131, 350-351
鈴木俊一　　　　　　120, 125, 164
鈴木寛　　　　　　　　　　　　370
スペンサー（Spencer）、H.　　　33
諏訪清二　　　　　　　　366, 370
孫文（Sun Wen）　　　　　64-65

タ行

高田保馬　　　　　　5, 39, 131, 362
竹中健　　　　　　　　　　　　70
田沢義鋪　　　　　　　　　　　47
橘木俊詔　　　　　　　　　　366
橘孝三郎　　　　　　　　　　　47
田中淳　　　　　　　　　　　365
田中泰雄　　　　　　　　　　370
田中譲　　　　　　　　　　　240
玉野和志　　　　　　　　123-125
辻勝次　　　　　　　　　　　365
寺中作雄　　　　　　　　122, 179
デュルケーム（Durkheim）、E.　33
戸田一夫　　　　　　17-18, 238-239,
　　　　　　　　245-249, 279, 288
戸田貞三　　　　　　　　　　117
土橋信男　　　　　　　　　　193
ドロール（Delors）、J. L. J.　15-16

ナ行

永井彰　　　　　　　　　　　366
中島都貞　　　　　　　　　　122
中村時広　　　　　　　　307-311
中溝茂雄　　　　　　　　　　370
永田萬亨　　　　　　　　　　　70
永松伸吾　　　　　　　　　　365
夏目漱石　　　　　　　　　　　66
鳴海正泰　　　　　　　　　41, 46
西出郁代　　　　　　　　　　　70
西山志保　　　　　　　　　　366
似田貝香門　　　　　　　365, 366
新田照夫　　　　　　　　　　　70
野田隆　　　　　　　　　　　365
乗杉嘉寿　　　　　　　　　　　27

ハ行

ファーガソン（Ferguson）、A.　33
フォール（Faure）、E.　　　　　15
長谷川公一　　　　　　　　　367
花崎皋平　　　　　　　　　　267
布川清司　　　　　　　　　　　61
福沢諭吉　　　　　　　　　　　64
ヘーゲル（Hegel）、G. W. F.　363
ベック（Beck）、U.　　215, 366-367
ポラニー（Polanyi）、K.　　38-40
堀場雅夫　　　　　　　　　　287

マ行

マーシャル（Marshall）、T. H.　132, 168
真下信一　　　　　　　　　　　6
益川浩一　　　　68-69, 314-316, 370
町井輝久　　　　　　　　　　　69
町村敬志　　　　　　　　116, 143
松井克浩　　　　　　　　　　366
松岡昌則　　　　　　　　　　　69
マッキーヴァー（MacIver）、R. M.
　　　　　　　　　　　39, 132, 362
松下圭一　　　　　7-15, 20-21, 30-59,
　　　　　　　　　　64, 192, 360-362
松原治郎　　　　　　　　　　359
丸山真男　　　　　　　　　　　6
丸山松幸　　　　　　　　　　　64
溝口雄三　　　　　　　　　　　64
美濃部亮吉　　　　　　　　48, 120
美濃洋輔　　　　　　　　　　283
宮内泰介　　　　　　　　　　267
宮原誠一　　　　　　　　11-12, 117
村上泰亮　　　　　　　　　　169
村山良之　　　　　　　　　　366

毛沢東（Mao Zedong）	64	吉井博明	366-368
		吉野源太郎	182-183
		吉原直樹	366

ヤ行

安井郁	56, 117, 121-122, 179
柳田国男	47, 168
柳田邦男	351-353
山下祐介	366
山田竜作	34-35
山田礼子	69
山本剛郎	365
山本強	241-242, 276-277

ラ行

ラスキ（Laski）、H.	37-38
ルーマン（Luhmann）、N.	9, 33, 366-367
ロバートソン（Robertson）、R.	168

ワ行

若松進一	122

著者紹介

小林　甫（こばやし・はじめ）

北海道大学名誉教授、元松山大学特任教授、博士（文学）。

　1940年、東京市中野区生まれ、戦後、横須賀市逗子町に移る。横須賀高等学校を経て北海道大学教養部理類入学。1965年、同大文学部哲学科西洋哲学専修科を卒業、北海道深川西高等学校教諭（社会科、生活指導）。1973年、北海道大学教育学部助手（生活教育講座＝教育社会学研究室）、札幌商科大学人文学部人間科学科を経て、北海道大学教育学部助教授・教授。1996年、北海道大学高等教育機能開発総合センター教授（生涯学習計画研究部）、2004年に北海道大学大学院（文学研究科教授社会システム科学講座）を定年退職。2005～2010年度、松山大学特任教授（大学院社会学研究科）。

　1970～80年代は労働社会学・地域社会学の研究に従事したが、1989年のイタリア北東部での在外研究後は、生活者の生活価値変容を比較研究した（『現代市民の生活価値変容と青年教育改革に関する教育社会学的・教育社会史的基礎研究』1997。Young people in Italy, Russia and Japan 1997）。1996年以降は「生涯学習」を含む地域教育社会学を研究（『札幌市の生涯学習と〈さっぽろ市民カレッジ〉』1997）。『生涯学習社会づくりへの大学参画に関わる国際比較研究』2000。『変革期における《ライフロング・ラーニング》の社会的意味と社会的役割―その重層的構造の解明と地域社会における教育改革の具体化に向けて』2003）。2004年秋から本書の執筆を行ってきた。

Structures of education society in the age of new great transformation
Vol.2
Cultures in contemporary Japan: for commoners and for engineers
Ⅰ. *Regional differences on commoner's Lifelong Learning activities.*

大転換期と教育社会構造――地域社会変革の学習社会論的考察（全4巻）
第2巻　現代的教養　Ⅰ　生活者生涯学習の地域的展開

2013年3月11日　　初　版第1刷発行　　　　　　　　　　　〔検印省略〕

定価はカバーに表示してあります。

著者Ⓒ小林甫／発行者　下田勝司　　　　　　　　　　印刷・製本／中央精版印刷

東京都文京区向丘1-20-6　　郵便振替00110-6-37828

〒113-0023　　TEL(03)3818-5521　　FAX(03)3818-5514

発　行　所
株式会社　東信堂

Published by TOSHINDO PUBLISHING CO., LTD.
1-20-6, Mukougaoka, Bunkyo-ku, Tokyo, 113-0023 Japan
E-mail : tk203444@fsinet.or.jp　http://www.toshindo-pub.com

ISBN978-4-7989-0130-5　　C3336　　Ⓒ Hajime, KOBAYASHI

東信堂

現代日本の地域分化 —センサス等の市町村別集計に見る地域変動のダイナミックス	蓮見音彦	三八〇〇円
地域社会研究と社会学者群像 —社会学としての闘争論の伝統	橋本和孝	五九〇〇円
「むつ小川原開発・核燃料サイクル施設問題」研究資料集	舩橋晴俊編著	一八〇〇〇円
組織の存立構造論と両義性論 —社会学理論の重層的探究	舩橋晴俊	二五〇〇円
新版 新潟水俣病問題 —加害と被害の社会学	飯島伸子・舩橋俊編	三八〇〇円
新潟水俣病をめぐる制度・表象・地域	関礼子	五六〇〇円
新潟水俣病問題の受容と克服	堀田恭子	四八〇〇円
公害被害放置の社会学 —イタイイタイ病・カドミウム問題の歴史と現在	藤川賢・渡辺伸一・堀畑伸一子編	三六〇〇円
自立支援の実践知 —阪神・淡路大震災と共同・市民社会	似田貝香門編	三八〇〇円
[改訂版]ボランティア活動の論理 —ボランタリズムとサブシステンス	西山志保	三六〇〇円
自立と支援の社会学 —阪神大震災とボランティア	佐藤恵	三二〇〇円
個人化する社会と行政の変容 —情報、コミュニケーションによるガバナンスの展開	藤谷忠昭	三八〇〇円
《大転換期と教育社会論》地域社会変革の社会論的考察		
第1巻 教育社会史—日本とイタリアと	小林甫	七八〇〇円
第2巻 現代的教養 I —生活者生涯学習の地域的展開	小林甫	六八〇〇円
現代的教養 II —技術者生涯学習の生成と展望	小林甫	六八〇〇円
第3巻 学習力変革—地域自治と社会構築	小林甫	近刊
第4巻 社会共生力—東アジアと成人学習	小林甫	近刊
ソーシャルキャピタルと生涯学習	J・フィールド 矢野裕俊監訳	三二〇〇円
NPOの公共性と生涯学習のガバナンス	高橋満	二八〇〇円
都市社会計画の思想と展開(全2巻) (アーバン・ソーシャル・プランニングを考える)	橋本和孝・藤田弘夫・吉原直樹編著	
世界の都市社会計画—グローバル時代の都市社会計画	橋本和孝・藤田弘夫・吉原直樹編著	二三〇〇円
移動の時代を生きる—人・権力・コミュニティ	吉原直樹監修 大西仁	三三〇〇円

〒113-0023 東京都文京区向丘1-20-6
TEL 03-3818-5521 FAX03-3818-5514 振替 00110-6-37828
Email tk203444@fsinet.co.jp URL:http://www.toshindo-pub.com/

※定価：表示価格（本体）＋税